JN432499

미술치료의 치유요인과 매체

전 순 영 저

圖書出版 하나醫學社

서 문

미술치료를 공부하고 임상치료 및 상담을 하고 강의를 한 지도 벌써 20년의 세월을 넘기고 있다. 강산이 한두번 바뀌는 동안 그동안 배운 것을 정리해야겠다는 생각을 하면서, 틈틈이 모아온 자료들을 책으로 드디어 출간하게 되었다. 2000년 처음으로 미술치료 전문대학원에서 '미술치료 매체'에 대한 대학원 강의를 의뢰받고 강의준비를 위해 국 · 내외 관련서적들을 찾았지만 이 분야의 전문 교재가 거의 없음을 알게 되었고, 언젠가는 이에 대한 전문서를 집필하고자 하였으나 본인의 부족함으로 10년이상의 세월이 지나서야 이 책을 출간하게 되었다. 오랜 산고 끝에 책이 나오게 되어 더할 나위 없이 기쁘고, 도와주신 주변 여러분들에게 깊이 감사할 뿐이다.

처음에는 미술매체에 대한 자료들을 수집하면서 미술매체에 대해서만 기술하려고 하였는데, 공부하면 할수록 미술매체를 통한 미술치료의 '치유요인'들이 도대체 무엇일까에 대해 고민하게 되었다. 특히 미술치료 대학원 학생들이 논문을 발표할 때 타 전공 교수들이나 학생들이 미술치료가 다른 여러 상담 및 심리치료에 대해 차별화할 수 있는 치유요인이 무엇이냐는 질문을 받았을 때 이에 대한 연구의 필요성을 절감하게 되었다.

이 책의 처음 두 장은 미술치료의 치유요인에 대해 자세하게 기술하였다. 미술치료에서는 무엇보다도 상담이 기초되어야 한다는 생각에 미술치료의 일반적인 치유요인을 제시할 때는 상담이론을 많이 적용하였다. 그러다 보니 미술치료에 너무 상담이론을 적용하는 것 같아 미술치료만이 갖는 독자적인 고유한 치유요인에 대해서도 글을 쓰게 되었다.

미술매체부분에서는 미술치료의 바탕재료인 종이에서부터 드로잉, 페인팅, 3차 입체적인 모델링재료와 꼴라쥬 및 사진매체까지 다루었지만, 한 가지 아쉬운 점은 우리 고유의 매체라 할 수 있는 한국화 매체와 최근 미술매체의 연구동향이라고 할 수 있는 컴퓨터 디지털 매체에 대해 충분히 다루지 못한 점이다. 앞으로 기회가 주어진다면 이 부분에 대해서 좀 더 자료를 보충하고 싶다.

특히 이 책에서는 이론만 제시하면 책 내용을 이해하는데 딱딱하고 이론으로만 그칠 수 있어서, 매 장마다 좀 더 생생한 미술치료임상경험을 전달하기 위해 본인의 실제적인 미술치료사례 경험과 될 수 있는 한 많은 미술치료사례와 그림을 제공하려고 노력하였다. 미술치료를 하면서 시행착오한 점도 솔직하게 기술하여 미술치료임상하시는 치료자에게 실제적인 도움을 주고자 하였다. 또한 치료초기에는 미술치료사례 역동공식화가 매우 중요한데, 이 책에서는 미술매체에 대한 반응을 통해 사례 역동공식화를 시도했다는 점이 큰 의의가 있다고 본다.

몇 년간 미술치료에 대한 방대한 자료를 수집하고 정리하면서 페이지 수가 많아질 때마다 솔직히 심리적 부담감을 느꼈으며, 시간이 너무 많이 걸리고 힘들어 몇 번 포기도 할까 생각했지만, 미술치료에 관심이 있는 치료자를 위해 유익한 지침서가 되기를 바라는 마음으로 용기를 갖고 결국 이 책을 내게 되었다. 사실 이 책이 나오기까지는 여러 사람들의 도움이 없었다면 매우 어려웠을 것이다. 특별히 미술매체 수업을 통해 자료를 제공해준 대구대학교 재활과학대학원 미술치료전공생들과 서울불교대학원대학교 상담심리학과 미술치료 전공생들 그리고 서울미술치료연구소 회원들에게 각별히 감사를 드린다. 무엇보다도 저자를 신뢰하고 미술치료 상담을 의뢰한 내담자들께도 깊은 감사를 드린다. 또한 기꺼이 자신의 사례를 제공해준 미술치료사 남궁혜정씨와 김진희 수녀님에게도 감사인사를 드리고 싶다. 항상 옆에서 지지와 격려를 아끼지 않은 경북대학교 교수인 남편과 인내심을 갖고 나를 기다려준 두 아들에게, 그리고 이 책을 탈고하도록 끝까지 격려를 해주신 부모님에게도 감사를 드린다.

기존의 미술치료 저서와는 달리 책의 분량이 방대하고, 미술치료 컬러 그림이 많이 게재되어 책 출판에 대한 재정적 부담이 있을 것임에도 불구하고 이 책의 전문성을 인정해주시고 선뜻 출판을 허락해주신 하나의학사 오무근 사장님과 편집부 직원 여러분께 특별히 깊은 감사를 드린다.

2011년 2월

서울미술치료연구소에서
전 순영

목 차

1장

미술치료의 일반적 치유요인

미술치료의 치유요인을 제일 먼저 구체적으로 살펴보는 것은 미술치료사가 미술치료의 치유요인을 실제적으로 이해하고 임상에서 경험해야지만 치료를 잘 진행시킬 수 있기 때문이다. 본장에서 제시한 미술치료가 갖는 '일반적 치유요인'이란 일반 상담 및 심리치료에서 각 학자들이 주장하는 치료적 요인과도 매우 유사하지만 이것을 미술치료에 적용하여 좀 더 전문적으로 이해해보고자 한다.

보통 상담 및 심리치료에서 치유인자는 특수적 요인과 비 특수적 요인으로 구분되는데 특수적 요인은 각 학파마다 주장하고 있는 이론이나 그 이론이 뒷받침된 독특한 치료기법을 말하고 비 특수적 요인은 모든 치료 상황에서 공통적으로 일어나는 치료자-내담자 관계의 요인을 말한다(이재광, 1986; 임효덕, 1992; 정방자, 1991). 치유인자에 대해서도 이론 학파 간에 매우 다양한데 해석을 통한 통찰이라는 치유인자를 강조하는 집단과 인간관계라는 비특수인자를 강조하는 집단으로 크게 대별된다.

정통 정신분석에서는 해석과 통찰을 치유인자로 강조하고 있는데 이는 Freud의 지층적 성격이론(topographical theory)과 구조적 성격이론(structural theory)에 근거하고 있다. '무의식의 의식화'와 '자아능력 및 자아각성의 확장'을 위하여 전이와 저항의 해석을 통한 통찰을 가장 중요시하고 이러한 지속적인 과정을 통한 훈습을 치유인자로서 관계인자보다 더 중요시하고 있다(Goldberg, 1984; Slipp, 1982). 반면 인간중심적 상담의 Rogers(1942)는 공감이 상담에서 제일 중요한 치유인자라고 보고 내담자와의 신뢰로운 관계속에서 그가 스스로 자기를 각성하여 자기 자신의 문제의 본질을 이해함으로써 결국은 자기문제를 스스로 해결할 수 있도록 도와주어야 한다는 점을 강조한다. 이러한 관점에서 인간중심적 상담에서는 치료자의 인간됨, 치료관계 그 자체를 중요시 하며 내담자에 대한 치료자의 태도, 즉, 공감(empathy), 무조건적인 긍정적 배려(unconditioned positive regard), 진실성(genuineness)이 세 가지를 강조한다.

이 외에도 여러 학자들이 심리치료의 치유인자를 제시하였는데 그 중 Alexander(1946)는 Freud의 후교육(after education)을 발전시켜 교정적 정서적 경험(corrective emotional experience)을 제시하였는데 이것은 Saul(1972)의 자아 재교육으로 발전되었다.

이동식(1989)은 정신치료는 치료자가 자신의 인격으로서 동토에 떨고 있는 환자에게 봄을 가져다주는 것이라고 표현하면서 치료자의 성숙한 인격을 통한 환자와의 바람직한 관계형성이 바로 정신치료의 가장 중요한 치유인자라고 하였다.

한편 미술치료에서 Naumberg(1966)는 자신의 미술치료방법을 '역동적 미술치료(dnamically oriented art therapy)' 라고 명명하여 자신의 이론이 근본적으로 Freud학파의 정신역동이론에 기초하고 있음을 의미하였다. 역동적 미술치료에서 내담자의 그림을 통해서 치료자는 질문, 명료화, 직면, 특히, 해석 및 기타의 중재기법을 사용하여 내담자가 그 자신의 부적응적 사고와 행동양식을 이해하고 통찰하도록 도와준다고 하였다. 즉 어떻게 갈등이 부적응적 양상으로 나타나는지 그 연결을 뚜렷하게 깨닫도록 도와주는 것이라고 하였다.

Jung은 미술치료에서 실제적인 치료효과를 첫째, 그림을 그리는 형상화과정 자체에서, 둘째, 그림을 그리는 과정에 수반되는 상상과정 및 상징화 과정에서, 셋째, 대화과정과 해석과정에서, 넷째, 그림을 그리면서 또한 그림을 그린 후의 대화를 통해서 치료자와 내담자 사이에 이루어지는 만남과 관계의 과정에서 얻을 수 있다고 하였다. Jung에 의하면 이러한 자기화, 즉 개성화는 참된 자유의 길이며, 개인적 문제점들과 결합하여 더욱 성숙한 인간으로 자라게 하는 것이라고 하였고, 이것은 치유를 필요로 하는 내담자뿐만 아니라 자유로운 자기발견과정에 있는 사람에게도 같이 적용된다고 하였다(Ingrid Riedel, 1992 재인용).

본 장에서는 심리치료 및 상담 그리고 미술치료에서 각 학자들이 제시한 치유적 요인을 토대로 미술치료의 치유적 요인을 통합해서 해서 '미술치료에서 일반적 치유요인' 을 제시하고자 한다. 미술치료가 내담자에게 효과적인 치료가 되려면 상담 및 심리치료이론이 기본이 되어야 하고 미술이라는 치료적 매체의 특성을 살려서 치료임상에 잘 적용해야 하기 때문이다.

따라서 상담 및 심리치료 그리고 미술치료에서 제시된 일반적인 치유요인이라고 할 수 있는 치료에서 관계, 정확한 공감적 이해, 감정표현 및 통찰 그리고 해석을 제시하고, 그 다음은 이에 대한 미술치료사례를 통해 그 특성을 이해해 보고자 한다.

1. 치료적 관계의 중요성

1) 상담에서 치료적 관계

일반적으로 상담은 내담자와 치료자간의 치료적 관계를 핵심으로 하여 내담자가 스스로 문제를 해결할 수 있는 능력을 키워주고 자신에 대한 깊은 이해와 수용을 가능하게 함으로써 삶의 질을 향상시킬 수 있도록 하는 조력 과정이다. 이에 치료자와 내담자의 관계가 얼마나 신뢰롭고 상호이해가 되느냐에 따라서 내담자의 문제나 요구에 대한 상담효과는 달라진다.

Goldstein(1971)은 치료관계란 치료자와 내담자가 서로 영향을 주는 '두 사람의 관계'이며 성공적인 결과를 가져오는 치료자와 내담자의 효과적인 관계가 중대한 문제가 된다고 보고하였다. Patterson(1966)도 치료관계는 상담이나 심리치료의 필수적인 본질 또는 특성이며 이 관계가 좋을수록 내담자가 상담에서 큰 이득을 볼 가능성이 있다고 보고하였다. 기존의 상담의 효과를 탐색한 연구들에서도 상담관계의 영향력이 상담기법이나 기능에 비해 월등히 높다는 사실을 밝혀내었고, 심지어 Mahoney(1991)는 상담관계는 상담기법의 8배 이상 상담효과를 가지고 온다고 하였다.

이러한 치료관계에 대해 Freud(1949) 이후 이론적으로 계속 논의되어 왔지만 치료관계란 것이 무엇인지 구체적으로 정의하고 경험적으로 연구하려는 노력은 비교적 최근에 와서야 활발하게 이루어지고 있다. Greenson(1967)의 정신분석적 접근에 따라 치료동맹, 전이, 실제관계의 세 가지 구성요소로 치료관계를 구분하였다.

내담자에게 치료동기를 일으키고 치료자를 믿고 관계 속에 들어오게 하는 중요한 무기가 치료동맹(therapeutic alliance)이다. 치료동맹은 내담자의 성격 중 건강한 부분과 치료자가 서로 협력해서 치료를 성공시키고자 하는 노력을 말한다. 내담자의 성격 중에서 신경증적이 아니고 합리적이고 의식적인 자아, 즉 건강한 성인부분과 치료자가 동맹을 맺어 내담자의 성격에서 신경증적이고 미숙하며 굳어 있는 부분과 맞붙어 투쟁을 한다. 이 투쟁을 통해서 내담자 내부의 적을 퇴치하고 전반적인 정신기능을 수정하고 변경하려는 것을 치료동맹이라고 한다(Dewald, 1978).

치료동맹은 특히 치료의 초기단계에 형성되지 못하면 상담이 실패할 가능성이 높고, 치료동맹을 잘 형성했을 때에는 성공적인 상담을 예언할 수 있는 요인으로 밝혀졌다(Eaton, Ables & Gutfreund, 1988). 치료동맹은 또한 상담에 대한 내담자의 태도나 인식에 의해서 많은 영향을 받는다. 즉 상담에 대한 긍정적인 동기나 기대는 치료동맹 형성에 매우 중요한 영향을 미치게 된다. Kiesler와 Wakins(1989)는 치료동맹과 동기와 관련된 연구에서 내담자의 상담에 대한 몰두가 적거나 내담자가 적대적인 자세나 태도로 상담을 하는 경우에는 치료동맹이 잘 형성되지 못한다고 하였다. 그러나 내담자가 자신의 문제를 노출함으로써 치료동맹을 발달시키고 유지하는데 높은 동기를 보이거나 그에 대한 책임을 많이 떠맡으려고 할 때 치료동맹은 효과적으로 형성될 수 있다고 하였다(Kivlighan, 1990).

한편 촉진적 관계로서의 상담관계는 상담에서 초기면접이 효과적으로 이루어지기 위해서 내담자 스스로 자기 자신과 자신의 문제에 대해 자유롭게 이야기할 수 있는 분위기가 조성되는 것이다. 이러한 촉진적 관계는 곧 초기면접의 기본 목표라고 할 수 있다. 이장호(1983)는 촉진관계를 형성하기 위해서 치료자는 공감적 이해, 수용적 존중, 일관된 성실성 및 전문적 능력이 요구된다고 하였다. 이러한 치료자의 태도는 내담자로 하여금 치료자를 믿고 신뢰하는 바탕을 마련하여 내담자가 모든 것을 안심하고 표현할 수 있는 계기를 만든다고 하였다.

2) 아동 및 청소년 상담에서 치료적 관계

심리치료과정에서 가장 핵심이 되는 요소가 치료적 관계라고 하였는데 더욱이 임상현장에서 아동심리치료의 독특한 어려움을 고려한다면, 아동심리치료에서의 치료관계는 성인심리치료에서 보다 더 큰 의미를 갖는다(Rusell & Shrik, 1998). 보다 구체적으로 살펴보면 여러 아동 임상가들(Freud, A. 1965; Meeks, 1971; Mishine, 1983)은 아동 심리치료에서 가장 어려운 점은 치료자가 아동과 관계를 형성하는 것이라고 주장하였다. 성인과 달리 아동은 대개 치료과정에서 자신의 문제나 욕구에 대해 언어로 잘 표현하지 못한다고 하였다(Kazdin, 1994; Kendall, 1991).

또한 A. Freud(1965)는 아동은 자신의 감정이나 행동문제에 대한 통찰이 부족하므로 치료자와 동맹을 형성하는데 어려움을 나타낸다고 하였으며, Shirk와 Saiz(1992)는 아동은 다른 사람에 의해 치료에 의뢰되어 오는 경우가 많으므로 성인들처럼 치료에 기꺼이 협조할 것을 가정하기 어렵다고 하였다. 또한 비자발적 내담자가 많은 청소년 상담에서는 상담관계가 상담성과에 더욱 중요한 요인으로 영향을 미치게 되는데 자신의 의지가 아닌 의뢰자에 의해 상담실에 오게 되는 내담자는 상담자와 상담에 대해 비협조적이고 거부적이기 때문이다(김혜숙 등, 1996).

청소년을 대상으로 하는 상담에서 상담자와 내담자의 관계형성이 특히 어려운 것은 청소년 발달 단계상의 특성에서 살펴볼 수 있다. 즉 청소년기는 발달단계상 자아정체감이 형성되는 시기이기 때문에 청소년들은 자기세계로 독립하고자하는 강한 욕구를 지니게 된다. 일부 부모로부터 독립을 바라는 청소년이 또 다른 관계인 상담에 의존한다는 것에 무의식적 저항을 보이며 이러한 상담관계 맺기에 대한 거부는 주로 반항적인 태도, 수줍어하는 태도, 자신의 문제를 지적으로 해석하는 태도, 오만한 태도, 소극적으로 상담자에게 협조하는 식의 행동으로 나타난다(이혜성 등, 1996).

비자발적 청소년 내담자는 상담에 대하여 부정적 인식과 함께 자신의 의지가 아닌 상태에서 시작된 상담에 대하여 강한 거부감을 가지고 있기 때문에 이들과 상담을 지속하기 위해서는 무엇보다도 초기의 상담에 대한 비협조적이며 거부적인 관계에서 신뢰롭고 안전한 관계로의 변화가 필요하다. 그런 면에서 미술치료가 아동이나 청소년과 관계를 형성할 때 여러 가지로 도움을 줄 수 있는데, 다음은 미술치료에서 치료적 관계가 미술매체를 통해 어떻게 형성되는 지를 살펴볼 것이다.

3) 미술치료에서 치료적 관계

미술치료를 하면서 임상에서 발견된 사실인데 아동이나 청소년들은 치료실에 오는 것에 강한 저항감을 보일 때가 많다. 유치원이나 초등학교 저학년 아동인 경우에는 보호자가 잘 설득을 하거나, 아니면 예를 들어 '치료실에 가면 무엇을 해주겠다' 는 식으로 조건을 걸거나 심지어 미술학원에 가자고 말하는 경우도 있다.

그러나 청소년의 경우는 보호자의 이런 회유도 통하지가 않고 아주 반항적이거나 아주 내키지 않는 인상을 하고 치료실에 들어온다. 미술치료사가 "너 여기에 올 때 어떤 기분이 들었니?" 물어보면 가기 싫었고, 억지로 왔고, 빨리 가고 싶다고 하고 상당히 낯설어하면서 치료에 저항하는 경우가 많다. 또 대부분은 미술치료가 계속 회기별로 진행된다는 사실에 대해서 전혀 생각을 해보지 않았다는 반응이다. 이러한 저항감 있는 아동이나 청소년을 치료에 끌어들이기 위해서 우선 재미있고 흥미로운 미술치료기법이나 미술매체를 통해 치료동기를 유발해야 하고 미술 작업하는데 관심을 갖게 해야 한다.

예를 들어, 초등학교에서 매우 산만하고 말도 많고 잠시도 가만히 있지 않은 행동문제를 주호소로 내원한 1학년 남자아동은 "오늘 자신은 축구를 해야 하기 때문에 여기에 올 수 없었는데 엄마가 여기 왔다 가면 게임CD를 사준다고 해서 왔다"고 한다. HTP진단용 검사를 하고 싶었지만 아동이 의자에 착석을 하지 않아서 실시할 수가 없었다. 아동은 치료실을 이리저리 둘러보더니 "이것이 뭐냐, 저것이 뭐냐" 하면서 호기심 있게 물어보기에 "네가 제일 좋아하는 것은 무엇이지?" 하고 물어 보았더니 "장수풍뎅이"라고 해서 컬러 점토로 아동이 지금 집에서 키운 장수풍뎅이를 만들어 보자고 제의를 하였다. 아동의 작업에 대한 호기심을 자극하기 위해 '진주핀, 색구술, 스팡클'을 주고 장수풍뎅이를 멋있게 장식하게 하였다. 세상에 하나 밖에 없는 멋진 장수풍뎅이가 되었고 아동은 작품에 만족감을 느꼈던지 "다음에 여기에 또 오면 안 돼요" 하면서 물어보기까지 하였다.

치료자는 아동이 이 세상에서 제일 좋아하는 장수풍뎅이에 대한 이야기를 아동의 눈높이에 맞게 진지하게 들어주면서 아동에게 공감했고 장수풍뎅이 덕분에 아동과 친밀한 관계를 맺게 되었다. 아동은 자신이 좋아하는 작업을 하면서 점점 자신의 마음상태와 가정에 대한 이야기를 하기 시작하였고 치료자는 그러한 이야기 파편들을 모아 아동의 마음을 공감하고 파편들 뒤에 있는 문제에 조심스럽게 접근해나갔다. 아동의 문제행동 뒤에는 아버지의 엄격함과 어머니의 양육에 대한 불안감이 있다는 것도 알게 되었다.

이렇게 다양한 매체를 통한 미술작업이 아주 재미있는 경우에는 어린 아동들은 '자기 집에 놀러오라고' 하고 '저녁에 자기 집 앞 운동장에서 만나자' 고 하는 등 벌써 치료자에 대해 친밀감을 보인다. 물론 이것이 미술치료의 전부라고 할 수 없지만 치료초기에 아동의 흥미를 유발하기 위해 한걸음 뒤로 물러서서 일차적으로 아동의 작업욕구에 대한 흥미를 먼저 불러 일으켜주는 것이 중요하며, 이러한 미술치료에 대한 창조성이 치료를 한층 더 진일보 시켜준다.

앞서도 언급하였지만 일부 청소년들도 아주 치료에 거부적이고 비협조적이고 치료실에 온 자체를 자존심 상하게 생각한다. 이런 경우에는 파스넷으로 4절지 도화지에 신나게 낙서를 하거나 아니면 진단용 검사를 통해 내담자의 심리를 알려주겠다고 하면서 재미있게 그림 해석도 해주면서 내담자의 마음의 문을 두드린다. 내담자는 그림을 통해 자신의 마음을 치료자가 이해한다는 것을 신기해하면서 미술치료에 관심을 갖기 시작한다. 벌써 굳어진 내담자의 표정이 서서히 풀리기 시작한다.

성인들도 마찬가지이다. 다행히 상담에서 자기표현을 언어로 잘 하면 상담이 수월하게 진행되겠지만 대개 상담실에 오는 대부분의 성인 내담자도 대인관계의 문제로 오는 경우가 많기 때문에 치료자와 친밀한 관계를 맺는 것이 실제적으로 어렵다. 치료자를 매우 낯설어하며 행동이 많이 위축되어 있고 치료에 대한 불안감 및 저항을 보인다. 사실 미술치료사로서 자기표현이 매우 어렵고 특히 언어적 표현에 상당히 제한을 받을 뿐만 아니라 너무 위축되어 눈 마주치기가 곤란한 내담자들에게 어떻게 치료적 관계를 성립하고 치료를 유도할 수 있을지 생각만 해도 그저 난감할 뿐이다. 치료시간이 50분이나 되는데 서로 얼굴만 마주보면서 그 긴 침묵시간을 어떻게 보내야 될 지 정말 서로에게 매우 힘든 시간이 될 것이다. 다행히도 미술치료의 여러 가지 흥미로운 기법들이 이러한 문제를 해결하는데 도움을 주고 미술매체의 흥미를 통해 친밀한 치료적 관계로 유도할 수가 있다.

Rubin(1984)은 미술치료사는 내담자와 이러한 친화관계를 설정하는데 꽤 유리한 입장에 있다고 하였다. 창조적 과정과 더불어 시간이 지남에 따라서 치료자와 함께 내담자는 친화관계를 자연스럽게 형성해 갈 수가 있다. 미술재료들이 자신들에게 위협적일 때나 낯설고 생소할 때는 말조차 하고 싶지 않은 것이 사실이지만 기술이 증가되면 그들이 원하는 것을 자연스럽게 말할 수 있게 된다. 내담자는 미술치료사가 역시 자신을 표현하고 이해하는데 도와줄 수가 있는 사람이라는 것을 알게 되며, 결국 치료자에 의해서 제안된 것을 자신의 일부로 받아들이게 된다. 이 때 내담자는 점차적으로 좋아지고 있다는 것을 느끼면서 갈등적이고 목표 지향적인 방법으로 미술과 치료자에게 애착하게 된다고 하였다.

부가적으로 미술매체는 감각적/조작적 방법으로 본질적으로 즐거움을 주기 때문에 친화관계 설정에 더욱 유용하다. 그것들은 평가와 치료, 종료까지 치료과정의 여러 단계에서 발생한 고통을 최소화할 수 있다. 또한 내담자는 미술매체를 통해서 아직까지는 발견하지 못했지만 스스로도 자부할 수 있는 작품을 만들 수 있다는 것을 깨닫게 된다. 왜냐하면 창조적 활동은 자신에게는 보상이 되고 더 나아가서는 예술가로서 내담자 자신에게 계속적인 강화제가 되며 감각 동작적 즐거움을 넘어서서 자기 확신과 자부심을 순수하게 발전시켜 주기 때문이다. 이러한 모든 보상이 미술과정에는 본질적인 것이며 미술치료에 계속적인 또는 간헐적인 강화적 특성을 추가하게 된다. 이러한 창조적 작업과정이 내담자에게 위와 같이 연합된 행동을 계속해서 유지시켜줄 가능성을 크게 만들어 주며 창조적 과정에서 미술치료에 대한 내담자의 책임감이 시간이 지남에 따라 크게 증가하게 된다. 결국 치료자는 내담자들에게 이러한 기회를 제공하는 사람으로서 또한 긍정적인 사람으로서 보일 뿐만 아니라 그들 스스로 갖는 충분한 만족감은 친화관계를 비교적 쉽게 형성시켜주고 점차적으로 그 관계를 확고하게 만들어 준다(Rubin, 1984).

따라서 치료관계에 대한 여러 이론들을 살펴보면 바로 치료적 관계, 즉 치료자와 내담자의 신뢰롭고 친밀한 관계가 치료의 가장 중요한 치료요인이라는 것을 알 수가 있다. '관계가 치료를 한다'고 할 정도로 치료자는 치료초기에는 치료적 관계를 설정하기 위해 진단 및 평가와 더불어 많은 노력을 해야 한다. 특히 아동과 청소년을 치료해야 할 경우에는 치료초기에 그들의 치료동기를 강화하기 위해 미술치료의 장점을 크게 부각시켜야 한다. 다음은 선택적 함묵증(selective mutism) 아동으로 치료실에서 전혀 말을 하지 않았는데 미술을 통해 대화할 수 있었으며 미술매체의 자발적인 표현과 흥미를 통해 친밀한 관계를 맺을 수 있었던 사례를 소개하고자 한다.

4) 매체를 통해 치료관계를 촉진한 사례

미술매체를 통해 치료관계를 형성한 13세 된 선택적 함묵증 여자 아동의 사례를 소개하자면 다음과 같다. 아동의 주 호소 문제는 아버지의 폭력으로 행동이 많이 위축되었고 정서적으로 불안정하며 밤에 아버지에 대한 악몽으로 시달리고 평상시에도 자주 놀래고 밖에 나가서는 거의 말을 하지 않는 것이었다. 지금 현재 부모가 막 이혼한 상태이지만 그동안 아버지의 폭력과 부모의 부부싸움으로 아동은 심리적으로 많이 위축되어 있었다. 밑으로는 2살 터울의 남동생이 있고 현재 외갓집에서 외갓집 식구들과 함께 3명의 가족이 살며, 이모들과는 어려서부터 친밀한 관계를 형성해오고 있었다. 비교적 아동이 어머니와의 관계는 좋다고는 하나 어머니의 이혼으로 인한 미해결된 문제와 직장생활로 아동과 가정에서 충분한 대화나 상호작용이 거의 이루어지지 않고 있었다. 이러한 아동의 위축 증상은 2-3년 정도 되었으며 그 당시 아버지의 음주와 폭력이 본격적으로 시작될 때이고 6개월 전부터는 아버지의 그런 증상이 견디기 어려워 어머니는 이혼을 결정하였다. 아동의 임상적 진단을 해보면 선택적 함묵증(selective mutism)이라고 볼 수 있다.

선택적 함묵증의 필수증상은 다른 상황에서는 말을 잘 함에도 불구하고 말을 해야 하는 특정한 사회적 상황에서는 말을 하지 못하는 것이다(예, 학교, 놀이, 친구와 함께 있을 때-진단기준 A). 이 장애가 있는 아동들은 표준발음으로 의사를 표현하는 대신 몸짓, 고개 끄떡이기, 머리 흔들기, 몸 잡아당기기, 밀치기 등으로, 어떤 경우에는 단절음의 짧고 일정한 목소리로 어떤 경우에는 목소리의 변화로 의사를 표현한다.

선택적 함묵증의 동반되는 특징으로는 심한 부끄러움, 사회적인 어려운 상황에 대한 두려움, 사회적 위축과 철수, 매달림, 강박적 특성, 거절증, 분노발작, 통제하거나 반항하는 행동(특히 집에서)이 있다. 또한 사회적, 학업적 기능에 심한 장애가 초래되기도 한다. 또래들에 의해 놀림을 당하고 희생양이 되는 경우가 흔하다. DSM-IV(1994)의 선택적 함묵증의 진단 기준을 제시하자면 다음과 같다.

A. 다른 상황에서는 말을 할 수 있음에도 불구하고 특정한 사회적 상황에서는 지속적으로 말을 하지 못한다(예: 말하기가 요구되는 상황과 학교).
B. 장애가 학업적, 직업적 성취나 사회적 의사소통을 저해한다.
C. 장애의 기간이 적어도 1개월은 지속되어야 한다(입학 후 1개월은 포함되지 않는다).
D. 말하지 못하는 이유가 사회생활에서 요구되는 언어에 대한 지식이 없거나 그 언어에 대한 불편과 관계가 없는 것이여야 한다.

E. 장애가 의사소통장애(예: 말더듬)에 의해 잘 설명되지 않고, 광범위성 발달장애, 정신분열증, 다른 정신증적 장애의 기간 중에만 발생되는 것이 아니어야 한다.

이러한 DSM-IV(1994)의 진단기준을 참고로 아동의 치료계획을 수립하였다. 아동의 첫인상은 또래에 비해 키가 작고 어려 보였으며 얼굴 혈색이 창백하였고 몹시 긴장하고 위축되어 있었다. 치료실에 들어가자고 했더니 어머니와 떨어지려고 하지 않아 치료실에 예쁘고 재미있는 것이 많이 있으니 구경해보자고 하면서 데리고 들어갔다. 물론 묻는 말에 겨우 고개만 끄떡거렸다. 진단용 검사가 전혀 되지 않았고 "무엇을 해보고 싶은 것 있느냐" 물어보아도 아무것도 없다고 고개만 흔들었다.

솔직히 말해 이러한 선택적 함묵증 아동이 치료실에 오면 미술치료사도 힘들고 답답하지만 아동에 대한 애정과 인내를 갖고 서두르지 말아야 한다. 무엇하나도 그리려하거나 만들지 않는 아동에게 '난화구성'을 시도하였다. 파스넷(크레파스와 물감을 혼합한 것으로 매체형태는 여자들이 사용하는 립스틱모양이다)을 보여주면서 아동에게 매체에 대한 호기심을 자극하였고, 치료자와 내담자가 함께 낙서를 하고 낙서한 줄과 줄이 만난 공간을 함께 파스넷으로 칠하기 시작하였다. 그렇게 함께 난화구성을 작업하는 동안 치료자는 "정말, 대단하구나!", "참! 잘 하는구나!", "어머나, 멋져라!", "선생님보다 더 잘 하는구나!" 등의 아동을 칭찬하고 격려하는 말을 함으로써 아동의 긴장을 완화하려고 시도하였다〈그림 1-1〉.

그 다음에는 좀 과감한 낙서를 시작하였다. 치료자가 주황색 파스넷으로 시범을 보이고 내담자가 분홍색 파스넷으로 따라 하였다. 다음은 '함께 과일그림 그리기'를 하였는데 이 경우에는 치료자는 내담자보다 잘 하려고 하지 말고 약간 아동보다 못하는 척을 하면서 아동을 칭찬하고 격려해야 한다. 이렇게 해서 치료 첫 시간을 마쳤고 보호자의 말에 의하면 아동은 집에 가서 "미술치료실에 정말 가기 싫다"고 말하였다고 한다.

두 번째 시간에도 여전히 아동은 치료자와 눈을 마주치는 것을 피하였고 별로 작업하기 싫다는 표정으로 새침하게 앉아 있었다. 그래서 치료자는 미술치료실에 오기 싫어하는 그 마음을 먼저 공감해주고 다음과 같이 접근하였다.

내담자1: (무표정으로 앉아 있다)

치료자1: 여기 오기 싫었지요!, 집에서 편안하게 TV보고 놀면 좋은데, 오기 귀찮았지요? 엄마가 억지로 오자고 했지요?

내담자2: (마음을 들킨 듯 부끄러워한다)

치료자2: 선생님은 오늘 ○○가 오기만을 기다렸는데…….

내담자3: (피식 웃는다)

치료자3: ○○를 위해 이렇게 예쁜 재료를 준비하고 기다렸는데, 정말 예쁘지요?

내담자4: (부끄러워서 눈을 안 마주치려고 한다)

치료자4: 지난번에 했던 낙서를 또 한 번 해볼까요?

내담자5: (고개를 끄떡인다)

치료자5: 이번에는 낙서를 하고 그 위에 리본과 반짝이도 부쳐봅시다. 정말 재미있겠다. 한 번 해볼까요?

〈생략〉

아동이 그린 난화구성을 보면 첫 시간보다 좀 더 적극적으로 하였고 그 난화구성이 '강아지' 같다고 하면서 리본을 예쁘게 부쳤다〈그림 1-2〉. 그 난화구성을 보고 연상되는 것을 그려보자고 하였더니 '엄마와 아기 강아지'를 예쁘게 그렸다. 시간이 남아서 만다라 문양을 골라 색칠하기도 하였다. 여기까지 미술치료사는 간단한 미술매체를 통해 아동과 친밀한 관계를 맺기 위해 노력하고 "잘 한다", "대단하다", "너무, 멋지다", "어떻게 그런 생각을 했지" 등을 말함으로써 아동의 마음을 심리적으로 격려해주고 받아주고 안아주려고 했다. 사실 미술치료를 하면서 내담자는 13세 임에도 불구하고 유아수준에서 함께 놀아주면서 아동이 치료 및 치료자에 대한 안전감 및 친밀감 등을 형성하는데 초점을 두었다.

Winnicott(1971)는 아동의 발달은 환경의 영향에서 이루어지며 아동의 충분한 성숙을 위해서는 안전하고 좋은 환경이 필요하다고 했다. 안전하고 좋은 환경 중에서 생후 초기의 아기에게 가장 중요한 환경요인을 '충분히 좋은 환경(a good enough environment)'이라 하였고, 아동에 대한 어머니의 역할은 '충분히 좋은 어머니(a good enough mother)'라고 설명하였다. 즉 아동과 어머니의 관계에서 일어나는 상호작용과정이 아동의 정서적 발달에 중요하며 아기의 발달에서 어머니의 역할은 중요하다는 것이다. Winnicott(1971)의 이론은 병리적인 성격을 환경적인 실패의 결과라고 설명하고 잘못된 엄마되기는 아동의 심리적 사건을 유발하므로 재구성되어야 한다고 설명한다.

치료초기에 이러한 선택적 함묵증 아동을 대상으로 Winnicott(1971)가 언급한 이론 중에서 모성 돌봄 환경을 치료 상황에 적용해야하는데 치료와 관련된 모성 돌봄 환경은 안아주기(holding), 다루기(handling), 대상제공(object providing), 반영하기(mirroring), 놀이하기(playing), 퇴행(regression)이라 할 수 있다.

첫째, '안아주기'는 의존적인 유아가 필요로 하는 '촉진적 환경'을 만들어 주는 모성적 보살핌으로 아동에게 심리적 의미에서 지원과 지지를 제공한다. 미술치료사는 미술매체를 통해 충분한 안정성을 제공해주면서 신체적, 정신적으로 내담자를 어머니처럼 안아주기를 해야 한다(박차영, 2005). 즉 미술치료사의 역할은 미술작업을 하고 있는 내담자에게 안아주는 어머니가 되는 것인데, 심리적으로 왜곡된 발달을 가진 사람들에게 공감하고 신뢰할 수 있는 환경을 제공하는 것은 자아를 지원하게 하며 강요되지 않은 자유로운 환경은 미술치료사와의 진솔한 관계를 형성하게 하며 이런 관계 속에서 왜곡되어지고 숨기어졌던 자기가 회복되어지는 것이다.

둘째, 충분히 좋은 신체 '다루기'는 엄마의 자연스러운 기술의 하나이다. 유아는 자신을 안아주는 엄마의 손에 의해 신체의 부분들이 모아져 하나가 된다. 이러한 하나 됨은 놀이의 일종으로 신체활동에서 느끼는 즐거움의 기초가 되며, 그 안에서 개인은 끊임없이 자기를 발견하게 된다(Winnicott, 1965). 미술치료에서 '다루기'는 신체접촉을 통하여 신체적인 안락함을 느끼도록 하는 것이다. 자신의 신체를 적절하게 사용하는 손 유희와 동작이 따르는 활동과 같은 것인데, 예를 들어 핑거페인팅, 점토 만들기와 같은 신체적 활동을 통해 미술치료사와 함께 흥미를 느껴보는 것이다.

셋째, 대상이라는 단어는 사물보다 사람, 또는 사람의 부분에 더 자주 적용되며, '대상관계'는 실제적으로 인격적 관계이다(한성심, 2002). 적응적인 어머니는 유아의 욕구에 부응해 주기위해 대상을 제공해주면서 유아를 다루어 준다. 대상제공은 유아나 아기가 관심의 능력을 발달시키고자할 때 필요한 기회를 제공하는 것이고 그런 욕구에 대한 부모나 교사의 절대적인 이해이며 그것은 적절하게 시기를 맞추는 문제 및 기회를 제공하는 문제이다(Winnicott, 1971). 그러나 충분히 좋은 어머니(good enough mother)로부터 성장을 촉진하는 좋은 환경을 제공받지 못한 아동들은 건강한 자아를 발달시킬 수 없다. 이와 같은 박탈을 경험한 아동은 치료자로부터 오는 자아의 지원을 받아야 한다. 이런 아동의 치료를 위해 환경에서 자아관계성을 위한 새로운 기회를 제공해 주어야 하고 치료자는 내담자에게 좋은 대상경험을 해주어야한다(김지혜, 2004). 바로 미술치료에서도 미술치료사는 미술매체를 통해 좋은 대상경험이 형성될 수 있도록 미술치료적 환경을 조성해야 한다.

넷째, 반영하기는 영아의 초기 자기를 반영하는 것이며 상호성에서 중요한 측면이다. 아기는 엄마의 얼굴을 보면서 '자기 자신을 본다', 이것이 결여될 때 쌍방적 상호작용은 시작되지 못한다. 엄마의 얼굴에서 자기의 모습을 볼 수 없을 때 보여지는 것은 자신의 얼굴이 아니라 엄마의 얼굴이라는 생각을 가지게 된다. 시간이 흐른 후에 아기가 발달하여 성숙과정이 정교해지고 동일시가 증가할 때 아기는 엄마와 아빠의 얼굴에서 그리고 부모나 형제 관계에 있는 다른 사람의 얼굴에서 자기가 반사되어 오는 것에 덜 의존하게 된다. 초기의 엄마의 반영은 어느 정도 내면화된 환경 또는 '내적 자원'이 된다(Davis & Wallbridge, 1981). 이러한 엄마의 거울 역할은 참자기 형성에 필수적인 여건이며 돌봄에 있어 핵심적인 부분이다. 이 때 엄마가 자신의 거울이 되지 못하면 아동은 자신이 엄마의 거울이 되어 돌보는 자기를 만들고 엄마에게 자신을 맞추어 가게 되는데, 이렇게 형성된 거짓자기를 통해 아동은 창조적으로 자기를 표현하지 못하게 되고 거짓된 관계를 형성하게 되며 이것은 놀이에 그대로 반영된다(Winnicott, 1971). 따라서 미술치료에서도 미술치료사는 아동의 반응에 민감하게 반응하며 지시적이기 보다는 비지시적이어야 하고 아동의 주도를 따라 갈 수 있어야 한다. 치료에서 성공적인 반영하기는 아동의 자아인식을 촉진하고 타인인식으로 확대되어 사회성을 돕는다.

다섯째, 엄마에 대한 신뢰감은 하나의 중간 놀이터를 만들게 되는데 이 놀이터는 바로 엄마와 아기 사이 또는 엄마와 아기의 연결 속에 있는 잠재적인 공간으로서 이 속에서 놀이가 시작된다. 심리치료는 내담자와 치료자의 이러한 두 놀이 영역이 겹치는 곳에서 발생하며 함께 놀이하는 두 사람에 관련되어 있다. 결과적으로 놀이가 가능하지 않은 곳에서의 치료자와의 작업은 내담자를 놀이할 수 없는 상태로부터 놀이할 수 있는 상태로 데려오는 것이다(Winnicott, 1971). 미술치료는 다양한 재료를 탐색하는 것과 작품을 창조해내는 것으로 이루어 질 것이고 재료탐색과정은 교육이 아니라 놀이의 형태를 띠게 된다. 미술을 통한 놀이 활동은 모든 치료시간에 이루어 질 것이고 치료에 대한 긴장과 위축으로 아동의 수행수준이 낮아지면 미술작품 창조도 대부분 놀이의 특성을 띄게 된다. 이러한 놀이를 통해서 아동은 자발성을 키우면서 삶의 에너지를 얻게 된다.

여섯째, Winnicott의 이론에서는 치료과정에서 퇴행이 갖는 의미를 중시하고 치료에서 퇴행을 허용한다. 퇴행이 일어난다는 것은 환경 또는 대상에 대한 신뢰가 이루어진 것이며 아동에게 자기를 받아들여 줄 수 있는 믿음을 갖게 한다. 아기의 첫 3년 동안의 경험은 대부분 언어를 통한 것이 아니라 감각적인 경험, 상징적인 물체, 색깔, 동작 등 비언어적인 것에 의하여 이루어졌다. 대상관계이론 입장의 미술치료는 미술매체를 '중간대상'으로 사용하여 내담자를 유아시절의 상태로 안전한 퇴행을 가능하게 한다(신은하, 2003). 미술치료에서는 신체접촉으로 미술매체를 탐색하는 과정에서 퇴행을 사용한다. 따라서 미술치료에서 퇴행을 허용하는 것은 치료자에 대한 내담자의 신뢰감을 확인하여 치료자를 안전기지로 여기는 것을 가능하게 한다. 내담자에 대한 치료자의 퇴행에 대한 긍정적인 수용은 내담자가 이전에 충족되지 못한 욕구를 충족해서 긴장을 이완하게 하고 자기자신이 사랑스럽고 소중하다는 내면적인 상을 형성하게 한다(박차영, 2005).

미술치료사는 이러한 '모성 돌봄의 환경'으로 아동에게 접근하면서 아동과 정말 친밀한 관계를 형성하기 위해서 노력해야 한다. 다시 사례로 돌아가서, 치료자가 세 번째 시간에 보호자에게 물어보니까 아동이 치료실에 오는 것이 조금 재미있다고 말하였다고 한다. 아동을 위해 핑거페인팅을 준비하였고 아동은 처음 해본다고 하면서 매체에 아주 관심을 갖고 작업에 집중을 하면서 풀을 갖고 장난치듯이 손가락과 나이프로 그림을 무려 6장이나 그렸다. 여기서 드디어 아동의 마음이 표현되기 시작하였다.

세 번째 표현한 핑거페인팅 그림에서 우연히 가족을 그렸는데 아버지가 없었다. 그래서 가족을 다 그려보자고 했더니 4명의 가족들의 표정이 나온다〈그림 1-3〉. 여기서 아동은 아주 힘들게 기어가는 작은 목소리로 아버지가 싫고 무섭고 만나고 싶지 않다고 말하였으며 자신의 문제는 아버지를 싫어하고 무서워하는 것이라고 하였다. 가족들의 표정을 보면 2살 아래인 연두색으로 색칠한 남자동생은 두려워하고 있었고, 노란색인 아버지는 화를 내고 있었고, 그 아래 주황색인 어머니는 울고 있었으며, 주황색인 본인 자신은 표정을 찡그리고 있었다. 내담자는 어머니와 자신을 아버지 폭력의 희생자로 동일시하고 있었다. 다음 시간에 아버지에 대한 두려움과 무서움을 함께 표현해보자고 제의하였더니 고개를 끄떡거렸다.

네 번째 시간에 세 번째 치료시간 끝부분에 했던 아버지 이야기를 내담자에게 좀 환기해준 후에 물고기 가족화를 실시하였으며 여기서 바로 아버지 물고기의 폭력 때문에 나머지 세 마리의 물고기가 괴로워서 우는 모습을 표현하였다〈그림 1-4〉. 아버지 물고기를 두 마리 그렸는데 한 물고기는 언어적 폭력을 상징하기 위해 입에 날카로운 칼을 부쳤고, 또 한물고기는 기물을 써서 폭력을 휘두르는 모습을 상징해서 표현하였다. 아버지 물고기에 대한 느낌은 분노 그 자체를 상징하는 빨강색으로 먼저 칠하고 그 위에 두려움을 상징하는 검은색으로 덧칠을 하였다. 아버지에 대한 느낌에 대해 일련의 그림을 그렸다.

다섯 번째 치료시간에는 아버지가 꿈에 칼을 갖고 나타난다고 하였으며 그것 또한 수채화로 표현을 하였다〈그림 1-5〉. 표현하고 나서 다시는 꿈에 나나타지 않도록 아버지를 그린 종이를 가위로 자르고 마구 찢어 버렸다. 그러한 행위를 하는 동안의 아동의 표정이 아주 진지하였고 단호하였다. 다음에는 아버지가 자신을 야단칠 때 자신의 모습을 점토로 만들었다. 무릎을 꿇고 앉아서 저항도 못하고 아버지의 폭력에 희생이 되는 모습이 보는 이의 마음을 정말 아프게 하였다〈그림 1-6〉.

위 사례에서처럼 다양한 미술매체를 갖고 미술치료사는 아동과 친밀한 관계를 형성할 수 있었고 이러한 친밀한 관계를 토대로 아동은 자기 문제를 아주 자연스럽게 노출하면서 미술치료사의 도움을 받아들일 수가 있었다. 아동의 주 호소 문제 중에 하나인 아버지가 칼을 갖고 나타나 자기를 해치려는 반복되는 꿈을 아동은 여러 번 표현하였다. 꿈에서 아버지가 자신을 다시는 위협하지 않도록 계속해서 그 표현된 종이를 가위로 자르고 또 자르고 찢어 버리는 행위를 반복함으로써 점점 아버지에 대한 불안과 두려움으로부터 벗어날 수가 있었다. 그러고 난 후 더 이상 아버지가 꿈에 나타나자 않았다고 한다. 이 시기부터 아동의 표정은 밝아지고 미술치료실에 와서도 조심스럽게 자기문제를 이야기할 수 있게 되었을 뿐만 아니라 미술치료에 대한 자발성 및 주도성, 집중력 등이 조금씩 보이기 시작하였다. 미술매체를 통한 치료관계 형성에서부터 자기 문제를 드러내고 그러한 자기문제를 작품으로 전환한 일련의 치료과정을 제시하자면 〈표 1-1〉과 같다.

결국 내담자가 미술치료를 좋아하게 됨으로써 미술치료사를 신뢰하게 되었고 미술치료가 진행될수록 밝은 표정과 호기심을 갖고 들어오는 내담자의 밝은 모습이 그러한 치료적 변화를 알려 주었다. 또한 그림을 통해 부분적으로 전달되는 상처들을 잘 모아서 아동의 문제를 이해하게 되었고 아동이 함묵할 수 밖에 없었던 아픈 상처들을 공감할 수 있었다. 만약 이러한 미술치료가 없었다면 아동의 마음의 문을 열기 위해 더 많은 시간들이 소요되었을 것이다.

이렇게 매체를 통해 치료에서 제일 중요한 치료적 관계를 맺어 치료적 과정에 들어갔지만 다음과 같은 문제가 미해결된 과제로 남게 되었다. 아동의 사례공식화를 통해 아동의 문제를 이해하자면, 아동은 부모의 부부싸움으로 정서적으로 불안정되고 위축되었을 뿐만 아니라 방임되어 발달시기마다 필요한 발달 및 교육적 돌봄을 부모로부터 받지 못해 인지적으로 다른 또래들에 비해 떨어졌고, 이러한 것이 아동의 학습적 자아를 부정적으로 만들어 열등감을 갖게 하였다. 특히 아동이 초등학교에 들어가서부터는 부모의 불화가 더욱 심해져 아동이 더욱 더 신체적, 교육적, 정서적으로 방임되었다.

또한 가정에서의 불안과 위축 그리고 표현 억제는 학교에서 아동의 사회성을 위축되게 만들었고 선택적 함묵증이라는 문제로 나타나서 또래간의 상호작용을 거의 할 수 없게 만들어 버렸다. 일 년 있으면 아동은 중학교에 입학하기 때문에 학습이나 친구관계가 지금보다는 더욱 복잡하고 이차적 성징이 나타나는 등 사춘기적 발달과업을 경험해야 한다. 그러나 이러한 것을 수행하기에는 아동의 자아의 힘이 너무 약하기 때문에 치료가 장기적으로 진행되어야 하지만 그것 역시 현실적으로 제약을 받을 수 밖에 없다.

따라서 보호자의 경제적 문제로 단기로 상담할 것을 보호자와 의논했기 때문에 아동의 주호소인 아버지에 대한 두려움이 완화되었을 때 치료를 종료하기로 하였다. 미술치료를 종료할 때 다음과 같이 네 가지를 보호자에게 제안하였다. 첫째, 아동의 또래에 비해 지체된 학습문제를 해결해주는 방안으로 발달단계에 맞는 학습지 선정 또는 학원에 보낼 것. 둘째, 아동이 피아노를 배우고 싶어하므로 자신이 좋아하는 예체능 활동 한 가지 정도는 뒷받침 해줄 것과 아동을 방임하지 말고 근처 사회복지기관에 의뢰해서 여러 가지 다양한 교육활동에 참여하도록 할 것. 셋째, 어머니가 직장생활로 바쁘기는 하지만 아동에게 관심을 가져주고 대화를 많이 할 것. 그리고 아동 앞에서 아버지에 대한 부정적인 이야기는 하지 말고 만약 아버지에 대한 상처에 대해서 아동이 이야기할 경우 어머니가 감정적으로 흥분하여 아동의 상처를 강화하기보다는 상처를 보듬어줄 것. 넷째, 아동에게 심리적으로 어려운 문제가 발견하면 언제라도 다시 미술치료실에 올 것을 언급하고 미술치료를 마쳤다.

결론적으로 미술매체를 통해 12회의 단기 상담으로 아동과 친밀한 치료관계를 설정하면서 자연스럽게 아동의 문제와 감정에 접근할 수 있었고, 억압된 감정을 표현하면서 위축되고 불안한 아동의 감정이 완화되기는 하였지만, 현실적인 문제들은 앞으로 아동의 발달을 위해 보호자가 더욱 노력해서 해결해 나가야 할 과제라고 본다.

[표 1-1] 미술매체를 통해서 치료관계를 촉진한 치료사례

회기	작 품	매체에 나타난 내담자의 반응 및 치료과정
1회	 〈그림 1-1〉 난화구성1-파스넷	•치료실에 들어와서 전혀 이야기하려거나 작품도 하려고 하지 않는다. 묻는 말에 고개만 끄떡이고 부끄러워한다. 얼굴이 창백하고 위축되어 있다. •파스넷이라는 매체를 보여주고 먼저 매체에 관심을 불러 일으키고 그림에 대한 난이도가 전혀 없는 난화구성을 하였다. 이것은 치료자와 내담자가 함께 낙서를 하고나서 선과 선이 만나는 공간을 좋아하는 색으로 함께 칠하는 것이라 유치원 아동도 할 수 있는 기법이다. •아동이 치료자가 하자는 대로 겨우 따라했고 일련의 난화그림으로 치료 첫 시간을 보냈다. 〈난화를 통한 자연스러운 관계형성〉

2회	 〈그림 1-2〉 난화구성2-파스넷	•두 번째 시간에는 치료실에 들어오지 않겠다고 하지는 않았다. 지난번에 했던 난화구성을 하기로 하고 이번에는 다하고 난 뒤 제목을 생각해보라고 했더니 '강아지'라고 하였고 강아지의 눈과 리본도 부쳤다. •강아지하면 뭐가 생각나냐고 했더니 '엄마와 아기 강이지'가 생각난다고 하고 그림으로 표현하였다. •아동의 행동이 위축되고 잘 말을 하지는 않았지만 지난 시간보다 매체에 약간의 흥미를 보였다. 치료자는 아동과 함께 작업하면서 Winnicott(1971)가 말한 '모성 돌봄 환경'을 미술치료에 적용하였다. **〈모성돌봄환경을 미술치료에 적용해 난화를 통한 관계 형성〉**
3회	 〈그림 1-3〉 핑거페인팅	• 핑거페인팅을 하였다. 아동이 상당히 흥미를 보였고 일련의 그림 중에 우연히 가족에 대한 그림이 나왔다. 가족들의 표정을 보면 연두색 동생은 놀라고 있고 노란색 아버지는 화를 내고 있고 주황색 어머니는 울고 있고 아동은 슬퍼하고 있었다. •아동은 조심스럽게 자기 마음속에 있던 문제를 표현하면서 치료자에게 자신의 마음을 호소한 중요한 치료시간이었다. • 치료자는 아동에게 여기 미술치료실은 마음속에 아픈 이야기를 하는 곳이고 선생님은 그것을 도와주는 사람이라고 말하였고 다음시간에는 아버지에 대한 이야기를 해보자고 제안하였다. **〈핑거페인팅을 통해 매체의 친밀감 형성 및 긴장이완과 내면의 상처 표현〉**
4회	 〈그림 1-4〉 물고기 가족화	•물고기 가족화에서 아버지의 언어적, 신체적 폭력으로 3명의 가족들이 우는 모습을 표현하였다. 아버지 물고기의 화가 나는 모습을 빨간색으로 칠하고 그 다음에는 검은색으로 다시 칠하였다. •아버지 물고기를 두 마리로 표현하였는데, 한 마리는 언어적 폭력을 상징하고 또 한 마리는 신체적 폭력을 상징하였다. •아버지에 대한 아동의 느낌을 그림으로 표현하고 제목을 썼는데, '미움, 화, 떨림과 무서움'이라고 하였다. •치료자는 아동에게 이렇게 아버지에 대한 마음을 솔직하게 표현해주어 고맙고 그동안 마음이 많이 아파겠다고 공감해 주었다. **〈물고기 가족화를 통해 가정에서 아동의 문제의 접근과 이해〉**

5회	 〈그림 1-5〉 반복되는 꿈	• 밤마다 꿈을 꾸는데 아버지가 나타나서 칼을 휘둘러서 무섭다고 하였다. 반복되는 무서운 꿈을 수채화 물감으로 표현하였다. 아버지는 검은색으로 표현하고 전체 배경은 빨간색으로 표현하였다. 다시는 아버지가 꿈에 나타나서 칼로 위협하지 않도록 종이를 칼로 자르고 가위로 오려버렸다. 작품을 하고 난 뒤에 소감은 "속이 시원하다"고 하였다. • 몇 번 같은 작업을 치료시간마다 하였는데 그 뒤로는 아버지가 꿈에 나타나지 않았다고 한다. 치료자는 아동의 상처를 다시 재현하여 지금-여기에 미해결된 부정적 감정을 발산하고 다시 재구성하려고 시도 하였다. **〈아버지에 대한 악몽을 표현하여 아동의 문제에 직면〉**
6회	 〈그림 1-6〉 나의 모습(점토)	• 아버지가 칼을 휘두르고 폭력을 행사 할 때 실제로 아동은 어떻게 하고 있는지를 점토로 표현하였다. 어머니와 함께 무릎 꿇고 가만히 앉 아 있으며 울고 있다고 표현하였다. • 평상시에도 아버지가 나타날까봐 불안하고 전화 소리에도 깜작 놀란다고 하였다. 아동의 상처 난 마음을 보듬어 주고 충분히 공감해주었다. • 아동은 작품에 대한 집중성과 자발성과 자기 표현력 및 개방력이 점점 좋아지고 있다는 것을 알 수 있었다. **〈학대 받은 자신의 모습을 표현하고 미술치료사와의 관계를 통해 상처를 감싸주고 안아주기 작업을 실행〉**
치료 계획 및 목표	• 사례 공식화를 통해 현재 아동이 주로 느끼고 있는 아동의 위축, 불안 및 공포와 선택적 함묵증을 이해하게 되었고, 그것의 주된 원인이 바로 아버지의 폭력에 대한 상처라는 것으로 알았다. 억압된 상처를 매체를 통해 자연스럽게 표현하도록 시도하였다. • 아버지의 폭력으로 선택적 함묵증이 생겼고 그 함묵증의 2차적 장애로 학교에서의 사회성 부족과 학습장애가 있기 때문에 아동의 현실적 문제-전학, 학습, 생활지도 등도 미술치료에서 함께 다루기로 하였다. • 아동의 발달적 및 교육적 지도를 위해 어머니 상담을 실시하였다.	
아동의 치료적 장점 및 취약점	• 아동의 치료적 장점은 어머니가 아동에게 문제가 있다는 것을 발견하고 경제적으로 어려운 가정형편에도 불구하고 적극적으로 치료를 받으려고 하는 점이다. 또한 아동이 그림 작업하는 것을 좋아한다는 것이다. • 치료의 취약점은 부모의 문제로 아동이 정서적, 교육적으로 방임되어 중요한 발달시기마다 부모의 정서적 돌봄을 받지 않아 또래에 비해서 발달이 전반적으로 늦다는 점이다. 치료를 계속하는 것에 대해 보호자가 경제적 부담을 갖고 있어 아동의 문제에 비해 치료횟수를 현실적으로 단기로 제한해야 한다는 것이다. • 아동의 인지적 능력과 사회성이 떨어져 곧 중학교에 들어가면 학습문제 및 교우관계로 인해 자존감이 더욱 더 낮아질 가능성이 높다.	

치유적 요인	• 매체를 통해 Winnicott(1971)가 말한 '모성 돌봄 환경'을 적용해 치료적 친밀한 관계를 형성한 점이다. • 미술치료를 통해 Winnicott(1971)의 '지지적 환경(holding environment)'을 제공한 점이다. • 미술치료사와의 관계형성을 통해 왜곡된 대상관계를 회복한 점이다. • 미술치료사와의 신뢰로운 관계형성을 통해 자연스럽게 자기 문제를 표현하고 직면한 점이다. • 매체에 대한 흥미와 작업을 통한 성취감을 통해 자신에 대해 긍정적 경험을 통해 생산적이고 창조적 에너지를 형성한 점이다.

2. 공감적 이해의 중요성

1) 공감의 개념 및 구성요소

상담에서 중요한 개념으로 인식되고 있는 공감(empathy)이란 용어는 원래 그리스어의 'Empathia'에서 유래된 것으로 안을 뜻하는 'en'과 고통이나 열정을 뜻하는 'pathos'의 합성어로서 '안에서 고통을 느낀다'는 의미를 함축하고 있다(Barrett-Lenard, 1981). Traux(1971)는 상담자의 온정, 공감 및 순수성은 상담자의 이론적 입장에 상관없이 효율적인 상담 결과를 얻기 위해서는 기본적으로 필요한 것이라고 주장하기까지 하였는데, 이 세 가지 요인 중에서도 공감은 가장 중요한 촉진조건으로 주목되어 왔다. Gladstein(1977)도 공감은 상담초기에 그리고 상담관계를 형성하는데 중요하다고 말했으며, Bordin(1979)도 상담자자와 내담자 사이의 정서적 유대가 공감에 의해 영향을 받는다고 말하였고, Burns와 Hoeksema(1992)는 치료적 공감은 치료적 성과와 유의미한 상관이 있다고 했다.

여러 상담 및 심리치료분야에서 많은 관심과 연구의 대상이 된 공감에 대한 연구는 정신분석, 인본주의, 사회심리학 등 여러 영역에서 이루어지고 있다. 기존의 연구들은 공감을 강조되는 특성에 따라 네 가지 관점에서 정의하고 있는데 이는 인지적인 측면을 강조한 것, 정의적 측면을 강조한 것, 의사소통의 측면을 강조한 것, 복합적 요인을 강조한 것으로 구분할 수가 있다.

공감을 구성하는 인지적 요소란 공감적 정서나 행동을 이끌어내는 지적인 기제나 작용을 의미한다. Mead(1934)는 '타인의 역할을 취해보고 대안적인 관점을 취해볼 수 있는 능력'으로 공감을 정의하여 역할-취하기의 측면을 부각시켰다. 역할-취하기는 취하려는 역할내용의 특성에 따라 다시 세 가지 영역으로 구분할 수가 있다(Davis, 1994). 첫째, 지각적 역할-취하기는 주어진 어떤 대상이 물리적으로 다른 위치에 있는 사람에게는 어떻게 보일까를 상상하도록 하는 내용으로 구성되어 있고 둘째, 인지적 역할-취하기는 다른 사람의 생각, 동기, 의지 등을 추론하는 능력이며, 셋째, 정서적 역할 취하기는 다른 사람이 체험하고 있는 정서적 반응을 추론하는 능력이다.

공감의 인지적 요소에 관한 여러 학자들의 의견들을 종합하면 공감은 감정이나 동기를 인지해 내는 기능과 관련되어 있는데, 이 기능은 자기중심적 입장에서가 아닌 상대방의 입장에 서서 그 사람의 입장에 대한 '역할 취해보기'를 통하여 습득되는 보다 '타인 지향적' 개념이며, 이러한 점이 바로 공감이 대인간 갈등을 보다 상호 협력적으로 해결하는데 도움을 줄 수 있음을 시사한다.

공감의 정서적 요소란 공감에 대한 정서반응을 의미한다. 공감적 정서반응은 정서의 공유(Stoland, et al., 1971), 정서적 공명(Barrett-Lenard, 1981), 정서적 감염(Sullivan, 1953), 개인적 고통, 공감적 관심(Davis, 1980, 1983), 동정(Eistenberg & Miller, 1987)등 여러 이름으로 불리고 있다. 이와 같은 공감의 정서적 요소는 두 가지 관점으로 설명되는데, 첫째는 관찰자와 대상이 공감을 통해 같은 감정을 경험하게 되는 '정서적 감염'에 해당되는 개념이고, 두 번째 관점은 대상의 감정을 느끼되 그 대상과 분리되어 대리적으로 느낀다는 의미인 '대리적 정서'이다. 전자가 인지적 능력이나 반성적 사고가 발달하지 않은 상태에서 거의 반사적, 전염적으로 일어난다는 점에서 '원시적', '준 공감적 반응'이라면, 후자는 자기와 타인을 구분하고 그 타인의 감정을 대리적으로 느끼기 위해서는 어느 정도의 인지적 능력이 필요하다는 점에서 더욱 발전된 수준의 공감이라고 할 수 있다.

공감의 표현적(의사소통)적 요소란 내적으로 이루어진 공감이 외적으로 표현되는 것을 의미한다. 공감하는데 있어 타인의 내면적인 세계를 이해한 바를 정확하게 전달하는 것은 매우 중요한 일이다. Rogers(1959)는 공감을 '치료자가 내담자의 경험을 마치(as if) 자기 자신의 것처럼 지각하고 이해하며, 그 이해한 바를 내담자에게 전달(communicating)하는 것'이라고 정의했다. Traux와 Carkbuff(1967)는 '상대방에 대해 이해한 바를 의사소통하는 능력'이라고 하여 공감을 관계양상으로까지 그 의미를 확장시켰을 뿐만 아니라 상담자의 지각된 공감이 내담자에게 전달되어야 한다는 측면을 강조하여 공감을 '현재의 느낌에 대해 민감하고 이렇게 느낀 바를 내담자의 현재의 느낌에 조율한 언어로 전달하는 언어적 능력'이라고 정의하였다. 그러나 공감의 표현적 요소는 언어적 반응뿐만 아니라 손이나 발동작, 몸짓 등의 비언어적인 반응도 중요한 의사전달 수단으로 보아야 한다고 강조하고 있다.

2) 상담에서 공감

상담이나 심리치료에서 중요한 치유요인이 되고 있는 공감(empathy)은 상담자가 내담자의 생각, 감정, 경험에 대하여 상담자 자신의 주관적인 입장에서가 아니라 내담자의 입장에서 듣고 반응하는 것이다. 그러니까 공감은 '타인의 입장에 서게 되는 것' 또는 '타인의 눈으로 사물을 바라보는 것'이라고 할 수 있다. 그런데 공감은 상담자가 내담자에게 던져주는 단순한 하나의 언어반응이 아니라 상담자가 내담자와 '함께하는(being with) 과정(process)'이라고 보는 것이 더 정확하다. 공감에서 특히 중요한 것은 내담자의 내적 참조체계(internal frame of reference)를 이해하고 채택하는 것이다. 왜냐하면 그것은 바로 그만이 아는 자신의 내적 주관적인 세계이기 때문이다(Rogers, 1959).

이러한 공감의 중요성은 Traux와 Carkhuff(1967)에 의해 상담 및 심리치료에 핵심적인 역할을 하는 요인으로 인정되었다. 이들에 의하면 상담자는 공감적 이해를 통하여 내담자가 명백히 표현하고 있는 표면적 감정이나 사고뿐 만아니라 명백히 표현하지 못하고 있는 내담자의 내면적 감정, 사고를 이해하고 표현하여 내담자의 심층적인 자기사색을 촉진하게 한다는 것이다. 이에 근거하여 그들은 정밀 공감 척도(Accurse Empathy Scale)를 제작 연구하여 공감적 이해가 심리치료 결과와 긍정적인 관계가 있음에 대한 경험적인 증거로 제시하였다. 이런 점에서 공감은 모든 상담과정의 출발점이며 가장 중요한 필수적인 요소라 할 수 있다.

Barrett-Lenard(1981)은 공감에는 일련의 정서적인 흐름이 있으며 그 흐름에는 몇 가지 수준이 있다는 전제로 그러한 일련의 과정을 포함하는 공감의 모델을 제시하였다. 그의 모델에서는 공감을 반복되는 순환적 과정으로 파악하고 있는데 그 과정은 첫째, 내담자에게 상담자가 주의를 기울이는 과정이고 둘째, 상담자가 내적으로 공감을 경험하는 과정이고, 셋째, 상담자가 자신이 이해한 것을 표현하는 과정이고 넷째, 상담자의 표현에 의해 내담자가 이해받았음을 지각하는 과정이고 다섯째, 내담자의 피드백과 새로운 표현, 상담자의 주의집중과정이 순환적으로 진행된다.

Mearns와 Throne(1988)도 상담이 공감에서 중요한 이유를 다음과 같이 기술하였다. 첫째, 공감은 상담자가 내담자를 잘 이해하고 있다는 사실을 말해주는 것이기 때문에 이 사실이 바로 내담자의 자기 존중감(self-esteem)을 증진시킨다. 그리고 공감하려고 애쓰는 상담자의 노력 그 자체가 내담자를 존중한다는 증거로 보이기 때문에 같은 효과를 낳는다. 둘째, 경우에 따라서 공감을 통하여 내담자의 소외감을 해소시킬 수가 있다. 왜냐하면 아주 개인적인 차원에서 자기를 깊이 이해해주는 사람 앞에서 소외감을 느낄 수 없기 때문이다. 셋째, 아마도 내담자는 다른 상황에서나 다른 사람과의 관계에서 그러한 공감의 경험을 못해 보았을 것이기 때문에 이 새로운 경험을 귀히 여기고 진실로 자기를 이해해주려고 노력하는 사람이 자기 앞에 있다는 사실을 깨닫고 흐뭇하게 느끼게 될 것이다. 넷째, 정확한 공감을 통해서 내담자가 자기각성을 증진시키고 보다 깊이 있게 자기 탐색을 할 수 있도록 격려하게 된다.

따라서 이러한 공감은 상담에서 중요한 상담도구가 되고 내담자의 이해 및 성장의 촉진을 위해 상담자가 갖추어야 할 필수적인 태도 또는 기술이며 상담성과와 밀접한 관련이 있음을 시사하고 있다.

3) 미술매체를 통해 공감적 이해가 촉진된 사례

미술치료는 미술치료사가 내담자에게 미술매체를 통해 자기의 감정, 사고, 행동, 경험을 탐색하게 함으로써 내담자 스스로 자기를 이해하고 성장할 수 있는 기회를 제공하는데, 그러기 위해서는 미술치료사는 무엇보다도 내담자와 친밀한 관계를 설정해야하고 내담자에게 자신이 정확하게 공감적으로 이해받았다는 느낌을 전달해주고 느낄 수 있도록 도와주어야 한다.

이형득(1998)에 따르면 공감은 내담자의 직접적인 언어 메시지를 정확하게 알아듣는 능력뿐만 아니라 그 이면에 숨은 섬세한 비언어적 메시지를 식별하는 능력까지를 포함한다고 하였다. 그런 면에서 미술치료는 내담자가 미술치료실에 들어와서 미술매체를 선정해서 미술치료 작업과정을 거치면서 작품을 만들 때까지 모든 과정을 관찰할 수 있기 때문에 정확하게 공감적 이해를 할 수 있는 장점을 가질 수 있다.

미술치료실에 오는 대부분의 내담자들은 일반 상담에서와 마찬가지로 다른 사람들이 자신을 이해하지 못한다고 생각하거나 이제까지 공감을 못 받았거나 이해받은 경험이 매우 적은 사람들이라 치료에 대한 방어와 경계를 나타낸다. 사람들로부터 특히 가까운 가족들로부터 수용을 받아본 경험이 적은 내담자들은 심지어 미술치료사가 자신을 거부하고 무시할 것이라고 생각하며 자기를 들어내기를 주저한다. 이렇게 따뜻하게 수용을 받지 못한 내담자들은 아주 예민하게 치료에 반응을 할 수 있다. 이러한 내담자들에게 미술이라는 매체를 통해서 자신을 표현하게 하고 그 표현한 것을 공감하면서 충분히 그 표현한 것을 전달해주어야 한다. 이러한 과정은 치료자의 인내가 필요하며 무엇보다도 내담자에 대한 애정을 가져야 공감이 자연스럽게 이루어진다.

미술매체를 통해 공감한 사례를 소개하자면 20대 중반의 여성 내담자가 왔는데 본인이 직접 의뢰한 것이 아니라 어머니를 통해 우울증을 주 호소로 의뢰되었다. 치료초기에는 사실 미술치료실에 왜 왔는지 자신이 무슨 문제로 미술치료를 받는지 조차도 표현할 수가 없었다. 또 미술치료에 대한 기대도 이야기할 수 없을 정도로 상당히 자기표현이 억압되어 있어서 표현

자체가 어렵고 불편하였다. 현재 부모님과 함께 살고 있으며 10년 동안 친밀한 대인관계를 경험한 적이 거의 없고 현재 친구가 하나도 없으며 만나는 사람들은 오직 가족들뿐임에도 불구하고 가정에서도 실제적인 대화가 거의 이루어지지 않고 있었다. 지금 현재 대인관계 공포 및 불안감을 가져 사회활동을 거의 할 수가 없고 사람들 만나는 그 자체를 두려워하고 있었다.

미술치료실에 와서도 자기 자신에 대한 이야기를 언어로 표현하는 것을 너무 힘들어 하여서 그림으로 자신의 감정 상태를 좀 더 편안하게 표현하도록 유도하였다. 처음에는 크레파스를 제시하였더니 내담자가 너무 완벽하게 표현하려는 것에 대한 압박으로 힘들어하는 것 같아 부드럽게 표현할 수 있는 파스넷(크레파스와 그림물감의 혼합)으로 사용하였다. 미술이라는 매체를 통해 언어로 표현할 수 없는 자신의 감정을 그림으로 외현화함으로써 서로 공감할 수 있는 심리적 공간을 만들고 싶었다. 작품을 통해 내담자의 감정 상태를 이해하기 위한 대화내용을 보면 다음과 같다〈그림 1-7〉.

치료자 1: 사람들을 만날 때 느낌이 어떠한데요?
내담자 1: 어어, 잘 모르겠어요(침묵).
치료자 2: 말로 하기가 어려운 가봐요.
내담자 2: 네.
치료자 3: 표현하기가 어려우면 그림으로 표현해볼까요?
내담자 3: 어떻게요?
치료자 4: (파스넷을 꺼내며) 이런 매체 본 적이 있어요?
내담자 4: 아니요. 뭐에요?
치료자 5: 크레파스와 물감을 혼합한 것인데 아주 느낌이 부드러워요. 요즈음 최근에 나왔기 때문에 초등학교 다닐 때 구경 못 했을거에요. 한번 써 볼래요?
내담자 5: (한번 선을 그어보면서) 부드럽네요.
치료자 6: 부드럽지요. 그럼, 부담 갖지 말고 사람들 만날 때 그 느낌이 어떠한지 편안하게 한번 표현해볼래요? 할 수 있을 것 같아요?
내담자 6: 고개를 끄떡이며 8절지 도화지에 조용히 표현을 해본다.(약 15분경과)생략.
치료자 7: 야!! 멋있네요. 색감이 좋아요.
내담자 7: (멋쩍게 웃는다)
치료자 8: 그럼, 이 그림에 대해서 편안하게 이야기해줄래요? 우선, 그림에 대한 전체 느낌은 어떤 것 같아요?

내담자 8: 여기 틀이 보여요. 벽과 같은 틀이 보여요. 이렇게 표현하려고 하지 않았는데 정말 벽이 많네요.

치료자 9: 그러네요. 정말 벽이 많네요. 특히 검은 색 벽이 많은데 그 검은색 벽이 무엇을 의미해요?

내담자 9: (침묵 20초 정도) 사람들 사이에서 벽을 느껴요.

치료자10: 사람들 사이에서 딱딱한 벽을 느껴요? 저런!! 벽이 많아 답답하겠네요.
그 벽에 대한 느낌이 지금 어때요?

내담자10: (침묵 20초 정도) 무서워요.

치료자11: 무서워요? 저런…….

내담자11: 네, 그래서 여기 시커멓게 표현했어요.

치료자12: 정말 검은색이 곳곳에 있네요. 사람들이 많이 두렵고 무서웠군요.

내담자12: 네, 두렵고 무섭고 사람들만 보면 마음이 벽처럼 굳어지는 것 같아요.

치료자13: 그런 마음 때문에 사람들에게 다가가기가 어려웠군요.

내담자13: 네, 몸과 마음이 굳어져서 무슨 말을 어떻게 해야 할지 모르겠어요.

치료자14: 그랬군요. 그래서 몸이 굳었군요! 그런데 여기 벽들은 따뜻한 색이 더 많네요.

내담자14: 어! 그러네요. (왜 그럴까요?) 사람들이 두렵지만 나도 그들에게 다가가고 싶은가 봐요.

치료자15: 따뜻한 색으로 칠한 부분이 많은 것을 보니까 그런 마음이 많은가 봐요.
사람들하고 친하게 지내고 싶은 마음을 오랫동안 억누르고 살아왔으니 그동안 참 많이 외롭고 지쳤겠어요.

내담자16: (눈물을 글썽인다)

치료자17: 그동안 많이 힘들었네요.

내담자17: (눈물이 주르륵 흘리면서 운다)

치료자18: 오늘 이렇게 그림을 통해 자신의 마음을 표현해주어서 정말 고마워요(생략).

이렇게 미술을 통해 내담자의 마음에 접근할 수 있었으며 미술에 나타난 형태와 색을 통해 자유롭게 연상하면서 내담자의 감정을 탐색할 수 있었다. 공감적 경청을 통해 '사람들 사이에 무섭고 두려운 감정'을 이해를 할 수 있었으며 이러한 정확한 공감적 이해를 통해 내담자의 감정을 유발할 수 있었다. 내담자가 표현하는 것을 조심스럽게 듣고 내담자의 감정과 핵심 메시지를 파악해서 내담자에게 반영해주려고 하였고 내담자의 감정을 명료화해서 전달해주려고 계속 시도하였다.

Teyber(2000)는 원 가족으로부터 자신의 감정을 지속적으로 타당화 받지 못한 경험은 내담자에게 심대한 영향을 주는데 이러한 영향은 상당히 오랫동안 지속된다고 한다. 내담자가 자신의 관심사나 감정을 이야기할 때 가족들은 아예 반응을 하지 않았거나 주제를 바꾸어 버렸을 것이다. 변화를 위해 치료자가 할 수 있는 가장 중요한 일은 내담자의 감정을 확인하고 수용하는 것이다.

지속적인 경험의 부정은 내담자들로 하여금 진정 무엇이 자신에 일어났는지, 그 일의 주관적인 의미는 무엇인지에 대해 확신하지 못하게 한다. 그들은 자신을 불편하게 하는 것이 무엇인지를 인식하지 못한다. 이런 사람들은 자신의 경험을 이야기하는데 필요한 적절한 용어를 찾지 못한다. 주관적인 경험이 지속적으로 부정되면 내담자들은 자신이 무엇을 느끼고 있는지, 무엇을 좋아하고 무엇에 가치를 두는지 또는 무엇을 하기 원하는지 등에 대해 거의 알지 못한다. 이렇게 분화되지 않은 감정 상태는 치료자가 지속적으로 내담자의 경험을 존중하고 수용하면 점점 명확한 감정 상태로 드러나고 이에 따라 개인으로서의 유능감도 증진된다. 내담자를 수용하고 그들의 자아 효능감을 지지하기 위해 치료자는 잘 듣고, 내담자에게 문제가 되는 것이면 무엇이든지 심각하게 받아들이며, 내담자가 말한 바에 대한 이해를 충실히 전달해야 한다(Teyber, 2000).

앞서 이야기한 내담자는 그림을 통해 자신의 감정을 조금씩 지각하면서 표현하기 시작하였다. 그러한 감정표현을 통해 자신을 어렵게 이해하면서 자신의 문제에 직면하기 시작하였다. 사실, 치료 초기에는 "나도 내 감정을 잘 몰라요", "말하려는 순간 잊어버려요", "머리가 텅 빈 것 같아요", "정말 잘 기억이 안 나요", "지난 주에 무슨 말을 했더라", "어린 시절 기억이 생각 안 나요" 등등 자신의 답답한 마음을 표현하였는데 이러한 표현도 사실 어느 정도 치료가 진행되면서 나온 표현이라고 볼 수 있다. 내담자가 자신의 감정에 대해 혼란스러하고 답답해할 때 그것을 그림으로 표현하였는데, 치료가 진행될수록 좀 더 자기 자신의 감정에 집중할 수 있도록 만다라를 적용해보기로 하였다.

만다라(Mandala)는 인도 고대어인 산스크리트어에서 원상(圓相)이라는 의미를 가지고 있다. '만다(manda)'는 '중심' 또는 '본질'을 의미하는 접두어이고 '라(la)'는 '소유' 또는 '성취'를 의미하는 접미사이다. 즉 중심과 본질을 얻는 것, 마음속에 참됨을 갖추고 있거나 본질을 원만히 하는 것이라고 정의할 수 있다(홍윤식, 1991).

Jung은 만다라를 심리적 입장에서 정의하였으며 그는 만다라를 '개성화 과정의 그림(figure of individuation process)'이라고 정의하였다. Jung은 모든 만다라가 완전한 개성화의 표현은 아니더라도 인간이 자기실현의 성취과정에서 야기되는 혼란을 심리적으로 치유하려는 동기에서 발생한 것이라고 하였다. 그는 만다라를 그리는 것은 인간의 내부에서 활발하게 움직이는 능동적 상상이며, 이러한 상상은 바로 자기 자신이다. 능동적 상상에 의한 그림이란 무의식의 깊은 곳에 있는 심상을 자신의 의식으로 끌어내어 표현하는 것이다. 이처럼 무의식적으로 만다라를 그리는 현상은 인간에게 내적 기쁨, 내적 질서, 생명의 의미를 되찾아 주게 된다(김성민, 1998 재인용).

우리가 만다라를 제작한다는 것은 그 순간의 우리가 누구인지를 보여주는 개인적인 상징을 만드는 것이라고 할 수 있으며 동그라미에서 우리의 갈등부분을 만드는 것이라고 할 수 있다. 만다라를 통해 동그라미에서 우리의 갈등부분을 수용 또는 초청하는 모습이 나타난다. 만다라를 그리는 동안 우리 내면세계의 갈등은 만다라를 통하여 상징적으로 표현되고 바깥세계로 투사하여 객관화시키는 것이다. 또 일원상 속에 그림을 그리는 행위자체가 화합의 느낌을 가져다 줄 수 있다는 점이 치료적이라고 할 수 있다(정여주, 2001).

이러한 만다라의 장점들 때문에 내담자에게 자신의 문제와 감정에 좀 더 집중할 수 있도록 만다라를 적용하였고, 다음 만다라 그림은 그러한 내담자의 양가적인 감정을 잘 드러내주고 있으며 대화내용을 간단히 기술자면 다음과 같다〈그림 1-9〉.

치료자 1: 오늘 지금 현재 내 마음을 표현해볼까요?

내담자 1: 어렵네요.

치료자 2: 마음을 표현한다는 것이 어렵지요.

내담자 2: 침묵

치료자 3: 그냥 현재 내가 느끼는 마음을 생각나는 대로 색으로 표현하면 되요. 지난번에 아주 잘해서 기분이 좋았어요. 어땠어요, 그림으로 나를 표현한다는 것이?

내담자 3: 침묵

치료자 4: 그럼, 이것은 만다라니까 잠시 명상을 하고 시작하는 것이 좋겠네요.

내담자 4: 음악을 들으면서 명상을 5분간 하고 난 다음 파스넷으로 색칠하면서 그림을 완성한다(약 10분간 소요).

치료자 5: (그림을 보면서) 와! 빨간색과 파란색이 함께 있네요. 빨간색과 파란색이 무엇을 의미하는지 궁금하네요. 이야기해 줄 수 있겠어요?

내담자 5: 그냥 해본 건데…….

치료자 6: 빨간색과 파란색이 상당히 대조를 이루네요.

내담자 6: 이게 내 마음인 것 같아요. 빨간색과 파란색이…….

치료자 7: 그래요. 이렇게 대조되는 것이 ㅇㅇ씨 마음이네요.
그럼, 빨간색은 무엇을 나타낼까요.

내담자 7: 나의 열정인 것 같아요.

치료자 8: 열정!! 멋지네요. 무슨 열정일까요.

내담자 8: 내 인생에 대한 열정과 사랑이 있었나 봐요. 내안에

치료자 9: 와!! 열정과 사랑이 원에 반을 차지하네요.

내담자 9: 그러네요. 정말 반을 차지하네요.

치료자10: ㅇㅇ씨가 그동안 자기인생을 사랑하는 마음이 많았네요.

내담자10: (한숨을 쉬며) 네 많았나 봐요. 그림을 보니까 그러네요. 사실 많았는데, 몰랐던 것 같아요. 꿈이 많았는데 잘 이루어지지 않았어요. 잘하고 싶었는데 현실에서 잘 안 됐어요.

치료자11: 꿈은 많았는데 현실에서 잘 이루어지지 않아 속상했겠네요. 그럼 현실에서 잘 이루어지지 않은 것들을 구체적으로 이야기할 수 있나요.

내담자11: 너무 유치하고 하찮아서 이야기할 필요를 못 느끼는데요.

치료자12: 유치하고 하찮은 이야기라도 중요한 경우가 많지요.

내담자12: 그래요. 지금은 말 못하겠어요. 머리에서 정리가 잘 안 돼요.

치료자13: 머리에서 정리가 안 될 때는 말하기가 힘들군요.

내담자13: 머리가 아파요.

치료자14: 머리가 아프면 말이 더욱 안 나오네요.

내담자14: 네 그런 것 같아요. 여기 파란색이 사람들로부터 받은 상처와 그것들 때문에 생긴 나의 우울한 마음이에요.

치료자15: 우울한 마음도 많았네요.

내담자15: 우울한 마음은 항상 있어요(생략).

내담자는 항상 미술치료시간 초기에는 몸이 경직되어 있고 자신에 대해 표현하는 것을 어려워하면서 늘 처음 상담하는 사람과 같은 낯선 자세로 있었다. 미술치료에서 조금만 구체적으로 문제에 접근하면 "모른다", "생각 안 난다", "머리가 아프다" 하면서 저항을 하고 자기문제를 조금만 직면하면 "미술치료하고 나서 집에 가서 계속해서 우울했다"고 하였다. 조금 더 솔직하게 이야기할 것을 부탁하면 너무 오랫동안 머리에서 정리해서 말하는 습관이 있어 그것이

잘 쉽게 표현이 되지를 않았다. 정말 미술치료가 너무 조심스러웠지만 서두르지 않기로 하고 그런 내담자의 마음을 공감하기로 하였다.

그림을 통해 정말 아주 조금씩 마음의 문을 열고 표현하였는데 계속되는 대화내용을 축약하면 자신을 사랑하는 마음과 자신을 경멸하는 마음(파란색) 두마음이 항상 공존해서 상당히 혼란스럽다고 하였다. 분명히 자신을 믿고 신뢰하는 마음과 자신을 비하하고 학대하는 마음이 늘 함께 있고 파란 기운이 빨간 기운을 자꾸만 억눌러 어쩔 때는 섞여지면 회색이 되어버린다고 하였다. 그 마음은 한없는 우울과 절망감과 그에 따르는 상처라고 하였다. 이러한 회색의 마음이 오래 갈 때는 아무 것도 하기 싫어지면서 무기력해진다고 하였다〈그림 1-10〉.

내담자의 생육사를 보면 내담자는 지방에서 도시로 전학하고 나서 거의 10년 넘게 자신의 감정을 억압해왔고 표현을 하지 않았으며 가족들과도 대화를 나누지 않았고 학교생활이 힘들 때 자기 스스로 처리하고 혼자 고민하였다. 도시로 전학 와서 부모님은 더욱 바빠지게 되었고 학교에서는 약간의 집단 괴롭힘도 받았다. 심리적으로 어려울 때 누군가와 의논할 생각을 못했고, 주변의 가족들은 '조용한 아이', '내성적인 애', '수줍고 낯가림 잘 하는 아이', '자기 일 알아서 하는 아이' 등으로 그저 무심하게만 바라보았다. 내담자는 그 오랜 세월 '내가 알아서 해야지' 하면서 버티어 오다가 6개월 전부터는 머리가 멍해져 아무것도 할 수 없는 상태가 되어 보호자에게 이야기를 하고나서 미술치료실에 오게 되었다. 그동안 혼자서 도시로 오기 전에 옛날 어린 시절 지방에서 그래도 '잘 나가던 자기 자신'을 찾으려고 여러 가지를 시도하였지만 모두 실패와 좌절로 끝났다. 거의 10년 넘게 학교, 일, 사회관계 등 모두가 제대로 되지 않았다.

미술치료를 통해 내담자의 혼란스러운 마음, 억압된 감정들을 그림으로 표현해서 말로 이야기하도록 유도하였고 미술치료사는 그것을 충분히 이해하고 공감하면서 자신의 잊어버린 감정들을 찾게 해주었다. 잊어버린 감정들을 찾는다는 것은 다시 말해 오랜 시간 억압된 감정들을 표현한다는 것이고, 그것은 곧 자기를 찾게 해주는 기회가 되었을 것이라고 생각한다. 미술치료과정에 대해서는 〈표 1-2〉에 자세히 정리되어 있다.

〈표 1-2〉 미술매체를 통해서 공감적 이해가 촉진된 사례

회기	작 품	매체에 나타난 내담자의 반응 및 치료과정
치료 초기	 〈그림 1-7〉 나의 문제	•대인관계 불안이 있어 자신의 이야기를 자유롭게 하지 못하고 경직되어 있어 크레파스로 자신의 마음을 표현하라고 하니까 너무 완벽하게 하려고 하여 결국 작품을 완성하지 못하였다. •내담자의 문제는 좌절과 실패에 대해 매우 민감한데, 미술치료실에서 크레파스매체를 통해 또 한 번의 좌절감을 경험하게 되었다. •다음 치료시간에는 크레파스보다 쉽게 할 수 있는 파스넷을 조심스럽게 권유하였다. 그림의 벽과 검은색은 대인관계에 대한 공포와 장벽을 빨간색은 사람들과 친해지고 싶은 마음을 표현하였다. •미술치료를 통해 색, 형태, 작업과정 및 작품에 대해 대화를 나누고 충분히 공감해주었다. **〈그림의 검정색을 통해 내담자의 좌절감을 충분히 공감〉**
치료 중기 1	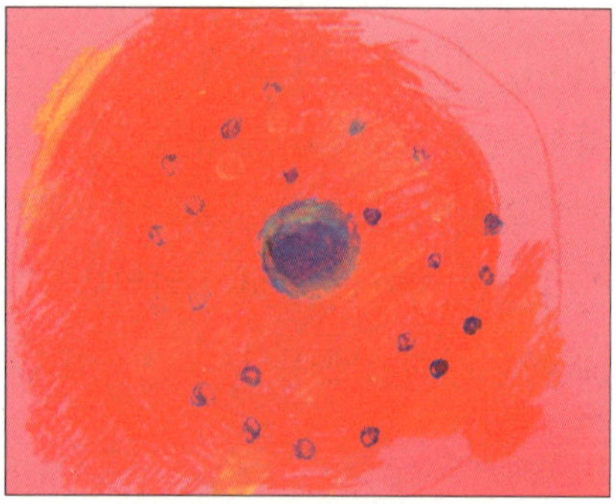 〈그림 1-8〉 나의 마음 상태	•답답한 자신의 마음을 표현하였다. 내부에 열정은 많은 것 같은데 우울한 마음이 중심의 핵을 이루고 있고 마음 전체에 퍼져 있어서 무언가를 시도하기가 겁이 난다고 하였다. •자신의 큰 결점은 항상 생각으로만 하고 실행하지 못하는 것인데 작품 역시 미완성으로 표현하였다. •본 작품을 통해 그동안 실패와 좌절에 대한 이야기를 들으면서 무조건적인 존중적 태도로 공감해주었다. **〈작품을 통해 내담자의 마음을 무조건적으로 존중〉**
치료 중기 2	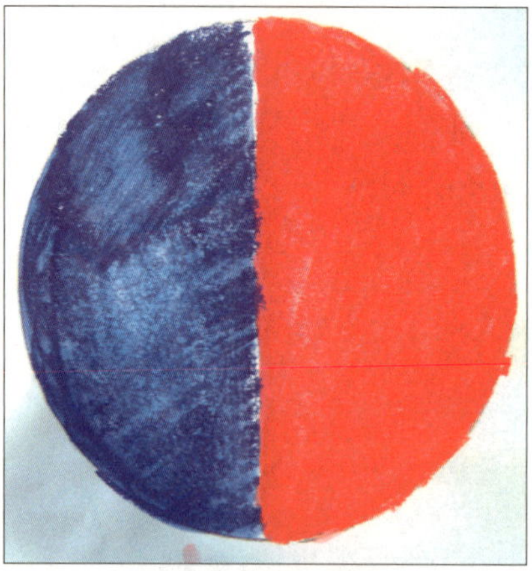 〈그림 1-9〉 갈등	•5분간의 명상을 통해 몸을 이완하고 자신의 문제를 만다라에 초청했다. 제목은 '갈등' 인데 양극화된 자신의 마음을 표현하였다. •빨간색은 자신의 삶에 대한 열정, 파란색 마음은 그동안 사람들에게 받은 상처와 실패한 경험에 대한 것들이 우울한 마음으로 나타났다. •만다라를 통해 내담자에게 이런 두 마음이 존재한다는 사실을 명료화해주었고 시각화하여 객관적으로 보게 해주었으며 공감해주었다. **〈내담자의 갈등을 만다라를 통해 표현하게 하고 그 표현을 존중하고 공감〉**

<table>
<tr><td>치료 중기 3</td><td>
〈그림 1-10〉 절망과 우울</td><td>• 지난 시간에 그린 만다라를 보여주고 5분간 명상을 하고 연상되는 대로 그려보라고 하였다.
• 빨간색과 파란색이 합쳐지면 회색으로 한없는 우울과 절망감이 든다고 하였다.
• 우울할 때와 절망할 때의 마음을 공감해주었고 왜 그런 감정에 빠져있는지 그 원인에 대해 조심스럽게 탐색을 하였다.

〈내담자의 우울한 마음을 공감〉</td></tr>
<tr><td>치료 중기 4</td><td>
〈그림 1-11〉 삶에 대한 열정</td><td>• 역시 지난 시간에 그린 만다라를 보여주고 5분간 명상을 하고 연상되는 데로 그려보라고 하였다.
• 이번에는 자신의 삶을 다시 찾고 싶은 마음을 표현하여 많이 지지해주었다.
• 미술치료에 대한 동기를 강화해주었고 그런 마음을 가질 수 있다는 것에 격려를 해주었다.

〈만다라 안의 따뜻한 색의 표현을 공감해주고 내담자의 삶의 에너지를 지지〉</td></tr>
<tr><td>치료 계획 및 목표</td><td colspan="2">• 치료초기에 대인관계에 불안이 있어 방어가 심하고 긴장, 경직되어 있고 자기표현을 잘하지 못해 언어적 상담에 제한을 받아 미술치료를 적용하기로 하였다.
• 자유화와 만다라로 적용하기로 하고 매체는 부드러운 파스넷으로 접근하였다.
• Rogers가 말하는 공감(empathy), 무조건적인 긍정적 배려(unconditioned positive regard), 진실성(genuineness) 이 세 가지를 강조하였고 대상관계에서 적용하는 투사적 동일시도 사용하여 내담자의 마음을 미술치료사가 대신 명료화해서 읽어주려고 하였다.
• 주호소는 대인관계 공포였지만 치료목표는 자기이해 및 자기표현이고, 서두르지 말고 아주 천천히 상담을 진행하기로 하였다.</td></tr>
<tr><td>내담자의 치료적 장점 및 취약점</td><td colspan="2">• 치료적 장점은 어머니께서 상담에 적극적이고 가정경제 수준이 높아 치료비에 압박을 덜 받는 것이었고, 치료자를 신뢰하고 일주일에 성실하게 치료실에 방문하는 것이었다.
• 치료적 취약점은 내담자의 사회적 공포증이 10년이나 넘었고 그동안 전문적인 치료를 체계적으로 받지 못하였다는 점이다. 이는 내담자의 문제가 너무 장기적으로 고착화되었다는 점을 시사한다. 어머니와 분리 개별화과정이 전혀 안 되어 있고, 어머니가 내담자의 문제를 정확히 이해하지 못하고 현실적인 압박-결혼, 취업, 공부를 한다는 것이 치료적 부담으로 작용하였다.</td></tr>
</table>

치유 요인	• 내담자의 마음을 충분히 공감적으로 정확히 이해하고 내담자에게 부담스러운 크레파스 매체에서 파스넷 매체로 바꾸어주면서 미술로 자기표현을 할 수 있도록 유도한 점이다. • 명상을 하고 긴장을 이완하면서 만다라를 통해 자신의 문제를 초점화하고 시각화하여 자연스럽게 자신의 문제에 접근하였다. • 치료자가 투사적 동일시를 적용하면서 내담자의 마음을 공감하고 표현한 것이 치료의 기폭제가 되었다. • 색채를 통해 내담자의 잠재적인 창조적 에너지를 표현하도록 해주고 지지 및 격려를 보내점이 치료적 성과를 가져다 주었다.

3. 감정표현의 중요성

1) 상담에서 감정표현

정신분석이나 심리치료에서 받아들여지고 있는 여러 이론들에서는 개인의 정신적, 신체적 증후는 자신의 감정을 적절하게 표현하지 못하는 것이 원인이 되어 나타나는 것으로 보고 있다. 즉 사람들은 자신의 감정에 대한 지나친 억압이나 회피 등으로 인해 자신의 내면에 일어나는 감정을 조절하지 못하고 상황에 맞게 자연스럽게 표현하지 못하면, 이것이 원인이 되어 많은 새로운 정신적, 신체적 문제를 야기하게 된다. 이는 정신신체의학의 분야에서 현재 다양하게 진행되고 있는 정신신체질환에 대한 연구들을 통해서 밝혀지고 있는 것이기도 하다.

모든 상담경험의 중요한 목표 가운데 하나는 확실히 내담자의 문제와 갈등의 중심이 되는 생각과 태도, 감정, 그리고 정서적 충동 등을 숨기지 않고 털어놓도록 만드는 것이다. 상담자는 내담자 자신이 처한 상황에서 기본적인 문제를 적절히 표현할 수 있게 하기 위해 그의 감정을 해소시켜 주는데 익숙해야만 한다. 상담관계 그 자체는 이미 말한대로 이 과정을 돕는 것이다(Rogers, 1942).

중요한 의미를 가진 문제, 괴로운 갈등, 상담이 건설적인 영역 등에 도달하는 가장 확실한 길은 자유스럽게 표현되는 그대로 내담자의 감정에 따르는 것이다. 계속되는 내담자의 문제의 핵심에는 고통스러운 감정들이 도사리고 있다. 상담을 통한 변화는 정서적인 재학습의 과정이며 이러한 변화는 상담자가 내담자의 복합적인 감정에 효과적으로 반응할 때 일어난다. 상담자가 내담자로 하여금 자기 자신에 초점을 두도록 하고 그로 인해 내담자가 자신의 내면을 들여다 볼 때 내담자 자신의 문제에 내재해 있는 복합적인 감정을 더욱 강렬히 느끼며 더욱 직접적으로 표현한다.

이러한 정서적인 과정은 내담자 문제의 감정적인 근원을 드러내주기 때문에 상담에 반드시 필요한 것이다. 한편으로 내담자는 너무 고통스럽고 수치스럽거나 해결의 희망이 없어 보이는 감정들을 피하고 싶어한다. 그래서 내담자가 드러내는 감정에 대해 상담자가 어떻게 반응하는가는 상담효과에 중요한 영향을 미치게 된다.

상담에서 변화를 촉진하는 본질적인 요소는 과거에 내담자들이 너무나 고통스러워서, 수치스러워서, 그리고 받아들일 수 없어서 참아내기 힘들었던 감정들을 통합함으로써 복합적인 정서들을 해결하도록 도와주는 것이다. 대부분의 내담자들은 그들의 삶에서 비극을 경험하였을 것이고 복합적인 정서들이 그들이 나타내는 증상과 문제에 얽혀있을 것이다. 상담자들은 다른 사람들이 이해하거나 받아들일 수 없었던 감정들에 대해 버텨주는 환경을 제공함으로써 내담자들이 문제를 해결하도록 도와준다.

비록 어려운 감정들이 내담자의 문제에 핵심적인 역할을 한다 할지라도 감정에 대한 상담자의 수용반응(affirming)은 문제의 해결과 변화를 이끌어내는 중요한 도구이다. 상담자가 제공하는 교정적 정서경험, 즉 자신을 있는 그대로 받아들여주고 언제나 자신을 보살펴주는 누군가와 교감하고 있다는 경험은 병리적인 신념과 잘못된 기대라는 구속에서 어느 정도 벗어나게 해준다. 말하자면, 융통성 없는 관계 틀이 확장되고 더 융통성 있게 변화하여 결국에는 바라는 변화가 일어나도록 하는 내담자의 능력이 신장된다. 내담자가 핵심적인 복합감정에 대해 교정적 반응을 경험하는 바로 그 순간 상담과정은 급진전된다(Teyber, 2000).

이러한 교정적 정서경험을 통해서 내담자는 치료관계 안에서 새로운 인간관계를 경험하면서 자유롭게 자신의 감정을 표현하면서 자아가 건강하게 성숙할 수 있는 기회를 갖게 된다.

자신이 느끼는 기분, 정서, 및 감정이 요구에 맞도록 적절히 표현하는 것은 개인의 생활을 심리적으로나 신체적으로 건강하게 하는데 많은 기여를 한다. 즉 정서를 표현하는 것이 긍정적인 효과를 가져다 줄 수 있다는 것이다.

2) 감정표현과 통찰

앞에서 상담 및 심리치료에서 감정표현을 강조하였는데, 사실 통찰 없는 감정표현의 조장은 내담자의 충동통제력을 약화시켜 오히려 치료를 방해한다고 하였다(이동식, 1974), 이에 Saul(1977)은 정서적 역동들이 내담자의 아동기, 현실생활 및 전이에서 나타나는 작용을 정확하게 이해하고 해석을 할 때 통찰반응이 심화된다고 하였다. 따라서 감정을 표현시키는 중요한 목적은 억압된 감정을 의식화시켜 언어로 표현할 수 있게 하며 그렇게 함으로써 자아로 하여금 유아적 충동을 인식하고 통제하게 한다. 즉 감정적 자기표현의 핵심은 통찰(깨달음)에 있고 깨달음은 감정통제의 무기가 될 수 있어야 한다. 치료시간을 감정표현만 시키는 과정으로 생각하여 통찰 없이 표현만 강조하는 사람들이 있다. 통찰 없이 감정표현만을 조장하면 내담자는 더욱 충동적으로 되어 자신을 조절할 수 없는 위험한 상태에 빠지기 쉽다. 그러므로 충동의 행동화와 자기방어에 사용했던 힘을 통찰함으로써 자신에 대한 새로운 자기상(self-image)과 자기개념을 발전시키게 된다(Raimy, 1948; Rogers, 1951).

내담자의 감정표현과 치료효과에 관한 연구에서는 치료가 진행됨에 따라 치료효과가 많은 내담자와 효과가 적은 내담자간에 감정표현에서의 변화가 다르게 나타났다고 하였다(Raimy, 1948; Rogers, 1951; Synder, 1947). Raimy(1948)는 내용 분석법(content analysis)을 이용하여 치료과정 동안에 일어나는 자기수용과 감정표현의 변화를 치료효과와 관련지어 연구를 하였다. 그 결과, 치료효과가 좋은 내담자들은 치료초기에는 부정적인 감정표현을 많이 하다가 치료가 진행됨에 따라 양가 감정적 태도를 보이고 그 이후에는 점차 자기 인정적인 표현을 많이 보여주었다. 그러나 치료효과가 좋지 않은 내담자들에게서는 치료가 진행되어도 여전히 자기 부정적이거나 양가적인 감정표현이 계속되었다. Synder(1947)도 자신이 치료한 사례들을 통해서 치료초기에 자신에 대해 부정적인 감정표현이 많이 나타났지만 치료가 진행될수록 긍정적인 감정표현으로 변화되는 경향이 명백하였다고 제시하였다. 그러나 실패사례에서는 성공사례에서보다 자신과 치료자에 대해 부정적인 감정과 양가적인 감정이 많이 표현되었고 긍정적인 표현으로 변화되지 않았다고 하였다.

미술치료에서도 매체를 통해 여러 가지 감정을 표현시키는 목적은 감정표현 후에 정화에 따른 긴장감소가 일어나고 자기 자신의 문제를 쉽게 통찰하기 때문이다. 이러한 감정표현은 통찰을 조장하여 내담자로 하여금 자신을 수용하고 긍정적인 자기상을 갖도록 해줄 수가 있다. 그러므로 치료과정에서 내담자의 감정표현을 조장하도록 하는 것은 중요한 치료 과업의 하나로 여겨진다.

3) 미술매체를 통한 감정표현

미술치료에는 여러 가지의 이론적인 입장이 있지만 크게 접근방법을 두 가지로 나누어 볼 수가 있다. 하나는 '미술'을 중시하는 입장으로 예술을 창조하는 행위자체가 치료적이라고 보는 것으로써 통합적인 발달을 통한 자아의 성장과 창작과정을 통한 감정해소의 기능과 승화를 강조하며 대표적인 연구자로는 Kramer(1971)가 있다.

즉 그림의 치료적 속성은 그림에 대한 내담자의 연상을 통하여 자기표현과 승화작용을 함으로써 자아가 성숙하는데 있다고 보았다. 미술작업을 통하여 내담자 자신의 파괴적, 반사회적 에너지를 분출함으로써 그것을 감소시키거나 전환시킨다고 주장하고 있다. 또한 내담자자는 미술작업과정에서 자신의 원시적 충동이나 환상에 접근하면서 갈등을 재 경험하고 자기훈련과 인내를 배우는 과정 속에서 그 갈등을 해결하고 통합한다는 것이다(한국미술치료학회, 1995).

다른 하나는 정신분석학적인 '치료'에 중점을 두는 것으로써 미술을 내적인 세계와 외적인 세계의 합일과 의사소통의 수단으로서 전달될 수 있는 상징적 매개체로 보는 입장으로 연구자는 Naumburg (1955)가 대표적이다. 이러한 이론적 근거에서 Naumburg는 정신 분석적 미술치료에서 미술의 장점을 다음과 같이 주장하고 있다. 첫째, 말보다는 그림으로써 자신에게 일어나는 내적 욕망이나 꿈, 환상을 직접적으로 표현하도록 한다. 둘째, 무의식을 그림으로 투사하는 것이 언어적 표현보다는 방어기능을 약화시키기 때문에 치료과정이 촉진된다. 셋째, 그림으로 나타난 것은 영속성이 있어서 내용 자체가 망각에 의해 지워지지 않으며 그 내용을 부정하기 힘들다. 넷째, 전이문제가 더 쉽게 해결된다. 즉 환자의 자율성은 자신의 그림을 해석할 수 있는 능력에 의해 고무된다고 했다.

미술치료 이론에 대한 두 가지 입장을 정리해보면 미술치료가 미술매체를 통해서 내담자에게 억압된 감정을 자유롭게 표현할 수 있는 기회를 줌으로써 치료효과를 기대한다고 볼 수가 있다. Rubin(1984)에 의하면, '미술치료는 미술매체를 통해 공간과 시간, 현실과 환상사이에 보다 안전한 제3의 공간을 제공한다'라고 하였다. 이렇게 미술치료에서의 장점은 마음속의 분노나 공격적인 감정이 있을 때에도 행동으로 하면 파괴적이고 위험한 것들이 미술을 통해서 안전하게 표현될 수 있고 그러한 부정적 감정들이 중화된다는 것이다.

그러나 여러 가지 다양한 미술매체를 통해 다양한 자신의 억압된 감정을 표현하는 것도 중요하지만, 상담 및 심리치료에서 감정표현을 시키는 중요한 이유는 감정을 표현하고 나면 그것이 생기게 된 원인을 통찰(insight)한다는 것이다.

보통 일반 정신 분석치료에서는 자유연상(free association)을 통해 마음속의 감정을 표현시키고 정화시키는 것을 중요한 치료목표로 삼는다. 자유연상의 목표는 연상내용에 있다기보다는 이들 연상들이 공통적으로 갖고 있는 정서적 요소들 간의 역동을 찾아내어 그것을 통찰케 하는데 있다(Green & Murray, 1974; Korchin, 1976; Saul, 1972).

사실 미술치료실에서 아동이나 청소년들은 가정이나 학교에서 불쾌하고 화가 났던 일들을 미술 작업 활동을 통해 표현을 하면서 자연스럽게 자신의 갈등을 드러내거나 내적인 경험들을 숨김없이 드러낸다. 크레파스, 파스넷, 그림물감 등으로 신나게 낙서를 하면서 감정을 이완하고 스트레스를 해소한다. 또한 자신의 감정을 너무 오랫동안 표현해온 것을 억제하다 보니, 대인관계가 원만하지 않고 사회로부터 소외된 성인 내담자들에게도 미술을 통해 반복적으로 자신의 감정을 끌어내는 체험적 작업이 미술치료에 효과적일 때가 많다.

예를 들어, 신문지 찢기나 점토 두드리기, 던지기, 물감 뿌리기 등 여러 가지 기법들이 내담자의 억압된 감정을 표현할 수 있는 기회를 준다. 이렇게 억압된 감정을 다양한 매체를 통해 해소하고 나면 자신에 대해서 새롭게 조망할 수 있는 시간을 갖게 되고 자신을 좀 더 객관적으로 이해할 수 있는 시간이 된다. 따라서 내담자의 감정을 쉽게 표현하도록 하기 위해서는 치료자와 내담자와의 치료적 관계가 기초가 되어야할 뿐만 아니라 여러 가지 상담전략과 치료기법이 도입되어야 할 것이다. 이런 점에서 미술치료 사례를 통해 감정표현이 어떻게 되는지 그 치료과정을 살펴보고자 한다.

4) 미술치료사례에 나타난 감정표현수준

35세 가정주부인 내담자는 자녀의 집단 괴롭힘 문제로 그녀 자신이 자녀를 잘못 키웠다는 자책으로 우울증에 빠졌는데 마음속 깊이 자신에 대한 분노, 시댁과 남편, 그리고 세상에 대한 분노가 많이 잠재해 있었다. 내담자는 미술치료에서 언어의 과도화 및 조급함을 보였고 말하는 내용이 분석적이였으며 평가적이였고 미술치료사의 말을 믿지 못하였다. 상담에서 이러한 방어를 완화시키고 자신의 억압된 감정을 표현하기 위해서 미술치료를 적용하였다. 그림 그리는 것을 부담스러워해서 만다라를 통해 자연스럽게 표현하도록 하였다.

앞에서 '미술매체를 통한 공감적 이해 및 사례'에서도 언급하였지만 만다라는 자기문제를 원 안에 초청해서 바라볼 수가 있고 이러한 점이 미술치료에서 중요한 자기문제를 좀 더 구체적으로 초점화할 수 있어서 좋다고 본다. 또한 만다라의 치유적 효과는 분열된 자신의 감정을 통합하고 생활에서 자기 자신의 내부와 외부에 대해서 균형과 조화를 이루는데 있다. 내담자는 진지하게 원안에 자신의 문제를 형상화하였고 이 만다라를 통해 자신의 감정을 표현하였으며 스스로 자신을 발견하기 시작하였다.

이에 만다라를 통한 내담자의 감정표현을 좀더 구체적으로 객관적으로 분석하기 위해서 Raimy (1948)와 Ingram(1977)의 이론을 근거로 정방자(1986)가 작성한 감정표현 분류척도를 사용하여 치료과정에서 표현된 감정을 질적으로 분류함으로써 내담자의 감정표현 변화를 살펴보았다〈표 1-3〉.

이 분류척도는 치료시간 동안 내담자가 자기 자신에 관해 표현한 반응들을 6가지 기준에 따라 분류한 것이다. 치료효과를 알아보기 위해서 30회기 치료 중 Kiesler(1964), Mintz와 Luborsky(1971), 그리고 정방자(1986)의 상담 표집 원리에 따라 10회기를 표집하여 전체회기(whole session)를 분석하였다. 표집된 회기는 1 · 2, 8 · 9, 15 · 16, 22 · 23 및 29 · 30회로서 이들을 각 2회분씩 묶어 분석에 이용하였다. 5등분된 각 단위를 구획(block)이라고 명명하였다.

사례에서 발췌한 10회분 축어록 사본에서 내담자의 모든 반응을 자기를 표현하는 문장과 자기를 표현하는 것과 무관한 문장으로 분류했다. 자기를 표현하는 문장으로 분류된 모든 반응들에 대해 상담 및 미술치료를 전공한 석사 이상의 3명의 전문가들이 감정표현 분류척도에 따라 하위범주로 분류했다. 이들 3명의 평정자들 간의 상호 일치도는 유관계수 .87 ~.90이였다.

〈표 1-3〉 감정표현 분류척도

내담자의 감정 표현	치료시간동안 내담자가 자기 자신에 관해 표현한 반응들, 특히 감정에 관한 표현
(1) 긍정적 자기표현 (positive self-reference)	• 자신에 대한 긍정적 표현: 행복, 생기발랄, 의기양양, 즐거움, 안도감, 자신감, 희망, 감사, 만족 • 자신의 감정을 수용하는 반응 • 간접적인 자기긍정표현: 괜찮다, 덜하다, 좋아진다
(2) 긍정적 타인표현 (positive other-reference)	• 타인에 대한 긍정적 표현: 관심, 연민, 감사, 존경, 돌봄, 애정 등 • 타인이 한 일을 격려하고 높이는 말을 하거나 남들과 잘 지내고자 하는 행동 • 타인을 수용하고 이해하는 말(무비판적인 태도로)
(3) 부정적 자기표현 (negative self-reference)	• 자신에 대한 적대적 비판적 반응: 자기비난, 무가치함, 실수, 잘못에 대한 자책, 후회, 부끄러움 • 자신에 대한 부정적 표현: 분노, 신경질, 답답함, 지침, 피로, 초조, 짜증, 불안, 우울, 실망, 슬픔, 고독, 낙망, 좌절, 죄의식, 두려움 • 신체적 불편감, 질병, 기타 병에 대한 호소
(4) 부정적 타인표현 (negative other-reference)	• 타인에 대한 직접적 공격표현: 비판, 분노, 반대, 비난, 무시, 미움, 질투, 경쟁, 회의, 불신 • 타인에 대한 간접적 공격적 표현: 신경 쓰임, 두려움, 부담스러움, 눈치 보임, 폐가 됨, 죄송함, 짜증, 피로 • 타인의 공격과 수모에 대해 회피하는 반응들 • 상황(사람이외)에 대한 적대적 표현: 초조, 짜증, 분노, 좌절, 피로 등
(5) 양가 감정적 표현 (ambivalent reference)	• 자신이나 타인에 대한 양가 감정적 표현(밉기도 하고 좋기도 함)
(6) 애매한 자기표현 (ambiguous self-reference)	• 긍정적 표현과 부정적 표현 중 어느 것에 넣어야 할지 애매한 반응들 • 자기표현이기는 하나 간단한 대답형식이거나 너무 단순하여 다른 분류기준에 넣기 어려운 반응들

사실 내담자는 30대 중반의 가정주부로 큰딸이 유치원에서 6개월 이상 집단 괴롭힘을 당해서 우울증에 걸렸다. 내담자는 자신에게 문제가 있다고 지각하고 미술치료를 받아 볼 것을 권

유한 미술치료사의 의견을 받아들여 30회 미술치료를 6개월간에 걸쳐 받았으며 그림을 통해 감정을 표현하고 이에 따라 자기 자신에 대해 통찰을 얻게 되었다.

내담자는 어린 시절의 첫 기억, 반복되는 꿈, 자신의 감정상태 및 딸에 대한 마음을 그림을 통해 감정을 표현함으로써 자신이 어린 시절 부모의 사랑을 받지 못했고, 학교 다니면서 생긴 열등감, 즉 키가 작고 몸이 약해서 사람들이 항상 나를 무시한다는 감정에 지배를 받고 있다는 것과, 그것이 지금 현재 자기를 닮은 큰딸에게 적개심으로 투사되고 있었다는 것을 깨달았다. 또한 시댁과 남편으로부터 무시 받는 것에 대한 보상으로 아이에게 지적인 교육만을 강조하여 좋은 대학에 보내 복수하고 싶은 욕구가 잠재해 있어, 내담자의 양육태도는 강압적이고 지배적이며, 그리고 적대적으로 될 수 밖에 없다는 것을 이해하게 되었다. 또한 아동이 키가 작고 몸이 약하다는 소리를 주위로부터 들으면 마치 자기 문제로 생각되어 자신을 닮은 딸이 더욱 미워져 혼내게 되는데, 이것이 바로 가정에서 아동에 대한 어머니의 괴롭힘이며 이것이 큰 딸이 유치원에서 또래들로부터 받은 괴롭힘보다 딸을 더욱 위축시켰다는 것을 발견하고 괴로워하였다. 새 아파트로 입주하고 나서 동네사람들이 내담자를 무시한다는 생각이 들어 밖에 안 나가고 거의 일 년 간 집에만 있었기 때문에, 4~5세에 아동에게 또래들과 어울릴 기회를 주지 못해 아동의 사회성 발달이 제한된 것도 집단 따돌림의 한 원인이 되었다는 것을 알게 되었다.

미술치료초기에는 자신의 문제를 들여다보기보다는 시댁, 남편, 부모님과 큰딸에 대한 원망과 불만, 노여움, 억울함 등을 주로 많이 표현하였고, 자기 자신에 대해서도 아주 부정적으로 거의 자학적으로 스스로를 표현하였다. 부정적이고 양가적인 감정이 충분히 표현이 되고 해소가 된 다음에 자신을 좀 더 객관적으로 볼 여유가 생기기 시작하였는데, 전체 치료과정에서 나타난 감정표현의 변화를 〈표 1-4〉에 제시하자면 다음과 같다.

〈표 1-4〉 내담자의 구획별 감정표현 반응 빈도

감정표현	I(1 · 2)	II(8 · 9)	III(15 · 16)	IV(22 · 23)	V(29 · 30)	계
	빈도(비율)	빈도(비율)	빈도(비율)	빈도(비율)	빈도(비율)	빈도(비율)
긍정적 자기표현	4(.04)	4(.03)	5(.04)	18(.19)	19(.26)	50(.10)
긍정적 타인표현	6(.06)	5(.04)	6(.05)	11(.12)	26(.35)	54(.11)
부정적 자기표현	26(.27)	39(.30)	46(.38)	31(.33)	12(.16)	154(.30)

부정적 타인표현	42(.45)	63(.49)	45(.38)	24(.26)	9(.12)	183(.36)
양가 감정적 표현	5(.05)	10(.08)	12(.10)	6(.06)	4(.05)	37(.07)
애매한 자기표현	11(.12)	8(.06)	6(.05)	4(.04)	4(.05)	33(.06)
계	94(1.00)	129(1.00)	120(1.00)	94(1.00)	74(1.00)	511(1.00)

〈표 1-4〉를 보면 긍정적 자기표현은 그 반응 빈도수가 I구획에서 4회, II구획에서 4회, III구획에서 5회, IV구획에서 18회로 III구획과 IV구획사이에서 급격히 증가하는 양상을 보이고 있다. 긍정적 타인표현도 그 반응 빈도가 I구획에서 4회, II구획에서 4회, III구획에서 5회, IV구획에서 11회로 증가하다가 V구획에서 26회로 월등하게 증가하는 것을 볼 수 있었다.

부정적 자기표현은 구획III에서 그 반응 빈도수가 46회로 가장 급격히 증가하다가 구획IV에서 31회로 구획V에서 12회로 그 반응 빈도수가 점차 감소하는 양상을 보였다. 부정적 타인표현도 구획II에서 그 반응 빈도수가 63회로 제일 우세하다가 구획III에서 45회, 구획IV에서 24회, 구획V에서 9회로 점점 감소하는 것을 볼 수 있었다.

전체적으로 보면 긍정적 표현은 치료가 진행됨에 따라 증가하고 부정적 표현은 치료가 진행됨에 따라 감소하였음을 알 수가 있었다. 부정적 감정표현의 경우 치료초기라고 할 수 있는 I구획(1 · 2)보다 II구획(8 · 9)과 III구획(15 · 16)에서 그 빈도가 월등하게 증가한 것은 치료초기에 내담자가 치료자와 신뢰관계가 덜 이루어진 상태에서 부정적 감정표현을 거의 하지 않고 억제해 있다가 II구획(8 · 9)부터는 치료자와 신뢰관계가 이루어지고 치료자가 내담자의 문제에 공감하기 시작하면서부터 억압되었던 부정적 감정 표현이 본격적으로 많이 표현되어졌다고 생각된다.

미술치료 전반부에 부정적 자기표현과 타인표현이 많은 것은 자신의 문제를 객관적으로 바로 들여다보고 인정하기보다는 타인에게 그 문제를 돌리고 책임을 전가하면서 타인과 함께 자신을 원망하려는 모습이 반영된 것으로 해석되어진다. 축어록의 치료내용을 분석해보면 치료중반인 III구획(15 · 16)부터 자기 자신과 타인에 대해 특히 가족들에 대한 긍정적인 감정표현이 증가하면서 내담자의 양육태도가 조금씩 변화된 것을 볼 수가 있었다. 적대적이고 거부적인 양육태도에서 온정적이고 애정적 · 수용적인 양육태도로 변화되어 가는 모습이 IV구획(22 · 23)부터 실제적으로 보였다.

사실 큰딸의 집단 따돌림 피해 행동도 그 때부터 점점 개선되어지는 것을 실제 임상에서 관찰할 수가 있었다. 전체 감정표현의 변화를 그림으로 나타내면 〈그림 1-12〉와 같다.

Saul(1972)과 Tarachow(1963)의 주장처럼 심리적 갈등과 증상이 적개심을 억압한 결과라고 한다면, 치료과정에서 이 감정을 표현하는 것은 중요한 치료과업이라 볼 수 있을 것이다. 적개심의 심한 억압은 성장과정에서 주위의 중요인물에게 이 감정을 표현했을 때 받은 처벌이나 비판, 부인 등이 큰 원인이 된다. 억압반응은 계속적인 학습과정을 통해 다른 대인관계에 확산이 되고 이 관계에서도 처벌받을 것이라는 무의식적 기대를 갖게 된다. 따라서 치료자는 내담자의 이 기대를 변화시키기 위해 그의 분노나 적개심에 대해 비처벌적인 방식으로 반응하고 그것을 표현하고 직면하도록 허용해야 한다(정방자, 1982). 임상에서 적개심을 쉽게 유발할 수 있는 치료기법이 개발되어져야 하는데 그런 면에서 미술을 치료매개체로 감정을 표현할 수 있는 미술치료가 효과적이라고 본다.

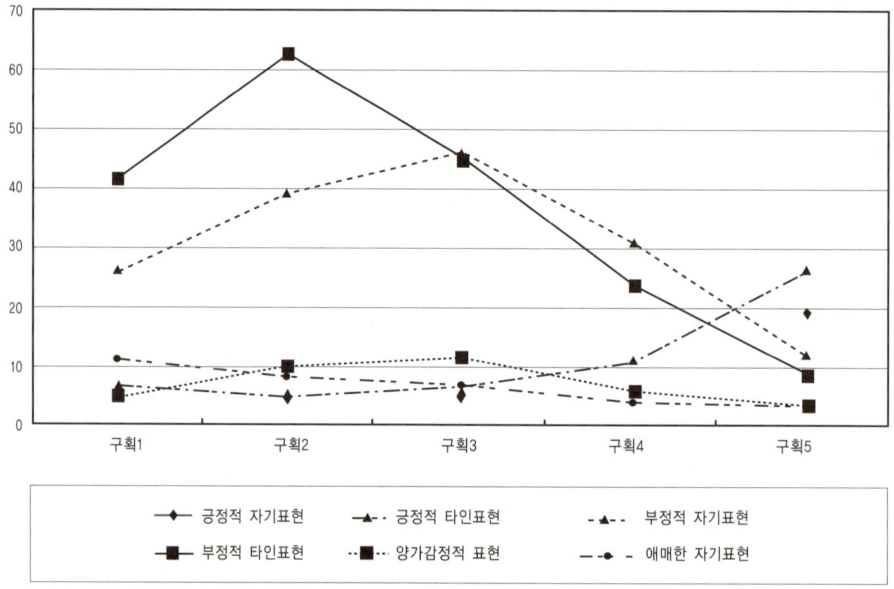

〈그림 1-12〉 내담자의 치료구획별 감정표현의 변화

본 사례에서도 내담자의 억압된 적개심을 만다라를 통해 표현할 수 있었던 것이 내담자에게 자신의 모습을 객관적으로 바라보고 이해할 수 있는 기회를 주었다. 부정적 감정을 충분히 표현하고 나니까 자연스럽게 자신과 타인에 대해 긍정적인 표현이 나오게 되었고 그동안 타인과 자신을 원망하는데 사용했던 에너지를 이제는 내담자의 가족들과 자신의 삶을 계획하는

데, 생산적인 에너지를 사용하다보니 내담자의 인생이 점점 밝아 진 것을 내담자의 얼굴표정과 행동에서, 무엇보다도 큰딸의 밝은 표정과 행동에서 발견할 수가 있었다. 미술치료과정에서 그림을 통해 내담자가 표현한 주요 감정표현을 살펴보면 〈표 1-5〉와 같다.

〈표 1-5〉 그림을 통해서 본 내담자의 주요 감정표현

작 품	그림 작품에 나타난 주요 감정표현
 〈그림 1-13〉 오락가락 내 마음	• 불안하고 감정의 기복이 심한 자기 자신을 표현하였다. • 자기감정을 스스로 통제 못하고 우울, 화, 무기력, 암담하고 참담함 등 자신이 일상에서 겪는 불안정한 감정들을 표현하였다. **〈자신에 대한 부정적 표현〉**
 〈그림 1-14〉 어린 시절 기억	• 초등학교 2학년 때 홍역을 앓았을 때 처음으로 어머니 사랑을 받았다-어머니가 아버지 대신 생업에 종사하느라고 사랑을 못 받고 외롭게 자랐다. 어린 시절 세상이 매우 춥게 느껴졌다. • 7살 때 아버지가 행패를 부리고 딸들을 무시하고 학대함-아버지의 폭력에 따른 괴로움과 분노를 표현하였다. **〈자신의 가정과 부모에 대한 부정적 표현〉**
 〈그림 1-15〉 피해망상	• 시댁식구, 동네 사람들, 유치원 자모들이 나를 무시하고 내 욕을 하고 있는 것 같다고 표현하였다. • 사람들 앞에 가면 그들이 나를 무시할까봐 너무 불안하고 위축된다. **〈타인과 자기 자신에 대한 부정적 표현〉**

〈그림 1-16〉시댁식구들에 대한 원망

- 큰 동서와 자신을 차별하는 시어머니에 대한 원망과 동서에 대한 억울함을 표현하였다.
- 시어머니가 자신의 아이가 몸이 약하다고 무시한 것에 대한 억울함 및 시댁식구와의 억울함을 표현하였다.

〈타인에 대한 부정적 표현〉

〈그림 1-17〉 부정적 양육태도

- 자신의 부족한 점을 그대로 닮은 큰딸이 불쌍하면서도 너무나 밉다.
- 학교도 들어가기 전에 집단 괴롭힘을 받아 이래 가지고 제대로 살아갈 수 있을까 걱정이 되면서 그런 딸이 원망스러워 일상에서 자꾸 질책하게 된다.

〈자기 자신과 큰딸에 대한 부정적 표현〉

〈그림 1-18〉 큰바위얼굴

- 미술치료에서 자신과 타인에 대한 부정적 표현을 많이 하면서 감정이 많이 정화되었다.
- 남편이 자신과 가정을 지켜주는 큰 바위 얼굴 같다며 남편과 자녀들에 대하여 긍정적 표현을 하게 되었다.

〈타인에 대한 긍정적 표현〉

〈그림 1-19〉 종결 작품

- 큰 딸에 대해 참회하는 마음과 함께 좀 더 애정을 갖고 바라보게 되었으며, 수용해주고 질책을 거의 안하니까 아동이 생활에서 명랑해지는 모습을 볼 수 있게 되었다.
- 큰 딸은 자신의 양육태도 변화로 건강한 꽃이 되었는데, 자신은 어렸을 때의 문제로 아직은 건강하지 못하지만 자신에 대해 긍정적으로 생각하려고 노력한다고 하였다.

〈자신과 타인에 대한 긍정적 표현〉

4. 통찰의 중요성

1) 상담 및 심리치료에서 통찰

수용적인 상담관계에서 내담자의 감정과 정서화된 태도를 자유스럽게 해소시키는 것은 필연적으로 통찰을 가져온다. 비록 해석의 기술을 조심스럽고 현명하게 이용하면 통찰의 발달이 이같은 자기이해의 범위를 넓혀주고 내용을 명료하게 해줄 수 있는 것은 사실이지만, 거의 대부분 자발적으로 이루어지는 것이다(Rogers, 1942).

내담자의 통찰은 점진적으로 발달하고 일반적으로 점점 더 의미 있는 이해로 나아간다. 그것은 예전에는 알지 못했던 관계를 새롭게 지각하는 것이고, 자기의 모든 측면을 기꺼이 수용하는 것이며, 이제야 처음으로 지각되는 목표를 선택하는 것이다.

자기에 대한 새로운 지각과 목표의 새로운 선택에 뒤이어, 이 새로운 목표를 성취하는 방향으로 움직이는 자기 주도적인 행동이 나타난다. 바로 이 단계가 비록 그 주제가 사소한 것에 불과할지라도 성장을 위해 가장 의미 있는 단계이다. 이 단계는 내담자에게 새로운 자신감과 독립심을 심어주고 이에 따른 통찰의 증가에서 비롯된 새로운 방향을 강화시켜 준다(Rogers, 1942).

심리치료는 Freud에 의해서 선을 보인 후 그동안 많은 치료접근들이 발전되어 왔다. 그러나 이런 다양한 심리치료 접근들은 치료목적에 따라 기법을 다르게 사용할 수 있다. Dewald

(1969)는 증상의 근저에 있는 무의식적이고 유아적인 심층부를 다루어 성격구조를 교정하고자 할 때는 내담자의 통찰달성을 중요시하는 기법을 택하지만, 성격구조는 그대로 두고 증상완화를 목적으로 할 때는 지지적인 기법을 주로 사용하여야 한다고 주장했다(정방자, 1985 재인용).

통찰치료의 가정 전형적인 형태로 간주되는 정신분석 또는 정신 역동적 심리치료에서의 목적은 내담자가 보다 큰 자기 이해를 통해 자기 통제를 달성하도록 돕는데 있다. 이러한 목적을 달성하기 위해 정신분석에서는 통찰 경험을 가장 중요한 것으로 간주하고 있다(Dewald, 1969). 통찰은 내담자가 자신의 정신 내적 갈등과 증상의 전 의식적이거나 무의식적인 의미를 더 깊고 넓게 의식해 가는 것이며(Dewarld, 1978; Saul, 1977), 과거의 사실을 새로운 관계에서 봄으로써 자기이해와 자기수용을 증가해 가는 것을 뜻한다(Rogers, 1951). Rogers(1951)에 의하면 통찰은 감정표현 이후에 증진되며 그 결과 내담자는 자신에 대한 지각을 변경시켜 긍정적 자기상과 자기개념을 갖게 된다고 한다. 이러한 통찰 경험은 치료자의 치료적 태도와 개입에 의하여 유발되는데, 그 중에서도 해석활동은 가장 중요한 매개체가 된다(Colby, 1951; Wolberg, 1977).

2) 통찰의 수준

통찰은 전 의식적이든 무의식적이든지 간에 정신적, 정서적 요소들이 이해되고 의식되는 과정으로서(Colby, 1951), 한꺼번에 모두 일어나는 것이 아니라 단편적으로 하나하나 일어난다. 또한 통찰은 지적인 것에서부터 완전히 정서적인 자각에 이르기까지 여러 가지 수준과 깊이가 있다(Rogers, 1951). Dewald(1969)는 통찰의 연속선상에서 볼 때, 지적 통찰은 내담자가 그전에 막연하게 알았던 자신의 생각을 수용하는 단계이며, 지적인 이해가 점차 깊어지면서 개인적 경험에서 일어나는 새로운 생각이나 개념을 정서적으로 확고하게 이해하는 단계로 발전한다고 했다. 정서적 통찰에 대한 주관적인 경험은 내담자에게 상당한 의미가 있는데, 이것은 무의식적 전의식적 갈등을 자각하지 않으려는 저항이 감소됨으로서 일어난다. 이때 자아는 그전에 경계하고 있던 충동 파생체들(drive derivatives)과 방어를 인식하고 수용하게 된다(Dewald, 1969). 많은 지적 통찰이 축적되어 정서적 통찰의 기초를 이루며, 정서적 통찰은 지적통찰보다 훨씬 생산적이고 강력하며 효과적인 행동의 수행을 초래한다(Kaplan et al., 1980). 따라서 이러한 이론에 의하면 지적 통찰만으로는 내담자의 깊은 치료적 변화를 기대할 수 없으며 지적 통찰에 적합한 정서반응과 정서경험이 수반되어야 비로소 행동상의 변화, 즉 훈습이 일어난다고 간주할 수 있다(정방자, 1998).

한편 Ellis(1963, 1979)도 성격의 변화를 가져오기 위해서는 과거에 대한 지적인 통찰만으로는 어렵고 정서적 통찰이 수반되어야 한다고 주장하면서, 통찰은 그 내용과 깊이에 따라 3부분으로 나누어 통찰의 질적 변화를 구분하였다. 제1부분은 내담자가 자기문제의 선행적 원인을 깨달아 인과관계를 파악할 수 있으나 아직은 외부적 원인을 부당하게 강조한다. 제 2부분에서는 정서적 혼란이 비록 과거의 어떤 원인 때문에 온 것은 사실이나 지금은 자기 스스로 과거에 가졌던 잘못된 신념을 계속해서 주입하고 그것을 강화하고 있다는 사실을 깨닫는다. 그러나 그 책임이 자기에게 있다는 것을 충분히 받아들이고 직면하지 않으면 또 다시 혼란이 일어날 가능성이 있다. 제3부분은 문제의 책임이 자기에게 있으므로 이를 해결하기 위해서는 비논리적인 신념을 끊임없이 살피고 그와 역행하는 행동이나 문제 해결적 태도, 결심 등을 반복해나가는 단계이다. 제3부분이 바로 치료가 진정으로 목표하는 단계라 할 수 있으며 참된 정서적 통찰이 형성되는 단계이다.

이에 정방자(1986)는 Dewald(1969)와 Ellis(1963, 1979)의 의견을 종합하여 통찰의 깊이를 4수준으로 구분하였다. 제 1수준은 문제 원인에 대한 통찰이 이루어지는 단계이고, 제2수준은 전이관계에 대한 통찰과 자기에 대한 수용을 하기 시작하는 단계이다. 제3수준은 전이 관계의 책임과 문제를 야기시키는 주원인이 자기 자신이라는 것을 자각하고 책임을 명확히 받아들이는 단계이며, 제4수준은 이상 3수준의 통찰을 기반으로 하여 자신 행동과 태도를 변경시키고자 하는 문제 해결적 태도가 나타나는 단계이다.

이상과 논의를 통해 볼 때 통찰은 그 내용이나 수준에 있어서 차이가 있는 것이 확실하다. 정방자(1986), Dewald(1969), Ellis(1979)와 Rogers(1951)등에 의하면 치료초기에는 내담자가 자신의 문제에 대한 원인 통찰, 즉 지적인 통찰을 하게 되는데, 이 상태에 계속 머물고 있어서는 치료효과를 얻기 어렵고 지적 통찰이 보다 깊은 정서적 통찰로 전환될 때 비로소 행동변화를 시도함을 알 수가 있다. 따라서 미술을 매개체로 시도한 미술치료에서 회기별로 내담자의 치료내용에 나타난 통찰수준이 어떻게 변화되는지 그 수준을 분석하고자 한다.

3) 미술치료사례에 나타난 통찰수준

미술치료는 내담자들의 무의식적인 정서적 반응들에 대한 통찰을 얻기 위한 수단으로서 자발적인 그림들을 활용한다. 무의식으로부터 방출되는 자발적인 이미지가 무엇이든지 간에 미적인 판단 없이 치료자가 수용한다고 확신할 때, Freud가 말하는 '검열관'의 거부를 피할 수 있는 이미지, 즉 말로 표현할 수 없는 방식으로 창조할 수가 있다. 금지된 충동은 그림에서 순간적으로 인식될 수 없는 시각적인 상징으로 외면화될 때 자주 일어난다. 내담자가 그림의 여러 가지 측면들을 자유롭게 연상할 때 그것들을 발견하게 되며 억압된 갈등이나 또는 말로 할 수 없는 불안을 나타내는 이미지를 상징적으로 투사하게 된다. 이러한 억압된 충동이 얼마나 상징적인 투사를 통해 '검열관'에 의해 억압으로부터 도피할 수 있다고 이해되어지기 시작할 때 바로 상당한 분리와 통찰을 얻게 된다. 자발적인 미술표현의 상징적인 중요성에 대한 그의 성장된 자각을 통해 이해될 수 있게 되며 그의 그림들은 자유연상을 통해서 그의 무의식 안에 일어나는 것들에 대한 일종의 거울로 비추어질 수 있으며, 이것이 바로 미술을 통한 통찰의 과정이 된다(Naumburg, 1966).

따라서 미술을 매개체로 한 미술치료에서 언어적 대화내용을 분석해서 내담자의 통찰수준이 치료과정을 통해 어떻게 변화되는지를 알아보고자 하였다. 특히 미술치료에서 미술을 통해 내담자의 문제와 감정을 시각화하여 보여주기 때문에 자신에 대한 통찰이 촉진되었다고 본다. 40대 초 가정주부인 내담자의 주 호소문제는 10세 된 둘째 아들이 초등학교에서 많은 아이들로부터 '상거지'라고 놀림을 받았으며 한 번씩 집단으로부터 심한 구타를 당하였고 그때 맞은 흉터가 아직도 머리에 남아 있을 정도로 괴롭힘을 많이 받았다고 하였다. 아동이 거의 2년 가까이 집단 괴롭힘을 받아 자신감이 점점 없어지고 위축되고 말도 잘 못하고 최근에는 학교에 가려고 하지를 않을 뿐만 아니라 아이들이 놀리고 괴롭히면 교실에 수업하러 들어오지 않고 오락실에 가버린다고 하였다. 아동이 집단 괴롭힘을 받고 돌아오면 내담자는 자신의 잘못 같아 죄책감이 커져서 괴롭다고 하였다. 아동에 대해서 남편의 책임이 더 큰데, 남편은 전혀 책임감을 느끼지 않아 밉고 화가 나서 부부싸움을 자주 한다고 하였다. 우선 내담자가 우울증을 호소해서 어머니치료를 받기로 하였다.

내담자의 개인력을 보면 2남 4녀 중 막내이며 부모님이 농사를 지었는데 형제들이 많아서 생활이 어려워 고등학교 진학을 못하고 공장에 취직했다가 9세 차이나는 현재의 남편을 만나 21세 때 결혼하였다. 집에서 남편이 술주정이 심하고 예의가 없다고 반대했지만 불쌍하고 연민의 정이 생겨 결혼을 했다. 반대한 결혼이었기 때문에 친정식구들에게 잘 사는 모습을 보여주려고 가족들과 친구들도 거의 만나지 않은 채 거의 10년간을 소처럼 열심히 일하면서 살았다. 결혼 생활 내내 남편의 술주정, 음주운전과 여자문제로 속을 썩여서 우울증이 생겨 정신과에 가서 약물치료도 받았다. 결국 남편이 음주운전 사고를 내고 해결해야 할 문제가 너무 많아 아이들을 버려두고 3년간 타지방으로 아무도 모르게 가출해버렸다. 그때 둘째 아이의 나이가 6세였으며 아이가 9세 될 때 돌아왔다. 가출한 3년간 남편은 더욱 방황하고 시어머니는 알코올 중독으로 아이는 제대로 돌보는 사람 없이 그냥 방치되었다. 돌아와 보니 아이의 옷도 더럽고 씻지도 않아 냄새도 났고 살림도 엉망이고 가정생활이 제대로 된 것이 하나도 없었다.

정식으로 이혼하려고 왔다가 아이들 모습에 가슴이 아파서 할 수 없이 남편과 다시 재결합하게 되었다.

위의 사례 내용을 바탕으로 내담자의 치료목표를 다음과 같이 설정하였다. 첫째, 소처럼 일하면서 고달프게 사는 자신의 모습을 객관적으로 바라보면서 그 핵심원인이 어디에 있는지 어린 시절의 부모자녀 관계를 통해 탐색한다. 둘째, 남편에 대한 억압된 적개심 및 부정적 감정을 표현하여 부부의 문제와 남편의 문제를 이해하고 현재 자신이 싫어하는 남편과 어떻게 결혼하게 되었는지 그 동기를 확실하게 이해한다. 셋째, 자신의 가출로 인해 아이의 발달에 부정적인 영향을 미쳤으며 부부의 문제로 아이를 거부/방임하게 되었다는 것을 자각하게 한다. 그러한 양육태도의 결과가 아동의 집단 괴롭힘과 어떻게 역동적으로 관계가 되는지 이해한다. 넷째, 자신의 문제를 객관적으로 이해하면서 가정에서 부부관계를 긍정적으로 개선해 나가고 아동에 대해 적극적인 관심을 가질 수 있도록 훈습한다.

미술치료를 통한 내담자의 통찰수준에 미치는 효과를 구체적으로 살펴보기 위해서 앞서 언급한 사례에서 전체 치료과정에서의 감정표현 변화를 구획별로 살펴본 것과 같은 방법을 적용하였다. 분류척도에서 통찰의 깊이를 4수준으로 구분하여 평가하였는데 이 분류척도는 내담자가 자신의 문제의 원인을 깨달아 가는 과정을 책임의식의 정도에 따라 4수준으로 분류한 것이다(정방자, 1984). 이러한 통찰수준의 변화는 치료의 효과성과 그 변화를 나타내는 중요한 지표가 되며 통찰수준 분류척도가 〈표 1-6〉에 제시되어 있다.

〈표 1-6〉 통찰수준 분류척도

단 계	통 찰 내 용
수 준 1 문제의 원인 (인과관계)에 대한 통찰	• 자신의 문제의 선행적 원인과 타인의 문제의 원인을 깨닫는 단계: 현재의 정서적 문제의 원인이 외부의 선행적 조건들(과거 현재의 가족관계, 친척, 친구, 학교, 직장) 때문이라는 것을 깨닫는다. 그러나 아직 문제의 책임이 자기에게 있다는 것을 받아들이지 않고 외부의 탓으로 돌린다. • 타인의 문제에 대한 인과관계를 이해한다.
수 준 2 전이관계에 대한 통찰 및 자기에 대한 수용	• 전이관계에 대한 자각과 자기에 대한 수용을 하기 시작하는 단계: 가족관계에서 조건화되었던 정서적 패턴이 치료자 및 과거 현재 모든 인간관계에 확산되어 있다는 것을 자각한다. 현재 문제의 책임이 자기에게 있다는 것을 어렴풋이 자각은 하나 아직 명확하게 받아들이지는 못한다. • 자신의 장점과 단점을 수용하고 자기의 것으로 받아들인다.
수 준 3 책임에 대한 자각	• 전이관계의 책임과 문제를 야기한 주원인이 자기 자신이라는 것을 자각하고 책임을 명확하게 받아들이는 단계

수준 4 문제해결적 태도	• 이상 3수준의 통찰을 기반으로 하여 자신의 행동과 태도를 변경시키고자 하는 문제 해결적 태도가 나타나는 단계: 문제의 원인을 자신이 만들었다는 것을 자각하고 자신을 변경시키고자 한다. 의사결정, 목표선택, 문제 해결적 태도가 나타난다(단, 여기서 아주 미약하거나 애매한 것은 수준 2에 포함시킨다).

전체 치료에서 발췌한 10회분 축어록 사본에서 상담 및 미술치료를 전공한 석사 이상의 3명의 평정자들이 통찰수준 분류척도에 따라 하위범주로 분류하여 그 변화과정을 구획별로 비교 측정하였다. 치료에서 통찰수준 결과는 〈표 1-7〉에 제시되었다. 〈표 1-7〉을 보면 문제 원인에 대한 통찰이 이루어지는 제 1수준의 통찰은 I구획에서 8회, II구획에서 16회, III구획에서 27회로 급격히 증가하다가 마지막 V구획에서부터는 12회로 아주 감소하는 경향을 보였다. 전이관계에 대한 통찰 및 자기에 대한 수용을 하기 시작하는 제2수준의 통찰은 II구획에서부터 15회, III구획에서는 20회, IV구획에서 32회로 점점 증가하다가가 V구획에서 25회로 약간 감소하는 양상을 보였다.

다음은 전이 관계의 책임과 문제를 야기하는 주원인이 자기 자신이라는 것을 자각하고 책임을 명확히 받아들이는 단계인 제 3수준의 통찰은 I구획에서는 2회, II구획에서는 3회, III구획에서도 3회로 나타나다가 IV구획에서부터는 12회로 갑자기 증가하면서 V구획에서 21회로 제일 높은 빈도를 보였다. 이상의 3수준의 통찰을 기반으로 하여 자신 행동과 태도를 변경시키고자 하는 문제 해결적 태도가 나타나고 훈습 단계라고 할 수 있는 제 4수준의 통찰은 치료 전반부에는 거의 나타나지 않다가 IV구획에서 7회로 증가하면서 치료 종결단계인 V구획에서는 17회로 제일 높은 빈도수를 나타내었다.

〈표 1-7〉 내담자의 구획별 통찰수준 반응 빈도

통찰수준	I(1 · 2)	II(8 · 9)	III(15 · 16)	IV(22 · 23)	V(29 · 30)	계
	빈도(비율)	빈도(비율)	빈도(비율)	빈도(비율)	빈도(비율)	빈도(비율)
수준 1	8(.67)	16(.46)	27(.52)	15(.23)	12(.16)	78(.33)
수준 2	1(.08)	15(.43)	20(.38)	32(.48)	25(.33)	93(.39)
수준 3	2(.17)	3(.09)	3(.06)	12(.18)	21(.28)	41(.17)
수준 4	1(.08)	1(.03)	2(.04)	7(.11)	17(.23)	28(.12)

계	12(1.00)	35(1.00)	52(1.00)	66(1.00)	75(1.00)	240(1.00)

전체 결과를 보면 미술치료 전반부에는 문제 원인에 대한 제 1수준의 통찰과 전이관계 및 자기에 대한 수용을 하기 시작하는 제 2수준의 통찰이 많았지만 미술치료 후반부터는 감소하는 경향을 보였다. 대신 미술치료 후반부에는 전이 관계의 책임과 문제를 야기시키는 주원인이 자기 자신이라는 것을 자각하고 책임을 명확히 받아들이는 제 3수준의 통찰과 자신의 행동과 태도를 변경시키고자 하는 문제 해결적 태도와 훈습 단계라고 볼 수 있는 제 4수준의 통찰이 점점 증가하는 경향을 보였다. 따라서 미술치료가 진행되면서 내담자의 통찰 수준이 점점 심화되는 것을 볼 수 있었으며 자신에 대한 책임자각과 실생활에서 태도가 문제 해결적으로 변화되고 있음을 알 수가 있었다. 전체 통찰수준의 변화를 그림으로 나타내면 〈그림 1-20〉과 같다.

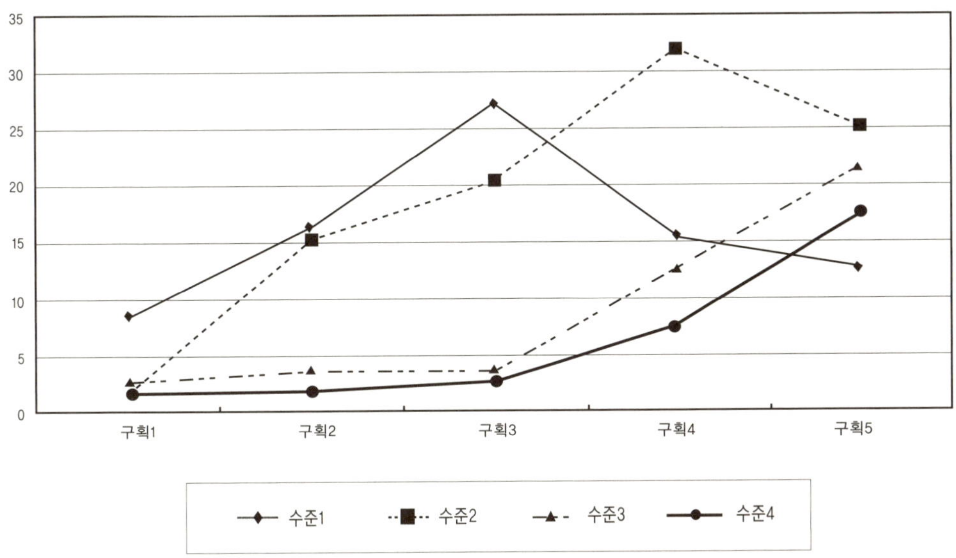

〈그림 1-20〉 내담자의 구획별 통찰수준 변화

내담자가 직접 미술치료를 받고 좋아진 점을 이야기하였는데 우선 자신의 입장에서 보면 마음이 편해졌다고 한다. 서두른다고 아이문제가 해결되는 것이 아니라 꾸준히 지속적으로 치료를 받아야 하고 아이문제에 대해 무엇보다도 절실한 책임감을 느끼게 되었다고 하였다. 미술치료받기 전에는 아이에게 어떻게 대해 주어야 할지 잘 몰라서 마음이 답답하고 불안하였다. 그리고 남편이 미워서 자주 싸웠는데 대화를 하니까 남편도 많이 가정적이 되고 아동에게 무관심하더니 조금씩 관심을 갖게 되었다. 남편이 덜 미워지니까 남편의 못나고 부족한 행동에 조금씩 마음이 담담해진다. 또 남편과 싸우기보다는 아이문제에 대해 남편에게 진지하게 이야기를 하니까 남편이 조금씩 가정 일에 협조적으로 되어갔다. 사춘기인데다가 예민하고 약간은 신경질적인 큰아들과도 대화를 하려고 노력하니까 아이가 전보다 고분고분해졌다. 가정에서 자신의 역할이 중요하다는 것을 깨달았지만 두 아들에게도 남편이 역시 필요하다는 것을 인정하게 되었다. 아이를 키우려면 어머니도 아버지도 모두 필요하고, 특히 남자이이들 키우는 데는 더욱 그러한 것 같다고 하였다.

결론적으로 내담자는 미술치료에서 집단 괴롭힘 피해 아동의 근본적인 원인과 책임이 자신에게 있다는 것을 수용하면서 자신의 양육태도가 때로는 아동을 거부하고 회피하고 있다는 사실을 통찰하였다. 이러한 통찰을 통해 자신의 문제행동과 양육태도를 변경시키려는 문제해결적 태도가 나타나면서 현실적으로 아동의 집단 괴롭힘 피해 행동이 많이 개선되어졌음을 임상에서 관찰할 수 있었다. 또한 남편과의 부부관계도 많이 긍정적으로 개선되었고, 본 미술사례연구를 통해 통찰이 치료에 중요한 수단이 된다는 것을 보여주고 있다. 미술치료과정에서 그림을 통해 내담자가 표현한 통찰수준을 살펴보면 〈표 1-8〉과 같다.

〈표 1-8〉 그림을 통한 대화에서 본 내담자의 통찰수준

작 품	통찰수준
 〈그림 1-21〉 아이에 대한 마음	• 우리 아이는 사랑이 부족하고 눈치를 잘보고 겁이 많아서 누군가 조금만 따뜻하고 친절하게 대해주어도 금방 명랑해졌다가 누가 조금만 큰소리치고 화라도 내면 금방 움츠려 든다(**통찰1 수준**). • 학교에서는 친구들이나 애들이 괴롭히고 때리고 집에 오면 아버지, 할머니, 형이 억누르고……. 화내고. 그러니까 아이가 저렇게 주눅이 들어가 말을 못한다(**통찰2 수준**).

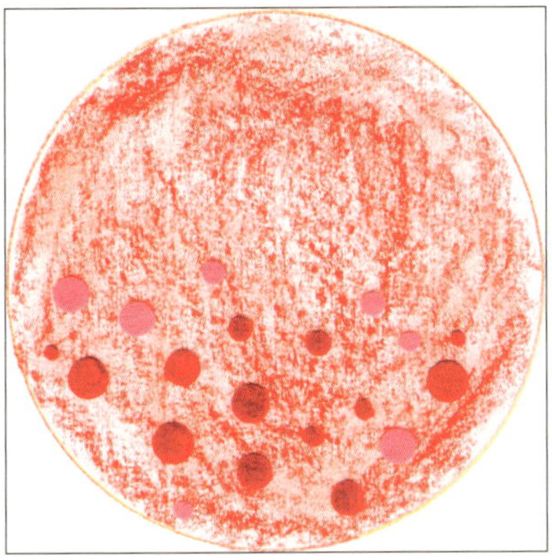

〈그림 1-22〉 엄마의 걱정과 아픔

- 학교나 유치원 갈 때 그만 자기 물건도 챙기고 준비물도 챙기고 숙제도 하고 이래야 되는데 우리 아이는 그런 일을 못한다. 옆에서 누군가 돌보아 주면서 좋은 습관이 형성되어야 하는데, 그 동안 돌보아주는 사람 없이 망아지처럼 막 자라서 그런 것 같다(**통찰1 수준**).
- 내가 이왕 참는 김에 조금만 참고 인내했더라면 아이가 저 지경이 안 되었을 텐데 내가 왜 그랬을까 후회가 된다. 거기에 대한 미안한 마음과 보상으로 아이에게 강하게 대하지를 못하고 그저 해달라는 대로 해주다 보니 아이가 버릇이 없다(**통찰2 수준**).

〈그림 1-23〉 나의 어린 시절

- 나의 어린 시절은 정말 외로웠고 나는 그것을 잊기 위해서 정말 무조건 닥치는대로 열심히 일만 했다. 우리 엄마도 소처럼 밤낮으로 열심히 일했는데 나도 우리 엄마를 닮아서 몸을 아끼지 않고 일만 했다. 그것만이 유일하게 살 길이라고 생각하였다(**통찰2 수준**).
- 없는 살림에 아버지는 무능력하고 아이들은 많고 하니까 몸이 재산이라고 그렇게 일하지 않으면 먹고 살 수가 없었던 것 같다. 가만히 나를 들여다 보니까 친정 엄마의 인생이나 내 인생이나 너무 비슷하다(**통찰2 수준**).

〈그림 1-24〉 아버지

- 우리 아버지와 같이 소심하고 내성적이고 무능력한 사람이 싫었다. 남편은 나이 차이도 많이 나고 화통하고 남자답게 생기고 든든해서 결혼했는데, 남편도 역시 무능력 했다-아버지에 대한 반발과 외로워서 결혼했지만, 남편은 아버지보다 더 심하였다(**통찰2 수준**).
- 큰 아들이 점점 아버지 알기를 우습게 알아서 어느 날 내가 남편을 무시하니까 아이가 저렇구나. 아차, 이것 내가 잘못했구나 하는 생각이 들어서 그때부터 마음을 고쳐먹고 아이들 앞에서 남편의 위신을 세워주려고 노력한다(**통찰3 수준**).

〈그림 1-25〉 가정에서 남편의 역할

- 가족 간에 대화가 중요하다는 것도 알게 되었으며 남편을 원망하기보다는 이해하려고 한다. 남편이 저렇게 다니는 것이 다 어려서 부모 사랑을 못 받아서 외롭고 허전 해서 그렇다는 것을 알게 되었다(**통찰3 수준**).
- 나는 남편의 이런 모습이 내가 결혼해서 처음으로 느끼는 모습이다. 남편이 이렇게 아이에게 관심을 가져주고 점점 가정적이 되어가니까 나의 얼어붙은 마음도 조금씩 녹기 시작하고 조금씩 남편이 든든해지려고 한다. 그러니까 말이라도 따뜻하게 나오게 되고 잘 해주게 된다(**통찰4 수준**).

〈그림 1-26〉 평화로운 가정

- 오로지 남편에게만 문제가 있는 줄 알았는데 나에게도 조금 책임이 있다는 것을 깨닫고, 이제 남편을 믿으려고 노력한다. 결혼해서부터 남편을 죄인 취급했는데, 이제는 아이들을 위해서도 그렇고 나를 위해서도 그런 짓 안하고 싶다. 내 남편과 내 아이들이 잘 되는 것이 내 행복이기 때문에 내 가족 들을 해치는 말은 하지 않겠다. 이제 내 가족을 사랑하고 아껴야 겠다(**통찰3 수준**).

〈그림 1-27〉 나의 소망

- 나에게 아무리 어려운 일이 닥쳐도 절대로 새끼들은 안 버리겠다고 맹세를 하였다. 인제 정말 자식들을 위해 살고 싶다. 그리고 실제로 최선을 다하고 싶다. 지금 노력중이다(**통찰4 수준**).
- 그래도 치료받고 이제 우리 가정이 많이 복구가 되어서 다행이다. 이제야 공장이 제대로 돌아가는 것처럼 우리 가정도 제대로 돌아가는 기분이다. 내가 변화되니까 조금씩 변화된다는 것을 느낀다. 아이와 남편의 좋아진 모습에 보람을 느낀다(**통찰4 수준**).

5. 해석의 중요성

1) 상담 및 심리치료에서 해석

해석이란 다양한 방법 가운데 한 가지 방법으로 표현되는 진술로서 내담자가 말하거나 행동한 어떤 점에 대해 치료자가 언급하는 것이다. 해석의 치료적 의도는 내담자가 피하고 있거나, 부분적으로든 전체적으로든 깨닫지 못하고 있는 내담자 자신 안의 어떤 점에 직면하도록 도와주려는데 있다. 따라서 무의식이 의식화되도록 만든다(Colby, 1951). 해석은 무의식을 의식으로 끌어올리며 내담자의 갈등과 증상의 무의식적인 의미, 원인, 인과관계와 감정, 신념 및 기타 심리적 사건들의 의미를 깨닫게 한다.

보통 상담이나 심리치료에서 사용하는 보편적인 해석은 다음 세 가지로 나누어진다(Colby, 1951). 첫째, 명료화하는 해석(clarification interpretations)은 내담자의 특별한 주제에 대한 내담자의 사고와 감정을 분명한 형태로 나타내기 위해, 또는 탐색과 해석을 더 해야 하는 내담자의 것에 내담자가 관심을 기울이게 하기 위해, 또는 내담자가 제시한 산만한 자료에서 주제를 골라내기 위해, 또는 치료자가 지금까지 이해한 것을 요약하기 위해 치료자가 내담자에게 말하는 것이다. 명료화하는 해석은 내담자에게 질문을 하거나, 가벼운 명령, 내담자가 말한 것을 단순히 다시 말하는 형식의 해석이다.

둘째, 비교하는 해석(comparison interpretations)은 치료자는 사건과 사건을, 사고와 사고를, 감정과 감정을 대비한다. 치료자가 대비하는 사건과 사건, 사고와 사고, 감정과 감정은 평행하기도 하고 대립하기도 한다. 흔히 비교되는 주제는 과거 행동과 현재 행동, 환상과 현실, 내담자의 자기(self)와 타인의 자기(self), 아동기와 성인기, 부모에 대한 태도와 친구나 배우자나 치료자에 대한 태도이다. 치료자는 반복적으로 일어나는 유사성을 강조하거나 반복적으로 일어나는 모순을 지적하기 위해 비교를 한다.

셋째, 욕구-방어적 해석(wish-defense interpretations)은 신경증적 갈등의 욕구-방어적 요소를 치료자가 직접적으로 지적하는 것이 해당된다. 우리는 욕구와 방어를 갈등하는 요소로 말하지만 이 두 요소 중에서 어느 한 요소를 관찰하거나 처리하는 것은 어렵다. 우리가 관찰하는 것과 처리하는 것은 자아기제, 즉 욕구와 방어의 혼합물이다. 이 두 요소 중 어느 한 요소는 다른 한 요소 없이 다루어질 수 없다. 따라서 욕구-방어적 체계의 방어적 요소를 먼저 해석해야 한다(Colby, 1951). 이 세 가지 해석은 치료자가 내담자에게 있으나 내담자가 보지 않으려는 것을 내담자에게 직면시키는 것이다.

그러나 해석은 그 사용 시기, 사용방법, 사용정도가 적절하지 않으면 안 된다. 아무리 그 해석이 훌륭한 것이라 하더라도 당면 문제에 적절하지 않을 때에 큰 영향을 미치지 못하며, 시간적으로 너무 이른 시기의 해석은 오히려 불안과 분노를 일으키고 치료를 중단시킬 가능성조차 높일 수 있다. 충동과 방어가 의식선 상에 있고 내담자가 이미 이런 충동 파생체들을 다루어 왔다면 해석을 할 수 있는 적절한 시기가 된 것이라고 할 수 있다. 이때의 해석은 이해와 안심을 불러 일으키고 방어를 이완시키며 충동을 인식하도록 한다(Dittmann, 1952). 따라서 치료자는 해석을 하기에 앞서 내담자의 상태에 대한 충분한 이해가 있어야 하며, 이 이해를 바탕으로 했을 때만 무엇을, 언제, 어떻게 해석할 것인지 알 수 있다(정방자, 1998). 해석은 치료자의 주관적인 느낌이나 개인적 관심에 의해 가능한 영향을 받지 않아야 하며 능숙하고 사려 깊고 정확한 기술적 과정에 의해 이루어져야 한다(Saul, 1972).

치료초기에는 내담자에 대한 이해가 부족하고 사실 발견에 역점을 두어야 하므로 치료자는 경청과 질문, 탐색 등을 주로 사용하여 해석은 보류하게 된다(Colby, 1951). 해석을 할 경우라도 내담자의 의식표면에 가까이 있는 문제만을 해석하는데, 초기의 너무 깊은 해석이나 불안을 자아내는 해석은 저항과 방어를 조장하기 쉽다(Fenichel, 1945). 이러한 해석은 치료동맹이 확고하게 형성된 이후로 미루는 것이 좋다(Dewald, 1974). Freud(1961)는 갈등과 증상의 무의식적 내용에 대한 해석과 내담자에 대한 교육은 치료자와 내담자 사이에 매우 특별한 정서적 유대가 있을 경우에만 가능하다고 하면서 내담자가 치료자에게 긍정적 전이 상태에 도달했을 때 해석을 해야 한다고 강조하고 있다.

치료의 중간기간은 내담자가 비교적 안정되고, 효과적인 치료동맹을 이룩했을 때부터이며 이 시기에는 본격적으로 해석을 많이 사용하게 된다(Colby, 1951). 즉 여러 분석가들(Colby, 1951; Fenichel, 1945; Tarachow, 1963)의 주장을 바탕으로 하면, 해석은 치료초기에는 별로 사용되지 않고, 치료가 진행됨에 따라 적절하게 사용되어야 할 것으로 간주되는데, 이런 견해를 검증하기 위해서는 실제 사례의 과정분석을 통해 해석의 치료효과가 검증되어야 할 것이다(정방자, 1986). 다음은 미술치료에서 내담자의 작품을 통해 표현된 이미지와 상징 등에 어떻게 해석이 적용되는지에 대해 살펴보도록 하겠다.

2) 미술치료에서 해석

미술치료에서 해석은 매우 중요하며, 특히 내담자의 그림과 작품을 통한 해석에 있어서 매우 신중해야 한다. 색채, 형태, 상징, 이미지, 내용 및 공간 등에 대해 다양한 해석이 이루어져야 하는데 기본적으로 상담이 기초가 되어서 내담자와 함께 많은 대화를 통해 내담자 중심의 해석이 적용되어야 할 것이다.

미술치료 해석에는 의식적, 무의식적인 과정을 만드는 것을 포함하고 이 과정에 대한 이해를 명료화하는 것이다. 해석은 자신의 작업 의미를 이해하려고 시도하는 내담자로부터 올 수도 있고 작품 안에서 혹은 관계 속에서 나타나는 중요한 면을 바라보는 치료자로부터 올 수가 있다. 이것은 치료자와 내담자 사이에 계속되고 있는 전이과정에 대한 설명일 수 있고 상징적인 말로 하면 이미지 자체를 통해서 나타나고 있는 어떤 감정일 수 있다. 치료에서 이미지를 사용하는 장점 중에 하나가 이미지들이 구체적인 언어과정보다 더 명백하게 시각적으로 볼 수 있다는 점이 있지만, 이것의 단점은 이러한 이미지들이 내용을 객관적으로 이해하려할 때 잘못 해석할 위험이 있다는 것이다. 빨리 해석하지 않도록 주의를 기울여서 내담자가 스스로 발견하고 찾아내는 만족을 방해하거나 부정하지 않도록 해야 한다. 이미지들은 각각의 의미를 갖고 있는 성명서이기 때문에 그것의 의미가 치료를 통해 점점 나타나게 될 것이다. 이미지가 내담자에게는 특별하기 때문에 궁극적으로 내담자만이 이미지의 완전한 의미를 이해할 수 있게 된다. 너무 일찍 해석하면 이 섬세한 과정을 침해받을 수 있기 때문에 미술치료사는 기다리는 것이 중요하고 내담자가 막 이해하기 시작하고 의미가 나타날 때까지 심상을 통하여 내담자와의 의사소통을 받아들이는 것이 중요하다(Case & Delly, 1992).

Case와 Delly(1992)는 치료자의 역할은 이러한 미술치료의 심상(imagery)에 개방적이어야 하며, 또 내담자를 위해서 모든 심상의 잠재적인 의미에도 개방적이어야 하고, 심상을 이해하려고 시도하는 중에 발생되는 불안과 감정을 함께 보유해야 한다고 하였다. 확실한 의미가 출현되지 않을 가능성도 있으며, 미술치료에서 산출된 많은 심상은 가공하지 않은 무의식적인 도구인데, 수주일 후에 의식적으로 표면화되는데 그때 연결이 이루어질 수 있고 이해가 일어날 수 있다. 확실한 의미가 출현되지 않을 때는 불확실한 채로 있거나 치료과정에서 중심이 되는 그것이 무엇을 의미하는 것이지, 혹은 무엇을 말하는 것인지 모르고 있는 것이 중요하다. 일을 구체적으로 만드는 것은 해로울 수가 있고 진정한 이해를 대신해 버릴 수도 있다.

미술치료에서 해석은 미술 작품에 대하여 안다는 것인데, 미술치료사는 내담자의 미술작품으로부터 여러 다른 요인들의 의미를 알아야 한다. 따라서 그것을 분명히 설명할 수 있도록 '이것은(형태, 색, 또는 주제) 저것을 의미한다'와 같이 주요한 메시지를 해석할 수 있어야 한다. 물론 형식적인 특징과 내용과 같이 작품 안에는 다양한 의미들이 있다. 미술치료사는 정신 역동적으로 볼 때 다양한 적응기제의 조절, 내적인 투쟁, 내적 외적 긴장과의 관계 등 많은 것을 설명해야 한다. 그리고 창조의 조건에 대하여 특히 상징적인 의미 체계, 이미지의 선택, 특별한 심상의 관계를 더욱 더 명료화해야 한다. 그러나 내담자의 미술로부터 모든 것을 이해하기 위해서는 치료자는 진단의 두 가지 측면을 동시에 잘 이해해야 한다. 다시 말해서 발달의 모든 특성과 심리 역동적 관계를 확실히 이해를 해야 한다. 치료자는 어떤 의미 있는 경험을 해석하기 전에 미술 언어 그 자체를 지각하고 판독할 수 있어야 할 것이다(Rubin, 1986).

3) 미술치료에서 해석할 때 주의할 점

앞에서도 미술치료의 작품에 나타난 이미지와 상징에 대해서 신중하게 해석할 것을 강조하였다. 그것은 치료자가 성급한 마음에 너무 일찍 해석을 서두르거나 앞서가면 내담자 스스로 자신의 문제를 이해할 수 있는 중요한 기회를 놓치게 된다는 것이다. 해석은 무엇보다도 내담자 자신이 스스로를 돌아 볼 수 있도록 해주는 계기가 되어야 한다. 특히 미술치료에서도 치료자의 과도하거나 너무 빠른 해석은 내담자에게 불안과 긴장을 유발할 수가 있어 치료가 조기에 중단될 수도 있으며 이러한 해석의 뒷면에는 치료자의 역전이 감정이 존재하는지도 살펴보아야 할 것이다.

이렇게 치료자의 입장에서는 해석의 시기나 강도, 정도나 내용면에서 주의를 요구하고 있음에도 불구하고 초보 미술치료사들은 너무 많이 너무 빨리 해석하려는 경향이 있다. 그 일면에는 내담자 앞에서 치료자 자신을 과시하고 싶은 욕구가 있거나 치료임상에 너무 이론을 많이 적용하려는 경향이 있을 수가 있다. 특히 미술치료에서는 내담자와 충분한 언어적 대화가 이루어지지 않은 채 작품만 갖고 해석할 수도 있다. 이러면 치료가 치료자 중심으로 옮겨져서 치료에서 제일 중요한 내담자를 놓칠 수가 있으며, 내담자를 놓친다는 것은 치료에서 제일 중요한 내담자의 주관적인 현실을 지나칠 수 있다는 것이다.

우리가 미술치료에서 작품을 해석할 때 또 주의해야 할 사실은 그림에 대한 호기심이 다음과 같은 상황을 유발할 수도 있다. 실제적으로 미술치료를 받으려 하거나 미술치료를 공부하려는 사람들도 자신이 그림을 그리면 그 그림 안에 어떠한 의미가 있는지 궁금해 한다. 나무나 사람을 그려놓고 또는 풍경화를 그려놓고, 거기에 어떠한 해석이 존재하는지 물어본다. 즉각적으로 대답을 안 해주면 실망하거나 치료자를 약간 무능력하게도 보기도 한다. 바로 미술치료에서 우리가 가장 경계를 해야 할 것은 작품을 이해하기 위해서 기본적으로 필요한 정보를 무시한 채 일반적인 지식에 입각해서 마구 해석하려고 하는 것이다. 이러한 신중하지 못한 해석 때문에 미술치료로 상처받은 사람들이 있으며 심지어 미술치료를 혐오하는 사람들까지도 있다.

그 실례를 소개하자면 어느 날 유치원에 다니는 7세 여자아이의 그림을 어머니가 갖고 미술치료실에 흥분해서 왔다. 아동이 유치원에 방과 후 교실 프로그램으로 집단미술치료수업을 받는데, 미술치료 선생님이 성추행이나 성폭행으로 의심되는 증상들이 아동의 그림에서 반복적으로 나타나고 있다고 어머니에게 개인 면담을 신청하였다. 면담에서 어머니에게 혹시 아동이 성추행이나 성폭행을 받은 일이 있는지 물어보았고 만약에 있다면 현재로서는 그런 일이 의심이 되니 아동을 통해서 아니면 그 주변을 자세히 탐색해보라고 충고를 하였다. 이에 놀란 어머니는 아동에게 자세히 물어보고 유치원 원장님도 찾아가보고 여러 날 동안에 아동 주변의 사람들을 의심하고 여기저기 조사를 해보았지만 명백한 답이 나오지를 않았다. 어머니의 걱정이 일상생활을 방해할 정도로 과도해서 도대체 진정이 되지를 않아 미술치료실에 직접 아동의 그림을 갖고 찾아온 것이다.

어머니 말에 의하면 나무그림에서 언덕의 선이라고 볼 수 있는 지면선은 아동의 불안정한 마음에 대한 안정의 욕구를 나타내며, 나무줄기의 상흔은 성추행이나 성폭행에 대한 심리적 외상일 가능성이 높으며, 무엇보다도 나무의 모양이 남성의 성기를 상징하고 있다는 것이다. 또한 인물화에서 아동이 뒤로 손을 감춘 것은 자신이 당한 일에 대해 수치심을 느끼기 때문이며, 또 다른 그림에서의 인물화에서 손을 사선으로 표현한 것은 자신이 당한 일에 대하여 죄책감을 느끼고 있다는 것이다. 또 그림 여기저기 남성 성기에 대한 이미지가 상징적으로 보인다는 것이다. 일단은 어머니를 진정시키고 아동을 만나 다시 진단을 하고 한번 살펴보자고 제의를 하였으며 다음 면담에서 아동을 만나 그림을 그려보니 그러한 특징들을 전혀 찾아 볼 수가 없었다.

나무그림에서 의심이 되는 지면선은 아동이 7세이므로 그림 발달 상 도식기에 속하고 도식기 아동들은 대게 기저선을 많이 그리는 편이다. 기저선을 그리는 이유는 보통 그림에 대한 공간을 하늘과 땅으로 2차원적으로 이해하기 때문에 그림의 하단 쪽에 수평선을 그어놓고 그림을 그리는 것을 관찰할 수가 있다. 도식기를 벗어난 아동들은 이러한 기서선이 점점 감소하는 것은 공간개념이 이제 원근법으로 발달하기위하여 공간을 3차원적으로 지각하기 때문이다. 따라서 고학년 아동이나 청소년과 성인의 그림에 기저선이 나타나면 보통 '안정에 대한 욕구'로 해석하기도 하고, 지면선을 과도하게 강조하는 것은 불안감과 강한 의존욕구를 나타낸다고 본다. 이것도 내담자와 함께 그림에 대하여 충분히 의사소통을 하고 여러 정보에 기초해서 평가를 해야 할 것이다. 나무줄기의 상흔, 옹이구멍, 속이 빈 구멍을 그리는 것은 피검자가 알고 있거나 기억해 낼 수 있는 외상경험을 나타내며, 또한 불안이나 갈등을 나타내는 경우가 많지만, 경우에 따라서는 아동화에서 줄기에 옹이구멍이 그려져 있다 하더라도 그것이 반드시 외상을 나타내는 것만은 아니다 라는 것이다. 미술을 배우면서 자동적인 형태로 익힌 경우도 있으므로 항상 '그림 그린 후의 질문'을 참고로 해서 해석해야만 한다(김동연 외, 2002).

또한 옆에 아동을 따라 그릴 수 도 있으며 나무줄기에 그러한 표현을 하는 자체를 회화적 창조력에 대한 관심으로 보고 있다. 남근 모양의 나무모양은 학령 전 아동 그림에서 자주 관찰할 수 있는 현상이다. 손을 몸 뒤에 감춘 인물화는 외계와의 접촉이 잘 되지 않는다는 느낌과 도피적인 태도를 취하는 사람이나 손을 사용하는 행동에 죄악감을 갖는 사람인 경우가 많다. 뒤로 숨겨진 팔은 친구와 타협이 되지 않고 공격적이며 적의 있는 충동을 통제하려는 욕구와 자위에 대한 죄악감을 나타낸다. 인물화의 팔을 단선으로 그리거나 가늘고 약하게 그리는 것은 외계에 대해 활동하고자하는 충동이 적은 사람이며 신체적 혹은 심리적 약함과 부적절함을 나타낸다(김동연 외, 2002). 그러나 이것은 인물화에 대한 일반적인 해석이며 어떤 사람은 손을 세부묘사하기가 어려워 팔을 등 뒤로 그냥 숨겼다고 하기도 하며, 아동의 경우에는 손을 사선으로 처리하는 것은 인물화 발달이 또래에 비해 약간 떨어질 때도 그러한 특성이 나온다.

증거가 정확하지도 않은 상태에서 이러한 해석은 정말 미술치료를 위험하게 만들 수 있으며, 미술치료를 받은 내담자에게 치명적인 영향을 미칠 수도 있다. 그러면 미술표현의 해석에 대해 이렇게 많은 사람들의 호기심을 자극하는 것은 성격을 평가하기위해 고안된 심리학적 검사에 익숙해서 생겨난 것이다. 많은 사람들이 잉크얼룩의 이미지에 대한 반응으로 실시되는 로흐샤크의 검사에 대해 알고 있고, 또 심리학자들이 진단을 위한 도구로 그림을 이따금씩 사용한다는 사실을 알고 있을 것이다. 미술치료가 이미지 제작을 포함하기 때문에 진단이나 평가를 위해 그림을 해석하려는 것은 당연할 수도 있다는 것이다(Malchiodi, 1998).

Malchiodi(1998)는 미술치료사들은 사람들의 그림이나 스케치 또는 다른 여러 형태의 미술작품에 나타나는 의미와 상징이나 이미지에 대해서 어느 정도 관심을 가지고 있다고 하였다. 그래서 반복되는 상징과 그림의 내용과 양식이 정서적 장애 혹은 외상, 신체적 질병, 신경학적 문제와 관련되어 있는 가에 대한 연구가 많이 이루어지고 있는 것이 사실이라고 언급하였다. 예를 들어보면 미술치료사들은 어린 시절 심각한 외상과 함께 해리장애 진단을 받은 성인의 미술표현 속에 어떤 종류의 내용이 반복적으로 나타나는지를 연구해왔다. 많은 치료자들이 색과 이미지가 특정한 신체적 또는 정신적 상태와 어떤 관련성이 있는지를 알아보기 위해 만다라 그림의 상징적, 구조적 측면을 연구해왔다. 심리학자, 상담가, 미술치료사들 그리고 다른 치료자들 역시 간단한 인물화에서 성격, 외상, 신경학적 증상 등을 밝혀낼 수 있는가를 연구하고 있다. 이러한 작업들은 미술표현을 자기이해나 개인적인 성장에 이용하기보다는 평가로서 사용하는데 더욱 주안점을 둔 것이다.

이와 같이 미술이 지니는 의미가 매력적이기는 하지만, 대부분의 미술치료사들은 미술이 내담자들의 해석을 찾아내도록 도와주는데 더 많은 관심을 둔다. 자신의 작품에 대해서 생각해보도록 하는 것은 미술치료과정에서 매우 중요한 부분이며, 미술표현에 보편적인 상징이 있기는 하지만 미술로 자기 자신을 표현하는 것은 지극히 개인적인 방법이라고 볼 수 있다. 개인적인 관점과 문화적인 영향, 예전의 인생경험과 같은 독특한 자신만의 배경이 미술작품 제작에 배어나오게 된다. 따라서 미술활동과 관련된 개인적인 경험은 미술이라는 매개체를 통해서 자신의 느낌, 생각과 사고를 어떻게 전달할 것인가에 영향을 미치게 된다. 그러나 미술치료에서는 작품을 창작하는 사람이 작품의 의미를 결정하기 때문에 이런 면이 상당한 도움이 된다. 즉 이러한 반응 모두가 치료의 과정이며 미술작품 그 자체로서 독특하고 개인적인 것이 된다.

또한 그림의 의미는 전적으로 보는 사람의 시각에 달려있다. 만약 내가 누군가와 같은 그림을 감상한다면 우리는 아마도 이미지가 의미하는바에 대해 서로 완전히 다르게 해석할 수도 있고 또 약간 상이한 측면으로 볼 수도 있다. 만약 그림의 의미에 대해 내담자와 아무런 의견교환 없이 미술치료과정에서 제작된 그림만을 본다면 어느 한부분에 나 자신이 가지고 있는 의미를 부여할 것이다. 대체로 사람들은 자신의 믿음, 인상, 사고와 감정들을 자신이 보는 이미지에 투사하여 전이시키는 경향이 있기 때문에 대부분의 미술치료사들은 내담자가 그린 형상의 의미와 주제 간의 관련성을 내담자에게 묻는 것이 중요하다고 생각한다(Malchiodi, 1998). 결론적으로 미술치료 작품에 대한 해석은 내담자에 대한 여러 치료적인 정보에 의하여 충분한 대화를 통해 개인적이면서도 주관적으로 신중하게 이루어져야 할 것이다.

1장에서는 상담 및 심리치료와 미술치료에서 공통적으로 제시된 '일반적 치유요인' 이라고 할 수 있는 치료에서의 관계, 정확한 공감적 이해, 감정표현 및 통찰 그리고 해석을 살펴보았다. 사실 치료에서 이렇게 치유인자를 일반적인 요인과 특수한 요인으로 구분 짓는 것은 정확하지 않을 수도 있지만, 이렇게 구분해서 살펴본 이유는 미술치료에서 기본적으로 상담이 기초되어야 하고 무엇보다도 미술치료의 장점을 강조하고자 하였다. 다음 2장에서는 미술치료만이 갖는 '고유한 치유요인'이라고 할 수 있는 미술치료에서 자유연상과 자발성, 이미지와 상징성, 무의식의 의식화, 창조성과 승화, 신체와 정신의 중재 및 심신의 통합 그리고 매체를 통한 촉진과 통제요인에 대해 살펴볼 것이다.

참고문헌

1. 치료적 관계

김지혜(2005). 부적응 아동을 위한 기독교적 상담: D. W. Winnicott의 이론을 중심으로. 나사렛대학신학대학원 석사학위논문.

김혜숙, 공윤정, 박한샘(1996). **청소년상담모형개발연구II: 비협조적 내담자 상담.** 서울: 한국청소년상담원.

박차영(2005). 통합미술치료가 발달장애 아동의 모-아 상호작용 증진에 미치는 효과. 원광대 보건환경대학원 석사학위논문.

신은하(2003). 감각활동중심 통합예술치료가 전반적 발달장애 아동의 사회성 기능 향상에 미치는 효과. 원광대 보건환경대학원 석사학위논문.

이장호(1983). **상담면접의 기초.** 서울: 교학도서.

이재광(1986). 정신치료의 공통적, 비특이성 치료적 요인. **한국과학, 18(2),** 115-121.

이혜성, 이재창, 금명자, 박경애(1996). **청소년 개인상담.** 서울: 청소년대화의 광장.

임효덕(1992). 정신치료의 치유인자. **정신치료, 6(1),** 90-101.

정방자(1991). **심리치료의 비특수적 요인의 중요성, 도와 정신치료, (소암 이동식 선생 고희 기년논문집).** 대구: 이문출판사.

한성심(2002). 대상관계이론에 기초한 부모교육 프로그램 개발과 효과 검증: Winnicott 이론을 중심으로. 숙명여자대학교 박사학위논문.

Davis. M. & Wallbridge D.(1981). 이재훈 역(1997). **울타리와 공간.** 서울: 한국심리치료연구소.

Dewald, P. A.(1974). 김기석 역(1978). **정신치료의 이론과 실제.** 서울: 고려대학교출판부.

Eaton, T. T., Ables, N. & Gutfreund, M. J.(1988). Therapeutic alliance and outcome: Impact of treatment length and pretreatment symptomatology. *Psychotherapy: theory, research, and practice, 25 (4)* 536-542.

Freud, A.(1965). The psycho-analytical treatment of children. New York: International Universities Press.

Freud, S.(1949). *An outline of Psychoanalysis.* New York: W.W. Norton & Company.

Goldstein, A .P.(1971). *Psychotherapeutic attraction*. New York: Pergamon.

Greeson, R. R.(1967). Technique and practice of psychoanalysis. New York: International

University Press.

Kazdin, A. E.(1994). Psychotherapie mit kindern und Jugendlichen. Aktueller Stand, Fortschritte und zukuenftige Entwicklungen. *Psychotherapeut, 39,* 345–352.

Kendall, P.(1991). Guiding theory for therapy with children and adolescents. In P.C. Kendall(Ed.), *Child and adolescent therapy: Cognitive-behavioral procedures* (pp. 3–24). New York: Guilford.

Kiesler, D. J. & Wakins, L. M.(1989). Interpersonal complementarity and the therapeutiv alliances: A study in relationship in psychotherapy. *Psychotherapy: Resarch and Practice, 16,* 183–194.

Kivlighan, D. M. (1990). Relation Between counsellor's use of intention and client's perception of working alliance. *Journal of Counseling Psychology, 43,* 347–355.

Mahoney, M. J.(1991). *Human change processes: The scientific foundation of psychotherapy.* New York: Basic Books.

Meeks, J.(1971). The fragile alliance. New York: Krieger.

Mishine, J.(1983). Clinical work with children. New York: Free Press.

Patterson, C. H.(1966). Theories of counseling and psychotherapy. New York: Harper & Row.

Rubin, J. A. (1984). *The Art of Art Therapy.* New York: Brunner/ Mazel Inc.

Rusell, R. L. & Shrik, S. R.(1998). Child pschotherpic process research. *Advances in Clinical Child Psychology, 20,* 93–124.

Shirk, S., Saiz, C. C.(1992). Clinical, empirical, and developmental perspectives on the therapeutic relationship in child Psychotherapy. *Development and Psychopathology, 4,* 713–728.

Winnicott. D. W. (1965). 이재훈 역(2000). **성숙과정과 촉진적 환경.** 서울: 한국심리치료연구소.

Winnicott. D. W. (1971). 이재훈 역(1997). **놀이와 현실.** 서울: 한국심리치료연구소.

Winnicott. D. W. (1984). 이재훈 역(2000). **박탈과 비행.** 서울: 한국심라치료연구소.

2. 공감

김성민(1998). **융의 심리학과 종교.** 서울: 동명사.

이형득(1998). **집단상담의 실제.** 서울: 중앙적성출판부.

정여주(2003). **만다라와 미술치료.** 서울:학지사.

홍윤식(1991). **만다라.** 서울: 대원사.

Alexander, F. & French, T.(1946). Psychoanalytic Therapy. New York: Ronald Press.

Barrett-Lenard, G. T.(1981). The empathic cycle: Refinement of a nuclearconcept. *Journal of Counseling Psychology, 28,* 91-100.

Bowlby, J. (1988). *A secure base.* New York: Basic Books.

Bordin, E. S.(1979). The generalizability of the psychoanalytic concept of the working alliance. *Psychotherapy, 16,* 252-260.

Burns, D.D. & Hoeksema, S. N.(1992). Therapeutic empathy and recovery from depression in cognitive-behavioral therapy: A structural equation model. *Journal of Counselling and Clinical Psychology, 6(3),* 441-449.

Davis, M. H.(1980). A multidimensional approach to individual differences in empathy. *JSAS Catalog Selected Documents in Psychology, 10,* 85.

Davis, M. H.(1983). The effect of dispositional empathy on emotional reactions and helping: A multidimensional approach, *Journal of Personality, 44,* 113-126.

Davis, M H.(1994). *Empathy: A social psychological approach.* Madison, WI: Brown & Benchmark.

Eistenberg, N. & Miller, P. A. (1987). The relation of empathy to prosocial and related behavior. *Psychological Bulletin, 101(1),* 91-119.

Gladstein, G. A.(1977). Empathy and counseling outcome: An empirical and conceptual review. *Counseling Psychology, 6,* 70-79.

Kelly,G.(1963). The psychology of personal constructs. New York: Norton.

Mclure, F. & Teyber, E.(2000). *Multicultural case studies in child and adolescent therapy.* Practice Grove, CA: Wadsworth.

Mead, G. H.(1934). *Mind, self and society.* Chicago: University of Chicago Press.

Mearns, D. & Throne, B. (1988). Person-Centered Counseling in Action, London: Sage Publications.

Rogers, C. R.(1959). A theory of therapy, personality, and interpersonal relationships as developed in the client-centered framework. In. S. Koch(ed.), Psychology: A study of the Science, Vol. 3. N. Y. : McGraw-Hill, 184-256.

Rogers, C. R.(1975). Empathic: An unappreciated way being. *The Counseling Psychologist, 5,* 2–10.

Stoland, E., Sherman, S. E. & Shover, K. G.(1971). *Empathy and birth order.* London: University of Nebraska Press.

Sullivan, H. S.(1953). Conceptions of modern psychiatry. New York: Norton & Company.

Teyber, E.(2000). 장미경, 김동민, 김인규, 유정아, 장춘미 역(2006), **상담 및 심리치료 대인과정 접근.** 서울: 시그마프레스.

Traux C, B. & Carkbuff, R. R.(1967). Toward effective counseling and psychotherapy. Chicago: Aldine Publishing Company.

Traux, C, B.(1971). Effectiveness of counselor aides: A rejoinder. *Journal of Counseling Psychology, 18,* 365–367.

3. 감정표현

이동식(1974). **노이로제의 이해와 치료.** 서울: 일지사.

정방자(1982). 치료자의 방어적 성격이 내담자의 감정표현에 미치는 영향. **여성문제연구, 11,** 243–254.

정방자(1986). 정신 역동적 상담과정에서의 상담자와 내담자의 언어반응 변화 비교분석. 서울대학교 대학원 박사학위 논문.

Green R. A. & Murray, E. J.(1974). Expression of feeling and cognitive reinterpretation in the reduction of hostile aggression. *Journal of Counseling and Clinical Psychology, 43(3),* 375–383.

Ingram, B. L.(1977). Defensive style and affective sensitivity. Doctoral Dissertation, University of Southern California, Ann Arbor, Michigan University Micorfilms. No. 2499DM.

Kiesler, D. J.(1964). Basic methodological issues implicit in psychotherapy research. *American Journal of psychotherapy, 20,* 135–155.

Korchin, S .J.(1976). Modern Clinical Psychology. New York: Basic Books.

Kramer, E.(1971). Art as therapy with children. New York: Schocken.

Mintz, J. & Luborsky, L.(1971). Segments vs. whole sessions; which is the better unit for psychotherapy research? *Journal of Abnormal Psychology, 78,* 180–191.

Naumburg, M.(1955). Art as symbolic speech. *Journal of the Aesthetics and Art Criticism, 12,* 435–450.

Raimy, V. C.(1948). Self–reference in counseling interviews. *Journal of Counseling Psychology, 12,* 153–163.

Rogers, C. R.(1942). 한승호, 한성열 역(1998). **칼 로저스의 카운슬링의 이론과 실제.** 서울: 학지사.

Rogers, C. R.(1951) Client–centered therapy. Boston: Houghton Mifflin.

Synder, W. U.(1947). A comparison of one unsuccessful with four successful nondirectively counseled cases. *Journal. of Counseling Psychology, 11,* 38–42.

Saul, L. (1972). Pshchodynamically based psychotherapy. New York: Science House.

Saul, L.(1977). The Childhood Emotional Pattern: The key to personality, its disorders and therapy. New York: Van Nostrand Reinhold.

Tarachow, S.(1963). An introduction to psychotherapy. New York: International Universities Press.

4. 통찰

정방자(1984). 사례연구에 의한 상담과정 분석. **한국심리학회지 임상, 5(1),** 451–460.

정방자(1985). 심리치료 과정평가를 위한 일고찰. **생활연구, 3,** 17–32.

정방자(1998). **정신 역동적 상담.** 서울: 학지사.

Colby, K. M.(1951). A Primer for Psychotherapist. New York: The Ronald Press.

Dewald, P. A.(1969). Psychotherapy–A Dynamic Approach(2ed.). New York: Basic Books.

Ellis, A.(1963). Toward a more precise definition of emotional and intellectual insight. *Psychological Reports, 13,* 125–126.

Ellis, A. (1979). Rational Emotive Therapy, In R.T. Corsini, Current Psychotherapies (pp.185–229). ITASCA: Peacock.

Kaplan, H. I., Freedman, A. M. & Sadoch, B. J.(1980). Comprehensive Textbook of psychiatry/III(3rd ed.), Vol. 2. Baltimore: Williams & Wilkins.

Naumburg, M.(1966). Dynamically oriented art therapy: Its principles and practices. New York: Grune & Stratton.

Wolberg, L. R.(1977), The technique of psychotherapy. New York: Grune & Stratton.

5. 해석

Case, C. & Delly, T.(1992). The handbook of art therapy. London, Tavistock.

Dittmann, A. T.(1952). The Interpersonal process in psychotherapy: Development of research method. *Journal. of Abnormal Psychology, 47,* 236-244.

Fenichel, O.(1945). The Psychoanalysis Theory of Neurosis. New York: W.W. Norton.

Freud, S. (1961). Interpretation of Dreams, I. London: The Hogarth Press.

Malchiodi, C.(1998). Medical art therapy. London and Philadelphia: Jessica Kingsley Publisher.

Tarachow, S.(1963). An introduction to psychotherapy. New York: International Universities Press.

2장

미술치료의 고유한 치유요인

미술치료에서 미술매체가 주는 특수한 치유요인은 여러 가지가 있겠지만 주요 대표되는 특징은 다음과 같다. 첫째, 미술치료에서 미술매체를 통해 자유롭게 전개되는 자유연상과 자발적 그림은 내담자로 하여금 긴장을 완화하고 미술치료를 스스로 주도 할 수 있는 에너지를 준다. 이러한 에너지는 내담자의 삶에 일반화되어 좀 더 독립적이고 생산적인 에너지로 연결이 된다. 둘째, 미술매체를 통해 내담자가 만들어내는 상징은 내담자의 무의식과 의식을 연결하며 치료과정을 촉진할 뿐만 아니라 치료의 중요한 진단적, 치료적 지표가 된다. 자신의 고유의 상징을 형성화하는 것이 자신의 잠재성을 발견하는 개성화과정이다. 셋째, 미술치료에서 매체선택, 작업과정과 작품은 무의식의 중요한 자원이 되며, 이러한 무의식의 자료들을 내담자와 치료자가 함께 대화를 통해 의식화 작업을 함으로써 내담자의 의식의 확장을 돕는다. 의식의 확장은 그 만큼 자신을 통제할 수 있는 영역이 넓어진다는 것을 의미한다. 넷째, 미술매체에 의한 미술치료 작업과정 자체가 창조적 과정이며 이러한 창조성을 통해 내담자는 자신을 발견하고 성장 변화시킨다. 창조성 자체가 바로 자기 인생을 스스로 창조하는 기회를 부여하는 것이다. 다섯째, 작업을 통해 자신의 창조성을 방해하는 것들을 표현하다보면 카타르시스를 느끼면서 삶의 부정적 에너지를 긍정적 에너지로 승화시킬 수가 있다. 이러한 승화는 내담자에게 상당한 성취감을 가져다 준다. 다섯째, 미술매체가 우리의 신체, 생리적인 면에 미치는 효과에 대해 알아볼 것이다. 또한 미술치료가 정신과 신체를 중재하여 심신의 통합과 균형을 도모하고 있는 것에 대해 미술매체가 뇌기능, 뇌파, 자율신경계 및 대근육, 소근육, 시지각 및 시공간에 미치는 영향과 그 상관성에 대해 고찰할 것이다. 마지막으로 다양한 미술매체를 통해 내담자의 사고, 감정 및 행동을 촉진할 수도 있고 통제할 수도 있는데 이러한 촉진과 통제가 치료과정을 활성화시킨다. 미술치료사는 치료 임상에서 미술매체를 통해 촉진과 통제를 치료적으로 잘 적용할 줄 알아야겠으며 그러한 과정을 사례를 통해 살펴보고자 한다.

사실 이러한 치유요인은 미술치료에서 미술매체만이 갖는 치유요인이라기 보다는 일반 상담 및 심리치료 및 놀이치료 그리고 여러 표현예술치료에서도 적용되는 치유요인이라고 볼 수 있다. 그러나 본장에서는 미술치료만이 갖는 고유한 치유요인으로서 강조하여 다른 일반 이론과 함께 비교, 고찰하고 마지막으로 미술치료사례를 통해 그 치유 효과성에 대해 살펴보고자 한다.

1. 자유연상과 자발적 그림

미술치료에서 내담자는 자발적으로 매체를 선택해서 그림을 그리도록 하거나 여러 작업을 한 후에 작업과정 및 작품에 대해 자유연상을 하도록 격려를 받는다. 이렇게 자유롭게 자유연상을 하면서 내담자는 자신의 문제를 이해하게 되고 점점 작업 및 치료 더 나아가 자신의 인생에 대해 자발성 및 창조력이 증가하는 것을 볼 수 있다. 이러한 자발성은 자신의 삶을 주도해나가고 창조해나가는 생산적인 에너지로 전환되며 좀 더 자신의 삶에 책임감과 독립심이 생겼다는 것을 의미한다. 즉 성장을 향한 하나의 귀중한 밑거름이 되는 것이다.

본 장에서는 정신분석에서의 Freud의 자유연상과 Naumburg의 자발적 그림에 대해 살펴보고 미술치료에서 가장 대표되는 자발적 그림이라고 할 수 있는 난화 및 이에 대한 사례를 간단히 살펴 볼 것이다.

1) 정신분석에서 자유연상

자유연상(free association)이란 정신 분석적 방법의 본질과 핵심 그 자체이다. Freud는 내담자의 의식이 그대로 유지되는 상태에서 무의식을 알아낼 수 있는 수단을 발견하였다. 내담자는 떠오르는 일련의 생각들에 어떠한 의식적인 선택이나 논리도 하지 않고, 마음에 떠오르는 것은 무엇이든지 이야기하도록 하였다. 그러므로 내담자가 표현하는 모든 것은 내담자의 인생 경험 전 과정에서 과거의 것이든 현재의 것이든 그의 사고, 감정, 환상 그리고 꿈들이 도출되는 것이다. 꿈은 그 내용 뿐만이 아니라, 거기에서 비롯되는 일련의 연상들 때문에 무의식 자료들의 중요한 출처가 된다. 억압된 감정들은 간접적인 방법으로 의식의 표면에 떠오르게 된다.

당시에 Freud의 관심은 병의 원인이 된 과거를 재구성하는 데 초점을 두고 있었다. 그는 내담자가 매일하는 면담에서, 조절할 수 없었던 일련의 생각들을 표현하는 동안 점차로 자신도 모르게 저절로 장애를 일으켰던 과거의 사건들을 회상할 수 있게 되기를 기대하였고 희망하였다. 억압되었던 감정이 표현되는데 대한 내담자의 의식적인 방어를 제거하기 위해 Freud는 그가 말한 소위 '기본 법칙'을 이용하였는데, 즉 내담자로 하여금 면담 중에 떠오르는 생각이 아무리 고통스럽거나 당황되거나 혹은 사소한 것처럼 보일지라도 개의치 말고 모든 것을 드러내도록 하는 것이었다.

Freud는 최면에서의 직접적인 기억 대신에 자유연상을 대치하여 사용하였다. 하지만 최면에서는 억압된 사건의 외상성 경험과 연결되어있는 감정을 배출하는 것도 사용되었다. Freud는 최면대신에 자유연상을 사용하면서도 감정의 배출이 여전히 치료적으로 중요하다는 데에 관심을 갖고 있었다. 그는 내담자가 서서히 과거를 회상하면서 동시에 고통스러웠던 과거에 관련된 억압된 감정을 스스로 제거할 수 있게 되기를 기대하였다. 자유연상이 최면에 의한 감정정화와 다른 점은 기억의 회상과 감정의 배출이 최면에서는 보다 극적인데 비하여, 자유 연상에서는 긴 기간에 걸쳐서 조금씩 일어난다는 점이다(Alexander, & French, 1946).

이러한 자유연상 방법의 핵심은 또한 연상들 사이의 내적 연결을 경청하는데 있다(Corey, 1986). 즉 개인역동, 내용, 그리고 동기가 되는 정서적 힘과 내담자가 그러한 것을 표현하는데 사용한 아이디어 등을 명백하게 구분하면서 그것들을 연결시키는데 관심을 가져야 한다. 만약 치료자가 자신이 선호하는 소수의 연상에 초점을 맞추거나 친숙한 것만을 느끼려는 등 연상에 대한 편파성을 보인다면 어떤 이유에서건 좋은 치료가 될 수 없다는 뜻으로 볼 수 있다(최경희, 1999).

Freud의 자유연상을 미술치료에 적용하여 내담자의 자발적인 그림이나 자유화를 치료에 적용하기도 하지만, 자유연상에 있어 무엇보다도 감정표현이 중요한 만큼 다양한 매체를 통해 감정표현을 시도하여 부정적인 감정은 해소하고 긍정적인 감정은 더욱 더 명료화시키는 작업에 초점을 둔다.

2) 미술치료에서 자발적 그림의 치유효과

미술치료에서도 내담자가 스스로 해나가는 자발적인 그림(spontaneous expression)과 그림에 대한 자유연상을 중요하게 생각하는데, Naumburg(1966)는 정신 역동적 미술치료에서 내담자의 자발적인 시각적 투사와 무의식적인 반응이 말보다는 그림에 더 직접적으로 표현되어지고 있다는 것을 강조하였다. 정신분석치료에서 내담자는 자신의 사고와 감정을 언어로 표현하기 위해서 자유연상을 하도록 격려를 받듯이 미술치료에서도 자유연상의 과정이 적용되지만, 역시 자발적인 미술이 각 내담자에 의해 투사되고 있다.

미술치료에서 내담자에 의해 자발적인 이미지가 창조되어질 때 치료자는 자유연상을 통해 그가 이미지를 만들 수 있도록 격려해야 한다. 정신 분석자와 달리 미술치료사는 내담자의 상징적인 투사를 해석하는 것이 아니라 내담자가 그의 창조적 작품을 설명하는데 적극적인 역할을 할 수 있도록 격려를 해야 한다. 그의 상징적인 미술의 의미를 발견하는 전체적인 치료과정은 치료자에게 설정되어진 전이의 구조 안에서 발생해야 한다. 심지어 내담자가 그의 상징적 투사의 의미를 이해하지 못하고 대신 미술치료사가 그 그림의 의미를 파악한다할지라도 해석을 제시해서는 안 되며, 다음 회기에서 내담자가 다른 그림을 가져왔을 때까지 기다리도록 한다. 그의 몇몇 문제가 언어화된 후, 내담자는 그의 새로운 작품에 대한 자유연상을 유발할 수 있게 되며 갈등의 시간이 지나면 그 작품의 의미를 명료화할 수 있다는 것을 발견하게 된다. 때때로 치료자 앞에서 내담자가 작품에 관해 이해하지 못한 것을 말할 때 갑자기 그것들의 의미를 깨달을 수가 있게 된다. 내담자의 작품이 창조되는 기분이나 또는 색이 사용되는 순서나 또는 내담자에게 의미 있는 작품에 관해서 이루어지는 치료자의 질문들이 내담자의 자유연상을 자극할 수가 있다. 이러한 질문들이 내담자에게 그의 작품의 상징적 중요성에 대해 갑자기 그 의미를 드러나게 해줄 수도 있다.

미술치료사가 무의식으로부터 방출되는 자발적인 이미지가 무엇이든지 간에 확실하게 그것이 미술작업보다는 상징적인 언어형태로 생각할 때 내담자가 더욱 이완되어질 수 있도록 도울 수가 있다. 내담자는 그가 무의식으로부터 방출되는 자발적인 이미지가 미적인 판단 없이 치료자가 수용한다고 확신할 때 내담자는 안도할 수 있으며, Freud가 말하는 '검열관'의 거부를 피할 수 있는 이미지, 즉 말로 표현할 수 없는 방식으로 창조할 수가 있다. 그림은 내담자가 그것의 의미를 이해하기 전에 상징적으로 말할 수가 있다. 보통 금지된 충동은 그림에서 순간적으로 인식될 수 없는 시각적인 상징으로 외면화될 때 자주 일어난다. 내담자가 그림의 여러 가지 측면들을 자유롭게 연상할 때 그것들을 발견하게 되며 억압된 갈등이나 또는 말로 할 수 없는 불안을 나타내는 이미지를 상징적으로 투사하게 된다. 내담자의 억압된 충동이 얼마나 상징적인 투사를 통해 '검열관'에 의해 억압으로부터 도피할 수 있다고 이해되어지기 시작할 때 바로 상당한 분리와 통찰을 얻게 된다. 자발적인 미술표현의 상징적인 중요성에 대한 그의 성장된 자각을 통해 이해될 수 있게 되며 그의 그림들은 자유연상을 통해서 그의 무의식 안에 일어나는 것들에 대한 일종의 거울로 비추어질 수 있다(Naumburg, 1966).

Jung의 분석심리학에서도 단어에 대한 적극적 연상을 강조하였는데 이러한 적극적 연상을 방해하는 것은 개인의 콤플렉스가 무의식에 존재하는 것으로 보았다. 미술작품을 통해 내담자에게 적극적인 문답과 연상을 격려하는데 내담자가 표현이 억압되고 자유롭지 못한 것은 콤플렉스나 그림자(shadow)가 존재한다고 보고 자유롭게 표현하도록 여러 창조적인 매체를 통해 자발성을 촉진하도록 한다.

따라서 미술매체를 통한 미술치료는 언어화과정을 반대하는 것이 아니라 미술매체의 자발적인 표현과 함께 결합해서 사용하면, 내담자들이 창조한 자발적인 이미지들을 언어로 더 자유롭게 연상할 수 있다는 것을 보여줄 것이며, 이러한 모든 것들은 확실히 내담자의 의사소통을 자극하기 때문에 치료적 과정을 촉진한다.

3) 자발적인 그림 - 난화

미술치료는 내담자의 자발적인 그림을 치료에 적용하는데, 일반적으로 치료실에 내담자가 처음 왔을 때 자발적인 활동을 격려하기 위해 낙서, 난화, 자유화, 종이 찢기, 점토 두드리기 등 감정을 이완할 수 있는 기법을 적용한다. 특히 그 중에서도 난화를 많이 적용하기 때문에 본 장에서는 난화기법을 소개하고자 한다.

난화란 '긁적거리기'란 의미를 가지고 있는 것으로 영어의 'scribble'을 번역한 것으로, 미분화 내지 유아의 단계에서 볼 수 있는 착화의 상태를 일컫는 말이다. 이 시기에는 유아의 운동신경 조절에 대한 욕구의 표출이라는 점에서 초기의 난화 형식은 아무런 목적의식이 없는 놀이가 되는 동시에 곧 그들의 정서나 희열을 나타내는 것으로 볼 수 있다. 예컨대 외견상으로는 아무렇게 목적 없이 마구 그린 선의 덩어리를 발견하게 된다. 이때는 종이에만 그리는 것이 아니고, 담벼락, 방바닥, 유리창, 책상, 책 겉장 등 닥치는 대로 그려 치우는데, 이러한 특징을 심리학에서는 기능적 쾌락이라고 부른다. 즉 무엇을 그리려는 대상을 그린 것이 아니라 그리고 싶은 욕구 그 자체가 목적이고 즐거운 것이라는 해석이다.

이와 같이 인간은 삶의 초기에 무슨 형태로든지 그려보려는 행동을 하는 단계를 거치게 되며 성인이 되어서도 우리는 낙서를 그려 본 경험을 가지고 있다. 그것은 초조감을 느끼는 경우이거나 자기 혼자만의 자유로운 세계를 가지게 되었으나, 남들이 자기를 보지 않는다는 심리적 안정감에서 표출되는 내적인 욕구나 갈등을 해소하는 방법의 하나이다. 바로 이런 의미에서 유아들의 난화는 성인 사회의 낙서나 난화의 심리적 투영과 같은 맥락에서 생각해 볼 수도 있을 것이다.

난화는 아무렇게나 그린 형태가 잠재적인 공상의 투사를 거쳐서 의식적인 노력의 그림으로 바뀌기 때문에 극히 일반적으로 그린 작품에 결여되어 있는 독창성과 생명력을 지니고 있는 경우가 많기 때문이다. Auerbach(1959)는 내담자가 정신분석 침상에서 스케치북에 난화를 그리게 하였고, Stern(1952)는 내담자가 집에서 자유롭게 연상되는 그림을 그려서 분석시간에 가져오도록 하였다. 이것은 치료자가 정신분석적 고찰을 토대로 하여 난화를 그리도록 제안한 것으로, 난화는 내담자가 자신의 비 구조화된 자극에 그 다음의 상상을 투사할 수 있는 여지를 제공하기 때문이다(한국미술치료학회, 1995 재인용).

성인들을 대상으로 개인 미술치료를 적용할 때 초기에는 어색하고 두렵고 불안하고 낯설고 여러 부정적 감정들로 인해 좀 긴장된 분위기일 때 낙서를 하면 긴장이 많이 완화되고 흥미를 유발하게 된다. 더구나 집단미술치료 시간에 신나는 음악을 틀어놓고 먼저 자유로운 몸동작으로 몸을 풀고 허공에 낙서를 하고 그 느낌을 화지에 옮겨 신나게 크레파스나, 파스넷, 수채화물감으로 낙서를 하면 더욱 더 신이 나서 작업에 열중하는 것을 볼 수 있다. 이렇게 난화를 통해 작업을 하다보면 신체적 에너지 수준이 올라가고 재미가 있으면서 미술치료에 좀 더 적극적으로 또 개방적 태도로 임하게 된다. 단순한 낙서이지만 그 안에 개인의 문제가 투사되고 그러한 개인의 문제를 초점화할 수 있는 자발성을 가져다 준다.

따라서 미술치료에서 아동, 청소년, 성인에게 난화를 많이 적용하는 것은 첫째 긴장된 감정을 이완하고, 둘째 그림에 대한 부담감을 줄이고, 셋째 낙서를 통해 흥미와 치료에서 필요한 약간의 감정적 퇴행을 유발하며, 넷째 자연스럽게 자신의 무의식이 표출되도록 돕고, 다섯째 자발적으로 치료에 참여하여 치료를 스스로 주도할 수 있다는데 치료적 의의가 있다고 본다.

4) 자발적 그림에 대한 사례

자발적 그림에 대한 사례를 소개하자면 8세 된 ADHD(attention deficit hyperactivity disorder) 남자아동은 학교생활 부적응으로 의뢰되었다. K-WISCIII검사에서 아주 우수한 점수를 보인 똑똑하고 매력적인 귀여운 아동이었다. ADHD에 대한 약물은 학교입학하기 전부터 1년간 복용하고 있었다. 첫 면담 행동관찰에서 얼굴을 약간 흔드는 틱장애가 보였으며, 특히 자신의 공상을 만화로 그리는 것을 좋아하였다. 어머니는 불안하고 강박적이었으며 아동의 과잉행동, 충동성 및 공격성을 잠시도 견디어내지 못하고 있었다. 아동이 3세 때부터 치료실 및 소아정신과를 다녔고 6개월 내지 일 년 간격으로 여러 검사를 반복적으로 받았다. 보호자가 호소하는 학교생활 부적응문제가 친구들과 약간 싸우는 정도와 잘 흥분하고 목소리가 크고 차분하지 못하다는 점이었다. 사실 어머니는 아동이 성실하고 차분한 모범생이 되어 학교에서 담임선생님에게 칭찬과 인정받기를 바라는 마음이었으나 이에 못 미치니까 아동의 문제행동이 크게 부각된 것이다.

아동은 처음에 와서 파스넷으로 4절지에 낙서를 했고 낙서를 하고나서 소감은 '시원하다', '재미있다'라고 표현을 하였다. 두 번째 시간에 〈그림 2-1〉에서는 미술치료사와 함께 선을 마음대로 긋고 숨은 그림 찾기를 했는데, 아동이 워낙 똑똑해서 창의적으로 그림을 잘 찾아내었다. 주로 물고기, 고래, 오징어 등 바다에 사는 생물을 찾아내면서 '바닷속 물고기'를 그림물감으로 그리고 싶다고 하여 다음시간에 하기로 하고 1회 미술치료를 마쳤다. 난화한 것을 미술치료실 벽에 부쳐놓았는데, 다음 시간에 와서 지난번 한 것을 기억해내고는 바닷 속에 사는 물고기를 그리고 싶다고 하였다. 가족물고기를 그렸는데 아빠, 엄마와 자신은 밝은 곳에서 햇살을 받으면서 행복하게 살고 있지만, 현재 3세 된 동생물고기는 컴컴한 동굴 속에 갇혀 천만년의 세월동안 못나온다고 하였다〈그림 2-2〉. 그래서 무엇 때문에 동생을 그렇게 표현했냐고 물어보니까 동생이 자기 말을 안 듣고 동생을 때리면 엄마가 자기를 더 혼내서 화가 나서 그렇게 했다고 하였다. 동생이 귀엽지만 정말 자신을 귀찮게 한다고 하였으며, 얼마나 귀찮게 하는지 다음 시간에 와서 만화로 그리고 싶다고 하였다.

세 번째 시간에 와서는 일주일동안 동생이 자신을 얼마나 귀찮게 했는지 학교에서 친구들이 자신을 얼마나 화가 나게 했는지를 8분할법, 6분할법의 그림형식을 통해서 자발적으로 표현을 해나가기 시작하였다〈그림 2-3, 그림 2-4〉. 자신의 그림과 이야기를 공감해주니 아동은 신이 나서 더욱 더 자신의 이야기를 해나갔고, 면담이 진행될수록 어머니, 아버지 이야기도 솔직하게 그림을 통해 자연스럽게 나오게 되었다〈그림 2-5〉. 아동은 항상 주차장에서 미술치료실로 먼저 뛰어와서 일주일 동안 스트레스 받은 것을 그림으로 풀기 시작하였다. 미술치료실에 올 때 '오늘은 이것을 그려야지' 생각하고 온다고 하였으며, 학교나 가정에서 화가 나는 일이 있으면 '미술치료실 가서 그림으로 그려야지' 생각한다고 하였다.

자발적으로 그린 아동의 그림내용을 보고 어머니가 일상생활에서 아동의 행동결과만을 보고 아동을 자주 야단치고 간섭하고 통제하고 존중해주지 않는다는 것을 발견하고 어머니 상담을 하였다. 어머니의 조급함과 불안에 대해 상담을 하였고 좀 더 아동의 마음을 이해할 수 있도록 가정에서 대화하는 법이나 아동의 행동에 대한 대처법을 이야기하였다.

미술치료실에 오면 3~4장의 그림을 자발적으로 그리면서 아동은 틱장애도 없어지고 살도 약간 찌기 시작하였고 약물도 2개월 만에 중단하게 되었다. 물론 이러한 치료의 긍정적인 변화가 미술치료를 통해 확인되었지만, 변화의 핵심은 어머니 상담을 통해 이루어진 것이었다. 어머니께서 치료시간을 관찰하고 소감을 이야기하였는데 아동이 치료자와 계속해서 이야기를 신나게 나누는 것에 감명을 받았다고 하였으며, 자신은 아들과 대화를 이렇게 한 적이 거의 없다고 하였다. 사실 객관적으로 볼 때 아동은 그 또래에 적합한 에너지와 호기심 및 탐구심이 많은 개구쟁이 소년이었는데, 어머니가 그런 아동의 행동을 수용하지 못하고 불안해서 여기저기 치료실을 다니게 된 것이었다. 어머니는 자신의 불안으로 아동의 작은 일탈행동도 수용을 못하고, 어머니로서 아동양육과 교육에 확신이 없다보니 아동을 대하는 태도에 일관성이 없었다. 또한 자신의 부적절한 행동에 대한 통찰도 없었고 대신 치료실에만 의존하였던 것이다. 사실 아동이 약물치료를 하게 된 것은 물론 아동이 산만한 것도 있겠지만 어머니의 불안도 부분적으로 영향을 미쳤다고 본다. 이렇게 불안수준이 높은 어머니들이 아동을 통제하고 간섭한다는 것을 임상에서 자주 관찰할 수가 있다.

본 사례에서 아동 스스로 자발적으로 그려나간 6분할법, 9분할법 등의 자유로운 그림이 아동에게 자신을 표현할 기회를 주었으며 안전하게 자신의 억압된 감정을 해소하는 치료공간이 되었다. 이러한 자발적인 에너지가 자신을 발전해나가는 창조적 에너지로 전환한 좋은 사례였고 어머니는 그런 아동을 수용하고 이해하기 시작하였다.

사실 본 아동의 사례를 접하면서 아동이 ADHD성향을 가졌지만 창의성과 자기 유능감이 있다고 관찰되었기에 ADHD아동에게 긍정적 시각을 갖기 위해 다음과 같은 학자들의 견해를 제시하고자 한다. Lara(2005)는 ADHD성향을 지나치게 부정적으로 인식하는 것은 문제가 있음을 지적하였다. 아동이 자아존중감이나 자기 유능감, 자기 효능감등에 부정적인 영향을 주어 아동이 환경에 부적응하게 되는 것을 우려하여 ADHD진단명으로 아동의 능력을 지나치게 제한하는 것은 문제가 있다고 하였다. 1990년대부터 ADHD 아동의 긍정적인 면을 찾고자 하는 연구들이 시작되고 있는데, ADHD아동의 부주의는 쉽게 산만해지고 해야 할 일을 끝마치지 못하고 빈번하게 다른 활동으로 전환이 되는 것이다. 산만한 아이들이 외부의 감각적 자극에 대해서 매우 민감한 반응을 하며, 내적으로 쉽게 산만해지는 것으로 볼 수 있다. 그러나 긍정적인 면으로 보았을 때는 아이디어가 많고 폭 넓은 관심을 보이는 것으로 인하여 창의적으로 반응하여 문제 해결을 할 수 있으며 또한 많은 아이디어를 놀이에 적용하는 능력이 있고, 흥미로운 것에 집착을 보여 다른 것을 신경 쓰지 못하는 것 등으로 볼 수 있다(Garmegy, 1985).

또한 ADHD아동의 주의력과 집중력의 부족은 백일몽과 잘 듣지 않는 성향이나 내적 사고와 마음속에 떠올리는 여러 가지 상상에 몰두하는 것으로 볼 수 있다(Shaw, 1992). 일반적으로 백일몽은 헛된 공상으로 치부해버리지만, 어떤 경우에는 생산적이고 창의적인 내적 사고나 이미지에 대한 집중력을 키우기도 한다. ADHD아동의 과잉활동은 과도하게 침착하지 못하고, 한 자리에 조용히 앉아 있지를 못하며, 과도하게 뛰어다니고 기어오르며 청소년과 성인기에는 내적 불안감으로 보여진다. 창의적으로 자라거나 자신의 일에서 성공한 사람들은 높은 에너지 수준을 가지고 있는 경우가 많다(Davis, 1986). 과잉활동은 심리적 과잉 흥분성(overexciatbility)으로 '정신 운동', '감각', '지적', '상상,' '정서'의 5가지 형태를 통해 개인의 발달적 잠재력을 높인다.

ADHD아동의 충동성은 생각 없이 행동하고, 순서를 기다리기 힘들어하며 결과를 고려 않고 위험한 활동에 몰두하는 경향이 높다. Piechowski(1985)는 과잉흥분성에 높은 에너지 수준과 더불어 충동성이 포함된다고 하였다. 이러한 충동성은 모든 사람들이 생각하고 행동하는 것은 무어이든지 지루해하여 새로운 사고와 행동을 할 수 있게 만들기도 하며, 감각추구, 위험추구는 인생의 성공에 도움이 되기도 한다고 하였다(Barron, 1988; Torrance, 1966). 특히 감각추구는 선천적으로 타고난 심리, 행동적 특성으로 자신의 주의력을 유지하기 위해서 재미있는 자극을 적극적으로 찾아나서는 성향이다. ADHD 아동이 재미있는 일을 할 때에는 세상모르고 집중하지만, 지루한 일을 할 때는 쉽게 산만해지는 성향과 비슷한 것으로 연결지어 생각해 볼 수 있다(이영나, 2006).

본 사례 아동도 약간의 ADHD 성향은 있었지만 창의적 사고와 인성 및 자발성, 주도성과 자율성 그리고 성취감이 풍부한 아동이었기에 미술치료를 단기로 종결할 수가 있었다. 아동의 치료과정에 대해서는 〈표 2-1〉에 제시되어 있다.

〈표 2-1〉 미술매체를 통해서 본 아동의 자발적 그림사례

회기	작 품	매체에 나타난 내담자의 반응 및 치료과정
1회	 〈그림 2-1〉 난화를 통해 그림 찾기	• 아동은 난화를 너무 좋아하였고 숨은 그림 찾기에도 적극적인 반응을 보였다. • 아동이 영리해서 숨은 그림도 아주 잘 찾았고, 주로 바닷 속 생물들을 찾아 내었다. • 난화에서 아동의 에너지, 지적인 호기심과 적극성, 상상력, 모험심 등이 보였다. • 그림의 오른쪽 하단에 보면 자신의 사인도 들어 갔다. 〈아동의 충동성을 창조적 에너지로 바라봄〉

2회	 〈그림 2-2〉 물고기 가족화	• 그림도 또래에 비해 잘 그렸고 집중력과 회화성이 돋보였다. 그림 상단에 노란색 선은 햇살을 표현한 것이다. • 그림에 대한 내용적 분석을 볼 때 아빠, 엄마 물고기 아래 자신의 물고기가 있고 동생은 컴컴한 굴속에(오른쪽 하단) 알로 표현하였고 "언제 동생이 태어나느냐"라는 치료자의 말에 "천만년"이라고 대답하였다. • 그림의 내용을 보고 내담자가 부모의 사랑을 독차지하고 싶고, 동생에 대해 시샘하고 있음을 알 수 있었다. **〈물고기 가족화를 통해 동생에 대한 갈등을 발견〉**
3회	 〈그림 2-3〉 나를 화나게 하는 일1	• 미술치료실에 와서 일주일 동안에 스트레스 받은 것을 만화형식으로 6분할을 통해 자발적으로 표현하면서 재미를 느끼는 것 같다. • 내담자에게 스트레스를 주는 것은 동생이 자신의 물건을 만져서 혼을 내면 어머니에게 꾸중을 듣는 것이었다. • 아동은 자신의 스트레스를 과장되게 표현함으로써 스트레스를 해소하였다. **〈6분할법을 통해 스트레스 해소〉**
4회	 〈그림 2-4〉 나를 화나게 하는 일2	• '일주일 동안에 화나는 일이 있으면 미술치료실에 가서 그리고 이야기 해야지' 하고 생각한다고 하였다. • 친구들과 싸우는 이야기이며 그림 안에서는 자신이 싸움도 잘하고 힘이 세서 친구들이 꼼짝 못한다는 이야기이다. 그런 이야기를 들어주고 공감해주는 치료자가 있어 더욱 신이 난다. 이런 과정 을 통해 아동은 스트레스를 스스로 해소 하였다. • 미술치료실에서 어떤 주제를 주지 않아도 항상 자발적으로 그림을 그려나간다. **〈그림을 통해 자발적으로 분노 표출〉**

<table>
<tr>
<td>5회</td>
<td>
〈그림 2-5〉 엄마에 대한 상징</td>
<td>• 엄마가 화나면 아파트 전체가 무너져 내릴 것 같은 공포가 온다고 재미있게 표현하였다.
• 동생 때문에 자주 혼나 억울하다. 동생이 귀엽지만 자신의 장난감, 물건을 함부로 만지고 심지어는 자신의 옷을 변기에 넣기까지 하였다고 했으며, 자신이 좋아하는 미니카를 던져 고장이 나기도 했다는 등 불만이 많았다.
• 엄마가 나만 혼내는 것 같아 억울하다. 억울한 심정을 일련의 시리즈로 극대화하여 표현하였다.

〈엄마에게 부당하게 혼나는 것에 대한 억울한 마음을 표현〉</td>
</tr>
<tr>
<td>치료 계획 및 목표</td>
<td colspan="2">• 아동이 학교나 가정생활에서 오는 스트레스를 6분할, 9분할법을 통해 자발적으로 표현하고, 이에 대한 이야기를 충분히 들어주고 지지하기로 하였다.
• 자발적인 표현을 통해 감정이 해소되면, 내담자의 발달수준에 맞게 자신이 대처하고 해야 할 일들에 대해 이야기를 나누고자 하였다.
• 자신이 좋아하는 물건 등을 중심으로 천사점토, 매직콘, 글라데스코 등을 통해 좀 더 차분하게 집중해서 작품의 완성도를 높여나가도록 하였다.
• 아동의 과잉행동, 충동성, 과잉 흥분성으로 불안해하는 어머니에게 상담을 실시하여 불안수준을 완화하고 가정에서 양육적인 환경을 조성하도록 계획하였다.</td>
</tr>
<tr>
<td>아동의 치료적 장점 및 취약점</td>
<td colspan="2">• 아동의 치료적 장점은 아동이 ADHD 성향이 있기는 하지만, 아동이 갖고 있는 긍정적 자원이 즉 미술매체에 대한 호기심, 자발성, 적극성, 상상력, 도전성 등이다. 이것이 충분히 치료적 자원으로 활용하여 아동의 자존감을 향상하도록 하였다.
• 치료의 취약점은 어머니가 아동에 대해 따뜻한 모성 돌봄의 양육적 환경을 적절하게 제공하기보다는 인지적으로 아동을 분석만 하려고 하는 것이다. 아동의 과잉행동과 충동성에 대해 몹시 불안해서 여러 치료실을 전전하면서 치료자들에게 의존만 한다는 점이다.</td>
</tr>
<tr>
<td>치유 요인</td>
<td colspan="2">• 난화를 통해 자발적으로 자신의 문제를 표현하고 발산(카타르시스)한 점이다.
• 6분할, 8분할, 9분할법을 통해 자발적으로 학교나 가정에서 스트레스 받는 것을 표현하여 스트레스를 감소시켰다.
• 자발적인 표현을 통해 아동의 문제를 이해하고, 이에 대한 적극적인 자유연상을 통해 아동의 자발성, 자율성, 주도성이 점점 더 향상되었다.
• 아동의 자발적으로 표현된 그림을 통해 어머니 상담을 하고 어머니의 불안을 역동적으로 이해하고 접근하였다.</td>
</tr>
</table>

2. 미술치료와 상징

앞에 사례에서도 보았듯이 미술치료에서 내담자가 매체를 선택해 제작한 모든 작품은 내담자 고유의 개인적이고도 주관적인 상징과 이미지를 갖고 있다. 이러한 상징들에 대한 자유연상을 통해 상징의 진정한 의미에 도달하는데, 이것이 미술치료에서 중요한 치료적 과정이 된다.

미술치료는 내담자와 미술치료사가 바로 이러한 시각적 상징을 통해 의사소통을 하고 자신의 문제를 이해하는 것인데, 미술치료에서 표현되는 수많은 상징들은 꿈 분석과 같이 하나의 치료적 지표로 제시될 수가 있다. 본 장에서는 먼저 상징의 의미와 개념을 살펴보고 Freud와 Jung 관점에서 상징을 이해하고 사례를 통해 상징의 의미를 어떻게 평가와 치료도구로 적용하는지 알아보고자 한다.

1) 상징의 의미

상징(symbol)은 그 어원이 그리이스 문자의 '함께 가져오다'라는 뜻의 συμβολον에서 또한 라틴어에서는 인지표시의 뜻인 Symbalon에서 유래한 Symbolus에 두고 있다. Symbolus 접두사 '함께(Sum→Sym)'라는 의미와 '던지다(bale→ballein)'라는 의미로 발전된 것으로 이것은 '함께 가져오다', '함께 던진다'라는 의미로 발전된다. 현대에 있어서의 상징은 기호(sign), 표적(mark), 표(token)가 의미하는 모든 것을 의미하며, 사회학, 예술, 철학, 심리학 등의 다양한 분야에서 '무엇인가를 나타내는 것'으로 이해되고 있다(Whittic, 1961).

단순한 행위뿐인 동물과는 달리 표시행위와 상징행위를 동시에 할 수 있다는 점에서 인간은 다른 동물과 구별될 수 있는데, 이 상징을 통한 상징행위(symbolizing)라고 하는 것은 우리가 자유롭게 사물에 의미를 기원시키고 창작하며 의미를 부여하는 능력을 뜻한다(이문웅, 1978). 이와 같이 인간이 동물과 다른 특성을 갖고서 문화를 창조하는 것은 상징을 구사할 수 있는 능력을 가졌기 때문이며 '인간은 상징을 통해서 사고한다'고 했다(조승국, 1981).

Cassirer(1994)는 'An Essay on Man'이란 책에서 인간을 '이성적 동물'로 정의하는 대신에 '상징적 동물'로 정의하고 상징의 기능을 통해 우주를 정복할 수 있는 이성의 힘을 가진 존재로 파악하고 있다. 인간은 창조력과 상상력을 발전시켜 여러 가지 의미를 상징에 담는다. 때문에 인간은 상징을 만들어 내는 경향이 있고, 무의식중에 물체와 형태를 상징으로 변형시킨다(윤희철, 1998 재인용).

그러한 변형된 상징들은 언어, 예술, 신화, 종교를 통해 표현되어지는데 이러한 이유로 인해 언어, 예술, 신화, 종교가 얽혀진 그물조직이 인간의 상상세계를 구체적으로 형성하게 된다. 특히 인간의 상징행위의 대표적인 형태가 예술이라 할 수 있다. 예술가들이 생각한 의미는 모두가 예술작품을 통해 타인에게 전달된다. 즉 실체(reality)를 자신의 심미안으로 해석하고 이를 관조자에게 전달하는 매체로서 상징을 사용하게 된다. 따라서 엄밀하게 말하면 예술가의 예술행위는 자신의 심미안에 따라서 실체와 유사한 또는 실체를 포함하는 어떤 무엇을 설정하는 행위에 불과하다고 볼 수 있다. 이러한 행위가 상징행위이며 그 부산물인 예술작품은 상징체가 되는 것이다(윤희철, 1998). 이러한 예술행위의 속성 때문에 Jung은 "예술은 상징이다. 작가가 경험한 것, 지각한 것, 느낀 것, 생각한 것을 상징을 통하여 표현되는 것이다"라고 말하고 있다(조승국, 1981).

일반적으로 예술은 감각적 존재를 가진 상징으로서 음, 소리, 색, 형태 등의 감각적 소재를 복합적으로 이용하여 의미를 표현한다. 이러한 상징적 요소가 조형예술에 있어 중요한 의의를 지니게 됨은 미술사를 통해 고대의 도기에 나타난 추상문양이나 벽화에서 풍부한 상징적 의미를 읽을 수 있다. 현재 발견되는 고대, 중세의 예술문화 중 각종 표상물은 상징적이 아닌 것이 거의 없을 정도이다. 또 근대 미술에 와서도 작가의 독특한 세계관에 의해 다양한 상징적 표현이 사용되어 왔다. Langer는 예술작품은 인간감정의 관점을 보편적으로 현시하는 상징형식이고 그 기능은 논리적 언어에서 설명할 수 없는 내적 감정적 인식으로서 인간의 생을 관조하고 응시한다고 했다. Langer는 예술 상징의 특징을 다음 네 가지로 정의하였다. 첫째, 상징은 간접지시이고 기호는 직접지시이다. 둘째, 예술형식은 논변적 형식이 아니라 현시적 형식이다. 셋째, 예술형식은 감정을 표현한다. 넷째, 예술상징의 의미는 표현적 형식이고 형식내용의 통합체 형식이다(민혜란, 1987 재인용).

이와 같이 인간은 상징에 의해 자신의 내면의 사고와 감정을 예술이라는 형식을 통해 소통하고 전달하고 표현한다는 것을 알 수 있으며, 미술치료관점에서 볼 때 이러한 은유적인 상징은 중요한 치료도구가 됨을 시사한다. 내담자의 상징을 잘 이해한다는 것은 내담자의 무의식을 의식화 할 수 있는 중요한 치료적 과정이기 때문에 내담자뿐만 아니라 치료자에게도 매우 중요한 치료적 과업이 될 것이다. 따라서 Freud와 Jung의 상징이론을 살펴보고 이에 대한 미술치료에서 상징의 치료적 의의를 살펴보고자 한다.

2) Freud의 상징이론

Freud와 Breuer는 이미 신경증 증상이 상징적 의미를 지닌다는데 의견을 같이 했다. 이들에 따르면 신경증의 증상은 꿈속에서 그렇듯이 무의식이 그 자체를 표명하는 한 방법이다. 따라서 꿈과 마찬가지로 이것은 대단히 상징적이다. 많은 사람들로부터 꿈 이야기를 들은 적이 있는 치료자들은 꿈의 상징이 신경증의 신체적 증상보다 훨씬 풍부하고 변화무쌍하다는 사실을 알고 있다. 이 꿈들은 정교하고 그림 같은 환상으로 이루어진다(이윤기, 2003 재인용). 한 개인의 전인격의 심리적인 생활과정을 알고 이해하기 위해서는 그의 꿈과 상징적인 이미지가 보다 중요한 역할을 한다.

Freud가 제시하는 상징에 대해 알아보면 상징은 무의식이 의식화되는 총체적인 과정들이라고 언급하였다. Freud가 일반적으로 말하는 상징의 의미를 '꿈의 해석'에서 잘 표현하고 있는데, 꿈속에 나타나는 상징들은 무의식들의 상징적 표현으로 보고 이것이 꿈을 통해 상징화되었을 때 꿈의 해석을 통해서 그 억압된 어떤 것을 의식적으로 접근할 수 있다고 하였다. Freud는 Jung과는 달리 그림을 치료에 거의 적용하지는 않았지만, 꿈속에서 여러 다양한 상징이 복합적으로 무의식에 나타난다고 강조하였다. 따라서 본 장에서는 상징의 임상적 의미를 이해하고자 Freud의 꿈분석을 살펴볼 것이고, Freud의 꿈분석은 미술치료에서 미술작품의 내용분석과 평가방법과 거의 비슷하기 때문에 자세히 이해할 필요가 있다고 본다.

Freud는 꿈에는 두 가지 수준의 내용이 있다고 주장한다. 즉 꿈에는 그 내용이 겉으로 드러난 발현된 내용(manifest content)과 꿈의 진짜 의도인 잠재된 내용(latent content)이 있는데 꿈의 진정한 목적은 잠재된 내용 속에 있다는 것이다. 잠재된 내용은 숨겨져 있고 가장되어 있으며 상징적이다. 꿈의 발현된 내용이란 바로 그 꿈속에 나타나는 꿈의 내용을 말한다. 꿈분석은 발현된 내용 속에 표출된 상징들을 연구하여 그 꿈속에 위장된 채로 잠재된 내용을 노출시키는 것이다. Freud가 꿈의 분석을 강조하는 이유는 이 때문이다. 모든 꿈에는 잠재된 내용이 있으며 그것이 꿈의 진정한 목적인데, 우리가 꿈의 진정한 의미를 제대로 파악할 때 무의식의 근본적인 욕망을 알 수 있으며 무의식의 상태를 알 수 있다는 것이다(김성태, 1990).

Freud에 의하면 꿈에서 표현되는 소망들은 변장된다고 말한다(장병길, 1997). 왜냐하면 그것들이 그대로 표출될 경우 어떤 내용들은 꿈꾼 이에게 너무 충격적인 것이라서 그의 잠을 온통 깨워놓을 수 있기 때문이다. 그래서 꿈은 잠의 보호자 역할까지 하느라고 검열(censor)과 왜곡(distortion)을 거쳐서 나타난다는 것이다. 잠재된 내용은 너무나 고통스럽고 위협적인 것들이기 때문에 그의 무의식적인 성적, 공격적 충동들이 보다 용납할 수 있는 내용으로 변형되어 꿈으로 나타난다. 이것이 Freud의 중심개념인 꿈의 작업이다. 따라서 전통적 정신분석인 Freud의 꿈 해석의 기본원리는 발현몽(manifest dream)으로부터 꿈 단편 등에 대한 자유연상을 통해 잠재몽(latent dream)에 도달하도록 하는 것인데, 1950년대 이후의 연구들은 발현몽의 중요성이 대두되어 내담자가 꿈을 보고 할 때 사용하는 말의 어감이나 정서적 표현 등에 관심을 기울여야 함을 강조하고 있다(Saul, 1972).

이와 같이 Freud의 꿈분석에 나타난 꿈의 내용은 매우 상징적이며 이러한 상징적 표현은 한 대상에 대한 아주 복잡한 느낌이나 추상적 개념을 단순하고 구체적인 감각 이미지로 표현하는 것이다. 따라서 Freud의 상징은 무의식적 의미를 가지고 있으며, 상징에 대한 자유연상을 통해 그 의미를 알 수 있다고 했으며, 어떤 상징은 보편적인 의미를 가진다고 믿었다.

그러나 임상에서 미술치료를 통해 내담자의 꿈들을 분석하다 보면, 보편적인 상징의 의미들은 꿈 분석을 할 때 참고적으로 이용하고, 무엇보다도 내담자가 느끼고 자각하는 고유의 개인적인 상징의 의미를 발견하는 것이 중요하다. 또한 이러한 꿈분석은 미술치료에서 미술매체를 통한 작품분석에도 그대로 적용이 된다. 원래 미술작품은 크게 형식적 분석과 잠재된 내용분석으로 나누어지는데, 작품의 잠재된 내용을 이해하기 위해서는 Freud의 꿈분석을 적용하면 많은 도움이 될 것이다. 이에 대해서는 미술치료사례를 통해 자세히 살펴볼 것이다.

Freud의 상징이론을 언급하면서 꿈에 나타난 상징에 주로 초점이 맞추어져 기술되었는데, 사실 우리 무의식에 억압된 원초적 본능과 감정이 증상 및 꿈을 통해 상징적으로 표현된다. 이러한 관점에서 미술치료에서 표현된 상징의 주된 의미는 불안과 공격의 승화이며, 미술치료를 통하여 내담자는 자기 표출을 안전하게 함으로써 자신에게 내재된 부정적 에너지를 건설적 에너지로 승화할 수 있게 되며, 갈등과 문제를 극복할 수 있는 해결능력을 얻게 된다. 이러한 Freud이론에 근거해 퇴행, 억압된 감정의 분출 및 해소, 리비도 해소, 불안, 승화 등에 대한 연구가 미술치료분야에서 미적 활동과 상징에 대한 주제를 통해서 이루어졌다. 이러한 연구에 의하면 내담자 혹은 환자가 그려내는 상징은 거부된 본능의 현실을 표현한 것이며 상징에서 기본적인 본능과정이 나타난다고 보기 때문에, 조형제작은 갈등을 대리적으로 해소하는 것으로 보며 모든 그림에는 무의식이나 억압된 고통이 존재한다고 본다(정여주, 2004 재인용).

그러므로 Freud의 꿈분석에 적용된 이론을 미술치료에 적용해 내담자가 그린 상징과 이미지에 대해 먼저 시각적 내용을 알아보고 그 다음에 자유연상을 통해 잠재된 내용으로 들어가다 보면 상징의 진정한 의미에 도달하게 될 것이다.

3) Jung의 상징이론

Freud가 꿈이 억압된 공격성이나 성욕 같은 다소 부정적인 것을 나타낸다고 표현한 것에 반해 Jung은 꿈은 미래의 정신적인 상황과 생각들의 가능성으로 가득 차 있다고 말하였다. Jung

은 상징을 정의하기를 "비교적 알려지지 않은 사실에 대한 가장 가능한 것으로 선택된 표현"이라고 하였다. 상징은 최선의 방법으로 아직 알려지지 않은 의미를 표현하고자 하지만 그래도 설명하지 못한 의미가 남아 있는 것이 상징이라고 하였다. 즉 직접적인 의미 이상의 것을 포함하고 있을 때 그것이 상징적인 것이라고 말하고 있다. 결국 상징은 내적인 욕망을 표현하는 무의식의 언어이며 직접적인 의미 이상의 함축성을 지닌 표현을 말한다고 하였다(김신옥, 2006 재인용).

Jung의 분석심리학에서의 상징의 기능을 살펴보면, 첫째로 상징은 실재에 참여하게 하는 기능을 하게 한다. 상징은 대상의 감각적 외양을 표현하는 것을 넘어서 실제를 드러내어 현존화하며, 상징이 가리키는 실제에 참여하게 한다. 두 번째로 상징은 리비도를 변환시키는 기능을 한다. 상징은 초과된 리비도의 표현이면서 동시에 리비도를 변환시킨다. 상징을 통해 어떤 정신적 내용이나 시선을 하나의 이미지로 변환시킨다. 세 번째로 상징은 의식의 세계에 무의식의 세계를 연결해주는 매개의 기능을 한다. Jung은 상징을 의식과 무의식, 숨겨진 것과 나타난 것 등 대극적 요소의 중재자라고 하였다. 네 번째로 상징은 자율적인 기능을 가지고 있다. 상징의 자율성은 무의식의 자율성에 기인하는 것으로 상징은 스스로 나타났다가 어느 정도 생명을 유지하고 난 이후에는 스스로 소멸해버린다. 다섯 번째로 상징은 대극들을 통합시키는 초월적인 기능을 가지고 있다. 두 가지 상반되는 요소가 서로 대극의 긴장관계를 이루고 있을 때 상징이 그 가운데 초월적인 위치에 서서 대극의 긴장을 풀어주고 두 요소간의 충돌이나 모순을 완화시키고 그들을 통합시켜 새로운 이미지를 형성하게 한다(김신옥, 2006 재인용).

이렇듯 인간은 이러한 상징의 기능을 통해 세상과 소통하며 자신의 내면세계에 조화를 이루며 살아가고 있다. Jung은 이러한 상징의 기능을 통해 인간의 영혼이 발달되고 치유되는 효과가 있다고 하였다. Jung은 모든 생명체가 자연스러운 성장경향, 즉 완성으로 나아가고 자하는 경향이 있다고 말하였다. 그는 자기 성장과 자기 발전의 능력, 더욱 분화된 특별한 형상의 계발을 통하여 문제점을 초월하는 능력이 있다고 주장하였다.

원래 Jung은 Freud의 제자였으나 Freud의 성 욕동이론에 반대하고 자신이 발견한 집단 무의식으로 인해 Freud와 결별하였다. Jung이 Freud와 결별한 후 1912년부터 1918년까지 심한 내적 소용돌이를 경험하였다. Jung은 그 시절 어릴 적에 그에게 귀중한 의미를 지녔던 자갈놀이를 다시 접하게 되었다. 그는 성인이 그렇게 노는 것에 대하여 비록 강한 내적 저항을 받고 제동이 걸렸지만, 이 놀이가 자신의 발전을 위한 전환점이 되었다는 것을 경험했다. 그 때 그가 조형 활동들은 자신의 내적 방향을 찾는데 결정적인 도움을 주었다. 이러한 경험을 한 이후로 자신의 생활이 발전 없이 정체될 때면 언제나 그림을 그리거나 자갈놀이 작업을 하였으며 그것을 통하여 자신의 정서들을 상상하고 그들을 위한 심상을 발견하려고 의식적으로 노력하였다.

Jung은 자신의 체험을 통해서 예술 활동에는 불안, 육체적인 고통뿐만 아니라 무의식에서 보여진 심상을 그림으로써 우리 무의식에 있는 부정적인 요소들을 분화시켜 태어나는 순간부터 우리에게 주어져 있는 고유한 개성을 발견하여 드러내는 기능이 있다고 주장하였다. 이 과정을 개성화과정이라고 하며 그것은 창의적이며 치료적인 기능이다(윤옥경, 2008 재인용).

Jung은 인간의 본질을 '정신의 전체성'에 두는 심리학적 인간이해를 한다(이죽내, 2000재인용). 그에 의하면 인간의 정신은 크게 무의식과 의식으로 구성되어 있으며 무의식은 다시 개인적 무의식 층과 집단적 무의식 층으로 나누어진다. 무의식에는 수많은 원형들이 존재하며 특히 자기 원형은 의식과 무의식을 통틀어 전체 인격의 중심을 형성한다. 자아는 외부와 내부를 중재하는 역할을 담당한다. 인간의 정신은 수많은 대극적 요소들로 이루어져 있으며 이러한 대극적인 요소들은 통합을 이루어 전일적인 존재가 되고자 한다(이부영, 2002). 이것이 Jung이 말하는 개성화이다.

'개성화'란 고유한 자기 자신이 되는 것으로 심리학적으로 더 이상 나누어지지 않는 존재, 즉 자동성을 지닌 전체성을 이룬 존재를 형성시켜 나가는 과정이며 미래의 인격인 개성을 실현하는 과정이다(김성민, 2002). 개성화는 자아가 무의식의 내용들을 의식함으로써 성취될 수 있는데, 이것을 '자기 인식'의 과정 혹은 '의식화'라고 한다. 의식화란 우리 안의 무의식에 있는 여러 요소들을 깨닫는 심리적 체험이며, 지적, 감정적인 통찰이다. 이는 한편으로 자기를 페르조나(persona)의 잘못된 은폐에서 해방시키고 다른 한편으로는 무의식적 상들로부터 오는 암시력에서 해방시키는 것을 의미한다(이부영, 2002).

따라서 Jung의 개념에서 보면 무의식의 집단적인 혹은 무의식의 개인적인 영역은 이미지와 상징을 통해 그림에 표현될 수가 있다. 이러한 이미지와 상징은 그림, 조각, 시, 춤, 음악, 문학 그리고 여러 다른 형태로 나타나고, 인간의 창조적인 측면에서 드러나는 표현이다. 다시 말하면 이는 무의식이라는 창조성의 영역에서 드러나는 표현이며 Jung이 말한 '개성화 과정'의 발달과 관련된다(Furth, 2002). 미술치료에서 내담자가 매체를 통해 표현된 수많은 상징들은 창조적 원천으로서 결국 자기 자신을 긍정적으로 찾아가는 탐색과정이며 이것은 Jung이 말하는 개성화과정이다. 미술치료사는 내담자가 이러한 개성화과정을 잘할 수 있도록 안내자 역할을 해야 할 것이다.

4) 미술치료에서 상징의 치료적 지표

미술치료에서 미술매체에 의해 표현된 상징은 내담자의 상태를 진단하며, 치료과정 전체의 맥락을 연결할 수 있는 치료의 중요한 요인이 된다. 또한 여러 다양한 매체를 활용한 조형 활동에서 표현되는 상징은 내담자의 의식과 무의식의 역동과정을 객관적으로 볼 수 있는 메시지가 된다. 미술치료에서 상징은 미술과 치료라는 두 분야의 관점을 고루 고찰할 수 있어야 하는데 이는 두 관점의 상호관계가 미술치료의 근저를 이루고 있기 때문이다. 미술치료에서 조형화과정은 바로 상징화과정이라고 할 수 있으며, 내담자는 상징화를 통해서 자신의 증상과 내적 갈등에 구체적으로 대면할 수 있으며, 치료자는 내담자가 표현한 상징내용들을 인식하도록 동행한다. 이러한 상징내용을 이해하는 것은 치료적 단계를 촉진시키는데 중요한 계기가 된다(정여주, 2004).

Dannecker(2000)는 상징과 상징화 과정이란 주제는 미술치료의 중심이며, 미술치료는 이것으로 이론적 틀을 표시한다고 본다. Andina-Krerne(1996)은 상징과 관련하여 미술치료의 목적은 미술을 수단으로 하여 상징화 능력을 되찾거나 새롭게 획득하는 것이라고 한다. Riedel(1988)은 상징으로서의 그림에 대하여 그림은 인간의 정신을 상징화하는 언어적인 힘과 같은 형상으로서 그림이 전달하는 그림언어는 본래적이며 가장 최초의 인간언어이며, 예술작품은 '종교적, 사회문화적 인식과 가치'를 상징하며, 집단 무의식에서 이루어지는 인간 영혼의 위대한 방향표시가 될 수 있다고 강조한다. Menwen(2000)에게 미술치료에서 상징의 의미는 전적으로 미지의 것이며 생성되는 것을 은유적으로 설명하려는 시도로서 상징화과정은 정신적 갈등을 미적, 은유적으로 기록할 수 있는 것이다(정여주, 2004 재인용).

Freud는 무의식적 동기를 각성시켜 의식수준으로 전환시키는 방법에서 이미지의 활용 즉 그림의 해석이 효과적이라고 하였고, 또한 아동의 경우에는 성인에 비해 자유연상의 준비성이 결여되어 있어서 그림의 사용이 언어의 사용보다 의사소통을 용이하게 해준다고 하였다.

특히 아동들은 미술에 나타난 상징을 통해 의사소통을 하기도하며 현실세계에 이루지 못한 소망을 표현하기도 한다. 미술치료가 상징화능력의 발달에 효과적이라는 것은 누구나 쉽게 이해할 수 있다. Wilson은 내담자들에게 미술작품을 만들도록 격려함으로써 상징화하는 능력이 발달하며 이는 여러 가지 자아 기능의 발달과 연결되어 있음을 말한다. 미술치료에서의 미술작업은 시각적 상징의 발달을 자극, 촉진하고 이는 그 자체가 상징화 능력의 발달을 돕는 것이다(Rubin, 1987 재인용).

Kramer(1991)는 불안으로 고통 받는 아동들은 소망과 판타지를 상징적으로 나타내는 미술활동, 즉 '자기애 만족'을 통해 불안심리가 완화될 수 있다고 본다. 즉 자아 강화가 보편적으로 성숙과정에 기여하는 것과 같이 미술치료도 그 자체로 긍정적 인격변화의 영향력을 지닌 일반적 '성숙과정'에 기여한다. 여기에서 미술의 상징적 묘사는 바로 자기 자신을 안전하게 드러낼 수 있는 기능을 가지기 때문에 아동에게 외상경험을 극복할 수 있게 한다는 것을 Kramer는 자신의 저서를 통하여 많은 예를 제시한다. 이는 Wellendorf(1990)가 조형 활동은 질서를 회복하는 시도라고 하는 것과 같은 의미를 지닌다. Wellendorf에 의하면 예술은 정신적 연관관계를 시각적으로 볼 수 있게 하며 또한 그러한 과정에서 감정들을 조정하게 하는데 여기에서 상징화는 대상화를 하는 중요한 요소이다. Bloch(1982)는 상징화가 정동(affect)을 행동화하고 반출하는 것 외에도 미술활동의 가장 중요한 과정이라고 본다. 이러한 견해는 상징화과정 안에서 예술의 모든 기능들이 통합되고 창의적이고 적극적인 활동을 위한 돌파구가 이루어진다는 믿음에 근거한다(정여주, 2004 재인용).

한편 Jung의 관점에서 본 미술치료는 내담자가 조형화의 과정을 통해서 색채, 공간, 형태 등의 상징표현으로서 자신의 무의식에 있던 문제들을 의식으로 끌어올린다. 또한 그림의 상징은 치유적인 힘을 활성화시키고 예언적이면서도 미래 지향적 의미를 도출한다고 하였다. Jung이 강조하는 개성화과정에서 미술을 통해 때론 색으로 또는 기학적 도형으로 무의식을 의식화하여 형상화시키고 통합시킨다. 그림을 그리다보면 새로운 색과 형태 상징을 첨가하게 되는 때가 있는데 이것은 자신에 대한 이해가 더 넓어졌다는 것을 의미한다.

예를 들어, 오랫동안 빨간색을 기피하다가 마침내 활짝 핀 양귀비꽃을 그릴 수 있게 된 한 청년에게서 자기형상화인 그림이 자신에게 어떤 기쁨을 주며 자신을 어떻게 더 넓혀가며 어떻게 더 큰 자기로 접근하는가 잘 볼 수 있다. 과거에 빨간색은 그에게 가장 부정적으로 연상되어 짐스럽게 느껴졌다. 혈우병을 앓고 있는 그는 자신에게 위험한 핏빛을 피해왔다. 그러나 이제 빨강은 그에게 생명력의 색이기도하다. 이 청년은 살아가면서 피를 흘릴 수 있는 위험한 사고에 대한 염려 때문에 많은 활동을 기피해왔다. 그러나 그가 빨간색을 받아들일 수 있을 때 그는 일상에서 자연스럽게 일어날 수 있는 부상에 대하여 크게 불안을 느끼지 않았고 처음으로 사랑하는 여인을 받아들일 수 있었으며 그녀와 춤도 추러 다니고 등산도 갈 수 있었다(Riedel, 1992).

이와 같이 Riedel(2000)은 임상사례를 통하여 미술치료에서 상징은 그림이 그려낸 것보다 훨씬 더 많은 것을 포함한다고 내포하고 있다는 점을 제시한다. 이와 관련하여 상징이란 내담자의 무의식에 있는 기억, 갈망, 기대와 이상향의 몫을 내포함으로써 치유적 통합을 제시하며, '정서를 담는 그릇'이고 '진보적 상징'으로 본다. Jung학파들은 그림과 상징은 개인의 무의식뿐만 아니라 집단무의식과도 연결된다는 것을 강조한다. Dennecker(2000)에 의하면 Jung이 미술치료에 기여한 점은 다른 심리학자들과는 달리 상징세계에 의해 심리적 삶을 연구했으며 무의식의 그림에 독립적이고 고유한 지위를 제시했다는 것이다. Jung의 이론에 입각한 미술치료사들은 무엇보다 그림상징이 지니는 내용의 의미를 중요시하였다. 뿐만 아니라, 미술치료에서 중요한 기능인 화면의 공간상징, 색채상징, 숫자상징 등을 다양한 문화적 바탕에서 연구하여 분석한 점이 미술치료의 상징해석에 더 많은 여지를 주는데 기여한다고 볼 수 있다(정여주, 2004 재인용).

사실 미술치료에서 다양한 매체를 통해 내담자가 자신의 모든 감정과 생각 및 욕구를 상징화해서 표현하는 그 자체가 중요한 치유과정이다. 이러한 상징을 통한 간접 체험이 바로 Freud가 강조하는 억압된 정서의 표출이자 자기이해이며, Jung이 강조하는 창조적인 개성화 과정이다. 다음은 미술치료에서 사례를 통해 그림으로 꿈분석한 것을 살펴보면서 상징이 미술치료과정에서 어떻게 치료적 지표로 활용되는지 살펴보겠다.

5) 꿈 분석사례에 나타난 그림상징

미술치료에서 나타난 일련의 상징을 통한 치료적 변화를 알기 위해서 꿈분석 사례를 소개한다. 미술치료에 의뢰된 초등학교 4학년 여학생(11세)의 주 호소는 밤마다 악몽 때문에 잠을 못자서 미술치료실에 오게 되었다. 첫인상은 매일 잠을 못자서 그런지 얼굴이 창백하였고 기운이 없어 보였다. 잠만 자려고 하면 하얀 소복을 한 처녀귀신이 나타나서 자신을 칼로 위협하거나 아니면 잠만 자려고 하면 옷장 안에 옷들이 넘실넘실 나와서 귀신들이 된다는 것이다. 도저히 악몽 때문에 혼자 잘 수가 없어서 7세 된 남자동생과 함께 자고 너무 꿈이 무서울 때는 7세 된 남자동생을 깨워 어머니를 한밤중에 불러오게 하였다. 내담자의 매일 밤 계속되는 악몽 때문에 온 집안 식구들은 제대로 잠을 못자서 피곤하고 내담자에 대한 원망이 많아 어머니는 내담자를 자꾸 혼내게 된다고 하였다.

특히 내담자의 어머니는 직장생활을 하는데 딸 때문에 잠을 못자고 더구나 아침에 출근준비로 바쁜데 내담자를 억지로 깨워서 학교에 제시간에 보내는 것도 매일 힘들고 지치는 일이라고 하였다. 또 누나 역할을 해야 할 내담자가 악몽이 무서워 7세 된 남동생과 자는 것도 못마땅한데다가 매일 피곤하다는 이유로 학습에 집중 못하는 것도 역시 큰 불만이었다. 이렇게 내담자는 악몽 때문에 불안하고 절박한데 어머니는 딸의 악몽 때문에 현실생활에서 오는 불편함으로 딸을 더 미워하고 있었다.

〈그림 2-6〉은 밤마다 반복해서 꾸는 악몽을 그림으로 표현한 것이다. 우선 악몽의 정의에 대해서 살펴보면, Hartmann(1984)은 꿈꾸는 사람을 깨우는 아주 무서운 꿈(frightening dream)

으로 정의했고, Belicki(1992)는 불쾌한 정서를 수반하는 불안한 꿈(disturbing dream)으로 생생하게 회상될 수 있다고 했다. Zadra와 Donderi(2000)는 악몽을 꿈꾸는 사람을 깨도록 하는 아주 불안한 꿈이라했고, 나쁜 꿈은 역시 아주 불안한 꿈이지만 꿈꾸던 사람을 깨우지 않는다고 하였다. 정신장애진단 및 통계편람(DSM-IV, 1994)에서는 악몽장애란 주요 수면 동안이나 낮잠 자는 동안 생존, 안전, 자존심의 위협과 같은 여러 가지 무서운 꿈을 대개 세세하게 기억하면서 잠에서 깨는 것이라고 하였다.

그러면 작품의 해석에 앞서 첫 번째, 그림의 시각적인 내용을 먼저 있는 그대로 살펴보면, 밤마다 찾아오는 여자귀신을 그린 것인데 "공부 안 하면 매일 찾아오겠다"하고 귀신이 식칼로 자신을 위협하고 있는 것이다. 두 번째, 그 꿈의 잠재된 내용으로 들어가면 꿈에 대한 자유연상을 통해서 그 귀신이 자신을 칼로 위협하는 것이 마치 평상시에 어머니가 혼낼 때 느낌과 비슷하다고 하였다. 내담자는 그 꿈에 대한 이야기를 하면서 그 꿈에 나오는 여자가 마치 '엄마'인 것 같다고 하였다. 어머니는 자신을 매일 무섭게 야단만 친다고 하였다.

이 작품을 갖고 어머니 상담을 하였는데 어머니께서도 내담자를 매일 심하게 야단을 친다는 것을 인정하였다. 하나부터 열까지 딸이 밉다고 하면서 심지어 "내 뱃속에서 나온 자식인데 어쩌면 저렇게 미울 수가 있느냐"고 하면서 "자신은 어머니 될 자격이 없다"면서 울기까지 하였다. 남편과 사이가 안 좋은데 남편의 나쁜 점만 닮은 딸이 주는 것 없이 밉고 지독하게 딸이 자기 말을 듣지 않아 더욱 밉다고 하였다.

악몽에 나타나는 귀신의 상징을 통해 그 역동을 살펴보면, 딸에 대한 어머니의 적대적인 마음이 내담자에게 투사되고 어머니에 대한 미움이 내담자의 악몽으로 상징화되어 표현됨을 알 수 있었다. 어머니는 실제 생활에서 딸을 노골적으로 학대하고 있었고, 이런 학대를 받은 딸은 악몽을 매일 꿈으로써 자신의 불안하고 절박한 마음을 상징적으로 표현하고 있었다. 또한 어머니에게 잠을 못 자게 함으로써 무의식적으로 복수하고 있었다. 실제로 내담자는 어머니가 부당하게 자신을 야단칠 때는 "어머니를 때리고 죽이고 싶다"고 하였고, 내담자와 어머니 둘 다 서로를 미워하면서도 이러한 마음에 대해 모두 죄책감을 갖고 있었다. 악몽은 어머니에 대한 아동의 문제의 상징화로 보여진다.

치료에서 꿈의 이용은 보통 초기의 꿈들에서 핵심역동과 치료적 방향이 반영되고 치료적 경과가 일련의 꿈에서 관찰된다. 치료 경과에 따른 꿈의 변화에 대한 연구를 보면, 이죽내(1984)는 그의 연구에서 치료 경과가 좋아질수록 꿈속에서의 관계대상이 점차 현실에 가까운 대상으로 옮겨지고 관계 양상이 보다 구체적이고 행동적이며 정서적으로 발전해감을 관찰하였다. 박영우(1990)는 치료가 경과됨에 따라 꿈속에서 내담자는 감정을 보다 잘 표현하게 되고, 꿈

사건에 적절하면서도 활발하게 반응했으며, 꿈 역시 이해하기 쉽고 명료해졌다. 감정의 발단은 과거보다 현재의 인물이나 대상에 대한 것이 많아졌고 꿈 배경도 현재와 관련된 장면이 증가했으며, 등장인물은 개인적으로 잘 아는 대상이어서 결국 꿈심상은 보다 왜곡이 적고 괴상한 요소가 없는 실제적인 내용으로 변화되었다고 한다.

앞에서 언급한 4학년 여학생의 꿈도 미술치료와 어머니 상담이 진행되면서 그 무서운 '여자귀신'이 '사나운 불도그'로 상징적으로 변화하였다. 사나운 불도그가 무섭게 '으르렁'하면서 자신을 밤마다 매일 위협하였고 그 무서운 개의 모습도 사실 어머니가 자신을 야단칠 때 모습과 유사하다고 하였다. 그러나 여자귀신보다는 불도그가 덜 무섭고 꿈에서도 견딜만하다고 하였다. 여기서도 무서운 불도그는 어머니를 잠재적으로 상징한다고 볼 수가 있다.

또 치료가 경과하면서 드디어 꿈에 실제적인 어머니가 등장하게 되었다. 꿈에서 어머니는 내담자에게 무더운 여름날에 아주 산처럼 무거운 밍크코트를 입고 가라고 야단을 쳤다. 내담자는 너무 더워서 못 입고 간다고 하였지만 어머니는 화를 내며 입고 가라고 야단을 쳤다. 이에 내담자는 할 수 없이 밍크코트를 입고 학교에 갔더니 더워서 땀이 줄줄 흘렀고 아이들은 모두 민소매를 입고 오거나 반소매를 입고 왔다. 반 친구들이 '저 아이 이상한 아이'라고 놀렸으며 이 꿈에 대한 시각적 내용에 대해 제목을 부쳐보라고 하니까 내담자는 '엄마의 억지'라고 하였다. 꿈의 잠재적인 내용으로 들어 가보면 어머니는 신경증적인 남편 때문에 매일 스트레스를 받는데다가 남편을 닮은 딸이 까다롭고 예민해서 자신을 괴롭히고 말을 안 들으니까 그 화를 모두 딸에게 투사하고 있었다. 딸이 말을 안 들으면 딸보고 "집을 나가라"하고 만약에 "네가 안 나가면 내가 나가겠다"라고 협박을 주는 등 딸에 대해 부당한 처사가 매일 일상생활에서 많았다고 보여진다.

여기서 치료초기에 귀신이라는 상징은 치료가 진행되면서 치료 중기에 무서운 불도그로 그 다음에는 무서운 어머니로 실제적으로 변화되었다. 다음치료 시간에서는 무서운 어머니가 자신을 무시하는 어머니로 변화되었는데, 꿈 내용을 보면 어머니 친구들이 놀러와 내담자의 방에 들어가서 내담자의 예쁜 물건들을 어머니에게 모두 달라고 하니까 어머니는 내담자에게 물어보지도 않고 그 예쁜 물건들을 친구들에게 다 주었다는 것이다. 하도 어이가 없어 어머니를 쳐다보니 꿈에서 어머니가 하얗게 눈을 흘기면서 외면하는 모습이 보였다고 한다. 여기서 내담자가 꿈을 통해 느끼는 감정은 어머니가 내 마음을 정말 몰라주고 나를 무시하는 것 같아 화가 난 것이었다.

계속되는 치료로 내담자는 악몽을 거의 꾸지 않게 되었으며 잠을 잘 자게 되었다. 물론 이렇게 심리적으로 안정되기까지는 계속되는 어머니 상담이 있었고 어머니는 상담을 통해 딸에 대한 적개심을 인정하고 반성하면서 처벌적인 양육태도를 줄이고 딸에게 진정으로 용서를 구하고 "사랑한다"고 처음으로 말하게 되었다. 실생활에서 어머니가 딸에게 잘 해주려고 노력함으로써 점점 아동의 악몽은 사라지게 되었으며 아동도 어머니에 대한 적개심이 많이 감소되었다. 이처럼 꿈속에 '귀신' 이 상징하는 것이 얼마나 많은 내담자의 문제를 함축하고 있는지 그 잠재된 내용이 얼마나 많은 것을 시사하는지 알 수 있었던 좋은 사례였다.

따라서 어머니에 대한 상징은 귀신에서 무서운 불도그로, 다음에는 무서운 어머니에서 무시하는 어머니로 변화되었다. 그 다음에는 어머니에 대한 꿈이 더 이상 나타나지 않았으며 가끔 친구들과 노는 일상적인 꿈들이 나타났다. 이것은 아동이 어머니에 대한 분노와 적개심이 많이 감소되었음을 의미하며 자신의 연령과 발달과업에 적절한 또래친구들의 꿈으로 전환된 것은 아동이 지금 정상적인 궤도로 가고 있음을 보여주는 긍정적인 치료적 변화라고 보여진다. 이처럼 그림을 통해 표현된 상징들이 치료에서 중요한 치료적 지표로 반영되는 것을 미술치료사례를 통해 알 수 있었다. 〈표 2-2〉에서 꿈 분석 미술치료사례에 나타난 그림 상징에 의한 미술치료과정이 제시되어 있다.

〈표 2-2〉 그림 및 꿈 상징을 통해서 본 미술치료사례

회기	작 품	그림 및 꿈 상징을 통해서 본 치료과정
초기	 〈그림 2-6〉 귀신 꿈	• 아동은 야경증을 주호소로 내원했는데 매일 반복적으로 꿈에 여자 귀신이 나타나 자신을 괴롭혀 잠을 깊이 못 잔다. • 여자 귀신이 매일 꿈속에서 칼을 들고 나와 너무 무섭고 긴장된다. • 귀신에 대한 연상을 하면서 내담자는 실제 생활에서 엄마가 나에게 하는 것이 마치 꿈속에 나오는 귀신의 이미지와 같다고 하였다. **〈여자 귀신에 대한 상징을 엄마라고 연상〉**
중기1	 〈그림 2-7〉 엄마가 화날 때	• 저녁에 퇴근해서 들어오면 엄마는 화부터 내면서 이야기한다. 좀 좋은 말로 하라고 하면 벌세우고 매로 때리고 욕해 기분이 너무 안 좋다. • 학교 갔다 오면 낮에 엄마가 없어 허전한데 저녁에 오면 서로 반가울 시간도 없이 매일 야단만 쳐서 엄마가 밉고 야속하다. **〈엄마가 화났을 때 연상해보기–빨간 바탕색과 어머니 얼굴의 올라간 눈이 어머니에 대한 분노를 상징〉**

<table>
<tr>
<td>중기2</td>
<td>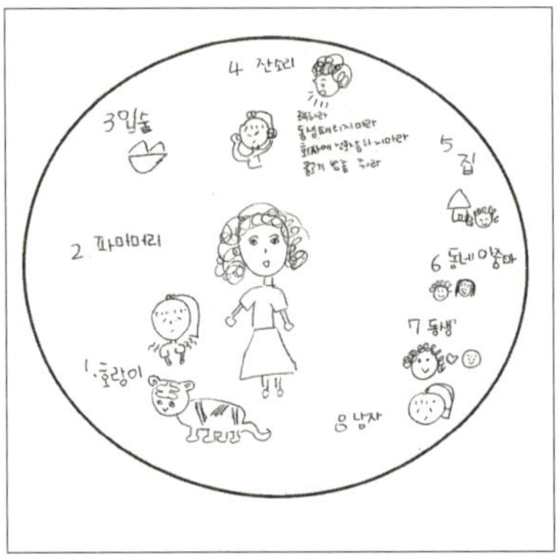

〈그림 2-8〉 '엄마' 하면 연상되는 것</td>
<td>• 엄마 하면 연상되는 것은 매일 으르렁 화만내서 '호랑이', 잔소리만 해서 '입술', 집에 있으면 우리들과 놀아 주지 않고 항상 '동네 아줌마'들과 함께 있는 것, 동생만 예뻐하고 편애하는 것 등 엄마에 대한 불평이 너무 많음 을 알 수 있다.

〈엄마에 대한 상징을 통해 실제적인 엄마를 연상해보기〉</td>
</tr>
<tr>
<td>중기3</td>
<td>
〈그림 2-9〉 불도그에 대한 꿈</td>
<td>• 미술치료 받고 밤마다 귀신이 나타나지 않아서 좋은데 이제는 밤마다 불도그가 나타나 자신을 괴롭힌다. 한번 짖으면 멈추지를 않는데, 그것에 대한 연상에서도 엄마가 한 번 잔소리를 하면 멈추지 않는 것과 유사하다.
• 불도그 다음에는 현실의 어머니가 꿈에 나타났다. 엄마가 더운 여름날에 두꺼운 밍크 코트를 입고 가라고 야단을 쳐서 억지로 입고 갔더니 아이들이 놀리고 더워서 땀을 뻘뻘 흘린 꿈이다. 꿈에 대한 연상은 평상시 '엄마의 억지'에 대해 이야기하였다.

〈꿈에서 귀신에 대한 엄마의 상징이 미술치료가 계속되면서 불도그의 상징으로 변화〉</td>
</tr>
<tr>
<td>치료 계획 및 목표</td>
<td colspan="2">• 아동의 야경증은 모녀관계의 갈등에 원인이 있는 것으로 보고 어머니 상담을 먼저 개별적으로 실시하고 내담자에 대한 충분한 이해가 되었을 경우 아동상담을 함께 실시한다.
• 어머니의 적개심의 근원은 내담자의 아버지에게 있고 그 적개심이 남편을 닮은 딸에게 투사되었음을 어머니 상담을 통해 알 수 있었다. 어머니 적개심의 역동적인 관계를 통찰할 수 있도록 상담한다.
• 내담자도 어머니에 대한 적개심이 '귀신'으로 상징화되어 반복되어 나타나는데 미술치료를 통한 꿈 분석을 통해 그 상징이 어떻게 변화되는지 치료적 지표로 활용한다.</td>
</tr>
<tr>
<td>내담자의 치료적 장점 및 취약점</td>
<td colspan="2">• 내담자와 치료자가 신뢰관계가 잘 형성되었고 개방적으로 자신의 문제를 잘 이야기하며 내담자의 어머니도 상담을 받고 마음이 점점 편해진다고 하면서 자신의 상담뿐만 아니라 내담자의 상담에도 아주 적극적이었다.
• 치료적 취약점은 내담자 부모의 부부관계가 좋지 않아서 그 불화와 갈등이 내담자에게 매일 일상에서 부정적으로 영향을 미친다는 점이다.</td>
</tr>
<tr>
<td>치유적 요인</td>
<td colspan="2">• 꿈을 그림으로 표현하고 그 상징을 적극적인 능동적 심상을 통해 이해한 점이다.
• 꿈에 대한 상징이 변화되는 것을 보고 치료적 지표로 활용한 것이 도움이 되었다.
• 어머니 상담 시 아동의 꿈 그림을 보여주고 꿈과 그림에 나타난 상징의 내용에 대하여 어머니 이해를 촉구하였으며 적극적으로 어머니 상담을 유도한 점이다.</td>
</tr>
</table>

3. 미술치료에서 무의식의 의식화

미술치료뿐만 아니라 모든 치료의 목표 중 제일 중요한 것이 바로 무의식의 의식화일 것이다. 앞에서 언급한 자유연상을 통한 자발적인 그림이나 미술치료에 나타난 무수한 상징과 이미지들도 무의식에 접근하기 위한 하나의 수단이다. 특히 미술치료는 미술매체를 통해 치료에 시각적으로 접근하기 때문에 무의식의 의식화를 더욱 더 강조한다. 본장에서도 역시 Freud와 Jung의 무의식의 개념을 살펴보고 미술치료에서 무의식에 대한 치료적 접근과 사례를 통해 그 치유적 중요성을 살펴볼 것이다.

1) Freud의 무의식에 대한 견해

정신분석학 초기에 Freud의 이론의 중심개념은 무의식이었다. 그러다가 1920년부터 Freud는 점차 자신의 지난 학설을 수정하곤 했다. 처음에는 무의식이 인간 심리의 가장 큰 영역을 차지하고 가장 중요한 부분이라고 했지만, 훗날에는 의식, 무의식의 구분보다도 이드, 자아, 초자아의 세 영역을 구분하는데 더욱 강조점을 두었다.

Freud에 의하면 인간의 의식은 마음의 극히 표층부에 있는 얇은 부분으로 되어 있고 대부분은 무의식으로 구성되어 있다고 한다. 마치 빙산과도 같아서 무의식은 의식세계의 밑에 큰 부분을 차지하고 있다(안귀여루, 1999 재인용).

Freud의 이론의 가장 근본적인 생각은 행동의 주요한 원인이 무의식적 정신 속에 깊게 잠재되어 있고, 이 무의식적 정신은 개인의 의식적인 사고와 행동에 영향을 미치기는 하지만 결코 의식에 의해 인지될 수 없다는 것이다. 인간의 모든 행동, 느낌, 생각은 우연이나 실수처럼 보이는 행동이라 하더라도 그것은 의식하지 못한 무의식속의 어떤 원인 때문에 일어난 것이다. Freud는 이것을 정신적 결정론(psychic determinism)이라고 불렀다.

Freud는 환자의 행위와 문제를 이해하기 위해서는 무의식적 정신의 내용이 무엇인지 알아야만 한다고 생각했다. Freud는 정신분석을 통해 환자의 말과 기타 관찰가능 한 행동들의 어떤 측면들을 분석함으로써 이것이 가능하다고 추론했다. 그가 사용한 기법은 환자의 행동을 무의식의 단서(clue)로서 취급하는 것이었다. Freud는 이러한 단서들을 알기 위해서 자유연상(free association)기법을 개발하였다. 그는 환자에게 카우치에 등을 대고 누워 긴장을 이완시키도록 하고 관습적인 논리의 제약으로부터 자유롭게 하며 그것이 아무리 말이 안 되는 것일지라도 의식에 떠오르는 모든 생각과 이미지를 보고하도록 하였다.

또한 Freud는 환자에게 꿈에 대해 이야기하도록 하는 기법도 사용했다. Freud이론에 따르면 꿈은 자유연상의 가장 순수한 활동이다. 잠자는 동안에 대개 관습적인 논리는 사라지며 무의식적인 생각을 억누르던 힘은 약해진다. 하지만 여전히 꿈속에서도 무의식은 부분적으로 왜곡될 수 있다. 따라서 Freud는 꿈의 잠재된 내용(latent content)과 표현된 내용(manifest content)을 구분하였다. 잠재된 내용은 꿈의 근원적이며 무의식적인 내용이고 표현된 내용이란 꿈꾼 사람에 의해 기억되고 의식적으로 경험한 꿈 그 자체이다. 꿈을 해석함에 있어 분석가의 임무는 자유연상을 다룰 때와 마찬가지로 표현된 내용으로부터 잠재된 내용을 들춰내어 그 왜곡을 꿰뚫어 보는 것이다. 꿈에서의 왜곡은 다양한 형태로 나타난다. 어떤 것은 특정한 개인에게만 독특하게 나타나기도 하고, 어떤 것들은 보편적인데, 이러한 보편적인 왜곡의 형태들은 Freud적인 상징(Freudian symbols)으로 알려져 있다.

무의식의 형태를 알아보는 또 다른 방법은 실수, 특히 모든 사람에게 일상적으로 나타나는 실언을 분석하는 것이다. Freud의 입장에서 보면 실수는 결코 우연한 사건이 아니라 무의식적 소망의 표현이다. 그의 대표적인 저서인 '일상생활의 정신병리(Psychopathology of Every Life)'에서 그는 이러한 실수의 무수한 예들을 자신의 해석에 따라 검토하고 있다.

마찬가지로 Freud는 망각 역시 의미 있는 것으로 믿었다. 예를 들어 어떤 사람이 이전에 잘 알고 있던 단어나 구절을 잊어버린다면 그것은 무의식적인 동기가 의식적인 정신을 그 단어나 구절과 연관된 어떤 생각을 막고 있다는 것이다(김현택 외, 1996).

따라서 정신분석적 치료의 목적은 무의식적인 동기를 의식하는 것으로 건강한 기능을 방해하는 증상의 의미, 행동의 원인, 억압 등을 밝혀내는 것으로 무의식의 역할을 올바로 이해하는 것이다. 사람들의 의식 속에는 억압된 무의식적 요인과 갈등이 상호 존재한다. 이와 같은 무의식적 요인과 갈등은 직접적으로 표현되어지거나, 아니면 간접적이라도 표출되어지지 않는다면, 여러 가지의 신경질적이고 부적응적인 반응을 보이게 된다. 치료자는 내담자의 이와 같은 모습들을 이해하고, 수용하기 위해서는 기본적인 원인을 분석할 수 있는 의식의 수준을 지니고 있어야 한다.

2) Jung의 무의식에 대한 견해

앞에서 Freud는 무의식은 사람들의 여러 가지 실수, 특히 말실수, 잊어버림, 공상, 그리고 노이로제나 각종 정신장애의 증상 가운데서 나타나며 그 표현을 꿈에서 찾고자 하였다. 이런 생각은 그대로 Jung에 의해서 받아들여지고 있지만, Jung은 그 내용이 Freud가 강조한 성적인 충동에서 오는 것뿐만 아니라 다른 도덕적 갈등이나 그 밖의 많은 것이 무의식을 구성하고 있다고 보았다.

Jung은 인간의 정신을 '의식(consciousness)', '개인무의식(the personal unconscious)', '집단무의식(the collective unconscious)'으로 구분한다. 의식은 인간이 의식하고 있는 모든 것, 생각, 이념, 과거, 무엇이든 자아를 통해서 연상되는 정신적 내용이다(이부영, 2006). 자아는 의식되는 모든 지각, 감정, 생각, 기억 등으로 구성되며 Freud의 자아개념과 거의 같다. 그는 무의식이 의식에 억압되어 이루어진 것이라는 Freud의 견해를 논박하고, 무의식의 자율성을 주장하였다.

무의식은 인간이 가지고 있으면서 아직 모르고 있는 정신의 모든 것, 스스로 알고 있는 것 너머의 미지의 정신세계를 말한다. 내가 알고 있지만, 지금 이 순간에는 생각하고 있지 않은 것, 언젠가 의식했지만 이제는 망각된 것, 나의 감각에 의해 인지되었지만 의식이 유념하지 않은 것, 다시 말해 무의식적으로 느끼고, 생각하고, 기억하고, 하고자 하고 행하는 것, 내 안에 준비되어 있어 나중에야 비로소 의식에 나타나게 될 모든 미래의 것이 무의식의 내용이라고 하였다. 무의식에는 먼 과거의 기억뿐만 아니라 한 번도 의식화되어 본 적이 없는 전적으로 새로운 생각과 창조적인 관념도 그 모습을 드러낼 수가 있다. 무의식은 단순히 의식에 대한 반응적인 반영이 아니고 독자적인 생산적 활동이므로 무의식의 경험영역은 하나의 고유한 세계이다(Jung, 1991).

Jung은 무의식을 두 가지 층으로 구분했다. 하나는 개인무의식이고 다른 하나는 집단무의식이다. 개인무의식은 개인의 생활사에서 비롯된 개인의 성질의 것으로 Jung은 Freud가 도입한 무의식과 전의식 개념이 개인무의식에 해당한다고 보았다(Jung, 1991). 개인무의식은 한번 의식되었지만 자아로부터 억압되거나 망각된 것들로 구성되며, 필요할 때는 언제든 쉽게 의식화될 수 있다. 즉 의식화할 수 있는 무의식 부분으로 의식적인 개성화나 기능에 비판적인 모든 정신활동과 내용을 받아들이는 저장소이다. 또는 괴로운 생각, 해결되지 않은 문제, 개인적인 갈등, 도덕적인 문제 등과 같이 일단은 의식적인 경험이었으나 여러 이유로 억압되거나 방치되고 있는 것들도 포함한다(김형섭, 2003).

Jung은 이 내용들이 응집된 상태를 '콤플렉스(complex)' 라 이름 붙였다. '콤플렉스'란 '감정적으로 강조된 심리적 내용' 또는 '그 내용을 중심으로 한 심적 요소의 어떤 일정한 군집'을 말한다고 Jung은 정의한다. 그래서 콤플렉스가 우리 안에 거하게 되면 그는 그것에 감정적으로 대응하게 되고, 이러한 콤플렉스는 다른 콤플렉스들과 융합하기도 하는데 이렇게 융합된 콤플렉스들이 표출될 때 의식세계는 당혹스러워하게 된다. 때문에 Jung은 "콤플렉스란 우리의 사고의 흐름을 훼방 놓고 우리로 하여금 당황하게하거나 화를 내게 하거나 또는 우리의 가슴을 찔러 목메게 하는 마음속의 어떤 것들이다."라고 말하였던 것이다. 뿐만 아니라 잠재해 있는 콤플렉스는 자신과 타인에게 동일하게 위험하고 두려운 것일 수 밖에 없지만, 그렇다고 콤플렉스라고 하여 무조건 위험한 것은 아니다. 어떠한 콤플렉스는 자신도 모르게 그것을 극복하는 과정에서 유용한 에너지를 지니기 때문에 콤플렉스가 우리 안에서 어떻게 역할하고 있는지 아는 것이 중요하다고 보았다(이부영, 2006).

Jung은 인간의 정신에는 개인무의식 외에도 개인의 경험과 역사를 초월하여 보편적으로 존재하는 어떤 정신이 있음을 주장하고 이를 '집단 무의식'이라고 명명한다. 집단무의식의 특성과 내용에 대해서 설명하자면 우선 집단무의식도 정신의 일부이지만 그 존재가 개인적인 경험에 의존하고 있지 않다는 점에서 개인무의식과는 구별된다. 개인무의식은 일단 의식적이었던 내용들로 이루어지나 집단무의식 내용은 자신의 일생에서 한 번도 의식된 적이 없던 것들이다.

집단무의식은 Jung이 일반적으로 '원시적 이미지'라고 부르고 있는 잠재적 이미지의 저장고이다. '원시적'이라는 말은 '최초' 또는 '본래'라는 것을 의미한다. 따라서 원시적 이미지란 맨 처음 정신이 발달하게 되었던 단계와 관련이 있다. 인간은 이런 이미지들을 과거의 조상에게서 대대로 물려받고 있다. 과거의 조상이란 인류로서의 조상뿐만 아니라 인류이전의 선행 인류 및 동물의 조상도 포함한다. 이러한 종족적 이미지들은 조상이 갖고 있던 이미지 그대로 전달되는 것은 아니며, 개인은 의식적으로 기억하지도 못한다. 그것은 조상이 경험했던 것과 마찬가지 방식으로 세계를 경험하고 세계에 반응하도록 하는 소질 혹은 잠재적 가능성으로 전달된다(Calvin & Vernon, 1973).

이러한 집단무의식은 인간에게 주어진 여러 가지의 근원적 원형(archetype)에 의해서 구성된다. 원형은 태어날 때부터 가지고 나오는 인간의 가장 보편적이며 가장 원초적인 행동유형이다. 인종과 문화의 차이, 지리적 차이, 시대적 차이 등 시공의 차이를 넘어서서 인간이면 누구에게나 있는 가장 보편적인 형태를 일어나게 하는 선험적인 틀인 것이다. 원형적 조건들은 체험을 통해서 상(image)을 표현한다. 이러한 원형은 신화, 민담, 원시심성, 원시종교, 민간신앙, 그 밖의 종교현상, 문학예술, 그리고 정신병리 현상과 그 체험에서 엿볼 수가 있다. 그러나 무엇보다도 보통 사람의 꿈과 신비체험에서 직접 경험할 수가 있다. 무의식의 원형적 상징을 이해하기 위해서 신화, 민담 같은 자료를 섭렵하는 이유가 여기 있다(김성민, 1998).

따라서 이와 같은 이유로 Jung은 집단무의식을 창조적 근원으로 보았으며, 모든 신화, 종교, 상징, 예술의 뿌리이자 예술적 영감의 원천이 된다고 보았다. 또한 정신적 안정과 인격의 성숙을 위해서는 무의식의 내용을 의식에 동화해가는 의식화, 개성화과정이 필요함을 강조하였다. 이처럼 Jung은 무의식의 내용과 기능에 있어서는 Freud와 견해를 달리했지만 무의식의 존재를 중요시하고 의식과 무의식의 균형과 통합을 강조한 점에서는 Freud와 공통된다.

3) 미술치료에서 무의식의 의식화

정신분석학자들은 인간들이 자신의 내면세계를 꿈, 그림 혹은 상상적 형태로 구체화하는 것에 대해 많은 관심을 가졌으며 이러한 관점이 미술치료의 출발점에 있어서 중요한 영향력을 끼쳤다고 볼 수 있다(정여주, 2003).

그 중에서도 정신분석적 미술치료는 Freud를 중심으로 한 정신 분석가들이 사용하는 자유연상법, 전이, 저항, 꿈, 해석 등의 기법을 사용하는 미술치료를 말한다. 이것은 자유연상이나 꿈을 해석하는데 있어 창조적인 미술매체를 사용하여 표현하게 함으로써 무의식을 의식화하는 작업이다(Rubin, 1987 재인용).

Freud는 무의식적 동기를 각성시켜 의식수준으로 전환시키는 방법에서 이미지의 활용 즉 그림의 해석이 효과적이라고 하였다. Anna Freud는 환자들의 그림 작업을 정신분석에 적용하였으며, Freud의 분석이론에 입각한 미술치료사들은 환자들의 상상이나 자유연상에 의한 표현과 즉흥적인 표현을 중요시하였다. 이러한 점과 관련하여 미술치료사들은 환자들이 그리는 그림은 모두 무의식의 고통이나 억압된 갈등을 나타내고 있다고 보았다.

이러한 정신분석적인 방법을 기초로 미술치료에 도입한 사람이 Naumburg이다. Naumburg (1966)는 '자발적인 미술표현을 통해서 무의식을 의식화하는 것이 원활한 의사소통과 작품에 대한 승화 등 치료효과를 거둘 수 있다'고 하였다. 또한 미술을 심리치료의 매개체로 이용할 때, 치료자는 내담자가 자유롭게 표현한 작품의 소재를 해석하는데 상징적인 의미로써 작품을 이해하게 된다. 자발적으로 표현할 때 자신도 제대로 알지 못했던 무의식의 반응을 작품이 반영하게 되고, 의식화함으로써 현실에 적응하는 것을 말한다.

정신분석가이며 미술치료사인 Schmeer도 환자가 그림을 통하여 자신의 억압된 무의식을 표현하도록 유도하였다는데 그림에 나타난 자아상징, 무의식의 상징, 초자아, 대상관계, 불안, 억압, 방어기제 및 자아동일화와 자율성의 상징들을 분석하며 치료한다고 하였다(정여주, 김정애, 2004 재인용).

따라서 정신분석적 미술치료에서 강조하는 것은 언어로 표현이 안 되는 중요한 문제가 시각적인 그림으로 표현함으로써 무의식 세계로 들어가는 통로가 됨을 시사하였다.

무의식에 억압된 부정적 감정을 그대로 방치하면 우리의 정신건강을 위협하기 때문에 의식화하여 내담자 스스로 통제할 수 있도록 '무의식을 의식화'하는데 치료적 의의가 있다. 미술치료에서 전의식 수준에서 내담자의 과거의 고통스러운 기억이나 이에 따른 부정적 감정들을 다양한 매체를 통해 표현하게 한다. 내담자는 작업시간을 통해 이제까지 기억하기 곤란하거나 말하기가 부끄럽거나 힘든 일들을 매체를 통해 간접적으로 상징화하는데, 이러한 작업과정에서 자신의 대한 이해의 폭이 넓혀진다. 또한 작품을 갖고 치료자와 자유연상을 하고 의사소통을 함으로써 자신에 대한 무의식에 대한 알아차림과 지각이 확대되면서 자신에 대한 통찰이 촉진된다. 바로 미술치료에서 이러한 작업과정이 '무의식의 의식화'과정이며 자아를 강화시킨다.

그러나 Freud의 정신분석적 관점에서 인간의 무의식을 약간은 병리적 관점에서 보고 무의식을 의식화함으로써 개인의 병리적인 면을 감소시킴으로써 건강한 면을 확대하는 것이 치료목표였다면, Jung은 무의식을 창조적 원천으로 보고 개성화로 가는 자기실현의 과정으로 보았다는 점에서 Freud보다 무의식을 훨씬 긍정적으로 보았다고 할 수 있다.

Jung은 그림은 현재의 정신적 문제들이라고 설명한다. "소위 내담자는 그림을 그리는 행위를 통해 자기 자신을 형상화할 수 있다."라고 했으며 개개의 그림은 그 근본에 있어서 자화상이기도 하다. 개인은 그림을 그림으로써 자신과 자기 고유의 존재형태를 만들어 간다고 하였다(Riedel, 1992 재인용).

Jung의 분석적 미술치료에서는 즉흥적 판타지, 적극적 상상 및 꿈은 한 개인의 무의식적 내용을 투사할 뿐만 아니라 인류의 경험이 내재된 원형적 집단무의식도 그림에 상징적으로 표현되기 때문에 미술치료기법으로 적극적 상상을 많이 사용하고 있다.

Jung의 치료구상은 모든 생명체가 가지는 자연스러운 성장경향, 즉 완성으로 나아가고자 하는 경향에 근거를 두고 있다. 그는 성장과정과 자기발전의 능력, 더욱 분화된 특별한 형상의 계발을 통하여 문제점들을 초월하는 능력, 즉 우리 누구에게나 잠재된 이러한 능력에 치료구상의 초점을 맞추었다. Jung은 이런 과정을 나타내는 중요한 상징으로 나무를 예로 들었다. 한 그루의 나무가 폭풍으로 인하여 가지가 꺾이거나 잘려진 상처를 안고도 무성하게 자라듯이 인간정신도 속에 깃든 언제나 저항하려는 형상을 최상으로 구체화하려는 시도를 한다고 했다(Riedel, 1992 재인용).

따라서 Jung은 인간의 행동과 존재를 과학적, 기계적으로 해석하는 Freud와는 달리 이것을 인간학과 종교적 신비주의에 관련하여 해석한다. 우리가 꿈을 꾸는 이유도 일반적으로 꿈의 소재를 생성함으로써 무의식과 의식간의 심리적 균형을 회복하려 하기 때문인데, 이 때 그 무의식적인 면은 상징적 이미지로 나타난다. Jung은 이 상징의 영역을 개인적 무의식의 수준을 넘어 신화, 종교, 문화의 영역에까지 확장시킨다. 이 점에서 Jung은 미술작품의 상징적 성격을 철저하게 고양시킨다(강태희 외, 1996 재인용).

Jung학파의 치료자들은 내담자들에게 꿈이나 환상을 시각적으로 표상하도록 하였다. 분석심리학적 정신치료에 있어서 그림을 그리게 하는 의의는 그림을 통해 무의식의 내용을 나타나게 할 수 있고, 그림을 그림으로써 감정기능을 살리고 무의식의 창조적 기능을 자극하여 이를 발휘하게 할 수 있게 하는데 있다. 그러므로 그림을 그리게 할 때의 원칙은 무의식을 가능한 자유롭게 표현할 수 있도록 해주는 것에 있다. 구체적인 대상을 그리게 하는 작업 위주가 아니라 환상이나 꿈같은 무의식의 내용을 그리게 하거나 마치 연상처럼 붓이 가는대로 무의식에 내맡기는 태도가 중요하다. 말하자면 그림을 그리게 하는 의의는 환자로 하여금 자신의 무의식을 체험하게 하는데 있다. 체험이란 무의식을 이해하고 그 내용을 의식에 동화함을 가리킨다(윤순임 외, 2000). 따라서 Jung은 그림을 통해 개인의 무의식을 발견하고 이해하는 작업을 창조적 과정으로서 보고 더 나아가 자신을 이해하는 개성화과정으로 보았다는 점에서 치료적 의의가 크다고 볼 수 있다.

특히 미술치료는 여러 다양한 매체를 갖고 작업을 하다보면 신체적 에너지가 유발되고 이것은 즉각적으로 창조적 에너지로 연결되면서 자신의 부정적 모습을 대면하고 수용할 수 있는 삶의 에너지로 전환된다. 이러한 승화와 창조적 과정이 내담자로 하여금 진정한 자신을 만날 수 있는 기회를 부여하면서 바로 Jung이 말하는 개인 고유의 개성화과정이자 자신의 원형을 발견하는 치유의 시간이 된다.

4) 사례를 통해서 본 무의식의 의식화 과정

미술치료에서 미술작품에 대한 자유연상을 통해 무의식에 억압된 자신의 문제를 자연스럽게 이해하게 된 사례를 소개하자면 다음과 같다. 30세 초반의 여자 성인 내담자는 점토로 자신의 문제는 어머니와 분리가 안 돼는 의존성 즉 분리 개별화 문제라고 호소하였다. 초기 면담을 통해서 내담자의 문제를 이해해보면, 내담자는 이 의존심이 대인관계에까지 전이되어 성인이 되었음에도 불구하고 계속 의존성이 항상 문제가 되어왔다고 하였다. 또한 적절하게 자기주장을 못하고 늘 회피하거나 내면에 수동적 공격성을 갖고 있었다. 사실 치료임상에서 지각되는 의존성은 항상 사랑, 인정받고 싶은 욕구가 많기 때문에 그것이 좌절되거나 박탈되면 적개심, 죄책감 및 자기비하와 더 나아가서는 우울증으로 발전할 가능성이 많다고 보기 때문에 내담자의 의존욕구를 줄이는 것도 하나의 중요한 치료목표가 되었다.

첫 번째 시간은 어머니와 분리되지 않은 자신의 모습을 점토로 작업을 하였고〈그림 2-10〉, 이에 대한 여러 에피소드를 이야기하였다. 이 점토작업을 통해서 내담자가 깨달은 것은 어머니에 대한 지나친 과잉애착과 분리불안이었다. 이렇게 어머니와 분리-개별화가 안 된 점을 점토작품을 통해 우연히 표현하고 시각적으로 바라보고 지각했다는 것이 미술치료의 큰 장점이었으며 내담자에게는 그 이미지가 깊이 각인이 되었다.

두 번째 시간은 첫 번째 시간에 작업한 점토를 보고 자유롭게 연상해서 자발적으로 그림을 그린 것으로 검은 색의 동그라미들이 좀 혼란스럽게 겹쳐져 진 그림이었다〈그림 2-11〉. 검은 원들이 대인관계의 의존심을 표현한 것이고 이것 때문에 본인이 힘들어하고 있는 상황을 그 원들이 상징적으로 대변하고 있었다. 가운데 블랙홀 같은 검은 원이 대인관계에서 오는 상처로 고통스러워하는 자신의 마음을 표현한 것인데 자신의 내면화된 상처를 그림을 통해 외면화하여 바라보았다는 점이 치료적 성과라고 보여진다.

세 번째 시간에 와서 지난번 한 작품을 보고 또 자유롭게 연상해서 그린 것은 이번에는 그 원들이 서로 겹쳐져 있지 않고 서로 분리가 되어 있는 것을 그렸다〈그림 2-12〉. 독립된 원들은 어머니로부터 분리하고 싶은 자신의 소망을 나타낸 것이었다. 자신의 소망을 실현하기 위해서 앞으로 어떻게 할지에 대해 많은 시간을 나누었으며 의존심의 원인은 불안이라는 것을 이해하게 되었다. 분리와 독립에 대한 불안이 내담자를 사로 잡았고 의존과 독립이라는 발달적 과업 속에 본인의 마음이 갈등으로 대립하고 있었지만 그림을 통해 희망이 보인다고 하였다. 분리된 원들이 자신 안에 용기를 준다고 하였다.

네 번째 시간은 지난번 서로 분리된 동그라미에 대해 자유연상을 한 자발적인 그림으로써 원안에 나무가 있는 그림이었다〈그림 2-13〉. 나무는 가지가 많았는데 아주 섬세하게 표현하였다. 작품에 대한 느낌이 아주 좋다고 하였는데 작품에 대한 해석은 왠지 앞으로 일이 잘 될 것 같고 성장할 기회가 올 것 같으며 독립할 힘이 느껴져 작품을 하면서 내내 기분이 좋았다고 하였다. 가지가 많은 것은 그만큼 머릿속에 생각해야 할 미해결된 과제가 많음을 나타낸다고 하였다. 그러나 나무는 성장이기 때문에 그런 자신을 있는 그대로 받아들일 수가 있다고 이야기하였다. 다섯 번째 작품에서는 네 번째 그림을 보면서 원이 없어지고 좀 더 힘차고 푸른 나무가 자신의 성장을 위해서 하늘로 더 뻗어 나갈 것 같은 그림이 연상된다고 하면서 푸른 나무 한 구루를 표현하였다. 왠지 자신의 인생에 희망이 보이고 나무처럼 자신의 내면에 성장하고 싶은 욕구가 많음을 알아차리고 기뻐하였다.

이렇게 일련의 자발적인 그림을 통한 자유연상을 통해 시각적으로 자신의 모습을 명료하게 발견하였고 자신의 문제에 직면할 용기를 얻었으며 자신을 변화시킬 긍정적이고도 창조적인 힘도 갖게 되었다. 이러한 무의식의 의식화에 대한 탐색과정은 무엇보다도 내담자 스스로가 자발적으로 이루어진 아주 자연스러운 과정이었다. Jung의 견해처럼 무의식이 의식을 보상하고 확충하여 진정한 자신을 발견하게 하였으며 개성화로 가는 길에 초석이 되었다.

따라서 미술매체를 통한 미술치료의 최대의 장점은 바로 이러한 자발적인 그림을 통해 자신을 새롭게 조명하는 것이며, 이것은 미술이 가져다 주는 창조적 변화로써 그 치유적 의미가 매우 크다고 본다. 이에 대한 미술치료과정이 〈표 2-3〉에 제시되어 있다.

〈표 2-3〉 미술매체를 통해서 내담자의 무의식이 의식화 된 미술치료사례

회기	작 품	매체에 나타난 내담자의 반응 및 치료과정
1회	 〈그림 2-10〉 나의 문제	• 점토를 통해 어머니에게 분리 개별화가 안된 자신의 문제를 형상화하였다. 독립하고 싶은데 어머니에 대한 동일시와 안스러운 마음으로 잘 분리가 안 된다고 하였다. • 직장에서도 항상 어머니가 걱정되며 연락이 안 되면 불안해서 아무 일도 못한다고 하였다. • 마음을 굳게 먹고 어머니로부터 독립하려고 하지만, 어머니께서 자신에게 많이 의존하고 있어 쉽지가 않고 서로가 너무 의존하고 있음을 알 수 있었다. **〈어머니에 대한 의존심이 생각보다 심각하다는 것을 점토를 통해 의식화〉**
2회	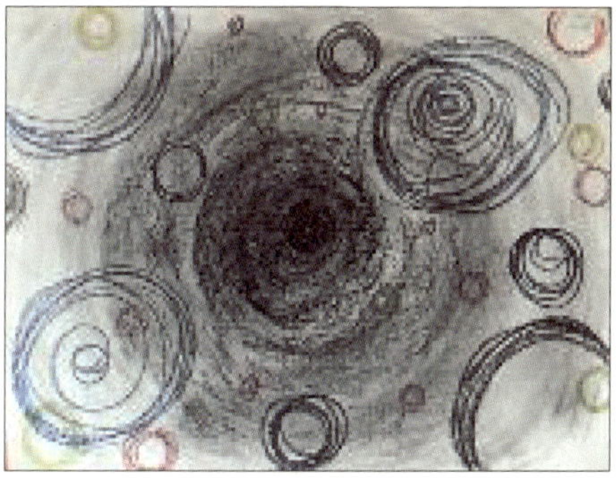 〈그림 2-11〉 연상 1	• 1회기 때 한 작품을 보고 자유연상해서 그린 작품이다. 동그라미가 겹쳐져 있는 것은 불안한 마음 때문에 어머니에게 의존하는 것이고 그것이 일반화되어 자신 안에 항상 의존심이 많다는 것이다. 이 때문에 남의 눈치를 잘보고 자기 주장을 잘하지 못한다. • 약간은 겹쳐져 있지 않은 유채색의 작은 원들이 진정한 독립을 외쳐되고 있어 본 작품에서 내담자는 희망이 느껴지는 것 같다고 다소 긍정적으로 반응하였다. **〈어머니로부터 독립하고 싶은 욕구가 성장하고 있음을 의식화〉**

<table>
<tr>
<td>3회</td>
<td>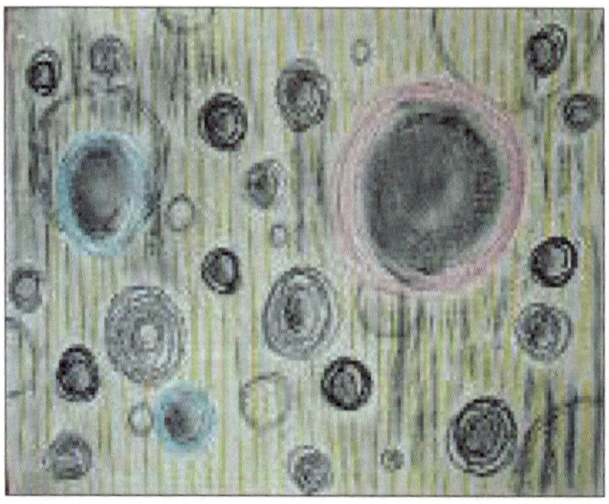
〈그림 2-12〉 연상 2</td>
<td>• 미술치료를 받고 다소 마음이 복잡해지고 우울해졌다. 갈등도 더 심해졌다. 그러나 지난 번에 발견한 내안의 성장하고 싶은 욕구를 더 키워주고 보호해주고 싶다고 말하였다.
• 지난번보다 원들이 대체적으로 독립을 했고 그중에서 몇 개의 원들은 아주 커졌고 분홍색의 원은 자기만의 성장을 위해 지금 준비 중에 있다고 하였다.
• 내담자는 미술치료실 오기 전에는 머리가 복잡했는데 작업하면서 정리가 된 느낌이라고 기뻐하였다.

〈독립이 쉽지 않지만 이 과도기적인 상황을 잘 이겨내야 한다는 굳은 의지를 의식화〉</td>
</tr>
<tr>
<td>치료 중기</td>
<td>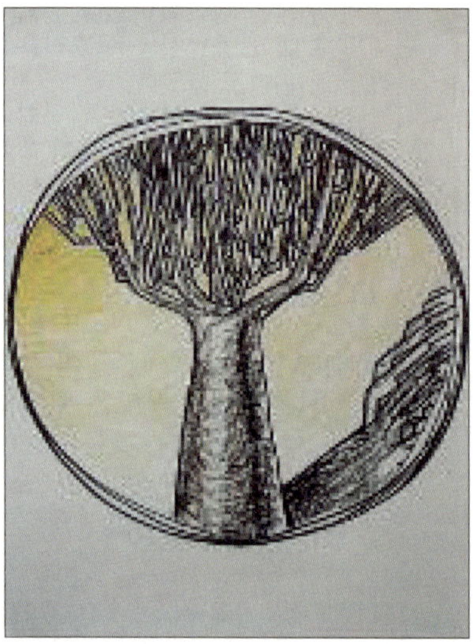
〈그림 2-13〉 연상 3</td>
<td>• 나무가 연상된다. 본 나무는 가지가 많아 생각이 복잡하고 그림자가 있어 마음의 내부에 갈등이 있지만 무엇보다 성장하고 싶은 욕구가 많다. 노란색이 그러한 희망을 상징한다.
• 일부러 독립하려고 애쓰기보다는 자신의 현재의 모습을 수용하고 현재의 감정에 충실하면서 나아갈 길을 모색하기로 하였다.
• 다음 연상에서는 저 나무가 성장할 수 있도록 원을 지우고 싶다고 하였다. 이제 어느 정도 의존심에서 약간 벗어난 듯하다. 내안의 불안의 수위도 조절하고 싶다. 불안하기 때문에 나에 대한 확신이 없기 때문에 불안정하고 의존심이 많았던 것 같다.

〈현재의 상황을 있는 그대로 수용하고 내가 전진할 수 있는 길을 모색하려는 성장의 욕구를 의식화〉</td>
</tr>
<tr>
<td>치료 계획 및 목표</td>
<td colspan="2">• 내담자의 현재의 문제를 중심으로 과거 불안을 안겨주었던 에피소드들을 기억해 그 때의 감정들을 현재로 가져와 해소되지 못했던 억압되었던 부정적 감정들을 표현하도록 하였다.
• 자유연상과 자발적 그림을 통해 내담자 스스로가 자신의 문제와 자신의 성장욕구를 지각하도록 하였다.
• 치료목표는 어머니로부터 분리-개별화 과정이지만 자신의 정체성을 찾고 성장 및 독립의 욕구를 지지하는데 더 초점을 두었다.</td>
</tr>
<tr>
<td>내담자의 치료적 장점 및 취약점</td>
<td colspan="2">• 치료동기가 강하고 미술로 표현을 잘 하고 자기 내면에 있는 감정을 솔직하게 보려고 노력하는 점이 치료적 장점이었다.
• 치료적 취약점은 타인의 눈치를 잘 보고 인정받고자 하는 욕구가 있어 치료에서도 그러한 점이 전이로 나타났다.</td>
</tr>
</table>

치유적 요인	• 나의 문제를 중심으로 자유연상을 통해 미술치료의 책임이 내담자에게 있다는 것을 암시하였다. • 회기별 작품을 보고 연속적으로 자유연상하면서 치료가 내담자 중심으로 자연스럽게 이루어진 것이 내담자의 통찰을 촉진하였다. • 자유연상을 통해 내담자 스스로 분리-개별화를 시도하고 자기 효능감이 증가하여 어머니로부터 독립해야겠다는 의지가 고양되었다.

4. 미술치료에서 창조성

다양한 미술매체를 선택하여 창의적으로 작품을 만들면서 그 작품을 통해 내담자와 치료자가 서로 의사소통하고 치유적 과정을 체험하는 것 자체가 바로 미술치료에서 제일 중요한 창조성(creativity)이다. 미술을 통한 창조적 에너지가 바로 내담자에게 자신을 이해할 수 있는 힘을 주며 예술적으로 승화해서 좀 더 삶에 적응적 에너지를 가져다 주기 때문에 치유 자체가 곧 창조라고 본다. 따라서 본 장에서는 창조성의 어원적 의미와 개념 및 본질에 대해 살펴보고 미술치료에서 창조성이 가져다 주는 치유적 요인을 살펴볼 것이다.

1) 창조의 어원적 의미

창조(創造)의 어원을 살펴보면 창(創)자는 '시작하다', '상하다', '징계하다' 의 뜻으로 풀이되고 있다. 창(創)은 일반적으로 무에서 유를 만들어내는 의미로서 '처음으로 시작하다'라는 뜻도 있고, '상하다', '징계하다'의 의미로 새롭게 하거나 잘못된 것을 바로 잡는다는 뜻을 가지고 있다. 즉 '상하다'는 상처를 치료하여 새롭게 고쳐야 한다는 뜻이고 '징계하다'는 잘못된 것을 바로 잡는다는 것으로 올바르게 하다라는 의미를 지니고 있다(김정아, 2007).

또한 창(創)이 의미하는 것은 '새롭게 시작하다'라는 것과 '올바르게 완성하다'라는 뜻을 가진 것으로, 거기에는 가치 지향적인 의미와 변화, 발전의 의미를 아울러 갖고 있다.

조(造)는 '짓다, 만들다', '시작하다'의 뜻으로 처음으로 '구성을 하다'라는 내용으로 쓰이고 있다. 조(造)의 의미는 기존의 만들어진 재료를 통하여 재구성한다는 뜻으로 인간의 인위적인 활동의 의미를 담고 있다. 즉 어떠한 것을 만들기 위하여 '맨 처음 시작한다'는 뜻이다.

한편 영어의 creation은 라틴어의 creo를 어근으로 하는 creation에서 유래한 여성형 명사로서 '만들다'에 어원을 두고 있다. 이런 의미에서 파생된 creation은 새로운 것을 발명해 내며, 생명의 탄생인 출산의 의미도 가지고 있다.

이상의 창조의 어원적 의미에서 알 수 있는 것은 원재료를 통하여 새로운 것을 구상하거나 기존의 것을 수정하고 다듬어서 새로운 것을 만들어내는 것을 뜻한다고 할 수 있다. 따라서 어원적 의미로 본 창조성은 새로운 것을 구상하거나 만드는 성질이라고 규정되어진다(김정아, 2007).

창조의 어원적 의미에서 볼 때 그 개념 자체가 미술치료의 치유과정과 상관이 있으며 매체를 통해 작품을 창조하면서 그 작품을 통해 자신을 새롭게 다시 재구성하고 다시 재조명한다는 의미에서 치유는 바로 창조라고 말할 수 있을 것이다.

2) 창조성의 개념 및 본질

창조성의 개념에 대해서는 학문분야, 연구자의 접근방법 등의 차이에 따라 그리고 연구의 진행, 발전도에 따라 그 입장과 정의가 상당히 다양하다. 창조성은 동일한 사물이나 아이디어를 다양한 방법으로 볼 수 있는 능력에 의존하며 여러 가지 다양한 의견을 창출해 내는 능력을 말한다. 창조적으로 본다는 것은 관점의 재조명으로 상상력을 활용하는 것이다. 또한 창조성은 오래된 문제에 대해 새로운 해결방법을 발견하는 능력 또는 이미 존재하고 있는 생각들을 새롭게 조합시키거나 새로운 방식으로 사물을 파악하는 능력을 말한다.

창조성에 대한 학술적 정의를 Torrance는 일련의 문제 해결 과정에서의 힘이 창조성이라고 정의하였고, Taylor는 창조성이 생산적 사고와 창조적 사고를 포함하는 복잡한 심리과정으로서 인내성과 성취, 변화, 개선을 구하는 태도와 매우 큰 소산을 낳게 하는 정열 같은 것으로 보았다. Golann은 높은 지능지수, 생산성, 독창성, 자기실현의 욕구 등의 특성을 포함하는 능력이 창조성이라고 정의 하였다(한붕기, 유수상, 2001 재인용).

또한 Guilford(1983)은 창조성에 확산적 사고와 문제해결능력을 포함시키면서 인지적 능력으로 창조성을 정의하였고 창조적인 사람의 공통적인 지적 특성으로 문제에 대한 민감성, 사고의 유창성, 융통성, 독창성, 정교성을 들고 있다. Barron과 Harrington(1981)처럼 성격측면에서 창조성을 정의하는 학자들은 목적달성에의 의지, 자신감, 호기심, 독립적인 사고와 판단, 위험의 감수, 일에 대한 몰두, 솔직하고 직선적이며 공정한 대인관계 등을 창조적인 사람이 갖는 성격요인으로 제시하였다(김인수, 최종인, 1996).

창조성에는 각 개인의 개성과 함께 생각하고 행동하는 데에 독립적일 것, 자발적일 것, 독창적일 것 등이 요구된다. 그리고 창조성은 이미 존재하는 여러 가지 소재로부터 새로운 것을 생각해내는 힘인 것이다(이근홍, 1973).

이와 같이 창조성의 본질은 크게 다음 세 가지로 정의할 수 있겠다. 첫째, 창조성은 확산적 사고력이다. Guilford는 인간의 사고 유형을 수렴적 사고(convergent thinking)와 확산적 사고(divergent thinking)로 구분하였다(김언주, 1987). 둘째, 창조성은 지능과 다르다. 두뇌의 기능 분화에 따르면 창조성은 오른쪽 뇌의 영역에 해당되며 지능은 왼쪽 뇌의 영역에 해당된다. 즉 양 뇌의 기능 특성에 따라 창조성은 직관적인 능력을 지니고 있고 지능은 이성적인 지능을 지니고 있어 각기 다른 양상을 보인다. 셋째, 창조성은 개발될 수 있다. 비록 창조성이 후천적인 환경 요인들에 의해 그 기능이 저하되었다고는 하지만 완전히 사라진 것이 아니라 의식 속에 잠재되어 있는 것으로써 훈련과 교육을 통해 개발시킬 수 있다(한봉기, 유수상, 2001).

창조성을 이해하는데 있어서 창조적 사고 능력뿐만 아니라 창의적 인성문제도 함께 고려되어야 한다. 창의적인 사람들은 모호함을 잘 견디고, 장애를 극복하려는 의지를 보이며 내적동기, 개방성, 자신감, 유머, 인정의 욕구 등을 가지고 있는 것으로 보고하고 있다(이영나, 2006). Sternberg와 Lubart(1996)는 모호함을 잘 견뎌내는 것과 끈기, 새로운 경험에 대한 개방성, 위험을 기꺼이 감수하는 것, 자신에 대한 확신과 믿음의 용기를 창의적인 사람의 인성 특성으로 제시하였고(이영나, 2006 재인용), Davis(1996)는 자신을 창의적으로 인식함, 독립적인 자신을 신뢰함, 열정적이며 자발적임, 모험적이며 위험을 감수하고 철저하며 호기심이 많고 폭넓은 관심과 뛰어난 유머감각, 장난이 심하고 천진난만함, 예술적인 관심, 이상주의적이며 사려 깊음, 혼자만의 시간을 보내는 등의 철저한 사생활 보장이 필요하고 새롭고 복잡하며 신비스러운 것에 매혹됨을 제안하였다. 박병기(1998)는 어떤 행위를 할 때 일관된 방향을 지향하는 자세인 독자성과 개방성을 창의적인 태도로 보고 이들 요소를 창의적 인성의 요인이라고 보았다. 끝없이 질문하는 것을 호기심, 일에의 몰입, 인내성, 지구력, 집착력, 강인함, 나만의 고유한 것을 생산하려는 자세, 고유성, 탈 동조, 독립성, 지구성을 독자성으로 보았으며 판단의 보류, 모호성에의 인내, 체험의 풍요, 개방성 등을 포함하였다(이영나, 2006 재인용).

창조성의 개념과 본질, 또한 창의적 인성을 살펴보았을 때 미술매체를 적용한 미술치료과정과 미술치료가 추구하는 치료목표와 유사함을 알 수 있다. 미술치료는 내담자의 부정적인 면을 이해할 뿐만 아니라 긍정적인 면도 함께 발견해서 통합하는 것이며 더 나아가 내담자의 창조적인 면을 개발해 나아가는 것이 치료에서 매우 중요하다.

3) 미술매체에서 창조성의 기본 요소

미술매체를 적용한 미술치료에서 창조성의 기본 요소를 언급하기 전에 일반적인 창조성의 기본 요소를 먼저 살펴보고자 한다. 창조성의 기본 요소란 창조적 사고를 하는데 필요한 기본적 내용요소를 의미하는데, 창조성의 개념과 마찬가지로 기본 요소의 설정에 있어서도 연구자에 따라 조금씩 다른 몇 가지 관점이 존재한다.

먼저 사고과정의 관점으로는 확산적 사고가 가지는 가장 중요 특성인 유창성(fluence)과 유연성(flexibility)을 창조성의 2대 요소로 들을 수 있다. 유창성이란 어떤 문제에 대해 수많은 해결책을 빠르고 거침없이 제시할 수 있는 능력이며, 유연성이한 어떤 문제에 대해 상식을 뛰어넘는 비상한 생각을 해내는 능력을 가리킨다. 또한 결과적 관점으로는 창조성의 요소를 독특함(uniqueness)과 독창성(originality)으로 파악할 수 있다. 독특함이란 산출물이 특색 있고 유일한 것임을 말하며, 독창성이란 독자적이고 새로운 것이어야 함을 가리킨다(한붕기, 유수상, 2001).

Guilford는 창조성에 필요한 요소를 위의 내용들을 모두 포함하는 보다 복합적인 것으로 다음과 같이 다섯 가지를 제시하였다. 첫째, 문제에 대한 감수성은 주변의 환경에 대해 예민한 관심을 보이고 이를 통해 새로운 영역을 넓히는 능력이다. 둘째, 사고의 유창성은 특정한 문제 상황에서 가능한 많은 아이디어를 산출하는 능력이다. 셋째, 사고의 융통성은 고정적인 사고방식이나 시각 자체를 변환시켜 다양한 해결책을 찾아내는 능력이다. 넷째, 사고의 독창성은 기존의 것에서 탈피하여 참신하고 독특한 아이디어를 산출하는 능력이다. 다섯째, 정교성은 다듬어지지 않은 기존의 아이디어를 보다 치밀한 것으로 발전시키는 능력이다(박화술, 1990 재인용).

본 장에서는 Rubin(1984)이 'Art of Art Therapy'에서 제시한 창조성을 미술매체에 적용하여 언급하고자 한다. Rubin(1984)은 미술치료사에게도 창조적 사고와 행동에 대한 여러 특성들이 필요하다고 하였으며, 그러한 특성으로 유창성, 유연성, 정교함과 독창성이 모두 포함된다고 하였다. 이러한 특성들은 삶에 있어서 대부분의 창의적인 문제해결 과업과 밀접하게 관련되어 있기 때문에 미술치료에서 내담자가 이러한 개개의 특성들을 개발하고 발전할 수 있도록 격려해야 한다고 하였다. 그러면 그 4가지 특성을 설명하자면 다음과 같다.

유창성(fluency)은 미술작품의 창조적 과정에 특별한 형태와 색깔에 조형적인 특성을 연합하여 여러 아이디어를 만들어내는 능력으로 언급한다. 수많은 아이디어가 예술가에게 반드시 필요한 것은 아니지만 삶의 문제를 다루는데 여러 가능한 접근방법으로 작업을 시도한다는 것은 모든 사람들에게 도움이 될 수 있다. 그렇지만 여러 선택이 보이지 않는 내담자들에게는 흔히 이것은 하나의 딜레마가 될 수도 있다. 아마도 예술에 대한 실험은 실제적인 위험이나 결과를 고려하지 않아도 현실 생활에서 그 가능성을 아주 용감하게 탐구할 수 있는 기초단계가 된다. 확실히 예술적 문제 그 자체를 해결하기 위한 아이디어가 많으면 많을수록 선택한 것으로부터 더 많은 해답이 존재할 것이다.

유연성(flexibility)은 똑같은 사물을 여러 다른 방법으로 지각하는 능력으로 언급한다. 다시 말해서 한 체계에서 다른 체계로 자동차 기아를 변경하듯이 이동할 수 있고 약간의 좌절에도 불구하고 예측하기 어려운 사건을 다룰 수 있는 능력이라고 생각된다. 정신건강 문제와 관련지어 생각해 볼 때 극단적인 고지식함과 변덕스러움은 질병의 한 징조가 된다고 한다. 그러나 미술 작업과정에서 내담자가 재료와 도구를 사용하는데 융통성을 발휘하는 행동은 미술치료사가 적극적으로 강화시켜 줄 수 있는 아주 가치 있는 것으로 평가된다.

반면에 무엇인가를 정성스럽게 만드는 정교성(elaboration)은 최소한 정신건강과 밀접하게 관련되어 있다. 즉 미술 치료의 일차적인 목표는 여전히 가치 있는 적절한 격려와 보상이다. 유창성과는 달리 사물을 정성스레 다듬는 능력은 선을 긋고, 장식하고 멋있게 다듬는 능력으로서 가장 아름다운 미술 작품을 만드는데 필수적일 뿐만 아니라 삶의 도전에 좀 더 적응적인 반응을 초래한다. 미술문제나 작품에 영감을 갖고 한번 집착하게 되면 오랫동안 지속할 수 있는 어떤 것으로 전환되어 아주 기념비적인 '고귀한' 것으로 승화될 수가 있다. 따라서 대부분 작업적 상황에서는 '영감에 의해 착상된 것'을 그러나 미개발된 아이디어와 작품을 좀 더 성공적으로 완성할 수 있도록 허용해야 한다.

독창성(originality)은 대부분 사람들이 생각하듯이 가장 창의적인 특성으로 언급되어 진다. 그러나 벌써 오래 전에 구약성서의 전도서에서는 태양아래 새로운 어떤 것이라고는 하나도 없다고 지적한바 있다. 소위 말해 원시적인 또는 소박한 화가에게는 사실일지도 모르겠다. 그러나 미술치료에 있어서 가장 결정적으로 중요한 것은 내담자로 하여금 본인이 가장 좋아하는 미술매체와 스타일, 테마를 발견하고 개발함으로써 '진정한 자기'를 발견하도록 해주는 것이다. 비록 예술작품 하면 생각나는 것이 잘 알려진 역사가나 예술가이고 창조에 이르는 외적인 영감과 내적인 감정의 유발인데 그것과는 상관없이 무엇보다도 내담자의 작품은 내담자 자신에게 가장 잘 어울리고 믿을만한 것이라고 느끼는 것들이다.

미술치료를 하다보면 보통 내담자들은 초기에는 이러한 창의적인 요소가 잘 발견되지 않다가 치료중기에 접어들면서 다양한 매체를 갖고 작업을 하는 모습을 보면, 점점 창의적으로 발전해가는 모습을 볼 수 있다. 작업에 대해서도 유연해지고 여러 가지 아이디어를 갖고 융통성 있게 재료를 취급하며 제법 독창적으로 작품을 만들고 싶어하며 작업에 대한 집중력과 열정이 생기면서 정교하게 작품을 완성한다.

집단미술치료에 온 한 20대 후반의 여성분은 다른 집단 원들이 열심히 한 시간 이상 작업할 때 본인은 5분 내지 10분 정도 작업을 간단하게 하고 무료하게 다른 집단 원들이 마칠 때까지 기다리곤 하였다. 하루, 이틀이 지나도 개선될 여지가 보이지를 않았다. 마침내 기다리고 있는 그 여성분에게 다가가서 다른 사람들과 작품을 비교할 때 자신의 작품이 어떠한 것 같으냐고 물어보니까 '단순하다', '재료를 많이 사용하지 않았다', '그림솜씨가 없는 것 같다' '뭔가 부족하다'라고 이야기를 하였다. 사실 이 여성분은 자신의 작품에 대해 이야기할 때도 진지하게 성의를 다해 자신을 개방하지도 않았고 집단원들과의 상호작용면에서도 소극적인 편이였다. 태도면에서는 뭔가를 하려고 노력하는 것 같았지만, 전체적으로 모든 면에서 왠지 부족한 느낌을 주었다. 그래서 지금보다 좀 더 시간을 투자해서 자신의 작품을 완성하고 생각했으면 좋겠다고 피드백을 주었다. 그 다음부터 작품은 완성도가 높아졌으며 작업에 집중을 하니까 재미도 있어지고 얼굴에 생기가 도는 모습이 관찰되었다. 집단이 끝날 때 자신은 모든 일에 약간은 방관적이고 소극적이었는데, 이번 집단미술치료를 통해 자신의 그런 모습이 시각적으로 구체적으로 드러나 당황하였고 앞으로 집단이 끝난 후 이 점을 잘 기억해서 자신의 생활에서 꼭 변화시키고 싶다고 굳은 의지를 보여주었다.

이렇듯 작업을 통해 창의적으로 변화되면 일상생활로 그것이 훈습되어 창의적으로 사고나 행동이 적극적으로 변화되는 긍정적 모습을 보게 된다. 한 단계 더 나아가 이러한 미술치료에서의 창조성은 정신건강과 성숙과도 연결되는 중요한 치유적 자원이므로 좀 더 자세히 살펴보고자 한다.

4) 미술치료에서 창조성의 치유요인

창조성이란 예술의 핵심적 특징이다. 왜냐하면 예술은 그 성격상 독특하고 참신해야 하고 기존의 것과는 다르게 보여야 하기 때문이다. 미술치료에서 창조성의 치유요인을 언급하기 위해 다시 한 번 역사적 관점에서 창조성의 개념을 살펴보면 중세기까지는 Creatio의 '무(無)로부터의 창조'라는 신학적 의미로 사용되었다. 그러나 19세기 이후가 되면서 신에게만 귀속되었던 '창조'란 어휘가 인간화되면서 새로운 것을 만들어내는 예술가들에게 적용되기 시작했다. 이런 연유로 과거로부터 많은 철학자와 예술가들은 예술가와 예술창조의 과정에 많은 관심을 보였고 이에 대한 자신들의 견해를 자기보고(self-report)의 형태로 피력했다. 이러한 예술가들의 자기보고에 나타난 예술 창조과정의 주요 특징들은 다음과 같다. 첫째로 예술창조의 과정은 무의식적이고 자동적이다. 두 번째 주요 특징으로는 갑작스러운 통찰이다. 세 번째 중요한 특징은 시각적 심상(imagery), 즉 시각적 이미지이다(이모영, 2006).

이러한 맥락에서 미술치료는 미술작품을 만드는 창조적 과정이 치유효과가 있으며 삶의 질을 향상시키고 효과적인 의사소통 양식이라는 생각에 기초하여 성장, 자기표현, 갈등의 해결, 변화 및 성장을 증진하기 위하여 모든 개인 안에 존재하는 창조적 과정을 활용한다.

Kramer는 미술작품을 통한 치유가능성이 특정한 심리적 과정을 이끌어내는 창조적 작업능력에서 발생한다고 했다. 그녀는 단지 시각적으로 상징화된 회화의 의사소통이 아니라 창조성을 미술치료 과정의 단서로서 강조했다. 미술작품을 창작하는 행위가 내면적 경험의 변형과 완화, 방향전환을 포함하여 통합, 승화를 위한 행동이 될 수 있다고 하였다. 미술표현은 직접적으로 갈등을 해결하지는 않지만 새로운 태도와 감정을 표현하고 천천히 따져볼 수 있는 기회를 제공한다(허소영, 2007 재인용).

미술치료에서 창조적 과정을 중요시한 학자들의 견해를 살펴보면 다음과 같다. Devore (1988)는 미술치료란 창조적 과정을 활용하는 정신치료 또는 보조치료의 한 형태이며 예방적 치료방법이라고 정의한다. Malchiodi(1998)는 미술창작은 의료적 처치의 보조수단이 될 수 있으며 창조적 과정이 건강과 안녕에 중요하다고 하였다. Patterson(1996)은 창조적 상상력이 아동이 타고난 회복력을 강화하고 스트레스에 대처하며 자기 통제감을 증진시킨다고 하였다. Dissanayake(1992)도 미술활동의 창조적 과정은 인간성장발달의 통합적인 부분일 뿐만 아니라 특히 아동의 문제해결, 즉흥작품, 자발적인 표현의 수단으로서 중요하며 이러한 창조적 과정의 특성은 선천적이고도 일반적인 인류의 생물학적인 특징이라고 언급하였다. Maslow(1983)는 창조적 과정이 본질적으로 치유적이라고 주장한다(허소영, 2007 재인용).

넓은 의미에서는 인간의 삶과 의미, 창조, 예술 등은 사실상 하나라고 할 수 있다. 미술치료에서 표현이라는 매체는 미술이라는 형식이기 때문에 창조에 대해 더 주의를 기울이도록 요구된다. 시각적 이미지들을 표현하는 것은 환상적 매체의 생산을 고무시키기 때문에 의식의 깊숙한 부분을 자극하여 일상적으로 이용 가능한 것보다 자원을 더 풍부하게 하는 창조적 과정을 생산한다.

미술치료의 창작과정에는 삶의 질을 높이고 치유기능을 가진 미술활동이 포함되며, 그 과정은 창조적 과정이 된다. 치료의 과정과 창작의 과정은 서로 통한다. 미술치료와 창조성은 모든 기존의 방식, 사고방식, 느끼는 방식, 그리고 상호작용의 방식에 대한 새로운 해결점을 찾으려는 문제해결에 대한 것이다. 창작과정은 치료과정처럼 새로운 사고와 존재의 방식들을 실험하고 연구할 수 있는 기회를 제공한다. 이 두 과정은 변형과 즉흥작업, 변화, 수정의 행동들이다. 치료에서 이러한 특성들은 새로운 인식과 통찰, 이해를 창조하는데 필수적인 것들로서 이것들은 자기 자신과 인식과 삶에서 변화를 만들어 나가는 것으로 전주곡이 된다. 이 두 과정에서 자아와의 만남이 포함된다(Malchiodi, 1998). 미술치료에서 이러한 만남은 미술활동의 경험과 미술재료를 통해서 이루어진다.

Bloch(1982)는 아동에게 창의적 활동을 가능하게 하는 것은 그들 안에 구속되지 않는 판타지의 역할이 크다고 보며 심리적 문제를 지닌 많은 성인들은 아동기에 자신의 창의력을 표현하는 것이 제한되었거나, 봉쇄상태로 성장한 경우가 많다는 것을 지적한다(정여주, 2003 재인용). 그러한 아동들은 자라면서 자신의 창의적 표현을 두려워하거나 거부하며 경직된 사고를 가진 청소년이나 성인으로 성장하게 되며, 자신의 문제를 해결하는 능력에 미숙함을 보이게 된다.

미술치료에서 주요한 치유요인인 창조성에 대해 여러 학자들의 의견을 살펴본 결과 미술치료에서 창조성은 다음과 같은 치유효과를 가져다 준다. 첫째, 미술치료에서 여러 다양한 미술매체들은 내담자의 흥미를 유발하고 작업하고 싶은 욕구를 촉진시킨다. 둘째, 작업을 하다보면 자발성이 증가하고 작업에 집중하며 더 멋지게 하고 싶은 작업욕구를 가지게 한다. 셋째, 자신의 작품이 자신의 과거, 현재, 미래의 모든 감정과 생각 및 기억과 꿈 등을 압축해서 표현한 것이기 때문에 작업 및 작품에 애정을 갖게 되고 그것은 곧 자신의 자화상이자 자기 기록이며 전달이 된다. 넷째, 창의적 작업에서 성취감은 자신감을 갖게 해주고 자신의 문제를 긍정적, 부정적 시각에서 또 자신의 입장과 타인의 입장 등 여러 방면으로 보게 해준다. 다섯째, 이러한 창조적 에너지를 자신의 인생을 사랑하고 자신의 인생을 긍정적으로 창조하는 삶의 충만한 에너지로 승화시켜준다. 따라서 미술치료의 전체 치료과정 그 자체가 창조적 과정이며 치유적 과정이기 때문에 여러 치유적 요인들이 창조성 안에서 무궁무진하게 그 잠재성을 발휘할 것이다.

5. 미술치료에서 승화

사회성을 가장 효율적이고 능률적으로 행하는 인간은 그 속에서 적응하기도 하고 때로는 부적응 상태를 보이기도 한다. 이러한 사회생활 속에서 누구나 갈등상황을 피하기 위해 스트레스나 불안 그리고 좌절로부터 우리 자신을 보호하기 위해 가끔 방어기제를 사용한다. 이 방어기제는 여러 가지가 있는데 그 중에서도 승화라는 것이 있다. 이 승화(sublimation)는 본능이 신경증적인 행동으로 전이되지 않고, 오히려 사회적으로 바람직한 행동으로 나타나는 것이라 할 수 있다. 이 승화가 미술이라는 매체를 통해 나타나기도 하는데 이를 치유요인으로 적용하여 치료하는 것이 바로 미술치료이다.

앞장에서 미술치료의 창조성을 기술하면서 자주 '승화'라는 개념을 언급하였는데, 사실 창조성과 승화는 분리될 수 없는 아주 밀접한 관계이며 또한 증상과 승화의 개념도 상호관련성이 있다. 사실 미술치료 임상을 하다보면 내담자의 갈등과 고통 그리고 특히 적대적 에너지가 작품을 통해 카타르시스 되면서 승화되는 경우가 자주 있다. 이러한 일련의 미술치료과정은 증상이 완화되면서 성취감을 느끼는 것으로 긍정적으로 변화되기 때문에 승화의 개념과 무관하지가 않다. 즉 파괴적이고 적대적인 에너지가 생산적이고 예술적인 에너지로 변환되는 것은 승화의 개념과 일치할 것이다. 따라서 본장에서는 미술치료에서 승화의 개념과 미술치료 임상에서 승화의 치유적 의미에 대해 살펴볼 것이다.

1) 승화와 전위의 개념

승화의 개념은 원래 정신분석에서 제시하는 자아의 방어기제에서 긍정적 방어기제로 분류되어 언급되어졌다. 일차적으로 정신분석에서 말하는 승화(sublimation)의 개념을 이해하려면 전위(displacement)의 개념을 알아야 한다. 본능의 목적은 긴장이 감소되어야 하는데 그러기 위해서는 대상이 필요하다. 그러나 어떤 대상이 긴장 감소에 이용될 수 없는 것이라면 본능의 집중은 이 대상으로부터 이용할 수 있는 다른 대상으로 옮겨질 수 있다. 이것은 심리적 에너지가 전위될 수 있는 성질을 가졌다는 뜻이다. 심리적 에너지가 한 대상으로부터 다른 대상으로 옮겨지는 과정을 '전위'라고 한다. 전위의 대상이 보다 높은 문화적 목표를 나타낼 때 이러한 유형의 전위를 '승화(sublimation)'라고 한다.

Freud 예술론은 내용으로서의 무의식 충동이 작품에 직접적으로 드러나 있는 것이 아니라 승화 된 형태로 나타난다고 보고 있다. 이는 Freud가 승화의 조건을 성적 본능이 성적 욕망의 대상에 직접 향하지 않고도 어느 정도 충족될 수 있다고 주장하는 데에서 찾아질 수 있다. 작품의 이면에 가려진 성적 본능은 성적 목표를 갖지 않는 대체물로 전환하고 있는 것이다. 이러한 작품에서의 억압된 성적 동기는 바로 승화라는 방식으로 표출되고 있음을 알게 된다(함희준 역, 1992).

작품은 이러한 우회적인 표현에 이르기 위해 억압된 관념을 비금지적인 것으로 바꾸고, 의식화되어 있고 사회적으로 유용함이 인정된 상징을 이용한다. 승화는 억압되어 있는 성적 에너지를 지적, 인도주의적, 문화적이나 예술적 추구들로 돌리는 것이다. 모든 전위들에서와 같이 승화된 활동에서도 본능적 에너지의 원천과 목표는 그대로 남아 있고 긴장 감소의 대상이나 목적만 변화된다. 레오나르도 다빈치가 마돈나를 그리는 일에 관심을 가진 것은 그가 어렸을 때 헤어진 어머니에 대한 그리움을 표현한 것이라고 Freud는 말했다. 직접적인 방식으로 방출되지 못하는 심리적 에너지는 사회적으로 유용하고 문화적으로 창조적인 경로로 돌려진다. 실제로 어른의 관심과 애착의 대부분은 충족되지 않은 유아기나 유년기의 소망에 대한 보상이다. 그렇다고 해서 보상 자체가 유아적인 것이라는 말은 아니다. 보상이 의존하고 있는 에너지의 원천은 최초의 대상 선택으로부터 에너지의 전위에서 나온다는 뜻이다(함희준 역, 1992).

따라서 전위는 본능의 에너지를 직접적으로 충족시키는 활동이 아니고 대안적인 활동을 하는 것으로 전환되는 것을 말한다. 인간은 모두 기본적으로 가지고 있는 성적, 공격적 욕구 등을 직접 분출할 수 없다. 직접적 에너지의 분출이 가능하지 않거나 금지되기 때문인데 이러한 욕구들을 방출할 수 없게 되면 견디기 힘든 욕구불만이 생기게 된다. 이때 전위를 통해 그 욕구를 직접 만족시키지 않고 다른 방식으로 욕구를 충족한다. 예를 들면, 분노가 많은 청소년이 그러한 분노를 가정이나 학교에서 행동화하지 않고 미술치료실에서 점토를 두드리거나 던지면서 분노를 발산하고 조금 분노의 감정이 완화되면 공격적인 무기를 만들어 자신의 화가 난 감정을 상징적으로 표현한다. 그런데 무기에 대한 작품이 너무 정교하게 사실적으로 잘 나와서 분노의 감정은 사라지고 작품에 대한 성취감으로 전환된다. 바로 이러한 전위의 결과가 사회적으로 수용될 수 있거나 유익한 활동이 나타날 때 이를 승화라고 할 수 있다.

정리하자면 승화는 단순한 정신적 행위가 아니며, 그것은 치환, 상징화, 충동, 에너지의 중화, 동일시, 통합 같은 많은 기제를 포함하고 있으며 항상 세 갈래의 변화가 있다. 첫째, 관심이 집중되는 대상의 변화, 둘째, 목표의 변화, 셋째, 새로운 목표가 성취되는데 쓰이는 에너지 종류의 변화가 그것이다. 승화는 항상 포기라는 요소를 갖고 있다. 하지만 정신 과정이 작동하게 하는 충동과 연결되어 있기 때문에 최소한 부분적인 만족을 얻을 수 있고, 리비도의 충동과 공격충동의 압력으로부터 어느 정도 해방될 수 있다. 승화가 본능적 만족의 연기와 충동 에너지의 경로 변경을 의미한다면 우리는 그것을 방어기제로 볼 수 있다. 방어기제라는 개념은 본능이 정돈되지 않은 상태에 있으므로 행동을 안전하게 통제할 수 없다는 것을 인간이 자각하고 있다는 의미가 함축되어 있다(주리애 역, 2001).

이러한 맥락에서 공격적 아동을 다룰 때 아동이나 다른 환자에게 위험이 따르지 않는 범위 내에서 적의감을 표출할 수 있도록 공 던지기, 화살 던지기 등의 프로그램을 실시하는 것만으로는 이것을 승화라고 보기 어렵다. Kramer가 치료한 몇몇 아동들의 예를 통해 그 아동들이 가진 학습장애나 공격적 성향 등이 미술치료를 통해 많이 승화됨으로써 자아력의 향상과 좋은 성향의 발전을 이룰 수 있다는 것을 보았다(한국미술치료학회, 1995). 사실 누구나 가끔 화나는 일이 있거나 기분이 우울할 때는 그것을 직접적으로 분출하기보다 대용적으로 어떤 취미라든지 생산적인 일 등을 통해 풀어내는 경향이 있다. 대부분의 사람들이 그런 경향이 있을 거라고 보는데, 예를 들어서 화가 날 때는 빠르고 경쾌한 피아노곡을 치면 기분이 안정도 되고, 피아노 실력도 더 나아진다. 승화의 특성인 공격성, 성적 에너지의 중화는 '창작품의 제작'에서도 발생한다. 집요한 성적 흥분과 공격적 분노의 어느 쪽으로도 속하지 않고 긍정적 감정을 지키도록 해야 하는데 이는 쉬운 일이 아니다. 사람은 각자가 가지고 있는 욕구의 불만을 분노나 직접적 분출로서가 아니라 다른 방향으로 바꾸어 더 나은 방향으로 발전시킬 수 있다는 것이 우리가 미술치료에서 작업과정과 작품을 통해 성취할 수 있는 큰 장점이라고 볼 수 있다.

2) 예술가와 승화

Freud는 예술 형식이 그것의 내용을 이루고 있는 작가의 무의식 세계를 보다 더 잘 드러낼 수 있어야 함을 주장하고 있다. '작가만 갖고 있는 내밀한 비밀', 즉 예술가의 특별한 재능은 감상자와는 다르게 내용을 형식으로 정교하게 하고, 쾌와 현실 사이의 화해를 가능하게 만들며, 더 나아가 타자들과의 소통을 위한 배경을 가능케 한다고 암시한다(신문수 역, 1998). 그러면 예술가로 하여금 이와 같이 끊임없이 '승화 된 작품'을 만들도록 하는 동기는 무엇인가? Freud는 여기에 대해서 예술가는 그의 내성화된 기질 때문에 만족시키지 못하는 예외적인 본능적인 욕구를 갖고 있고, 바로 이런 이유로 예술가는 신경증의 경계선상에 놓여 있는 환상의 세계에서 살 수 밖에 없는 것이라고 대답한다. 이렇게 볼 때, Freud에게 두 번째 질문이 제기되는 것은 당연하다. 그렇다면 예술가는 어떻게 해서 신경증에 빠지지 않고 예술적인 성취를 이룩하는가? Freud는 이 질문에 대하여 두 가지 답을 마련하고 있다. 첫째, 예술가는 강렬한 본능으로부터 에고에 에너지가 과잉 충전되기 때문에, 그 일부를 예술이라는 환상의 세계로 방출시킬 수 있다는 것이다. 둘째, 예술가는 환상 속에 잠겨 있어서 다른 사람처럼 현실에 대처하는데는 실패하지만 그럼에도 불구하고 뿌연 환상의 세계로부터 참된 환상의 세계를 이끌어내는 수단을 갖고 있다는 것이다. Freud는 1913년 발표한 유명한 글에서 예술가란 자신의 가장 개인적인 소망과 환상을 충족된 것으로 표현하는데, 이 경우 변형을 통하여 예술로 승화시킨다고 표현하였다(신문수 역, 1998).

정신분석학 서설(1917)에 예술가의 창조성에 대한 중요한 논의가 전개 되었는데, 특히 예술가의 심리에 관하여 Freud가 말하고자 했던 바의 진수가 내포된 것으로 Jones가 주장한 다음의 문장에 그것이 요약되어 있다. '예술가는 강력한 승화의 재능과 억압에 대해서 어떤 유연성을 타고난다.' 프로이트는 환상적인 생활에 대해 논의하던 중 삽입되어 있는 이 구절에서, 예술가를 내성화된 기질의 소유자로서 신경증 환자와 그다지 멀지 않은 존재로 묘사하고 있다. 예술가의 강력한 본능적 욕구는 오르지 환상 속에서만 충족될 수 있다는 것이다. 여기에서 Freud는 현실에 되돌아오는 길을 찾아내는 예술가의 역설적인 능력을 발견한다. 왜냐하면 예술가가 자신의 환상을 예술 속에 성공적으로 형상화시켜서 예술가 아닌 사람들에게 '자신의 쾌락의 무의식적 원천이 주는 위안'을 제공해 줄 수 있을 때, 예술가는 그 환상에 의하여 찬미되어지고 그리하여 그는 환상을 통하여 전에는 환상 속에서만 얻을 수 있었던 것, 즉 명예, 권력, 사랑 등을 얻게 되는 것이기 때문이다. Freud는 예술작품을 분석할 때, 직접적인 감정이입 반응이나 색채, 형태, 선, 도상학과 같은 명백한 미학적 세부사항을 초월해서 회화나 조각 속에 숨어 있는 무의식에 대한 상징적 암시를 발견하기를 추구한다(홍성순, 2007 재인용).

예술에서 예술가가 추구하는 승화과정이 임상에서 미술치료 작업을 통해 대부분 이루어지고 있다. 예를 들어 치료후기 부분에 미래에 관련된 주제가 많이 나오는데 '미래의 나의 모습', '미래의 가정', '소망의 나무', '세상에서 갖고 싶은 것', '다시 태어난다면', '나에게 선물주기' 등 이러한 기법을 통해 내담자의 환상과 소망을 작업을 통해 표현함으로써 만족을 얻고 자신감을 얻는다. 시각적으로 형상화된 작품은 내담자의 꿈과 희망이 담겨져 있으며, 자신도 할 수 있다는 잠재 가능성을 주기 때문에 승화인 것이다. 반대로 미술치료 중기에서 주로 매체를 통해 감정을 다루는데 이 때 내담자의 부정적인 감정, 즉 화, 분노, 적대적인 감정과 고통 및 슬픔 등이 표현된다. 작품이 이러한 감정을 강하게 표현해주기도 하지만 치료실 안에서 그것은 수용되어지기 때문에 자유롭고 안전하다. 부정적 감정은 중화되고 작품은 예술적으로 승화되면서 내담자는 자신에 대한 감정을 정화하고 객관적인 시각을 갖게 된다. 내담자의 신경증적이고 병리적인 증상이 예술적 작업을 통해 완화되고 창조적 에너지로 전환되는 것은 승화 그 자체로서 긍정적 치유과정으로 연결된다.

3) 미술치료에서 승화

승화라는 방어기제가 예술이라는 형식을 통해 승화되어지는 과정을 살펴보았는데 이러한 승화의 과정이 미술치료임상에서 내담자가 작품을 창조하면서 자신을 실현하는 과정과 매우 유사하다. 미술치료 입장에서 승화는 예술을 통해, 미술을 통해 나타나는데 이것을 예술의 조화라 부를 수 있다. 예술의 조화는 긴장의 통합과 균형에 의해서 얻어지는 산물이다. 인간의 내면에 있는 복잡한 내재력의 균형을 반영하고 있으며, 이 조화가 승화의 과정과 동일하게 취급된다.

앞에서도 설명했듯이 이 승화는 욕구의 위험과 잠재적 파괴력을 바람직한 방향, 성취하는 방향으로 옮겨가는 과정이다. 그 성취라는 것은 자아에 있어 상당한 가치를 지니고 있으며 대부분 사회적으로 생산적인 것이다. 자아력이나 자율성이 강해지는 과정 속에서 원본능에서 자아로 에너지의 흐름이 일어나며, 공격적 에너지 및 본능적 에너지가 중성화되는 것을 추측할 수 있다. 결국 승화의 특성은 대용적인 생활이 제공하는 순수한 기쁨이다. 승화경향은 자아발달에 있어서도 중요한 부분이다. 어떤 욕구에 대한 만족을 얻을 수가 없다면 본능적 욕구는 매우 압도적인 상태이거나 집요한 모습을 보인다. 만족을 취할 수 없는 이유가 외부의 원인에 있다면, 본능은 그것이 아무리 기이한 것이라 하더라도 대용적 만족을 찾으려고 할 것이다. 그러나 실제로 애정상실이나 어떤 불안감에 대해서 사회적으로 느끼는 두려움은 승화 쪽보다는 신경증적 방어 쪽으로 나아가는 경향이 있다. 승화는 자아력을 증가시키지만 신경증적 방어는 활용 가능한 에너지를 감소시키기도 한다. 인간은 각자 승화를 쉽게 행할 수 있는 영역과 그것이 어려운 영역을 모두 지니고 있으며 승화를 실현해 나가는 능력은 여러 가지라 할 수 있다.

미술치료에서 치유적 요인으로 승화를 주장한 Kramer는 주로 비엔나에서 성장하였으며 아동미술치료에 대해 많은 연구를 했다. 그녀는 그림의 치료적 속성은 그림에 대한 환자의 연상을 통해 자기표현과 승화작용을 함으로써 자아가 성숙하는데 있다고 보았다. 즉 미술작업을 통하여 환자 자신의 파괴적, 반사회적 에너지를 분출함으로써 그것이 감소되거나 전환된다고 주장했다. 내담자는 미술작업 과정에서 자신의 원시적 충동이나 갈등을 재경험하면서 그 갈등을 해결하고 통합한다는 것이다. Kramer는 Naumburg의 견해와 달리 치료자의 역할은 환자가 만든 작품을 해석하는 것이 아니라 승화와 통합과정을 도와주는 것이라고 하였으며, 창작활동 과정 그 자체가 치료(Art as Therapy)라고 보았다(한국미술치료학회, 1995).

Kramer가 치료한 F군의 예를 보면 시각손상을 보이던 중 7세에 전맹이 되어버린 F군은 점토로 형태를 지각하고 점토를 이용하여 형태를 만들 수 있었다. 새에 대한 관심에도 불구하고 그는 기계적인 상징에 의한 이미지나 특수능력을 지닌 동물을 소재로 삼았다. 12세가 되던 해 그가 제작한 새의 제작에서 강박적인 요소를 보였다. F군은 자신의 장애를 감추기 위해 모든 독창적인 방법을 생각해내 조소작품에 치환해 놓은 것처럼 보였다. 이어서 F군이 제작한 역동감 넘치는 코뿔소 작품은 강해지고 싶다는 희망을 표현하고 있었다. 이런 그의 작품은 신경증적이 아닌 건설적인 방법으로 자신의 갈등을 처리하였다. 새에 대한 고집성은 그의 정신력이나 창조력을 발휘하는데 있어서 에너지의 동원을 가능하게 하였고, 자기감정을 강화, 자기수용 면에서도 크게 도움이 되었다. 치환은 직면을 회피시키기 때문에 그 자체의 위험성을 따르지만, 유효한 우회로이기도 하다(한국미술치료학회, 1995).

이러한 미술치료에서의 승화는 미술치료를 공부하려는 사람들에게도 보여진다. 미술로 자기문제를 치유하면서 미술치료에 관심을 갖게 되었고, 미술치료를 통해 자신을 치유할 뿐만 아니라 자신의 성장욕구로 승화시켜 미술치료사의 길로 입문하게 된다. 자신의 문제를 치유한 만큼 내담자에 대한 공감능력도 커지고 인간의 아픔에 대한 섬세한 이해력과 존중감이 생기면서 더 성숙한 치료자로 거듭 태어나는 것은 바로 '미술치료사의 승화'로 보여진다.

4) 승화에 대한 미술치료사의 태도

Rubin(1987)은 미술치료임상에서 내담자의 문제가 작품을 통해 창조적으로 승화의 과정을 거치려면 치료자의 태도가 중요하다고 강조하였다. 즉 승화 속에 강력한 에너지 원천이 있음을 아는 미술치료사는 승화를 별 것 아닌 것으로 보는 치료자와는 다르게 과제에 접근한다고 보았다. 승화는 계획될 수 없다. 우리가 할 수 있는 것은 승화가 생기도록 분위기를 만드는 것뿐이다. Winnicott가 이런 상황을 비유하기를 마치 엄마가 아동 옆에 있으면서 지나치게 간섭하지 않는 것과 같다고 했다. 아이는 엄마가 늘 곁에 있다는 것을 알기 때문에 이완된 상태에 도달할 수 있다. 충동적이고 본능적인 삶의 영역에 속하는 경험은 자아가 중심이 된 관계의 틀 내에서 발생한다. 자아가 경험에 압도당하는 것이 아니라 경험을 통해 강해지는 것이다(주리애 역, 2001 재인용).

이러한 과정의 특징은 자아를 강화시키는 원초적 정신과 부드러운 접촉이 있다는 점이다. 억압은 제거되고 이전의 기능이 활성화된다. 자아의 영역에 속했던 생각과 기억은 짧게나마 1차 과정 사고의 영향을 받는다. 원초아의 영역에 빠지는 것이 파괴적이지 않고 이득이 되기 위해서는 영구적인 퇴행에 저항할 수 있어야 하고 자아가 성숙한 수준에서 기능해야 한다. 만약 모든 것이 순조롭게 된다면 이로 인해 새로운 성숙의 기회가 마련된다. 1952년 정신분석학 관점에서 이 과정을 기술한 Ernist Kris는 '자아에 도움이 되는 퇴행(regression in the service of ego)'이란 용어를 만들었고, Silvano Arieti(1976)는 이 창조적 통합에 '제 3의 과정(tertiary process)'이란 이름을 붙였다. 하지만 자아가 원초아에서 나오는 압력을 견디지 못하면 병리적 퇴행이 일어날 수 있으므로 위험이 수반된다는 것을 알고 있어야 한다(주리애 역, 2001 재인용).

분명, Winnicott가 정신분석학적으로 기술한 '견딜만한 고독(companionable solitude)'은 미술을 위한 혹은 대리적으로 미술을 경험하기 위한 이상적 상황을 구성한다. 미술치료 회기에서 우리는 Winnicott가 묘사한 엄마보다 더 적극적이어야 할 때가 많다. 때로 우리는 환자의 창조적 노력에 직접 참여해야 한다. 또 어떤 때는 Kohut(1966)가 말한 것처럼 자아 기능을 촉진하는 '엄마 눈의 빛(gleam in the mother's eye)'이 되어 환자의 삶에 없었던 가장 중요한 촉매를 제공해주어야 한다. 환자의 창조적 과정을 진작시키려고 노력할 때 우리는 '자아 지지'와 '방해받기 싫어하는 환자의 욕구를 존중하는 것' 간의 균형을 잡아야 한다. 지지적이면서도 방해하지 않는 접촉 속에 나타나는 것만이 환자에게 진실하게 느껴질 수 있음을 명심해야 한다. 강요된 작품이나 강제로 얻은 정보는 완전히 동화되기 어렵고 환자의 삶에 지속적인 영향을 끼치지 못한다(주리애 역, 2001 재인용).

정신내적 갈등이나 충동과 환경적 요구간의 갈등이 궁극적으로 해결될 수는 없다. 정서적 교착상태로부터 반복이 생기기 때문에 미술에서의 승화는 지속적인 과제로 남는다. 그것은 진부해지거나 공허해지지 않고 오히려 각각의 새로운 노력은 새로운 시작으로서 또 다른 부분적 해결로 이끌기 때문에 모든 것이 잘 된다면 새로운 작업은 이전 작업보다 더 강력하고 흥미로워질 것이다(주리애 역, 2001 재인용).

미술치료에서 이러한 성숙되고 치유적인 승화의 과정을 내담자에게 영향을 미치기 위해서는 미술치료사가 먼저 미술을 통한 승화의 경험을 한다면 도움이 될 것이다. 미술치료사는 예술적 작업이 승화의 과정을 거쳐 자신의 문제를 치유한다는 것에 확신을 가져야 할 것이다. 내담자의 반사회적이고 적대적인 에너지를 무조건 작품을 통해 표출하여 카타르시스를 느끼고 작품으로 남긴다는 것이 승화의 과정이 아닐 수 도 있다. 예를 들어 한 내담자가 부모에 대한 억압된 감정을 작품을 통해 표출하고 나서 가정으로 돌아가 부모에게 적대적인 반항을 하고 싸웠다면 이것은 올바른 승화라고 할 수 없을 것이다. 보통 초보치료자들이 아직 내담자가 준비되어 있지 않은 상황에서 작품을 통해 너무 성급하게 감정표출을 시키면 이러한 실수가 일어날 수 있기 때문에 주의해야 한다. 미술치료에서 내담자의 승화과정이 잘 일어나려면 치료자는 안전하게 내담자의 감정이 작품을 통해 표현되고 그러한 부정적 감정이 완화되고 증상으로 더 이상 발전이 안 되도록 작품을 통해 잘 승화시켜 나가야 할 것이다. 다음은 미술치료를 통해 창조성과 승화를 경험한 미술치료사례를 소개하고자 한다.

5) 창조성과 승화를 경험한 미술치료사례

미술치료에서 승화를 경험한 사례를 소개하자면, 미술치료를 거부하고 재미없어 하는 중학교에 다니는 청소년 남학생이 있었다. 주 호소는 우울증상이였고 아주 무기력하였다. 미술치료에 대한 반응도 흥미도 거의 없었다. 앞으로 이 내담자를 데리고 미술치료를 해나갈 생각을 하니 막막하였다. 그림을 그려도 몇 개의 선이나 점을 찍어 놓으면 그것이 전부였다. 스트레스 받은 것을 생각하고 신나게 낙서해보자고 제안하였더니 동그라미가 그려진 A4용지를 선택하여 몇 개의 선만을 끄적거리고 말았다. 본인도 자신의 작품을 바라보면서 '답답하다'고 할 정도였다〈그림 2-14〉. 이런 '답답함'이 일상생활에서도 느껴질 때가 있느냐고 하니까 아버지가 퇴근하고 돌아와서 공부 안 한다고 야단칠 때, 동생과 싸웠는데 어머니가 자신만 야단칠 때라고 하였다. 그럼 그 답답한 마음을 표현하자고 했더니, 또 몇 개의 선으로만 표현하고 그쳤다〈그림 2-15〉. 언어적, 미술적 표현이 모두 제한적이고 상당히 억압되어 있고 행동도 느렸다.

그러나 치료회기가 거듭될수록 다양한 매체를 통해 자신의 작품이 나오는 것을 보고 조금씩 성취감과 자신감을 느꼈다. 그동안 잠재된 에너지가 미술치료를 통해 서서히 표현되어진 것이다. 처음에는 멋쩍고 낯설어서 미술치료실에 오기 싫어하였고, 미술치료사도 역시 50분간 함께 있다는 것이 솔직히 부담스러웠다. 치료 중기로 접어들면서 내담자는 미술치료실에 오는 것을 즐거워하였고 자신의 속마음을 조금씩 털어놓기 시작하였다. 부모님이 어려서부터 내담자의 욕구를 들어주기보다는 조기교육과 지적 학습의 강조로 내담자는 우울해지고 스트레스 받으면 무기력해져 잠만 자고 싶고, 자신을 억압하게 되었다. 그 또래에 맞는 호기심, 자발성, 진취성 등은 전혀 찾아볼 수 없으며 무표정하고 둔하게만 보였다.

어머니 상담을 통해 내담자를 가정에서 관찰하여 내담자의 비언어적 메시지를 읽고 공감할 수 있도록 하였다. 어느 날 어머니께서 내담자 학교에 방문해 우연히 내담자의 반 친구들과 비교를 하면서 관찰해보았더니 다른 학생들은 뛰어놀고, 조잘거리고, 잘 웃고, 까불고 장난을 치던데, 내담자는 자리에 무기력하게 앉아 있는 모습을 보고 집에 와서 많이 반성하였다고 하였다. 이제 내담자가 말을 안 해도 표정과 행동으로 내담자의 마음을 읽을 수 있도록 하고, 내담자가 가정에서 부모 눈치를 안 보고 편안하게 의사소통할 수 있도록 가정환경을 잘 조성할 것을 어머니에게 당부하였다.

그동안 칭찬 한번 들어보지 못하고, 무엇을 해도 무슨 활동이든지 제대로 완성도 해보지 못하고, 늘 부모로부터 질책과 비난을 받아 위축되고 자신은 쓸모없는 존재로 생각이 가득찬 내담자에게 미술치료는 전혀 새로운 경험을 제공한 것이다. 작품을 통한 창조적이고 생산적인 에너지는 자발성, 집중력, 호기심, 만족감을 제공하였고, 이것은 학교생활, 가정생활에서 자신을 표현하는 것으로 서서히 전환되면서 자신의 존재감을 긍정적으로 자각하게 해주었다. 1년 넘게 주의집중력과 항우울제라는 약물을 복용하였는데, 내담자는 자신의 의지가 생겨 약물도 끊을 수 있는 결단력이 생겼으며, 작품에 대한 융통성, 유연성, 독창성, 정교성 등의 창조성이 점점 증가하였다.

〈표 2-4〉를 보면 일련의 미술치료과정을 통해 내담자의 창조적인 면이 명백히 보여질 것이다. 자기를 비하하고, 미워하고, 아무 것도 하기 싫고, 은둔, 회피하고 싶은 에너지를 자신을 표현하고 자신의 삶을 추구하는 에너지로 전환하였다는 그 자체가 바로 승화이자, 창조적 치

유과정으로 볼 수 있다. 우울한 증상을 완화하고 전환시켜줄 수 있었던 것은 바로 미술매체를 통한 미술치료 작업이었다. 미술치료 작품은 내담자에게 내적인 만족감을 주었을 뿐만 아니라 간섭과 통제 비난과 꾸중만 하던 부모에게 아들의 새로운 면을 보게 한 계기가 되었고 감동까지 주었다. "내 아들이 이렇게 집중해서 이렇게 작품을 완성하다니……." 하면서 아들을 인정하게 되었다. 어머니는 내담자 자신도 자신의 잠재해있던 예술적 성향을 발견하고 자신감을 가졌다.

이러한 작업을 통한 승화과정은 자신의 모습을 보게 하고, 긍정과 부정을 통합하고 대립과 갈등을 조정하고 더 나아가 성취와 창조로 나아갈 수 있는 에너지를 준다는 점에서 바로 미술치료가 추구하는 치유과정이라 생각한다.

〈표 2-4〉 미술매체를 통해 창조성과 승화를 경험한 치료사례

회기	작 품	매체에 나타난 내담자의 반응 및 치료과정
치료 초기	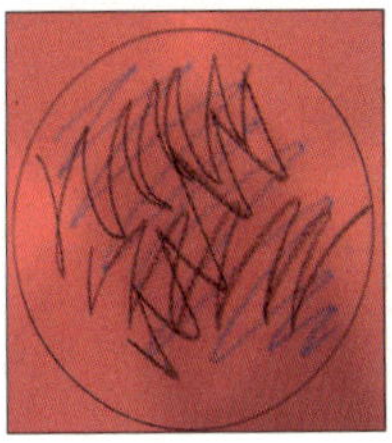 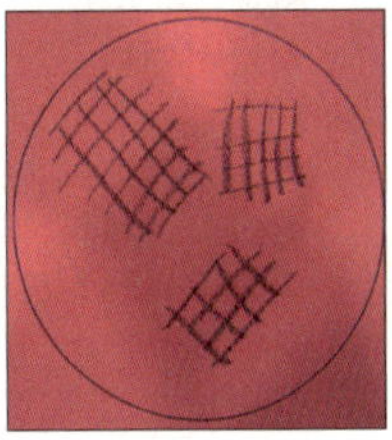 〈그림 2-14〉 스트레스 받았을 때 〈그림 2-15〉 답답한 내 마음	• 스트레스 받았을 때를 생각하고 그려보라고 했더니 사선 몇 개를 겨우 교차해서 그렸다. 느낌이 어떠냐고 물어보니까 "답답하다"라고 했다. • 그 답답함이 분노로 이어지는 것 같다고 하였다. 일상에서 답답함은 아버지가 퇴근하고 돌아와서 공부안한다고 야단칠 때, 동생과 싸웠는데 어머니가 자신만 야단칠 때이다. 자기 항변을 못해 답답하고 억울하다. • 미술에 거의 흥미가 없고 언어적, 미술적 표현이 아주 제한적이고 억압적이다. 〈그림을 통해 내담자의 문제에 접근〉
치료 중기 1	 〈그림 2-16〉 나를 상징하는 꼴라쥬	• 이 시기부터 작품에 대한 표현력, 집중력과 정교함이 조금씩 증가하였고, 치료자와 내담자가 서로 대화를 통해 상호작용하기 시작하였다. • 나를 상징하는 콜라주를 통해 약물을 3가지 복용함을 알 수 있었다. 주의 집중력, 항우울제, 키 크는 약(내담자는 중학생으로 170cm가 넘었 는데도 성장약을 복용하고 있었다) • 돈에 대한 관심이 많고 절약하고 저금하는 습관까지 알게 되었다. • 답답하고 지루한 미술치료 초기를 지나 조금씩 치료에 활력이 생기기 시작하였다. 〈매체를 통해 자기표현을 정교하게 시도〉

<table>
<tr>
<td>치료
중기
2</td>
<td>
〈그림 2-17〉 상어 꿈</td>
<td>• 내담자는 자신의 문제가 꿈을 통해 상징화되어 나타나는 것에 관심을 보였고, 치료중반에는 꿈도 스스로 알아서 잘 해석해서 많이 지지를 해주었다.
• 꿈의 시각적 내용은 물에 빠져 어머니에게 구원을 요청하였지만, 어머니는 친구 분과 함께 그냥 지나쳐 버렸다. 할 수 없이 저쪽 다리로 헤엄쳐 가려고 한 순간 상어가 큰 입을 벌려 자신을 잡아먹으려고 해 깜짝 놀라서 잠에서 깼다. 그림 상단에 있는 여자 아이는 항상 어머니가 비교하는 소위 말해 공부 잘하는 '엄친아'였다
• 내담자 스스로 한 꿈의 잠재적 내용과 해석은 동생과 싸워서 억울해서(물에 빠진 것) 어머니에게 이야기했지만(母에게 구원 요청) 어머니가 오히려 자신을 야단치고 심지어 아버지에 일러 더욱 혼나는 것이다(상어에게 잡아 먹히는 것).
• 꿈을 통해 가정에서 내담자의 억울함과 불안을 이해할 수 있었다.

〈꿈분석을 통해 내담자의 문제를 정확히 공감적으로 이해하고 그림의 완성도가 높아졌다〉</td>
</tr>
<tr>
<td>치료
중기
3</td>
<td>
〈그림 2-18〉 나의 과거와 미래</td>
<td>• 미술치료실에 오는 것을 좋아하게 되었으며, 자신의 마음속에 있는 것도 적극적으로 개방하기 시작하였다.
• 5세 때 어린 시절 천진한 모습과 미래 생명공학자가 되어 연구하고 자연을 사랑하는 모습을 인형이라는 매체를 통해 표현하였다.
• 왼쪽 인형의 몸통을 보면 초록색의 글라데이션의 모습을 볼 수 있는데, 이것은 자연에 대한 사랑을 상징적으로 표현한 것이다.
• 인형을 만들면서 초등학교 고학년 때 부모에 대한 반항으로 1일 가출한 사건을 이야기 하였다.

〈내담자의 창조성 및 예술성 발견〉</td>
</tr>
<tr>
<td>치료
종결</td>
<td>
〈그림 2-19〉 나의 방</td>
<td>• 2회에 걸쳐 만든 작품이다. 내가 갖고 싶고 살고 싶은 나의 방이다. 아주 정교하게 집중력을 갖고 창의적으로 표현했으며 종결시 작품에 대만족하였다.
• 방 안에는 컴퓨터, 대형 스크린의 TV, 화분과 양탄자, 서랍장까지 표현하였다. 초기의 작품과 비교할 때 매우 대조적이며, 내담자의 창의성과 내담자의 문제가 작품을 통해 승화된 것을 볼 수 있다.
• 6개월간의 치료 기간에 내담자는 자신감을 회복하고 부모님은 내담자를 이해하게 되고 점점 존중하게 되었다.

〈내담자의 정교성, 창조성 및 독창성 발견〉</td>
</tr>
</table>

치료 계획 및 목표	• 미술을 통해 충분한 신뢰 및 친밀한 관계를 설정하고 결코 치료를 서두르지 않았다. • 치료초기에 투사적 동일시 기제를 적용해 치료자가 내담자 대신 매우 답답하고 무기력한 마음을 대신 언어화해서 표현해주었다. • 미술작업 및 작품을 통해 내담자를 공감하고 지지하여 내담자의 자존감을 회복하였고, 작품의 흥미성, 자발성, 호기심, 적극성, 집중력, 정교성, 창의성 등의 치료적 자원을 충분히 활용해 내담자가 성취감을 가질 수 있도록 계획하였다. • 어머니 상담을 통해 내담자를 이해하고 존중하도록 했다.
내담자의 치료적 장점 및 취약점	• 치료적 장점은 어머니께서 상담에 적극적으로 협조하였고, 아들의 양육태도에 대한 반성이 있었으며 아버지도 상담에 협조적이었다. 또한 치료중기에 내담자가 다시 가정에서 반항하게 되었을 때, 어머니께서 내담자가 회복하는 과정으로 이해하고 많이 수용해주었다. • 부모의 지나친 사랑과 관심과 기대가 내담자를 통제하게 만들었고, 내담자가 속한 학군이 지나치게 학습을 강조하고 경쟁적이라 내담자를 더욱 무기력하게 만든 것이 치료의 취약점으로 작용했다.
치유 요인	• 미술매체를 통해 흥미유발과 친밀한 대화를 계속적으로 시도한 점이다. • 미술매체를 통해 잠재된 창조적 에너지를 발견한 점이다. • 미술매체를 통해 지구력, 유연성, 융통성, 정교성, 독창력을 발견한 점이 내담자의 자아존중감을 향상시켰다.

6. 심신의 통합-신체에 미치는 요인

본 장에서는 미술치료가 우리의 신체에 미치는 영향을 주로 살펴보고자 한다. 최근 들어 미술치료와 신체적, 생리적 기능과 연관하여 그 효과성을 평가한 연구가 점점 증가하고 있다. 보완대체의학으로서 미술치료의 주요 역할이 부각되면서 미술치료가 심심통합을 추구한다는 측면에서 연구가 활발히 진행되고 있다. Malchiodi(1999)도 그녀의 저서 '아동과 성인임상미술치료'를 통해 미술치료가 신체질환을 가진 환자에게 심신을 통합하고 신체질환을 이해하는데 긍정적인 효과성이 있다고 제시하고 있다. 국내에서도 최근에 소아암, 백혈병, 희귀병 등을 위한 의학적 미술치료 사례연구가 나오고 있으며, 또한 미술치료가 환자들의 뇌기능, 뇌파의 변화에 어떠한 영향을 미치는지, 미술치료가 자율신경계에 어떠한 영향을 주는지에 대한 연구가 나오고 있다. 이러한 연구들은 여러 다양한 임상군을 대상으로 미술치료가 우리의 신체에 주는 영향을 과학적으로 밝히려고 시도하고 있다. 또한 미술치료가 스트레스와 분노 및 불안이 높은 대상들에게 생리적으로 어떠한 영향을 미치는지(팽은경, 2006), 색채치료에서 중요한 색채광을 적용해서 우리 인체의 혈압과 맥박에 어떠한 영향을 미치는지에 대한 연구가 나오고 있다(이동영, 2003). 이 모두가 미술치료의 미술매체와 색채가 신체 생리에 미치는 효과를 연구하고 있다. 또한 미술치료가 신체기능에 문제가 있거나 신체발달에 장애가 있을 경우 그 신체기능을 활성화하기 위해서 적용되며, 뇌기능과 자율신경계의 균형 및 발달을 위해서도 적용된다. 시지각 및 소근육 운동을 위한 감각 통합적 미술치료 그리고 발달적 미술치료도 신체기능을 촉진한다. 이러한 연구들이 과학적 미술치료의 도입을 위해서 미술치료의 사전, 사후의 치료적 변화를 좀 더 객관적으로 측정하기 위해 활발히 진행되고 있다.

본 장에서는 미술치료에서 미술매체가 중요한 치료 도구인 만큼 미술매체가 어떻게 우리의 신체에 긍정적인 영향을 미는지 그 치유적 차원에서 보완대체의학과 미술치료, 심신통합과 미술치료, 미술치료와 뇌, 자율신경계, 시지각 및 소근육 운동과 관계하여 살펴보고자 한다.

1) 보완대체의학과 미술치료

국제보건기구(WHO)에서는 건강에 대한 정의를 종래의 '건강의 상태는 육체적 · 정신적 · 사회적으로 건강함을 말한다'에서 '육체적, 정신적, 사회적으로 건강할 뿐만 아니라 영적으로도 건강해야 참으로 건강하다고 할 수 있다'고 새롭게 규정하였다. 육체적, 정신적, 심리적, 사회적인 부분만 아니라 영적인 건강까지도 아우르는 참 건강(Well Being)의 중요성이 부각됨과 동시에 이러한 역할을 맡게 될 대체의학이 의학자들에겐 연구의 대상으로, 전통적 의학에 한계를 느낀 환자들에겐 '확실한 실패보다는 불확실한 희망에 의존해 보려는 마음'에서의 관심으로 인해 그 중요성과 필요성이 전 세계적으로 고조되고 있다.

의학의 역사적 흐름은 21세기에 들어서면서 그 축이 종전의 '병 중심의 의학(Disease Oriented Medicine)'에서 '건강 중심의 의학(Health Oriented Medicine)'으로 옮겨지고 있다. '질병을 찾아내어 제거하려는 의학'에서 '웰빙(Well Being)을 추구하는 의학'으로 중심축이 옮겨지고 있다는 뜻이다. 참 건강을 달성하기 위한 수단으로서 각 문화권에 전래되어 오는 전통의학과 민간요법이 의료계 표면에 등장하게 되었고, 이들 전통의학과 민간요법을 통틀어 연구대상으로 삼는 의학이 보완대체의학(Complementary Alternative Medicine)이다(김선현, 2006).

보완대체의학의 주된 치료 대상은 불건강이며, 치료 목표는 '참 건강(Well Being)의 달성'이다. 대체의학은 이제 그 개념과 원리에서 뿐만 아니라 임상치료에서 부작용이 없거나 적은 전인적 치유가 가능함을 보여줌으로써 일반 의학계에서도 이러한 치료법을 채택하고 있으며 현대의학의 흐름에 새로운 방향을 제시하고 있다.

이처럼 대체의학의 치료법에는 식이요법, 생약요법, 자연요법, 운동치료, 예술치료 등 여러 가지가 있으며 이중 예술치료중의 하나인 미술치료는 스트레스 완화를 위한 심신의학으로서 갈수록 비중이 높아지고 있다.

심신의학치료법의 하나인 미술치료는 예방적인 효과뿐만 아니라 치료에 대해 자신이 컨트롤 할 수 있는 능력을 길러준다. 또한 심신이완 등을 통해 스트레스를 완화시키므로 정서 상태 및 신체 상태가 함께 개선되어짐을 볼 수 있다. 마음 상태와 면역의 상관관계는 치료효과에서 차이가 난다. 그 예로 환자의 마음이 안정될 경우 호흡수의 감소, 피부 전도력 감소, 뇌파상에 알파리듬 증가, 대뇌와 후뇌의 혈류증가, 다양한 호르몬 분비의 변화 등에 관한 많은 연구가 있다. 또한 감정을 잘 표현하는 환자의 경우 세포의 분열도 늦고, 림프구수도 훨씬 많았다는 보고가 있다. 예술창작활동을 통해 환자의 감정을 표현하고 심리적 안정을 취하는 것은 면역성 강화에 도움을 준다(김선현, 2006).

치유예술(Healing Art)이라는 의미에서 미술치료는 신체, 생리적 전반적인 기능을 향상시켜주어 고통을 감소시키며 극복할 수 있도록 도와주며, 스트레스를 감소시키며, 다양한 감정을 표현하도록 하여 심리적 방어나 어려움을 감소시키는 역할을 함으로써 대체의학에서의 심신의학의 한 분야로서 그 중요성이 부각되고 있다.

2) 심신통합과 미술치료

Geroge Engel(1970)은 현대의학이 건강과 질병에 대한 생각을 바꾸어야 된다고 주장하였다. 또한 건강은 많은 요인들이 상호 작용한 결과물이라는 생물–정신–사회학적 모델(bio-psycho–social model)을 제안하였다. 즉 건강은 유전자 요인 및 균, 바이러스 또는 오염물질을 포함한 환경적 요인과 스트레스, 삶의 방식, 태도 그리고 행동과 같은 정신적인 요인이 서로 지지하는 관계, 경제적 여유, 건강관리의 여유로움, 그리고 가족과 지역사회의 행동패턴과 같은 사회적 요인들 간의 상호작용에 의해 결정된다고 주장하였다. 우울, 화, 스트레스 등의 정서 상태에서 기인한 정신사회적 요인들이 직접적으로 생리적 기능과 건강에 영향을 준다는 것을 지난 수년간 나온 근거들이 뒷받침 하고 있다(김선현, 2006 재인용).

미국의 국립 대체의학 건강원(National Institute of Health Office of Alternative Medicine)에서는 인간의 통합적 측면을 중요하게 본 관점에서 미술치료 분야가 '정신–신체 중재'라고 선언하였다(National Institute of Health, 1994). 미술치료의 정신–신체 중재는 건강과 안녕을 자극하고 격려하는 방식으로 정신력을 증진시켜 신체에 영향을 미치기 위한 기법으로서 미술치료의 심신 개입의 중요성을 인정했으며, 또한 미술치료가 정신, 신체, 영적 건강에서 중요하다는 점을 인정하였다(김시욱, 2004 재인용).

Hauschka는 미술치료에 대해 '자아–유기체의 부조화를 통하여 나타나는 인간의 불균형적 상태를 미적 혹은 심리적 수단으로 조정하는 것이다'라고 하였다(정여주, 2003 재인용).

Devore(1998)는 미술치료란 창조적 과정을 활용하는 정신치료 또는 보조지료의 한 형태이며 예방적 치료방법이라고 정의하였고, Malchiodi(1998)는 미술창작은 의료적 처치의 보조수단이 될 수 있으며, 창조적 과정이 건강과 안녕에 중요하다고 하였다. Malchiodi(1999)는 이미지가 '신체와 마음의 사이, 혹은 정보 과정의 의식적 수준과 몸의 생리적 변화 사이를 잇는 다리'라고 말하고 있다. 또한 이 다리는 두 방향을 여행하는 구조적 수단을 제공해주는 것이고, 그래서 심상은 신체에서 정신으로, 또 정신에서 신체로 지각을 운반하는 그릇이다. 내부적(생리적) 감정을 표현하고 표출시키는 방법으로서, 이미지는 신체적인 감정을 생리적 기능의 조직과 이해의 증가를 가능하게 하는 구조적인 형태로 바꾸는 수단을 제공한다. 또한 이미지들은 신체를 마음에 연결시키는 방법일 뿐만 아니라 의식적 지각의 내재화를 통해 마음을 몸에 연결시키는 길이다. 생각만이 신경계의 활동에 영향력을 가진다고 설명되어 왔지만, 심상 역시 신체구조에 영향을 주고, 자율 신경계와 면역 체계를 활성화시킬 수 있다고 하였다. 심상은 좌절/무기력의 문제와 감정의 표현을 언급하는데 사용될 수 있으며, 그에 따라서 환자들의 생리적 과정에 긍정적으로 영향을 줄 수 있는 대처능력을 증가시키고, 심리사회적 스트레스를 감소시킬 수 있다. 심상은 환자 본인의 치료에 활동적 참여를 격려함으로써 환자의 통제감을 증가시키고, 따라서 환자들이 수동적이고 치료를 받아들이는데 무기력하게 남을 가능성을 감소시킨다고 하였다.

Rosner David와 Ilusorio(1995)는 환자들의 그림이 종종 병의 징후와 예후, 그리고 심각한 병에 대한 감정이나 신념과 결합된 이미지와 주제를 표현한다는 것을 발견했다. 이미지의 시각적 표현은 이미지의 주제의 구조를 규정짓고 강화하며, 신체적 과정을 반영하는 상징적 이미지간의 관계를 정교하게 만든다(Malchiodi, 1999 재인용).

신체적 질병의 심리적이고 신체적인 측면을 위한 미술치료의 사용은 여러 가지 이유로 확대되었다. 우리는 미술이 몸과 마음에 관한, 의식적이고 무의식적인, 강력한 메시지를 전달할 수 있다는 것을 알고 있다. 이미지를 제작하는 창조적인 과정은 심각한 질병과 싸우는 사람들에게 효과적인 치료이다. 그것은 사람들이 고통과 몸을 쇠약하게 하는 그 밖의 증상들과 대결하도록 도와 감정과 신체적 증상들의 정체를 밝히고 그들이 의학적 치료에 능동적으로 참여하게 한다. 또한 그림이나 다른 미술표현양식들은 증상이나 질병의 경과, 건강상의 중요한 변화를 표출할 수 있다(최재영, 김진연 역, 2001; 임정혁, 2004 재인용).

생명이 위협받는 조건의 사람들에 대한 미술 치료의 이점은 광범위하다. 어떤 환자들에게는 미술치료가 그들의 진단의 영향과 질병으로 인해 바뀐 그들의 삶에 순응하는 기회를 제공하기도 한다. 탈모, 체중감소, 피부 손상으로 인한 상처로 인한 신체 이미지의 변화에 관한 문제는 미술 치료를 통해 다루어져 왔다(Pratt & Wood, 1998).

미술치료의 중요한 이점은, 질병으로 인해 점점 그들의 독립심을 잃어가고 있는 사람들이 미술작업을 통해 수동적 역할에서 능동적 역할로 이동하는 기회를 얻는 것이다(Pratt & Wood, 1998). 심상과 미술치료만으로는 환자를 고칠 수는 없다. 그럼에도 불구하고 이 방법의 개입은 환자로 하여금 그의 치료에 더 참여하도록 느끼게 하며, 병과 관련된 스트레스에 더욱 잘 대처할 수 있도록 만들 수 있다. 말로는 표현하기 너무 두려운 감정들을 종이 위에 그림으로 쏟아 내거나 점토로 만든 괴물을 통해 직접적으로 언급할 수 없을 정도로 위협적인 환상을 표현할 수도 있다(Malchiodi, 1999).

독일의 Steiner는 인지학적 관점에서 창의적 존재인 인간은 사회적 관계, 자연과 우주적 세계구조와 연결되어 있고 이러한 세계의 한 부분이며, 세계 또한 인간의 한 부분이라는 통합적 입장이다(Mees-Christeller, 1988). Steiner는 미적원리에 입각한 전인적 인간 교육을 지향하면서 인간을 육체와 정신과 영혼으로 이루어진 통일체적 존재로 보았으며 창의성 연구를 통하여 예술이 지니는 통합적 관점을 중요시하였다(정여주, 2003 재인용).

인지학적 미술치료에서 미술치료 형태를 소묘와 그림과 조소활동으로 분류 개발하였다. 첫째, 선과 명암에 관계하는 소묘는 두뇌활동에 작용, 논리적 사고, 관찰력, 집중력을 기르고 감성에 치우치지 않도록 도우며 자연과 형태에 대한 깊이 있는 체험을 하며, 그림에 대한 즐거움과 세계를 새롭게 보는 것을 배우며, 자유로운 지성과 진리로 이끈다(진). 둘째, 점토활동에 속하는 조소는 하복부에 작용하여 신진대사와 의지력 개선에 도움을 주며 공간의식의 확장과 중용의 힘을 얻어 인간을 선하게 한다(선). 특히 점토작업에서 손과 손가락은 훌륭한 도구이며 신체의 접촉을 통해 에너지와 원기가 강화되며 신진대사에 활력을 얻게 된다. 셋째, 색으로 표현되는 그림은 가슴에 작용, 인간정서에 영향, 심장박동, 혈액순환에 도움을 준다. 특히 붓과 색과 물을 이용한 기법은 붓의 리듬과 물에 의한 색과 종이의 중재역할을 통해 심리적 이완과 자연스러운 호흡과 혈액순환에 훌륭한 효과를 주며 정화된 정서로 인해 아름다움을 맛보게 한다(미). 이러한 세 가지 형태의 예술은 건강하게 하는 방향으로 전환하기 위한 수단으로서 미술치료에 적용되며 미술치료를 통한 진선미를 추구하는 통일체적 인간을 목표로 한다(정여주, 2003 재인용).

오늘날 미술치료는 이와 같이 심신의 통합을 추구하며 신체적, 정신적, 사회적, 정서적 문제에 대해 전체적이고 통합적인 접근을 시도하면서 심신의 건강을 도모하고 있다. 다음은 구체적으로 미술치료가 뇌, 자율신경계, 시지각, 소근육 운동 등에 미치는 영향을 미술치료의 치유적 관점에서 알아보고자 한다.

3) 미술치료와 뇌

미술은 감각기관을 통하여 다른 사람들이 느끼지 못하던 것을 보고 그림으로 형상화하는 일이며 주변 환경에 있는 다양한 요소들을 어울리게 하여 새롭고 의미 있는 전체로 표현하는 과정이다.

미술이 인간의 뇌와 어떤 관련이 있으며 어떤 역할을 해왔는가 살펴보면 인간의 대뇌는 뇌의 대부분을 차지하며 뇌 전체의 80%를 차지한다. 일반적으로 뇌는 생후 9개월에서 뇌세포가 출생 시의 2배로 불어나고 만 3세가 되면 어른의 70~80%에 해당하는 수준까지 발달하다가 6세가 되면 어른의 90% 정도까지의 발달이 이루어진다(나은경, 2000).

뇌의 활동은 외계정보를 수용하고 저장하는 두정엽, 후두엽, 측두엽, 전두엽으로 나뉘어져 후두엽은 시각자극의 수용과 시각적 기억의 저장 등의 역할을 하고, 측두엽은 청각언어와 관련된 기능을 하며 두정엽은 체성감각과 피부, 운동감각, 촉지각을 담당한다(최종인, 1988). 특히 전두엽은 다른 동물에 없는 창조적 사고 · 의지 등을 담당하는 곳이다. 따라서 오 감각을 자극할 수 있는 미술치료활동은 운동, 지각, 이해, 판단 등 모든 것이 함께하는 활동이고 사물을 관찰하는 힘을 키워주거나 시각적 이미지를 구체화하는데 미술이 유용하다.

미술치료에서 미술매체와 미술작품을 통한 표현과정이 창조되면 그것은 촉각과 시감각, 지각 경로를 통해 확실하게 지각되며, 그런 다음 인지와 언어 경로를 통해 정서, 연상, 그리고 의미에 대해 처리된다. 이러한 활동들은 정보 처리과정의 다양한 운동, 체성감각, 시각, 정서적 그리고 인지적 측면을 포함하고 있고, 신경생리학적 과정과 뇌 구조의 활동이 그것을 담당하고 있다. 미술표현 과정은 미술치료와 미술치료 연구의 중요한 부분이라고 생각된다(Kaplan 1998, Malchiodi, 1998, McNiff, 1998). 몇몇 연구자들(Kaplan, 2000: Malchiodi, 2003; Menzen, 2001)은 미술치료 표현과 개입을 지지하는 기초적인 뇌구조와 기능에 대해 숙지하고 있는 것이 미술치료사들에게 필요하다고 지적하였다. Malchiodi(2003)에 의하면 미술치료는 마음-신체의 상호작용(mind-body interaction)이며, 그녀는 뇌 기능이 포함된 미술치료와 관련된 연구 즉 심상 형성, 정서 생리학, 애착이론과 프라시보 효과 등을 다루는 것에 관해 간단히 이론적 개관을 하였다.

미술치료는 다양한 수준의 복합적인 시각적 표현에 관여한다. 인간은 총체적 유기체로서 기능하며, 어떠한 상황에서도 뇌의 여러 작용과 영역이 활성화되고 연루된다. 미술치료에서 미술매체와의 상호작용은 다양한 지각 양상이나 자발적인 정서 표현, 혹은 둘 다로 인한 말초신경자극으로부터 처리될 수 있다. 미술매체를 통한 표현은 감각 통로와 운동신경 활동의 활성화와 같은 결정 사항이나 내적 심상이 연루되는 복합적인 인지적 활동으로부터 발원될 수 있다(Lusebrink, 1990).

좌우 반구에 대한 주요 기능은 미술치료사들에 의해 일반적으로 잘 알려져 있다. 좌측 반구는 분석적, 연속적 과정에 관여하는 반면, 우측 반구는 병렬식으로 직관적, 통합적인 과정을 주로 다룬다. 언어 정보는 주로 좌측 반구에서 처리되고, 또한 연속 동작의 통제에도 관여한다. 우측 반구의 기능에 관한 여러 학자들에 의한 정신생리학적 연구 결과를 보면 이는 시-지각 정보, 시각적 심상, 시각 기억 등을 주로 처리한다. 또한 이들 색채와 색조 간의 차이를 식별한다. 우측 반구는 좌 반구보다 더 쉽게 양상을 교차적으로 정보를 통합한다. 정상적으로 기능하는 사람들은 두 반구 모두 완전하게 활동을 하며, 심지어 그들의 기여가 변화무쌍할 때조차도 자체의 기능으로 서로 통합을 한다(Gazzaniga, Ivry, & Mangun, 2002). 최근의 문헌들은 뇌의 비대칭적 특성에 관해 다양한 측면을 탐색한 상당수의 연구들에 대해 언급하고 있다(Hughdahl & Davidson, 2003). 현재 논문에서는 시각 정보 처리과정에 대한 몇몇 연구들의 타당성을 언급하고 있다(Lusebrink, 2004 재인용).

인간의 신체는 훌륭하게 조율이 되어 있으며, 상호작용의 체계를 지닌 다수의 복합적인 유기체로서 외부와 내부 자극을 처리한다. 미술치료는 시각과 체성감각 정보에 주로 초점을 맞춘다. 그것은 이미지가 어떻게 그들의 표현이 정서적 경험을 반영하고, 정서적 경험이 어떻게 사고와 행동에 영향을 미치는지에 대한 것이다. 내면 이미지의 형성은 감각경로를 활성화 시킨다(Lusebrink & McGuigan, 1989). 이 이론은 미술치료 중재가 다음의 일반적 분야에서도 유익하다는 것을 제시하고 있다; (a) 신체적 결손의 재건과 재활(Kaplan, 2000; Menzen, 2001) (b) 정신적, 정서적, 신체적 치유의 촉진(Kaplan, 2000; Malchiodi, 1999a, 1999b) (c) 인지적, 정서적, 성장의 강화(Kaplan, 2000; Menzen, 2001; Rosal, 1992)이다.

다음의 논의는 미술치료 표현에 대한 사례와 뇌 구조와 기능이 연루되었을 가능성에 대해 몇 가지 기준과 함께 앞에서 말한 세 영역에서의 복잡한 단계의 중재를 제시하고 있다. 논의는 표현적 치료연속체(Expressive Therapies Continuum; ETC)의 발달 단계를 기초로 한 모델에 따라 제시되었다(Lusebrink, 1990,1991). 이 모델은 매체와 세 단계의 미술치료에서 창조되는 복합적인 표현과의 상호작용을 보여주고 있다. 첫 번째, 운동감각적/감각적(Kinesthetic/Sensory; K/S), 두 번째, 지각적/정서적(Perceptual/Affective; P/A), 세 번째 인지적/상징적(Cognitive/Symbolic; C/S)단계이다. 창조적 단계인 네 번째 단계는 다른 단계를 교차하는 것으로 개념화되어 있다. 잘 기능하는 사람에게는 이 모든 단계에서 쉽게 접근이 가능하지만 개인의 표현 스타일이나, 미술치료사의 태도에 따라 특별한 단계가 강조될 수 있다.

예술표현의 과정과 뇌 기능 간의 관계성에 대한 탐색은 DDS(Diagnostic Drawing Series)

(Cohen, Milles & Kijak, 1994; Mills, 2003)와 FEATS(Formal Element of Art Therapy Scale)와 같은, 시각 표현의 공식적 요인에 근거한 그림 평가로부터 도움을 얻을 수 있다(Gantt, 2001, Gantt & Tabone, 2003). 이러한 평가는 다양한 특정 집단으로 구성된 광범위한 연구에 의해 지지를 받으며, 이와 같이 뇌 작용과 예술표현이 관여된 작용간의 관계 탐색을 위해 이론에 기초한 자료를 제공하고 있다. 탐색을 위한 다른 영역은 정서와 관계된 뇌 기능과 Rhyne's(1983)의 연구에 기초한 그들 시각 표현간의 관계와 연관이 있다. 예술적 배경과 건강과 정신병리에서 시각 언어의 이해는 미술치료사들에게 예술 표현의 구조적, 기능적, 정서적 특질에 대한 통찰력 있는 평가를 제공한다. 뇌구조와 기능과 관련된 이들 특성에 대한 이해는 미술치료의 독특한 역할과 중요성을 치료, 치유, 성장의 영역에서 이론화시키는 출발점을 제공할 수 있다(Lusebrink, 2004 재인용).

국내에서도 이러한 미술치료와 뇌에 대한 관심이 고조되면서 다음과 같은 연구가 나오고 있어 여기에서 대표되는 몇편의 연구를 소개하고자 한다. 고두욱(2008)은 우뇌훈련을 통한 미술프로그램을 통해 치매 노인의 인지기능 저하를 개선하고, 치매예방에 긍정적인 효과를 가져오도록 하였다. 우뇌훈련을 위한 미술치료프로그램은 형태 인식력향상훈련, 오감훈련, 이완훈련으로 구성하였으며, 쉬운 주제와 다루기 쉬운 재료를 사용하였다. 또한 손을 직접 사용함으로써 소근육 운동과 함께 집중력을 향상시키며, 자아성취감과 정서적 이완을 촉진하였다. 우뇌훈련 미술프로그램 지도방안을 기반으로 하여 노인들에게 인지기능 향상과 더불어 자신의 내적, 외적 현실을 탐색하고, 노년기가 인생의 끝이 아니라 삶의 중요한 부분이라는 것을 인식하도록 하여 건강하고 만족스러운 삶을 살 수 있도록 하는데 도움이 되고자 하였다.

백경실(2008)은 미술치료가 치매노인의 뇌기능지수에 미치는 영향에 대해 연구를 하였다. 연구를 통해 치매노인의 뇌 활동 능력을 반영하는 β-wave의 변화와 뇌 각성도 판단의 SMR파의 활성도 수치를 통해 치매노인의 주의집중능력(ATQ)의 변화와 좌-우뇌 균형지수(CQ)의 유의미한 변화를 확인할 수 있었다. 연구결과에서 미술치료 전-후, 좌-우뇌 균형이 비대칭이었던 노인이 미술치료 이후 균형 상태로 바뀌어 그렇지 않은 대조군에 비해 미술치료가 감정의 안정화나 의사소통 의욕의 개선효과가 있음을 보여주었다. 뇌 지수 변화를 통해 미술치료가 치매의 호전 및 경감은 물론 치매 예방 차원에서도 아주 유용한 도구임을 확인하였다.

황은진(2008)은 장애아동 어머니에게 매체에 따른 만다라 기법을 활용하여 이완에 미치는 영향을 EEG에 나타나는 α파 및 β파의 변화량으로 측정하여 알아보았는데 뇌파 변화에 관한 단일사례연구를 통해 다음과 같은 결과를 제시하였다. 수채화물감과 색연필 모두 장애아동 어머니의 α파를 증가시켰으며, β파를 감소시켰고, 매체에 따른 만다라 기법은 장애아동 어머니의 이완에 효과가 있음을 알 수 있었다.

최상균(2005)은 치매로 진단된 노인을 대상으로 과거영상과 현대영상자료를 통해 회상을 자극할 때 뇌혈류에 어떠한 영향을 미치는지 뇌혈류진단기(TCD)를 통해 알아보았다. 실험은 치매노인들이 과거의 삶을 회상할 수 있는 '과거영상자극' 5분, 현재의 삶을 연상할 수 있는 '현대영상자극' 5분을 처치하고 사전, 사후 뇌혈류량을 비교 분석하였다. 연구결과 '현대영상자극'에서는 통계적으로 유의미한 변화가 없었으나 '과거영상자극'에서는 뇌혈류량이 증가하는 것으로 나타났다. 뇌세포의 활동량이 증가하면 뇌세포에 공급되는 뇌혈류량도 많아진다. 연구결과를 볼 때 치매노인들이 과거의 삶을 회상할 수 있는 매체나 기법을 활용하는 미술치료가 치매치료의 한 방법으로 적용할 수 있음이 확인되었다.

이와 같이 국내외 과학적인 미술치료에 대한 연구의 일환으로 미술치료의 표현활동과 작업과정이 뇌의 어떤 영역에 긍정적인 영향을 미치는지 계속적인 연구가 진행될 것이다. 또한 이러한 연구결과를 기초로 뇌에 이상성을 가진 임상군을 대상으로 미술치료프로그램이 적극적으로 개발되어 질 것으로 기대된다.

4) 미술치료와 자율신경계

사람의 신경계는 중추신경계와 말초신경계로 이루어져 있다. 중추신경계에는 뇌와 척수가 있으며 중추신경계와 몸의 각 부분을 연결하고 있는 말초신경계는 자율신경계와 체성신경계가 있다. 그 중 자율신경계는 우리의 의지에 따라 움직일 수 없는 내장기관에 분포되어 여러 가지 생리기능을 자율적으로 조절하는 신경계로 교감, 부교감 신경의 길항적 작용으로 생체의 움직임과 기능을 함묵적으로 만들어 주고 적절한 균형을 통해 생채의 항상성(homeostsis)을 유지하게 된다(장현갑, 1986).

또한 자율신경계는 정서 상태에 관여하며 정서가 유발되기 위해서는 일반적으로 주관적 경험과 자율신경계의 각성과 그러한 각성에 대한 인지적 해석이 모두 필수적이다. 공포나 분노 등은 뇌에 의해 각성을 일으키나 그 표출은 자율신경계에 의해서 나타난다. 운동과 지각을 받고 있는 뇌, 척수 신경계와 달리 감정과 행동과 밀접히 관련되어 생체의 여러 장기나 혈관의 운동, 피부의 선 분비작용을 지배하며 또 내분비나 대사에 큰 영향을 주고 있는 점에서 생체의 중요한 기능을 수행한다.

생체의 여러 장기 중에서 심장의 기능은 자율신경계를 평가하는 하나의 지표가 되며 심박수 변화는 외부조절과 내부조절에 영향을 받으며 외부조절은 자율신경계에 의한 조절, 내부조절은 호르몬 분비에 의해 조절된다. 자율신경계의 심박수 변화는 심전도 검사에 의해 심장의 기능을 측정할 수 있다(김시욱, 2004).

스트레스가 발생되면 자율신경계 특히 교감신경계 반응이 항진된다. 그 결과 심장 박동 수, 혈압, 호흡수가 증가하고 근육긴장, 피부전도 반응 증가, 피부온도 감소, 위장 운동의 저하, 뇌파 중 알파파의 감소, 베타파의 증가, 각종 신진 대사 활동 증가 등이 나타난다. 또한 이러한 스트레스는 근육의 긴장도를 높이고 이것이 지나치게 되면 근육의 통증, 자세의 불균형, 근력의 약화, 근육의 단축 등 여러 문제를 유발시키고, 적절히 관리되지 않으면 근막통증 증후군과 같은 의학적 문제를 유발하기도 하고 얼굴의 안색과 신체형상이 손상되는 문제를 유발한다(강두희, 1992).

최근 들어 미술치료가 자율신경계에 미치는 영향에 대한 연구의 관심이 고조되고 있다. 건강심리학 차원에서 볼 때 여러 심리적인 스트레스나 문제는 신체에 미치는 영향이 크며 이것은 질병으로 발전할 수 있음을 시사하고 있다. 미술치료 분야에서 심박수 연구를 한 Delude(1994)는 만다라 그리기에 대한 아동의 반응을 바이오피드백 장치를 이용하여 긴장이완과 스트레스 감소에 대한 효과를 주장하였다. 그 결과 만다라 그리기가 긴장이완에 유의미하다고 주장하였다(김시욱, 2004 재인용). 이에 미술치료의 표현을 통한 긴장이완과 불안감소가 우리의 신체 특히 자율신경계에 긍정적으로 영향을 미쳐 우리의 심신의 건강을 도모할 수 있다는 차원에서 그 치유적 요인을 밝히려는 연구가 시도되고 있어 대표되는 몇 편의 연구를 소개하고자 한다. 김시욱(2004)은 미술치료의 효과성을 검증하기 위해 그리기 중심 미술치료와 만들기 중심 미술치료를 정신병리 아동에게 적용하여 자율신경계의 주된 활동인 생체의 변화 즉 긴장이완, 스트레스에 대한 저항력, 교감 · 부교감의 활동, 자율신경계 조절에 대한 변화를 알아보았다. 연구의 측정장비는 (주)락싸(laxtha)에서 개발한 자율신경계 평가를 위해 사람의 뇌(CNS)와 심장(ANS)의 상태를 종합적으로 진단하는 CANS 3000(Central & Autonomic Nervous System Analyzer)을 사용하였다. 이에 따른 연구의 결과를 보면 그리기 중심 미술치료와 만들기 중심 미술치료가 정신병리 아동의 자율신경계 활동 변화에 효과가 있는 것으로 나타났다. 이러한 결론은 심박수(HRV) 감소와 교감(LF) 감소, 부교감(HF)을 증가시켜 생체의 긴장이완을 촉진하고 에너지의 저장 및 보존과정을 통해 평온 상태로 만들어 스트레스에 대한 저항력을 높이고 긍정적 감성으로 증진시키는 것이 자율신경계 활동의 변화를 통해 입증되었다는 것을 시사한다. 이것은 긴장이 많고 과다한 스트레스 상황에 있는 정신병리 아동에게 미술치료는 창조적 과정과 의사소통 과정을 통해 자신을 표출함으로써 생체의 긴장이완을 촉진하고 스트레스에 대한 저항력을 높이고 긍정적 감성을 증진시켜 생체의 항상성 유지에 효과가 있다는 것을 제시한다. 이외에도 이일우(2005)가 스트레스 개선을 위한 지시적 미술치료를 통해 유아의 자율신경계 변화에 미치는 영향에 대해서 연구하였고, 지옥진(2006)이 집단 미술치료가 정신지체 청소년의 자율신경계에 미치는 영향에 관해서 연구한 것들이 있다.

이채형(2006)은 만다라기법에서 다양한 매체(점토, 핑거페인팅, 파스텔, 한국화 매체)를 활용한 미술치료를 ADHD아동을 대상으로 실시하여, 이완의 효과 및 문제행동 변화를 알아보고자하였다. 전 회기에 걸쳐 (주)락싸(Laxtha)에서 개발한 심전도 측정 장비인 QECG-3(모델명: LXC 3203)과 오실로메트릭방식의 A&D 디지털 혈압계 UA-786을 사용하여 측정하였다. 미술치료 활동 전과 후의 자율신경의 변화량에 대해 F검증을 실시하였고, 직접관찰을 통해 문제행동빈도를 측정하여 비교하였다. 매체에 따른 이완의 효과에서는 모든 매체에서 심박수의 감소, 스트레스에 대한 대응능력을 알 수 있는 SDNN의 증가, 총파워, 교감 · 부교감의 활성, 수축기 · 이완기혈압의 감소가 나타났고, 점토를 제외한 모든 매체의 교감비율의 감소와 부교감비율의 증가를 보였다. 생체의 각성수준이 낮아져 긴장이완을 촉진하고 더욱 활력 있는 상태로 만들어 스트레스에 대한 대응능력을 증가시키는 변화를 가져왔으므로 생체의 이완반응의 변화가 나타났음을 알 수 있었다. 통계적으로는 점토의 수축기 혈압과 파스텔의 이완기 혈압에서 통계적으로 유의미한 경향성을 보였으며, 파스텔의 수축기 혈압에서도 유의미하게 감소되었다. 파스텔 매체를 사용했을 때 ADHD아동의 생리적 이완반응이 가장 잘되었음을 시사하고 모든 매체에서 문제행동의 감소에 효과가 있었다. 단 점토 매체에서는 심박수 감소, SDNN의 증가, 수축기 · 이완기 혈압의 감소, 교감과 부교감의 증가된 활동 변화를 통해 생체가 활성화 되었으나 교감 비율의 증가와 부교감 비율의 감소를 나타내 긴장이완의 반응의 결과는 나타나지 않았다. 자율신경계 조절에서 점토는 매체 탐색과 활용과정에서 다른 매체보다 더 많이 생체에너지가 활성화 될 수 있으며 내면의 공격적 에너지의 표출을 통한 생체의 흥분과 각성으로 인한 과정에서 교감비율이 증가하는 결과가 나타난 것으로 추측된다고 하였다.

따라서 다양한 매체를 활용한 미술치료가 자율신경계에 긍정적인 영향을 미쳐 긴장을 이완하고 불안을 감소시켜 스트레스에 대처할 수 있는 능력을 강화시키고, 심리, 사회, 정서적인 면뿐만 아니라 신체적인 면까지 효과를 미친다는 것은 미술치료의 치유요인이 매우 많다는 것을 시사한다. 앞으로 이에 대한 연구가 다방면으로 활발히 진행될 것으로 보여 매우 고무적이다.

5) 미술치료와 시지각

지각이란 감각기관을 통하여 입수된 정보를 조직하고 그 정보의 의미를 도출해내고 다시 그 정보를 활용하여 우리의 세계를 식별하고 판단작용을 하는 것을 의미한다(Gibson, 1969). 즉 여러 가지의 감각적 자극을 통하여 주위의 사물이나 관계를 인지하는 과정이며 인간의 행동에 있어서 가장 중요한 요소라고 할 수 있다. 지각은 경험과 학습을 통해서 발달한다.

Mussen, Cogner 및 Kagan(1969)은 경험과 학습을 통하여 발달해 가는 지각요소의 특징을 다음과 같이 밝히고 있다. 첫째, 지각의 특수화와 정확성으로 성숙함에 따라 자극들의 유사성과 차이점에 대한 지각이 정확해지며 특수해진다. 둘째, 어떤 독특한 특징들을 변별하는 지각이 발달한다. 셋째, 전체와 부분에 대한 지각이다. 아동들은 전체 지각을 먼저하고 부분 지각을 뒤에 발달하며, 점점 성숙해감에 따라 부분과 전체를 구분하여 전체로서의 모습과 부분적인 분석에 대한 지각이 이루어진다. 넷째, 장소의 방향 설정과 위치의 지각이다. 아동은 방향에 관심을 두지는 않는다. 그림을 주면 바른 방향으로 잡고, 보지 않고 손에 잡힌 방향 그대로 거꾸로 하거나 비스듬하게 쥐고 있으며, 문자를 가리키면 01과 10을 구별하지 못한다. 다섯째, 인식에 대한 정보의 양과 질에 대한 지각이다. 아동들은 정확하게 반응하기 위해 필요한 단서의 양과 질을 어른들보다 더 많이 요구하게 된다. 그러나 성장함에 따라 더 적은 정보나 단서만으로도 정확하게 반응하는 능력을 가지게 된다.

Werner는 지각학습의 단계를 3단계로 나누어 제시하였다. 1단계는 감각-운동 단계로서 주로 균형, 조작, 이동에 관한 학습이 행해지고, 그 결과 운동능력, 신체에 대한 의식, 피부감각, 근육운동감각, 평형감각 등이 발달하고 2단계는 지각단계로서 형, 위치, 방향, 공간관계에 대한 학습이 이루어지고 이에 대한 지각이 발달하며 지각-운동 통합능력도 이 단계에 발달한다. 3단계는 인지 또는 개념의 단계로서 추상화의 학습, 상징형성의 학습, 언어화의 학습이 이루어지고 이에 대한 능력이 발달한다고 하였다(박화문, 구본권, 1993 재인용).

시지각(visual perception)이란 시각적 자극을 이미 가지고 있는 선행 경험에 비추어 인식하고 변별하고 해석하는 기능으로, 단순히 눈으로 정확하게 보는 능력만이 아니라 두뇌작용으로 일어나는 시각적 자극의 해석능력까지를 포함하고 있다(양영미,2003). 여광응(1972)은 시지각 능력이 출생 시부터 이루어져 3.5세와 7.5세 사이에 급속도로 발달하며, 이 시기 동안 아동은 발달과 시지각 능력 획득 및 학습을 위한 운동능력이 가장 쉽게 훈련된다고 하였다. 대부분의 아동들은 큰 어려움 없이 시각적으로 지각한 사물에 주의 집중하여 사물의 세부적인 면과 차이점들에 대해 시각적 반응을 함으로써 학습을 위한 준비상태에 이른다.

그러나 발달장애아동들은 시지각에 문제를 나타내는데 김정(1986)은 장애아동의 조형활동

발달연구를 통하여 시지각 결함의 중요한 요인은 뇌와 눈과 손이 세 가지가 불협응을 이루는 것, 즉 눈과 손의 협응에서 큰 타격을 받기 때문이라고 지적을 하였다. 또한 시지각의 장애를 가진 아동은 대상을 인지하고 공간에서의 상호관계를 인지하는데 곤란을 가지며 그의 세계는 왜곡된 모습으로 지각되기 때문에 언제나 불안정하고 일상과제수행에 바르게 적응대처하지 못하며 특히 문자 등의 시지각적 기억에 대한 왜곡, 혼돈은 매우 곤란한 교과학습장애를 야기시키게 되므로 지각기능저하는 학습곤란의 주요 원인이 되며 그 중에서도 시지각 장애는 매우 큰 영향을 미친다고 한다(한정애, 1997).

시지각 발달이 지체된 정신지체 아동도 사물의 인지와 사물간의 관계지각 등에 어려움이 있기 때문에, 외부세계의 현상을 왜곡된 형태로 받아들여 학습을 성공적으로 할 수 있는 준비기능을 획득하는데 심각한 어려움을 겪고 있다.

Spivack와 Benton등은 정신지체아의 지각특성으로서 첫째, 시각과 청각의 곤란 둘째, 좌우 구별의 곤란 셋째, 신체상의 자극부위의 파악 곤란 넷째, 색 변별 곤란 다섯째, 복합자극 변별 곤란을 제시하면서 모호와 혼동이 명확한 특징이라고 하였다. 정신지체 아동은 Spivack와 Benton의 연구에서처럼 자극변별에 뒤떨어지며, 또한 주의가 산만하여 약한데다가 그 지속력 역시 약해 주의의 작은 자극에도 민감하게 반응한다는 특징을 갖는다고 할 수 있다(배성태, 2000 재인용).

그렇지만 Lowenfeld(1993)는 정신지체아의 미술표현 특성을 다음과 같이 제시하고 있다. 첫째, 성장속도는 느리지만 정상적인 성장패턴을 보여준다. 둘째, 단조롭고 원시적인 형태이지만 손의 기능은 뒤지지 않는다. 셋째, 형태나 주제의 고착적이고 반복적인 표현에 빠져있으며 실험적인 태도를 보여주지 못한다. 넷째, 지각활동연상에까지 확대된 에너지의 결여를 보여주는 빈약한 공간적 형태의 특징이 있다. 다섯째, 촉각적 형태의 경험에 치우치는 경향이 있다.

정신지체 아동은 국어나 산수와 같은 도구교과보다 미술과 학습에 흥미가 높고 지적인 교과학습과 미술과의 작업시간을 비교해보면 미술과 작업에 대한 흥미가 비교적 오래 지속되는 것을 볼 수가 있다. 그것은 미술활동이 타 교과에 비해 자기의 생각을 표현하거나, 여러 가지 재료를 손으로 만지면서 실제로 구체적 제작활동을 할 수 있기 때문이다. 또한 정신지체 아동에 있어서 미술활동의 의미는 미술활동 자체가 매우 자연스러운 활동이고 아동의 약점보다 장점에 근거하는 창작활동이기 때문에 정답을 요구하는 인지적 교과에 비해 좌절감을 덜 느끼게 하며(김동연, 1998), 근육발달과 공간지각, 개념발달, 자아발달에 매우 유용하다고 할 수 있다(지미숙, 1997).

이에 강혜경(2003)은 미술치료를 통한 정신지체아의 시지각 발달의 향상효과를 알아보기 위해 미술치료프로그램을 적용하였다. 자신의 표현수단으로 미술을 통한 상호작용을 높이게 하고 그 자신의 환경의 사건 혹은 자극들과의 사이에 관련을 맺도록 가르침으로써 사회성 향상 및 주의집중력을 신장시키는 시지각운동과 눈과 손의 협응력 향상을 위해 그리기, 색종이 접기, 색칠하기, 찰흙놀이, 퍼즐 맞추기, 꾸미기 등의 다양한 미술활동을 도입하였다.

앞에서는 정신지체아동의 시지각에 문제점을 제시하였다면 뇌성마비아동도 지각상의 장애를 갖고 있는 경우가 있다. 뇌성마비아동은 시지각, 청지각, 촉지각, 근육운동 지각, 형태지각 장애등을 들 수 있는데 이러한 각 지각들은 상호 밀접한 관련을 갖는 기능들이다. 이중에서 가장 일반적인 장애는 시지각 장애이며, Cruickshank(1996)등의 연구자들이 독자적인 방법이나 표준화된 검사도구를 사용하여 실시한 연구결과, 정상 아동에 비해 미발달 또는 장애가 있다고 하였다. 즉 뇌성마비아동은 정상아동에 비해서 선이나 도형을 지각하는 능력, 또는 전체와 부분과의 관계를 추상하여 공간에서 동일한 도형으로 표현하는 능력 등이 적다는 것이다. 이와 같은 뇌성마비 아동의 시지각에 관한 연구를 살펴보면 도형이나 사물 등을 인지, 변별하는 것을 과제로 하고 지각뿐만 아니라 운동도 포함된 과제와 시각적으로 지각되는 대상을 운동이라는 수단을 통해서 재생시키려고 하고 있다. 남정현(1997)은 소조활동프로그램이 뇌성마비아동의 시각-운동 기능 향상에 미치는 효과연구에서 지각과 시각발달 기능 및 눈, 손 협응 기능과 소근육 운동 기능향상에 효과적이었음을 제시하고 있지만, 뇌성마비아동은 호기심이나 동기가 적기 때문에 협동조형이나 소조활동이라는 한 가지보다는 여러 기법을 사용하는 미술활동이 좀 더 시지각을 발달시키는데 도움을 줄 수 있다고 하였다.

따라서 시시각발달이 지체되거나 결함이 있을 때 시지각 향상 미술치료프로그램을 통해 즉 색종이 오리고 자르기, 붙이기, 색칠하기, 꾸미기 활동, 꼴라쥬와 점, 선, 면, 형, 색채 등의 조형요소를 적용한 기초 조형활동 등에 의해 시지각발달이 촉진될 수 있음을 알 수 있다. 앞으로 미술매체를 통한 미술치료가 시지각 발달에 긍정적인 효과를 주는데 좀 더 전문적으로 시지각 발달을 위한 미술치료프로그램이 다양한 임상군을 대상으로 적극적으로 개발되어져야 할 것이다.

6) 미술치료와 소근육 운동

소근육 운동은 눈과 손의 협응, 두 손 사용의 협응, 사물의 조작력, 그리고 손가락의 민첩성과 힘의 4가지 주요 요소들로 구성되어 있다(조윤경, 1991). 인간에게 있어 적응력과 창조적이고 정서적인 표현의 기술 및 일상생활에서의 독립성과 밀접한 관계가 있는 손의 기능은 소근육 발달이 요구되는 것으로 일상생활, 즉 식사, 착탈의, 배변, 세면, 학습 등과도 깊은 관계가 있다. 소근육에 장애가 있는 경우에는 일상생활에서 많은 어려움을 겪게 되며 사물을 조작하거나 문자를 쓸 때에도 장애를 일으키게 된다. 이러한 소근육 발달은 눈과의 협응을 통해 손동작의 정확성이 요구되는 과제, 즉 반복적인 조작행동을 수행하는데 시각과 손의 발달 정보가 효율적으로 적응하여 움직이는 능력이다(홍재란, 2001).

소근육 운동은 몸의 전체를 움직여 큰 운동을 하는 대근육 운동과는 달리 몸의 상지, 특히 손과 손가락을 사용하는 작은 운동을 말한다(조윤경, 1991). 소근육 운동 능력은 태어나면서부터 시작된다고 볼 수 있다. 단순하고 기초적인 소근육 운동기능은 유아기 때 많이 발달되어 아동기에는 운동기능의 내용면에서 속도와 정확성 등이 더욱 발달되어 새롭고 복잡한 운동기술을 학습하게 되는 것이다(김미수, 2002). 이들이 조화를 이룰 때 아동은 환경과의 관계에서 적절한 손기능 운동의 계획을 짤 수 있다.

소근육 운동은 잡기, 쥐기, 놓기, 돌리기 등 손이나 손가락 운동을 중심으로 단순한 움직임부터 손, 손가락으로서의 기능과 도구의 조각단계까지 발전시킨다(김미수, 2002). 즉 손동작의 발달은 목과 눈의 움직임으로부터 증진되고, 어깨와 팔꿈치와 손목, 손가락으로 이전의 움직임과 겹치며 진행되다가 맨 나중에 손가락의 조작이 발달하게 된다.

미술표현은 소근육 운동과 연관성이 깊은 손과 눈을 주로 사용하는 활동이므로 소근육 운동과제와 이를 활용한 그리기 활동프로그램의 적용이 성공적으로 수행된다면 장애아동의 손과 눈의 협응 발달로 그림 표현 신장에 효과가 있을 것임을 시사해 준다(최승영, 1996).

자르기, 바르기, 따라 그리기, 색칠하기, 모방하기, 블럭 쌓기 같은 미세한 운동 협응을 포함하는 활동은 모두 훌륭한 작은 근육운동 훈련이 되며, '따라가며 색칠하기'에서 색칠되어야 할 면적이 작아지고 보다 복잡해질수록 아동의 색칠하는 정확도는 점차 커져간다고 했다(여광웅, 1995). 그림을 그리고 색을 칠하며 찰흙으로 무엇인가를 만들므로 언어가 배제된 상태에서 사물의 감각을 익히며 그에 따라 언어가 수반되면 사물이 가지는 개념을 형성하게 된다. 또한 칠하고, 찰흙을 만지면서 손을 사용하여 힘을 기르고 손가락을 효율적으로 사용하는 법과 손목을 조절하는 법을 익힌다. 적절히 작업할 수 있도록 종이와 물감을 조절하게 되는 것을 알게 되고 정리정돈도 학습되며 주의집중시간이 늘어나는 등의 시간 지속성에 대한 것도 익히게 된다. 기술적인 면 이외에도 시지각력을 증진시켜 사물의 변화에 민감하게 되므로 쓰기를 위한 학습의 기초능력을 키운다.

소근육 발달 기능을 증진시키기 위한 전반적인 교육과정은 쉽고 익숙한 활동에서부터 시작해 점진적으로 복잡한 활동으로 발전시켜야 하며 눈과 손의 협응이 그다지 많이 요구되지 않은 활동으로는 핑거페인팅, 점토놀이, 블록 쌓기 등이 있고 상당한 수준의 눈과 손의 협응 능력을 필요로 하는 활동으로 구슬 꿰기, 종이 접기, 점선 따라 긋기 등이 있으며 능숙한 손가락 놀림과 눈과 손의 협응을 상당히 요하는 활동으로는 가위질, 실뜨기 등 다양한 방법으로 손의 교차성과 협응력을 향상시켜 나갈 수 있다(한기정, 1976).

김재은(2000)은 종이조형 활동의 교육적 심리적 효과에 대한 글에서, 접기와 장애인의 치료에 대해 종이접기가 손끝으로 할 수 있는 작업을 통해 손끝의 정교한 감지력과 손의 기능을 향상시킬 수 있다고 하였다. 이희연(2003)은 미술치료프로그램이 특수학급아동의 소근육 발달에 미치는 효과에 대한 연구에서 소근육 발달 조정력 향상을 위한 학습전략 중 종이접기가 아동의 소근육에 효과적이라 하였다. 김미수(2002)는 미술활동이 경도정신지체 아동의 소근육 운동 능력과 시지각 발달에 미치는 효과에서 미술활동 중에 종이접기 활동을 실시하였으며, 자르기, 풀칠하기, 붙이기 등 종이접기 활동을 병행하여 도구를 다루는 요령과 경험을 통한 기능 습득을 도모하여 소근육 운동에 긍정적인 효과가 있었다고 하였다.

미술치료의 모든 작업 활동이 손과 눈의 협응능력을 통해 이루어지고 어떤 활동이든지 손을 사용하지 않은 것이 없기 때문에 장애아동뿐만 아니라 손의 사용에 장애가 있는 성인이나 노인들에게도 다양한 미술매체를 활용한 소근육 활동을 제공할 수가 있다. 단지 손의 기능을 활성화하는 작업을 한다면 흥미가 감소할 수 있겠으나, 창조적이고 자발적인 미술작업 활동을 통한 소근육 운동은 인지적, 시각적 발달뿐만 아니라 성취감과 자신감을 주기 때문에 여러 면으로 치유적이라고 볼 수 있다.

7. 매체를 통한 촉진과 통제

미술치료사들은 다양한 미술활동매체들을 사용할 수 있다. 미술치료시간의 구성 및 다른 요소들에 따라서 그 매체는 목적에 부합되도록 선택한다. 미술과제는 자유연상이나 가족 혹은 집단 간의 의사소통의 매개체이므로 파스텔이나 크레용, 붓 등의 비교적 간편한 매체가 적절할 것이다. 장애인이나 유아, 노인 등에게는 쉽게 제작할 수 있는 도구들을 사용하면 좋을 것이다.

매체의 선택에서 두 가지 중요하게 고려할 점은 크게 촉진과 통제이다. 내담자의 자발성을 촉진하기 위해서는 충분한 작업공간과 아울러 다양한 색상과 충분한 크기의 종이와 점토 등이 제공되어야 한다. 너무 많은 양의 도구는 사람을 질리게 할 수 있다. 이 점에서는 환자 또는 내담자에 따라 서로 다르므로 미술치료사는 개인의 욕구에 민감하게 반응할 줄 알아야 한다. 특히, 쉽게 찢어지는 신문지나 잘 부서지는 분필과 같은 좌절을 유발시키는 재료들은 고려되어야 한다(한국미술치료학회, 1995).

낱낱으로 된 매체가 그렇지 않은 매체보다는 다루기가 용이하다. 연필은 조작하기에 보다 쉽지만, 물감이나 점토는 조작에 있어서 기술적인 문제가 있다. 물감을 마구 칠하는 것과 같은 행동은 심하게 억압되어 있는 환자에게 활기를 불어 넣을 수도 있을 것이고, 아니면 아주 겁에 질리게 할 수도 있다. 때때로 미술 매체를 바꿔 주는 것이 타성에 빠져 있는 환자를 촉진시켜줄 수 있다. 미술매체들의 특성에 따라 어떤 효과를 낼 수 있느냐를 고려하여 선택해야 한다(Wadeson, 1980). 〈그림 2-20〉은 미술매체의 특성을 그림으로 나타낸 것이다. 오른쪽의 자료가 통제를 높게 하는 매체이고 왼쪽으로 갈수록 통제의 정도가 낮은 매체이다(한국미술치료학회, 1995).

〈그림 2-20〉 미술매체의 특성(Landgarten, 1987)

미술 매체별 특징을 통제의 높고 낮은 매체로 나눈 것(Landgarten, 1987)으로 봐서 매체가 정서적인 반응의 특성을 가진다고 볼 수 있다. 미술매체별 특징에 따라 통제에 영향을 주는 것과 촉진을 통해 감정을 이완시키는 매체로도 볼 수 있다. 통제의 정도가 낮은 매체는 치료 초기에 감정을 이완하고 친밀감을 조성하고 미술치료사와 신뢰관계를 맺는데 용이할 것이다. 통제성이 높은 매체는 정교함, 세밀함, 작업성 및 집중력을 요구하기 때문에 어느 정도 미술치료가 진행된 다음 적용하는 것이 바람직할 것이다. 그러나 그림발달수준에 따라 통제성이 높은 재료가 통제성이 낮은 재료가 될 수 있으며 반대로 통제성이 낮은 매체가 통제성이 높은 매체가 될 수가 있다.

예를 들어 전도식기에 속한 5세 된 아동은 8절지 도화지에 크레파스로 '엄마'나 '아빠'를 크게 스케치한다. 그러나 대상을 크레파스로 칠하고 바탕까지 색을 칠한다는 것은 아동의 발달수준에서 어렵다. 아동입장에서 볼 때 상당한 에너지와 집중력이 요구된다. 또 이 시기에 아동들은 주로 선화이기 때문에 채색에 별로 관심이 없다. 이것을 무리하게 시행할 경우 아동은 부담감이 커서 그림에 대한 흥미를 잃을지도 모른다. 이때 3~4가지의 기본색을 중심으로 컵에 그림물감을 묽게 풀어 20호 이상되는 큰 붓으로 바탕색을 칠하라고 하면 아동은 신이 나서 여러 장의 그림을 더 그리고 싶어할 것이다. 이 때 그림물감은 아동의 사고, 감정 및 행동을 촉진한다. 이제 난화기를 막 벗어난 아동은 마구 색칠하는 것에 신이 날 것이며, 크레파스와 물감이 서로 섞이지가 않아 아동의 그리는 욕구도 충족시켜 줄 것이다. 다음은 이것과는 반대의 실례를 들어보겠다.

또래 집단기에 속한 초등 4학년 아동은 실제적으로 그림발달단계가 사실기에 들어간다. 주로 연필로 대상을 사실적으로 묘사한 그림에 그림물감으로 채색하라고 하면 앞서 5세 아동과는 달리 상당한 통제성을 경험할 것이다. 학교 운동장에서 나무나 꽃 또는 풍경을 4B연필로 스케치하고 그 스케치한 한 것을 그림물감으로 채색할 경우, 수채화 붓으로 물감의 특성을 잘 살려서 명암을 넣어야 될 뿐만 아니라 물과 물감의 조절과 배합을 잘해야 한다. 이 때 물감은 5세 아동이 다룬 것과는 달리 상당한 집중력과 조심성 및 기술을 요구하기 때문에 통제적이라고 볼 수 있다.

주리애(2000)는 평가에 있어서 그림의 형식이란 객관적인 기술이 가능한 부분이고, 그림의 내용은 주관적 느낌과 통찰을 요구하는 부분이라고 했는데, 그림의 형식은 공간사용정도, 화면에서의 위치, 미술재료의 선택, 중요 대상의 크기, 필압, 선의 성질, 글씨 써넣기 등을 포함한다. 여기 미술재료의 선택에 있어서 미술재료는 어떤 것을 선택하는가? 그리고 특정 재료에 왜 고집하는가?를 살펴본다. 일부 환자들은 재료사용의 선택권을 부여받으면 특정한 재료만 고집하는 경우가 있다. 이러한 이유는 재료가 갖는 통제성, 용이성, 유동성, 촉감, 친숙함과 연관된다.

대체로 친밀하게 생각하는 재료는 연필, 지우개, 크레파스와 색연필 등이고 그림을 그리는 사람은 자신이 많이 사용한 재료를 더 친숙하게 여길 수 있다. 통제하기 쉬운 재료는 연필, 지우개, 색연필, 마커, 크레파스 등의 순서이고, 통제하기 어려운 재료는 유동성이 있는 물감, 파스텔 같은 재료이다. 통제하기 쉬운 재료를 선택하는 환자들은 의식적이거나 무의식적으로 통제에 대한 강한 욕구를 지니고 있으며, 조심성이 있거나 억제적 경향을 지니고 있다. 환자가 자기 내부로 함입한 경우에도 통제하기 쉬운 재료를 쓰는 경향이 있고, 내면적인 유약성을 만회하기 위한 보상행위로 통제하기 쉬운 재료를 선호하기도 한다고 하였다(주리애, 2000).

한편 매체의 촉진과 통제는 또 여러 가지 방법으로 치료임상에서 운영된다. 조금 산만하고 충동적이고 공격적인 아동이 미술치료실에 들어왔을 경우, 그 아동의 집중력을 향상시키기 위해서 약간의 통제적인 미술치료활동을 구성하고 어느 정도 아동이 그 통제적인 과업을 수행했을 경우에는 아동이 좋아하는 촉진적이고도 자유스러운 미술치료활동을 행동 강화제로 계획할 수가 있다. 그렇게 하기 위해서 미술치료사는 아동과 치료가 시작되기 전에 충분한 대화로 협상을 해야 할 것이다.

이렇게 한 가지 매체가 미술치료의 주제에 의해 그리고 대상 및 상황에 따라 촉진적 또는 통제적인 매체가 될 수가 있다. 미술치료사는 이런 점을 고려하여 치료 임상에서 매체의 특성을 치료적으로 잘 운영할 줄 알아야 할 것이며, 이에 대한 실례를 미술치료사례를 통해 더 구체적으로 살펴보고자 한다. 또한 4장 각 미술매체의 종류 편에서 미술매체의 치유적 장점 및 단점을 기술하면서 어느 매체가 촉진적이고 이완적인가 또는 통제적이고 제한적인가에 대해서도 논의를 할 것이다.

1) 매체를 통한 촉진 및 사례 적용

매체를 통해 치료를 촉진하는 경우는 특히 사회성이 부족하고 위축되고 말이 없고 표현 자체를 거부하고 긴장되어 있거나 불안하고 방어가 심한 내담자에게 적용하는 경우가 많다. 미술매체를 통해 주로 치료를 촉진할 때는 크게 다음과 같이 구분한다. 첫째, 치료의 첫 만남에서 긴장과 불안으로 경직되어 있는 내담자에게 난화기 수준의 가벼운 낙서는 감정을 이완시키고 긴장감을 감소시킨다. 이것은 아동, 청소년과 성인 모두에게 해당되며 미술치료를 촉진한다. 둘째, 치료에서 언어적인 방어가 심할 때, 자신을 잘 노출을 안 하고 문제의 핵심을 회피한 채 지적인 사고나 추상적인 사고로 또는 일반화 기제로 방어가 있을 경우는 그림을 통해 먼저 자유스럽게 표현하도록 한다. 미술치료실에 오는 사람들은 감정을 언어로 표현하는 것에 익숙하지가 않다. 이렇게 감정을 억압하니까 때때로 여러 가지 신체화 증상도 동반된다. 치료에 저항하는 내담자에게 매체를 통한 미술치료활동을 적용하면 때로는 치료가 촉진적으로 진행된다. 셋째, 치료자와 전혀 언어로 의사소통할 수가 없다. 눈 마주침도 안 되고 무언가를 표현하려면 안면이 홍조되고 목까지 빨개지며 손에는 땀이 나고 심지어 음성, 행동 틱 장애까지 보인다. 이러한 내담자들을 편안하게 치료에 이끌기 위해 비언어적 의사소통인 그림을 통한 대화를 시도한다. 넷째, 자신이 받은 고통과 상처가 너무 심해서 도저히 말로 표현하기에는 감정이 벅차서 표현하지 못할 경우에도 먼저 일차적으로 그림을 통해 감정을 표현하고 이차적으로 언어로 감정을 표현하게 하면 감정이 많이 순화되고 자신의 감정에 대해서 객관적으로 관찰할 수가 있다. 다섯째, 감정에 대한 직면을 두려워하는 내담자가 있다. 치료에서는 어느 정도 감정을 직면해야 치료가 깊이가 있으며 새로운 전환점을 맞아 치료가 진척이 되지만, 감정을 직면할 경우 상당한 긴장감을 초래한다. 직면을 회피하려는 내담자에게 그림을 통해 감정을 좀 더 편안하게 직면할 수가 있다.

이렇게 매체를 통해 치료를 촉진하는 사례는 일일이 열거하기가 어려울 정도로 많다. 미술치료 작업을 통해 신체에너지가 촉진되고 자발성, 집중력, 생산성, 창조성 등의 긍정적 에너지가 나오는 것 자체가 치유적이면서도 촉진적이다. 증상자체가 호전된다는 것도 촉진적인 의미일 것이다. 미술치료에서 매체를 통해 어떻게 표현이 촉진되고 증상이 완화되는지를 구체적인 사례를 통해 살펴보겠다.

6세 된 남자아동이 유치원에서 위축되고 친구들이 거의 없고 친구들이 공격 해와도 자기방어를 못하고 특히 낯선 환경에 매우 불안하다는 것이 보호자의 주 호소였다. 첫 면담을 하기 위해 대기실에서 아동을 보았는데 불안하고 낯설어서 어찌할 줄을 몰라 몸을 비비꼬면서 엄마 몸 뒤에 몸을 숨기고 있었다. KEDI-WISC III검사에서 전체 지능이 86 나왔는데 언어성 지능이 동작성 지능보다 좀 떨어졌다. 전체 지능이 86정도면 정상에서 10점 이상이 떨어지고 거의 경계선에 가까웠다.

첫 면담에서는 어떠한 활동도 두려워 잘 수행하지를 못하는 아동을 보고 혹시 전반적으로 발달이 지체되는 발달장애아동이 아닌가를 의심하기도 하였다. K-HTP 검사를 하였는데 집과 나무는 겨우 그렸는데 사람그림에서 너무 불안해서 작업을 수행하지 못하였기 때문에 첫날에는 새로운 매체인 색 모래그림으로 아동의 감정을 이완시키는 정도로 미술치료를 마쳤다. 둘째 날에도 여러 색의 모래로 바다 속 물고기들을 표현하면서 감정을 이완하고 아동의 흥미를 유발하였다. 모래의 감촉이 아주 부드러워서 편안함을 주웠다. 셋째 날에도 모래로 그림을 자유롭게 그렸는데 무지개였다. 〈그림 2-22〉의 무지개를 보면 아동이 아무리 자유롭게 그림을 그리려고 해도 아동이 갖고 있는 기본적인 틀과 형식을 벗어나지 못한 것 같다. 미술치료사가 아동의 위축, 긴장과 불안을 완화시켜 주기 위해 미술치료 초기에 비정형적인 매체활동인 젖은 점토, 모래그림, 핑거 페인팅, 낙서, 도장 찍기 등을 제시하면, 솔직히 아동은 흥미를 보이지 않고 아주 구조적인 활동을 선택하였다. 통제성이 강한 활동을 주로 선택하였다. 〈그림 2-23〉을 보면 곡식으로 아동이 얼마나 통제적으로 조심성 있게 집중해서 작업하였는가를 보여주고, 〈그림 2-24〉의 '만다라 문양 칠하기'도 상당히 집중력을 요구하는 통제적인 활동인데 아동은 이러한 활동을 선호하였다.

아동이 이렇듯 구조적이고 통제적이고 어떤 틀이 갖추어진 작업 활동을 좋아하는 것은 거의 무의식적인 아동의 강박적인 행동증상이라고 볼 수 있다. 어떠한 틀 안에 있어야 아동은 편안한 것이다. 이러한 원인에는 우울하고 불안한 어머니의 지배적인 양육태도가 있기 때문이다. 일상생활에서 항상 아동에게 어떠한 규칙과 통제를 강요하였고 남편에 대한 불만을 아동에게 투사하여 아동을 더욱 엄격하게 통제하였다. 어머니의 신경이 날카로우니까 아동을 아주 꼼짝 못하게 만들었다. 그래서 아동은 늘 불안하고 쫓기는 것 같고 미술치료사에게도 혼날 것 같은 두려움이 있었다. 후에 아동과 아주 친해졌을 때 아동은 미술치료사에게 "선생님이 너무 무섭고 혼낼 것 같아 처음에 사람그림을 못 그렸던 거에요" 하고 이야기 해주었다. 첫 면접에서 K-HTP 검사의 사람그림을 거부한 것이 충분히 이해가 됐다. 특히 인물화는 집과 나무에 비해 어렵기 때문에 위축된 내담자들이 저항을 하는 경우가 많다. 또 아동은 "난 이 세상에서 손바닥과 주먹이 얼마나 무서운지 몰라요" 하면서 커다란 손바닥과 주먹이 하늘에서 날라올 경우 정말 무섭다고 하였다. 그동안 어머니에게 체벌까지 당한 아동의 고통이 정말 아프게 느껴졌다. 물론 어머니는 그러한 사실을 인정하고 상당히 아동에 대한 죄책감을 갖고 있었기 때문에 갈수록 더 우울하였고, 한 번씩 그것을 보상하기 위해 아동에게 지나치게 잘 해주었기 때문에 양육에 일관성이 없었다.

미술치료 중기에 이러한 아동의 긴장감을 완화시켜 주기 위해 의도적으로 촉진적인 매체를 갖고 놀이중심의 미술치료활동을 전개하였다. 비누거품놀이를 하든지 아니면 면도용 비누 거품을 짜서 물감을 풀어 신나게 낙서하든지 또는 핑거페인팅의 활동을 통해 노래도 하고 박수도 치고 소리도 지르면서 아동의 활동을 촉진하였다. 미술치료사와 함께 구술놀이도 하고 그 구슬을 그림물감에 묻혀 도화지 위에 굴리면서 여러 가지 표현도 하여 보았다〈그림 2-25〉. 점점 아동의 얼굴이 밝아지고 목소리도 커지고 위축된 행동이 풀리면서 그 또래에 맞게 개구쟁이가 되어갔다. 미술치료실에 와서 이제 눈치도 안보고 마음껏 작업 활동을 하면서 아동은 생기를 갖게 되었는데 어머니 말에 의하면 미술치료실 가는 날을 너무 손꼽아 기다린다고 하였다.

여기서 주목할 것은 미술치료를 통해 아동이 또래들에 비해서 회화적인 예술 감각이 아주 훌륭하다는 것을 발견하였다. 중기에 긴장을 완화하는 촉진적인 활동을 하고 난 다음 아동이 어느 정도 위축된 증상이 회복되고 안정되었을 때 치료종결부분에서는 자신이 하고 싶고 만들고 싶어하는 활동을 하게 하였다. 석고 가면도 재미있게 '졸라맨'과 '스파이더맨'을 만들었다〈그림 2-26〉. 〈그림 2-27〉에서 축하 케이크를 만들었는데 보면 아동의 예술적 재능과 작업발달수준이 또래에 비해 높다는 것을 감지할 수 있었다.

사실 아동의 지능검사도 초기에는 거의 검사를 받을 수 없을 정도로 아동이 위축되어 검사 불능이었고, 두 번째 겨우 실시한 검사였기 때문에 전체 지능지수가 아주 낮게 나왔던 것이다. 긴장이 완화된 상태에서 지능검사를 하였더라면 아마 또래들보다 지능이 더 높게 나올 것으로 추정된다. 가정에서 수학학습지를 하는데 학습지 선생님이 또래들보다 학업이 우수하다고 하였다. 그동안 아동이 갖고 있던 전반적인 발달 능력이 어머니의 통제와 간섭으로 억압되었지만, 미술치료의 촉진적인 매체환경을 통해 아동의 증상이 완화되고 일상에서 아동의 여러 잠재능력이 나타났던 것이다. 미술치료를 종료하고 1년 후에 너무나 미술치료실에 오고 싶어 해서 추후 지도할 겸 미술치료실에 어머니와 함께 내원하게 되었다. 아동은 훨씬 성숙되어 있으며 유치원에 잘 적응하고 학교 갈 준비를 하고 있었다. 〈그림 2-28〉의 인형작품에서 나타나는 것은 그동안 작품에 대한 창조성과 예술성이 더 증가하였다는 것을 보여준다. 아동의 주요 미술치료과정에 대해 〈표 2-5〉에 제시되어 있다.

위의 사례의 경우와 같이 지나치게 통제적인 작업을 선호하는 것이 아동이 갖고 있는 문제행동이었다면, 매체의 촉진을 통해 아동의 불안한 작업의 틀을 완화하여 자유롭게 함으로써 아동의 통제성이 좀 더 융통성을 갖게 되었다. 즉 작업의 정교성과 완성도를 높이는 집중력으로 변화되었다는 것이 상당히 고무적인 치료적 결과를 가져왔다. 통제성이 부정적으로 작용하면 위축, 긴장, 경직성, 강박과 불안과 같은 증상을 초래하지만, 긍정적으로 작용하면 집중력과 지구력, 신중함, 융통성 및 성취력으로 아주 좋은 장점으로 작용할 수가 있다. 미술치료를 통해 아동은 기본적으로 자신이 갖고 있는 통제성을 완화함으로써 좋은 능력과 태도를 긍정적으로 살릴 수가 있었으며, 결국 미술치료에서 매체를 통해 통제와 촉진의 기능을 잘 통합하였다고 본다.

〈표 2-5〉 미술매체를 통해 촉진된 미술치료사례

회기	작 품	매체에 나타난 내담자의 반응 및 치료과정
치료 초기 1	 〈그림 2-21〉 쌍둥이 집	• 집을 그렸는데 '쌍둥이 집'을 그렸다. 왜 집이 쌍둥이냐고 물어보니 아빠와 엄마 집이라고 하였다. 너는 어디에 사느냐 하니까 첫 번째 분홍색인 엄마 집에 산다고 하였다. 왜 엄마와 아빠가 따로 사냐고 하니까 대답을 안 하고 표정이 어두워진다. • 부모의 잦은 싸움과 불화, 이혼 위기, 별거 등이 이러한 그림을 그리게 하지 않았을까 조심스럽게 추정해 본다. 엄마 집의 문이 검정색인 것이 주목할 만하다. 아동은 각각의 부모와는 관계가 좋다. 〈쌍둥이 집이 아동의 문제를 시사〉

치료 초기 2	 〈그림 2-22〉 무지개	• 치료 초기에 너무 긴장을 하고 경직되어 있고, 눈 치를 보며 목소리도 너무 작고 위축되어 있어, 계속 색 모래를 서로 부드럽게 만지면서 '바다 속 물고기', '과일' 등을 그렸다. • 아동은 불안해서 그런지 일련의 그림에서 어떤 정형적인 틀이 있었다. 쌍둥이 집도, 자유화 무지개도 그러하다. 약간의 강박적인 면을 볼 수 있는데, 이것은 어머니의 처벌적인 양육태도에 기인한다고 본다. **〈모래놀이를 통한 감정이완과 불안감소〉**
치료 초기 3	 〈그림 2-23〉 곡식을 통한 꼴라쥬	• 아동은 퐁퐁과 곡식을 이용해 하나씩 본드로 꼼꼼하게 부쳐 나갔다. 도화지 하단에는 자신의 이름도 곡식으로 부쳤다. 다하고 나서 힘든지 '휴' 하고 한숨을 쉬었다. • 자유로운 매체보다는 어떤 형식을 갖고 그 틀을 채워 나가는 것을 좋아한다. **〈새로운 매체에 대한 호기심과 도전〉**
치료 초기 4	 〈그림 2-24〉 문양 만다라('예쁜 지구')	• 문양 만다라를 사인펜과 색연필로 채색을 하였다. 만다라 역시 완벽하게 하려고 애를 썼다. 아동이 색에 대한 감각이 있어서 색을 예쁘게 잘 채색하였다. • 다하고 나서 '예쁜 지구'라고 이름을 부쳤다. 재미있는데 손이 아프다고 하였다. 일련의 작품들을 볼 때 좀 자유롭지 못함을 볼 수 있다. **〈미술치료에 대한 집중력 향상〉**
치료 중기 1	 〈그림 2-25〉 구슬로 그림 그리기	• 아동이 계속해서 정형화된 형식적인 틀을 좋아해서 치료중기부터는 긴장감을 완화시켜 주기 위해 의도적으로 촉진적인 매체를 갖고 놀이중심의 미술치료활동을 전개하였다. • 본 작품은 치료자와 함께 구술놀이도 하고 그 구슬을 그림물감에 묻혀 도화지 위에 굴리면서 여러 가지 표현도 하여 보았다. 이때 도화지는 쟁반 위에 올려놓고 하는 것이 좋다. 그렇게 하지 않으면 구슬이 바닥에 떨어져 번거롭다. **〈구슬놀이를 통한 강박적인 틀 벗어나기〉**

<table>
<tr><td>치료
중기
2</td><td>
〈그림 2-26〉 석고 만다라</td><td>• 치료 중기부터는 점토, 박스, 석고 가면 등 다양한 매체를 적용해 아동의 창의성을 촉진하였다.
• 본인이 만든 석고 가면에 '졸라맨'과 '스파이더맨'을 그렸고, 가면을 쓰고 캐릭터 흉내까지 내면서 장난을 쳤다. 이제 그 또래 수준에 맞게 개구쟁이가 되었고, 감정 및 애정 표현도 잘하게 되었다.

〈매체의 다양성을 통한 창의적 접근〉</td></tr>
<tr><td>치료
종결</td><td>
〈그림 2-27〉 축하 케이크</td><td>• 아동이 많이 활발해져서 치료를 종결하기로 하였다. 아동이 미술치료실에 그만 온다고 하니까 매우 서운해 하였다. 그동안 미술치료를 무사히 마쳤으므로 지점토와 칼라믹스로 '축하 케이크'를 만들어 함께 파티를 하였다.
• 작품에서 보듯이 아동의 예술적 감각을 볼 수 있었다. 색에 대한 감각과 창의성 등을 볼 수 있었으며, 미술치료를 통해 아동은 자존감 및 자기 효능감을 향상할 수 있었다.

〈종결 작품을 통해 아동의 예술성 발견〉</td></tr>
<tr><td>추수
지도</td><td>
〈그림 2-28〉 나의 인형</td><td>• 일년 후 어머니께서 연락이 왔는데, 아동이 미술치료실을 너무 가고 싶어해서 한번 놀러가겠다고 하여 추수지도를 하기로 하였다. 유치원에 잘 적응하고 있다고 하였다.
• 처음과는 달리 함성을 지르고 치료실에 들어왔는데 표정이 밝았다. 인형을 만들었는데 역시 예술적 감각에 대한 재능이 있었다.

〈아동의 적응력에 대한 follow-up〉</td></tr>
<tr><td>치료
계획
및
목표</td><td colspan="2">• 치료초기에 아동이 너무 긴장되고 경직되어서 지시한 것 이외에는 아무 것도 할 수 없었다. 색모래를 통해서 함께 손으로 만지면서 긴장을 이완하고 아동이 좋아하는 주제를 중심으로 형태를 만들어 나갔다.
• 아동이 작품을 너무 완벽하게 하려고 애쓰고 정형화된 틀을 좋아해 치료중기부터는 놀이중심의 미술치료활동을 전개해나갔다(비누거품놀이, 핑거페인팅, 전분놀이, 밀가루 점토 등).
• 치료 종결단계에서는 아동의 창의성과 자기 표현력을 향상시키기 위해 여러 매체로 완성도 있는 작품을 만들어 성취감을 느끼도록 하였다.
• 치료목표는 감정이완 및 자존감, 자기 효능감의 향상이다.</td></tr>
</table>

내담자의 치료적 장점 및 취약점	• 내담자의 치료적 장점은 어머니가 자신의 미해결된 문제의 투사로 아동이 위축되고 불안해한다는 것을 알고 자신의 문제가 아동에게 부정적인 영향이 가지 않도록 노력한 점이다. 아동이 미술을 좋아하고 미술작품을 제작하는 과정에서 상당한 기쁨과 만족감을 느껴 치료적 자원으로 활용할 수 있었다. • 내담자의 취약점은 부모님이 부부간의 갈등이 심해 별거를 준비 중이고 항상 이혼에 대한 갈등과 불화로 아동에게 부정적인 영향을 지속적으로 미치고 이로 인해 어머니가 매우 우울하다는 것이다. 또한 그 문제에 대해 아동이 매우 예민하고 눈치를 본다는 것이다.
치유 요인	• 아동의 문제에 대한 정확한 공감적 이해와 사례역동공식화가 미술치료의 접근을 용이하게 하였다. • 미술매체를 통해 아동의 문제를 완화하였고 아동의 창조성을 발견하였다. • 치료적 관계를 통해 아동의 위축된 대상관계를 회복하였다. • 어머니 상담을 통해 내담자 문제를 완화하였다.

2) 매체를 통한 통제 및 사례 적용

미술치료에서 매체를 통해 행동을 통제하는 것은 계획적으로 하는 것과 비계획적으로 하는 것이 있다. 계획적인 것은 주로 인지나 행동치료에서 사용되는 기법인데, 아동의 치료목표행동을 형성(shaping)시켜주기 위해 강화계획을 통해 아동의 행동을 통제해 점진적으로 치료목표행동에 접근하게 한다. 아동의 행동에 대한 강화와 소거를 통해 바람직한 행동은 강화하고 바람직하지 못한 행동은 소거를 하는 것이다. 이 때 아동의 목표 행동의 기초선을 설정해서 얼마만큼 변화하는지 치료에서 일정한 시간을 잡아 빈도수를 체크하여 매 회기마다 비교하여 측정한다. 주로 ADHD아동이나 전반적인 발달장애아동 등을 대상으로 주의 집중력과 산만함, 충동성, 공격성, 고집, 떼쓰기 및 문제행동 등을 완화하기 위해 미술치료에서도 통제성을 적용하는 프로그램을 시행한다. 앞에서도 언급하였지만 치료초기에 치료자가 제시하는 치료프로그램은 계획적이고 통제적인 프로그램이지만, 이 통제적인 프로그램을 잘 수행하면 아동이 좋아하는 미술활동을 해주는 것이 일종의 강화제로 작용한다. 따라서 아동은 자신이 하고 싶은 활동을 하기 위해서는 먼저 미술치료사가 제시하는 과업을 수행해야 한다.

반대로 비계획적인 것은 미술치료에서 자유롭게 아동의 흥미를 자발적으로 이끌어서 아동 스스로 작업에 집중력을 높여 자신을 통제하게 하는 것이다. 이것은 치료에서 의도성이 없이 비구조적으로 아주 자연스럽게 진행되는 것이다. 청소년이나 성인인 경우도 미술치료를 통해 자신을 이해하고 통찰력이 생기게 되면 자신을 어느 정도 통제하는 인지 능력이 발전하게 된다. 자신을 어느 정도 통제할 수 있다는 것은 그만큼 이성적이고 현실적이면서 객관적인 태도가 증가했다는 것을 의미하기 때문에 치료적이라고 볼 수 있다.

다음은 치료매체를 통해 아주 산만한 7세 남자아동의 집중력을 향상한 사례를 소개하고자 한다. 〈그림 2-29〉는 7세 된 남자 아동이 그린 자유화인데, 이 아동은 자유로운 것을 좋아하고 형식과 간섭을 싫어하며 활발한 것 같으면서도 소심하고 겁이 많고 자존심이 강한 아동으로서 그림 그리기 좋아하였다. 주 호소는 아동이 낯선 곳에 두려움을 갖고 있으며 산만해서 집중력이 좀 떨어지는 것 같아 의뢰되었다. 아마 불안이 좀 많은 아동인 것 같다. 미술치료실에서 들어와서 본인이 선택한 파스넷으로 한 낙서인데 본인이 직접 자신의 작품이 아주 멋있다고 하였다. 착한 세계와 나쁜 세계가 싸우는 모습이다. 착한 세계와 나쁜 세계의 싸움을 이야기를 통해 아동의 상상과 지식의 세계를 볼 수 있었다. 아주 용감하게 씩씩하게 낙서를 하였고 본인도 만족하면서 미술치료가 재미있다고 하였다. 미술치료사도 아동의 씩씩함을 칭찬해주고 지지해주었으며 첫 번째 면담에서 서로 미술을 통해 친밀감을 잘 형성할 수 있었다.

두 번째, 세 번째 시간에서도 아동은 주로 게임에서 싸우는 내용을 중심으로 낙서만 하였고, 미술치료사가 제시하는 작업에는 거의 관심이 없었다. 언어적 표현도 논리적으로 하기보다는 약간은 자기중심적인 말로 혼자 중얼거렸다. 아마 첫 면접에서는 아동이 약간 긴장해서 감정, 사고, 행동 및 언어에 통제성을 보인 것 같지만, 치료 시간이 거듭될수록 아동은 더욱 산만해지면서 미술치료 작업에 싫증이 나기 시작하였다. 다음 치료시간에는 아동에게 좀 더 다른 매체를 제시하면서 아동의 관심을 환기하기로 하였다.

아동에게 다음과 같이 이야기하면서 여러 종류의 색점토와 작은 돌과 글루건과 여러 부치기 재료를 제시하였다. “매일 파스넷으로 낙서만 하니까 재미없지, 이번에는 좀 더 새로운 것을 갖고 작업해볼까” 하면서 아동의 싫증난 마음을 공감해주었다. 의외로 아동은 작은 돌과 글루건을 갖고 아주 소심하게 꼼꼼하게 손바닥보다 작은 나무를 만들기 위해 거의 한 시간이 부족할 지경이었으며 손에 땀이 날 정도로 작업에 집중을 하였다〈그림 2-30〉. 여기서 아동은 자신의 작업에 대하여 너무 색다른 경험을 하였고 성취감을 가진 것 같았다. 다음 치료시간에서도 〈그림 2-31〉에서도 점토로 사람을 만들면서 똑같은 집중력을 발휘하였다. 이제 아동은 스스로 ‘산만하고 충동적인 자아’의 개념에서 ‘진지하고 신중한 자아’의 개념으로 서서히 변화하고 있었다. 주변의 칭찬과 공감이 아동이 변화할 수 있는 계기를 만들어 주었다.

아동의 불안이 일차적으로 산만하고 충동적인 행동을 유발하였고, 이차적으로는 의외로 낯선 곳에 대한 낯가림과 위축으로 또 그러다 보니 또래와 관계를 형성하여 어울려 놀기보다는 자신의 공상세계를 더 선호하였던 것이다. 아동의 성격이 산만하고 충동적이고 활동적인데 비해 반대로 사회성이 부족하고 약간 내성적이며 위축되고 상반된 모습으로 통합과 분화가 제대로 되지 않았다. 따라서 보호자는 종잡을 수 없는 아동의 이런 행동에 혼란스러워 하였지만 여기에는 다 원인이 있었던 것이다. 아동의 아빠는 자신의 일로 바빴고 엄마는 그런 아빠가 원망스러웠고 대신 아동과 융합이 되었지만 아동에게 양가감정을 가지고 있었다. 일상에서 아동과의 상호작용과 양육에 부담감을 갖고 약간 방임하다가 미안해지면 과잉적인 보상으로 아동에게 박물관, 과학관, 전시회 등을 데리고 다녔다. 이러다 보니 엄마는 지쳐서 남편에게 원망을 쏟았고 휴일에는 피곤해서 쉬고 싶은 남편에게 "왜 당신은 아이를 위해서 아무 것도 안 하냐" 식으로 몰아붙였던 것이다. 이러한 상황에서 아동은 불안해질 수 밖에 없으며 골고루 균형적인 발달을 하기에는 가정환경이 조금은 역기능적이었던 것이다. 또한 엄마가 너무 아이에게 잘해주려고 하는 것이 그만 엄마의 역할에 과부하를 초래한 것이다.

가족 간에 일상적인 친밀한 상호작용이 결여되어 있었고 엄마는 아동에게 어느 때는 독립을 어느 때는 밀착을 요구했기 때문에 아동의 행동이 일관성이 없었던 것이다. 이럴 때는 미술치료 뿐만 아니라 부부치료 및 가족치료까지 해야 아동이 좋아질 수 있다.

결론적으로 아동은 매체를 통해 산만하고 충동적인 행동이 통제되었으며 자신에 대한 개념을 변화하기 시작하였다. 아동도 이제 작업에 집중할 수 있으며 신중한 태도와 진지함을 갖고 있다는 것을 발견하였고, 그러한 점을 인식하고 수용하도록 지지와 칭찬을 아끼지 않았다. 부모 상담을 통해 서로의 가족 간에 입장을 이해하도록 하였으며 의사소통 및 상호작용을 촉진할 수 있도록 가족상담을 하였다. 미술매체를 통해서는 통제를 시도하였고, 상담을 통해서는 아동의 자아개념 및 가족 간의 상호작용을 촉진한 사례였다.

〈표 2-6〉 미술매체를 통해 주의력 산만이 통제된 미술치료사례

회기	작 품	매체에 나타난 내담자의 반응 및 치료과정
치료 초기 1	 〈그림 2-29〉 착한 세계와 나쁜 세계	• 착한 세계와 나쁜 세계를 표현하였다. 게임을 많이 하고 공상 세계가 풍부해 마치 게임하듯이 파스넷으로 막 표현을 하고 금색, 은색 반짝이 풀도 사용하였다. • 게임하듯이 입으로 "빵빵, 푹푹, 아하" 등 총을 쏘고 죽는 소리 등 요란하게 소리를 내면서 표현을 하였다. • 산만하여 치료자가 제시하는 그림검사나 미술활동에 반응을 보이지 않았고, 자발적으로 매체를 선택해 작품을 하지도 않았다. 계속해서 몇 번 게임한 것을 낙서를 하더니 싫증이 나서 지루해 하였다. 〈낙서를 통해 자신의 게임세계를 표현〉

<table>
<tr>
<td>치료
중기
1</td>
<td>
〈그림 2-30〉 작은 나무</td>
<td>• 치료 중기부터는 될 수 있는 한 매체에 대한 호기심을 불러 일으키려고 노력하였다. 특히 아동이 글루건을 보고 총과 같이 생겨서 매우 좋아하였다.
• 작은 손바닥 크기의 '나무'를 만들기 위해 50분 내내 집중을 하였다. 칼라믹스 점토에 하얀 돌을 글루건으로 부치는데 상당히 조심을 하였다. 이는 매체를 통해 아동이 매우 통제적이 되어 치료 초기와는 아주 대조적인 모습이었다.

〈새로운 매채를 통해 주의 집중시도〉</td>
</tr>
<tr>
<td>치료
중기
2</td>
<td>
〈그림 2-31〉 졸라 맨</td>
<td>• 지난 시간에 '나무' 만든 것에 흥미를 보이고 칭찬을 들어서 그런지 이번에는 지점토로 '졸라맨'을 만들었다. 역시 아동의 손바닥 크기 모양인데, 글루건으로 색 모래를 부치면서 50분 내내 집중을 하였다.
• 치료가 끝나고 연구원 선생님들에게 자신이 '졸라맨'을 만들었다고 자랑하였다. 성취감을 느끼고 집중력을 보여 치료의 예후를 긍정적으로 만들었다.

〈새로운 매체를 통해 통제력 향상〉</td>
</tr>
<tr>
<td>치료
계획
및
목표</td>
<td colspan="2">• 치료초기에 아동이 좋아하는 활동을 중심으로 접근하였다. 내담자는 산만하고 충동적이였고 치료실을 마구 돌아 다녔다. 파스넷으로 4절지에 주로 낙서를 하면서 게임의 세계 안에 캐릭터들이 서로 싸우고 죽이고 하는 내용을 표현하였다. 의자도 들썩이고 입으로 계속 중얼거리면서 표현하였다. 몇 번 하더니 곧 싫증을 내었다.
• 치료중기에는 치료자가 내담자가 매체에 흥미를 보일 수 있도록 시연을 해가면서 호기심을 유발하도록 하였다. 그 중 글루건에 관심을 가져 일련의 점토작품을 만들면서 집중력이 놀라울 정도로 향상되었다. 글루건은 자신을 통제하지 않으면 손에 화상을 입기 때문에 아동은 자신이 의도한 것을 표현하기 위해 고도의 집중을 보이고 스스로에게 대단히 만족하였다.
• 치료종결에는 좀 더 자유로운 매체에 흥미와 창조성도 보이면서 작품을 하도록 계획하였다. 즉 통제와 자유로움이 동시에 작업을 통해 교차하도록 하였다. 초기에는 산만하고 중기에는 너무 통제적이고 조심하고 하여 치료 종결에는 이것을 자연스럽게 통합하도록 하였다.</td>
</tr>
<tr>
<td>내담자의
치료적
장점
및
취약점</td>
<td colspan="2">• 내담자의 치료적 장점은 어머니와 아버지가 아동상담에 관심이 많다는 점이다. 어머니와 아버지가 모두 다 상담을 받았다.
• 내담자의 취약점은 어머니께서 상담에 대한 기대가 크고 상담을 통해 남편이 변화되기를 너무 바래서 부담으로 작용하였고, 아동에게 너무 잘 해주려고 노력하고 상담에 너무 관심이 많아 오히려 상담에 걸림돌이 되었다.</td>
</tr>
<tr>
<td>치유적
요인</td>
<td colspan="2">• 매체를 통해 집중력과 통제력이 향상되었다.
• 가족치료를 통해 아동이 정서적으로 안정되었다.</td>
</tr>
</table>

3) 촉진과 통제의 적용이 실패한 사례

미술치료 사례를 슈퍼비전하다 보면 초보치료자들이 치료에서 매체를 통한 촉진과 통제를 잘못 운영해서 비 치료적인 결과를 초래하는 경우가 있다. 예를 들어 산만하고 충동적이고 공격적인 아동은 미술치료초기에 집중을 잘 안 하고 착석자체도 힘들고 정신없이 미술치료실의 이것저것을 만지면서 산만하게 돌아다닌다. 미술치료사의 지시도 잘 따르지도 않고 조금만 기분이 안 좋으면 공격적이면서도 파괴적인 행동을 하고, 치료실 밖으로 나가기도 하고 심지어 울기까지 한다. 정말 치료자를 당황하게 하고 정신없게 만든다. 이 때 미술치료사가 아동의 흥미와 환심을 사기 위해서 아동이 좋아하는 활동을 중심으로 치료를 유도한다. 다양하고 새롭고 일상에서 접하기 어려운 매체를 통해 아동의 호기심을 유발하고 아동은 어느 정도 그 활동에 집중을 보이고 미술치료를 좋아하게 된다. 치료자 입장에서 일단은 아동이 "치료를 안 하겠다"는 말은 안 하고 치료실 밖으로 나가지 않는 것만도 큰 성과인 것이다. 겉으로나마 뭔가 미술치료가 아주 잘 진행되는 것처럼 보이며 아동이 미술치료를 좋아하고 치료에 집중을 보이는 것 같아 보호자도 만족을 한다.

이렇게 미술치료사가 최선을 다해 아동의 욕구를 맞추어주지만 문제는 회기가 거듭될수록 미술치료사가 제시하는 흥미로운 미술활동이 한계를 드러낸다는 점이다. 즉 아동은 끊임없이 재미있는 것만을 추구하게 되고 쉽게 매체에 대해 싫증을 느끼게 된다. 심지어 치료중반에 자기 뜻대로 되지 않으면 아동의 퇴행 행동이 일어나서 미술치료사에게 물건을 던지고 욕을 하고 치료자를 당황하게 만드는 행동화 증상까지도 서슴없이 나타나기도 한다. 이런 경우는 미술치료사가 치료에서 미술매체를 통해 촉진과 통제를 적절하게 잘 운영하지 못하는 경우이며 치료가 실패한 사례이다. 이럴 때 미술치료사는 정말 좌절감을 느끼는 경우가 많은데, 사례슈퍼비전을 통해 그런 점을 보완하면 좋을 것이다. 치료는 어느 정도 불편함과 긴장감과 지루함과 불안감을 견디면서 자아의 힘을 일관성 있게 키워나가는 것이기 때문에, 미술치료초기에 친밀감을 형성한다고 아동을 너무 수용해주고 과잉친절을 보여주면, 아동이 그러한 환경에 조건화가 되어서 약간만 치료에서 통제하려고 해도 저항감과 문제행동을 보이는 것이다. 따라서 통제할 것은 통제하고 촉진할 것은 촉진해야 한다. 이것은 아동양육과 유사한데 사랑과 한계를 갖고 훈육해야 하는 것과 동일하다. 치료는 친절한 것이 아니라 신뢰적인 관계를 통해 아동의 문제행동을 수정하고 완화해나가는 것이다.

또 미술치료에서 촉진과 통제를 잘 못해서 실패한 사례를 소개하면 초등학교 고학년인 선택적 함묵증 남자아동을 미술치료 대학원생이 치료를 하였다. 아동의 함묵증을 완화하고 자기표현력을 촉진하기 위해 정말 정성을 쏟아 치료를 하였다. 아동의 억압된 공격성을 매체를 통해 마음껏 표현하게 하였다. 또 인형에 의한 역할 놀이를 통해 자기 주장력을 강화시켜 주고 자기방어력과 친구들과 싸우는 것까지 학습을 시켰다. 6개월 만에 아동은 위축되고 말을 거의 못하는 함묵증 아동에서 지금은 자기 주장적인 너무 공격적인 아동으로 변화되었다.

이런 호전적인 상황에서 아동의 어머니는 여기저기 동네, 학교에서 아동이 사고를 치고 다녀서 속상하다고 하였고, 심지어 위축될 때가 더 좋았다고 불만을 호소하기도 하였다. 아동은 학교에서 학급친구들과 싸우고 조금이라고 억울한 것이 있으면 못 참고, 담임선생님에게 무례하게 대들고, 동네에서도 어른들에게 대들고, 정말 치료에서 뜻밖의 상황이 초래되었다. 대학원 학생은 급하게 슈퍼비전을 청하게 되었다. 이런 경우는 치료 초반에는 함묵증 아동의 표현력을 유발한 것은 치료가 성공적이였지만 다음 단계로 진행을 못시킨 경우이다. 아동의 억압된 적개심을 유발하여 그것을 사회적으로 수용할 수 있는 의사소통단계로 전환을 해야 되는데 거기까지는 미처 생각을 못했던 것이다. 한 두 번의 반항과 공격은 아동의 자신감을 고취시켜 줄지는 몰라도 공격성을 사회적 언어로 즉 상대방에게 상처를 주거나 무례함을 주지 않고서 표현해야 하는 것이다. 이제는 미술치료에서 그것에 대한 학습이 필요할 시기이다. 이 사례도 미술치료 초반에 너무 촉진을 해서 통제성이 결여된 사례이다.

물론 경험이 많은 미술치료사도 이러한 실수를 할 때가 있으며 치료자는 실수를 두려워해서는 안 되며 수많은 시행착오를 거쳐 자신만의 치료능력을 개발하는 것이다. 실수를 통해 더 많은 것을 학습할 수가 있다. 이러한 점을 보완하기 위해서는 임상 사례에 대한 전문적인 슈퍼비전을 받고 사례에 대한 철저한 사례공식화를 통해 정확히 사례에 대해 이해해야 할 것이다.

참고문헌

1. 자발적 그림

이영나(2006). ADHD 성향 아동의 창의성과 자기유능감 관계 연구. 숙명여자대학교 박사학위 논문.

최경희(1999). 부모교육 프로그램 개발에 관한 연구: 정신 역동적 상담이론의 시험적 적용. 대구효성카톨릭 대학교 대학원 박사학위 논문.

한국미술치료학회(1995). **미술치료의 이론과 실제.** 대구: 동아문화사.

Alexander, F. & French, T.M. (1946). *Psychoanalytic therapy: Principles and*

Application. Lincoln and London, University of Nebraska Press Inc.
Barron. F. (1988). Creativity, Intelligence, and Personality. *Annual Review of Psychology, 32,* 439-476.
Corey, G. (1986). Theory and Practice of Counseling and Psychotherapy. Calif: Brooks/Cole.
Davis, G. A.(1996). Measuring and predicting creativity: Issues and strategy. Paper presented an the conference entitled *" The role of school, the family, and society in the development of creativity",* University of Qutar, Doha. nt. New York : The Guilford Press.
Garmegy, N.(1985). Stress-resistant children: The search for projective factors. In Stevenson J.D.(ed.), *Recent Research in Developmental Psycho Pathology.* Pergamon Press.
Lara, H. W.(2005). The Gift of ADHD. New Harbinger Publications.
Naumburg, M. (1966). Dynamically oriented art therapy: Its principles and practices. New York: Grune & Stratton.
Piechowski, M. M.(1985). Patterns of overexcitability in a group of artists. *The Journal of Creative Behavior, 19,* 153-174.
Shaw, G.A., & Brown, G.(1992). Hyperactivity and creativity: The tactic dimension. *Bulletin of the Psychonomic Society, 30(2),* 157-160.
Torrance, E.P.(1966). Creativity in the classroom: what research says to the teacher. Washington D.C: National Education Association.

2. 상징

김성민(2002). **융의 심리학과 종교.** 서울: 동명사.
김신옥(2006). 모래놀이 치료와 융의 상징이론. **경인논집, 13,** 179-193.
민혜란(1987). E. 카시러의 예술상징형식에 대한 고찰. 홍익대학교 석사학위논문.
박영우(1990). 정신치료 경과에 따른 꿈 변형. **신경정신의학, 29(3),** 703-720.
윤옥경(2008). 그림일기로 표현된 작품의 상징성에 대한 연구. 이화여자대학교 석사학위논문.
윤희철(1998). 상징행위로서의 시각예술과 음악과의 상관성에 관한 연구. **건설공학논문집, 1,** 23-32.
이부영(2002). **자기와 자기실현.** 서울: 한길사.
이죽내(1984). 한 정신치료사례의 꿈을 통해 본 치료적 경과. **정신치료, 1,** 29-40.
이죽내(2000). **현대상담 · 심리치료의 이론과 실제.** 서울: 중앙적성출판사.

정여주(2004). 미술치료에서 상징의 심리학적 고찰. **심리치료: 다학제적접근, 4(1)**, 97-112.

American Psychiatric Association(1994). 이근후 역(1995). **정신장애의 진단 및 통계편람(4판).** 서울: 하나의학사.

Belicki, K.(1992). The relationship of nightmare frequency to nightmare suffering with implications for treatment and research. *Dreaming, 2,* 143-148.

Hartmann, E.(1984). The nightmare: The psychological and biology of terrifying dream. New york: Basic Books.

Freud, S.(1930). 이윤기 역(2003). **종교의 기원.** 서울: 열린책들.

Freud, S.(1952). 김성태 역(1990). **정신분석 입문.** 서울: 삼성출판사.

Freud, S.(1961). 장병길 역(1997). **꿈의 해석.** 서울: 을유문화사.

Furth, G. M.(2002). 홍은주, 최정은 역(2008). **그림 속에 숨겨진 마음의 세계.** 서울: 학지사.

Jung, K. G.(1968). 조승국 역(1981). **인간과 상징.** 서울: 범조사.

Riedel, I. (1992). 정여주 역(2002). **융의 분석심리학에 기초한 미술치료.** 서울: 학지사.

Rubin, J. A.(1987). Approaches to Art Therapy Theory and Technique. New York : Brunner/Mazel.

Saul, L. (1972). Pshchodynamically based psychotherapy. New York: Science House.

Whittic, A.(1961). Symbols Signs and their Meaning. Massachusettes: Charles T. Branford Company.

White, L. A.(1973). 이문웅 역(1978). **문화의 개념.** 서울: 일지사.

Zadra, A., & Donderi, D. C.(2000). Nightmare and bad dreams: Their prevalence and relationship to well-being. *Journal of Abnormal Psychology, 109,* 273-281.

3. 의식과 무의식

강태희 외 6인(1996). **미술 · 진리 · 과학: 올바른 미술 감상의 과학적, 철학적 기초들.** 서울: 재원.

김성민(1998). **융의 심리학과 종교.** 서울: 동명사.

김현택 외 17인(1996). **현대 심리학 이해.** 서울: 학지사.

윤순임 외 13인(2000). **현대 상담 · 심리치료의 이론과 실제.** 서울: 중앙적성출판사.

이부영(2006). **분석심리학-C. G. Jung의 인간심성론.** 서울: 일조각.

정여주(2003). **미술치료의 이해.** 서울: 학지사.

Bennet. E. A.(1966). 김형섭 역(2003). **한 권으로 읽는 융.** 서울: 푸른숲.

Calvin, S. H.(1964). 안귀여루 역(1999). **프로이드 심리학 입문.** 서울: 범우사.

Calvin S. H. & Vernon J. N.(1973). 최현 역(1999). **융심리학 입문.** 서울: 범우사.

Jung C. G.(1991). C.G. 융 저작 번역위원회(2002). **원형과 무의식.** 서울: 솔출판사.

Jung C. G.(1984). C.G. 융 저작 번역위원회(2002). **인격과 전이.** 서울: 솔출판사.

Naumburg, M. (1966). *Dynamically oriented art therapy: Its principles and practices.* New York: Grune & Stratton.

Riedel, I. (1992). 정여주 역(2002). **융의 분석심리학에 기초한 미술치료.** 서울: 학지사.

Rubin, J. A. (1987). Approaches to Art Therapy: Theory and Technique. New York: Brunner/Mazel Inc.

Schmeer. G.(2001). 정여주, 김정애 역(2004). **그림 속의 나 :미술치료에 나타나는 정신 역동적 관점.** 서울: 학지사.

4. 창조성

김정아(2002). 창조성과 그 교육적 의미에 관한 연구. **교육연구, 26호,** 77-95.

김언주(1987) **인지심리학.** 서울: 정민사.

김인수, 최종인(1996). 의사소통의 형태와 팀 창의성에 관한 실증적 연구. **인사관리연구, 20(1),** 245-270.

박화술(1990). **창조공학원론.** 서울: 학문사.

이근홍(1973). **창조성개발교육.** 서울: 동양출판사.

이모영(2006). 예술적 창조성과 시각적 사고. **미학예술학연구, 23권,** 247-274.

이영나(2006). ADHD 성향 아동의 창의성과 자기유능감 관계 연구. 숙명여자대학교 박사학위 논문.

정여주(2003). **미술치료의 이해.** 서울: 학지사.

한붕기, 유수상(2001). 디자인 교육에 있어 체계적인 창조성 개발에 관한 연구. **논문집-경북전문대학, 19(1),** 239-259.

허소영(2007). 액션페인팅기법에 내재된 미술치료의 의미. 영남대교육대학원 석사학위논문.

Davis, G. A.(1996). Measuring and predicting creativity: Issues and strategy. Paper presented an the conference entitled " The role of school, the family, and society in the development of creativity", University of Qutar, Doha. nt. New York : The Guilford Press.

Malchiodi, C. A.(1998). 김동연, 이재은, 홍은주 공역(2001). **아동미술심리이해.** 서울: 학지사.
Rubin, J. A. (1984). The Art of Art Therapy. New York: Brunner/ Mazel Inc.

5. 승화

한국미술치료학회(1995). **미술치료의 이론과 실제.** 대구: 동아문화사.
홍성순(2007). 르네 마그리트(RenéMagritte)의 인물화 연구. 홍익대학교교육대학원 석사학위논문.
Jack, J. S.(1972). 신문수 역(1998). **정신분석과 예술에 대한 연구.** 서울: 풀빛.
Rubin, J. A.(1987). 주리애 역(2001). **이구동성 미술치료.** 서울: 학지사.
Calvin, S. H.(1961). 함희준 역(1992). **프로이트 심리학의 기본이론.** 서울: 배재서관.

6. 심신통합

강두희(1992). **생리학.** 서울: 신광출판사.
강혜경(2003). 미술치료를 통한 정신지체아의 시지각 발달효과. 아주대학교 석사학위논문.
고두욱(2008). 우뇌훈련을 통한 치매예방 미술프로그램 연구. 동아대학교 석사학위논문.
김동연(1998). **유아의 특수교육.** 전주: 신아출판사.
김정(1986). **미술교육총론.** 서울: 학연사.
김선현(2006). 통합의학에서의 미술치료의 역할에 관한 연구 : 한 · 독 · 미 · 일 미술치료 프로그램 비교 연구를 중심으로. 한양대학교 박사학위논문.
김미수(2002). 미술활동이 경도정신지체장애아동의 소근운동 능력과 시지각 발달에 미치는 효과. 인제대학교 석사학위논문.
김시욱(2004). 미술치료가 정신병리 아동의 자율신경계 활동에 미치는 효과. 원광대학교 석사학위논문.
김재은(2000). **종이 조형 활동의 교육적·심리적 효과.** 서울: 창지사.
나은경(2000). **후천적으로 아이의 머리를 좋게 하는 감성교육.** 서울: Edu Books.
남정현(1997). 소조활동 프로그램이 뇌성마비 아동의 시각-운동기능 향상에 미치는 효과. 대구대학교 석사학위논문.
박화문, 구본권(1993). **지각-운동발달진단검사(PMDT).** 서울: 도서출판 특수교육.
배성태(2000). CAI시각변별 훈련이 정신지체아의 시지각과 학업성취수준에 미치는 효과. 대구대학교 석사학위논문.
백경실(2008). 미술치료가 치매노인의 뇌기능지수에 미치는 영향. 경기대학교 석사학위논문.
여광웅(1972). 정신박약아의 시지각 훈련의 효과에 관한 연구. 경북대학교 석사학위논문.
여광웅(1995). **시지각 훈련의 이론과 실제.** 서울: 도서출판 특수교육.
양영미(2004). 시지각 훈련프로그램이 정신지체아의 주의집중과 학습 준비도에 미치는 영향. 창원대학교 석사학위논문.
이동영(2003). 적색광과 청색광이 인체의 혈압과 맥박의 변화에 미치는 영향. 대구대학교 석사학위논문.
이일우(2005). 스트레스 개선을 위한 지시적 미술치료가 유아의 자율신경계 변화에 미치는 영향. **원광대학교 논문집, 35,** 207-222.
이희연(2003). 미술치료 프로그램이 특수학급 아동의 소근육 발달에 미치는 효과. 청주교육대학원 석사학위논문.
이채형(2006). 만다라 기법에서의 매체가 주의력결핍 과잉행동장애 아동의 이완 및 문제 행동에 미치는 효과. 대구대학교 석사학위논문.
임정혁(2004). 10대 암 환자의 미술치료활동 체험연구. 서울여자대학교 석사학위논문.
장현갑(1986). **생리심리학.** 서울: 교육과학사.
정여주(2003). **미술치료의 이해(이론과 실제).** 서울: 학지사.
조윤경(1991). **장애 아동의 소근육 운동과 미술지도.** 서울 장애인 종합복지관.
지미숙(1997). 꼴라쥬 활동이 정신지체아의 시지각 발달에 미치는 영향. 대구대학교 석사학위논문.
최승영(1996). **소근육 운동 중심의 미술활동프로그램이 약시아의 그림 표현에 미치는 효과.** 특수교육총연합회.
최상균(2005). 영상을 통한 회상자극 미술치료가 치매노인의 뇌혈류 변화에 미치는 영향. 원광대학교 석사학위눈문.
최종인(1998). **아동미술지도.** 서울: 형설출판사.
팽은경(2006). 분노 스트레스 상황에서 자기표현 미술매체 활동이 분노억제 집단의 분노 정서와 생리적 각성에 미치는 효과. 중앙대학교 석사학위논문.
한기정(1997). **아동미술과 특수아동미술.** 서울: 교육과학사.
한정애(1997). 시각-운동 훈련이 정신지체아의 주의집중행동과 지각발달에 미치는 효과. 대구대학교 석사학위논문.

황은진(2008). 만다라 기법에서 매체에 따른 장애아동 어머니의 뇌파 변화에 관한 단일사례 연구. 대구대학교 석사학위논문.

홍재란(2001). 뇌성마비유아의 소 근육 발달 프로그램 효과. 우석대학교 석사학위논문.

Cohen, B. M., Mills, A., & Kijak, A. K.(1994). An Introduction to the Diagnostic Drawing Series: A standardized tool for diagnostic and clinical use. *Art Therapy: Journal of the American Art Therapy Association, 11(2),* 105–110.

Cruickshank, W. M., & Raus, G. M.(1996). Cerebral; It's Individual and Community Problems. Syracuse: Syracuse University Press.

Devore, J.(1998). Milissa Hicks–Art Therpist. *School Art. Feb,* 2–43.

Gantt, L. (2001). The Formal Elements of Art Therapy Scale: A measurement system for global variables in art. *Art Therapy: Journal of American Art Therapy Association, 18(1),* 50–55.

Gantt, L., & Tabone, C. (2003). The Formal Elements Art Therapy Scale and "draw a person picking an apple from a tree." In C. A. Malchiodi (Ed.), *Handbook of art therapy* (pp. 420–427). New York: Guilford Press.

Gazzaniga, M. S., Ivry, R. B., & Mangun, G. R.(2002). Cognitive neuroscience: The biology of the mind (2nd ed.). New York: W. W. Norton & Co.

Gibson, E. J.(1969). *Principles of Perceptual Learning and Development.* N. Y.: Apleton–century–Crofts.

Hauschka–Staverhagen, M.(1981). Zur Künstlerisbcen Therapie Band I. *Nürnberg,* Karl Ulrich.

Hughdahl, K., & Davidson, R. J. (Eds.).(2003). *The asymmetrical brain.* Cambridge, MA: MIT Press.

Kaplan, F. F.(1998). Scientific art therapy: An integrative and research–based approach. *Art Therapy: Journal of the American Art Therapy Association, 15(2),* 93–98.

Kaplan, F. F.(2000). Art, science and art therapy: Repainting the picture. London: Jessica Kingsley.

Lowenfeld, V.(1959). 서울교육대학교 미술교육연구회 역(1993). **인간을 위한 미술교육.** 서울: 미진사.

Lusebrink, V. B., & McGuigan , F. J.(1989). Psychophysiological components of imagery. *The Pavlovian Journal of Mental Science, 24(2),* 58–62.

Lusebrink, V. B.(1990) Imagery and visual expression in therapy. New York: Plenum

Press.

Lusebrink, V. B.(1991). Levels of imagery and visual expression. In R. G. Kunzendorf (Ed.), *Mental imagery* (pp. 35–44). New York: Plenum Press.

Lusebrink, V. B.(2004). Art therapy and the brain: An attempt to understand the underlying processes of art expression in therapy. *Art Therapy: Journal of the American Art Therapy Association, 21(3),* 125–135.

Malchiodi, C. A.(1998). Embracing our mission. *Art therapy: Journal of the American Art Therapy Association, 15(2),* 82–83.

Malchiodi, C. A.(1998). The art therapy sourcebook. Los Angeles: Lowell House.

Malchiodi, C. A.(1998). 최재영, 김진연 역(2001). **미술치료.** 서울: 조형교육.

Malchiodi, C. A.(1999a). Medical art therapy with children. London, England: Jessica Kingsley Publishers.

Malchiodi, C. A.(1999b). Medical art therapy with adults. London: Philadelphia, PA : Jessica Kingsley Publishers.

Malchiodi, C. A. & Coolidge, F. L.(2000). In A. E. Kazdin(Ed.), Encyclopedia of Psychology. 1, 255–259. Washington DC. and New York: American Psychological Association and Oxford Univ. Press.

Malchiodi, C. A.(2003). Handbook of art therapy. New York: Guilford Press.

Menzen, K. H.(1994). Heilpädagogiscbe Kunsttberapie. Freiburg, Lambertus.

McNiff, S.(1998). Enlarging the vision of art therapy research. *Art Therapy: Journal of the American Art Therapy Association,15(2),* 86–92.

Menzen, K. H.(2001). Grundlagen der Kunsttherapy. Munchen, Germany: Ernst Reinhardt Verlag.

Mess–Christeller, E. (1998). Kunsttberapie in der Praxts. Stuttgart, Urachhaus. National Institute of Health (1994). Alternative medicine: Expanding Medical Horizons. NIH publication. Washington, DC: Author, 94–166.

Mills, A.(2003). The Diagnostic Drawing Series. In C. A. Malchiodi (Ed.), Handbook of art therapy (pp. 401–409). New York: Guilford Press.

Mussen, P., Cogner, J. J., & Kagan, J.(1969). Child development and personality. 5th ed, New York: Academic Press.

Pratt, M. & Wood, Michele J.M.(1998). Art Therapy in Palliative Care: The creative response. London ; New York: Routledge.

Rosal, M. L.(1992). Approaches to art therapy with children. In F. E. Anderson (Ed.), Art for all the children: Approaches to art therapy for children with disabilities (2nd ed.) (pp. 142-183). Springfield, IL: Charles C Thomas.

Rhyne, J.(1983). Personal dramas of transition. In L. Gantt &S. Whitman, The fine art of therapy. The Proceedings of the 11th Annual Conference of the American Art Therapy *Association* (pp.125-126). Mundelein, IL: American Art Therapy Association.

7. 촉진과 통제

Landgarten, H. B.(1987). Family Art Psychotherapy : a clinical guide and casebook. New York: Brunner/Mazel.

Wadeson, H.(1980). Art Psychotherapy. New York: John Wiley & Sons.

주리애(2000). **미술치료는 마술치료.** 서울: 학지사.

미술치료에서 미술매체의 중요성

미술치료(art therapy)는 미술매체(art medium), 이미지(image), 창조적인 작업과정(creative art process)과 창조적인 미술작품(creative art product))에 대한 내담자의 반응을 활용한 인간 서비스 전문 직업 활동이기 때문에, 미술치료사는 무엇보다도 다양한 미술치료매체를 연구하고 이것을 임상에서 진단적으로 치료적으로 잘 다룰 줄 알아야겠다.

모든 치료적 접근이 그러하겠지만 특히 미술치료에서 미술매체선정은 내담자에 따라 다르고 상당히 주관적이고 개별적이고 현실적이다. 같은 미술매체라도 아동과 성인에 따라 그 치료적 반응이 다를 뿐만 아니라 증상 및 문제에 따라 미술매체에 대한 반응이 다양하다.

미술치료 임상을 하다 보면 내담자 개인마다 자신이 좋아하는 미술매체가 있고 치료하는 과정에서 자신이 선호하는 미술매체를 발견하는 경우도 있다. 미술치료과정에서 자신이 좋아하는 매체를 발견하였다는 것은 내담자 자신의 창조성을 작품을 통해 잠재적으로 실현한다고 볼 수 있으며, 내담자의 자발적인 참여와 동기 및 집중성을 유발할 수 있다. 또한 내담자가 처음에는 어떤 특정한 매체에 대해 상당히 거부감이 들고 낯설어하였지만 치료가 진행되면서 내담자의 문제가 해결되고 삶에 대한 융통성이 증가하면서 다양한 매체를 수용하는 모습을 볼 수 가 있는데, 이것도 역시 치료의 긍정적인 변화이고 현실에서도 그와 같은 모습이 유사하게 관찰되는 경우가 있다.

그러므로 미술치료사가 미술치료를 받으러 온 내담자를 치료하기 위해서는 무엇보다도 내담자의 성향과 문제에 맞게 미술매체를 잘 탐구를 해야 할 것이다. 특히 미술치료사는 아주 제한적인 작업환경에서 이용될 수 있는 재료들에 대해서는 매우 신중한 선택을 해야 한다. 최상의 정보에 기초하여 다양한 종류의 미술매체를 선택하는 것은 미술치료사에게는 무엇보다도 중요한 일이 된다. 재료에 대한 폭 넓은 지식과 사용은 카탈로그를 살피거나 책을 읽어서 단순히 획득할 수 있는 성질의 것이 아니다. 그것은 미술매체, 도구, 처리과정에 대한 기본적이면서도 폭 넓고도 다양한 직접적인 개인적 경험을 통해서 얻는 것이라고 생각한다. 그러므로 미술치료사는 점토, 그림물감, 파스텔에 대한 전문가가 될 필요는 없지만, 이런 다양한 재료들의 개개의 특성에 관하여 충분한 지식을 갖고 적용할 수 있어야 각 매체가 갖는 장점 및 단점과 제한점에 대해서 충분히 이해하게 될 것이다(Rubin, 1984).

Rubin(1984)은 '미술치료에서 미술(The Art of Art Therapy)'이라는 저서에서 미술치료사는 미술치료를 이해하기 위해서는 첫 번째, 미술부분(Art part)에 대해 필요한 요소들을 알아야 하고, 즉 미술재료, 작업과정과 작품–미술의 형태, 내용, 상징적인 언어에 관하여 전문적 지식과 경험을 학습해야 한다고 제시하였다. 두 번째는 치료(Therapy)부분으로서 어떤 치료자라도 반드시 알아야 할 지식은 발달, 역동, 치료적 변화의 조건과 과정에 대한 것으로서 미술치료사는 일반적인 치료지식과 더불어 특히 한 인간으로서 또한 한 전문가로서 자신의 정체감을 파악할 필요가 있다고 하였다. 세 번째는 미술과 치료의 공통부분(Interface)으로서 작업 활동범위를 나타내는 미술치료 환경에 관한 것과 미술을 통해 표현을 자극하고 촉진할 뿐만 아니라 통찰하고 학습할 수 있도록 유도하는 방법을 연구해야 한다고 강조하였다. 이것은 미술치료가 미술과 치료가 결합된 평형상태를 의미하며 미술치료는 기본적으로 미술과 심리학 두 가지 분야의 결합이라고 볼 수 있다. 시각미술, 창조 작업, 인간의 발달, 행동, 성격, 정신건강 및 같은 다른 모든 측면이 미술치료의 정의를 내리고 범위를 정하는데 중요한 역할을 하며, 미술치료는 이런 모든 분야를 통합한다고 볼 수 있다(Malchiodi, 1998 재인용).

따라서 본 장에서는 미술치료에서 미술이 중요한 치료적 도구로서 미술은 여러 다른 치료의 형태와는 달리 미술치료만이 갖는 고유한 특성이기 때문에 Rubin(1984)이 강조한 미술 부분(Art)의 여러 가지 특성들을 언급하고자 한다. 우선 미술매체, 미술치료 작업과정과 작품 및 미술치료실 환경구성에 관하여 알아보는데, 모두가 상호 의존적이므로 치료자는 그 특성들에 대해서 명백히 이해할 필요가 있을 것이다.

1. 미술매체의 치료적 이해

미술은 미술치료의 핵심이 된다. 언어적 심리치료에서는 언어가 중심이 되듯이 미술은 미술치료의 중심이 된다. 미술치료사는 미술치료에 치료도구가 되는 미술의 풍부한 자원을 이해하고 치료적으로 활용해야한다. 미술매체나 도구가 없다면 미술을 할 수가 없으므로 미술매체에 대한 치료적 이해가 필요하다(Rubin, 1984). 미술치료에서 미술이라는 부분을 창조적으로 잘 활용해야 한다.

1) 매체에 대한 내담자의 초기 반응

미술매체에 대한 내담자의 반응은 매우 다양한데, 사실 모든 내담자가 미술치료를 좋아하는 것은 아니다. 어떤 내담자에게는 미술치료가 자신의 창조성을 자극하는 아주 매력적인 치료도구가 될 수 있지만 어떤 내담자에게는 미술 그 자체가 위협적이 될 수 있다.

실례를 들어보면, 몇 년 전에 대학원에서 심리치료 전공인 학생들을 대상으로 미술치료 강의를 한 적이 있었다. 그 때 실습시간에 각자 그림을 자유롭게 그려보자고 하였는데, 대학원생 하나가 울음을 터트린 적이 있다. 이유를 물어보니까 도대체 그림으로 어떻게 표현할지 몰라 속이 상해서 울었다고 한다. 그림에 대한 좌절감이 결국 성인임에도 불구하고 울음으로 표현한다는 사실에 대해 상당히 당황하였던 적이 있다. 물론 미술치료를 배우려는 대학원 학생이라 생각하고, 상황이 수업중이였기 때문에 그림에 대해 긴장감을 풀 수 있는 충분한 기초준비 작업을 하지 못했던 것도 한 원인이 될 수 있었을 것이다. 이런 경우는 대상에 상관없이 미술에 대한 두려움을 완화시킬 수 있는 여러 다양한 흥미로운 프로그램을 도입해서 충분한 시간을 가져야 한다는 것을 다시 한 번 상기시켰던 매우 중요한 경험이었다.

또 어떤 내담자는 초등학교 다닐 때 미술시간에 그림을 그리다가 미술 선생님에게 "그림을 왜 그렇게 못 그리느냐"고 공개적으로 꾸중을 듣고 미술이 너무 싫어져 그 후 미술시간마다 괴로웠는데, 자신의 감정을 그림으로 표현하라고 하니까 그때의 수치감과 분노가 다시 경험되는 것 같아 그림이 거부가 되고 몸이 경직되며 무엇 하나도 그릴 수 없다고 하였다. 이런 경우는 미술에 대해 학창시절 개인적으로 심리적 외상(trauma)을 입었다고 볼 수 있으며, 이러한 심리적 외상은 미술을 통해 치유해야 할 것이다. 임상에서 미술치료를 하다보면 의외로 이러한 내담자들이 많아 안타깝다.

일반적으로 내담자는 치료실에 들어오는 순간 여러 가지 마음을 가질 수 있는데 그 중 대표적인 것은 미술치료에 대한 호기심과 두려움이다. 어떤 내담자들은 미술치료를 좋아하고 나름대로 기대를 하며 무엇인가를 작업해서 창조적으로 표현하고 싶어한다. 이러한 내담자들은 우선적으로 미술치료를 통해 치료의 긍정적인 효과를 볼 가능성이 크다. 반면에 어떤 내담자들은 미술치료 그 자체가 상당한 불안을 유발하고 심지어는 두렵기까지 하다. 특히 성인 내담자들은 미술작업을 해본지 오래되었기 때문에 미술치료가 아주 낯설고 어색할 수가 있다. 미술치료에서 그림을 잘 그려야 한다는 압박감으로부터 빨리 벗어나기 위해서는 미술치료사는 모든 연령층을 대상으로 쉽게 표현할 수 있는 방법을 모색해야 할 것이다.

이렇게 미술치료사는 내담자들에게 적은 노력과 시간으로 치료초기에 아주 쉽게 자신을 표현할 수 있는 치료기법을 도입해야 하고 무엇보다도 미술치료에 대한 친밀감을 조성해야 한다. 치료초기에 내담자들에게는 미술치료를 편안하게 받아들일 수 있도록 유도하는 것도 미술치료사가 해야 할 일 중에 하나이다. 대개 처음으로 미술치료를 시작하는 초보 미술치료사는 초기면담에서 내담자의 진단과 평가에 너무 초점을 두어서 해석하려고만 하기 때문에 미술치료에 대한 내담자의 거부감을 완화시키는 것을 간과하기 쉽다. 이런 점에 좀 더 주의를 두고 우선 미술치료에 대한 내담자의 저항감을 잘 다루어 치료에서 제일 중요한 친밀한 관계를 설정하는데 주력해야 할 것이다.

2) 치료 초기에 단순한 매체로 접근

치료초기에는 내담자에게 미술매체에 대한 친밀감을 조성하기 위해서 누구나 어린 시절부터 사용해온 간단한 매체를 적용하는데, 이러한 배경에 근거해서 Rubin(1984)은 미술치료사는 비교적 간단한 매체를 선호하는 경향이 있다고 하면서 다음 세 가지를 제시하였다. 첫 번째, 개인은 비구조적인 미술매체일수록 더 많이 투사를 한다고 한다. 미술치료에는 창조 작업과 내면으로부터 나온 그림을 신뢰하도록 배우는 것 그 이상이 포함된다. 미술재료들이 어떻게 다양한 표현을 촉진시킬 수 있는가를 이해하고 적절한 환경을 이루기 위해 어떻게 해야 하는가를 인식할 필요가 있다. 많은 치료자들이 자발적인 표현을 이끌어내기 위해서 간단한 재료를 사용하도록 권한다. 이때 중요한 것은 치료자와 내담자간의 언어적 의사소통을 시작하게 할 수 있는 이미지를 손쉽게 창조해내기 위해서 재료를 사용한다는 것이다(Malchiodi, 1998).

또한 모든 미술치료사는 내담자 개개인이 사적으로 의미 있는 창조가 이루어지기를 희망하므로 그들의 자연스러운 심상에 어떤 방법의 강요도 하지를 않는다. 실제 임상에서 미술치료를 하다보면 내담자들은 쉽고 한 번씩 경험해본 매체에 친밀감을 느낀다. 우리가 쉽게 접할 수 있는 친밀한 매체로는 8절지 도화지, A4용지, 크레파스, 사인펜, 색연필, 연필, 점토, 색종이 등이 있는데, 이러한 매체들은 주변에서 쉽게 구할 수 있으며 어린 시절부터 자주 사용해 왔던 미술매체이기 때문에 자신의 경험들을 쉽게 시각화할 수 있을 것이다. 자신의 내면의 느낌과 감정을 매체로 이미지화해서 시각화하고 외면화한다는 것이 벌써 치료가 시작되고 있다는 것을 의미한다.

예를 들어, A4용지 한 장만 갖고도 얼마든지 표현을 할 수 있다. 구겨보기도 하고 찢어보기도 하고 종이비행기를 접어보기도 한다. 보통 치료에 긴장을 하고 온 내담자에게 주로 연필로 하는 그림심리진단 검사를 하기보다는 8절지 도화지에 크레파스로 자유롭게 선긋기를 해보거나 마음대로 낙서를 해보라고 하는 것이 더욱 효과적일 때도 있다. 또 미술치료사는 초기에 미술치료는 그림을 못그려도 상관이 없으며 그림을 잘 그리고 못 그리고를 평가하는 것이 아니라 단지 그림을 통해 자신의 경험이나 감정, 느낌을 편안하게 표현하는 것이라고 이야기해 줄 필요가 있다. 사실 매체를 통해 자신을 표현하려는 시도 자체가 치료적이라고 볼 수 있다.

〈그림 3-1〉 미술치료에서 많이 활용하고 있는 간단한 매체-색연필, 크레파스, 사인펜, 파스넷, 연필, 지점토, 찰흙

〈그림 3-2〉 미술치료에서 쉽게 적용할 수 있는 화지-8절지 도화지, 색지, A4용지 및 색종이

두 번째, 미술치료사가 간단한 미술매체를 선호하는 이유는 매우 실제적인 것이라고 볼 수 있다. 특히 임상 세팅에서 대부분의 미술치료 회기는 아주 제한적이다. 일주일에 보통 일회 만나는 50분의 치료시간에서 복잡한 치료매체를 통해 시간이 소요되는 작품을 만들기는 사실상 어렵다고 볼 수 있다. 미술치료는 작품을 통해 치료자와 함께 이야기를 통해 나누는 시간이 필요하다. 특히 아동미술치료의 경우는 부모 상담까지 해야 하므로 더욱 더 시간적으로 제한을 받는다. 그러면 혹자는 말하기를 시간을 좀 더 연장하면 되지 않겠느냐고 질문할 수도 있다. 시간을 두 배로 연장하면 치료비를 보통 두 배로 받아야 하는 현실적인 문제가 따르며 또한 미술치료는 재료비가 들어가기 때문에 치료비 책정을 할 때 실제적으로 여러 가지를 고려해야 하므로 쉽지가 않다. 대안적인 방법으로 좀 더 복잡한 매체를 통해 작업에 집중을 하고 완성도 높은 예술적 작품을 만들려면 몇 박 며칠의 집단미술치료나 장기적인 미술치료계획을 고려해 볼 수도 있을 것이다. 그러나 미술치료에서는 정말 아주 간단한 작품을 통해서도 자신을 표현할 수가 있고 내담자의 문제를 이해할 수가 있는 경우가 종종 있다.

다음에는 세 번째로 미술치료사가 간단하고 직접적인 미술매체를 선호하는 또 한 가지는 이유는 어떤 별 지시사항 없이도 모든 연령층의 사람들이 그것을 쉽게 이용할 수 있기 때문이다. 우리가 내담자들에게 미술에 관하여 어느 정도 기술적인 도움을 줄 수 있으므로 소위 미술치료사라고 불리고 있는 것이다. 따라서 미술치료사는 재료를 효과적으로 사용하는 방법과 재료에 대한 지식도 사람들에게 어느 정도는 전달할 줄 알아야만 한다. 그러나 내담자를 위한 좋은 치료자가 되는데 있어서 미술을 가르치는 역할은 비교적 아주 작은 부분만을 차지한다. 우리가 미술치료에서 이용하는 재료들은 사실 '아동들이 이용한 것'과 똑같다고 볼 수 있다. 그러므로 모든 연령층의 초보자들은 재빨리 크레용, 물감, 점토를 성공적으로 조작하는 것을 학습할 수가 있다(Rubin. 1984). 특히 성인 내담자들은 그림을 그려본지 너무나 오래되어서 그림 그리는 자체를 낯설어하고 부끄러워하고 대개 "잘 못 그린다"하고 "자신들의 그림이 어린아이들 그림 같다"고 한다. 이런 어색하고 당황스러운 상황에서 미술의 복잡한 조작과 지시사항은 그들을 더욱 혼란스럽게 할 수도 있으며 위축시킬 수도 있다. 사실 미술치료는 자신의 혼란스러운 감정들을 미술매체를 통해 표현하면서 자신의 문제를 자발적으로 찾아내고 안정을 추구하는 것인데, 미술을 통해 그런 부정적 감정을 더 확대시킬 필요는 없을 것이다.

사실 주변에 있는 모든 재료들은 미술치료 임상활동의 치료매체가 될 수 있는데, 한경미(1995)가 '아동의 조형 활동을 위한 재료활용방법 연구'에서 재료선택의 기준을 제시하였다. 이 기준을 미술치료에 맞게 약간 수정해 기술하자면 다음과 같다; (1) 주변에서 쉽게 구할 수 있는 재료여야 한다. (2) 재료값이 저렴하여 부담 없어 자유롭게 재료를 경험할 수 있어야 한다. (3) 재료 상태가 불완전하거나 위험성이 있는 재료는 위기감이 조성되어 표현의지를 약화시키므로 안전성이 있는 재료를 경험할 수 있도록 한다. (4) 변형과 변량이 자유로운 재료를 사용한다. (5) 내담자의 발달수준에 맞추어 재료를 선택해서 내담자가 재료를 다룰 수 있는 기능적 경험의 수준에 맞는 재료가 선택되어 왕성한 미적체험을 하게 한다. (6) 재료의 형태, 중량, 안정도 등이 의도하는 학습목표를 달성하는데 적합해야 한다.

따라서 미술치료사는 단순하고 비구조화 된 재료를 선호하는 것과 마찬가지로 튼튼하고 효과적인 미술매체의 이용을 고려해야 한다. 그렇다고 몇몇 사람들이 생각한 것처럼 비싼 재료가 가장 좋다는 것을 의미하지 않는다. 값이 저렴한 흰 도화지도 모든 미술매체 중에 가장 잘 이용되어지고 있는 것 중에 하나이며, 가격이 비싼 것은 때로는 부담이 될 수도 있다. 흔히 비싸지 않는 매체는 값이 비싼 것보다도 더 쉽게 조작할 수가 있는 장점이 있다. 예를 들어 여러 종류의 점토나 여러 색깔의 크레용, 파스텔 같은 것이 그 실례가 된다. 보통의 압력에도 버틸 정도로 내구성이 있는 재료는 누구나 쉽게 조작할 수가 있는 이점이 있다. 항상 저렴한 경비로 작업경험을 통해 미술치료에서 최대한의 효과를 낼 수 있도록 연구하는 것이 미술치료사의 과업 중의 하나이다(Rubin. 1984).

다음은 간단한 미술매체라고 할 수 있는 파스넷과 크레파스를 통해서 초기에 내담자의 반응을 어떻게 치료적으로 활용했는가를 사례를 제시하여 이해하고자 한다.

3) 치료 초기에 단순한 매체로 접근한 임상사례

미술치료에서 간단한 매체를 통해서 치료 초기에 내담자의 반응을 어떻게 적용했는지 그 사례를 소개하자면 다음과 같다. 틱장애를 가진 5학년 남자 아동이 치료실에 처음에 왔을 때 치료자와 눈을 마주치는 것도 안 됐으며 어깨는 경직되어 구부정하게 보였으며 발음은 불명확하였고 "음음"하는 음성 틱 증상도 보였다. 틱장애가 모두 그러하듯이 아동은 너무나 불안해하였고 치료자에 대한 낯가림으로 온 몸이 경직되고 위축되어 있었다.

긴장을 풀기 위해 치료자가 먼저 시범으로 8절지 도화지에 부드러운 파스넷으로 마음대로 손가는 데로 낙서를 해보였으며, 한번 마음껏 낙서를 해보라고 권유하였다. 처음에는 상당히 주저하다가 치료자의 적극적인 지지로 아동은 의외로 낙서를 씩씩하게 하였으며 반짝이 풀로 마무리까지 하였다. 제목은 '무지개 낙서'라고 하였으며 느낌은 시원하다고 하였다〈그림 3-3〉.

이렇게 긴장이 풀리는 순간 치료자는 자연스럽게 아동의 마음으로 들어가 가서 여러 가지 질문을 하게 되었다. 예를 들어, 여기 치료실 오기 전에는 어떤 느낌이 들었으며, 무슨 생각을 하였으며, 지금 기분은 어떠하냐고, 또 무지개를 본 적이 있느냐, 무지개 색 중에 어떤 색을 좋아하느냐 등등 물어보면서 아동과 친밀한 관계를 맺을 수 있도록 시도하였다.

결국 이 한 장의 그림으로 인해 아동과 치료자는 대화를 주고받을 수 있게 되었으며, 이 자체만으로도 치료는 벌써 진행되고 있었다. 이 낙서의 선들과 색에서 느껴지는 이미지를 통해 치료자는 아동이 잠재해 있는 창조적 에너지를 발견하고 아동의 예후에 대해서 긍정적인 기대를 하게 되었다.

두 번째 치료시간에서도 지금 현재의 마음을 지난번과 같이 낙서로 표현해보라고 하였다. 아동은 자신의 답답한 마음을 표현하였으며 왜 답답한지 그 마음을 함께 나누고 공감하고 이해하였으며, 아동은 자신의 불안한 마음을 조금씩 아주 조심스럽게 표현하기 시작하였다〈그림 3-4〉.

이렇게 치료에 방어와 경계로 무장한 아동에게 미술치료의 낙서는 그러한 경계를 풀 수 있는 기회를 준다. 만약 처음부터 좀 접해보지 않은 복잡한 매체를 제공하였다면 이러한 긍정적 변화를 가져오기 힘들지 않았을까 생각해본다. 미술치료 초기에 서두르지 않고 흥미위주로

3~4회 치료를 접근한 결과 아동은 5회 때 자기의 문제를 심각하게 치료자에게 이야기를 해주었고 그 안타깝고 어려운 이야기를 서로 함께 공감하고 아파하였으며 작업을 통해 치유의 과정을 경험하였다. 그러나 아동의 뒤에는 항상 재촉과 간섭, 조바심을 나타내는 어머니가 계셨기 때문에 만약 치료에서 예비적인 단계 없이 아동의 문제에 서둘러 접근하는 것은 치료자에게도 어머니와 똑같은 전이를 불러 일으켜 치료에 불필요한 저항감을 유발하였을 것이다.

〈그림 3-3〉 무지개 낙서

〈그림 3-4〉 답답한 마음

위의 사례처럼 치료초기에는 자유로운 비 구조화된 매체가 내담자에게 자신의 생각을 자발적으로 표현하게 해주며 미술치료에 대한 부담을 주지 않고 긴장을 완화시켜 준다. 따라서 미술매체를 통해 자발적 표현이 시작되고 매체를 통해 이야기를 하였다는 그 자체가 위축된 아동에게는 벌써 중요한 치료적 변화라고 본다. 본 아동미술사례에 대한 자세한 내용은 4장 미술매체와 종류 '파스텔'의 사례에서 제시하고자 한다.

4) 미술매체 반응을 통한 사례개념화의 중요성

이제까지는 매체에 대한 내담자의 초기 반응을 아주 자연스럽게 치료적으로 연결하기 위해 단순하고, 친밀한 비구조적인 미술치료기법을 적용해야 한다고 강조하였다. 그 만큼 미술치료에서 매체를 통한 친밀하고도 신뢰로운 관계가 치료에 예후를 결정하는데 중요한 요인이기 때문에 강조를 한 것이다. 한편 미술치료사는 이러한 매체에 대한 내담자의 초기 반응을 치료에서 제일 중요한 사례개념화를 구성할 때 활용해야 한다는 것도 기억해야 할 것이다. 그것은 미술매체에 대한 내담자의 반응이 상징적으로 내담자의 문제를 반영하기 때문이다.

먼저 치료에서의 사례개념화를 알아보면, 사례개념화(case formulation)란 치료자가 내담자로부터 얻은 단편적인 정보를 통합하여, 내담자의 문제의 본질(nature)과 원인에 대해서 가설을 세우는 것을 말한다(Eells, 1997; Persons, 1989). 상담자는 자신의 이론적 배경과 임상적 경험을 바탕으로 내담자에 대한 가설을 형성하게 된다.

사례개념화는 내담자 문제에 대한 어떤 단정적인 결론이 아니라 잠정적인 설명 혹은 추론을 뜻한다. 치료자가 세운 가설은 치료가 진행되는 과정에서 얻어지는 추가적인 정보에 따라 필요한 경우 언제든지 수정·보완될 수 있다. 사례개념화는 초기에 얻어진 정보를 토대로 가설을 세우고 끝까지 그 가설을 바꾸지 않는 단회적인 작업이 아니라, 추가적인 정보에 따라 지속적으로 가설을 수정하고 보완해 나가는 역동적인 작업이다(Persons, 1989). 사례개념화의 목적은 치료자의 가설을 입증하는 것이 아니라 내담자의 문제를 정확하게 이해하여 문제해결을 돕는 것에 있다. 실제로 사례개념화는 상담 과정에서 치료의 길잡이와 나침반 역할을 한다. 일반적으로 사례개념화의 가장 큰 역할은 치료계획의 근거를 제공하는 것이다.

치료자는 사례개념화를 통해 내담자의 여러 가지 문제들이 어떻게 서로 관련을 맺고 있는지 이해할 수 있다. 사례개념화를 통해 개입 전략, 개입 시기 등을 선택할 수 있으며, 내담자의 행동을 예측할 수 있다. 또한 비협조적인 내담자의 태도를 이해하고 다루며 치료의 외적인 문제들(비용, 시간 등)에 대한 결정을 내릴 수 있을 뿐만 아니라 치료가 실패했을 경우 방향을 재설정할 수 있다. 사례개념화는 치료자가 내담자의 핵심 문제와 가장 밀접하게 관련되어 있는 문제들에 초점을 맞추도록 도와준다(Persons, 1989).

사례개념화가 내담자의 문제에 대해 이해하고 가설을 형성하는 것이기 때문에, 그러한 이해와 가설을 형성하기 위해서는 내담자에 대해 다양한 영역에 걸쳐 이해하고 평가해야 하며, 여러 단계를 거쳐서 가설을 형성하게 된다. Loganbil과 Stoltenberg(1983)는 치료자 훈련을 목적으로 치료의 실제에서 활용할 수 있는 사례개념화 양식을 구성하였다. 이들이 사례를 이해하기 위해 구성한 영역들은, (a) 호소문제(문제를 일으킨 상황적 요인, 문제의 지속기간, 과거 문제력, 그 당시 환경 상황) (b) 관련 역사 (c) 대인관계 스타일(타인들에 대한 전반적 태도, 상담자와의 관계에서의 태도) (d) 환경적인 요인(스트레스 요인, 지지 요소) (e) 성격 역동(인지적 요인, 정서적 요인, 행동적 요인)이다(손은정, 2001 재인용).

미술치료에서도 치료 초기에 미술매체에 대한 내담자의 반응을 치료적으로 잘 평가하여 내담자의 치료계획에 잘 적용을 해야 한다. 물론 내담자가 치료실에 의뢰되었을 때 치료자는 임상적, 역동적, 치료적 진단을 내리고 내담자 문제를 잘 평가할 수 있는 심리검사와 행동관찰, 면담 및 전문적 지식 등이 필요할 것이다.

그러나 미술치료에서는 미술이 강조되는 만큼 미술매체에 대한 내담자 반응을 살펴보는 것도 매우 중요하며 이러한 반응을 잘 살펴보기 위해서는 치료자의 풍부한 임상경험이 필요하다. Dewald(1974)는 심리치료를 할 때 치료자는 치료에 자기 자신과 자기성격을 투입해야 하며 치료자는 예민한 감수성(sensitivity)과 기민한 반응성(responsiveness)을 지녀야 하며 직관적으로 사람을 이해할 수 있어야 한다고 제시하였다. 그는 "정신치료란 하나의 예술이기 때문에 교육으로 가르칠 수 없는 것이고, 본질적으로 보아서 치료자란 직관에 의해서 환자가 제공하는 자료에 응하는 것이다"라고 하였다.

미술치료도 역시 내담자가 미술치료매체를 통해 반응하는 자료와 표현을 갖고 미술치료사의 직관(intuition)과 민감성(sensitivity)에 의해서 치료하는 것이라고 보며, 임상에서 여러 내담자를 통한 다양한 매체의 풍부한 경험과 이해는 미술치료사에게는 정말 필수적이며 치료적으로 매우 중요하다. 특히 치료초기에 내담자의 중심문제를 파악하고 치료계획을 수립해야 하는데, 미술매체에 대한 내담자의 반응을 통해 사례공식화하는 방법을 전문적으로 잘 알아야 할 것이며, 이에 대한 실례는 4장 '매체의 종류와 특성'에서 각각의 매체에 대해서 매체 반응을 통한 사례역동공식화를 제시할 것이다.

5) 발달단계에 따른 적절한 매체 선정

앞에서 미술매체에 대한 내담자의 초기반응을 통해 사례를 개념화한 것을 강조했다면, 이번에는 내담자의 발달단계에 따라 적절한 매체선정에 대해 논하고자 한다. 미술치료에서 사용하는 표현재료와 도구는 내담자의 흥미와 욕구 그리고 발달단계와 깊은 관계가 있으며 내담자의 표현에 도움이 되는 것으로 사용될 때 치료적 가치와 의미를 갖게 된다. 특히 내담자가 아동인 경우에는 더욱 그러할 것이며, 교육학자인 Piaget와 교육학자인 Löwenfeld는 아동의 성장과 발달은 낮은 단계를 거쳐 점차적으로 높은 단계로 진행하고 있으며, 이에 따른 아동의 표현재료와 표현도구 또한 단계별 특성을 고려하여 연계성 있는 심화의 과정으로 제시되고 학습되어야한다고 보고 있다(박주영, 2001 재인용). 보통 발달적 미술치료에서 발달장애 아동들을 대상으로 이러한 원리가 적용되는데 미술치료에서도 매체를 일반 내담자에게 적용할 때도 이와 같은 원리는 치료 단계별로 고려되어져야 할 것이다.

발달단계는 신체적 발달과 심리적 발달을 생각할 수 있는데, 미술표현에서 심리적 발달은 흥미, 관심 등의 정서의 정도를 의미하고, 신체적 발달이란 손이나 팔의 힘, 손동작의 정교함 등을 일컫는 것으로 같은 연령이라도 개인차가 있다. Löwenfeld에 의하면 미술교육에 있어 아동의 일반적인 발달단계를 먼저 정확히 연구하고 그에 적당한 주제, 동기부여, 재료 등이 주어져야 한다고 하였다. Löwenfeld의 발달단계를 중심으로 각 단계의 특성과 적절한 재료와 도구를 보면 다음과 같으며(서울대미술교육연구회 역, 1993; 전순영, 2008), 이에 미술치료사는 기본적으로 아동미술발달단계를 이해하게 되면, 미술치료임상과정에서 매체 선정할 때 도움이 될 것 같아 제시하고자 한다.

(1) 난화기(The Scribbling Stage: 2~4세)

① 난화기의 인지적 특성

이 시기 미술발달단계와 유사한 인지발달 시기는 감각운동기 후반과 전조작기 초반이다. 이 시기는 아동이 활발하게 사고하고 손, 발 협응이 향상되고 기고 걷고 달리는 것을 시작하는 시기이다. 목표지향적인 행동이 점진적으로 발달하고 주변 사람들의 언어와 행동을 모방하기 시작한다. 이 단계 후반에는 아동이 상징적 사고를 하기 시작한다.

② 난화기의 미술표현

난화(scribble)는 미분화 또는 유아들이 그린 착화의 상태를 말한다. 아무렇게나 그리기, 긁적 그리기, 마구그리기 등의 표현도 쓰고 있으나 '낙서 형태의 즐겁게 그리는 놀이' 성격으로 이해하는 것이 바람직하다. 이 첫 번째 단계는 18개월에서 3세 사이의 아동에게서 나타나며 아동을 잘 감독하지 않으면 벽이나 책 또는 다른 곳에 최초의 기호를 나타내며 다음과 같은 단계를 거친다.

〈그림 3-5, 그림 3-6〉 치료시간 초기에 긴장을 완화하기 위해 아동, 청소년, 성인 등 대상에 상관없이 크레파스, 색연필, 사인펜, 파스넷 등으로 난화를 그려본다. 위축된 내담자들은 이러한 자유로운 난화를 하지 못하는 경우도 있다.

〈그림 3-7〉 4세 된 남자 아동이 '이름 붙이는 난화기' 단계에 속하는 난화를 그렸다. 낙서 같지만 뱀, 지렁이, 달팽이하면서 난화에 이름을 붙이고 그 특성을 열심히 설명하였다.

- **무질서한 난화기(Disordered Scribbling Period):** 혼란스럽고 조직화되지 않으며 동작의 어떤 통제도 가해지지 않은 것을 의미하는 무질서한 형태로 종이가 아니더라도 담 벽, 유리창, 방바닥 등에 닥치는 대로 그리는 경우이다.
- **통제하는 난화기(Controlled Scribbling Period):** 자신의 동작과 종이 위에 나타나는 어떤 표현과의 사이에 관계를 발견하여 자신이 시각적으로 통제를 하는 단계이다. 선들을 수평, 수직, 원 등으로 반복해서 그릴 수 있게 된다.
- **이름붙이는 난화기(Named Scribbling Period):** 근육운동 지각적 사고에서 시각에 의한 상상력이 풍부한 사고로 변화되며 난화에 이름을 붙인다.

③ 미술매체 선정

난화기동안의 아동들은 근육운동 감각을 경험하고 자유로운 표현을 신장시킬 수 있는 재료를 사용하도록 해야 한다. 따라서 미술재료는 표현에 방해되지 않고 쉽게 표현할 수 있는 것으로 선택해야 한다. 미술매체는 아동의 욕구에 적합한 것으로써 크레용, 찰흙, 분필, 펠트펜, 포스터물감, 꼴라쥬, 핑거페인팅, 종이공작을 위한 색종이 등이 좋은 재료들이다. 이러한 재료들을 이용하여 선이나 원 그리기(2세), 색칠하기(3세), 찰흙으로 모양 만들기(2~3세), 탈 것이나 집 만들기(5세), 종이 붙이기(3세), 종이 접기(4세) 등의 미술활동을 함으로써 아동의 바람직한 성장을 도울 수 있다. 그러나 이 발단단계의 미술재료에 대해 조금 제한해서 생각해야 할 점은 수채화물감은 동작 조절 능력이 없는 이 시기에 고유의 성질인 흘러내림과 번짐으로 인하여 쉽게 좌절될 수 있기 때문에 주의하고(이한호, 1998), 또 반대로 그러한 특성을 즐기는 아동들이 있으므로 매체의 양가적인 특성을 미술치료사는 이해해야 한다. 연필도 날카롭고 쉽게 부러지는 단점이 있기 때문에 주의해야 할 것이다.

(2) 전도식기(The Preschematic Stage: 4-7세, 취학 전에서 초등 1년)

① 전도식기의 인지적 특성

인지 발달에 있어서 이 시기 동안에 아동은 자아 중심적이며 원인과 결과에 대한 주관적 인식을 갖게 된다. 언어가 발달하고 상징적 사고가 나타나며 아동은 형태, 색, 크기로서 그들의 세상을 분류할 수 있다. 또한 무의식적 표현과정에서 의식적인 표현과정으로 옮겨가는 표상 시도의 첫 단계이다.

② 전도식기의 미술표현

이 시기의 아동은 본능적 표현의 욕구와 자기 이미지 전달을 위하여 긁적거리기에서 사용했던 선이나 원 등을 가지고 희미하나마 어떤 형태를 그려낸다. 그러나 자기가 본 대상을 사실적으로 묘사하는 것이 아니라 지각한대로 상징적으로 묘사하며 대상은 아동의 주변생활에서 관심 있는 것을 그리며 주로 사람을 즐겨 그리는데 원은 머리를 선은 다리를 나타낸다.

공간개념이 덜 발달하여 자기를 중심으로 사물을 배치하며 회전하는 모양으로 그리는 등 공간배치에 대한 인식이 아직은 부족하다. 이 시기는 객관성이 없으며 그림의 방법이 자꾸 달라져 유연성을 나타내며 자아와 타아가 혼합되고 있는 자기중심적인 단계로서 아동화 발달의 전환기로 볼 수 있다.

〈그림 3-8〉 도깨비

〈그림 3-9〉 엄마

〈그림 3-10〉 우리 선생님

이 세 작품은 5세된 남자 아동이 미술치료실에서 그린 작품이다. 주제는 크레파스로 색칠하였고, 바탕색은 20호 수채화 붓으로 그림물감으로 색칠하였다. 전도식기에서 도식기로 넘어가는 발달단계에 있다.

〈그림 3-8〉의 인물화 비율은 2:1도 안 된다. 도깨비의 무서움을 표현하기 위해 입과 몸에 빨간색으로 칠하였다. 이 때 빨간색의 의미는 무서움이다.

〈그림 3-9〉의 인물화 비율은 2:1이다. 아동화의 특성답게 엄마의 팔을 시장바구니를 들게 하기위해 길게 그렸다. 입부터 발까지 빨간색으로 색칠하였는데, 아동은 엄마하면 생각나는 것이 '소방차'이다. 엄마가 야단치는 소리가 소방차의 싸이렌 소리와 같다고 하였다. 이 때 엄마의 빨간색은 화가 난 것을 상징한다.

〈그림 3-10〉의 인물화 비율은 3:1 정도이고 얼굴은 정면, 몸은 측면이다. 아동화 특성답게 이집트 그림처럼 시점의 다양화를 볼 수 있다. 유치원에서 만난 선생님을 자신이 할 수 있는 범위에서 최대한 예쁘게 채색하였고, 친구도 표현하였으며, 몇 시까지 유치원 가야한다는 소리를 들었는지 아동은 시계까지 표현하였다.

③ 미술매체 선정

이 시기는 아동 자신이 그리는 그림과 자신이 경험한 세계가 어떤 관계를 형성한다는 것을 알게 되는 시기로 자신의 생각을 주저하지 않고 나타내는 창조적 성장의 시기이므로 아동에게 동기부여가 중요하며 이러한 것은 아동의 경험과 결부시켜 지도하는 것이 좋다. 특히 자기의 신체개념을 먼저 인식시킨 후 자신에게 직접 관련된 주제를 표현하게 한다.

전도식기 연령의 아동은 그들 자신에게 의미 있는 것을 표현할 수 있는 능력에 의해 창작과정이 자극되기 때문에 미술경험은 재료 자체를 숙달할 수 있도록 기회를 제공해야 한다. 창작과정이 완성작품보다 훨씬 중요하기 때문에 미술재료는 그것이 계획된 연령층의 요구를 만족시킬 수 있도록 선택되어야 한다(박주영, 2001).

이때 사용하는 재료는 너무나 많은 것을 한꺼번에 경험시키는 것은 좋지 않으며 흡수력이 있는 커다란 종이나 거친 털이 있는 붓, 농도가 진한 물감 등은 이시기의 자유로운 표현 매체로서 훌륭하고 자유의식을 계발시키기에 좋은 표현재료이다. 가변성이 있는 찰흙도 입체 재료로서 좋으며, 크레용, 크레파스와 색연필, 꼴라쥬 재료, 색종이 등도 기본적인 재료로 적합하다. 다음 두 작품은 전도식기 발달단계의 아동이 점토와 칼라믹스로 작업한 작품이다.

〈그림 3-11〉 나비

〈그림 3-12〉 마을 버스

(3) 도식기(The Schematic Stage: 7-9세, 초등 1년에서 3년)

① 도식기의 인지적 특성

미술 표현에 있어서 시각적 도식의 발달단계는 전조작기 후반과 조작기 아동의 인지적 능력을 반영한다. Piaget에 따르면 이러한 발달 시기동안 아동은 주변 환경에서 규칙을 발견하고 그들의 삶에서 행동과 구조의 규칙을 발달시킨다고 하였다. 이러한 행동도식의 발달은 아동이 그림이나 다른 창조적인 표현을 통해 자신을 표현하는 것에서 분명하게 나타난다.

② 도식기의 미술표현

이 시기에 아동은 그림에 대한 도식이 생기는 시기로서 인간과 환경에 대한 한정된 개념의 공식화가 이루어진다. 형태상징과 도식의 반복을 통한 자신감을 얻으며, 의도적인 경험의 표현이 아닌 '인간, 나무' 등 사물 그 자체만의 순수한 도식을 갖는다. 경험이 도식에서의 일탈로 표현되며 기하학적인 선의 사용이 보이며 도식의 반복을 통하여 적극적인 지식과 개성에 의존하는 한정된 인물의 개념을 갖는다. 다음과 같은 표현적인 경험의 일탈이 보이며 중요한 부분의 과장과 중요하지 않은 부분의 무시나 생략이 있으며 상징의 변화가 보인다.

공간개념이 생겨 기저선(base line)으로 땅과 하늘(sky line)을 설정한다. 시간과 공간을 함께 의식하지 못해 한 종이에 서로 다른 시간과 공간을 나타내기도 하며 내부와 외부의 것을 동시에 표현하는 X-ray 기법이 나타난다. 주관적인 공간과 대칭적인 표현, 자기중심적 표현 그리고 정면과 평면이 혼합된 형태가 나타난다.

〈그림 3-13〉 우리 찾아봐요

〈그림 3-14〉 반쪽이

〈그림 3-15〉 천사

〈그림 3-16〉 피 토했는 것

본 작품들은 8세 된 남자 아동이 그린 작품이다. 작품은 모두 도식기 수준에 속한다.
〈그림 3-13〉은 TV 상자에 숨어 노는데 엄마가 화가 나서 찾는 장면을 표현하였다.
X-ray그림으로 투시화이다.

〈그림 3-14〉는 엄마와 방학 숙제 탐구생활을 하는데 '반쪽이'내용이 나와 너무 슬퍼 우는 데 엄마가 "남자 녀석이 그런 것으로 울면 안 된다"고 "뚝"하고 혼을 내고 있는 내용이다.

〈그림 3-15〉는 천사들을 그린 것인데 친구들 천사보다 자신의 천사를 제일 크게 그렸다. 아직도 자기 중심적인 것을 볼 수 있다.

〈그림 3-16〉은 아동이 천식이 있는데 엄마에게 혼나 천식발작이 심하게 나타났다. 그 때 기침에 약간의 아주 조금 피가 보였는데 그것을 상당히 과장되게 표현을 하였다.

③ 미술매체 선정

도식기의 아동들에게 기능을 높이고 자기 확신을 경험할 수 없는 미술재료보다는 근육운동이 이전 보다 발달하였으므로 큰 종이를 제공하여 자유로움을 줄 수 있다. 이 시기에 사용하는 주 재료는 크레파스이며, 다루기 힘들고 통제된 재료의 사용에서 벗어나 자유롭게 '매체탐색'을 할 수 있도록 격려해주어야 한다(현광덕, 1993). 만들기 재료의 경우 작은 손으로 다루기 쉽고 힘을 많이 가하지 않아도 되는 찰흙이나 색상이 다양한 고무찰흙 등을 사용하여 공간감과 덩어리 감을 자연스럽게 학습할 수 있다.

초등학교 저학년 아동들은 흙, 모래 등 자연물의 재료와 크레용, 크레파스, 점토, 종이류, 빈 상자, 빈 병, 천 등 꼴라쥬 재료를 사용하여 초보적인 조형 활동을 즐기게 된다. 도식기의 미술매체 가운데 찰흙에 관한 것을 보면 찰흙은 가소성 때문에 개념발달을 시키는 아동에게 적합한 재료이다. 포스터물감이나 템페라 물감의 질감과 농도는 이 시기의 아동들이 형태나 공간, 색채의 개념을 발견하고 반복을 통해서 자신의 도식을 개발시키는데 좋은 재료이다. 크레용이나 색분필도 좋은 재료이며 수채화물감은 그림에 바탕색을 칠하기에는 적합하지만 전형적인 도식을 그리거나 반복하는데 적합하지 못하며 때로는 수채물감의 유연한 효과는 좌절감을 유발할 수도 있다.

(4) 또래 집단기(The Gang Age: 9–11세, 초등 3–5년)

① 또래 집단기의 인지적 특성

미술발달에서 이 시기 동안은 조작기가 계속되는 시기로 아동은 자아중심적인 사고에서 벗어나려고 하며 아동은 다른 사람에 대한 사고, 의견, 감정을 고려하기 시작한다. 아동의 상호관계, 원인과 결과, 상호의존에 대한 이해가 시작되고 집단 내에서 활동하는 능력의 토대를 이룬다.

② 또래 집단기의 미술표현

또래 집단기의 아동들은 환경에 대한 인식과 감수성이 크게 발달하며 자기의식이 확대되고 그에 따라 기하학적인 선에 의한 도식적 표현에서 이행되어 차츰 사실적 표현의 경향이 나타나기 시작한다. 이 시기를 '형태적 사실기'라고도 하며 이시기의 아동들은 또래들과 어울리면서 자기를 인식하고 남을 의식하며 형태에 대한 사실적인 표현에 많은 관심을 기울인다. 또래집단을 따르는 시기이며 기하학적인선(도식)이 없어진다. 자아와 성의 차이에 대한 보다 많은 인식이 생기며 옷에 대한 관심이 있으며 소년과 소녀의 차이를 강조한다. 장식에 대한 의식적인 첫 접근과 더불어 재료와 기능에 대한 지식을 갖게 되며 자기 인식은 다양한 옷의 특징에 의해 자극된다. 기저선이나 주관적인 공간표현에서 벗어나 중첩과 원근을 의식한 표현을 하기도 하지만, 한편 사실적인 표현과 상징기에 형성된 개념적 표현사이에서 고심하고 혼란을 느끼기도 한다.

〈그림 3-17〉 나의 친구

〈그림 3-18〉 물놀이

〈그림 3-17〉은 11세 남자 아동이 자신의 친구를 붓 펜으로 크로키 한 것이다.

〈그림 3-18〉은 10세 남자 아동이 친구들과 물놀이 한 것을 표현했는데, 기저선이 사라지고 공간이 상, 중, 하로 구분되었으며, 명암도 아주 밝기, 중간 밝기, 어두운 부분과 그림자를 표현해 입체적 표현을 시도하고 있다.

③ 미술매체선정

이 시기에 아동은 몇 가지 점에서 관점을 전환하는데 그것은 자기중심에서 타인도 의식하게 되고, 주관적인 표현을 객관화시키려고 노력하며 상징적인 표현이 사실적인 표현이 되고 도식적 표현에서 탈피하여 다양한 표현을 시도한다. 이 시기에는 협동 작업을 통한 협력이 가능하기 때문에 협동과제를 준비하면서 여러 가지 다양한 재료를 준비하는데 익숙하지 않은 재료를 사용함으로써 그림에 좋은 효과를 얻을 수 있으며, 도식기보다 수채화물감을 사용할 수 있는 능력이 있고 농도 조절 또한 가능하게 되며 세부적인 곳에 관심을 기울이게 된다. 따라서 크레파스보다 오히려 물감이 창의적 표현을 자극하는데 도움을 줄 수 있다.

입체표현은 점토를 사용하거나 나뭇가지, 철사 등의 보조 재료도 이용이 가능하며 판화에서는 나무를 사용한 목판화를 주로 취급하기 때문에 조각도의 취급 법을 지도할 필요가 있다. 또한 아동의 표현욕구가 높아지기 때문에 사용하는 재료에 맞춰 톱, 망치, 송곳, 펜치 등의 도구 사용도 가능한 시기이다. 조소나 디자인 지도에 있어서는 상품화된 재료를 가지고 일반적인 방식대로 지도하는 방식은 아동들을 천편일률적인 형태로 찍어내는 비교육적 결과를 낳게 한다. 따라서 주변에서 재료를 찾아보고 그것을 다양하게 활용해 보도록 하는 것이 창의적인 미술지도 방법이 될 수 있다(한국교육개발원, 1996).

(5) 의사실기(The Pseudo-Naturalistic stage; 11-13세, 초등 5년-중등 1년)

① 의사실기의 인지적 특성

아동의 발달단계에서 보면 이 시기는 논리의 시기로서 각자의 지성에 눈을 뜨고 넓은 세계와 미래에 관심을 확대해간다. 표현과정보다 완성된 작품에 대한 중요도가 높아간다. 청소년기에 접근하는 준비단계로서 어린이도 아니고 성인도 아닌 심리특성을 이해하고 자연스럽게 성인이 기대하는 표현으로 이행하도록 도와주는 것이 중요하다.

② 의사실기의 미술표현

지능의 발달과 함께 그림이 사실적으로 변화되며 시각형이나 촉각형의 경향이 나타난다. 즉 아동은 시각적 자극을 더 선호하는 아동과 주관적 경험에 대한 해석에 보다 관심을 가지는 아동으로 분류된다. 이야기 그림이나 활동을 좋아하고 부분적인 이미지들의 결합되며 신체활동에 대한 시각적 관찰과 비례 및 입체표현에 대한 욕구가 보이며 멀리 있는 사물에 대한 축소뿐만 아니라 지평선 및 원근과 기분에 따라 자연의 색채를 변화시킨다. 양식화에 대한 첫 의식적인 접근과 디자인에 관련된 다양한 재료의 기능과 함께 배경 있는 연극 활동도 가능하며 상상력과 모델에 의한 행동, 내용의 강조에 따른 비례와 색채 감정까지 표현이 가능하다.

③ 미술매체선정

의사실기의 아동들은 손의 움직임이 섬세해지고 재료나 용구를 다루는 능력이 향상된다. 따라서 지금까지 다루어보지 않았던 새로운 재료를 통한 학습에 흥미를 가지며, 좀 더 실생활에 가깝게 느껴지는 주제의 표현이나 재료에 관심을 갖게 된다. 또 아동의 나름대로 관심을 갖는 분야가 폭넓고 다양해지므로 미술활동은 아동의 욕구를 만족시킬만한 주제와 재료를 제시해주는 것이 필요하다(이유경, 1998).

이 시기에 가장 적절한 재료는 받아들인 인상에 대한 묘사가 가능한 것이어야 한다. 아울러 재료는 너무 세밀하게 계획되어 제공되면 직관력을 해치는 수가 있으므로 자유롭게 선택되도록 해야 한다. 다양하게 표현 가능성을 갖고 있는 재료 탐색을 할 수 있도록 목탄, 수채화물감의 투명, 불투명 사용기법과 판화의 경우는 목판, 동판 등의 경험 가능한 재료 · 도구의 사용이 필요하다. 재료를 다루는 능력은 표현 욕구를 통하여 발달하며 발달단계가 높을수록 기법과 기능이 점점 중요해진다(박주영, 2001).

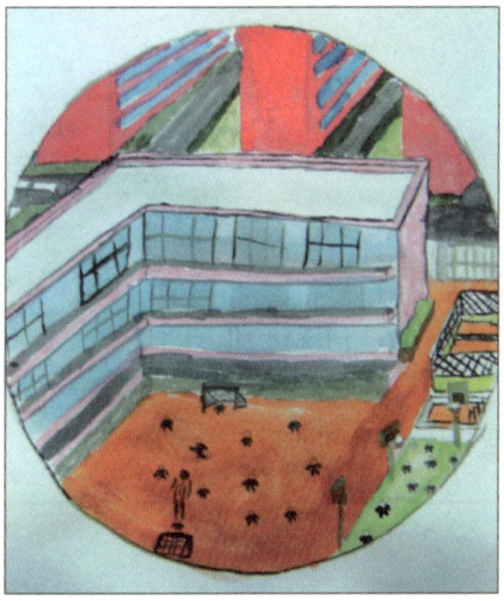

〈그림 3-19〉 제일 재미있는 일

〈그림 3-20〉 정물화

〈그림 3-19〉는 중학교 남자학생이 제일 재미있었던 일로 점심시간에 학교 운동장에서 친구들과 축구한 것을 수채화 물감으로 아주 정교하게 표현하였다. 학교 건물과 학교 뒤에 있는 아파트를 입체감을 살려 표현하였다.

〈그림 3-20〉은 6학년 여학생이 그린 정물화이다. 입체감을 살려 대담한 붓터치로 표현하였다.

(6) 결정기(The Period of Decision :14-17세, 중학교에서 고등학교)

① 결정기의 인지적 특성 및 미술표현

창조적 표현이 없어지기 시작하고 많은 아동들이 그림에 흥미를 잃게 되는 청년기의 위기를 형성하는 단계로 신체적 정신적으로 새로운 상황에 적응해나가야 한다. 공간적 사실기라고도 하며 중학교 이상의 학생들이 해당된다. 이 시기는 아동도 아니고 성인도 아님을 발견하게 되고 자아인식능력과 환경에 대한 인식능력이 급격하게 발달된다.

미술표현에 있어서 형태에 대한 사실적인 표현뿐만 아니라 입체적 공간을 표현하려고 노력한다. 환경에 대한 인식능력이 발달함에 따라 공간에 대한 관심이 깊어져서 공간에서의 크기, 색채, 명암, 원근 등의 변화에 매우 민감하며 그런 인식들을 표현하려고 노력한다. 실제에 가까운 색을 사용하고 주관적이며 개성적인 표현을 하려고 애쓰며 각 요소와 부분간의 조화로운 표현을 하려 노력한다. 정열과 야망, 낭만적인 이상, 성적 자각 등을 가지고 있기 때문에 그런 특징들이 표현에 나타난다.

② 미술매체 선정

결정기에서는 전 단계의 모든 표현재료가 사용될 수 있으며 표현하고자 하는 욕구에 따라 성인들이 쓰는 재료들도 사용할 수 있다.

Löwenfeld의 발달단계를 중심으로 사용가능한 재료를 〈표 3-1〉에 정리하면 다음과 같다.

〈표 3-1〉 Löwenfeld의 발달단계를 중심으로 사용가능한 재료

발달단계		사용 가능한 재료
난화기 (2-4세) 취학 전	마구 그리는 난화기	• 커다란 검은색 크레용, 매끄러운 도화지, 포스터 물감, 손가락 그림물감, 찰흙, 흰 분필, 꼴라쥬 재료
	조절하는 난화기	• '마구 그리는 난화기'와 같음
	명명하는 난화기	• 다양한 색깔의 크레용, 포스터물감, 찰흙, 깃털 펜
전도식기(4-7세) 취학 전-초등1년		• 크레용(새것이 아닌 껍질을 벗긴 것), 찰흙, 털이 달린 긴 붓(거친 털), 흡수성이 있는 큰 도화지(4절정도), 색연필, 사인펜, 색종이, 다양한 꼴라쥬 재료
도식기(7-9세) 초등 1-3년		• 다양한 색상의 크레용, 색분필, 포스터물감, 찰흙, 큰 도화지, 색종이, 꼴라쥬 재료, 풀과 가위 다양한 자연재료, 연필
또래 집단기(9-11세) 초등 3-5년		• 도화지, 크레용, 포스터물감, 고른 색분필, 찰흙, 두꺼운 종이, 나무, 꼴라쥬 재료, 금속, 판화, 인쇄물, 손가락 그림물감, 붓(거친 붓, 가는 붓), 기타(가위, 풀 등)

의사실기(11-13세) 초등5-중등1년	• 수채화 물감, 포스터 물감, 찰흙, 붓(큰 것, 작은 것), 리놀륨 판화, 두꺼운 종이, 목탄, 기타(천, 나무)
결정기(13-17세) 중등1-고등1년	• 크레용, 유화물감, 콩테, 벽화, 찰흙, 석고 등의 조각, 나무, 금속, 돌, 그래픽, 이젤 그림

6) 매체 특성의 이해와 경험 및 유의점

Rubin(1984)은 미술치료사가 치료에서 관심을 가져야 할 재료는 무엇인가 생각해볼 필요가 있다고 강조하였다. 대체적으로 미술치료사는 본인이 충분한 경험이 있는 재료를 내담자에게 제공하며 상황에 따라 기술적인 문제를 도와주어야 한다고 하였다. 이러한 경험들을 보충하기 위해서 미술치료세미나나 워크숍에 참석해서 다양한 매체를 통한 체험학습이 미술치료사에게 필요하다. 또한 미술매체 체험학습을 통해 미술치료만이 갖는 독특한 창조적 치유경험을 충분히 경험해야 한다. 그래야만이 미술치료사로서 정체성을 가질 수 있을 것이다.

부가적으로 미술치료사는 내담자의 창의적인 생각을 실현화할 수 있도록 도와주고, 또한 그들 적응문제의 해결을 제시하기 위해서 여러 가지 미술매체의 독특한 특성과 표면 재질, 도구 사용 등을 알아야 한다. 예를 들어 3차원 입체 조각 작품을 지지할 뼈대의 활용에 대해서 모른다면 점토로 된 형상이 자꾸만 무너져 내려 좌절감을 느끼고 있는 내담자를 도와줄 수가 없다. 마찬가지로 내담자가 아크릴 물감으로 채색하기를 원한다면 치료사는 그 물감의 특성을 알아야 하고 그것을 이용하여 작업을 할 줄 알아야 한다.

얼마 전 미술치료 집단수업에서 의료기 상사에서 판매하는 석고 붕대로 석고가면을 만든 적이 있다. 자신의 얼굴에 직접 석고붕대를 부쳐서 만든 석고가면에 모두 호기심을 가졌다. 물론 석고붕대에 대한 반응은 다양하였다. 우선 석고가면에 여러 가지 매체로 자신을 표현하는 시간을 갖기로 하였다. 대부분은 포스터 물감으로 가면을 채색하였는데 그 중 한 분이 아크릴 물감으로 채색하고 싶다고 하였다. 만약 아크릴 물감으로 채색을 하면 물감이 마르는데 시간이 약간 소요되므로 짧은 시간에 완성하기가 어려울 뿐만 아니라 완성된 작품을 갖고 집단원과 함께 나누기가 좀 어려울 것이라고 말해주었다. 사실, 작품을 미완성을 만들어논 채 집단원들과 준비되지 않은 나누기를 하는 그 자체가 치료에서 소외감을 종종 유발할 수가 있다. 그러나 매체에 대한 현실적인 제한점을 언급해주면서 아크릴물감으로 채색하기를 원하는 내담자의 표현 욕구도 공감해주기 위해 나머지 하나는 가정에 돌아가서 충분한 시간을 갖고 아크릴물감으로 완성해보라고 제안하였다.

가면을 통한 자화상은 자기탐색을 치료목표로 하기 때문에 자신에 대해서 많은 시간을 갖고 생각해본다는 것은 치료에서 매우 유용하리라고 생각했지만, 현장에서 완성된 작품을 갖고 이야기하는 것도 현실적으로 중요하다고 보기 때문에 매체에 대해 미술치료사가 중재를 하게 된 것이다.

또한 임상에서 미술치료를 하다보면 재료의 특성을 아는 것은 아주 매력적인 일이다. 그것은 어떤 미술 매체나 도구들이라도 위에 언급한 것처럼 상황에 따라서 독특한 특성을 가지고 있기 때문이다. 그것들을 사용함으로써 기대했던 것보다 더 성공적으로 유도될 수 있고 그렇지 못할 때가 있다. 추가로 미술 매체들은 내담자에게 인지적으로 반응할 뿐만 아니라 정서적으로 반응할 수 있는 여러 특성을 갖고 있다. 핑거페인팅은 부드럽고 축축하고 색깔이 있으며 바르면 두꺼워 진다. 축축하고 끈적거리는 질감 때문에 직접 손으로 만지거나 아니면 도구를 이용하여도 때로는 번거롭고 귀찮을 수가 있다(Rubin, 1984).

사실 핑거페인팅은 재료준비(하드보드지, 풀, 그림물감, 나이프 및 여러 가지 도구, 비닐장갑, 물휴지 등)도 많이 해야 할 뿐만 아니라 작업하고 나서 뒷정리 하는 것도 결코 쉽지가 않아 미술치료사를 위한 매체 체험 교육을 할 때 약간의 부담감을 주는 것이 사실이다. 치료임상에서 개인이 하는 것은 그래도 감당할 수 있지만, 집단 교육에서는 20~30명 정도가 핑거 페인팅 작업 후에 정리하는 것이 보통 일이 아니다. 그런데 치료가 종료할 때나 미술치료교육이 마칠 때쯤 "어떤 매체가 가장 인상적이고 재미있었느냐"라는 질문에 내담자나 교육받은 분들 대부분이 핑거페인팅이 미술치료매체 프로그램 중에 제일 좋았다고 한다. 무엇보다도 손가는 대로 마음대로 그린 것이 편안하고 재미있고 또 어린 시절로 돌아가서 왠지 낙서하는 기분으로 손동작을 하는 것이 무엇인가를 그려야 한다는 압박감에서 벗어나게 해주어 좋다고 하였다. 매체를 통해 어린 시절로 퇴행하는 기분이 치료에서 오는 방어와 긴장감을 너무 자연스럽게 감소시킨다고 하였다. 그 소감을 듣고 난 후부터는 매체에 대한 치료자의 선입견 및 부담감을 버려야겠다고 생각하였고, 핑거페인팅을 임상에서 많이 활용하게 되었다.

마찬가지로 점토는 즐거운 감정과 혐오스러운 감정을 두 가지 다 자극할 수가 있다. 그것은 부드럽고 만지기 쉬울뿐더러 동시에 차갑고 단단히 굳어져서 유연성이 없어지는 특징을 갖고 있다. 재료의 독특한 특성에 때문에 이런 반응들이 내담자들로부터 유쾌하거나 불쾌한 경험을 부분적으로 유발할 수가 있다. 또 치료에서는 매체를 통해 유발되고 경험되어지는 내담자의 감정을 충분히 다루어주어야 할 것이다. 왜냐하면 치료는 억압된 감정을 다루어주는 것이고 그것을 표현하도록 격려하는 것이기 때문이다.

이러한 감정적 투사는 미술매체뿐만 아니라 도구와 그 처리과정에 대한 반응에서도 일어난다. 길고 두꺼운 붓은 어떤 사람에게는 흥미를 끌 수가 있고 또 다른 사람에게는 다루기 힘들 수도 있다. 어떤 내담자에게 나무에 못을 박는 것은 공격적인 에너지를 발산할 수 있다고 느끼지만, 반대로 불안이 유발되어 억제된 행동으로 느끼는 내담자도 있다. 나무에 모래를 바르는 것이 일종의 사랑의 애무로 경험될 수 있는 반면에 적대적인 공격성으로 간주될 수도 있다. 매체작업을 통해 충분히 훈련을 한 미술치료사는 재료의 특성을 통해 의미 있는 개인적인 반응을 유발하는데 결코 실패하지 않을 것이다. 경험에 비추어 보면 내담자들은 그가 사용하는 미술매체, 도구, 또는 처리과정에 대해 가끔 질문을 해오기도 한다. 몇몇은 약간의 유동성과 색이 있는 것을 선호하므로 그림물감을 선택하고, 반면에 다른 사람들은 그것들을 잘 통제할 수 없다고 느끼기 때문에 그림물감과 자신들을 동일시하려고 한다. 미술치료사는 재료들의 활동적인 측면뿐만 아니라 상징적인 특성을 인식하는 것이 중요하고, 내담자들이 여러 다른 매체와 그 작업과정을 우연히 접할 때 나타나는 충분한 영향력을 평가할 수 있어야만 한다(Rubin, 1984).

이와 같이 미술치료사는 여러 매체들에 대한 내담자 개개인의 각양각색의 다양한 반응들과 또한 긍정적이고 부정적인 반응들을 활용하여 내담자의 자유로운 연상과 감정을 끌어내고 탐색하여 치료적 자료로 충분히 활용할 수 있도록 하기위해 유의할 점 몇 가지를 언급하고자 한다(전인선, 2003).

(1) 매체 활용을 계획함에 있어 내담자가 용도, 특성, 사용방법 등을 이미 알고 있는 기본적인 재료로부터 사용하도록 하고, 치료진행과정에서 적절하게 새로운 재료를 소개함으로써 내담자의 재료 활용 범위를 넓혀가야 한다.

(2) 종이, 크레파스, 색연필 물감 등 비교적 안전하고 기본적인 재료는 내담자가 자발적으로 사용할 수 있도록 쉽게 손닿을 수 있는 곳에 위치시킨다. 그러나 위험성이 있는 재료 또는 특정한 시기에 특별한 의미를 가질 수 있는 재료는 내담자의 손이 닿지 않는 곳에 놓아두어 반드시 치료자의 통제에 의해 사용할 수 있도록 한다.

(3) 내담자의 장애유형 및 정도, 치료목표 및 진행상황 등에 따라 재료 선택에 세심한 주의를 기울여야 한다. 이러한 까닭은 내담자의 상황에 따라 사용 결과에 가변성이 크기 때문이다. 예컨대 물감, 핑거페인팅 재료, 물기가 많은 점토 등은 단순하고 기본적인 재료로서 퇴행을 촉진시키기 쉬워서 성격이 경직된 내담자에게는 매우 유용하지만 충동적이거나 자아경계가 불분명한 내담자에게는 충동적 성향을 더욱 심화시킬 수 있다.

(4) 회기별 사용 재료의 수는 내담자의 수용능력을 고려해서 결정해야 한다. 자아기능이 미성숙한 경우, 동시에 너무 많은 재료를 제공하면 오히려 혼란을 초래할 수 있기 때문이

다. 내담자의 인지 수준이 3~4세 수준이라면 2~3가지 정도의 재료로부터 시작하여 점차 확대시켜 나가는 점진적 접근이 필요하다.

(5) 내담자가 생활주변에서 쉽게 발견할 수 있는 친근한 재료를 활용하여 두려움이나 거부감이 없어 자신의 감정을 자연스럽게 표출할 수 있도록 해야 한다. 이런 점에서 볼 때 일상생활에서 사용되는 폐품(재활용)재료는 유용성이 크다.

(6) 질이 좋은 재료를 활용해야 한다. 잘 부러지는 4B 연필이나 색연필, 굳어 버린 튜브물감, 구겨진 종이, 뻣뻣한 붓 등은 내담자의 심리나 작업행위를 위축시키는 요인이 될 수 있다.

(7) 표현재료에 변화를 주어야 한다. 이를 위해서는 첫째, 평면작업의 밑판이 되는 종이, 우드락, 나무판, 아크릴 등은 크기, 가로, 세로의 비례, 색상 등을 다양하게 한다. 둘째, 종이류, 섬유류 등 평면표현 재료와 점토류, 목재류, 금속류 등 입체표현재료를 고루 사용할 수 있도록 한다. 셋째, 평면에서 입체로 입체에서 평면으로 전환시킬 수 있는 재료에 의해 평면과 입체를 넘나들며 작업할 수 있도록 한다. 종이류, 점토류 등은 위와 같은 작업을 가능하게 해 준다.

(8) 위생성과 안정성이 보장되는 재료를 활용한다. 이를 위해 모든 재료는 오염되지 않고 청결한 것을 사용해야하며 발생 가능한 위험요소를 충분하게 할 수 있는 방책이 강구된 상태에서 재료를 활용할 수 있게 해야 한다(전인선, 2003).

7) 미술매체의 연구 및 슈퍼비전

이론과 실제가 융합되어 있는 미술치료학이 학문적으로 고유성을 유지하고 경쟁력을 갖추기 위해선 미술치료의 특수성을 다루어 줄 연구방법론의 축적이 필요하다(장연집, 2002). 창의적 미술치료사들의 연구에 대한 고민은 창의적 미술치료의 과정을 객관적이고 과학적으로 설명하면서 그 과정의 창의성에 대한 경험을 생생하게 살릴 수 있는 방법을 찾는 것으로 계속되고 있다. 창의적이고 자유로운 미술치료 임상활동을 분석적이고 과학적인 연구방법으로 설명해야 하는 이러한 임상과 연구의 분열된 상태로 인해 새로운 연구방법을 필요로 하고 있다(McNiff, 1998).

지난 시간 예술치료에 대한 연구는 내담자의 작업을 치료자가 분석하였는데, 이러한 양적 연구방법에 의거한 건강에 대한 접근방식은 직선적이고 인과적이다. 따라서 건강이나 질병에 대한 측정, 집단 간의 비교, 표집과 통계적인 분석을 강조하는 연구의 틀은 기여도 많이 했지만 동시에 건강 관련의 심리연구 분야에는 제한된 연구를 이끌어 왔다(장연집, 2000).

미술치료에 적절한 연구방법은 인간에 대한 이해와 미술치료의 학문적 이해를 뒷받침하는 것이 필수적으로 요구되어지는데, 결국 이러한 변화의 목표는 미술치료를 연구하는 미술치료사 자신이 긴장하지 않고 이완된 상태로 창의성을 잃지 않으면서도 학문적인 요구를 위해 그 자체의 가능성들을 성취해 내는 것으로 연구의 의미를 확장하는 것이다(McNiff, 1998).

이러한 미술치료에 대한 시대 상황적인 요구를 받아들여 미술매체에 대한 연구도 활성화해야 할 것이다. 미술치료사들이 적용하고 있는 기본적 재료와 도구의 실제적인 측면 그리고 상징적인 측면을 좀 더 상세히 연구할 필요가 있다. 미술치료사는 각각의 미술매체, 도구, 작업과정의 인지적 인식뿐만 아니라 '성격'에 대한 평가도 동시에 해야 한다–무엇을 할 수 있고 할 수 없는가 그리고 발달적 수준이 어떻게 미술 매체의 난이도 정도와 관계하며 상징적 의미와는 또한 어떤 관계가 있는가 등등을 연구해야 할 것이다. 이러한 인식은 미술 매체, 도구, 과정에 대한 개인적 임상 경험을 통해 실제적으로 얻어질 수 있지만(Rubin. 1984), 미술치료 임상적 경험들을 잘 연구 설계해서 객관적인 자료를 제시하는 연구가 뒷받침 되어야 할 것이다.

미술치료사들은 다소 일반적이기는 하지만 미술매체에 대해 다음과 같은 연구주제에 대해서 관심을 가질 필요가 있다. 첫째, 어떤 매체들과 미술치료기법이 치료초기, 중기, 종결단계에 적합한지, 둘째 아동, 청소년, 성인 및 노인들에게 즉 대상별 미술치료에 있어서 어떤 매체가 치료적으로 적용하면 효과가 있는지, 셋째 장애종별 및 내담자의 문제에 따라 어떤 매체들이 치료적으로 효과가 있으며 그 기능을 활성화할 수 있는지 반대로 어떠한 제한점을 갖고 있는지, 넷째 각 매체에 따른 치유효과를 비교, 평가할 수 있는 것에 대해 구체적으로 연구해야 할 것이다. 이러한 연구결과들을 토대로 미술치료매체에 대한 기본적인 이론을 구축할 뿐만 아니라 여러 대상들을 위한 매체를 창의적으로 풍부하게 개발할 수 있을 것이다.

항상 미술치료사는 임상현장에서 각각의 매체를 다루면서 그 치유적인 요인들에 대해서 연구하는 자세를 가져야 한다. 어떤 미술치료연구이든지 연구의 사전, 사후 검사를 통해 대상의 긍정적인 변화를 도출해나갈 수 있다. 중요한 것은 바로 다른 상담 및 심리치료와 차별화할 수 있는 어떤 치유요인이 미술치료의 긍정적인 변화를 가져다주는지 이에 대한 구체적인 연구가 있어야할 것이다. 제일 바람직한 것은 매체를 통한 연구결과들을 객관적으로 평가하여 양적인 자료를 제시할 수 있을 때 그 연구결과를 신뢰할 수 있을 것이다. 그러나 내담자들의 매체사용에 대한 질적 평가도 양적평가만큼이나 중요하기 때문에 두 가지를 잘 통합하면 좀 더 전문적인 연구가 될 것이라고 본다.

다음은 미술치료에 대한 슈퍼비전에 관한 것인데 슈퍼비전의 사전적 의미는 'Super(위에서, 혹은 능가하며)'와 'Vision(보다)'의 조합으로 '위에서 바라보는 것, 감독하는 것'을 의미한다.

즉 슈퍼비전은 상담자의 상담수행을 감독하거나 지도하는 활동으로서, 숙련된 상담자가 상대적으로 경험이 적은 상담자로 하여금 다양한 수단들을 통해 상담을 배우도록 조력하는 과정이다(김태은, 2009 재인용). Goodyear(1992)는 상담분야의 선배 또는 보다 전문적인 위치에 있는 사람이 이 분야의 후배나 미숙한 구성원에게 제공하는 일종의 개입이라고 정의하면서, 후배들의 전문적인 기능을 증진시키고 그들이 내담자에게 제공하는 서비스의 질을 감독함으로써 이 분야에 입문하려는 사람들에게 문지기(gate-keeper)의 역할을 한다고 하였다(손승희, 2004 재인용).

한편 Gordon(1992)은 슈퍼비전의 기능에 대해 다음과 같이 제안하였다. 즉 슈퍼비전이란 상담 수련생에게 자신이 행하고 있는 상담에 대한 피드백을 줄 뿐 아니라, 상담 수련생이 혼란되어 있거나 도움이 필요할 때 어떻게 할 것인지 적절한 안내를 해주며, 상담 수련생이 상담 장면에서 내담자의 역동이나 개입 또는 상담 방향에 대한 대안적 견해와 조망을 가질 수 있도록 도와준다. 뿐만 아니라 슈퍼비전은 상담 수련생으로 하여금 상담 경험과 내담자에 대해 호기심을 갖도록 자극하고 그 호기심을 촉진시키며, 상담자로서의 정체감과 형성 과정에 기여하고 그들이 상담을 배우고 행하는 데 있어 혼자가 아니라는 것을 알게 함으로써 안전한 보호막과 같은 기능을 해준다. 일반적으로 슈퍼비전의 기능은 상담기술의 발달, 자각의 증가, 사례개념화 기술 발달, 전문성 촉진들을 포함한다(손승희, 2004 재인용).

미술치료 슈퍼비전은 미술치료 회기 중에 발생한 이미지라는 미술 결과물과 창의적인 작업의 과정이 있기 때문에 다른 어떤 심리치료 분야의 슈퍼비전보다 특수성을 지녔고 어려움을 갖고 있다. 미술치료 슈퍼비전은 전문적인 관계 속에서 일어나는 하나의 예술 형태라 할 수 있다. 심리적인 예술성에는 시간, 장소, 형태의 차원들이 포함된다. 슈퍼비전의 관계에서 생생하게 숨 쉬는 공간은 두 사람의 대화에서 서서히 전개되는데, 미술치료 슈퍼비전의 이상적인 분위기는 자유로우면서도 잘 통솔되어져야 하고 심미적이며 창조적이어야 하며, 무엇보다 가장 중요한 것은 슈퍼바이저와 슈퍼바이지 경험의 상호작용을 위해 노력하는 분위기여야 할 것이다(Schaverien & Case, 2007).

미술치료 슈퍼비전에 대한 집중력은 슈퍼바이지의 감정적인 내적 경험과 연관되어 있으며 이것은 매우 개인적이기 때문에, 슈퍼비전과 치료의 차이점들에서 이끌어낼 수 있는 명확한 경계가 필요하다. 미술치료 슈퍼바이저는 다른 심리치료 분야의 슈퍼바이저와 마찬가지로 슈퍼바이지와의 상호작용에서 접근을 이해하기 위해 방어, 발달 수준, 투사적 전이에 대한 지식이 필요한데 미술치료를 위한 슈퍼바이저는 창의적인 미술작업을 포함한 인간의 창의성에 대한 이해가 요구된다(Schaverien & Case, 2007).

Malchiodi(2000)는 미술치료사로서의 직업적인 능력을 성장시키는 가장 중요한 본질로 슈퍼비전을 꼽았다. 또한 Moon(2000)은 슈퍼비전에서 다루어져야 하는 것은 임상현장에서 내담자를 만났을 때의 기술적인 부분을 배우는 것뿐만 아니라 치료자로서 자신의 성격구조를 이해하고 수용하는 과정을 포함해야 함을 강조하였다.

따라서 미술작업을 포함한 인간의 창의성측면에 대한 이해를 돕기 위해서 초보 미술치료사는 미술치료에 대한 슈퍼비전을 받는 것이 미술치료사의 성장에 도움이 된다. 특히 미술작업 경험이 부족한 치료자들은 치료에서 다양한 내담자들을 대상으로 어떤 매체를 적용하면 좋은지 슈퍼비전을 받으면 매체의 다양한 특성들을 이해하고 체험할 수가 있다.

다음은 임상실제에서 미술치료에 대한 슈퍼비전을 통해 몇 가지 느낀 점을 제시하고자 하는데, 어디까지나 본인의 주관적인 생각일 수도 있지만 참고하면 도움이 될 것 같아 소개하고자 한다. 첫 번째로 미술치료사들의 학문적 배경과 전공에 따라 미술치료의 접근방법이 달라질 수가 있다. 예를 들어, 상담을 전공한 미술치료사들은 임상에서 상담을 기본적으로 잘 진행시키지만 미술치료만이 갖는 고유의 창조적인 미술매체의 다양한 경험이 부족한 편이다. 반면에 미술을 전공한 미술치료사들은 미술매체를 아주 다양하게 치료에서 적용하지만 미술매체를 통해 상담에서 제일 필요한 상담적 개입과 전략이 충분하지가 않다. 서로 상호보완적인 면이 필요하겠지만 미술치료에 대한 열성과 관심을 갖는다면 이러한 단점은 얼마든지 충분히 보충할 수 있을 것이다. 특히 초보 미술치료자들은 그들의 전공에 대한 배경과는 상관없이 임상경험이 부족해서 그런지 간단한 매체들로만 치료가 끝날 때 까지 진행하는 경향이 있다. 이러한 경우는 미술치료만이 갖는 제일 중요한 치유요인이라 할 수 있는 창조적 경험이 치료과정에서 부족해지기 때문에 치료의 효과를 최대한 발휘할 수가 없을 것이다.

두 번째로는 치료단계에 관한 것으로써 어떤 초보 미술치료사들은 내담자의 상태나 문제와는 상관없이 초기부터 어렵고 복잡한 매체를 도입하여 내담자를 어렵게 만들고 심지어 좌절감을 유발하기도 한다. 또 어떤 경우는 치료 초기에 갈 내용이 치료 후반부에 오고 치료 종결시에 올 내용이 치료초기에 가기도 한다. 이처럼 체계적인 치료단계를 설정하지 못하는 것은 치료자 자신의 치료과정을 전체적으로 객관적으로 보지 못한데서 오기 때문에 지도감독이 필요하다. 내담자에 따라 또는 치료목표와 치료단계에 따라 미술매체를 치료적으로 잘 선정해야 되기 때문에 미술치료에서 매체가 차지하는 비중은 매우 크다고 본다.

세 번째로는 감정표현과 직면에 관한 것인데, 미술치료의 장점과 치유요인으로 1장과 2장에서 미술매체를 통한 치료적 관계, 공감, 감정표현과 카타르시스, 통찰 등 여러 요인들을 열거하였지만 미술치료의 제한점에 대해서도 주의를 해야 한다. 특히 미술치료 슈퍼바이저는 이

점에 대해 슈퍼바이저에게 주의를 환기해야 할 것이다. 예를 들어 미술치료는 매체를 통해 내담자의 무의식을 많이 다루는데 이러한 무의식의 탐색에 대해 준비가 안 되어 있는 내담자들은 본의 아니게 치료에 대한 저항에 직면할 수가 있고 거센 감정이 유발할 수 있다. 더 구체적인 실례를 들어보면 아이의 문제로 상담을 받으러 온 어머니에게 미술치료사는 아동의 문제가 어머니의 적대적인 양육태도에 있다고 보고 어머니에게 소위 말하는 정신 역동적 치료 접근으로 '어린 시절의 기억'에 대해 표현해달라고 부탁을 하였다. 갑자기 어머니는 전혀 준비되지도 않은 채 어린 시절의 충격적인 기억을 떠오르다보면 당황하여 감정이 혼란스러워 아동에게 더 적대적이 될 수도 있다. 따라서 무의식적인 기억을 다룰 때는 충분한 공감관계가 형성되고 내담자가 예비적인 감정적 준비단계를 가질 때 가능한데, 그림 한 장에는 너무나 많은 이야기와 감정이 압축되었기 때문에 이런 점에서 내담자의 자존심이 상처받지 않도록 조심해야할 것이다.

네 번째는 앞에서 작품을 통한 너무 이른 조기에 문제를 직면하는 것에 주의를 가졌다면, 이번에는 반대로 미술치료가 너무 상징적으로 가다보면 현실의 문제를 다루지 않고 은유적으로 이미지만 갖고 진행되는 경향이 있다. 물론 미술치료에서 여러 매체가 주는 상징적 표현들이 치료의 안전한 공간 될 수 는 있지만 계속 치료종결까지 상징적으로 갈 때는 치료에서 제일 중요한 내담자의 주관적 현실을 놓칠 수가 있다. 물론 이 부분에 대해서는 찬반 여부에 대해 충분한 토론의 여지가 있겠지만, 치료가 너무 상징적으로 갈 때는 현실을 조망할 필요가 있다. 따라서 그러한 상징들이 암시하는 이미지를 현실적으로 잘 다루는 치료자의 실제적인 개입이 중요하기 때문에 이러한 부분도 슈퍼비전을 해야 할 것이다.

마지막으로 미술치료가 미술매체를 매개로 하다 보니 일반 미술교육과 차별화되지 않는 점이 가끔 있을 수 있기 때문에 외부에서 미술치료를 볼 때 미술치료도 아닌 것이 미술교육도 아닌 것이 하면서 미술치료의 정체성 문제가 따르기 때문에 이러한 점에 주의를 하고 슈퍼비전을 주어야할 것이다.

결국 슈퍼비전을 통해 미술치료사는 매체선정에서부터 매체반응을 통한 치료적 개입과 평가까지 여러 면을 지도받으면 치료자로서 전문능력이 향상될 것이다. 전문능력을 향상시키기 위해서는 치료이론, 임상경험과 사례에 대한 슈퍼비전이 삼위일체가 되어야 할 것이며, 미술치료 사례연구모임 등에 자주 참석하여 여러 다양한 사례에 적용한 매체와 치료기법을 연구하면 도움이 될 것이다.

2. 작업과정에 대한 이해

미술치료에서 매체를 통한 작업과정을 이해한다는 것이 중요하다. 매체의 선택부터 작품 마무리와 보관 및 정리 정돈까지 내담자가 치료실에서 보여주는 행동과 태도는 치료의 중요한 자원이 되며 어느 한부분도 소홀히 할 수가 없다. 작업과정을 잘 관찰하고 평가해서 치료의 중요한 치료적 지표로 삼을 수 있을 것이다.

1) 자기탐구과정

미술매체나 도구는 작업과정을 거치지 않고서는 미술이 될 수가 없다. 그림물감이나 붓은 도화지에 그것을 사용해야 드디어 그림이 될 수 있다. 비록 여러 다른 미술 매체를 사용하는 작업과정이 개개의 물리적 특성과 관계하고 있지만은 상당히 많은 가능성이 치료적으로 존재한다. 내담자자의 연령과는 상관없이 어떤 재료라도 그것을 시작하기 위해서는 자연적인 것과 조직적인 방법을 함께 탐색해야 한다. 예를 들어, 새 장난감에 대한 조작이나 새로운 사람을 사귈 때와 마찬가지로 항상 새로운 미술매체를 갖고 시작하는 첫 단계는 탐구과정이 된다. 재료 또는 도구를 적절히 사용하는 방법을 사람들에게 가르치는 것은 일반적인 교육적 방법을 시작할 때와는 대조적이다. 왜냐하면 치료 그 자체가 탐구과정이 되기 때문이다. 즉 탐구과정을 통하여 개인은 희망적으로 자신의 생각과 감정을 발견하고 이해하며 결과적으로 자신의 인생에 좀 더 책임감을 느끼도록 도움을 받는다는 사실을 확신하는 것이다. 미술치료의 긍정적인 측면은 바로 언어뿐만 아니라 미술매체를 통하여 탐구와 발견의 경험을 제시하는 것이다(Rubin, 1984).

내담자의 자기탐구는 내담자가 자신의 사고, 감정, 행동 및 문제에 대한 정확한 이해와 해결을 지향하는 노력을 의미하며, 이러한 노력의 결과로 얻게 되는 자기이해 및 자기발견을 포함한다. 일반 상담 및 심리치료에서 내담자의 자기탐구는 일반적으로 다음과 같은 단계를 거친다(Patterson, 1974). 첫째, 자기개방(self-disclosure)의 단계이다. 내담자는 자기를 탐색하기 이전에 자신이 치료를 하게 된 불만족과 불행감등의 부정적인 측면을 치료자에게 개방한다. 이로써 내담자는 평범한 대인관계에서는 경험하지 못했던 방식으로 자신을 개방하고 실제적이며 정직하게 될 수 있다. 둘째, 자기탐구(self-exploration)의 단계이다. 내담자는 자신을 개방하면서 위험스럽고 익숙하지 않았던 미지의 감정을 스스로 탐색하고 나아가서 과거에 너무 위협적이어서 인식되는 것을 스스로 부정했던 자신의 경험을 심층적으로 탐색한다. 셋째, 자기이해(self-understanding)의 단계이다. 내담자는 자기탐구과정을 통하여 통찰에 이르게 되고 자아개념을 조직하게 된다. 이로써 내담자는 자신을 더욱 수용하고 신뢰하는 사람이 되어간다.

위의 자기탐구의 단계를 보면 내담자의 자기탐구는 자기개방에서 시작한다. 내담자의 자기개방은 치료의 기본요소이고 치료의 긍정적 효과와 관련 있다는 보고가 있다. 이처럼 내담자의 자기탐구가 치료과정에서 매우 중요한 요소임에도 불구하고 대부분의 내담자들은 자신의 내면세계를 노출하는 것에 대한 두려움 및 수치심, 치료자에 대한 신뢰감의 부족, 심리적 구조의 붕괴에 대한 위협 등으로 자신의 내면세계를 탐색하는데 어려움을 경험한다(Egan, 1986; Patterson, 1974).

그러므로 내담자의 자기탐구를 돕기 위해 모든 미술치료사는 내담자들이 치료적인 장면에서 미술재료를 탐구하도록 유도할 때 심리적으로 안정되어 있어야 한다. 작품이 완성되지 않을 때도 약간 기술적 요소가 부족할 때도 또한 내담자가 잘 계획된 목표-지향적인 과업을 하지 못하고 애매모호한 혼란된 경험을 할 때도 치료자는 침착하고 안정되어 있어야만 한다. 대부분의 개인들은 조화로운 방법으로 자신의 경험을 체계화시키는 일반적인 욕구가 있기 때문에 재료를 탐색하는 어떤 순간에 바로 우연히 '무엇인가'를 창조할 욕구를 발견하게 될 것이다(Rubin, 1984). 이러한 편안한 분위기를 조성하기 위해서는 치료자는 자신의 불안도 다룰 줄 알아야 할 것이다. 치료자가 이러한 불안을 스스로 인식하고 다룰 줄 알아야지 창조적인 미술작업과정에 대한 믿음이 생겨 내담자로 하여금 시행착오 과정을 거치면서 자신을 발견하도록 지켜봐줄 수가 있다. 치료자가 이러한 확신이 없다면 치료자의 불안은 내담자의 창조적인 작업에 부정적으로 영향을 미칠 것이기 때문에 치료자의 자기탐구와 이해도 필수적이다.

2) 창조적 작업과정에 대한 이해

미술치료의 전체적인 창조적 작업과정을 〈그림 3-21〉이 잘 표현해주고 있다. 그림을 보면 처음에 미술치료를 받으러 오는 내담자는 문제(dilemma)를 갖고 치료실에 방문한다. 내담자에게 자신의 주 호소문제가 무엇이냐고 물어보아야 되며 미술치료를 통해 어떠한 것이 변화되기를 기대하는지도 물어봐야 할 것이다. 다음은 내담자가 미술치료의 창조적 에너지(creative urge)를 갖고 여러 가지 다양한 매체로 작업하면서 자신의 문제를 형상화한다. 형상화과정은 미술치료사의 도움을 받으면서 자기탐색 및 자기탐구과정을 거치게 된다. 그러나 자기탐구 및 자기이해가 그렇게 쉽게 되는 것은 아니다. 자신을 잘 모를 수가 있고(unknown), 또 자신을 안다는 것이 너무 불안하고 혼란스럽고 위협적이 될 수가 있기 때문에 회피하고 싶다. 사실 자신을 미술로 시각화해서 형상화한다는 자체도 쉽지 않을 수가 있다.

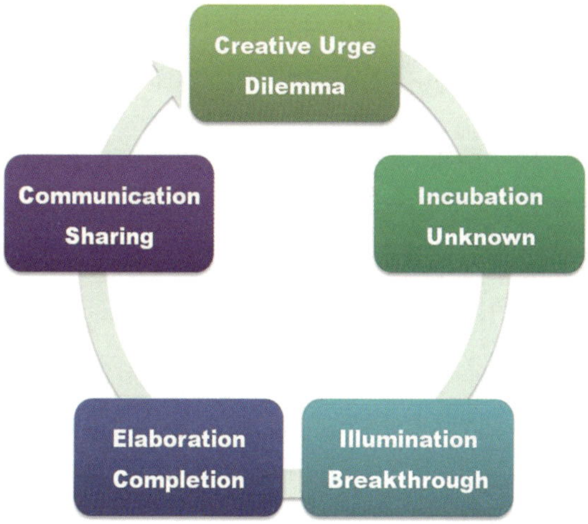

〈그림 3-21〉 미술치료 작업과정 및 치료과정

Colby(1951)는 심리치료의 목적은 내담자를 환경에 적응시키기 위해 신경증적 증후 또는 조화를 잃은 성격에서 벗어나게 하는 것이라고 하였다. 심리치료는 수선작업(repair work)이며 심리적 재출생(psychological rebirth)이기 때문에 이것을 성취하는 과정에서 원초자료의 질(체질과 어린 자아)과 손상정도(유아기의 외상과 성인기의 좌절)와 앞으로 치료가 되어야 할 것(성인기의 자아와 현실상황)의 제한을 받는다고 하였다. 수선한 옷이 새 옷보다 못하듯이 인간의 마음도 수선한 것이 선척적인 것보다 못하다는 것이다. 따라서 심리치료는 수선 활동이기 때문에 내담자의 희망과 충돌할 수 있고 치료를 처음 시작한 치료자의 야심과 충돌할 수 있다고 하였다.

이러한 수선작업을 하는 치료과정에서 내담자는 자기 자신의 문제에 머물러서 관찰할 수 있는 부화(incubation)의 시간이 필요하다. 이러한 부화의 시간을 내담자가 잘 견딜 수 있도록 치료자는 내담자를 공감해주고 지지 및 격려를 해주어야 할 것이다. 이러한 부화의 시간을 내담자가 잘 이겨내지 못하면 치료는 중간에 중단 될 수도 있다. 왜냐하면 기억하고 싶지 않은 억압된 사건과 감정들이 연상이 되고 그에 따른 감정들을 재경험해야 하므로 상당히 힘들 수가 있고 오히려 치료를 받고 더 혼란스럽고 고통스러울 수가 있다. 또한 내담자가 이러한 부화의 시간을 잘 못 견디고 문제를 빨리 서둘러서 해결하려고 하고 그것에 대해 실망하며 좌절한다. 또 치료에 대한 저항감도 상당히 클 수도 있다. 그러나 부화의 시간을 잘 인내하면 내담자는 드디어 자신의 문제에 대해 희망이 보이기 시작한다. 인내를 통해 자신의 문제를 해결한다는 것을 학습한다. 컴컴한 터널을 지나가다가 드디어 불빛을 발견하고 서서히 해결의 실마리가 보이기 시작한다. 내담자는 '아하, '이것이 내 문제구나'하면서 자신의 문제를 객관적으로 깨닫기 시작하는 조명단계(illumination)를 거친다. 이 때 내담자들이 무엇인가가 생활에서 밝아지고 안정된 느낌을 갖는다고 한다.

미술치료에서도 작품을 하면서 창조적인 아이디어가 나오고 자신의 문제를 여러 가지 각도로 조명할 수 있는 에너지가 생기는데 이것은 자신의 문제를 좀 더 융통성 있게 객관적으로 바라볼 수 있다는 것을 의미한다. 이제 내담자는 점점 삶의 돌파구(breakthrough)를 발견하면서 자신의 문제를 타협하고 해결하기 시작한다. 물론 이 시기에 삶의 긍정적인 변화가 일어나면서 미술치료 작업도 완성도가 높아진다. 작품을 완성하고(completion), 여러 번 다듬고 마무리하면서 정교화 시킨다(elaboration). 이러한 미술작업과정 자체가 치료과정과 유사한데 자신의 문제를 한번 깨달았다고 해서 치료가 완성되었다기보다는 여러 번 반복해서 자신을 탐색해야하며 생활에서 치료적 변화가 뿌리를 내릴 수 있도록 훈습(working through)의 과정을 거쳐야 한다.

Colby(1951)는 심리치료의 목적은 이상인 또는 모범인을 만드는 것이 아니라 누구든지 특정량의 정서적 긴장을 견디어 내는 것을 배워야한다고 하였듯이 치료과정에서 작품이 완성되었다면 미술치료사와 충분히 상담을 통해 나누고(sharing), 대화를 하면서(communication) 자신의 문제로부터 즉 자신의 고통으로부터 서서히 벗어나야 할 것이다.

사실 이러한 전체 치료과정은 일반 상담이나 심리치료와 유사하지만, 미술치료에서는 작품을 통해 자신의 문제를 시각화하고 객관적으로 바라 볼 수 있다는 것과 미술작업을 통해 미술치료의 치유적인 힘이라고 할 수 있는 창조적 에너지를 내담자 스스로 찾을 수 있다는 점이 큰 장점으로 부각된다.

3) 작업과정에서 관찰의 중요성

내담자가 미술치료실에서 보여주고 나타내는 모든 행동과 언어는 내담자의 핵심문제를 반영하기 때문에 쉽게 간과해서는 안 되며 치료자는 잘 관찰해서 그 행동과 언어가 갖는 치료적 의미를 파악해야 한다. 핵심감정은 한 사람의 행동과 감정과 생각을 지배하는 가장 중심이 되는 감정이다. 이동식(1974)은 핵심감정은 "한 사람의 일거수일투족에 다 배어 있다"고 하였고 "쌀가마니의 어느 곳을 찔러도 쌀, 즉 핵심감정이 나온다"고 하였다. 그러므로 치료실에 의뢰하고 상담약속을 하고 치료실에 치료받고 나가기까지 모든 행동과 언어가 내담자의 문제를 대변한다고 볼 수 있기 때문에 치료자는 임상적으로 잘 관찰해야 할 것이다.

작업과정의 세밀한 관찰을 통해서 미술매체를 이용하는 행동뿐만 아니라 재료에 관한 작업의 선행조건으로 언어, 얼굴표정, 신체 움직임, 톤과 미술을 만드는 행동의 형태 등 이런 모든 것들은 서로 상호작용을 하면서 나타나기 때문에 치료자는 '제 3의 눈(The third eye)'을 갖고 모든 것을 잘 관찰해야 한다. 미술 작업과정에는 관찰될 수 있는 내담자의 특징은 적극성과 수동성(activity, passivity), 긴장과 이완(tension, relaxation), 어색함과 조화로움(awkwardness, coordination), 충동성과 신중함(impulsivity/deliberation), 주위 산만과 집중력(distractibility/involvement)과 같은 특성이 반영된다. 작품과 작업과정에 관해서 엄격함과 융통성(rigidity/flexibility), 강박성과 자유(compulsivity/freedom), 제한과 개방성(constriction/openness)과 같은 이런 특징을 연관 지어 생각해 본다는 것은 아주 흥미롭다(Rubin, 1984).

예를 들어, 중학교 1학년 여학생에게 '나를 자랑하자'를 꼴라쥬 작업으로 작품을 만들었다. 처음에 잡지를 보고 자기가 좋아하는 사진을 모두 오려서 도화지에 부쳤는데 더 이상 부칠 공간이 없게 되자 먼저 부친 것을 새로 뜯고 다시 부치고 하니까 작품이 지저분하게 되자 속상해하는 모습을 엿볼 수가 있었다. 후에 자신의 문제는 바로 충동성이라고 언급하였고, 작업과정 자체가 그녀의 문제를 시각화해서 그대로 지금 여기에서 바로 보여주고 있었다. 이와 대조적으로 또 다른 여학생은 먼저 잡지에서 자신이 마음에 드는 사진을 오려 놓았다가 도화지에 사진배치를 여러 번 해보고 나서 최종적으로 마음에 드는 것을 풀로 붙였다. 약간은 내성적이기는 하지만 차분한 모습을 관찰할 수 있었다. 또 한 여학생은 자신의 계획을 말로 거창하게 하면서 잡지에 사진을 골라 부쳐놓고 마음에 안 드는지 다시 도화지를 달라고 요구하였다. 이 여학생은 항상 새로 종이를 달라고 요구하며 늘 행동보다는 말이 앞서는 편이었다. 이렇게 미술치료에서 작업과정을 관찰하면 내담자의 성향과 문제를 지각할 수가 있고, 그러한 모습을 내담자에게 미술을 통해 시각적으로 보여줄 수가 있어서 자신에 대한 이해가 촉진된다.

또한 작업과정 중에 작업을 하는 태도가 미술재료를 이용하는 방법과 스타일에 영향을 줄 수가 있다. 혐오와 즐거움(disgust/pleasure) 또는 마지못해 하는 것과 열성적인 것(reluctance/eagerness) 태도와 같은 반응은 얼굴표정, 신체 움직임, 연상된 언어를 통하여 자주 추정될 수가 있다. 주로 비언어적인 현상과 관계하기 때문에 명백히 이야기한다는 것이 어렵지만, 미술치료사는 내담자의 작업과정의 모든 측면에 주의를 집중해야만 한다. 즉 그 이유는 간단하다. 모든 것이 치료적 자료로 이용되기 때문에 진단적 자료와 더불어 평가하는 시간까지 치료의 전체 과정에 관심을 갖고 접근해야 한다(Rubin, 1984).

치료자는 미술치료에서 어떤 것 하나도 소홀히 지나치지 말고 관심을 갖고 공감과 이해를 바탕으로 어느 정도 심리적 거리를 두고 관찰해야 한다. 이렇게 될 때 치료자는 내담자로 하여금 자신을 관찰할 기회를 부여하고 치료자는 참여적 관찰자(participant observer)의 역할과 거울의 역할을 할 수 있게 된다. 그 결과 내담자의 자아기능은 분리되고 관찰적 자아(observing ego)가 성장할 기회를 갖게 된다. 관찰적 자아는 내담자의 행동을 관찰, 판단하여 부적절한 행동을 교정하는 중요한 자아기능(ego function)으로서 이는 치료자와의 관계를 통해서 형성될 수가 있다(정방자, 1979). Colby(1951)는 치료에 참가하는 자아는 관찰하는 요소와 경험하는 요소로 구성되어 있다고 하였다. 자아의 관찰하는 요소는 자아의 경험하는 요소에 관해 치료자에게 보고하고, 때로는 뒤로 물러나 자아의 경험하는 요소를 평가한다. 따라서 상담 및 심리치료에서는 치료자의 관찰도 중요하지만 내담자가 자기 내면과 행동을 관찰할 수 있도록 해주는 것도 필요하다고 본다.

또 미술치료에서는 미술작업에 대한 작업행동의 순서를 주목해야 한다. 만약에 그것이 정신적 결정론이라고 믿는다면(모든 행동은 심리적으로 이해할 수 있는 방법을 통해 나름대로 합당한 이유가 있다고 밝혀지고 있다), 이런 자세한 관찰이 내담자와 그의 작품을 이해하는데 아주 귀중한 자료가 된다. 이렇게 높은 수준의 필요한 집중력과 관찰은 상당한 이해가 따라야 한다. 관찰을 적극적으로 하면 상당히 흥미로울 수 있으므로 개인의 기초적인 자료를 얻는 차원에서 작업과정을 활용할 수 있다면 정확하게 민감하게 여러 차원을 동시에 관찰하는 법을 치료자는 학습해야만 한다. 특히 미술치료에서는 작품에 나타난 치료적 변화보다도 작업하면서 관찰하는 내용이 더욱 더 내담자의 문제를 상징할 수 있으며 치료적 변화를 평가할 수 있을 것이다.

따라서 미술치료사의 특별한 이론적 오리엔테이션과는 상관없이 창조적 과정 그 자체는 미술치료의 핵심적인 요소가 된다. 내담자에게 창조적 경험을 유발하기 위해서 미술치료사는 여러 미술매체를 적용하는 작업의 특수한 과정과 함께 진실된 창조적 활동에 필요한 조건을 알고 존중해야만 한다. 또한 미술치료사는 그의 내담자들에게 예술적 자유와 더불어 작업할 때 좀 더 수월하게 할 수 있는 조건을 제공해야 한다. 어떤 내담자라도 그를 충분히 이해할 수 있도록 접근하기 위해서 미술치료사는 내담자의 여러 작업과정을 관찰하고 동시에 자발적인 미묘한 감성적 특징도 파악해야 하며, 작품의 완성을 격려할 수 있는 방법도 중재해야만 할 것이다(Rubin. 1984).

4) 관찰할 때 주의할 점

미술치료분야에서 작업과정에 대한 관찰이 매우 중요하다고 강조하였지만, 적극적인 관찰이 상당히 남용될 가능성이 있으므로 주의를 해야 한다.특히 창작 과정중에 생기는 치료자의 간섭과 방해가 이에 해당된다. 내담자가 어떤 창조적 행동을 하고 있을 동안에 치료자가 최상의 중재를 하기 위해서는 많은 시행착오와 경험이 필요하다. 미술치료사에게 특히 필수적인 것은 내담자의 작업에 대한 기본적인 발전을 방해하지 않도록 그의 창작 과정을 충분히 존중해야만 한다. 앞에서도 언급하였지만 작업과정의 미묘한 감성적인 측면을 관찰하는데 어려움이 크다고 하였다. 이러한 문제는 사실 당장에 모든 사람을 중재한다는 것이 불가능하므로 집단에서 일어날 가능성이 크다. 예를 들어, 개인의 작업과정을 관찰하던지 아니면 가정에서 가족구성원들 사이에 상호작용에 초점을 두던지 임상가는 나름대로 선택을 해야 한다. 그러나 양쪽의 경우 주의 깊게 관찰하는데 소비한 시간은 주로 탐색과 이해에 대한 시간이며 그것은 치료자의 책임감에 해당된다. 치료자의 관찰은 내담자의 자연스러운 창작 과정에 대하여 방해 없이 그가 창작에만 전념할 수 있도록 허용하는 범위 안에서 이루어져야 한다.

그렇다고 내담자가 조용히 작업할 때 거의 간섭하지 말라고 하는 것을 의미하지는 않는다. 이러한 중재는 신경증 환자의 전이 문제로서 즉 그가 어려운 문제에 도피하기 위해 미술치료과정에 열중할 때 일차적으로 이러한 것이 요구될 때가 여러 번 있었다. 집단에서 소외된 구성원이 다른 사람들과 접촉을 시작할 수 없을 경우 치료자로부터 약간의 자기주장적인 중재가 필요하다. 아마 치료자가 침묵만을 지킬 경우 자신의 적절한 치료적 역할을 하지 못한다고 생각하기 때문에 오히려 그의 임무완수가 때때로 이렇게 작업에 대한 일종의 방해로 이루어진다고 볼 수 있다. 일찍이 '예술은 조용한 공간이다(Art is a Quiet Place)'라는 훌륭한 제목을 가진 책을 본적이 있다. 따라서 융통성 있게 최소한 이런 부분은 치료 상황에서 수용되어져야 할 것이다(Rubin, 1984).

무엇보다도 내담자가 자신의 예술적인 창조적 작업에 치료적인 방해 없이 몰두할 수 있도록 배려하는 마음이 치료자에게는 필요한데, 이러한 부분을 치료자가 잘 이해하려면 치료자 본인 자신의 창조적 작업경험이 기초가 되어야 할 것이다. 치료자가 미술을 통한 작업을 풍부하게 경험하였다면 이러한 문제들은 치료 상황에서 적절하게 조정되어질 것이다. 반대로 치료자가 작업에 개입하거나 혹은 통제하거나 자꾸 작업에 대한 연상 작업을 시도한다면 내담자의 작업과정의 흐름을 방해할 수도 있고 치료에 부정적인 효과를 미칠 수 있다. 보통 개별 치료에서 내담자가 작업을 할 때 치료자는 내담자의 작업과정을 지켜본다. 작업과정이 의외로 길어질 때 치료자는 그 기다려지는 시간이 지루할 수도 있다. 치료자가 지루하다 보면 내담자에게 자꾸 말을 걸거나 질문할 수도 있다. 이럴 경우 작업하는데 방해가 될 수 있으며 또한 자신을 지켜보는 치료자가 내담자에게 심리적 부담이 될 수도 있다. 이런 한 점을 해결하는 방안으로서 서로 협의 하에 치료자와 내담자가 함께 작업할 수도 있을 것이다.

따라서 미술치료에서 치료자가 내담자의 작업과정을 치료적으로 관찰해서 평가하는 일도 중요하겠지만, 내담자가 작업을 하면서 스스로 느끼고 탐색하고 생각하는 창조적 과정도 관찰만큼 매우 중요하다는 것을 미술치료사는 기억해야 할 것이다.

그러나 치료적 관찰과 평가가 여러 가지 중재를 필요로 할 때가 있다. 예를 들어 20세의 사회공포증 여성 내담자가 의뢰되었는데 전혀 언어적으로 자기표현이 어려워 미술작품을 통해 상징적으로 자기의 내면의 심상을 작업해나갔다. 작품에 대해 언어적으로 나누기보다는 작업 자체에 의미를 두었고 또 내담자가 자신의 작업에 열중을 하였기 때문에 미술치료가 순조롭게 진행되는 줄 알았다. 치료중반을 지나갈 때 이 내담자가 작품으로 자신의 문제를 정말 신경증적으로 회피한다는 것을 관찰하고 서로 합의하에 미술치료 작품을 거의 하지 않고 언어적으로 자신의 문제를 표현하도록 하였다. 초기에는 언어적으로 자신을 표현한다는 것에 내담자, 치료자 모두 상당히 어려움을 가졌지만 점점 내담자가 자신을 언어적으로 표현하는 것에 익숙해져갔다. 치료 종결 시에 2~3회 정도는 다른 미술치료사와의 상담을 통해 사회공포증을 극복하는 기회를 가졌다. 본 사례에서는 치료의 전반부에는 미술매체를 통해 치료적 관계와 치료가 안전한 지지적 환경임을 숙지하였다면, 치료 후반부에는 이러한 안정된 관계를 기초로 내담자의 문제를 바로 언어적으로 직면하는 과정을 거쳤다. 만약에 계속 미술치료적 작업만을 하였다면 내담자의 문제를 완화하는데 더 많은 치료적 시간이 소요되었을 것이다. 이 사례를 통해 치료자의 관찰과 평가 그리고 치료적 개입과 중재가 또한 미술작업을 통한 표현과 언어적 표현을 통합하는 것이 얼마나 중요한가를 학습한 계기가 되었다.

3. 미술작품에 대한 이해

임상가는 어떤 의미 있는 경험을 해석하기 전에 미술 언어 그 자체를 지각하고 판독할 수 있어야 한다. 특히 미술치료사는 발달론적으로 또는 역동적으로 미술 작품을 이해하기 위해서는 두 가지 기본적인 방법을 알아야 한다. 즉 형식과 내용에 따라 작품에 접근해야 한다. 역시 미술과 치료에는 서로 공통적인 영역이 존재하며 미술의 형식이 곧 미술 작업의 내용이 될 수도 있다. 어떤 미술가들은 이러한 점에 있어서 편견을 갖고 있으며 한 가지에만 초점을 맞추고 있다. 아무리 좋은 학습된 훈련이라도 한 가지 항목만을 강조한다면 미술작품의 풍부함을 평가할 수 없으며, 필요하다면 각 영역에 대한 임상가의 활력적인 메시지와 더불어 두 가지가 다 포함되어야 할 것이다(Rubin, 1984). 따라서 미술치료사가 내담자의 작품을 통해 알아야할 것 등에 대해서 몇 가지를 논의할 것이다.

1) 미술작품에 대해 알아야 할 것

미술 작품에 대하여 안다는 것은 때로는 매우 간단할 수도 있다. 미술치료사는 내담자의 미술작품으로부터 여러 다른 요인들에 대해서 그 의미를 알아야만 한다. 따라서 그것을 분명히 설명할 수 있도록 '이것은(형태, 색, 또는 주제) 저것을 의미한다' 와 같이 주요한 메시지를 해석할 수 있어야 한다. 물론 형식적인 특징과 내용과 같이 작품 안에는 다양한 의미들이 있다.

미술치료에서 미술 작품이란 창조적 과정의 구체적 결과이며 시각적이라는 것을 상당히 강조하고 있다. 그러나 일부 사람들은 '미술치료'는 미술 매체 없이는 할 수 없다는 것을 주장하고 있지만 작품에 대하여 지나치게 강조하는 것은 치료자의 관심이 내담자와 창작과정 그 자체로부터 벗어날 수 있다. 때때로 작품에 관한 관심은 관찰의 허점을 초래할 뿐만 아니라 비치료적인 중재도 가져올 수가 있다. 즉 내담자 그 자체는 무시되면서 작품을 '향상' 시키기 위해서 작품 창조에만 초점을 두고 작업을 진행시킬 수 있기 때문이다.

미술치료사가 이렇게 작품 그 자체를 강조하는 경향과는 상관없이 무엇보다도 작품에서 표현되어진 미술이라는 시각적 언어를 읽을 줄 아는 것이 미술치료에 필수적인 조건이 된다. 정말로 미술치료사는 심리적으로 훈련된 눈을 갖고 있지 않고서는 좋은 임상가가 될 수 없다. 심리적으로 기초가 되어 있는 시각은 발달, 정상에서의 일탈, 역동과 관련된 문제를 해석할 수 있으며 이 과정에서 미술언어의 모든 구성요인을 활용할 수가 있다–형태, 내용과 이 두 가지의 상호관계를 적용할 수 있다(Rubin, 1984).

물론 미술치료사는 발달과 역동에 대해 알아야 할 뿐만 아니라 그 이론 발전에 공헌도 해야 한다. 정상적 발달에 관한 일반적인 지식과 미술에 대한 특별한 지식은 정확한 진단과 궁극적인 치료를 위해 결정적으로 중요하다고 본다. 정상적인 규준으로부터 여러 복합적인 이유로 일탈되어 있는 사람들을 대상으로 미술치료사는 모든 표현적인 미술매체를 갖고 작업해야만 한다. 따라서 인물화처럼 제한적인 표현 활동에 관하여 이미 알고 있는 것 이상으로 우리는 정상적인 것과 더불어 거기에서 일탈한 미술발달의 '도식'에 관해서도 많은 것을 발견해야 한다.

이미 활용되어지고 있는 미술표현에 따른 발달적 지식들을 충분히 이해하고 통합하지 않는다면 거의 아무 것도 치료에 공헌할 수가 없다. 이것은 어려운 과업이다. 왜냐하면 아동발달,

미술교육, 심리학과 정신분석학과 같은 여러 다양한 원리로부터 대부분의 지식과 정보가 나오기 때문이다. 경험과 지식이 많은 미술치료사는 이미 미술발달에 관하여 알고 있는 지식을 확인하고 임상적 시각으로 그것을 통합하여 내담자에 대한 발달적 평가가 정확하게 이루어지도록 노력해야할 것이다.

미술치료사는 정신 역동적으로 볼 때 다양한 적응기제의 조절, 내적인 투쟁, 내적 외적 긴장과의 관계 등 많은 것을 설명해야 한다. 그리고 창조의 조건에 대하여 특히 상징적인 의미 체계, 이미지의 선택, 특별한 심상의 관계를 더욱 더 명료화해야 한다. 특히 발달의 모든 특성과 심리 역동적인 이론에 관해 최소한 한두 가지 정도는 확실히 이해해야 한다(Rubin. 1984).

이러한 이론에 대한 이해를 바탕으로 작품을 통해 치료자와 내담자가 매체, 상징, 이미지, 작업과정에 대해 대화하면서 내담자의 문제를 이해하는 방향으로 상담을 진행시켜야 할 것이다. 작품에 대한 예술성과 작품 그 자체에 대한 의미도 중요하겠지만, 일차적으로 작품을 통해 함께 대화를 하면서 갈등을 풀어가는 작업도 중요하다는 것을 강조하고 싶다. 다음은 작품의 형식적 이해와 내용적 이해가 어떠한 것이며 이러한 통합적 이해를 기초로 내담자의 문제에 어떻게 접근하는지를 살펴볼 것이다.

2) 미술작품의 형식적 이해

미술에서 형식적인 요소는 여러 가지이다. 그것은 일반적인 것뿐만 아니라(구성적인 것) 특별한 전문적인 요인들(색과 명암 등)을 포함한다. 미술작업에 미술매체를 적용하는 데는 몇 가지 요인이 있다. 그것은 다음과 같다. 작품의 구성정도(the degree of organization), 명료성(clarity), 완성도(completeness), 독창성(originality), 발달 연령에 따른 적합성(age-appropriateness), 포용성(expansiveness), 단순성(simplicity), 적극성(activity)과 균형(balance of the work)이다. 처음 5개 요인은 일차적으로 특성(quality)과 관계하고 나머지 4개는 좀 더 스타일(style)과 관계한다. 그러나 이와 같은 요인들은 2차원과 3차원의 작품에 모두 적용되며 또한 미술매체의 기능에 따라 여러 가지 특징적인 형식으로 나타난다(Rubin. 1984).

여러 특수한 미술매체는 부가적으로 모두 형식적인 특성이 있으며 그것은 자격 있는 미술치료사의 정신적 체크리스트(the mental checklist)의 한 부분이 되어야 한다. 예를 들어 연필 드로잉에서는 선의 특징을 우선 생각할 수 있는데, 선의 명암, 두께, 날카로움, 부드러움과 다른 형식적 요소와 선과의 관계 등을 생각할 수가 있어야 한다(면과 공간).

이 밖에도 선에 대한 특징을 좀 더 구체적으로 살펴보면 선의 특징 하나만보더라도 다음과 같이 여러 가지 특성이 있다. 일반적으로 긴 스트로크는 자신을 통제하는 사람에게서 많이 나타나며 짧은 운필은 흥분하기 쉽고 충동적인 사람에게서 나타나기 쉽다. 직선은 자기 주장적이고 공격적인 기분과 관계가 있으며, 톱니모양의 선은 적대적인 감정과 관계가 있고 둥근 선은 의존적, 여성적인 면과 관계가 있다. 수평방향의 운필은 약함, 여성다움, 공상의 경향성을 나타내며 수직방향의 운필은 결단력, 활동성, 자기주장 등 남성적 경향성을 나타낸다. 운필의 방향이 일정하여 망설임이 없는 경우는 목표를 정하는 것이 가능하고 인내심 있는 안정된 사람이며, 방향이 일정하지 않고 동요하는 것은 자기 확신이 없고 불안정한 사람에게서 나타나기 쉽다. 둥근 선은 건강한 표시이지만 극단적인 경우는 관습적인 것에 대한 반항과 혐오를 나타내며, 경직된 선은 성격 내부의 경직을 나타낸다. 음영이 있는 선은 신경증과 갈등을 나타내며 특히 그림자가 진한 것은 특별한 곤란과 불안을 나타낸다. 굵은 점선 및 스케치 풍의 선은 피험자가 새로운 장면에 직면하여 행동할 때 가지는 불안, 자신감의 결여, 불확실감, 불안전감 등을 나타낸다. 이것은 자아와 외계와의 경계가 붕괴되는 것을 나타내며 현실에 대한 접촉이 불명확할 때에 생기기 쉽다(김동연, 최외선, 공마리아, 2002).

드로잉 재료에 있어서도 색상과 더불어 미술치료사는 역시 색채와 그 강도를 평가할 수 있어야 한다. 액상재료(포스터나 그림물감 등)는 색을 칠하는데 적절한 것으로서 연필이나 크레용 재료와는 약간은 다른 특성이 있다는 것을 알아야 하며, 또한 이러한 형식적 요소들 간의 상호작용은 연구되어져야만 할 것이다. 따라서 이 선은 어떤 색의 연필로 그을 것이며, 이 면은 어떤 색으로 칠한 것인가 등 서로 함께 조화롭게 적용되어져야만 한다. 그리고 공간에서는 어떻게 선과 면들이 관계를 하며 미술매체를 한 가지만 사용했을 경우와 함께 사용했을 경우의 차이점 등 여러 방법을 고려해야 할 것이다. 작품을 제작하는 순서와 마찬가지로 여러 다른 재료와 크기 등 다양한 방법으로 접근하면서 탐구해야 한다.

미술가는 심미적인 준거와 관계해서 이런 형식적인 요소들을 고려해야 하는 반면에 미술 치료사는 발달, 성격양식, 적응전략과 상징적인 의미에 의하여 그것들의 가능성과 중요성에 관심을 가져야 한다. 그러므로 미술 작품의 개개의 특성은 아주 다양한 복합적인 메시지를 담고 있다. 노란 물감으로 칠한 면은 색의 명도와 채도에 의해서 볼 수 있지만 종이에서 차지하는 위치, 그림에서 다른 요소들 간의 관계, 그것의 상대적 크기, 개인에 대한 상징적 의미에 관해서도 생각해야만 할 것이다(Rubin, 1984).

미술작품을 좀 더 종합적으로 이해하기위해서 참고적으로 집, 나무, 사람 그림검사(House, Tree, Person; HTP)의 그림해석의 세 가지 접근법을 제시하자면 다음과 같다. 첫 번째, 전체적 평가라는 것은 그림의 전체적인 인상을 중시하고, 조화가 이루어져 있는가, 구조는 잘 되어 있는가, 이상한 곳은 없는가에 주목하여 어떤 모양의 그림을 그렸는가를 생각해 나가는 것이다. 전체적 평가에서 밝혀야 할 것은 피검자의 적응수준, 성숙도, 신체상에 대한 왜곡의 정도, 자기와 바깥 세계에 대한 인지방법 등이다. 두 번째, 형식적 분석에서는 HTP검사에서 어떻게 그렸는가를 분석하는 것이 형식적 분석이다. 형식적 분석은 구조적 분석이라고도 하며 HTP 검사의 모든 그림에 공통적으로 행한다. 예를 들면 그림을 그려나가는 순서, 종이 위의 어느 쪽에 그리는가 하는 위치, 크기, 필압, 선의 농담, 불연속적인 선의 성질, 그림의 대칭성, 운동성, 원근법, 음영, 생략, 강화, 지우기 등을 통해서 성격의 단면을 이해해 나가는 방법이다. 세 번째, 내용 분석은 무엇을 그렸는가 하는 것을 취급하는 것으로 그림에 있어서 이상한 부분, 형식 분석에 나타난 특성 등을 참고로 하여 그림 내용에서 주로 강조되어 있는 부분을 다룬다.

특히 내용 분석에 있어서는 명백하고 큰 특징을 먼저 다루되, 그린 후의 질문을 행하며, 피험자가 질문에 따라 연상하는 것을 묻는 것이 그림 해석에 보다 더 효과적이다. 또한 그림 자체에 현저한 특징이 없는 경우에도 그린 후의 질문을 행함으로써 피험자의 성격을 이해하게 되는 경우가 많다. 그림의 어떤 특징적인 증후는 무엇인가를 상징하고 있다는 도식적 의사소통이라는 점에서 명백하다(김동연 등, 2002).

HTP검사의 세 가지 분석법을 제시한 이유는 미술치료에서 그림심리진단 검사뿐만 아니라 드로잉, 페인팅, 모델링 작품 모두에게 일반적으로 적용되는 주요 원칙이라 생각되기 때문이며, 아마도 미술치료에서 작품을 평가할 때 이 세 가지를 통합적으로 적용하면 좋을 것이다.

한편 Gantt와 Tabone은 1998년 미술치료 척도의 형식 요소들 FEATS(The Formal Elements Art Therapy Scale)란 책을 출간하여 PPAT(Person Picking an Apple from a Tree) 즉 '사과나무에서 사과를 따는 사람그리기'라는 그림검사를 소개하였다. FEATS는 정신의학적 증상을 측정할 수 있는 그림의 형식을 내용척도는 그림의 내용적인 면을 측정하고, 이러한 척도의 개발은 양화된 연구를 가능하게 하여 미술치료 연구의 토대를 마련하였다. Gantt와 Tabone(1998)은 14가지의 FEATS 척도를 만들었다. 그 14가지 형식적인 척도는 다음과 같다; ① 색칠 정도(Prominence of Color): 전체의 그림에서 얼마나 많은 색을 사용하였는가를 측정한다. ② 색의 적절성(Color Fit): 그림에 사용된 색깔들이 대상을 묘사하는데 적절한지 여부를 평가한다. ③ 내적 에너지(Implied Energy): 그림을 그리는데 사용된 에너지의 양을 측정한다. ④ 공간(Space): 그림을 그릴 때 사용한 공간의 양을 측정한다. ⑤ 통합(Integration): 그림의 각 항목들간에 전체적으로 밀접하게 균형을 이루고 있는 정도를 평가하고, 이는 그림의 내용들이 서로 관련이 있어 보이는가에 초점을 둔다. ⑥ 논리성(Logic): 논리성은 제시된 과제에 대한 비논리적인 반응을 분류하고자 하는 척도이다. 이 척도에서 평가하려는 것은 추상적인 사고력 손상의 정도이다. ⑦ 사실성(Realism): 사실성은 항목이 사실적으로 그려진 정도를 평가하는 것이다. ⑧ 문제 해결력(Problem Solving) ⑨ 발달 단계(Developmental Level): 발달 단계는 그림에 있어서의 발달 수준을 측정하기 위한 척도이다. ⑩ 대상물의 세부묘사와 주변 환경(Details of Objects & Environment): 대상물의 세부묘사와 주변 환경은 얼마나 다양한 항목이 묘사되었는지의 여부와 규정외의 항목은 얼마나 많이 있는가를 측정한다. ⑪ 선의 질(Line Quality): 선의 질은 그림 전반에 사용된 선이 얼마나 통제되었는지의 여부를 측정한다. 산만하고 조절되지 않은 선, 끊어지고 떨리는 선들은 낮게 평가되고, 통제되고 잘 조절된 선은 더 건강한 선으로 여겨진다. ⑫ 사람(Person): 사람은 그려진 사람의 신체상의 왜곡이 있는지의 여부를 측정한다. ⑬ 변환성(Rotation): 나무나 사람을 표현하는 기울기에 관한 측정을 위한 척도이다. ⑭ 보속성(Perseveration): Groth-Marnet(1990)는 보속성은 요구된 주제에 대한 일련의 반응이 반복되는 정도가 지나치게 많은 것이라고 정의 내렸다.

이외에도 그림의 형식적인 요소에 대해 여러 의견과 항목들이 존재하지만, 그림심리검사에서 대표되는 몇 가지 형식을 소개하였다. 이러한 것들을 내담자의 작품분석을 할 때 잘 적용해야 할 것이며 너무 형식적 분석에만 치우치면 작품의 중요한 내용과 함께 내담자의 현실적 문제를 놓칠 수 있기 때문에 주의해야 할 것이다.

3) 미술작품의 내용적 이해

앞에서도 언급했듯이 미술작품의 형식에 너무 집중하다보면 작품에 대해 너무 분석적이고 해석적이 될 수 있다. 치료자가 내담자의 작품에 대해 지나치게 해석적이고 분석적이면 내담자를 충분히 공감하지 못할 수가 있다. 특히 작품을 분석하기 전에 내담자의 진단명이나 주호소 및 개인정보를 알게 되면 거기에 맞추어 해석을 하는 경향이 있다. 이러한 편견 때문에 작품 분석을 할 때 내담자에 대한 개인정보를 전혀 제공하지 않고 작품 자체만 순수하게 보려고 접근하는 방법이 있다. 작업에 대한 부정적, 병리적, 불건강한 면만을 찾아내려고 하지 말고 작품이 주는 긍정적이고도 건강한 창조적 자원도 발견하기위해 노력해야 할 것이다. 미술치료자는 이런 두 가지 대립적인 측면을 잘 통합해서 치료에 적용해야한다.

작품의 형식적인 측면과 함께 미술작품의 내용에 관해서 최소한 두 가지 방법으로 접근할 수가 있다–시각적으로 명백하게 보이는 것과 잠재적인 것으로 접근할 수가 있다. 첫 번째, 미술치료의 작품에서 시각적으로 명백하게 보이는 것에 대해 내담자에게 충분한 설명을 듣는다. 두 번째, 작품의 상징에 대한 자유연상을 통해서 내담자의 현실적 문제와 연관해서 생각해본다. 그러면 작품의 잠재적인 내용 안에 들어갈 수가 있다.

가끔 이러한 작업이 꿈 분석과 아주 유사하다. 꿈 분석 할 때도 먼저 내담자의 꿈 이야기를 충분히 듣는다. 이 때 내담자는 자신의 꿈을 보고하기위해 꿈의 시각적인 면에 초점을 두고 이야기한다. 다음에는 꿈에 감정뿐만 아니라 상징에 대해서도 충분히 연상을 한다. 연상을 하는 과정에서 꿈의 잠재된 내용 즉 꿈의 무의식적인 메시지가 무엇인지 치료자와 함께 의식적으로 이야기를 하면서 그 현실적인 의미를 발견하게 된다.

이에 대한 사례를 제시하자면, 내담자는 고등학교 3학년 학생인데 시험불안으로 의뢰되었다. 내담자가 자신이 없고 위축되고 불안한 심리 내면에는 어머니의 기대와 상류대학에 대한 압박, 공부 잘 하는 동생과의 지나친 비교가 그 원인을 제공하고 있었다. 특히 자신을 무시하고 사사건건 비교당하는 동생에 대한 피해의식이 '미친개에게 물려 놀라는 모습'으로 꿈에서 상징적으로 형상화됐다. 꿈의 제목은 '미친개에게 물렸어요'이고 꿈의 시각적 내용은 미친개에게 물려 놀라고 당황한 모습이다. 꿈에서 느끼는 감정은 불쾌하고 자존심 상하고 재수 없다는 것이 주요 감정이다. 현실과 연결하여 연상을 해보니 부모님께 지지와 칭찬을 받고 공부 잘 하는 연년생 동생이 자신을 무시하고 바보 취급하고 심지어 싸울 때도 형인 자신을 때리는 등 그간 억압해 놓았던 동생에 대한 불만이 봇물 터지듯이 쏟아져 나왔다. 실제로 동생과 싸우다 동생이 자신을 깨물어서 상처가 난 적도 있었다. 이런 억울한 감정이 압축되어 미친개에게 물리는 꿈으로 상징적으로 나타난 것이다. 동생보다 공부를 잘해서 보란 듯이 동생을 이겨 복수하는 것인데, 그러한 과도한 압박이 불행하게도 시험불안으로 나타난 것이다. 너무 잘 하려고 하니 항상 긴장이 되고 쫓기는 것이다. 꿈을 통해 동생에게 무시당하는 내담자의 억울한 감정을 충분히 공감해주었고 동생과 자신을 비교하지 말고 동생과는 다른 자신의 모습을 수용할 수 있도록 상담을 하였다. 물론 어머니에게도 동생이나 가족들 앞에서 내담자를 비난하거나 무시하지 말고 동생과 비교도 하지도 말고 있는 그대로의 큰 아들로 존중해줄 것을 부탁하였다. 미술치료를 통해 자신의 꿈을 진지하게 그리는 모습에서 내담자의 차분함과 풍부한 감정표현 및 솔직함을 보았으며, 치료에서 이 점을 내담자에게 전달해주었더니 내담자가 좋아하였다. 본 사례는 4장 '드로잉 매체' 중 '색연필 반응을 통한 사례공식화'에서 꿈 그림과 치료과정에 대해 자세히 제시되어 있다.

이와 같이 그림분석도 꿈 분석과 매우 동일한데, 다음에는 미술치료에서 작품의 내용을 이해할 때 주의해야 할 점을 두 가지 정도 제시하고자 한다. 첫 번째, 작품에 관한 충분한 연상과 질문 및 탐색을 통해서 내담자의 현실적 문제에 접근해야 되는데, 그림의 일반적인 해석지침에 따라 단지 작품의 내용을 추론하는 것은 올바른 방법이 못된다. 작품의 형태, 내용과 색채에 대해서 일반적인 해석을 적용하는 것은 내담자의 현실과 내담자의 고유성을 놓치게 되고 치료를 지나치게 일반화, 개념화시킬 뿐만 아니라 왜곡시킬 수도 있다. 미술치료임상에서 가끔 이러한 경우를 보게 되면 너무나 안타깝고 심지어는 치료자가 자신이 추론한 사실을 내담자에게 알려주어 내담자가 그것이 전부인 것처럼 믿고 당황하고 놀라운 모습을 보게 될 때이다. 사실 너무 작품을 해석하면 미술치료가 때로는 위험해질 수도 있으니 신중해야 할 것이다.

두 번째, 가끔 내담자가 그림을 아주 부정적으로 표현할 때가 있다. 형식적 내용적 측면에서도 파괴적이고 대단한 내용과 감정이 느껴질 때가 있어 내담자에게 진지하게 물어보면 "별 내용 없어요", "그냥 그렇게 표현하고 싶었어요"하고 대답을 할 때가 있다. 그러면 치료자는 솔직히 실망을 하고 내담자에게 자꾸 질문을 하고 부정적으로 해석하려고 유도한다. 이 때 주의할 점은 있는 그대로 수용해주자는 것이다. 그림은 무의식이 의식으로 가는 통로인데 무의식이 솔직하게 자신의 아픈 상처와 고통을 표현했을 지라도 의식적인 나의 언어와 지각이 아직 그것을 표현할 준비가 되어 있지 않는 상태일 때는 기다려주는 자세가 필요하다. 이것을 전문적으로 '치료적 방어' 라고 하는데 여기서 치료자가 조급해서 이론적 해석을 하면 내담자는 더욱 더 방어하게 되고 저항하게 될 것이다. 때로는 언어적인 표현보다도 비언어적인 표현이 앞서 갈 때가 있다. 바로 미술치료가 상처를 언어화하기 위한 자아의 힘을 가질 수 있도록 작업을 통해 도와주는 것이 미술치료가 갖는 큰 장점이 된다. 어떤 화가는 자기가 어린 시절 성폭행 당한 사실을 그림의 주제로 점, 선, 면, 형태와 색채를 통해 추상적으로 그렸는데, 그것을 언어화하기까지 즉 자신의 작품에 '목소리'를 달아주기까지 30년이 걸렸다는 사실을 듣고 감동받은 적이 있다. 결론적으로 치료자 스스로 이러한 맹점에 빠지지 않도록 내담자에 대한 충분한 정보와 경험 없이 단지 작품만을 해석하는 실수를 범하지 않도록 노력해야 할 것이다. 또한 작품의 내용적 해석을 할 때 중요하게 다루어야 할 부분은 그림의 주제가 무엇이고 제목은 어떻게 기술하는가 하는 부분이다. 제목은 특별한 상징적 의미를 가졌거나 상당히 많은 의미를 압축하고 있을 때가 많다.

내용적 분석에 대해 Rubin(1984)은 미술치료사가 정신분석학의 이론을 따른다면 미술 내용은 마음의 의식적, 전 의식적, 무의식적 수준으로부터 나온 것이라고 생각할 수가 있다고 하였다. 반면에 내용 수준을 분류하는 이러한 형식과 내용의 두 가지 방법은 서로 상호적으로 연결하여 생각할 수 있지만 그 관계는 역시 보는 것처럼 그리 단순하지는 않다. 아마도 눈에 보이는 내용은 충분히 의식적인 것이라고 생각할 수 있지만 보인다고 해서 항상 의식적인 것은 아니다. 사실 '시각적인' 것은 심지어 놀라움으로부터 나올 수가 있고("어머나! 나는 여기에 새를 그렸다는 것을 깨닫지 못했어!"), 그것은 정신적 자각에서 완전히 의식적인 수준이라기보다는 전 의식적인 것으로부터 나올 수 있음을 제시하고 있다.

그림의 주제로부터 내용을 생각한다는 것은 도움이 되며 그것은 발달론적으로도 분류할 수도 있고(예, 구강기, 남근기), 역동적으로 생각할 수가 있다(예, 다른 사람이나 자기 자신에 대한 공격). 미술 작업의 재현된 또는 투사된 내용에서 전달되는 의미에 관해 어떤 결정이라도 하기 위해서는 내담자에 의해 표현되어진 작업의 창작과정의 순서와 언어적 · 비언어적인 여러 연상 관계들을 관찰해야 한다. 그림이라는 것은 결코 혼자서 충분히 존재하는 것이 아니라 여러 연상된 상황 안에서 성립되는 것이며, 그것은 아주 풍부한 이해의 원천이 된다. 이러한 상황은 특별한 작품과 직접적으로 관계된 행동들을 포함한다. 반복적인 형태와 내용은 내담자에게 중요하게 생각하는 것에 대한 하나의 신호가 된다. 작품 안에서 또는 여러 다른 작품에서 되풀이되는 이미지는 예술가가 표현하고자 하는 주요 메시지가 되는 것처럼 내담자가 그리는 반복된 이미지는 치료자가 예민하게 반응해야 할 중요한 메시지가 된다. 또한 교묘하게 일부러 '빠트린' 내용도 역시 중요하다고 생각하며 사람에 따라 지각하고 표현된 것이 때로는 덜 편안하게 표출될 수 있음을 이해해야 할 것이다(Rubin, 1984).

내용은 감각적 일뿐만 아니라 아주 논리적이며 개념적일 수가 있고 경우에 따라서는 아주 비논리적일 수도 있다. 형식과 내용은 논리적인 연속체로서 병행할 수 있으며 또한 그것들은 정반대로 작용할 수도 있다–순서적으로 명확하게 그린 드로잉, 회화, 조각은 아주 순수한 공상의 창작물이라고 볼 수가 있다. 때때로 그러한 이미지들은 일차적 사고과정의 주요 언어라고 언급되는 반면에 말이라고 하는 것은 이차적 사고과정의 주요 언어로 제공된다. 이러한 것들을 미술치료사는 임상에서 정확히 이해해야 할 것이다.

따라서 내용은 신중하게 생각해서 그린 이미지나 또는 투사된 시각적 아이디어에 있어서 '무엇을(what)' 단순히 확인할 수 있는 문제만은 아니다. 이것이 바로 이해의 첫 번째 단계가 되고 있지만, 심지어 어떤 수준이라도 미술치료사는 한 주제에서 또 다른 주제로 넘어 갈 때 또는 같은 주제라도 공간적인 특성에 따라서 차이가 난다는 것을 고려해야 한다. 예를 들어, 그림에서 흰 이빨을 드러낸 야생동물의 모습과 우리 안에 있는 모습은 아주 질적으로 다른 설명이 된다. 이와 같이 형식/내용(form/content)의 복잡한 영역은 대개는 '스타일(style)'이라고 부르는 것을 생각하게 만드는데, 스타일 방법 그 자체에 안에서도 형식적인 요소들이 표현되며 일종의 상징적인 의미들이 전달된다. 스타일은 흔히 '관능적인(voluptuous)', '열정적인(passionate)', '냉정한(cold)', '초연한(detached)', '느슨한(loose)', '세심함(fussy)'과 같이 인간적이면서도 극적인 방식으로 흔히 표현될 될 수가 있다(Rubin. 1984).

완성된 작품에서 비추어 볼 때, 이러한 미술의 여러 요소들이 시각적으로 표현된 모든 것들이 된다. 따라서 작업과정을 처음부터 끝까지 관찰한 사람이면 누구나 최종적 결과 뒤에 숨어 있는 한편의 드라마와 같은 많은 것을 알게 된다. 작품으로부터 가장 풍부하고 치료적으로도 아주 유용한 것을 이해하기 위해서는 창작의 전 과정을 최선을 다해 관찰해야 한다. 순서(sequence), 템포(tempo), 리듬(rhythm), 작품과 관계된 언어적 · 비언어적 행동과 같은 이러한 면들은 정말로 예술적 작품을 구성하는 중요한 요인들과 관계한다. 드라마와는 달리 예술이란 깨어있는 동안에 창조되며 의식 속에서 그 모습을 드러내고 심지어는 잠자면서도 만들어지며, 바로 그것의 발달은 예술가와 치료자 모두에게 눈에 보이는 시각적인 것이다.

누구라도 인간에 대한 가장 심층적인 이해는 인간의 마음의 깊은 곳으로부터 유발된 것이라고 믿기 때문에, 미술치료사는 내담자의 그림 내용이나 형태에 부과된 것을 그리 쉽게 이해할 수는 없다. 단지 개인으로부터 유발되어 창조된 것은 그 사람을 이해하는데 충분히 타당한 의미를 가질 뿐이다. 그들의 작품을 통해서 알고자 하는 우리의 목적은 그 사람 자신으로부터 충분히 유발된 것에 우리의 이해가 기초될 때 가장 타당하다고 본다(Rubin. 1984).

4) 작품의 형식과 내용을 통해서 본 내담자 문제

9세 된 ADHD아동이 그린 〈그림 3-22〉를 보면서 제 일차적으로 작품의 형식적인 면을 통해서 내담자자의 문제를 이해하고 추가적으로 작품의 내용적인 면도 함께 살펴보도록 하겠다. 보통 미술치료에서 테두리기법은 조형 활동을 자극하고, 공포를 줄일 수 있어 자아가 허약한 내담자들에게 많이 사용되고 있다. 또 도화지에 원을 그려주고 원안에 그림을 그리거나 채색하게 하여 과잉행동, 주의산만 등을 줄일 수 있으며, 심리적 지지도 해줄 수 있다(한국미술치료학회, 1995).

아동에게 동그라미 테두리 기법으로 엄마를 그리고 '엄마'하면 연상되는 것을 그리라고 하였다. 그림의 형식적 분석에서 볼 때 다음과 같다. 즉 그림을 너무 빨리 급하게 생각 없이 끝내버려 시간이 일분도 채 안 걸렸다. 그림 그리는 태도는 매우 산만하고 집중을 하지 못하고 매우 충동적이었다. 그림의 크기는 크고 필압은 강한 편이었다. 어머니를 그린 인물화에서 남성성과 여성성이 구분이 안 되며 필요한 세부묘사가 부족하고 그림의 균형이나 구조면에서 볼 때 안정이 안 되고 불안정하게 보이는 것은 그림의 대칭성이 부족하기 때문이다. 또한 인물화에서 비례도 잘 맞지를 않고 여러 가지를 종합해볼 때 그림 발달 면에서도 자신의 나이에 비해 3~4세 수준정도가 떨어진다고 추정할 수가 있다. 실제로도 아동은 인지적, 사회적, 정서적 면에서 거의 5~6세 수준인데 일반 초등학교를 다니면서 학교생활에 제대로 적응을 하지 못해 학교의 반 아이들에게 집단 괴롭힘을 당하고 있었다. 그림의 형식적인 특성에서 충동성과 주의력 결핍이 보이며 전반적으로 발달에 장애가 있음을 시사한다.

그림의 내용면에서 볼 때 아동이 학습을 못해 어머니가 화가 나는 모습이다. 어머니에게 혼날 때 유난히 어머니의 긴 머리카락이 귀신처럼 무섭게 보였고 종이 뒤에 '무서운 매' 도 아주 실감나게 그렸다. 어머니께서 혼날 때 아동에게 한 말 "이 나쁜 것"이라는 말이 적혀 있었다. 아동은 '어머니' 하면 첫 연상되는 것이 바로 자신이 공부를 못해 어머니가 몹시 화가 나는 모습이 떠올랐고 어머니가 실제로도 화를 잘 낸다고 하였다. 아동은 어머니 눈치를 많이 본다. 그림의 내용분석을 볼 때 어머니가 아동에게 방과 후에 여러 활동 및 학습을 많이 시키는 것이 지금 아동에게 상당한 부담감이 되고 있음을 보여주고 있다. 아동의 발달수준에서 단계적으로 학습이 진행되어야 하는데, 아동을 정상수준으로 끌어올리려는 어머니의 기대가 현실적으로 좀 지나치다는 것을 암시하고 있다.

A4용지 위에 그린 한 장의 작품에 대한 형식적, 내용적 분석이 아동의 문제를 축소해서 표현하고 있었다. 즉 가정에서 어머니의 양육태도 및 아동의 학교생활 어려움을 상징적으로 나타나고 있으며, 이에 대한 아동과 어머니의 힘겨루기 과정에서 아동이 많이 지치고 힘들다는 것을 보여주고 있었다. 만약 이러한 과정이 완화되지 않는다면 아동은 더욱 더 산만하고 충동적이 되며 주의력이 계속해서 결핍될 것이다.

사실 아동은 종이 뒷면에 매를 크게 그렸고 어머니에게 혼났을 때 자신의 반응을 동그라미 테두리 안에 그렸다. 자신이 울고 있는 모습을 그렸고 제목도 '엉엉'이었다 〈그림 3-23〉. 이 그림 역시 형식적, 내용적인 면에서 〈그림 3-22〉와 동일하다고 본다.

따라서 상담은 아동과 어머니 상담이 병행되어야 한다. 아동은 미술치료를 통해 자신의 생각을 그림으로 표현하고 아동의 발달에 맞는 여러 가지 조형 활동을 통해 발달적 미술치료를 도모하고 어머니 상담에서는 아동의 상황을 있는 그대로 수용하고 빨리 아동의 한계를 인정하여 아동의 발달 수준에 맞는 최선의 치료 및 교육을 중재할 수 있도록 어머니를 교육하고 지지하고 안내하는 것이다.

이에 대한 그림에 대한 형식적 분석과 내용적 분석을 구체적으로 제시하자면 〈표 3-2〉와 같다. 이렇게 미술작품을 종합적으로 이해하려고 하는 것은 작품의 형식적인 면이 바로 내담자의 성격 및 문제를 반영하기 때문에 잘 관찰하고 평가해야 할 뿐만 아니라, 작품의 내용적인 면도 잘 통합을 하여 내담자의 작품을 이해하고 치료계획을 세우는데 반영해야 한다.

〈표 3-2〉 작품에 대한 형식적, 내용적 이해

	'엄마' 하면 연상되는 것 동그라미 안에 그리기	
행동관찰	• 그림에 대한 지시사항을 충분히 듣지도 않고 생각 없이 그려버린다. • 그림에 대한 태도가 충동적이고 산만하다. • 그림에 대해 집중을 하지 않는 편이다. • 그림에 대해 질문을 할 때 끝까지 듣지도 않고 대답을 한다. • 의자에 착석하는 시간이 아주 짧고 손발을 가만히 두지 않고 몸을 자주 움직인다. • 그림을 빨리 대충 그려버리고 피곤해서 치료실 바닥에 눕는다. • 조금이라도 힘든 것을 하지 않고 매우 의존적이다.	
발달 수준	• 아동은 생활연령 9세인데 그림 발달수준은 정상에 비해서 3~4세 수준 떨어지며, 그림에 대한 언어적 표현은 전반적 발달에 비해 양호지만 또래에 비해 1~2년 정도 떨어진다. 또한 사회성 등 전반적으로 또래에 비해서 2~3년 정도 낮다고 볼 수 있다.	
작 품	 〈그림 3-22〉 엄마에 대한 연상	 〈그림 3-23〉 나에 대한 연상
그 림 내 용	• 엄마하면 연상되는 것을 그려보자고 했는데 아동은 엄마가 화나는 것과 그 때 머리카락이 아주 무서워서 동그라미 주변에 선을 마구 그어놓았다. 뒷장에 매도 표현하였다.	• 화나는 엄마에 대한 반응으로 자신은 엉엉 운다고 하였다. 첫 번째 그림보다는 인물화가 얼굴, 몸통, 다리, 손, 발등 약간 더 분화가 되었다.
작품에 관한 형식적 이해	• 검사 시의 태도와 소요시간이 너무 짧다(1분) • 그림의 크기가 크다. • 필압과 필선이 강하다. • 선의 특징이 산만하지만 공격적이다. • 인물화의 대칭성이 부족하고 비례가 맞지를 않고 몸통이 너무 크다. • 인물화에서 필수적인 세부묘사가 부족하다. • 인물화에서 남성성과 여성성이 구분이 안 된다. • 12색 사인펜 중에 빨간색을 주로 선택하였다.	
작품에 관한 내용적 이해	• 어머니가 아동의 발달장애를 수용하지 못하고 아동에게 지나치게 학습을 강조한다. • 어머니가 학습을 강조하면서 아동을 자주 혼내고 아동은 그런 어머니가 너무나 무섭고 싫고 그것 때문에 자주 엉엉 운다. • 아동에 대한 어머니의 과도한 학습으로 아동이 지쳐 있다. • 모자관계가 갈등적이고 서로에 대한 양가감정이 있다.	

치료대화 내용	• 대화내용: (엄마가 화가 났어요?) 네, 나 때문에 화가 났어요.(엄마가 화가 나서 무서웠겠다) 고개를 끄떡인다. (왜 혼났을까?)내 멋대로 행동했다고. (내 멋대로 행동했다고? 무엇을 멋대로 행동했을까?) 몰라요.(몰라!! 뭐라고 하면서 야단치는데) 이 나쁜 것.(이 나쁜 것이라고!! 기분이 안 좋았겠다. 그런데 엄마 주위에 있는 일자선들은 무엇이지?) 엄마 머리카락. 엄마가 화날 때 머리카락 밖에 보이지 않아요(머리카락 밖에 보이지 않아!! 그럴 때 너 마음은 어떤데?). 너무 슬퍼서 엉엉. 공부 못할 때 이런 매로 막 때려요(저런!! 많이 아프겠다). 손으로 (몸 여기저기를 가리키며) 막 때려요. (많이 슬프겠다) 네 (엄마한테 자주 맞아?) 네 (저런!! 엄마가 너에게 어떻게 해주면 좋겠니?) 나 안 때리고 소리 안 지르면 좋겠어요(그렇구나! 소리 지르는 것이 싫네, 그치? 그럼, 엄마에게 그렇게 말해보지). 선생님!! 피곤해요. 몸이 더워요. 나 여기 누울래요. 창문 좀 열어요.(생략)
전체 해석	• 그림의 형식적 분석에서는 아동의 ADHD성향 즉, 과잉행동, 충동성, 및 주의력 결핍을 반영하며 그림발달이 정상에 비해 3~4세 정도 떨어진다. • 그림의 내용적 분석에서는 어머니가 아동의 현실적인 제한점을 수용하지 못하고 너무 학습만 강조해 자주 아동을 야단친다. 아동은 자신의 발달장애로 학교에서는 반 아동들의 괴롭힘 때문에 상처받고 있고 가정에서는 어머니의 질책으로 이중으로 상처받고 있는 것을 볼 수 있다. 사인펜의 빨간색이 어머니에 대한 분노와 상처를 상징적으로 표현하지 않을까 추정해본다.
치료 계획	• 형식적 분석을 통해 이해한 것은 아동의 흥미와 자발성 및 집중력 향상을 위해서 다양한 감각적 매체를 통해 실시할 수 있는 소근육 활동이 필요하다(핑거페인팅, 여러 가지 매체로 찍기, 물감으로 낙서하고 뿌리기, 종이 찢고 접기, 점토로 만들기 등). • 발달이 또래에 비해 떨어지므로 단계적으로 인물화 그리기, 다양한 기초 조형활동을 통한 개념 익히기 등 발달적 미술치료가 필요하다. • 내용적 분석을 통해 이해한 것은 아동의 상처받은 마음을 감각적인 매체를 통해 자유롭게 표현할 수 있도록하고, 아동이 잘한 점에 대해 칭찬과 지지를 하여 아동의 자존감을 향상할 수 있도록 한다. • 어머니 상담을 통해 학습에 대해 아동을 너무 정서적으로 압박하지 않고 아동의 현재 상태를 수용하여 아동의 발달에 적합한 전문적 치료와 교육을 안내한다.

4. 미술치료실의 환경구성

미술치료를 하기위해서는 우선 내담자를 만나기 위한 시간, 장소와 공간이 필요하다. 그 공간은 개인 치료실이나 연구소가 될 경우도 있고 시설이나 기관 또는 병원이 될 수도 있다. 미술치료 진행은 개별이나 집단으로 이루어지며, 아동부터 노인까지 다양한 대상들을 만날 수가 있다. 미술치료가 진행되기 위해서는 바로 그러한 치료공간 안에서 기본적으로 갖추어져야 할 것들이 있고 공간과 대상에 따라 융통성 있게 조정할 부분들이 있다. 본 장에서는 미술치료실의 환경구성에 있어 내담자 입장에서 심리적인 것과 물리적인 측면을 동시에 살펴볼 것이다. 심리적인 측면에서는 무엇보다도 치료의 안정성에 대해 Winnicott의 치료의 '중간영역' 관점에서 조망하고 물리적인 측면에서는 미술치료실을 구성하는 환경과 재료, 비품 등에 대해서 기술할 것이다. 추가적으로 치료에서 중요한 시간과 미술치료에서 주의해야 할 작품 보관방법 및 전시에 대해서도 알아볼 것이다.

1) 심리적 공간

미술치료실은 내담자에 특별한 치유공간으로서 현실적으로 중요한 심리적 공간이 되는데, 그러기위해서는 미술치료사는 다음과 같은 점을 고려해야 할 것이다. 첫째, 미술치료실은 내담자에게 심리적 안정감을 느껴야 할 것이다. 미술치료사와 내담자가 만나서 치료의 연속성을 갖고 안전하게 치료가 진행되려면 미술치료실의 공간이 내담자에게 안전한 틀로 제공되어야한다. 보통 내담자는 치료받기 전에 매우 불안하고 긴장되어 있다. 자신을 노출하기 위해서는 마음의 준비가 필요한데 미술치료실의 첫인상이 안 좋거나 정리 정돈이 안 되어 있다면 치료에 대한 거부감이 들 것이다. 예를 들어 외부환경에 의한 전화나 소음 또는 외부 사람 방문 등으로 치료가 방해를 받으면 그만큼 치료의 저항이 생길 것이다. 미술치료사는 이러한 불필요한 저항을 최소화하고 치료자나 내담자가 치료에 집중할 수 있도록 최선을 다해야 할 것이다.

둘째, 미술치료실은 개인의 사적인 비밀이 보장되고 자연스럽게 치료자의 공감과 신뢰 속에서 내담자가 자신을 치유해나가는 공간이 되어야 한다. 그 자유스러운 치유공간 안에서 내담자는 다양한 미술매체를 통해 상징적으로 자신의 문제와 고통을 표현해 나갈 것이며 그 고통을 직면하기까지 상당한 불안과 방어와 감정이 존재할 것이다. 이러한 내담자의 감정을 잘 담아주기 위해서는 미술치료실은 Winnicott(1984)가 제시한 '안아주는 환경(holding environment)'을 제공함으로써 치료적 효과를 높여야 할 것이다(이재훈, 1998). 미술치료사의 지지받는 환경에서 내담자는 자신의 병들고, 아프고, 슬프고, 화가 난 자신의 모습을 마주할 것이며 그러한 모습을 표현하고 수용함으로써 건강하고 자주적이고 창조적인 자아로 나아갈 것이다.

셋째, 치유과정은 생각보다 쉽지가 않기 때문에 미술치료에서 미술매체를 통해 촉진적인 환경을 제공해야 되는데 Winnicot(1974)가 주장하는 치료에서의 '중간대상', '중간영역'이 될 것이다. Winnicott(1974)는 '어떤 인간 존재도 내적 그리고 외적인 현실과 관계하는 긴장으로부터 자유롭지 못하고 이 긴장으로부터 이완할 수 있는 도전 받지 않는 중간경험의 영역(예술, 종교 등)에 의해서 제공된다는 가정을 한다. 이 중간영역은 놀이에 '빠져 있는 어린아이의 놀이 영역의 직접적인 연속선상에 있다'고 했다(이재훈, 1997 재인용).

유아의 중간대상은 점차 유아의 성장과 지각의 발달로 중간대상의 확장과 함께 중간영역으로 나아가게 된다. 이 중간 영역에는 예술 종교, 인간의 기호와 취미 관심과 시대의 흐름에 따라 그들이 위치한 환경 안에서 다양한 변화를 겪게 된다. 아동은 미술활동을 중간대상으로 사용히여 자기 인식강화와 사율성을 롱해 스스로 독립적으로 나아가게 된다. 미술치료도 이런 맥락 중의 하나이다. 인간 심리 내면에 있는 갈등과 불안은 미술이라는 중간대상을 활용하여 창조적인 잠재력을 신장시키는 과정 속에서 외부로 표출된다. 미술활동은 비언어적인 표현 방법이므로 언어의 어려움이 있거나 방어적인 성격특성을 갖고 있는 내담자 등이 통제를 적게 받으며 무의식으로 쉽게 접근할 수 있어 저항을 줄일 수 있다(선우인숙, 2002).

인간은 미술의 풍부한 가능성과 창의성을 자주 경험한다. 어린 시절에는 크레파스로 그림을 그리고 종이를 오려 꼴라쥬를 하고 모래성을 쌓고 진흙 속에 손바닥을 찍으면서 즐기는 놀이로서의 미술들을 경험한다. Winnicott의 중간영역에 대한 정의에 근거하여 볼 때, 외부환경을 의식하지 않고 자신만의 경험과 감정표현에 충실한 창조적인 미술활동은 개인의 놀이영역이 확장된 것이다. 이처럼 놀이영역의 연속선상에 위치한 미술은 곧 확장된 중간영역으로서 그 영역을 조명할 수 있다. 성인이 되어 스스로가 '창조적'이라 여기지 않는 경우라도 인간은 창조적 미술을 경험한다. 취미로 그림을 그린다든지 사진을 찍을 수도 있으며, 책상 위에 놓인 메모지 한쪽에 낙서를 할 수도 있다. 이런 간단한 활동들은 문제가 되는 감정을 초월해서, 즐거움과 기쁨을 주고, 긴장과 스트레스를 풀고 자신을 완화시켜 주는 방법이다. 성인이 되어 경험하는 미술도 어린 시절 놀이로서의 미술 경험과 마찬가지로 창조적 충동이 형태를 가지게 되는 것을 즐길 수 있다는 점에서 놀이와 같은 경험영역에 속한다고 볼 수 있다(Malchiodi, 2000). 따라서 미술치료는 치료의 중간영역으로서 내담자가 안전하게 자유롭게 자신을 재창조하고 재구성할 수 있는 것이다.

넷째, 이러한 치유적인 공간 안에서 내담자는 자신의 내적인 자아와 외부적인 환경, 자신의 부정적 자아와 긍정적 자아 그리고 주관적 현실과 객관적 현실 등 여러 대립적인 갈등을 통찰하고 통합하게 될 것이다. 치료의 무한한 잠재된 공간 안에서 자신의 의식과 무의식을 만나게 되고 또한 자신의 과거와 현재 미래를 만나며 자신을 실현할 기회를 갖게 될 것이다.

2) 물리적 공간

앞에서 미술치료실의 심리적 공간에 대해 살펴보았는데, 이러한 심리적 공간의 필요충분조건을 충족하려면 물리적 공간이 잘 형성되어야 할 것이다. 미술치료실의 환경은 적당한 공간과 충분한 채광, 다양한 미술도구가 갖춰져 있어야 하며, 물을 쉽게 사용할 수 있어야 한다. 치료시간마다 내담자 스스로 자유롭게 매체를 선택할 수 있도록 여러 종류의 매체를 준비해야 한다. 치료실 안에 세면대가 있으면 제일 좋겠지만 될 수 있는 한 치료실에서 가까이 있으면 번거로움을 피할 수가 있다. 공간도 적당해야지 너무 넓거나 좁으면 문제가 발생할 소지가 있다.

특히 미술치료실에 있어 치료실의 물리적인 환경이 치료에 영향을 주고 있다는 사실은 임상에서 자주 경험한다. 몇 가지 예를 들면 아주 좁은 치료실 안에서 치료를 진행할 경우 내담자가 답답하고 숨이 막힌다. 약간의 폐쇄 공포증이 있을 경우에는 더욱 심각해진다. 반대로 집단을 대상으로 하는 넓은 치료실에서 개인을 치료할 경우 치료가 산만하며 집중이 안 되고 목소리가 울리기도 한다. ADHD경향이 있는 아동을 치료할 경우에는 더욱 더 산만함을 조장할 것이다. 또 찻길 옆에 치료실이 있어 소음이 들릴 경우에는 목소리도 안들릴 뿐만 아니라 치료의 집중력을 방해하고 아동의 경우에는 밖의 일들이 궁금해서 자꾸만 창문을 열려고 한다. 창문을 통해 외부가 너무 잘 보이는 경우에는 내담자가 그 쪽에 시선이 가기 때문에 커튼이나 가리개로 가리는 것이 바람직하며 또 창문이 없을 경우에는 소음은 차단이 되지만 미술재료들의 특유한 냄새들이 환기가 안 되고 통풍이 안 되어 답답함을 초래할 수가 있다.

또 치료실 자체가 방음이 잘되지 않을 경우에는 치료의 프라이버시가 손상될 수도 있다. 청소년일 경우에는 대기실에서 보호자가 기다리고 있는데 이야기가 대기실까지 들릴 수 있고 또 반대로 부모상담할 경우에 대기실에 앉아있는 내담자에게 그 이야기가 들릴 수가 있기 때문에 매우 조심해야 한다. 심지어 내담자가 아동인 경우에는 보호자가 일부러 집중해서 상담실 가까이에 가서 노골적으로 들으려고 하는 경우도 있다. 바로 이러한 보호자의 지나친 관심이 아동을 공격적으로 만들었을 것이라고 생각한다.

또 한 가지 고려해야 할 사항은 미술치료실 방이 하나인 경우보다는 2개일 경우가 가끔 치료적일 때가 있다. 원래 미술치료가 미술작업을 중심으로 치료가 이루어지기 때문에 치료가 끝났어도 내담자가 미술작품을 완성하고 돌아가고 싶을 때가 종종 있다. 이 때 작업을 더 할 수 있도록 배려해야 하는데 다음에 상담할 대기자가 있을 경우에는 그 치료실을 치워 주어야 하기 때문에 다른 치료실을 이용하는 것이 바람직하다. 물론 치료가 끝났음을 내담자에게 주지하고 각 내담자마다 일정한 치료실을 일관성 있게 이용할 수 있도록 배려해야 할 것이다.

보통 미술치료에서 미술활동은 책상이나 이젤에서 이루어지지만 바닥이나 벽에서 이루어 질 때도 있기 때문에 청소하기 편해야 좋다. 예를 들어 손바닥, 발바닥 찍기나 신체상 본뜨기는 보통 바닥에서 이루어 질 때도 있고 가족체계진단이나 마음대로 낙서하기 등은 벽에 종이를 부쳐놓고 할 때도 있다. 그림을 그릴 때는 적절한 조명과 적당한 온도와 쾌적한 환경이 갖춰져야 한다. 미술재료들이 정돈되어 지정된 선반 위에 놓여 있어야 하는데, 이것은 안정감을 갖게 하는 요소이다. 치료실에 들어서면서 작업복을 입고 붓을 들고 각 재료들을 선택하고 돌아다니면서 준비하는 과정은 때로는 치료의 불안을 극복하게 한다. 또한 미술활동을 끝낸 뒤에 붓을 씻고 작업하넌 것들을 제자리에 놓고 빠렛트를 잘 닦아서 정돈하는 등의 행동은 스스로의 규칙과 습관으로 하나의 틀(container)이 되어서 안정된 환경을 제공하게 된다. 안정되고 일관성이 있는 예측 가능한 환경은 자신의 일상생활에서의 억압을 완전히 자유롭게 그리고 진정으로 표현하게 해준다. 치료자는 일관되고 계획성 있게 어떠한 지침을 갖고 있어야 한다. 치료자는 산만하지 않고 창조성의 촉진을 최대화 할 수 있도록 물리적 심리적 조건을 잘 알고 있어야 하는 것이다(박현희, 2002).

물리적 환경에 있어서 어떤 요소들은 미술치료에 중요한 의미를 가진다. 집단 미술치료에서는 구성원들 간의 물리적 간격(거리)은 미술작업 시간이나 토론에 영향을 미칠 수 있다. 미술도구 또한 영향을 미칠 수 있는데, 앞에서도 언급하였지만 마루에 앉아 그리는 것, 이젤과 의자를 사용하는 것이 제각기 다르다. 전자는 보다 비형식적인 환경에서 이루어진다. 미술치료에서 고려할 점은 미술작품의 제작자와 작품 사이의 물리적 연관성이다. 미술작품을 벽에 걸거나 이젤에 놓거나 땅바닥에 놓고 작품을 설명할 수 있다. 이때 가능하면 환자가 자기 작품에 가까이 접근하게 하여 그림과 환자 사이의 연결을 강조하고, 미술작품이 자아의 확장임을 보다 생생하게 경험하도록 한다. 〈그림 3-24〉는 치료실 구성의 한 예이다(한국미술치료학회, 1995).

따라서 물리치료실의 작은 환경 구성요소에 내담자들은 자신의 문제를 투사해서 반응하기 때문에 잘 관찰해서 치료의 임상적 자료로 활용해야 할 것이다. 재미있는 실례를 들자면 몇 년 전 30대 초반의 어머니가 6세 된 여아의 위축된 행동문제로 상담을 의뢰한 적이 있었다. 초기면담에서 어머니는 학교 교사인데 아동의 문제를 호소하면서 아빠와 딸의 관계가 좋지 않고 남편이 2살 아래인 남동생만을 좋아하고 편애를 한다고 불만을 이야기하였다. 자신들은 주말부부인데 이런 문제들이 미해결된 갈등으로 남아 자주 부부문제를 야기한다고 하였다. 그러나 아동을 면담한 결과 아동은 이 세상에서 아빠가 제일 좋고 자신은 아빠를 기다리는 재미로 산다고 하였다. 엄마와 딸의 말이 정반대가 되어 누구의 말이 진실인지 관찰하고 있을 때 아동에게 동물 가족화를 점토로 만들어 보라고 하였다. 아빠는 착하니까 '양', 동생은 귀여우니까 '강아지', 나는 토끼가 좋으니까 '토끼', 엄마는 무서우니까 '호랑이', 할머니는 나만 야단치니까 '구렁이'로 표현하였다. 아주 정성들여 동물 가족화를 점토로 만들었고 양의 털이라든지, 토끼의 앞니나 구렁이의 혀 등 섬세한 표현도 아주 정교하게 잘 만들었다. 다음에는 이 가족 동물들을 배치해보라고 하니까 착한 아빠 양은 멀리 떨어져 있고 '나, 토끼'는 낮에는 구렁

이인 할머니에게 잔소리 듣고 저녁에는 호랑이 엄마에게 혼나서 행복하지 않다고 하였다. 미술치료를 마치자 어머니께서 들어오셨는데, 어머니는 학교 퇴근 후에 항상 저녁에 아동을 데리고 왔는데, 그 시간에는 상담실 연구원들이 다 퇴근을 하고 없었다. 또 그날따라 화장실이 고장이 나서 1층 화장실 세면대를 이용해야만 했다. 아동은 "엄마, 손"하면서 지점토와 찰흙이 묻은 손을 내밀었다. 엄마가 "화장실에 가서 손 닦고 와"하자 아동은 혼자 화장실가서 손을 씻으려고 했는데 화장실 공사로 문이 열리지 않자 다시 와서 "엄마, 문이 안 열려, 엄마 손" 하자 엄마는 "엘리베이터 타고 1층 내려가서 손 씻어"하고 명령하였다. 필자가 "아동이 어려서 무서우니 엄마가 가서 직접 씻겨주고 데리고 올라오세요" 하자 "괜찮다"고 하면서 계속 아동에게 혼자 가라고 지시를 하였다. 이 간단한 삽화 속에서 드디어 아동의 문제가 정리가 되었다. 바로 어머니의 지시가 아동의 행동을 위축되게 만든 것이었다. 어머니는 아동에게 엄마의 따뜻하고 애정 있는 역할을 하기보다는 마치 학교 교사처럼 지시하고 혼내기만 하였던 것이다. 그 날 화장실이 고장 났기 때문에 모녀 관계를 관찰하고 평가할 수 있었던 좋은 기회였다. 이렇듯 치료실에서 일어나는 작은 부분들도 놓칠 수가 없으며 모두가 관찰의 대상인 것을 미술치료사는 주지해야 할 것이다.

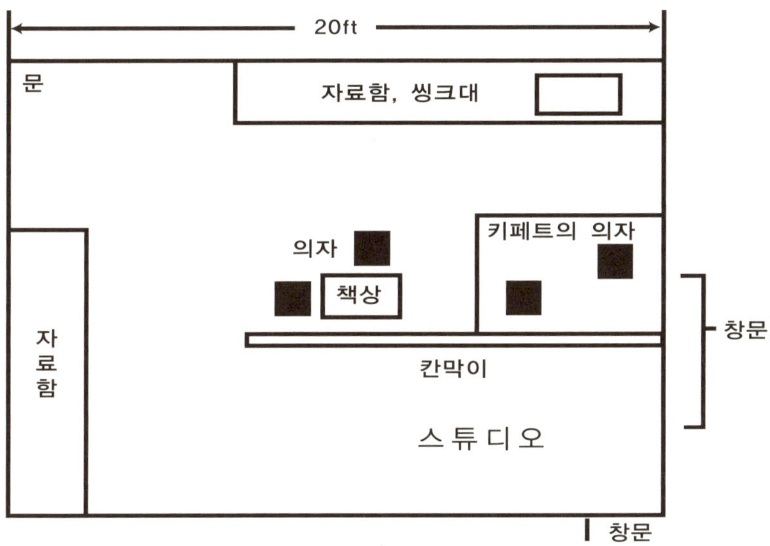

〈그림 3-24〉 미술치료실 구성

〈그림 3-25〉 미술치료의 재료실

〈그림 3-26〉
개별 미술치료실1

〈그림 3-27〉
개별 미술치료실2

〈그림 3-28〉
집단 미술치료실 전경

3) 치료시간의 구성

미술치료의 시간 구성은 치료목표나 대상, 방법에 따라서 다양하게 결정된다. 치료의 기간과 빈도, 사용될 매체, 특정의 활동, 치료 종료 등이 시간 계획에 포함된다. 대체로 주 1회 정도의 상담과 심리치료가 이루어지며, 첫 상담에서는 언어에 의한 접촉을 하며, 치료비, 시간계획, 도구의 선택, 그림의 주제 선정 등 다양한 내용들이 다루어진다.

치료시간에는 제한 시간을 두어야 할 개인이나 집단이 있을 수 있고, 반대의 입장도 있을 수 있다. 예컨대, 정신병원의 경우에는 환자의 특성이나 그때의 상황에 따라 시간이 조절될 수밖에 없다. 미술치료의 목표에 따라 환자와 환경조건을 기초로 하여 시간 구성을 해야 한다는 것이다. 예컨대, 목표가 가족의 위기를 치료하는 것이라면 모든 가족 구성원이 참가하여 위기 상황과 관련된 그림을 그리게 된다. 이런 경우에는 시간과 상담 환경 등에서 융통성이 발휘되지 않을 수 없다. 만약, 정신분열증 환자라면 먼저 개인치료를 받고, 그 후에 집단치료를 받도록 권장되므로 시간 구성이 달라진다(한국미술치료학회, 1995).

그러나 치료에서 시간은 일관성 있게 지켜져야 한다. 앞서도 언급하였지만 이러한 치료시간에도 내담자의 문제나 증상, 행동이 반영되기 때문에 치료자는 주의해서 살펴봐야 하고 될 수 있는 한 시간에 대한 규칙을 지켜야 한다. 개인미술치료는 보통 60분, 집단미술치료는 인원과 치료목적 및 기관의 성격에 따라 1시간 반에서 2~3시간 정도인데, 치료를 시작할 초기에 정해진 시간을 내담자에게 이야기해주도록 한다. 또 지각이나 치료 취소에 대해서도 미리 사전에 오리엔테이션을 해두는 것이 좋다. 지각을 자주 하거나 아니면 반대로 너무 일찍 오거나 또는 약속을 자주 변경하는 것이나 치료가 끝났음에도 불구하고 가지 않으려고 하는 것 등 사실은 내담자의 문제를 반영하기 때문에 이에 대한 주의와 이야기를 하는 것이 더욱 더 치료적이라고 볼 수 있다. 치료시간을 일관성 없이 한 시간 했다가 연장해버리면 치료는 이렇게 진행되는 것이라고 생각하고 불필요하게 치료에 의존을 하게 된다. 그러면 후에 치료자 입장에서 상당한 심리적인 부담감이 되므로 시간 조정하기가 점점 더 어려워지므로 조심해야 한다. 미술치료에서 시간구성은 치료자의 운영적인 면과 관계하면서 임상에 중요한 영향을 미치는 치료적 틀이기 때문에 잘 지켜나가야 할 것이다.

4) 작품보관 방법에 대한 주의

마지막으로 작품보관방법에 대해 언급하고자 한다. 미술치료사는 아주 좋은 특성을 갖고 있을 뿐만 아니라 미리 작업을 예상할 수 있으며 매체를 통해 기대하고 관심을 유발할 수 있는 도구와 재료를 선택해야 한다. 붓은 아주 재빨리 씻어 두고 종이는 깨끗하게 보관되어야 하며 점토나 그림물감은 다음에도 사용할 수 있도록 잘 보관해야 한다. 재료의 제한적인 가치에 대해서도 세심한 주의를 해야 하며 내담자에게도 충분히 설명을 해야 한다. 내담자에게 치료자의 재료조작과 작품보관방법이 더욱 중요한 메시지가 되어 전달될 수 있는데, 즉 다시 말해 치료자가 내담자의 창작품에 부주의하면 동시에 내담자에 대한 존중감이 있다고는 말할 수 없을 것이다(Rubin, 1984).

또한 작품을 보관할 수 있는 사물함이 필요한데, 이는 작품을 잘 보관하는 것이 내담자에 대한 존중감을 표현하는 것이며, 치료 종결 시에 내담자로 하여금 초기부터 모아두었던 작품들을 살펴보면서 정리하는 시간을 갖기 위해서이다. 이는 변화된 자신의 모습과 과정을 알 수 있게 한다(한국미술치료학회, 1995).

〈그림 3-29〉 미술치료 작품 보관1

〈그림 3-30〉 미술치료 작품 보관2

보통 아동들은 자신들의 작품이 멋지게 나오면 벽에 부쳐달라고 하고 다음 시간에 와서 그 작품이 잘 있는지 확인을 해본다. 어떤 경우에는 아무도 안 보이는 벽면 모퉁이에 부쳐놓고 다음 시간에 치료실에 들어오자마자 벽 뒤쪽으로 가서 자신의 작품을 확인하고 치료자에게 친밀한 미소를 지어 보이기도 한다. 이렇게 작품은 내담자에게 자신의 존재를 느끼게 할 만큼 중요함에도 불구하고 내담자의 작품을 부주의하게 다루어 치료가 안타깝게도 실패한 사례가 있어서 소개하고자 한다.

몇 년 전에 어떤 상담실에서 주의력결핍과잉행동장애(ADHD) 8세 남자아동에게 미술치료를 할 기회가 있었다. 처음에는 정말 미술치료실에서 착석이 안 될 정도로 힘들었지만, 아동은 점점 다양한 매체에 흥미를 보이면서 집중력과 자발성이 향상되어가고 있었다. 그러한 과정을 지켜본 치료자는 칭찬과 지지로 아동의 부정적인 자아상을 긍정적으로 변화할 수 있도록 노력하였고 정말 치료에서 보람을 느꼈다. 평상시 매체연구에 관심이 많아서 아동에게 매체의 각각의 특성에 대해 아동의 의견을 구하기도 하였다. 지금도 잊혀지지 않은 기억 중에 하나가 아동이 "지점토는 흰색이라 좋은데 잘 붙지를 않고, 손에 하얀 것이 묻어 싫지만 그림물감으로 색칠을 하여서 좋고, 흙점토는 부드럽고, 잘 붙고, 힘이 있어 좋지만 왠지 색이 똥을 만지는 기분이라 싫다고" 정말 깜찍하게 자신의 느낌을 표현하였다.

그러던 어느 날 아동이 지점토로 공항에 있는 비행기들을 아주 멋지게 만들었다. 치료시간이 끝났는데도 너무 작업에 몰두해서 집에 가려고 하지 않았다. 미술치료에 흥미를 느끼면 아동들은 보통 치료시간을 더 연장하려고 한다. 사실 치료적인 측면에서는 좋은 현상이라고 본다. 작업에 아쉬움을 남긴 채 대신 "다음 시간에 와서 멋지게 물감을 칠해서 집에 가지고 가야지" 하면서 갔는데, 다음시간에 치료실에 와보니 자신의 작품이 없어져 버렸다.

사실 그 치료실을 여러 상담자와 함께 공동으로 사용하였는데, 사무실 청소하시는 분이 몇일전에 아동의 작품을 그만 쓰레기통에 버렸다고 한다. 그것을 알고 아동은 너무 실망해서 울었고 치료자를 원망했으며 치료자도 아동에게 너무 미안하고 정말 치료에서 큰 실수를 했구나 싶어 어떻게 용서를 구해야할지 난감하였다. 미술치료에서 그동안 애써 쌓은 공든 탑이 정말 무너지는 순간이었다. 그 산만하고 충동적이고 공격적인 아동을 위해 얼마나 그동안 공을 들여 났는데 작품에 대한 부주의한 작은 실수가 한순간에 치료적 관계를 깨트려버리고 말았다.

사실 아동의 작품은 바로 아동 자신의 연장이고 모든 것인데 치료자가 소홀히 했으니 더 이상 할 말이 없었다. 그 뒤로 치료는 다시 후퇴하고 아동은 퇴행하였으며 더 이상 치료자를 신뢰하지 않게 되었으며 미술치료에 흥미를 보이지 않게 되고 치료실에 전처럼 오려고 하지 않았다. 그 시점에서 아버지의 전근으로 치료를 정말 종료하게 되었다. 치료자의 부주의로 본의 아니게 치료에서 제일 중요한 신뢰롭고 안정된 협력관계를 깨고 말았기 때문에 오랫동안 큰 교훈이 된 사례였다. 따라서 미술치료사는 재료 보관뿐만 아니라 작품보관 그리고 작품전시까지 이 모든 일련의 과정들을 치료적으로 잘 활용해야 할 것이다.

참고문헌

교육부(1996). **초등학교교사용지도서. 3 · 4.** 한국교육개발원.

김나래(2003). **북아트.** 서울: 임프레스.

김동연, 최외선, 공마리아(2002). **HTP와 KHTP 심리진단법.** 대구: 동아문화사.

김태은(2009). 미술치료사의 수퍼비전 체험연구. 서울여자대학교 특수치료전문대학원 석사학위논문.

박주영(2001). 아동발달단계에 따른 표현재료 및 도구의 적절성에 관한 연구 : 초등학교 판화영역을 중심으로. 춘천교육대학원 석사학위논문.

박은희(2005). 판화활동 미술치료프로그램이 정신지체아의 위축행동과 자아존중감에 미치는 효과. 고신대학교 교육대학원 석사학위논문.

박현희(2002). 미술치료의 임상적 적용 및 치료요인에 대한 연구. 한양대학교 교육대학원 석사학위논문.

선우인숙(2002). 도널드 위니캇의 대상관계이론에 기초한 미술치료연구. 원광대학교대학원 석사학위논문.

손승희(2004). 개인 수퍼비전에서 상담수련생의 비개방 연구. 숙명여자대학교 박사학위논문.

손은정(2001). 상담자 발달 수준별 사례 개념화의 차이: 개념도를 통한 인지 구조를 중심으로. 이화여자대학교 박사학위논문.

이동식(1974). **노이로제의 理解와 治療.** 서울: 일지사.

이유경(1998). 초등학교 미술 교과서 재료 사용의 비교 연구. 서울대학교 석사학위논문.

장연집(2000). 건강을 위한 심리학과 현상학적 질적연구. **질적연구, 1(1),** 13-24.

장연집(2002). 미술치료학의 특수성과 연구방법론. **심리치료, 2(1),** 15-30.

전순영(2008). 제74회 미술치료연수회자료집. **한국미술치료학회,** 171-183.

정방자(1979). 對象關係와 心理治療. **인간이해, 1(1),** 48-62.

한경미(1995). 아동의 조형 활동을 위한 재료활용방법 연구. 성신여자대학교 교육대학원 석사학위논문.

한국미술치료학회(1995). **미술치료의 이론과 실제.** 대구: 동아문화사.

현광덕(1993). 초등 저학년의 미술교육론. **미술교육논총, 2,** 81-82.

Colby, K. M.(1951). A primer for psychotherapists. New York : Wiley: Ronald Press.

Dewald, P. A.(1974). 김기석 역(1978). **정신치료의 이론과 실제.** 서울: 고려대학교 출판부.

Egan, G.(1986). The Skilled Helper: A Systematic Approach to Effective Helping. Monterey, CA: Brooks.

Eells, T.D.(1997). Handbook of psychotherapy case formulation. New York: The Guilford Press.

Fryrear, J. L. & Corbit, I. E.(1992). Photo art therapy : a Jungian perspective. Springfield, Ill., U.S.A.: C.C. Thomas.

Gantt, L., & Tabone, C. (1998). The formal elements art therapy scale: The rating manual. Morgantown, WV: Gargoyle Press.

Groth-Marnat, G.(1990). Handbook of psychological assessment, (2nd ed.). New York, NY: John Wiley & Sons.

Lowenfeld, V. & Brittain, W. L.(1965). 서울대미술교육연구회 역(1993). **인간을 위한 미술교육: 어린이와 청소년을 중심으로.** 서울: 미진사.

Loganbil, C., & Stoltenberg, C. (1983). The case conceptualization format : A training device for practicum. *Counselor Education and Supervision, 22,* 235-241.

Malchiodi, C. A.(1998). 최재영, 김진연 역(2000). **미술치료**. 서울: 조형교육.

Malchiodi, C. A.(1998). 김동연, 이재은, 홍은주 공역(2001). **아동미술심리이해.** 서울: 학지사.

McNiff, S. (1998). Art-Based Research. London: Taylor & Francis.

Moon, B. L.(2000). Ethical Issue In Art Therapy. Springfield: Charles C Thomas.

Patterson, C. H.(1974). Relationship Counseling And Psychotherapy. New York: Harper &. Row.

Persons, J.B.(1989). Cognitive therapy in practice: A case formulation approach. New York: W. W. Norton & Company.

Rubin, J. A.(1984). The Art of Art Therapy. New York: Brunner/ Mazel Inc.

Rubin, J. A.(1987). Approaches To Art Therapy Theory and Technique. New York : Brunner/Mazel.

Schaverien, J. & Case, C. (2007). Supervision in art psychotherapy : a theoretical and practical handbook. Hove, East Sussex: Routledge New York.

Winnicott. D. W. (1974). 이재훈 역(1997). **놀이와 현실.** 서울: 한국심리치료연구소.

Winnicott. D. W. (1984). 이재훈 역(2001). **박탈과 비행.** 서울: 한국심리치료연구소.

4장

미술치료에서 매체의 종류 및 특성

본 장에서는 미술치료에서 주로 많이 다루고 있는 미술매체의 종류에 대해서 다음과 같이 소개하고자 한다. 첫 번째, 우선 그림을 그릴 수 있는 종이의 종류와 특성 및 종이조형 활동, 두 번째, 스케치와 선적인 요소를 강조하는 드로잉매체(drawing materials), 세 번째는 색을 칠하고 색채를 강조하는 페인팅매체(painting media), 네 번째, 3차원의 입체작업을 주로 하는 모델링매체(modeling materials)로 다양한 종류의 점토(clay), 내부와 외부를 여러 가지 기법으로 표현할 수 있는 박스(box), 역할놀이에 주로 적용되는 인형(doll), 자아에 대해 다양한 모습을 표현할 수 있는 가면(mask), 다섯 번째, 오늘날 미술치료에서 점점 많이 활용되고 있는 사진치료(photo therapy)와 꼴라쥬(collage), 여섯 번째, 기타로 여러 장을 찍어낼 수 있는 예술 판화(graphics, prints, printmaking), 우리 고유의 한국화 매체, 오늘날 청소년들에게 많이 적용되고 있는 컴퓨터 디지털 미디어 매체 등에 대해 살펴볼 것이다.

또한 각각의 미술매체 대해서는 다음과 같은 특성으로 구분하여 살펴볼 것인데, 첫째, 각 매체의 역사 및 유래, 둘째, 매체의 종류 및 특성, 셋째, 사용기법 및 다른 매체와의 접목 넷째, 매체의 치유적 요인과 제한점, 다섯째, 각 매체에 따라 적용할 수 있는 다양한 미술치료임상기법, 그리고 마지막으로 각 매체에 대한 내담자의 반응을 통해서 살펴본 사례개념화에 대해 알아볼 것이다. 각 매체의 역사 및 유래에 대해서는 간단하게, 미술재료에 대해서는 미술치료임상에서 주로 활용하고 있는 매체와 기법을 중심으로 접근하고자 한다.

I. 화 지

첫 번째 매체소개는 화지(surfaces)에 관한 것이다. 화지는 그림을 그릴 수 있는 모든 것을 의미한다. 여기에 여러 종류의 마분지, 캔버스, 돌과 나무, 부직포 뿐만 아니라, 여러 무게, 표면 재질, 색깔, 크기 등을 갖고 있는 다양한 종이들이 포함된다. 사실 미술치료에서 사용하는 화지를 바탕재료라고 하여 크게 종이, 나무, 천으로 나누어 분류하는데 본장에서는 미술치료에서 주로 많이 사용되는 화지 중에서도 가장 대표적인 종이에 대해 주로 알아보고자 한다.

종이의 재질은 그 위에 그려진 그림의 성격에 직접적인 영향을 끼친다. 앵그르지와 같이 코팅처리를 하지 않은 비 압착용지는 자연적인 결이 많아 목탄이나 초크, 파스텔 같은 드로잉 재료에 적합하다. 또한 재질이 거친 종이는 그림의 일부가 되어 그 위에 그려진 그림을 강조하므로 대담한 작업에 적합하다.

섬세한 연필 작업이나 펜과 잉크를 사용한 드로잉에는 표면이 매끈한 종이가 적합하다. 펜촉이 종이의 거친 표면에 걸리거나 잉크가 번져 단정한 선을 망칠 우려가 있기 때문이다. 또한 파스텔이나 색연필처럼 색깔이 있는 드로잉 재료를 사용할 경우 색상과 명암을 제대로 선택하면 긍정적인 효과를 거둘 수 있다. 염색 종이를 중간색 바탕으로 삼아 명암을 쉽게 조절할 수 있다(임수진, 2007).

임상현장에서 미술치료사는 내담자가 가장 쉽게 할 수 있는 종이 형태와 그 위에 드로잉과 페인팅 매체를 잘 표현할 수 있는 종이를 선택하도록 도와준다. 그러기 위해서는 일반적으로 이용되고 있는 여러 종류의 종이 형태와 그것들의 제한점과 자질을 알아두어야 한다. 이렇게 다양한 종이의 종류를 알고 있으면 치료자가 내담자로 하여금 상당히 불필요한 시행착오와 좌절감을 거치지 않고서도 적절한 선택을 제공할 수 있을 것이다. 그러면 종이의 역사부터 표현기법까지 알아보고자 한다.

1. 종이의 역사 및 종류

종이가 발견되기 이전에는 의사소통이나 기록저장 수단을 표기하기 위해 다양한 소재를 사용해왔다. 지금으로부터 2만 2천 년 전, 인류는 종이를 사용하기 전에 사람들의 생각을 기록

하는 방법으로 동굴 벽에다 자신들의 생활 모습을 그림으로 남겼었다.

유사이전에는 돌과 금속, 찰흙 외에 동물의 가죽이나 뼈, 나무껍질, 목재, 대나무 등을 이용하여 문자나 그림을 그렸으며, 고대에는 얇은 나무판자에 납 따위를 먹여 그 위에 문자를 쓰기도 했다.

한편 오늘날 종이에 가장 가까운 것은 파피루스(papyrus)인데 이것은 '페이퍼(paper)'라는 단어의 어원이기도 하다. 이집트의 나일 강변에 무성하게 야생하는 다년초 식물의 줄기를 얇게 잘라서 가로 세로로 맞추어 놓고 끈기가 있는 액체를 발라 강하게 압착시킨 후 잘 건조시켜 만든 것으로 이 방법은 기원전 2500년경부처 8세기까지 널리 보급 사용되었다(심상철, 2000).

화지에 가장 근접한 종이는 105년에 중국 후한(後漢)의 채륜(蔡倫)이 나무껍질, 마, 넝마, 헌 어망 등을 원료로 하여 발명하였다. 한편 서양에서는 기원전 460년경, 파피루스보다 보관하기 쉬운 양가죽에 글자나 그림을 그렸다. 기원전 200년경에는 서아시아에서 짐승의 가죽을 종이 대신 사용하였다. 이 무렵 원시 기독교의 성경 사본을 만드는데 낙타와 나귀의 가죽을 사용하였고, 부패를 방지하기위하여 점토로 만든 항아리에 넣어 보존하였다. 양피지는 양의 생가죽을 씻어 편 후 석회로 건조 표백한 다음 사용한 것인데, 갓 태어난 새끼의 것으로 만든 것이 가장 질이 좋고 서사(書寫)의 재료로 중세까지 유럽에서 널리 사용되었다(심상철, 2000).

한국과 중국에서 이미 1세기경에 만들어진 우수한 종이는 11세기경에야 비로소 아랍인에 의해 서방에 소개되었다. 그 후 제지술은 동서양을 오고 가며 발전을 거듭하였는데, 우리나라 종이 사용의 기원은 '삼국사기(三國史記)'에 의하면 고구려 소수림왕 때까지 기록하고 있는 고구려사서(史書), 유기(留記)편에 낙랑시대 고분의 관에서 닥종이 뭉치가 발견되었다는 기록이 있다고 전하는 것으로 보아 고구려 소수림왕(371-378)때보다 훨씬 그 이전이라고 추측하고 있다(금광복, 1990). 또한 중국의 여러 고서에서 고려지(高麗紙)를 극찬하는 예를 발견할 수 있어 전통 한지 제지술이 뛰어났음을 볼 수 있다. 조공품목에 들어 있던 고려지는 조선조까지 이어지다가 1901년 조선말 용산에 양지제지소가 들어오면서 제지기술이 발달하여 산업화됨으로써 다량의 새로운 종이가 나타나나자 생산에 위축되어 안타깝게도 제지 장인들이 일자리를 놓게 되었다.

제지술의 보급으로 종이의 대중화가 이루어진 사회에서는 두 종류의 종이문화가 층을 이루고 있는데 지식인층 위주의 학문적, 행위의 장(場)으로 사용된 예와 더불어 서민층에서 사랑받아온 지공예, 종이 접기, 종이공예의 예라고 할 수 있다. 기록과 표현을 위한 수단으로 종이가 쓰인 것은 종이의 평면성을 이용한 것에 해당하니 지승공예는 평면성이 머물지 않고 좀 더 본질적인 종이의 성격을 이용하여 형태화시킨 것이라고 할 수 있다. 종이로 만든 밥상, 찻상,

가방, 망태기, 함, 종이 짚신, 바느질 함, 그릇, 장신구들은 종이 자체의 모습으로 높은 미적 표현에 도달하고 있다. 현대에 이르러 종이재료의 다양성은 기능에 대한 인식이 폭 넓어지면서 미술재료뿐만 아니라 첨단소재로 종이를 가공하여 공산품에 응용하는 사례들을 볼 수 있다

종이는 지금까지 그리고(drawing, painting), 쓰는(writing)재로로 인식되어 왔다. 사실상 그것은 종이의 가장 타당한 용도이나 종이에 대한 이와 같은 보편적 인식은 미술의 자유로운 표현과 창의적인 발상을 위하여 가장 먼저 극복해야 하는 고정관념이다. 종이는 어떻게 생겨나며 어떻게 처리되는가, 어떤 종이는 왜 뻣뻣하고 질긴가, 왜 휘는가에 대한 것도 종이를 이해하는데 중요하다. 여러모로 종이는 적극적인 표현재료의 성격을 갖는다. 색지들은 팔레트위에 물감이 될 수 있고, 종이는 찰흙이나 나무, 철판이나 플라스틱 등의 입체조형 재료와 마찬가지 3차원적 표현재료가 되며, 그 자체의 물리적 성질을 효과적으로 드러내는 것만으로도 우리에게 미적 체험을 제공한다(강숙희, 2002).

현대미술 운동에서 실상 종이를 표현의 직접 재료로서 사용한 효시는 파삐에 콜레(Papier-Colle)이다. 이것은 르네상스 이후 회화 사조를 주도했던 일루젼(illusion) 미학의 반동으로 나타난 것으로 오브제 미학의 출발과 함께 종이를 표현재료로 등장시켰다(권영구, 1984). 60년대 미술인 팝아트(Pop Art), 그 이후 70년대의 미니멀 아트(Minimal Art) 및 개념미술(Conceptual Art)의 운동들은 소재, 재료의 해방, 또는 예술의 우연성을 특징으로 하면서 종이에 대한 역할의 폭이 넓어져 재료의 영역을 초월하려는 시도까지 출현하고 있다. 그것은 완벽한 기성품, 완제품의 종이들을 재료로 선택하지 않고, 종이 생성과정의 원시적인 측면에 매료되어 직접 종이 제조에 참여하고, 일종의 장인정신에 도달하려는 태도로 원시적 제작과정을 통해 수공제지의 독특한 예술성을 표현하고자 하는 것이다. 이러한 결과로 종이는 자체로서의 작품화에 이르게 된다. 즉 현대미술에서 종이는 새로운 부활의 계기를 맞이하고 있다.

현대로 이어지는 예술의 흐름 속에서 종이의 역할과 기능에 대한 현대미술의 역할은 종이에 대한 인식이 양적, 질적으로 개방되고 심화되면서 회화, 디자인, 조소, 공예 등 미술 제반 영역에서 다각적으로 활기를 띠고 있다. 이들 작업이 갖는 의미는 첫째로 새로운 재료적 인식으로 종이의 표현성에 대한 발견과 각성이며, 둘째로 종이가 갖는 조형성을 예술화하려는 시도이다.

2. 종이의 종류 및 특성

종이란 순수한 식물성 섬유를 정화하여 물에 불려서 만든 얇은 막으로, 수백 년 동안 변하지 않는 것은 100%의 면이거나 아마(亞麻)의 혼합물인데, 흔히 100% 래그(rag, 넝마)라고 부른다. 종이의 우열은 주로 사용하는 펄프의 종류에 따라 결정된다(심상철, 2000).

종이란 일반적으로 종이 및 판지를 총칭하여 말한다. 넓은 의미에서 합성고분자 물질을 사용해서 만든 합성지도 포함된다. 종이를 사용하는 섬유질의 종류, 펄프에 첨가하는 물질, 종이를 만드는 물리, 화학적 방법에 따라 종류가 달라진다. 종이의 종류를 크게 나누면 양지(洋紙), 판지(板紙), 한지(韓紙)로 나눌 수 있다. 재료에 따라 양지는 목재펄프, 판지는 양지에 조합된 재생 섬유를 섞어 만들며, 한지는 닥, 삼, 모시 등에서 추출한 섬유를 원료로 한다(진혜숙, 2008).

첫째, 양지는 일반적으로 쉽게 구할 수 있고 현재 미술치료 임상 조형 활동에서 쓰고 있는 대부분의 종이로, 제조는 목재나 식물체를 기계적, 화학적으로 처리하여 만든 펄프를 원료로 한다. 규격화된 종이로 대량생산이 가능하여 값이 싸고 종류도 다양하다. 용도의 폭이 넓으며 가공이 쉬어 평면에서 입체로 형태를 변형하기 때문에 임상에서 많이 활동되며 칼, 가위, 자, 풀등의 간단한 도구로 다양한 형태를 표현할 수 있다. 미술치료에서 주로 많이 사용하는 양지는 신문용지, 도화지(켄트지), 포장용지 등 다양하게 존재한다.

둘째, 판지는 목재화학펄프, 기계펄프, 재생펄프 등을 주재료로 하여 배합된 두꺼운 종이의 총칭으로서, 단단하며 빳빳한 성질이 강한 특성을 갖고 있다. 판지는 수층과 지층으로 구성되어 있으며 층마다 다른 재료를 삽입하여 사용목적에 맞게 골판지, 백판지, 마닐라보드지가 있고 그 이외에 셀로판지 등이 있다.

셋째, 한지는 닥, 삼, 마 등의 인피 섬유를 원료로 하여 제조되었으나 근래에 와서 목재펄프를 원료로 하여 기계를 사용하여 만들기도 한다. 특유의 제지 방법에 의해 두껍고 부드러우며, 광택이 있고 수명이 길어 장기적 보존성이 있다. 그리고 한지는 습기에 민감한 반응을 보여 묵의 농담과 필획의 특징이 잘 나타나는 재료로 독특한 번짐과 뛰어난 흡수성을 지니고 있다. 이러한 전통한지는 원재료나 용도, 크기, 등에 따라 나뉘며, 각각에는 다양한 종류가 포함된다. 현재 일반적으로 알려진 한지는 그림을 그리는 밑바탕용의 화선지나 표구용이나 초배지용의 배접지나 온돌의 방바닥에 깔려고 기름을 먹여 방수 처리한 장판지 정도 등이 있다(김원영, 2006).

사실 종이는 입체작업이나 평면재료에 모두 적극적으로 쓰일 수 있는 재료들이다. 종이류는 특히 자유자재로 쉽게 구부려지고 쉽게 정착이 가능한 까닭에 미술치료에서 많이 선호하는 재료라 할 수 있다. 색깔도 다양하고 그 재질감도 무척 다양하여 자신이 원하고자 하는 바로 자유롭게 연출 가능하다. 다음은 주로 미술치료에서 일반적으로 활용하고 있는 종이 종류와 그 밖에 바탕재료가 될 수 있는 화지에 대해 기술하고자 한다.

1) 일반적인 종이매체

(1) 도화지

그림을 그리는데 쓰이는 종이를 말하는 것으로 미술치료에서는 도화지로 켄트지를 사용한다. 켄트지는 보풀이 일어나지 않도록 사이지제로 표면을 가공한다. 표면이 평활하여 연필로 가는 선이 그려질 수 있어야 하고 지우개로 지워도 보풀이 일어나지 않아야 함은 물론 번지지 않으며 사이지 처리가 잘 되어 있어서 습도에 의한 신축이 적어야 한다. 주제의 표현에 따라 양면을 이용할 수도 있다. 미술치료에서 주로 사용하는 도화지 크기는 1절에서부터 2절, 4절, 8절지까지이며 색상도 다양하고 값이 저렴하여 부담 없이 바탕재료로 널리 활용되고 있다(임수진, 2007). 채색재료와의 친화성을 보면 흡수성이 있고 가루채색재료의 정착도 어느 정도 있기 때문에 연필, 사인펜, 유성매직, 색연필, 크레용 및 크레파스, 파스넷, 수채화물감, 목탄 그리고 먹까지 다양하게 적용되고 있다.

(2) 와트만지

와트만(whatman)지는 창작자의 이름을 따서 와트만지라고 한다. 마나 면의 파쇄물을 원료로 하여 만든 것이며 수채화에 많이 쓰이지만 전문가용으로 사용한다. 가격이 비싼 편이며 주로 화방에서 구입해야하고, 채색재료와의 친화성을 보면 두껍고 질겨서 물을 많이 쓰는 재료에도 적합하며, 다양한 채색재료와 친화성이 높다. 연필, 목탄, 수채물감, 파스텔, 크레파스, 먹, 볼펜, 붓펜, 색연필, 사인펜 등이 채색재료로 적용될 수 있다.

(3) 머메이드지

머메이드지는 펄프를 원료로 한 기계지로 양면 엠보싱처리가 되어 있고 수채화, 아크릴, 파스텔에도 적합한 종이이다. 총 색상이 10색으로 흰색뿐만 아니라 자기가 원하는 색상을 선택하여 사용할 수 있다. 가격이 저렴하고 대형문구점이나 화방, 온라인 화방에서 구입할 수가 있다. 채색재료와의 친화성을 보면 두껍고 질겨서 물을 많이 쓰는 재료에 적합하고, 아크릴물감, 유성매직, 먹, 포스트물감으로 채색하기도 한다. 그러나 미술치료에서는 일반 도화지 색지보다 크기와 색상이 다양하고 재질이 더 고급스러워서 꼴라쥬, 공예재료를 부칠 때 주로 사용한다. 색채가 있기 때문에 배경의 바탕재료로서 세련된 느낌을 주어 작품에 완성도를 높여 작품에 성취감을 준다.

(4) 마분지

에드가 드가(Edgar Degas)와 투루즈 로트렉(Henri de Toulouse Lautrec)은 가끔 프라이머를 칠하지 않은 마분지(cardboard)에 그림을 그렸다. 그들은 따뜻한 느낌을 주는 중간 색조의 갈색 마분지를 즐겨 사용했으며, 흡수성이 있는 표면을 뿌옇게 처리하여 파스텔의 효과를 살렸다. 그러나 완성된 작품을 반드시 유리 액자에 보존해야 한다. 가격이 저렴하고 대형문구점이나 화방, 온라인 화방에서 구입할 수가 있다. 켄트지보다 종이가 두껍고 빳빳한 느낌이 있어 만들기 재료로 흔히 사용되나, 켄트지와는 달리 앞뒷면의 재질이 다른 점을 응용하여 화지로도 사용된다(김양희, 2001).

(5) 목탄지

목탄지(charcoal paper)는 가격이 저렴하여 거친 파스텔 스케치에 적합하다. 종이에 요철이 있어 가루채색재료의 정착이 용이하다. 그러나 종이가 얇고 약하며 표면의 규칙적인 질감이 너무 단조롭게 느껴지는 단점이 있다.

(6) 하드보드지

하드보드(hardboard)는 가격이 저렴하고 질기며, 가볍다. 시중에 나와 있는 하드보드는 길이 든 것과 그렇지 않은 것 두 종류가 있다. 길이 든 것은 유화물감과 프라이머를 칠하기에 적합하고 따로 사이즈(sizing: 바탕재료에 색칠하기 전 화면에 불침투성을 가하기 위해 사용한다)를 칠할 필요가 없다. 그러나 아크릴화의 경우에는 길이 들지 않은 보드를 사용해야 미끈거리는 유성 잔여물이 남지 않는다(임수진, 2007). 채색재료와의 친화성을 보면 매끄러운 면은 흡수성이 있어 수성이나 유성의 재료 모두 적합하고 거친 면은 결이 있어 가루채색재료도 사용할 수 있다. 미술치료에서 하드보드지는 핑거 페인팅할 때 바탕재료로 많이 적용되기도 하며, 판지 종류는 3차원 모델링 재료로서 상자 등 입체재료를 제작할 때 사용한다.

(7) 골판지

골판지는 19세기 중반 영국에서 모자의 땀받이용으로 종이에 단을 붙여 제작되었으며 현재와 같은 골판지는 19세기 말 미국에서 처음 사용되었다. 골판지는 두 장의 판지사이에 골심지를 넣는 방법으로 제작하여 상품을 보호하고 외부의 충격을 완화시킬 수 있는 포장용으로 가장 널리 사용되고 있다. 이러한 판지는 활동에 흥미를 주는 미술매체로 화방이나 문구에서 미술공작용으로 크기별, 색깔별로 손쉽게 구할 수 있다(박현주, 서명옥, 2009). 미술치료 임상을 하다보면 금색, 은색으로 된 골판지를 내담자가 매우 선호하며 화려한 색채가 주는 이미지가 작품에 대한 창작적 욕구를 촉진하며 작품의 완성도를 높여준다. 특히 여러 색깔의 띠 골판지는 공예재료처럼 부치기와 공작재료로 많이 적용된다. 입체적인 재질감으로 감각적으로 느낄 수 있는 특징이 있다.

(8) 앵그르지

채색재료와의 친화성을 보면 앵그리리(ingres paper)는 이탈리아에서 생산되는 몰드형 기계로 만든 종이로 파스텔화에 가장 많이 사용된다. 파스텔화 종이의 미묘한 재질은 파스텔 입자를 정확하게 포착한다. 파스텔이 종이의 표면을 가볍게 스쳐 지나가면 종이의 색상이 비쳐 색상이 점점 찍히는 듯한(broken-color) 재미있는 효과를 나타낸다. 파스텔을 종이위에 힘껏 눌러 칠하면 진한 색상을 낼 수 있다. 표면이 단단하고 평행 괘선이 비쳐 보이는 중성지로 목탄과 초크에 적합하며 다양한 색상을 선택할 수 있다(임수진, 2007).

(9) 한지

우리나라에서 채색화를 그릴 때 바탕재료로 흔히 쓰이는 종이로는 뽕나뭇과의 닥나무, 꾸지나무의 껍질을 원료로 만드는 한지가 있다. 한지는 서양에서 발명된 양지와는 차이가 있다. 양지는 목재펄프원료로 가공하여 수지, 백토, 활석 등을 넣어 압착하는 방법으로 수명이 짧고 스며들지 않는 반면, 한지는 자연 상태의 성질을 간직하고 있다. 채색화를 그릴 때에는 질긴 종이를 선택하는 것이 좋고 견고성을 높이기 위하여 풀을 먹여 배접하여 사용하는 것이 좋다. 종이 두께가 다양하고, 질기며 약간 거친 느낌이 있다. 특히 미술치료에서 다양한 색상을 가진 색한지는 부드럽고 잘 구겨지고 뭉쳐지고 잘 찢어지는 성질이 있기 때문에 부치기 재료로도 많이 이용된다.

(10) 화선지

그림에 가장 많이 쓰이는 화선지는 닥나무 껍질과 펄프를 섞어서 만든다. 이것은 먹 선과 만났을 때 색채효과가 잘 나타나지만 번짐이 심하고 잘 찢어지며 붓 자국이 드러나는 단점이 있다. 그러나 잘 구겨지는 성질을 이용하여 연습한 파지는 흡수지로 사용할 수 있는 장점도 있다(임수진, 2007). 종이의 두께가 얇고, 앞면과 뒷면의 구분이 있으며 우리가 사용하는 화선지는 흰색에 가까운 색이며 흡수성이 좋아서 수성의 재료와 친화성이 좋다. 채색할 때 번지는 효과를 살리면 재미있는 표현을 할 수 있는 장점도 있다.

(11) 색종이

여러 가지 색깔로 물들인 얇은 종이이다. 주로 아동들의 공작용으로 접거나 오려 붙이기 따위에 쓰는데 색상이 다양하고 오리기가 용이하다. 주로 종이 접기를 하거나 오려서 꾸밀 때 다용도로 사용된다(탁정은, 2008).

〈그림 4-1〉
도화지, 골판지, 컬러 머메이드지

〈그림 4-2〉 색한지류

〈그림 4-3〉 한지

2) 생활주변의 종이매체

(1) 신문지

보통 스케치북의 크기보다 크고 다양한 색깔로 인쇄되어 있기 때문에 인쇄된 글자나 그림을 배경으로 이용하여 그 위에 창의적인 표현을 유도할 수 있다. 신문지는 폐품으로 이용할 수 있기 때문에 구하기도 쉽고 종이 표면이 부드럽고 가벼워 잉크 흡수가 빠르다. 채색재료와의 친화성을 보면 수성재료나 유성재료 모두 사용할 수 있다. 헌신문지는 용지의 재활용과 백지에 대한 부담감을 덜어주는데 크레파스 그림, 화판 그림, 찢어 붙이기 이외의 각종 만들기에 활용되는 경제적인 자료이다. 특히 미술치료에서는 분노표출로 신문지 찢기 작업을 하면서 또한 신문지를 둘둘 말아서 의자나 방석을 때리면서 마음속에 억압된 분노를 표출할 때 많이 적용한다. 이 때 미술치료사가 주의할 점은 그러한 분노표출에 안전한 공간을 제공해야 하고 내담자가 그러한 분노표출을 감당할 수 있을 때 시도해야 할 것이다.

(2) 서류봉투

서류봉투는 색상이 선명하지 못하며 주로 갈색이다. 흡수력이 좋은 편은 못되나 사용하기에는 알맞고 다양한 채색재료의 사용이 가능하다. 봉투의 색 자체가 배경이 될 수 있으며 일정한 규격으로 쓰기가 쉽다. 미술치료에서는 봉투를 부풀리거나 그 안에 폐지를 넣어 입체적으로 만들어 얼굴 가면이나 인형제작에 사용된다.

(3) 쇼핑백

쇼핑백의 경우 색채 및 모양이 매우 다양하며 재질이 매우 질기다. 쓰임의 용도에 따라 매우 다양하며 그림이 있는 부분을 자신이 원하는 주제와 색채에 어울리게 사용할 수 있다. 다양한 채색재료의 사용이 가능하다. 채색재료와의 친화성을 보면 쇼핑백의 종류에 따라 다르나 대체로 코팅이 되지 않은 쇼핑백의 경우 흡수성이 좋지만, 코팅이 되어 있는 경우는 표면이 매끈하여 가루채색재료나 수성의 채색재료는 적합하지가 않다. 미술치료에서 쇼핑백은 종이가 앞뒤로 이중으로 되어 있고 머리에 쓰기가 좋아 주로 가면으로 많이 활용하며 상황에 따라서는 그 가면을 쓰고 역할놀이도 시도해본다. 이러한 역할 놀이가 상대방의 입장을 이해할 때 또는 자기주장 훈련 등을 할 때 주요 매체로 활용한다.

(4) 도배지

주로 장식용으로 벽에 붙이는 종이이다. 종래에는 종이나 천이 주류였으나 오늘날에는 비닐계 시트가 일반적이다. 도벽 등의 습식공법에 비하여 시공이 수월하고 공기를 단축시킬 수 있고 마무리 공정에서 파손방지의 손질이 비교적 간단하며, 색채 무늬 재질 선택의 폭이 넓고, 일정한 질을 확보하기 쉽기 때문에 도배지의 쓰임이 확대되고 있다. 도배지의 종류가 다양하기 때문에 채색 재료와의 친화성도 다양하다.

(5) 포장지

보통 문구점에서 파는 여러 재질의 말려져 있는 종이를 말한다. 한지로 되어 있는 것을 제외

하면 대부분 합성지이다. 색깔이 다양하고 화려하며 선명한 문양이 새겨져 있거나 아동들이 좋아하는 캐릭터 등의 문양이 들어가 있다. 바탕지로 쓸 경우 재료를 사용하면 흡수성이 없어서 잘 묻지 않는다. 채색재료와의 친화성은 포장지의 재질에 따라 여러 종류가 있기 때문에 차이가 난다.

〈그림 4-4〉

여러 다양한 화지에 자신의 내면세계를 표현(골판지, 도배지, 사포지, 폐지)[1]

(6) 사포지

금강사나 유리 분말을 붙인 종이 또는 헝겊이다. 샌드페이퍼(sand paper) 또는 연마지라고 한다. 금속의 표면을 깨끗하게 하거나 목재 등의 표면을 마무리 하는데 사용되며 시트모양과 롤 모양이 있다. 거친 질과 요철부분을 이용하여 표현 활동에 활용할 수 있다. 미술치료에서 사포지를 활용하여 그림을 그리거나 집단미술치료에서는 여러 장의 사포지를 적용하여 집단이 함께 퍼즐 맞추기 등 다양하게 이용한다. 주로 도화지를 사용하다가 화지를 좀 특별한 것

1) 본 작품은 대구대학교 재활과학대학원 미술치료 대학원생들이 미술치료매체 수업에서 한 작품입니다.

으로 바꾸어 주면 내담자가 매체에 관심을 보이면서 치료가 촉진되는 경우가 있다. 특히 사포지에 크레파스로 그림을 그리면 새로운 느낌을 준다.

(7) 달력

가정에서 한 해가 지나가면 버려지는 물품 중 하나로 주변에서 쉽게 구할 수 있는 재료이다. 달력 종이는 광택이 있는 것이 대부분이나 광택이 없는 것도 있다. 달력종이는 글씨나 그림이 인쇄되어 있는 면과 아무 것도 인쇄되지 않은 면 둘 다 이용할 수 있다. 표면이 매끈하고 부드럽기 때문에 유성매직으로 자유화나 난화를 그릴 수가 있다. 또한 표면이 매끄럽지 않은 달력종이는 폐품으로 재활용하면서 자유롭게 연필이나 사인펜, 색연필 등의 매체로 표현할 수가 있다. 의외로 아동들이 달력종이에 그림을 그리는 것에 흥미를 보인다.

(8) 잡지

미끄럽고 흡수성이 없어 수성재료로는 표현하기 어려우나 사인펜이나 유성 매직 등을 활용할 수 있으며, 무늬와 색채가 다양하며 바탕색을 살려 표현 할 수 있다. 사실 잡지는 미술치료에서 화지로 많이 적용되기 보다는 꼴라쥬 재료로 널리 사용되고 있다.

(9) A4용지

A4용지의 이면지는 주변에서 많이 생겨난다. A4용지는 종이가 두껍지 않은 편이라 물을 많이 묻히면 쭈글쭈글해질 우려가 있다. A4용지는 종이의 표면이 부드럽게 때문에 색연필이나 연필을 활용한 정밀묘사나 드로잉에 적합하며 이면지, 크로키 등에 활용할 수 있지만 종이가 얇아서 수채화물감으로 표현하기엔 적합하지가 않다. 특히 미술치료에서는 A4용지는 주로 집, 나무, 사람 그림검사(HTP), 동적 집, 나무, 사람그림검사(K-HTP), 동적 가족화(KFD)등의 진단용 검사로 이용되고 있으며 자유화 및 난화 등에 많이 적용되고 있다. 이외에도 B2, B3, B4용지도 다양하게 사용한다,

(10) 갱지

값이 싸고 연필로 잘 그려지며 흡수성이 좋다. 목판화용, 수채화용, 크로키용 등 다양하게 이용할 가치가 있으며, 주로 8절이나 16절지의 규격의 용지를 구할 수 있다. 잘 찢어지며 물감 등으로 표현하기에는 적당하지가 않다.

(11) 트레이싱지

잉크 흡수력이 뛰어나고 유연성이 좋으며 표면이 부드럽다. 투명성이 탁월하여 복잡한 그림위에 트레이싱지를 올려놓고 그리면 쉽게 그림을 베낄 수 있다. 또래 집단기나, 의사실기발달단계이 있는 고학년 아동들은 모방력이 강해 자기가 좋아하는 만화, 게임캐릭터들을 트레이싱지를 통해 묘사하는 것을 좋아한다.

(12) 화장지, 티슈, 키친타월

화장지, 티슈, 키친타월 등의 특징은 부드럽고 흡수성이 강하며 번지면서 군데군데 우는 특징이 있다. 사인펜이나 수성 칼라 펜으로 그림을 그리면 수채물감으로 그린 것보다 발색 효과가 뛰어나다. 수채물감을 흡수하면서 번지는 효과가 흥미를 유발한다. 부드러우며 쉽게 찢어져서 찢어 붙이기, 오려 붙이기, 구겨 붙이기 등을 활용할 수 있으며, 종이 찰흙의 재료로도 사용될 수 있지만 연필 등을 사용하기에는 적합하지가 않다. 두꺼운 도화지에 화지의 네 귀퉁이를 풀로 붙여 사용하면 편리하다. 또한 구겨진 키친타월을 물감에 찍어 판화처럼 사용해 재미있는 효과를 연출하기도 한다.

〈그림 4-5〉 신문지, 달력

〈그림 4-6〉 쇼핑백, 서류봉투, 잡지

〈그림 4-7〉 사포지

〈그림 4-8〉 키친 타올 염색

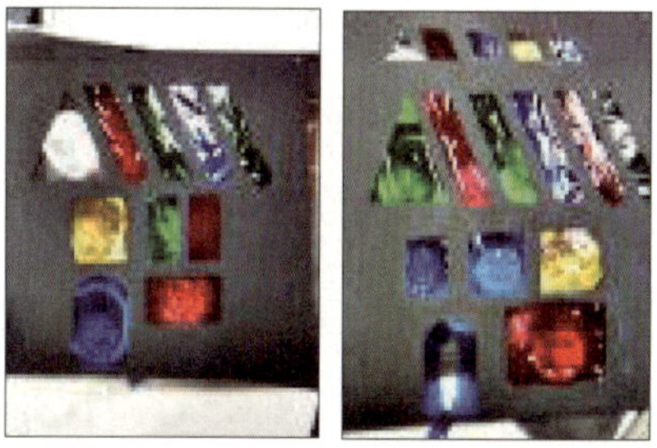
〈그림 4-9〉 셀로판지로 도형 붙이기[2)]

2) 〈그림 4-8〉과 〈그림 4-9〉의 출처: 남궁혜정(2010)의 발달 장애아동의 시지각 · 인지의 발달과 문제행동 개선을 위한 미술치료 사례연구

3) 기타 종이 종류

(1) 부직포

섬유를 직포공정을 거치지 않고 평행 또는 부정방향으로 배열하고 합성수지 접착제로 결합하여 펠트모양으로 만든 것으로 원료섬유로 처음에는 비스코레이온이 주로 사용되었으나, 1950년대 중반부터는 나일론 등의 합성섬유도 사용되었다. 섬유가 얽혀져 있어서 종횡의 방향성이 없으며, 자름 가장자리가 풀리는 일도 없기 때문에 여러 가지 용도에 쓰인다. 근년에는 공업용으로서도 널리 쓰이고 있다(임수진, 2007). 수세미와 비슷한 느낌으로 거친 천과 같으며 다양한 색이 존재하고 도화지처럼 규격화해서 낱장으로도 나오고 있다. 미술치료에서는 바탕재료로도 이용해 부직포에 여러 공예재료를 부치기도 하고 모델링 재료에도 많이 이용된다. 특히 인형 만들기에 이용되며 간단하게 옷 만들기에서 바느질을 쉽게 할 수 있는 천으로 부직포가 활용되기도 한다. 그 부직포에 여러 반짝이 재료들을 수예하듯이 부칠 때 내담자들의 흥미, 집중력과 성취감이 배가되는 것을 임상현장에서 자주 볼 수 있다.

(2) 아크릴 판

두께나 크기에 따라 가격이 다르나 A4 크기정도의 아크릴판은 문구점에서나 일반 화방에서도 쉽게 구할 수 있으며, 가격도 비싸지 않은 편이다. 일반적으로 아크릴 판은 미술수업에서 직접법을 활용한 판화에 많이 사용되어 왔으나, 아크릴 판 위에 그림을 그리게 되면 아크릴 판의 투명한 성질 때문에 앞면 뿐 아니라 뒷면에서 느껴지는 색다른 맛을 느낄 수 있을 것이다. 그러나 불투명한 아크릴 판도 있다. 채색재료와의 친화성을 보면 가루채색재료나 물을 써야하는 채색재료는 아크릴판에 정착하기 힘들다. 미술치료에서는 유화물감이나 유성매직을 이용해 그림을 그릴 수 있거나 공예 재료를 부쳐 작품을 제작할 수가 있다. 또한 컬러믹스를 아크릴판 위에 부조로 처리하여 평면적으로 작업을 하기도 한다.

(3) 우드락

판화와 같은 두께를 요하는 평면작업을 할 때 유용하게 쓰인다. 흡수력이 없고 누르면 들어가는 특징이 있다. 부피감에 비해 가벼워서 흥미를 유발하기 때문에 미술표현활동에 적합하다. 미술치료에서는 여러 다양한 용도로 우드락이 이용되는데, 예를 들어 가위나 칼로 잘라서 사용하기도 하고, 바탕재료로 또는 3차원 조형제작으로 또는 O. H. P 필름 위에 그림을 그리고, 화면에 지지대 역할을 하는데 이용하기도 한다.

(4) O. H. P 필름

매끈하면서도 흡수성이 전혀 없지만, 투명성을 이용하여 매직이나 사인펜, 아크릴물감으로 그림을 그린 후 빛이 잘 비춰지는 유리창에 붙여서 감상하면 색다른 느낌을 가질 수 있다. 또 풀 그림을 그릴 때 화지로 사용하면 표면이 매끄러워 아동들이 재미있어 한다. 미술치료에서는 만다라 문양을 찍어 매직으로 색칠하면 내담자의 흥미를 유발할 수 있어 치료적이 된다. O. H. P 필름의 투명성과 흔들림 때문에 빨대를 이용하여 인형 만들기에도 적용된다.

〈그림 4-10〉 부직포

〈그림 4-11〉 만다라 작품[3)]

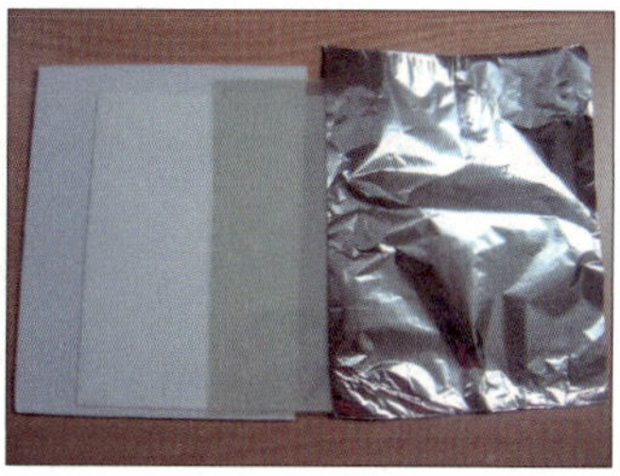

〈그림 4-12〉 우드락, 아크릴, O.H.P, 필름, 알미늄 호일

(5) 알루미늄 박지(은박지)

알루미늄을 종이처럼 엷게 늘여 편 것으로 주로 식품을 포장하여 수분의 증발이나 습기를 방지하는데 쓴다. 표면이 쉽게 긁히며 수채물감으로 표현하기는 어렵고, 유화물감, 아크릴물감, 유성 펜이나 사인펜 등의 채색재료가 적합하다,

(6) 기타재료

미술치료에서 바탕재료로 사용할 수 있는 것은 위에서 열거한 것 이외에도 나무 합판이나 금속판, 다양한 천으로 된 헝겊, 유화에 주로 많이 적용되는 캔버스, 유리, 도배지, 부대종이나 종이접시, 비닐 등 다양하게 활용되고 있기 때문에 미술치료사의 창의적인 적용이 다양한 치료기법을 개발할 것이다.

3) 본 만다라 작품은 서울불교대학원 대학교 미술매체연구 실습시간에 미술치료 석사 전공생들이 우드락, OHP필름, 상장종이, 알루미늄 호일 등을 이용해 문양 만다라 작품을 한 것입니다.

〈그림4-13〉 OHP 필름위에 매직으로 자화상표현

〈그림 4-14〉
알루미늄 호일로 나를 광고하자[4]

3. 종이 표현 기법

종이 조형의 미술사적 배경에서 살펴보았듯이 소재, 재료에 대한 새로운 이해가 형성되고 표현매체로 종이에 대한 인식의 변화를 배경으로 하고 있다. 종이에 대한 관심과 시각의 변화는 종이의 양적 증가와 함께 상호간에 촉매작용을 하면서 예술을 담는 매체로써 종이의 개념을 확장시키게 되었다(남현주, 1998). 작가들은 뛰어난 상상력과 풍부한 미적 감수성으로 종이에 생명력을 불어 넣어 평면의 꼴라쥬를 포함하여 3차원의 입체 및 설치작품까지 다양한 형식을 창출하였으며 이러한 종이조형의 세계를 평면, 부조, 입체, 설치와 같은 형식으로 분류하여 살펴볼 수 있다(장경희, 이승미, 1997).

첫째, 종이를 오려 붙이는 방법으로 평면에 벽지, 신문지, 포장지 등 종이를 덧붙이는 꼴라쥬 형태도 평면표현의 일종이다. 표현형식으로 마티스(H. Matisse: 1869-1954)의 작품을 들 수 있다. 그는 말년에 중요한 창작수단으로 색상대비가 강한 종이를 가위를 통하여 강한 동세를 표현하였고 율동감을 보여주었다.

둘째, 종이를 활용한 부조형식으로 탁본이나 종이 캐스팅(paper casting)을 들 수 있다. 이 기법은 여러 장을 제작할 수 있어서 판화적 요소를 지니고 있다. 종이가 갖는 부드럽고 두터운 질감과 함께 요철의 표면구조를 통한 독특한 질감으로 종이작업을 하는 작가들이 대표적인 예가 된다(최경인, 2000).

셋째, 종이 조각(paper sculpture)의 표현형식으로 열과 습기와 압력에 쉽게 반응하는 가소성을 지닌 종이의 특성을 현대에 이르러 입체화하는 경향으로 한 형식이다. 또한 각종 모형제작

4) 〈그림 4-13〉과 〈그림 4-14〉의 출처 : 남궁혜정(2010)의 발달 장애아동의 시지각 · 인지의 발달과 문제행동 개선을 위한 미술치료 사례연구

에 종이재료가 사용되어 종이의 입체작업으로 미적 가능성을 보여준다(오세정, 1994).

넷째, 우리 전통미술의 한 부분인 지공예를 종이조형의 한 부분으로 볼 수 있다. 지공예의 종류로는 지승공예, 지호공예, 전지공예 등이 있다(금광복, 1990).

이러한 종이표현기법들이 미술치료에서 종이를 통한 조형 활동의 주요 형식이 되는 동시에 미술치료 임상기법이 된다. 다양한 종이 표현기법을 통해 내담자의 눈과 손의 협응, 두 손 사용의 협응, 사물의 조작력, 그리고 손가락의 민첩성을 촉진하는 소근육 운동 및 집중력 향상, 창조성, 자발성 등 여러 미술치료의 치유적 효인을 촉진할 수가 있기 때문에 다음과 같이 세 가지로 분류하여 살펴보고자 한다.

1) 기초 종이 표현기법

(1) 접기

종이접기는 다양한 종이조형 표현기법 가운데 가장 많이 알려진 방법 중의 하나이다. 접기는 유일하게 손만을 움직여서 다른 새로운 형태의 종이조형의 다양한 형태를 만들 수 있다. 종이접기를 통하여 평면적인 형태뿐만 아니라 입체적인 조형물로 표현할 수 있다. 또한 종이접기 창작은 논리적인 아이디어와 접는 과정에서 새로운 접기가 이루어져 다양한 모양의 접기를 통하여 내담자의 공감각을 통한 미적 작품창조로 기능과 상상력을 길러준다(진혜숙, 2008). 특히 미술치료에서는 내담자의 소근육 운동의 촉진뿐만 아니라 주위 집중력을 향상시켜 자발성을 증진한다.

(2) 자르기

종이는 칼이나 가위 등의 간단한 용구로 손쉽게 자르기, 즉 절단이 가능하며 세심한 의도로 자르기 작업에만 집중함으로 내담자의 소근육 발달로 종이 자르기의 다양한 방법에 접근할 수 있다. 평면표현에서 구성의 원리를 이해하기 위한 방법으로는 여러 가지 색지를 일정 모양으로 조각을 만들어 기초 화면의 색상을 고려하여 조형요소, 원리를 이용한 구성표현이 가능하다. 이러한 자르기의 특징은 절단 경계선의 매끄러운 처리에 있으며 선, 면, 형, 구체적 사물에 이르기까지 다양하게 표현할 수 있다(최경인, 2000).

(3) 종이 찢기

도구를 사용하지 않고 손으로 종이의 결에 따라 찢는 방법이다. 종이의 결에 따라 종이를 아래로 찢어보고, 가로방향으로 찢어보면 결의 방향을 알 수 있다. 찢어진 종이의 모서리를 살려 단순하면서 자연스러운 표현이 가능하며 한지를 손으로 찢으면 종이의 끝부분에서 실 같은 섬유소가 나와 부드럽고 색다른 질감을 준다. 이와 같은 방법을 이용하여 꼴라쥬 표현활동이나 입체 만들기 활동에서 종이 찢어 붙이기 표현에 활용될 수 있다. 미술치료에서는 내담자가 화가 날 때 신문지 찢기 작업을 통해 분노표출을 하면서 카타르시스 등을 경험한다.

(4) 구기기

손의 물리적인 힘을 이용하여 의도한 방향으로 구기거나 비트는 것이다. 종이의 구김은 우연적인 선과 면이 얽히면서 평평하고 매끄러운 종이를 울퉁불퉁한 요철이 나타나 복잡하고 재미있는 형태를 만든다.

(5) 붙이기

붙이기는 모양을 만드는데 중요하며, 평면적인 종이를 새로운 형태의 입체적인 모양을 만들거나 모양을 꾸밀 수도 있다. 종이와 종이가 만나서 연결고리의 역할을 할 수도 있으며, 잘게 찢은 종이를 기본 틀 위에 이중 삼중으로 겹쳐 붙이기를 하면 원하는 모양뿐만 아니라 음영을 주기도 한다.

〈그림 4-15〉 종이 접기, 오리기

〈그림 4-16〉 찢기, 붙이기[5)]

(6) 휘기와 말기

다양한 종이 띠를 자나 가위 등의 모서리를 이용하여 잡아당기면 종이 띠는 구부러지거나 소용돌이 형태로 말리는 성질이 있다. 종이를 빨리 잡아당기면 당기는 힘에 의해 촘촘한 작은 형태의 원이 말리고, 천천히 잡아당기면 느슨하고 큰 원이 말린다. 쉽게 휘거나 말리는 것은

5) 본 작품은 서울미술치료연구소 '미술치료를 통한 색채심리와 색채치료' 수업시간에 '내 몸이 필요한 색채'에 대해 한지를 찢어 표현한 회원의 작품입니다.

종이의 가변성을 이용한 것이다. 넓고 좁은 다양한 폭의 종이 띠를 계속 말면서 사선으로 잡아당기면 말려 나가는 모양은 나선형으로 비껴 올라가 율동감이 생긴다.

(7) 엮기와 짜기

가늘고 긴 종이 띠를 준비하여 섬유를 짜듯이 가로와 세로 방향으로 교차시키면서 엮기의 방법으로 엮어진다. 또 하나의 가로 줄과 두 개의 세로 줄이 교차하면 종이를 엮는 부분들이 사선을 이룬다. 종이 띠를 색상지로 하는 경우에는 유채색, 무채색, 유채색과 무채색을 혼합한 경우의 방법에 따라 종이의 짜임과 배색이 달라진다. 종이를 사용한 엮기는 종이 역사 중에서도 가장 오래되었으며, 동북아시아 지역에서는 가늘고 긴 종이를 꿰매듯이 엮어 가방이나 방석, 아주 튼튼한 옷까지 다양하게 만들어 사용하였다(진혜숙, 2008).

〈그림 4-17〉 종이 엮기와 짜기[6]

2) 평면 조형기법

(1) 종이 회화

마음속에 떠오르는 무엇인가를 한지로 표현해서 화폭에 옮기는 한지 그림은 대체로 일반회화의 제작 방식과 유사하지만, 도구를 선택하거나 조형적인 표현에서는 약간 달라져서 회화의 경우 붓과 물감으로 점, 선, 면의 조형요소를 적절하게 배분하는데 비해, 한지 그림의 경우 그 자체가 면적인 성질이 강하다(최경인, 2000). 종이 회화는 그림을 그리듯 닥섬유를 겹쳐 얹고 문질렀을 때 드러나는 촉각의 질감의 표면 효과를 주목한다. 2차원적인 종이를 개성 있게 연출하기 위해 섬유소재를 가미하거나 인공소재의 표면 느낌을 재현하거나 역동적인 손의 움

6) 〈그림 4-17〉의 출처: 남궁혜정(2010)의 발달 장애아동의 시지각 · 인지의 발달과 문제행동 개선을 위한 미술치료 사례 연구

직임을 나타내는 것도 종이회화에 포함시켰다. 특히 미술치료에서는 한지에 색채가 있기 때문에 색채수업에서 '몸이 하는 소리', '마음이 하는 소리'나 주로 감정표현을 할 때 사용되기도 한다. 아동들은 구체적 조작기에 있기 때문에 구상적인 작업이 자연스러우나 형식적 조작기로 이행되는 청소년이나 성인들은 이러한 종이회화를 적용해 추상적 작업으로 유도하여 그리기에 대한 부담감을 줄여주도록 한다.

(2) 종이 판화

판화는 원판의 소재에 따라 목판화, 동판화, 석판화 등으로 나뉘는데, 오랜 역사를 지닌 이들에 비해 종이 판화는 비교적 근래에 새로운 소재를 찾아내려는 노력의 결과로 개발된 것이다. 다른 판화와는 달리 원판의 제작이 쉽기 때문에 전문 판화가가 아니라도 누구나 제작할 수 있어 아동미술교육에 많이 활용한다(진혜숙, 2008).

3) 입체 조형기법

(1) 종이 조각

종이 조각은 생각해낸 아이디어에 질긴 종이의 물성을 가미해 덩어리 감으로 형상화시킨 부드러운 종이를 일컫는다. 종이조각에는 종이 부조와 종이 환조가 있다. 종이 부조란 2차원의 평면에서 3차원의 공간으로 진입하기 직전에 한쪽 면이 유난히 튀어 나온 반 평면이나 반 입체를 가리킨다. 종이 환조는 3차원의 공간에 작품전체가 완전히 독립되어 상하, 좌우, 전후의 어느 방향에서나 감상할 수 있도록 입체감을 준 것이다.

(2) 종이 죽 공예

종이 붙이기로 프랑스어로 파피에 마쉐(papier mache)라고 하며, '진흙처럼 짇다'라는 뜻으로 말한다. 파피에 마쉐의 두 가지 기법 중에서 일반적인 것은 종이를 여러 겹으로 붙이는 기법과 도화지나 한지 같은 종이를 자른 후 믹서에 갈아 풀과 함께 섞어서 만드는 방법이다. 형태변형이 자유롭고 가벼우며 쓰임새를 생각한 공예품으로 여러 가지 형태가 가능하다.

(3) 종이 모형

종이 모형은 종이나 보드지를 이용하여 만들 수 있다. 종이는 다루기 쉽고 취급하거나 장식하기가 간단하고, 거의 다른 용구가 필요 없고, 작업에 넓은 공간을 차지하지 않아서 좋다. 모형 만들기의 비결은 어느 부분에 두께의 종이나 보드지가 필요한지 계산하여 정확한 설계도와 사진 또는 스케치를 준비하여야 한다. 착색할 경우에는 모든 부분을 잘라내어 치수를 확인인 한 후 색을 칠한 다음 접착제로 붙인다.

(4) 한지 전통공예 기법

지승 공예는 노엮개라고도 하며 이것은 종이를 일정한 넓이로 길게 잘라 엄지와 검지로 비벼 고아 만든 노끈을 갖고 짜는데 짜는 방법에 따라 다양한 무늬가 표현된다. 색지나 물들인 종이를 함께 써서 무늬를 넣어 바구니, 망태, 그릇 등 여러 가지 생활기물을 만든다. 지호공예는 종이 찰흙 공예라고도 하며, 종이를 잘게 찢어서 물을 불린 뒤 물과 섞어서 일정한 틀에 부어 넣거나 점토처럼 만들어 이것을 붙여서 만든다(국립민속박물관, 1995). 이렇게 만들어 말린 후에 종이를 덧바르고 기름을 먹이거나 칠을 하여 반짇고리, 과반 등 그릇을 만든다. 전지공예는 종이 오리기라고도 하며 종이로 상자를 만들어 그 위에 여러 가지 색지를 오려서 무늬를 만들어 장식하여 만들거나 갖가지 형태로 오리는 활동이다(최경인, 2000).

〈그림 4-18〉 지승공예[7]

4. 종이의 치유적 요인 및 제한점

미술치료에서 종이는 주로 바탕재료로써 드로잉, 페인팅 매체와 꼴라쥬, 사진과 여러 다양

7) 본 지승공예작품은 서울불교대학원대학교 미술치료 대학원생 이수정 어머님의 작품입니다.

한 공예재료를 부치고 표현할 때 사용된다. 미술치료사는 내담자의 작업 활동을 위해 다양한 색과 크기의 여러 재질의 종이를 준비해야 한다. 때때로 내담자의 흥미와 자발성을 위해서 색종이 접기, 신문지 찢기 등 종이 조형 활동을 하며 종이 자체만의 재료를 갖고 미술치료 작업에 임하기도 한다. 종이가 갖는 재료의 간편성, 취급의 안정성, 표현의 다양성 등 종이의 특성을 고려해 미술치료에서 접근할 수 있는 종이의 치유적 요인 및 제한점을 살펴보고자 한다.

1) 종이의 치유적 요인

(1) 가소성

가소성은 자유롭게 형태를 변화시킬 수 있는 성질을 말한다. 따라서 종이는 가공이 쉽고 형태변형이 용이하여 평면에서 뿐만 아니라 입체표현으로서 2, 3차원의 공간을 이용한 조형적 가공이 우수한 물적 특성이 있어 접기, 말기, 엮기 등의 성질을 이용한 재구성의 탐색효과가 뛰어나다(김원영, 2006).

(2) 가변성

가변성은 대부분의 조형매체가 특정한 형식의 작업에만 가능하도록 고정되는데 비해 종이는 어떠한 종류의 작업을 실행하더라도 손쉽게 가공되어 기법의 적용력과 형태의 표현에 쉽게 적응 할 수 있는 성질이다. 이것은 인간의 심리만큼이나 다채로운 시각 효과를 창출 할 수 있는 요소가 되며, 표현방법으로는 기존의 종이를 질료로 선택하여 구기거나 접고 오리는 등 단순한 변형에 의한 표현과 원료를 가공한 수제 종이에 의한 촉각적 가공과 시각적 변형에 의한 다양한 표현기법을 가능하게 한다. 특히 수제종이는 만드는 과정에서 종이의 가변적 성질에 대한 온전한 이해가 있어야 하며, 만들 때마다 조금씩 달라 질 수 있는 다양한 표정과 이미지는 평면과 부조, 입체 및 설치까지 가능케 하는데(김원영, 2006), 이 모든 표현은 종이의 가변적 성질에 의해 미술치료에서 다양하게 적용할 수 있다.

(3) 환원성

환원성이란 이미 만들어진 종이가 다시 펄프의 상태로 환원되어질 수 있다는 것이다(김지현, 1994). 이러한 종이의 특성은 종이 재생하기와 같은 기법을 가능하게 한다. 환원성은 종이라는 소재와 교감을 불러 일으켜 독창적 작품을 만들 가능성을 제시해준다. 코팅되어 지지 않은 일반적인 종이라면 모두 환원성을 가지고 있으며 특히 폐휴지를 환원시키면 재생지를 만들 수 있고 원하는 종이를 환원시켜 수재종이를 제작하여 예술적 의미를 부여받기도 한다. 또한 종이를 물에 담그고 펄프화 시킨 후 접착제를 섞어 걸쭉한 상태로 만든 후에 창조적 조형물을 만들 수가 있는데, 이것은 자유로운 형태를 유감없이 표현하도록 하는 소조 표현도 가능하게 한다(백재임, 2007).

(4) 자연성

자연성은 자연감각이 재료자체의 천연적인 질감에서부터 은근히 우러나오는 특성으로 닥나무 등의 천연 원료로 제작되는 한지에서 그 특징을 뚜렷하게 찾아볼 수 있다. 이러한 물성은 엮기, 찢기, 구기기, 종이 재생하기와 같은 기법들을 가능하게 한다. 그리하여 예술가들에게 마음속에서 편안함과 친근감을 불러일으키는 물질로서의 매체가 되도록 해준다(명석란, 1997).

2) 종이의 장점 및 제한점

첫째, 종이는 대량으로 생산되므로 비교적 값이 싸서 미술재료의 경제성이 알맞고, 주변에서 쉽게 구할 수 있다.

둘째, 종이는 종류 또한 다양하여 표현용도에 따라 쉽게 활용할 수 있고, 종이의 종류에 따라 무게는 다르지만 비교적 가벼워 쉽게 재료로서의 다양한 탐색이 가능하다.

셋째, 종이는 표면이 평평하고 매끄러워 채색이 편리하고, 최소한의 도구만으로도 이용이 가능하며 쉽게 붙여 쓸 수 있다.

넷째, 종이는 환경측면에서 재생하여 쓸 수가 있어 환경 친화적 소재이며, 이런 특징을 이용한 종이의 원료체험을 통해 조형 활동의 확대를 넓힐 수 있다.

다섯째, 많은 경험이 없어도 여러 가지 표현방법이 가능하다.

하지만 종이의 이러한 편리함과는 달리 내담자에게 표현재료로 사용함에 있어 제한점으로는 물기나 습기에 약하므로 얼룩이 쉽게 생기며 탄력성이 있기는 하나 매우 약해서 세심한 주의를 필요로 한다. 그리고 종이조형에 있어 유념해야 하는 종이의 특성은 종이의 결이다. 종이의 결에는 가로결과 세로결이 있으며 또한 겉과 안이 있다. 이 종이결의 방향에 따라 종이가 쉽게 접히고, 금이 가고, 흠이 생기거나 찢어지기도 하는 것이다. 종이의 겉과 안은 선으로 그리거나 채색을 할 때 문제가 되고 종이의 결은 접기, 구부리기, 찢기 등을 할 경우에 영향을 준다(최경인, 2000).

5. 종이 매체에 나타난 내담자의 반응 및 평가

1) 종이 매체를 통한 사례개념화

종이 매체의 활용으로 치료의 전환점이 된 사례를 소개하고자 한다. 본 사례는 3장 '미술매체 이해하기'에서 '작품의 형식과 내용을 통해서 본 내담자문제 이해하기'에 제시된 사례이다. 내담자는 2학년 10세 남아로 전반적 발달장애이며, 1년 늦게 초등학교에 입학하였다. 또래들에 비해 발달이 전반적으로 떨어져 학교 적응이 어려운데다가 친구들에게 집단 괴롭힘을 당해 더욱 위축되었다. 오히려 아동보다 어머니께서 그 일로 더욱 더 상처를 받고 힘들어 하셨다. 내담자는 여러 치료 및 교육을 과도할 정도로 받고 있어서 그런지 미술치료에 흥미가 없었고 매번 지쳐 있었다. "열이 난다"고 하면서 바닥에 누워있었고 그림도 성의 없이 빠르게 충동적으로 그렸다. 3회기 때 자신에 대해 어떻게 생각하고 느끼는지 알아보기 위해 '거울보고 자화상' 그리기를 시도하였지만, 처음에는 관심이 없다가 한지를 찢으면서 감정이 올라와 작업에 열중하게 되었다.

만약 한지라는 종이 매체를 통해 아동의 감정을 건드리지 않았다면 3회기 치료도 무기력하고 지루하게 시간만 채우다 끝났을 것이다. 이와 같이 미술치료는 매체를 통한 내담자의 반응을 통해 치료가 촉진되는 경우가 있으며, 이러한 매체의 활용에 대해서는 무엇보다도 미술치료사의 다양한 임상경험이 필요하다. 본 사례의 한지 매체에 나타난 내담자의 반응 및 평가를 통해 사례역동공식화한 미술치료내용을 자세히 정리하자면 〈표 4-1〉 과 같다.

〈표 4-1〉 한지 매체에 나타난 내담자의 반응 및 평가

	한지 매체에 나타난 내담자의 반응 및 평가
내담자의 인적사항	• 전반적 발달 장애아동으로 초등학교 2학년 남학생이고 실제 나이는 10세이다. • 발달이 늦어 1년 늦게 학교에 입학하였다.
주호소 및 의뢰사유	• 2학년 올라와서 같은 반 남자아이들로부터 집단 괴롭힘을 심하게 받았지만 전혀 자기 방어를 하지 못하고 정서적으로 위축, 특수교육을 받는 교사에 의해 집단 괴롭힘 문제로 미술치료에 의뢰 되었다. • 또래들과 어울리기보다는 7세 여동생과 3-5세 어린 동생들과 주로 어울렸다.
발달력 및 가족력	• 정산 분만했지만 자주 열감기로 아프고 경기도 몇 번 하였다고 한다. • 현재 시지각 훈련을 받고 있다. • 아버지, 어머니, 7세 된 여동생이 있으며 어머니가 아동의 교육에 상당히 적극적이다.

치료주제 및 제목	• 거울보고 자화상 그리기(그림 제목 '나 바보 아니야')
미술매체	• 노란색 머메이드지, 골판지, 한지, 4B 연필, 가위, 풀, 거울
그림발달 수준	• 전반적으로 또래에 비해 2~3년 늦고 시지각에 약간 장애가 있으며, 손의 힘이 약하고 아주 산만하고 충동적이고 과잉 활동적이다. • 아동의 생활연령은 10세인데 그림 발달 수준이 정상에 비해서 낮은 편이고 5세 정도의 전도식기 수준이다. • 인물화의 머리가 몸 전체에 비해 반 이상을 차지하고, 거울보고 자신의 얼굴을 그리라고 하였는데도 지시사항을 정확히 이해하지 못해 전신상을 그렸다.
활동내용	• 거울보고 여러 가지 표정을 지어본다. • 거울보고 동그라미 안에 자신의 얼굴을 연필로 그린다. • 동그라미를 선 따라 오려 골판지에 붙인다. • 동그라미 주변을 여러 가지 색의 한지를 찢어 붙인다. • 자신에 대해 어떻게 생각하는지 이야기 한다.
매체선택 및 기대효과	• 드로잉이나 페인팅 재료에 전혀 관심이 없고 그림을 대충 그려 버리고 손의 기능이 약하기 때문에 종이 재료를 통해 오리기, 찢기, 풀로 붙이기 등의 소근육 운동을 시도하여 눈과 손의 협응 기능을 높이고자 하였다. • 다양한 미술치료매체를 통해 작업과정의 시간을 연장하여 흥미를 유발해 집중력을 향상시키고 자발적으로 자신에 대해 표현하기를 기대하였다.
치료 시의 행동관찰과 매체반응및 작업과정	• 치료 초기에는 그림 그리는 것을 별로 좋아하지도 않고 항상 흥미도 없었다. 치료실에 오면 좁은 공간 즉 밀폐된 공간이 답답한지 창문을 열고 창밖의 풍경을 주로 본다. 거울을 보고 "에롱" 하면서 장난을 치더니 동그라미 원안에 자신의 모습을 30초 만에 그렸다. • 가위로 동그라미 원을 오리라고 하니까 급하게 대충 오린다. 한지를 손으로 찢어서 해바라기나 해님처럼 꾸미자고 하였더니, 찢는 것도 별 반응도 없고 "난 손에 힘이 없으니까 선생님이 해요" 하면서 하지를 않았다. 풀로 붙이는 것도 조직적이지 못하고 대충 생각 없이 행동을 하였다. • 처음에는 작업에 집중하지 않으려고 했지만, 친구가 놀리고 괴롭혀서 화났다고 생각하고 종이를 확 찢어보자고 치료자가 자신의 문제(친구들의 놀림과 괴롭힘)를 건드렸더니 약간 흥분하면서 작업에 열중, 치료시간이 40분에서 50분으로 10분이나 지체되었고 대기실에서 기다리던 어머니 께서도 놀라셨다. • 한지라는 매체를 통해 우연히 아동의 감정을 표현하게 되었고 자신의 감정을 표현하면서 아동은 자신의 모습을 직면하여 치료의 자발성을 초래하였다.
치유요인	• 한지 찢기, 오리기, 풀로 붙이기 등의 소근육 운동향상-눈과 손의 협응, 두 손 사용의 협응, 사물의 조작력, 및 손가락의 민첩성이 증가한 점이다. • 한지를 찢으면서 자기문제 직면-분노표출 및 자기표현을 촉진한 점이다. • 집중력향상, 자율적 선택의지를 지지하고 위축 행동을 감소시킨 점이다. • 자신의 모습을 재인식하고 긍정적 자기감을 형성한 점이다.

<table>
<tr><td>미술작품
및
작품 내용</td><td>
〈그림 4-19〉</td><td>• 반 친구들이 자신을 바보로 놀려 자신도 아이들에게 "이 바보야"하고 혀를 내밀고 "메롱"하고 놀리는 장면이다.
• 바보라는 단어가 아동의 문제를 자극해 다른 어떤 치료시간보다 처음으로 아동이 미술치료에 집중하였고, 자발성이 보였으며 이야기도 많이 하였음(대화내용은 '매체를 통한 치료의 대화내용'을 참조)</td></tr>
<tr><td>아동의
치료적
장점
및 취약점</td><td colspan="2">• 어머니께서 아동의 교육 및 치료에 적극적인 것이 장점이 될 수도 있고 단점이 될 수도 있다. 치료적 장점은 아동이 명랑한 점이다.
• 치료적 단점으로 아동이 너무 산만하고 충동적이고 과잉 활동적이다. 또 또래에 비해 발달이 점점 늦어져 차이가 많이 나는데 이것을 부모가 잘 수용해야 하는데 아직은 어렵다는 점이다.</td></tr>
<tr><td>치료평가
및 계획</td><td colspan="2">• 처음에는 아동이 미술매체에 흥미를 안보여 5분도 지루하고 이야기조차도 힘들어 했는데, 한지를 찢으면서 우연히 '바보이야기'가 나오자 치료에 활력이 붙었고, 다른 어느 치료시간보다도 아동이 적극적으로 참여하게 되었다. 미술치료에서 내담자와 치료자가 진정으로 만나는 느낌이었고, 3회에 아동은 처음으로 치료에 흥미와 관심과 집중력을 보였다.
• 아동은 자신이 친구들에게 "바보"라고 놀림 받은 것이 억울해서 자신이 바보가 아닌 것을 보여주면서 자신감이 생겼다.
• 다음 치료 시간에는 여러 공예 재료를 이용하여 '손 본뜨기'를 통해 자신의 장점과 단점을 얼마만 큼 자각하고 있는지 알아볼 것이며, '나는 바보가 아니기 때문에 잘 할 수 있다'는 것에 초점을 두고 치료를 진행시키고자 한다.</td></tr>
</table>

2) 종이 매체를 통한 치료의 대화내용

아동이 한지 찢는 것을 통해 평상시 친구들에게 화가 난 마음을 직면하였다. 자신을 괴롭힌 친구들이 바보라고 놀려서 자신은 "바보가 아니다"를 나타내려는 아동의 대화내용이 흥미로워 소개하고자 한다.

치료자1: 왜 메롱하고 혀를 내밀고 있지요?

내담자1: 친구들을 놀리고 있어요.

치료자2: 친구들이 놀려! 기분이 안좋았겠다.
내담자2: 나를 바보라고 놀렸어요.
치료자3: 바보라고 놀렸어! 저런! 그 때 마음이 어땠어요?
내담자3: 많이 화가 났어요.
치료자4: 정말 화나겠다. 애들이 뭐라고 놀리고 있지요?
내담자4: 나쁜 새끼들, 왜 내 때려. 너희들 바보야. 나 바보 아니야.
치료자5: 바보라고 했구나! 정말 나쁘네, ㅇㅇ는 바보 아니지, 그렇지? 그럼, 우리 ㅇㅇ가 바보 아니라는 것 한번 생각해볼까요?
내담자5: 나는 무엇이든지 잘 할 수 있으니까 바보 아니야.
치료자6: 그래, 그럼 이 종이도 잘 찢고 잘 붙일 수 있겠다.
내담자6: (무엇인가 느낀 것이 있는지 그 어느 때보다 작업을 열심히 한다)
치료자7: 잘하네. 나는 무엇이든지 잘 할 수 있으니까 바보 아니지. 그럼, 어떤 것을 무엇이든지 잘 할 수 있는지 이야기 해볼까요?
내담자7: 내가 칠판에 쓸 테니까 선생님이 종이에 받아 써주세요.
치료자8: 그래 선생님이 ㅇㅇ가 잘 할 수 있는 것 종이에 받아 쓸게요.
내담자8: 첫 번째, 공부 열심히 하고 있어. 두 번째, Y하고 사이좋게 지내고, H하고도 잘 지내. 세 번째, 친구들하고 싸우지 않는다. 네 번째, 선생님 말씀을 잘 듣는다. 다섯 번째, 친구들하고 사이좋게 지낸다. 여섯 번째, 집에 와서 인사를 잘한다. 일곱번째, 집에 와서 텔레비전을 본다.
치료자9: 바보들은 텔레비전 못 봐요?
내담자9: 바보들은 TV를 이해 못해요.
치료자10:맞네! 맞아!
내담자10: 여덟 번째, 집에 와서 엄마 말을 잘 듣는다. 아홉 번째, 목욕하는 것을 좋아하고 자주 한다. 열 번째, 목욕을 하고 나서는 옷을 갈아 입는다. 열한 번째, 옷을 갈아 입고 집에서 논다. 열두 번째, 숙제를 잘한다. 열세 번째, 스스로 숙제를 한다. 열네 번째, 저녁을 골고루 맛있게 먹는다.
치료자11: 바보들은 어떤데요?
내담자11: 엄마가 밥도 먹여주고 숙제도 엄마가 도와줘요.
치료자12: 그렇구나! 바보들은 아기 같네!
내담자12: 열다섯 번째, 운동을 한다. 열여섯 번째, 운동을 하고 난 뒤에는 학원 간다.

치료자13: 바보들은 학원 안가요?

내담자13: 엄마가 학원에 데려다 주지요.

치료자14: 그래, 우리 ○○는 학원에도 혼자 갈 수 있구나. 대단하네. 파이팅!

내담자14: 열일곱 번째, 학원에 갔다 와서는 숙제를 한다. 열여덟 번째, 숙제하고 난 뒤에는 운동을 한다. 열아홉 번째, 운동을 나 혼자한다.

치료자15: 시간이 10분 지났네요. 수고했어요. 이렇게 ㅇㅇ가 씩씩한지 정말 몰랐네. 나는 무엇이든지 혼자 할 수 있어 크게 한번 외치고 다음 시간에 만나자.

내담자15: 나는 무엇이든지 혼자 할 수 있어 ! 만세! 선생님, 안녕!

참고문헌

강숙희(2002). 종이(紙)材를 이용한 表現技法에 關한 硏究. 우석대학교 교육대학원 석사학위논문.

강정임(2001). 종이접기 조형활동이 초등학생의 창의력과 학업성취도에 미치는 효과. 경성대교육대학원 석사학위논문.

강태순(2003). 종이조형을 활용한 수업 방안에 관한 연구: 중학교 1학년 꾸미기와 만들기 수업을 중심으로. 건국대교육대학원 석사학위논문.

국립민속박물관(1995). **한국의 종이문화.** 도서출판 신유.

김경숙(1996). 한지활용을 통한 표현연구: 국민학교 고학년 표현을 중심으로. 한국교원대학교 석사학위논문.

김동연, 최외선, 공마리아(2002). **HTP와 KHTP 심리진단법.** 대구: 동아문화사.

김봉희(2003). 종이 조형활동이 ADHD 아동의 주의력결핍과 충동성 감소에 미치는 효과. 대구교육대 교육대학원 석사학위논문.

김양희(2001). 아동미술에 있어서 표현효과에 관한 연구. 계명대학교 교육대학원 석사학위논문.

김원영(2006). 종이를 활용한 질감표현 수업 방안 연구 :중학교 3학년을 대상으로. 국민대학교 교육대학원 석사학위논문.

금광복(1990). **색지 공예.** 서울: 대원사.

금봉희(1999). 미술활동이 주의력결핍 · 과잉행동장애 아동의 행동변화에 미치는 효과. 인제대 교육대학원 석사학위논문.

남현주(1998). 제지법에 있어서 종이 원료에 따른 표현기법에 관한 연구. 계명대학교 석사학위논문

노영혜(2007). **유아종이접기교실.** 서울: 종이나라.

명석란(1997). 종이를 매체로 한 조형기법 연구. 상명대학교 교육대학원 석사학위논문.

마순자, 이돈수 역(1995). **마티스 20세기 미술의 발견.** 서울: 예경.

박순희(2001). 아동미술 시지각 발달과 표현에 관한 연구: R.Arnheim의 아동미술론을 중심으로. 고려대 교육대학원 석사학위논문.

박지영(2005). 종이조형 활동이 유아의 창의성에 미치는 효과. 계명대학교 석사학위논문.

박현주, 서명옥(2009). **미술치료의 매체활용법.** 서울: 학지사.

박혜련(2005). 미술과에서의 종이조형 실기 교육과정 연구: 도식기 아동을 중심으로. 이화여대 교육대학원 석사학위논문.

백재임(2007). 종이의 물성 체험을 통한 조형 지도에 관한 연구: 초등학교 고학년을 중심으로. 한국교원대학교 교육대학원 석사학위논문.

서경혜(2008). 종이조형활동을 통한 집단미술치료가 노인의 자아통합감에 미치는 효과. 동국대 문화예술대학원석사학위논문.

서유건(2002). 소근육운동프로그램이 정신지체학생의 직무수행에 미치는 효과. 창원대학교 석사학위논문.

심상철(2000). **미술재료와 표현.** 서울: 미진사.

이정옥(2007). 종이조형활동이 자폐아동의 주의력 향상과 충동성 감소에 미치는 효과. 고신대 교육대학원 석사학위논문.

임수진(2007). 중학교 미술과 평면영역에서 활용될 수 있는 바탕재료(supports)의 탐색. 한국교원대 교육대학원 석사학위논문.

오광수(1978). **피카소, 파블로.** 미술문고 4권. 서울: 열화당.

양명화(2009). 한지를 이용한 집단 미술치료가 골다공증 노인의 자발성 및 자기표현에 미치는 영향. 조선대 디자인대학원 석사학위논문.

왕중산(2004). 손동작 운동프로그램이 치매 노인의 인지기능 향상에 미치는 효과. 용인대 재활보건과학대학원 석사학위논문.

장경희, 이승미(2000). **종이 조형.** 서울:시공사.

정귀옥(2005). 종이접기 활동이 주의력결핍 과잉행동장애 아동의 주의집중 및 자아존중감에 미치는 효과. 영남대 교육대학원 석사학위논문.

진혜숙(2008). 초등미술에 있어서 종이 조형 프로그램에 관한 연구. 부산교육대 교육대학원 석사학위논문.

최경인(2000). 초등 미술교육의 종이조형에 관한 연구. 숙명여자대학교 석사학위논문.

최신혁(2005). 종이 조형활동이 초등학생의 인간관계와 학교생활만족도에 미치는 영향. 국민대 교육대학원 석사학위논문.

탁정은(2008). 정서안정 및 계발을 위한 미술재료 연구: 정서장애아동을 대상으로. 건국대 교육대학원 석사학위논문.

한국미술치료학회(1995). **미술치료의 이론과 실제.** 대구: 동아문화사.

한정남(2005). 종이접기활동이 정신지체학생의 도형개념과 종이접기의 정확성에 미치는 영향. 우석대 교육대학원 석사학위논문.

함미영(2002). 종이를 이용한 아동의 조형교육에 관한 연구. 대구가톨릭대 디자인대학원 석사학위논문.

홍재란(2001). 뇌성마비유아의 소근육 운동 프로그램 효과. 우석대 교육대학원 석사학위 논문.

Bonafoux Pascal(1985). Portraits of the Artists : The Self-portrait in Painting, New York: Rizzoli.

Gussak, D.(2009). The effects of art therapy on male and female inmates: Advancing the research base, *The Arts in Psychotherapy, 36,* 5-12.

Small, A.(1996). Essay in Self-Portraiture. New York: Peter Lang.

Walker, J.(1983). Portrait 5000 Years, New York. Harry & Abrams.

Ⅱ. 드로잉 재료

드로잉 재료(drawing materials)에 관해서 치료자는 드로잉 재료에 대표라 할 수 있는 모든 종류의 연필에 대해서 잘 알고 있어야 한다. 부드러운 것, 단단한 것, 색깔이 있는 것, 미술연필, 색연필, 콘테와 목탄 연필 등과 같이 정상적으로 내성이 있는 재질로 디자인 된 것들을 알아둘 필요가 있다. 그 이외에도 치료자는 역시 여러 펜 종류에 대하여 알아둘 필요가 있을 것이다. 그것들 중에는 여러 사용방법과 크기와 색상을 갖고 있는 잉크, 사인펜, 마커펜 등이 있으며, 심지어는 향기까지 나는 것도 있다. 또한 자연적이면서도 가볍게 칠하는 초크 형태의 목탄과 콘테가 있다. 이 밖에도 다양한 크기와 형태를 가진 크레용이 있으며 보통 일반적으로 크레파스를 많이 사용하며, 시중에 나온 오일 파스텔은 흔히 크레파스로 알려져 있는 것이다(Rubin, 1984). 요즈음은 파스넷이라고 하여 크레파스와 그림물감을 혼합한 재료가 아동들에게 인기가 있다. 이밖에도 초크 형태의 파스텔이 있는데 부드러움의 정도에 따라서 여러 다른 크기와 형태가 있다. 이러한 크레파스와 크레용과 파스텔은 드로잉 재료에서도 자주 이용되는 매체이기도 하지만 페인팅 재료에서도 아주 쉽게 다양한 연령층을 대상으로 많이 적용되는 매체이다. 미술치료사가 반드시 알아야 할 것은 여러 드로잉 도구들을 이해하는 것이고 그것을 사용할 수 있는 적절한 종이를 선택해 주며 미술치료에서 어떻게 적용해야 하는 가이다.

본 장에서는 다른 어떤 재료보다도 미술치료에서 드로잉 재료가 많이 적용되기 때문에 드로잉의 개념과 방법 및 역사 그리고 드로잉 재료의 종류 및 특성과 미술치료임상의 적용 및 실제에 대해서 알아보고자 한다.

〈그림 4-20〉 여러 가지 드로잉 재료들

1. 드로잉의 개념

드로잉(Drawing)은 시각적 형태를 나타내기 위하여 선을 긋는 행위 및 선이나 면이 지배하는 결과물을 지칭하는 것이다. 사전적 의미로서의 드로잉(Drawing)이란 단어는 '그리다(draw), 선을 긋다'라는 뜻으로 라틴어와 튜톤(Teuton)에서 유래되었으며, 원래의 의미는 도로상에서 마차를 끈다는 표현에서 온 '당기다(pull), 끌다(draw)'라는 뜻으로 화면에서 어떤 도구를 사용하여 시각적인 형태를 구성하는 것을 말한다. 현대적 의미로서의 드로잉은 '그리다(draw)'라는 영어의 사전적 용어이며, 불어의 데생, 일본어의 소묘와 같은 뜻을 지닌 동의어이기도 하다(임정기, 1994).

또 다른 의미로는 선을 위주로 하여 그리는 행위로서, 밑그림 또는 초벌의 의미를 가지고 있으며, 재료적 구분으로는 연필, 목탄, 펜, 크레용 등에 의하여 해석되기도 하고 드로잉의 행위적 구분에 따라 크로키, 스케치, 정밀묘사 등으로 구분되기도 한다.

드로잉은 기본적으로 선으로 물체를 표현하나 때에 따라 면을 이루거나 색채를 사용하는 경우도 있다. 그러나 대부분 선이 형태를 이루고 질감표현이 조형적 성격을 띠고 있는 것이 대부분이다.

일상의 사물이나 인간내면의 감성을 시각적으로 표현하는 가장 기본적인 수단으로 구석기시대의 동굴의 암벽화에서 첨단과학이 예술의 표현의 방법이 되는 현대에 이르기까지 드로잉은 인류가 사용한 가장 오래된 매체이기도 하다(정지욱, 2005).

인간은 태어날 때 본능적인 표현 욕구를 가지고 태어난다. 예를 들어 손을 움직이게 되면서부터 어린 아이들은 집안에 온통 낙서를 한다. 누가 가르치거나 혹은 시키지도 않았는데 그린다. 이는 드로잉이 인간의 시각적 표현 가운데에서 가장 원초적인 표현임을 시사해 주고 있다. 이처럼 드로잉은 인류와 함께 시작되었으며 회화가 탄생하기 이전부터 존재했을 뿐만 아니라, 자연에 대한 인간의 인식을 묘사적인 차원에서 언어 대신 혹은 상징적인 차원에 이르기까지 여러 가지 방식으로 나타내는 하나의 표현수단으로 존재해왔다(이경지, 2009).

최근에는 기존 개념에서 벗어나 넓은 의미로서 드로잉은 더 높은 차원으로 다원화되어 새롭게 해석되고 있다. 이른바 표현행위나 작업을 가능하게 하는 준비의 한 단계로서 에스키스, 또는 데생의 개념으로 드로잉을 규정하는 것은 현대 미술의 탈장르처럼 의미가 없으며 설득력을 잃고 있다. 그것은 드로잉이 하나의 독립된 장르로서 존립하게 되었다는 것을 의미한다. 한편으로는 "드로잉, 즉 선을 긋는다는 것이 회화적 사고의 가장 원초적인 표현이요, 또한 회화행위의 원초적 체험의 한 방식이라는 것을 의미한다. 요컨대 이제 작가는 선을 그음으로서 회화를 보고, 사고하고, 체험하는 것이다."라고 설명하고 있다(이일, 1985).

'그리다'란 말은 인간의 생명력 있는 호흡과 두뇌의 사고와 밀접한 관계를 맺고 있는 것으로 어떤 이미지에 자극을 받아 즉각 나타나는 손과 팔의 직접적인 반응이다. 어떤 도구를 손에 쥐고 자신의 느낌이나 생각을 표시하는 행위는 몸 자체의 일부를 연장하는 것으로 볼 수 있다. 그리는 데는 세 가지 사실을 연관 지을 수 있는데, 그리는 물질적 재료, 인간의 근육행위, 정신적 의도이다(임정기, 1994). 여기서 재료는 표현이 이루어지는 평면과 그리는 도구를 말한다. 표현이 이루어지는 바탕과 그리는 재료의 성질에 따라 여러 가지의 느낌과 효과를 얻을 수 있다. 근육 행위는 육체의 그리는 행위로서 그 힘과 속도, 손과 관련된 근육 및 신경조직 계통이 종합적으로 작용한다. 그리고 정신적 의도는 위의 두 가지 속성과 결합하여 최종적으로 의지나 지성, 자아표현 등을 구체화시킨다. 드로잉은 손과 눈, 그리고 마음사이의 신비적인 공동작업의 행위인 것이다(김진엽, 1987).

따라서 드로잉에 관한 다양한 정의들을 살펴보면 '드로잉은 미술창작의 기본 요소로서 눈에 보이는 세계 안에 존재하는 대상들만이 아니라 개념, 사고, 태도, 감정, 환상 나아가 상징과 추상적인 형태들을 선으로 표현하는 일반을 지칭한다.'라고 정의한다(정지욱, 2005 재인용).

사실 미술치료에서 내담자들은 드로잉의 여러 매체들을 사용하여 자유롭게 낙서도 하고 그림도 그리면서 자신의 무의식 및 감정, 생각들을 표현하기 때문에 치료 초기에 많이 적용한다. 부담 없이 간단하게 이용할 수 있어 대부분의 내담자들이 선호하기는 하지만, 좀 더 회화적인 완성도를 요구하는 주제를 주었을 때는 사실적인 묘사를 위한 소묘나 데생부분에서는 상당한 통제력을 느끼면서 어려워 한다. 그러나 치료 중기에 이러한 통제성이 있는 드로잉 매체로 전환해주면 치료의 긴장감이 생기면서 자신의 문제에 더욱 집중할 수 있는 장점이 있으며 작품의 성취도를 높일 수가 있다.

2. 드로잉의 방법

드로잉은 방법에 따라 데생, 스케치, 정밀묘사 등이 있는 데 정확하게 구분지어 명명하기는 어려움이 있으나 표현의 방법에 따라 조금씩의 차이가 나타나며 의미적 관점에서도 차이가 있다. 드로잉은 그 표현상의 다양성과 적용방법에 따라 밑그림의 역할로서도 의미를 갖으며, 근대이후 드로잉 자체로서 만으로도 하나의 창작적 작품으로서 존재한다. 특히 현대에 이르러는 드로잉이 하나의 창작 예술의 영역으로 발전되어 온 것을 알 수 있다. 드로잉은 이제 하나의 창작표현의 방법으로서 또한 창작의 결과나 목적으로서 존재한다.

여기서 드로잉의 여러 방법을 소개하는 것은 이러한 드로잉 기법들이 곧 미술치료의 기법으로 응용되면서 치료적 가치로 전환되기 때문에 기술하고자 한다. 미술치료사들이 이런 기법들을 치료적으로 잘 적용할 수 있다면 임상현장에서 드로잉 재료들은 더욱 유연성을 갖고 풍부해질 것이다.

1) 소묘

데생은 동, 서양의 개념은 별 차이가 없으며, 선을 사용한 형상표현이라는 기본적인 개념을 갖고 있다. '소묘'는 회화의 제작과정으로서 스케치로서 대상의 골자를 이룬 형태를 그린 것인데, 당연히 윤곽을 위주로 하지만 다소의 색채나 음영을 수반하기도 한다. 소묘에는 간격이 복잡하고, 간결하고 거칠고, 세밀한 무한한 단계가 있다.

일반적으로 은첨필, 펜 등 뾰족하고 가는 재료는 작은 화면에 적합하고 목탄, 분필 등 굵고 연한 재료는 큰 화면에 적합하다. 어쨌든 소묘는 원래 회화의 예비단계로서 습작, 밑그림, 설계도에 지나지 않으나, 때때로 화가 본래의 의도나 기량을 완성된 작품보다는 더 잘 보여줄 때가 있다(정지욱, 2005).

서양 중세에는 본래의 의미에 있어서의 소묘가 없는 이유는 소묘의 정신적 전제인 화가의 개인적 자유와 물질적 전제인 종이가 없었기 때문이라고 한다. 이 두 조건이 채워진 15세기에 이르러 비로소 소묘가 출현했다. 그러나 애초에는 단지 스케치로서의 소묘에 지나지 않았으나, 16세기에 이르러 특히 뒤러(Albrecht Durer, 1471-1528)에 의해 독립된 작품으로서 의의를 갖게 되었다. 특수한 것으로서 '긁기 소묘'가 있는데 이것은 딱딱한 면에 예리한 도구로 선각하는 것이다. 선사시대에는 돌, 뼈, 상아 등에 남긴 긁기 소묘는 가장 오래된 예술적 표현의 예라고 볼 수 있다(안영길 외 역, 1993). 따라서 데생은 프로세스(process)적 성격이 강하며, 완성된 하나의 작품이라기보다는 작품을 제작하기 위한 전단계로서 관찰된 대상의 표현을 위한 준비라든가 인간 내면적 사고로부터 만들어진 조형표현을 위한 과정이라고 인식되어 왔으며, 19세기 이후에 이르러 서양 회화의 개별적 장르로서 인정하게 되었다.

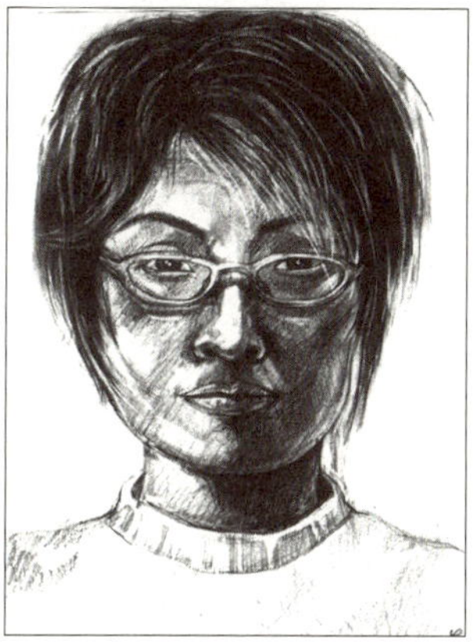  

〈그림 4-21〉 연필 소묘로 한 자화상[1)]

2) 스케치

'스케치'는 즉흥적인 그림을 뜻하는데 보통 거칠고 미완성이며 막연한 드로잉을 스케치라고 한다. 드로잉에서 스케치는 완성된 형태보다는 어떤 작품의 준비그림, 즉 동양에서는 일본식 표기로서 하도(下圖)로 이해할 수 있다. 이 용어는 그 자체로서 독립된 작품으로 보기는 어렵고 습작, 밑그림 등의 부차적인 의미를 가지고 있으며 관찰된 대상의 묘사, 작품 구상을 위한 준비과정을 의미한다(이일, 1985). 주로 사생화, 밑그림, 소묘, 약도 등을 의미하는 회화용어로서 원래는 개요나 초안, 단편적인 묘사를 말하며, 건축 · 디자인 · 문학 · 음악 등의 분야에서도 사용되는 일이 있다. 스케치는 대상의 개념이나 특징을 잡기 위한 화가의 수업수단이지만, 완성작을 위한 밑그림이나 시작(試作)을 가리키기도 한다. 상세한 것이나 간략한 것을 불문하고 일반적으로 그 자체를 최종 작으로 하지 않는 작품을 말한다. 스케치는 소묘의 한 형태로 볼 수 있지만, 때때로 유채에 의한 간단한 습작도 스케치라 한다.

3) 크로키

크로키는 주로 인물 · 동물 등의 움직이는 대상을 단시간에 그리는 속사(速寫) 스케치 또는 소묘를 말한다. 크로키(croquis)는 프랑스어로서 사생화, 약도(略圖), 초벌그림 등 즉사적(卽寫的) 데생의 일종으로서 목적에 따라 정밀하게 사생하는 경우도 있고 대략(大略)을 그리는 경우도 있으며 화고(畵稿)로서 외워서 그리는 경우도 있는데, 대략 그리는 경우 임시 스케치의

1) 본 작품은 대구대학교 재활과학대학원 미술치료 대학원생들이 미술치료매체 수업에서 한 작품입니다.

수법을 사용한다. 재료는 옛날에는 피엘 노아르(黑石)나 실버 포인트(銀筆)를 사용했으나, 현재는 연필 · 색연필 · 목탄 · 콘테 · 파스텔 등의 사용이 일반화되어 있으며, 단색으로 대상의 형태나 특징을 선묘(線描)하기도하고, 명암을 그려 넣기도 한다. 그리고 여기에 수채화 물감을 칠하면 연필을 정착시키는 효과가 있어 담채(淡彩)를 칠하는 경우도 많다(정지욱, 2005 재인용).

또한 크로키는 공간 속에서 이동하거나 움직이는 사물을 특징적으로 표현하는 기법으로서 짧은 시간 안에서 그리고자 하는 대상의 특징을 살려내 표현하는 것으로서 세부적 묘사보다는 대상의 이미지나 재현적 표현을 하고자 하는 부분을 나타내는 방법이다.

〈그림 4-22〉 누드 크로키(재료: 콘테, 수채화 물감)

4) 정밀묘사

정밀묘사란, 대상을 정밀하게 그리는 것을 말한다. 그러나 주어진 대상을 보이는 대로 똑같이 그리는 것을 의미하는 것은 아니다. 정밀묘사는 그리기에 앞서 대상이 가지고 있는 형태상의 특징과 구조를 파악해야 하며, 빛의 방향, 명암, 고유색, 질감, 양감 등을 분석한다. 그리고 이러한 모든 요소들을 표현하기 위해 어떻게 그려야 하는가를 생각해야 한다. 기본 자세로는 대상물의 정확한 관찰로부터 시작된다. 먼저, 형태의 요점을 찾아 각 부분과 전체의 질서를 파악하고, 형체와 비례, 원근 관계, 색채의 농담, 명암에 의한 입체감, 재질감의 표현 순서로 분석하여 표현 작업으로 이행해야 한다.

정밀묘사의 본질은 자연성, 정밀성, 명료성, 재현성, 편집성, 강조 및 삭제성으로 재창조해야 한다. 정밀묘사는 대상물에 따라 그것이 가지고 있는 질서에 의해 실적으로 표현하여 공감과 친근감을 가질 수 있는 특징을 가지고 있다. 정밀묘사에서는 대상물을 기계적으로 재현하는 데 그치는 것이 아니므로, 카메라가 표현할 수 없는 생략과 과장을 통해 눈에 보이지 않는 이미지까지도 묘사할 수 있다.

정확한 형태를 표현하기 위해서는, 대상물이 가지고 있는 기본형과 이들의 변화에 유의해야 한다. 이를 위해서는 먼저 사물을 단순하게 볼 수 있는 눈을 가져야 한다. 좌우 대칭의 대상물은 중앙에 중심선을 긋고 형태를 긋고 형태를 잡아 대칭 여부 등, 사물을 세밀하게 관찰하여 사실적인 표현을 나타내는 것으로서 비례, 명암, 질감, 구조적인 특징 등을 정확하게 묘사하는 것으로서 기계류나 동 · 식물 등에 많이 적용된다(정지욱, 2005 재인용).

3. 드로잉의 역사

드로잉의 시작은 정확하게 언제부터라고 하기가 어려우며, 어떠한 목적으로 시작되었는지도 규정하기도 어렵다. 다만 선사시대의 원시인들이 거주했던 동굴 벽에 그려진 주술적인 내용과 동물들의 형태에 대한 표현이 드로잉의 시초로 추측된다. 그러한 표현들은 의사소통의 도구가 되고, 동시에 조형예술을 통한 자신들의 예술적 행위의 수단이 되어왔다. 이처럼 인류가 시작하면서부터 드로잉은 존재하였고 그것은 회화의 가장 원초적인 표현으로 시작되었음을 알 수 있다. 이렇게 선사시대의 드로잉은 중세를 거쳐 르네상스, 인상주의 현대에 이르러 미술에서 하나의 독립된 장르로 발달하였다(이경지, 2009).

서양미술사에서는 기원전 1만 5천년경 스페인의 알타미라(Altamira)동굴 벽화나 프랑스 도르도뉴(Dordogene)지방의 라스코(Lascaux)동굴 벽화 등을 인류의 드로잉, 즉 회화표현의 기원으로 추정하고 있다. 선사시대 드로잉은 생존을 위한 종교적 측면과 생활에서 기능적 측면이 강조된 미술이었다. 이 시대 미술은 흔적은 석탄으로 윤곽을 긋고 난 후 검정이나 고동, 노랑, 자주 등 흙으로 만든 몇 가지 색료를 이용하여 채색하였다. 여기서 한 가지 흥미로운 사실은 그들이 색료를 고착시키기 위하여 동물의 피나 지방질, 식물성 수지 등을 사용하였다는 점이다(최기득 역, 1992). 고대인의 미술은 특별한 회화에 대한 아무런 학습이나 경험이 없이 본능적인 의지에 의하여 자연스럽게 그리기 시작한 것이다.

이집트 시대의 드로잉은 피라미드에 나타난 석실의 벽화에서 많이 볼 수 있으며, 주로 붉은 선을 사용한 벽화를 중심으로 선묘한 다음 검정으로 수정하거나 가필하였다. 이 때 나타난 드로잉의 특징은 사후의 영생을 보장받기 위해 매우 상징적으로 표현하였으며, 얼굴은 측면을 향하지만 눈은 정면을 응시하고 몸통은 정면을 향하며 발은 측면의 형태를 윤곽선으로 나타내었다(이경지, 2009).

그리스 · 로마시대의 드로잉은 기하적인 성격을 지니고 있으며 질서정연하고 엄격한 느낌을 준다. 선은 확고하면서도 유연하게 표현되어 있는 것이 특징이다. 중세에 이르면서 모든 문화라는 것이 종교에 귀속되었다. 건축, 회화, 조각 등 모든 분야가 예외는 아니어서 어떤 사람들은 드로잉보다는 종교의 유지, 보급을 위해 행해졌다.

기나긴 중세시대가 마감되고 르네상스 시대로 접어들면서 조형예술이 활성화되면서 사물이 구체적인 묘사로 확산되고 그리고자 하는 표현의 다양성을 추구하고 있다. 이 때 드로잉이 확실하며 완성으로 가는 단계로 미술사의 가장 중심 사상이 되고 있다. 대표작가로는 미켈란젤로, 레오나르도 다빈치, 라파엘로 등이 있으며 르네상스시대의 드로잉의 특징은 윤곽선 묘법에서의 선을 문질러 부드러운 명암법의 어두운 톤으로 한 화면의 그늘진 부분을 여러 가지 터치 또는 면으로 변화시켜 사용하였으며 투시 원근법에 의한 입체적인 조면이 등장하였다. 회화나 조각, 건축물의 투시도 등에 그 자체로서 드로잉을 가능하게 했다(배미순, 2007).

인상주의 시대에 이르러 드로잉은 사물을 재현하는 형식을 취해왔던 드로잉이 인상파 화가에 의해서는 사물의 단순한 재현을 떠나 순간의 느낌을 나타내려고 노력하였으며, 빛의 효과를 전달하는 수단으로 쓰이게 됨으로써 데생의 영역을 크게 확장하였다. 크로키에 의한 대상의 순간적인 인상의 표현과 다른 하나는 실선에 의한 빛과 같은 효과를 나타내는 것이었다. 드로잉과 색채는 분리될 수 없는 것으로 색채가 조화되면 될수록 드로잉은 정확해지는 것이다. 따라서 색채가 풍부해짐에 따라 형태는 보다 충실해지며 색채와 콘트라스트의 상호관계는 드로잉 상 하나의 비밀이 된다. 이러한 표현에는 인상주의 시기의 드로잉은 함축성이 잘 내포되어 있다(이강일, 1997).

20세기에 이르러 드로잉은 외형적, 감각적 측면으로 점차 왜곡되고 지적, 이성적 사고의 표현 즉 확산된 정신세계의 표현매체로서 등장하게 된다. 큐비즘 작가들은 각종 꼴라쥬의 방식으로부터 오브제의 수용에까지 표현영역을 확산시켜 정신세계의 내적 드로잉을 시도하게 된다. 큐비스트들에게 드로잉은 형태나 색채가 아니라 사인(sign)이었다. 꼴라쥬나 오브제의 수용에 이르기까지 큐비즘의 태동으로 시작된 인식의 변화는 1차 · 2차 세계대전을 거치면서 무의식적인 표현의 측면을 나타나게 된다(권여현, 1999).

초현실주의 화가들은 '자동기술법'이라는 방법을 사용하여 선을 통해 자신을 드러내려 하였다. 이들은 드로잉을 가장 개인적이고 자기 고백적이라는 개념을 극대화 시켰으며 의식의 통제를 배제하여 흘려쓴 선을 묘사적인 성격에서 벗어나 거의 자율적인 성격을 갖게 되었다. 이 시기부터 회화와 드로잉의 구분이 점점 사라져 드로잉 그 자체가 주제가 되었다. 따라서 드로잉은 기본적으로 이미지를 발생시키는 매체이며, 자연스럽게 미술가의 내면세계를 드러내는 개인적인 매체라는 생각은 1960년대의 팝아트시기부터이었다. 이 시기의 미술가들은 드로잉에서 손으로 그린 흔적 또는 개인이 들어갈 여지가 없어지고 기계전인 전형이 선택되었다. 앤디워홀(Andy Warhol, 1928-1987)은 사진위에 비치는 종이를 놓고 대강 윤곽을 베낀 다음 그것을 프로젝터에 의해 확대시켜 캔버스에 옮긴 후 실크 스크린으로 머리, 눈, 입술 등을 과장되게 채색한 후, 사진을 확대하여 그 위에 전사하는 방법을 사용하였다. 그 후 1960년대 말부터 미술에서는 물리적인 대상보다는 아이디어가 중요시되는 개념미술이 부상되었다. 개념미술은 무엇보다 미술가의 사고를 강조하였고, 미술가의 사고는 회화나 조각과 같이 구체화된 대상으로 나타날 필요가 없다고 생각하였다. 개념미술에는 설치, 대지미술, 퍼포먼스와 같은 미술형태가 모두 포함되는데, 이런 한 현장 위주의 작업들에는 단순한 스케치에서부터 작업도면, 정교한 드로잉, 꼴라쥬 등 여러 가지 종류가 수반되었다(한국미술연구소, 서울여대 조형연구소, 2001).

오늘날 드로잉은 과거와 같이 종속적인 위치에서 벗어나 완성된 작품을 위한 기초단계이며 동시에 하나의 독립된 작품으로 중요성을 가진다. 결론적으로 드로잉은 그린 사람의 내적 표현과 자유로운 생각, 심리상태 등을 포함하는 포괄적인 것으로 가장 기본적이며 직접적으로 접근하기 쉬운 창의적 표현이 될 수 있다(배미순, 2007). 이러한 드로잉의 역사를 살펴보면 드로잉이 생존에서 회화로 또 외형에서 내면으로 보여주는 미술에서 느끼고 생각하는 미술로 변화된 것을 볼 수 있다.

4. 드로잉의 재료 및 종류

미술가는 드로잉의 목적에 맞는 다양한 드로잉 재료를 선택한다. 때로는 빠르게 묘사하거나 넓은 면을 칠하는데 적합한 재료를 선택하고 때로는 섬세한 부분이나 예리한 묘사에 적합한 재료를 선택하기도 한다(손효주 외 역, 1995). 이렇게 드로잉은 주제와 작가들의 작품 성향에 따라서 다양한 재료를 사용한다. 마찬가지로 미술치료에서도 내담자들은 다양한 드로잉 매체를 통해 자신이 느끼고 생각하고 본 것을 상징적으로 표현할 수 있고 때로는 구체적으로 또는 단순하게 복잡하게 표현을 할 수 있다. 미술치료에서 많이 사용되고 있는 드로잉 재료들의 종류와 특성을 살펴보고자 한다.

1) 연필

(1) 연필의 역사

'연필'이란 말은 본디 라틴어의 pencillus(작은 꼬리)란 말에서 온 것으로 중세의 잉크화에서 사용하는 붓을 부르는 이름이었다. 18세기 미술계에서는 연필질이란 '붓질'을 뜻했다. 우리가 늘 사용하는 연필을 18세기에는 '흑연 소묘 막대'라고 하였다(지현경, 1995).

사실 연필의 기원은 약 2000년 전 그리스, 로마에서 원판 모양으로 된 납의 덩이를 사용하여 말린 노루가죽에 기호를 표시한 것이 시초라고 전해진다. 연필의 심은 원래 자연 흑연이며, 납이 섞여 있지 않은 탄소생성물이다. 고서에는 '검은 돌'이라는 말이 나온다. 이것은 천연 흑연을 깎아 만든 것으로 강도가 다양하다(심상철, 2000).

연필의 주원료인 흑연은 1504년 영국의 컴벌랜드(Cumberland)에서 발견되어 1640년 경 프랑스에서 소묘재료로 사용되기 시작했다. 그러나 1789년 프랑스 혁명이 일어나자 영국은 프랑스에 흑연수출을 중단해버렸다. 이즈음 프랑스의 화학자 니콜라 자크 콩테(Nicolas Jacques Contè)가 흑연과 진흙을 혼합하여 삼목으로 껍질을 씌운 연필을 발명하였는데 이것이 현대적 연필의 시초이다. 또한 흑연과 진흙의 혼합비율을 조절함으로써 명도가 다른 연필도 고안해냈다(전영탁, 전창림, 2005).

연필이 한국에 처음 들어온 것은 19세기 후반이다. 국산연필이 처음으로 생산된 것은 광복 후인 1946년 대전에서였는데, 당시 축으로 쓴 나무는 결이 고르지 않아 잘 깎이지 않았고 또 심의 질이 낮아서 잘 부러졌다. 그 후 연필산업도 점점 발전하여 연필의 품질도 향상되었고, 1988년에는 연필의 연간 생산량이 약 1억 7000만 자루였고, 수출액은 약 100만 달러가 되었다. 최근에는 팬시산업의 활성화와 더불어 다양한 디자인과 기능을 갖는 연필이 생산되고 있다.

(2) 연필의 종류

연필의 짙고 옅음은 흑연과 점토 양에 따라 달라지는데 흑연이 많으면 부드럽고 짙은 심이 되며, 점토가 많이 섞이면 흐리고 딱딱한 연필심이 된다. 연필은 딱딱한 9H부터 부드러운 8B까지 나눈다.

- 9H, 8H, 7H, 6H는 매우 단단하고 옅은 색이므로 도형을 그리거나 금속이나 석제 등의 경질 면에 그릴 때 주로 이용한다.
- 5H, 4H, 3H, 2H는 비교적 딱딱한 편이며 정밀제도나 설계용으로 이용한다.

- H(hard), HB, F(firm), B(black)는 중간 성질로 학습용, 사무 필기용, 설계 · 제도용으로 이용한다.
- 2B, 3B는 무르고 진하므로 미술의 정밀 묘사나 속기용으로 이용한다.
- 4B, 5B, 6B, 7B, 8B는 부드럽고 짙은 색이므로 미술의 소묘용 또는 특수 회화용으로 많이 이용한다.

그러나 이상의 등급대신에 부드러운 것부터 0, 1, 2, 3, 4, 5··· 순으로 나타내기도 한다. 좋은 소묘용 연필은 광택이 적고, 진하고, 선명하며, 심이 잘 닳지를 않고, 불순물이 없으며, 매끄럽게 그어지는 것이다(심상철, 2000). 좋은 연필의 조건은 첫째 균일한 굵기의 선이 그어져야 하고, 둘째 지면에의 정착성이 좋아 종이를 더럽히지 않으며, 셋째 광택이 나지 않아 검은 색이 더 진하고 선명하게 보이고, 넷째 심이 균일하며 불순물이 섞이지 않아 매끄럽고 쾌적한 작업이 되게 하는 것이다.

(3) 연필에 필요한 화구

① 종이

부드러운 종이, 브리스톨지 또는 흰색 판지는 부드럽고 진한 연필심에 좋다. 단단한 심은 거친 카트리지 종이(cartridge paper), 하드롱지, 수채화 종이, 앵그르지처럼 흰색이나 채색이 된 결이 있는 질감의 종이에 효과적이다(전영탁, 전창림, 2005).

② 지우개

오늘날 사용되는 지우개는 생고무에 가소제, 안료, 체질 등을 섞어서 제조한 것이다. 지우개는 대개 연한 것과 단단한 것으로 나누어지는데, 연한 것은 지질을 손상시키지 않는 것으로 학생용, 사무용 등이 있으며, 단단한 것은 지질을 벗겨내는 것으로 타이프 용, 잉크 지우개 등으로 쓰인다.

데생용으로 쓰이는 지우개 가운데는 너무 부드러워 어떤 형태로도 변하는 물렁 지우개가 있다. 특히 목탄 데생에서는 식빵을 지우개로도 사용하는데 식빵은 종이를 손상시키지 않고 부드럽게 목탄을 제거하기 때문이다. 이때는 버터나 설탕이 전혀 섞이지 않은 순수한 식빵이 좋다(전영탁, 전창림, 2005).

소묘하는 과정에서 지우개를 또 다른 표현수단으로 사용할 수 있다. 밝은 부분을 닦아내거나 하이라이트의 미세한 부분 등을 처리할 때 지우개는 매우 유용하게 쓰인다.

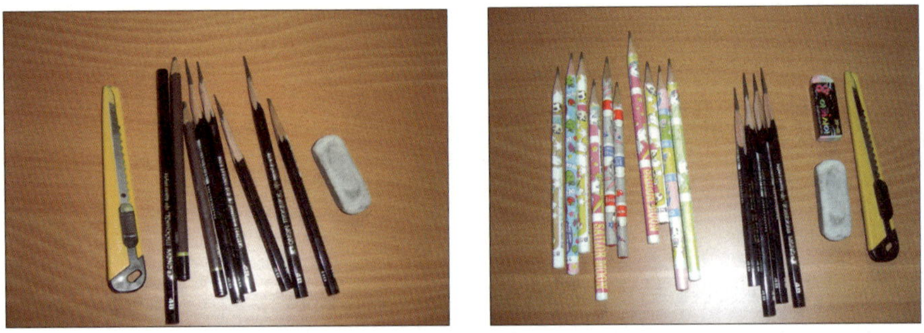

〈그림 4-23〉 연필, 지우개, 칼

(4) 사용기법

연필은 그림을 그리는 데 가장 기본적이고 가장 고전적인 재료이며 그 표현력도 매우 다양하다. 특히 연필은 지우개로 얼마든지 깨끗이 지울 수 있어 드로잉이나 스케치, 습작 등에 가장 손쉽게 사용되며 일단 연필로 그린 위에 채색 재료를 사용하여 다양한 효과를 내기도 한다.

① 드로잉 기법

빠른 드로잉에는 무른 연필을 뾰족하게 해서 시작하도록 한다. 연필심이 무디면 거칠고 두터운 선이 일률적으로 나와서 드로잉 효과가 줄어든다. 무른 연필을 쓸 때는 누르는 힘의 세기에 따라 강약을 조절할 수 있다. 스케치를 할 때 플랫형 연필을 쓰면 굵은 선이나 가는 선을 자유롭게 표현할 수 있고 연필의 터치로 넓은 면적을 표현하는데 유리하다. 플랫형 스케치용 연필은 굵은 선이나 가는 선을 자유롭게 표현할 수 있다. 고급 광택지 또는 부드러운 화지를 사용할 경우 종이연필로 연필자국을 혼합함으로써 무한한 명암의 변화와 함께 다양한 대비효과도 거둘 수 있다(전영탁, 전창림, 2005).

② 문지르기 기법

연필선을 지우개나 손가락으로 문질러서 매우 부드러운 피부질감이나 점층적인 명암효과를 낼 수 있다. 결이 있는 종이, 나무, 돌, 시멘트 등과 같이 질감 있는 표면 위에 종이를 놓고 임프레션 기법을 응용하면 다양한 질감효과를 얻을 수 있다(전영탁, 전창림, 2005).

③ 프로타쥬 기법

프로타쥬(Frottage)는 '문지르기'라는 뜻의 불어이다. 초현실주의 화가 에른스트(Ernst Max, 1891~1976)에 의해 개발된 기법으로 거칠고 울퉁불퉁한 다양한 표면들 위에 종이를 대고 납연필로 문질러 아래에 깔린 표면의 여러 형태들이 드러나게 만드는 것이다. 고고학자들이 비석이나 금속 부조의 면을 옮기기 위해 사용하는 탁본이 바로 이 기법이다(신현숙, 1992).

생활주변에 있는 여러 가지 재질감이 있는 물건(나뭇잎, 나뭇가지, 재질감이 드러나는 나무판, 놀이 교구 중에서 모양을 찍을 수 있는 것, 사포, 골판지, 병뚜껑, 화선지, 연필, 크레용, 파스텔, 가위, 동전, 왕골자리, 대나무바구니, 골판지, 떡살무늬 등)을 이용하여 문질러 나타내어 특히 아동의 호기심을 불러 일으켜 표현하고자 하는 욕구가 자연스럽게 나타날 수 있다. 매끄러운 소재의 물건과 재질감이 느껴지는 물건의 차이점을 알고 화지에 표현함으로써 재질감에 따라 나타나는 모양이 달라지는 것을 이해할 수 있다. 문지르는 방법에 따라 여러 가지 재미있는 효과를 낼 수 있음을 알게 되고, 자신의 느낌과 생각대로 문질러 보면서 표현의 다양성을 알게 된다(이선영, 2005). 준비한 물체 위에 화선지, 시험지, 한지 등을 올려놓고 베껴보는데 연필로도 해보고 그 위에 파스텔, 사인펜, 색연필, 크레용 등으로 다양하게 해 볼 수 있다.

(5) 연필의 치유적 요인 및 장점

젖은점토진흙	그림물감	부드러운점토	오일파스텔	두꺼운펠트지	꼴라쥬	단단한점토	얇은펠트지	색연필	**연필**
1	2	3	4	5	6	7	8	9	**10**

◀·····························▶

가장 낮게 통제(촉진) 가장 높게 통제

(Landgarten, 1987)

연필은 색연필, 목탄, 콘테, 잉크펜, 볼펜, 펠트펜, 마커, 크레용, 크레파스 등과 같이 건조매체로서 젖어 있거나 액체상태의 매체보다 다루기가 쉽다. 그중에서 가장 통제성이 강하고 유동성이 적은 연필은 세밀하고 정교한 묘사와 대담성과 활기를 표현하는데 모두 이용된다. 즉 부드럽고 섬세한 특성이나 뚜렷하게 날카로운 효과를 모두 낼 수 있다. 연필이 지니는 가장 매력적인 특성은 무엇보다도 한 그림 안에서 선과 색조를 손쉽게 결합시킬 수 있다는 것이다.

Landgarten(1987)의 표에서는 연필이 통제성이 강한 매체로 기술되고 있는데 이것 때문에 연필에 대해 부담감을 갖는 내담자들이 있다. 특히 연필은 데생이나 소묘수업에서 물체를 사실적으로 표현하기위해 고도의 집중과 테크닉이 필요할 뿐만 아니라 충분한 연습과 시간투자가 필요하기 때문에 그렇게 쉽게 접근할 수 없다. 예를 들어 미술치료에서 4B연필을 갖고 '거울보고 자화상 그리기'를 할 때 집중력과 연필의 '사각사각'하는 소리와 향으로 인해 기분이 좋다고 이야기하는 내담자들이 있는 반면에 연필은 아주 좌절감을 주는 매체로서 거부하고 싶은 마음이 치료의 저항으로 나타나는 내담자들도 있다.

또한 주의력이 결핍되어 산만하며 과잉 행동을 하는 아동에게 유동성이 적고 통제성이 강한 연필과 같은 재료를 선택하여 그들의 에너지 수위를 낮추고 불균형적인 감정과 행동을 조절하여 좀 더 조직적인 경험을 제공할 수 있다. 그러나 몇몇의 다른 아동들은 심한 환경에서의 통제와 그로 인한 심리적 불안감 때문에 나타난 주의력 결핍 과잉행동이 통제적인 매체 사용으로 더욱 심화될 수도 있다(한국미술치료학회 , 1995).

한편 아동들은 난화기나 전도식기에 선화(drawing)를 선호하기 때문에 연필은 아동에게 친근한 매체로 자유롭게 낙서하고 그림을 그리는데 이용된다. 오히려 이 시기에 아동들에게는 채색을 하는 것이 더욱 부담스러울 수도 있다. 도식기나 또래 집단기 아동들도 연필은 친숙한 매체로 낙서나 만화 그림을 그리는데 이용된다. 아동은 학교에서 연필로 쓰기 작업을 하기 때문에 연필에 대한 부담감이 청소년이나 성인에 비해 적다고 볼 수 있다.

따라서 Landgarten(1987)이 연필이 통제성이 강한 매체로 제시하기는 하였지만 사실 임상에서 경험해 볼 때 대상에 따라 주제 및 치료 상황에 따라 연필은 통제적인 매체되기도 하며 촉진적인 매체가 되기도 한다. 미술치료사는 매체 특성에 대한 고정관념을 갖기 보다는 우선 내담자의 심리와 발달상태에 알맞은 매체의 유형을 빨리 파악하는 것이 필요하다. 다음은 연필의 치유적 요인이라고 할 수 있는 장점에 대해 언급하고자 한다.

① 연필은 세밀하고 정교한 묘사에 이용되는 반면, 다른 한편으로는 대담성과 활기를 표현하는데 이용되기도 한다. 즉 부드럽고 섬세한 특성이나 뚜렷하게 날카로운 효과를 모두 낼 수 있다-집중력, 신체적 에너지 유발, 유연성과 통합성 및 감정표현의 효과가 있다.

② 연필이 지니는 가장 매력적인 특성은 무엇보다도 한 그림 안에서 선과 색조를 손쉽게 결합시킬 수 있으며, 연필로 그린 것 위에 채색재료를 사용하여 다양한 효과를 내기도 한

다-선과 색의 결합은 완성도, 성취감으로 인한 다양성은 창조성으로 연결된다.

③ 연필은 스케치, 데생, 밑그림 등 모든 것에 이용되는 가장 기본적인 재료이다. 어린 시절부터 사용하여 가장 익숙한 재료이므로 누구나 쉽게 적용할 수가 있다-매체에 대한 친밀감은 치료에 대한 관계형성을 촉진하고 치료에 대한 저항감을 줄일 수 있다.

④ 지우개로 얼마든지 깨끗이 지울 수 있어 드로잉이나 스케치, 습작 등에 가장 손쉽게 사용된다-매체에 대한 자유로움과 그림에 대한 거부감 및 좌절감을 극복한다.

⑤ 연필은 작업자의 요구에 응하는 가장 유용한 것이며 잠재력 또한 놀랄만한 것이다. 풍부한 톤과 다양한 선의 표현을 할 수 있다-유창성, 독창성과 예술성의 효과를 가져온다.

⑥ 연필심의 굵기에 따라 쓰임새가 달라지며 선이나 분위기가 달라진다. 연필을 쥐는 각도에 따라 또한 쥐는 힘의 변화에 의해 다양한 기법을 연출할 수가 있다-내담자의 심리상태나 성격이 나타나고 유연성 및 융통성의 효과가 있다.

⑦ 연필은 나무의 자연스러운 감촉 때문에 사용하기가 좋고 칼을 사용하여 손으로 뾰족하게 깎을 때에는 좋은 향기까지 나는데, 이 향은 사람의 심리상태를 편안하게 만들어준다. 또한 연필심의 형태와 길이 그리고 뾰족한 정도까지 조절할 수 있으므로 보다 효율적이다-매체에 대한 친밀감과 효율성 및 민감성이 유발한다.

⑧ 값이 저렴하고 쉽게 구입할 수가 있으며 정리가 간단하고 휴대하기 간편하다. 때와 장소에 상관없이 여러 방면에 쓸 수 있는 융통성 있는 도구이다-매체의 간평성과 용이성이 있다.

(6) 연필의 제한점

① 오랫동안 필기 기구로 인식해왔지만 그림으로 그릴 때는 그 기법을 정확하게 이해해야 한다-초보자들에게는 연필 작업에 대해 좌절감 및 부담감을 초래한다.

② 잘 지울 수가 있어서 강박적인 사람이나 완벽을 추구하는 사람 또는 자신감이 없거나 불안한 사람들은 자꾸만 지우게 된다-자신의 약점을 매체를 통해 드러나게 되기 때문에 치료에 대한 저항감으로 연결될 수 있다.

③ 통제적인 성격이 있어서 심리적으로 위축될 수 있으며 경직될 수가 있다-연필이라는 매체를 통해 치료에 대한 낯설음과 부담감을 더욱 유발할 수 있으므로 신중하게 선택해야 한다.

④ 연필을 잘 조절하지 않으면 부러지기가 쉽다. 불안하고 공격적인 사람의 경우 연필을 너무 꽉 쥐고 그리기 때문이다-연필이 자주 부러져 여러 개의 연필을 미리 준비해서 내담

자가 좌절감을 안 느끼도록 배려해야 하고, 연필 깎기 칼로 연필을 깎을 경우 위험할 수 있으므로 주의를 요한다.

⑤ 내담자에게 연필만으로 그림을 요구한다면 지루함을 줄 수 있다-다른 매체와 적절히 접목해서 사용하여 단점을 보완해야 한다.

(7) 임상에서 진단 및 평가

임상에서 연필로 그린 그림을 평가할 때는 내담자의 연필에 대한 반응을 주로 살피는데 형식적 분석에서는 연필을 쥐는 법, 필압과 필선의 특성 및 지우개 사용 등이다. 또한 제일 중요한 것은 내담자에게 연필에 대한 매체의 느낌이 어떠한지를 직접 물어보고 미술치료사와 함께 나누는 작업일 것이다.

① 필압과 필선의 특성

필압과 필선을 보도록 한다. 선의 굵기 정도, 선의 길이와 모양 및 형태를 보도록 한다. 우선 무엇보다도 선의 특징을 생각할 수 있는데, 선의 명암, 두께, 날카로움, 부드러움과 다른 형식적 요소와 선과의 관계 등을 생각할 수가 있어야 한다(면과 공간).

집, 나무, 사람 그림검사(HTP)의 형식적 분석에서 필압과 선의 농담과 운필(stroke)을 참고적으로 보면 필압은 그림의 크기와 마찬가지로 피험자의 에너지 수준을 나타내며, 일반적으로 개인의 필압은 변하지 않는다고 한다. 필압에 있어 강약의 변화가 적당한 것은 유연한 태도를 가지고 외계에 적응하고 있는 사람이다. 강한 필압은 개인들의 극도의 긴장감, 유기체의 상태, 즉 뇌염이나 혹은 간질의 상태, 독단적, 힘이 있는, 양가적 감정을 가진 사람들, 공격적이며 공격 가능성의 경향과 자신감으로 본다. 몹시 약한 필압은 부적절한 적응상태, 주춤거리며 우유부단하고 멍청하며, 두려움이 많은 불안한 상태, 낮은 에너지 수준, 우울증적 상태들, 의지 상실의 경향성을 나타낸다(김동연, 최외선, 공마리아, 2002).

선의 특징을 보면 스트로크는 자신을 통제하는 사람에게서 많이 나타나며 짧은 운필은 흥분하기 쉽고 충동적인 사람에게서 나타나기 쉽다. 직선은 자기 주장적이고 공격적인 기분과 관계가 있으며, 톱니모양의 선은 적대적인 감정과 관계가 있고 둥근 선은 의존적, 여성적인 면과 관계가 있다. 수평방향의 운필은 약함, 여성다움, 공상의 경향성을 나타내며 수직방향의 운필은 결단력, 활동성, 자기주장 등 남성적 경향성을 나타낸다. 운필의 방향이 일정하여 망설임이 없는 경우는 목표를 정하는 것이 가능하고 인내심 있는 안정된 사람이며, 방향이 일정하지 않고 동요하는 것은 자기 확신이 없고 불안정한 사람에게서 나타나기 쉽다. 둥근 선은 건강한 표시이지만 극단적인 경우는 관습적인 것에 대한 반항과 혐오를 나타내며, 경직된 선은 성격 내부의 경직을 나타낸다. 음영이 있는 선은 신경증과 갈등을 나타내며 특히 그림자가 진한 것은 특별한 곤란과 불안을 나타낸다. 굵은 점선 및 스케치 풍의 선은 피험자가 새로운 장면에 직면하여 행동할 때 가지는 불안, 자신감의 결여, 불확실감, 불안전감 등을 나타낸다. 이것은 자아와 외계와의 경계가 붕괴되는 것을 나타내며 현실에 대한 접촉이 불명확할 때에 생기기 쉽다(김동연, 최외선, 공마리아, 2002).

②지우개 사용

지우개 사용이나 매체에 대해 얼마나 수용하고 있는지 아니면 거부하고 있는지를 본다. 집, 나무, 사람 그림검사(HTP)의 형식적 분석에서 지우기를 보면 지우개를 적당히 사용하는 사람은 가소성과 순응성이 있으나 지나치게 사용하는 경우는 불안감, 우유부단함, 불확실성과 자신에 대한 불만을 나타낸다.

그림이 불완전함에도 불구하고 다시 그리려고 하지 않는 것은 어느 정도 병적인 거부 반응이며, 어느 부분을 지워버리는 것은 그 부분이 상징하는 것에 대한 피험자의 강한 갈등을 나타내며, 지우고 다시 그린 경우가 처음의 그림보다 나은 경우에는 바람직한 것이지만 그렇지 않은 경우는 기질적 질환을 나타내는 수가 있다. 또한 어떤 부분을 몇 번이고 고쳐 그리는 것은 그 부분과 그것이 상징하는 것에 대한 갈등을 나타낸다(김동연, 최외선, 공마리아, 2002).

(8) 미술치료임상에 적용된 기법[2)]

미술치료에서 진단적 도구로서의 미술에 연필이 주로 사용된다. 이는 타당도와 신뢰도가 인정된 심리도구로서 제시된 규준에 따라야 하기 때문에 보통 4B, 2B연필 등이 검사 준비물로 이용된다. 연필을 적용한 그림심리진단 검사의 종류에는 여러 가지가 있는데 미술치료 임상에서 주로 활용되고 있는 검사의 개요를 〈표 4-2〉에서 간단히 소개하고자 한다.

2) 진단적 도구로서의 미술은 한국미술치료학회. (1995). 미술치료의 이론과 실제. 대구: 동아문화사와 한국미술치료 기본 연수 87회 (2009). 투사검사 및 미술치료기법자료집에 나온 내용을 요약 · 정리하였습니다.

〈표 4-2〉 진단적 도구로서 미술치료 기법

진단 도구	검사 내용	준비물
집-나무-사람 그림 검사 (House-Tree-Person: HTP)	집그림은 피검자가 성장하여 온 가정상황을 나타내며, 자신의 가정생활과 가족관계를 어떻게 인지하며, 그것에 대해 어떤 감정과 태도를 가지고 있는지를 측정해볼 수 있고, 나무그림은 정신과 자기 확장의 은유를 나타내며, 피검자 자신의 기본적인 자기상을 드러내며, 정신적 성숙도를 표시한다. 사람그림은 자신의 현실상이나 이상상을 나타낸다. 본 척도는 피검자들의 적응수준이나 성격의 성숙도를 발달을 알려주는 진단검사로 널리 사용되고 있다.	A4용지 4장, 4B나 HB 연필 2-3자루, 지우개 1개
동적 집-나무-사람 검사 (Kinetic-House Tree Person: K-HTP)	본 검사는 Burns가 기존의 집-나무-사람(House Tree Person: HTP)그림 검사에서 동작성을 가미시켜 만든 심리검사이다. 한 장의 종이 위에(A4용지) 연필로 집 ,나무, 사람을 모두 그리도록 지시한다. 그림을 그릴 때 동작성을 가미한 것으로 그림에 투사된 상징적 은유를 해석함에 있어 다양한 요인들을 접목시킬 수가 있으며 유추할 수가 있다. 검사는 밀착 정도, 거리감, 그림을 그린순서, 그림의 크기, 각기 다른 활동내용, 스타일, 상징과 개인력을 참조하여 해석한다.	A4용지 1장, 4B나 HB 연필 1-2자루, 지우개 1개
인물화 검사 (Drawing A Person: DAP)	인물화(Drawing A Person: DAP)에 의한 성격진단검사는 다른 여러 가지 투사검사 중 보다 더 깊은 무의식적 심리현상을 표현할 수 있으며 아동에서 성인에 이르기까지 적용시킬 수 있는 심리검사이다. 이 검사는 다양한 선택, 다양한 자기표현(self-expression)이 허용되기 때문에 투사적 검사로서의 가능성을 풍부하게 갖고 있다. 이 검사의 실시방법은 A4용지 한 장을 제시하고 사람모습을 그리라고 요구하며 이 때 남 · 여 두 장의 그림이 완성되면 그려진 인물에 대한 생각이 어떠한지 인물의 성격, 배경, 신분에 관한 질문을 한다.	A4용지 2장, 4B나 HB 연필 1-2자루, 지우개 1개
나무그림검사	나무 그리기검사는 진단에 많이 사용되며, 열매가 달린 나무를 한 그루 그리도록 지시한다. 나무는 내담자의 질병상태를 잘 발견할 수 있다. 한국판 검사도구가 개발되어 있다. 나무 그림을 그리게 하여 진단할 때에는 나무그림 검사기준을 참조하여야 한다. 대체로 줄기, 가지, 뿌리, 열매, 잎, 전체 인상 등을 기준으로 분석한다.	A4용지 1장, 4B나 HB 연필 1-2자루, 지우개 1개
동적 가족화 (Kinetic Family Drawing: KFD)	Burns와 Kaufman(1970, 1972)에 의해 발전된 동적 가족화는 개인을 통해 가족의 역동성을 파악하기에 더욱 용이하다는 이점이 있다. 한 장의 종이 위에(A4용지) 연필로 "당신의 가족 모두가 무엇인가를 하고 있는 그림을 그려보세요."라고 지시하여, 그려진 그림에 관해 각 인물상이 누구인가, 연령, 무엇을 하고 있는가를 질문한다. 인물상의 행위와 그림의 양식(구분, 포위 등), 상징(책상 등), 그림의 역동성(크기, 거리, 방향, 생략 등)등을 기준으로 하여 진단함으로써 가족관계, 부모자녀관계, 형제관계 등 가족 상호간의 정서적 변화와 상호작용을 다양하게 평가할 수가 있다	A4용지 1장, 4B나 HB 연필 1-2자루, 지우개 1개

〈그림 4-24〉 나무그림검사[3]

〈그림 4-25〉 K-HTP[4]

〈그림 4-26〉 KFD[5]

동그라미 중심 가족화(Family-Centered Circle Drawing:FCCD)	동그라미 중심 가족화는 Burns에 의해 창안·개발된 투사적 그림법이다. 동그라미 중심 부모 자녀 그림은 부친상, 모친상, 자기상을 각각 따로 그리도록 하여 분석하는 방법과 부모상과 자기상을 같은 원안에 한꺼번에 그리도록 하여 분석하는 방법이 있다. 검사는 내재되어 있는 부모와 자신과의 관계를 보고, 그 관계를 통해 자기 자신을 바라보도록 하는 방법이다. 검사의 지시는 "원의 중심에 부모와 자신을 그리십시오. 그 다음 부모와 자신에 연상되는 상징을 원의 주위나 인물상의 주위에 그려주십시오."라고 한다.	동그라미가 그려진 A4용지 1장, 4B나 HB 연필 1-2자루, 지우개 1개
학교생활화(Kinetic School Drawing:KSD)	학교의 친구와 선생님을 포함해서 그림을 그리게 하여 내담자의 학교생활을 분석한다. KFD와 함께 받아 보면 좋다. 친구화는 학급 집단내의 사회적 위치나 역할, 적응 상태를 파악하기 위해서 사용한다. 6-10세 아동의 경우에는 놀고 싶은 친구, 하고 싶은 것 등을 그리게 한다. 직장의 산업상담, 정치인의 정치생활 등에도 이용한다.	A4용지 1장, 4B나 HB 연필 1-2자루, 지우개 1개
이야기 그리기 검사(Draw-A-Story:DAS)	DAS는 Silver(1993)가 창안한 그림검사 기법이다. 이는 우울 질병에 관한 DSM-Ⅳ(1994)에 기초를 두고 있다. 검사지와 14가지 그림검사 자극을 제시한 뒤 두 가지 자극을 선택해서 어떠한 관계가 있다고 상상하여 그림을 그리도록 요구하고 피검자가 진술한 이야기 내용을 토대로 평가하는 검사법이다. 그림 그리기가 끝나고, 가능할 때 이야기를 첨가하고 토의한 후 5점 평정척도에 따라 반응을 채점한다. DAS는 A형식과 B형식으로 구성되어 있다. A형식은 부정적 주제에 관한 정보를 얻을 수 있고 B형식은 A형식의 부정적인 면을 보완하고 있다.	A4용지 2장, 4B나 HB 연필 1-2자루, 지우개 1개
빗속의 사람그림검사(Person-In-the-Rain:PITR)	PITR 은 빗속의 사람 그리기로 사람 그리기 검사가 변형된 것이다. 처음 고안한 사람은 Anold Abrams와 Abraham Amchin(Hammer, 1958, 1967)이라고 알려져 있다. 그림 속에 그려진 사람은 자화상과도 같은 역할을 하며 '비'는 외부적 곤경이나 스트레스 환경을 상징한다. 그림을 그린 사람이 어느 정도 외부의 자극이나 스트레스에 유연하게 대처할 수 있는지를 알아보기 위해선 그림 속의 인물이 '비'에 어떻게 대처하는지를 보고 스트레스 정도, 스트레스 자원, 스트레스에 대한 대처행동을 알 수 있다.	A4용지 1장, 4B나 HB 연필 1-2자루, 지우개 1개

3) 학대받은 9세 된 여아의 나무그림검사인데 줄기에 여러 개의 상흔과 나무의 그림자와 떨어지는 사과 열매가 내담자의 학대경험과 불안 및 사랑의 박탈을 의미한다고 본다.

4) 나무그림검사와 동일한 아동이 그린 동적 집 나무 사람 그림검사인데 특히 집 그림이 작은 것과 필압과 필선이 약한 것, 문이 없는 것 등이 가정환경이 내담자에게 심리적으로 불안정하다는 것을 시사한다.

5) 7세 된 집단 괴롭힘을 받은 여아의 동적 가족화인데 부모가 부부 싸움하는 것이 상징을 통해 표현되었다.

별-파도그림 검사(Star-Wave Test : SWT)	별-파도그림 검사는 1978년에 독일 심리학자 Ursura Avé-Lallemant에 의해 개발된 투사검사의 일종으로 심리치료 장면에서 성격진단검사에 주로 사용되었다. 취학 전 유아의 경우는 3살 무렵부터 발달기능검사로도 사용할 수 있다. 투사검사 중의 하나인 별-파도그림검사는 구체적인 과제검사로서 3가지 기본요소인 형, 움직임, 공간사용법이 있다. 검사의 실시방법은 검사용지에 "연필로 바다의 파도 위에 별이 있는 하늘을 그리시오"라고 지시한다.	검사용지(1mm의 폭으로 안쪽치수 15.3×10.5cm가 되도록 검은색의 장방형 테두리로 인쇄됨), 4B나 HB 연필 1-2자루, 지우개 1개

〈그림 4-27〉 FCCD[6)]

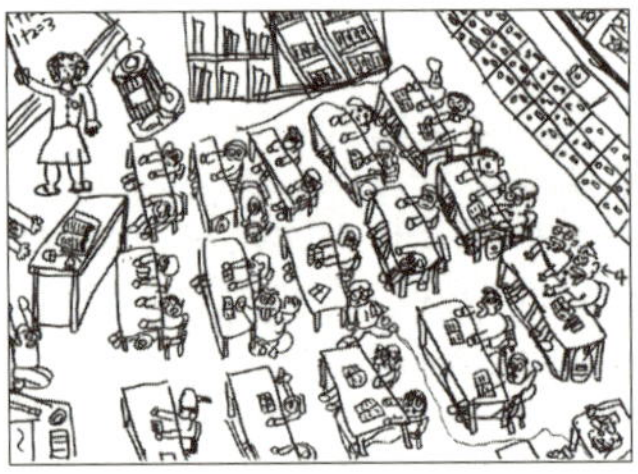

〈그림 4-28〉 KSD[7)]

〈그림 4-29〉 DAS[8)]

〈그림 4-30〉 PITR[9)]

〈그림 4-31〉 SWT[10)]

(9) 연필매체에 나타난 내담자의 반응 및 평가

7세 된 유치원 여아가 또래 간에 집단 따돌림 문제로 미술치료실에 의뢰되었다. 초기면담에서 그림 심리진단용 검사를 실시했을 때 사용한 연필에 대한 아동의 반응과 어머니 상담을 통해 다음과 같은 치료적 평가 및 사례공식화를 할 수가 있었다.

6) 〈그림 4-27〉은 〈그림 4-24〉와 〈그림 4-25〉를 그린 동일한 아동이 그린 동그라미 중심 가족화이다. 아버지의 연상이 아버지가 알코올 중독이 있다는 것을 시사한다.

7) 6학년 남자아동의 학교생활화이다. 정교한 그림을 통해 아동의 에너지와 창의성을 볼 수 있는데 주의가 산만해 미술치료실에 내원하게 되었다.

8) 우울한 30대 중반의 여성이 그린 이야기그림검사인데, 점수는 5점이며 MMPI의 임상척도에서 우울이 70점이상이 된다. 우울이 약간 심각하다.

9) 10대 후반의 청소년인데 진로와 입시문제로 고민 중이며, 빗속의 그림검사를 통해 자신의 정체성에 대해 매우 갈등하고 있다는 것을 이해하게 되었다.

10) 〈그림 4-30〉과 동일한 내담자가 그린 그림이다. 별-파도 그림검사를 통해 파도에 비친 별의 표현이 매우 재미있고, 그 그림 내용 또한 매우 예술적이라 내담자의 창조성이 엿보인다.

아동은 거의 6개월간 비교적 체격이 큰 반 친구들로부터 언어적 괴롭힘과 함께 집단 따돌림을 당해 왔다. 제일 먼저 아동의 문제를 진단하고 평가하기 위해 동적-집-나무 사람그림 검사(K-HTP)를 실시하였다. 이 K-HTP검사는 A4용지에 연필로 집과 나무와 사람을 그리는 것인데 보통 그림을 그리는 시간은 10~15분 정도 소요되고, 진단용 그림심리진단검사로 임상에서 많이 활용되고 있다(김동연 외, 2002).

〈표 4-3〉을 보면 아동은 이 K-HTP를 그리는데 무려 50분 정도 시간이 소요되었다. 보통 내담자들은 아무리 늦어도 10~15분 정도가 소요되는데, 그림을 거의 한 시간 정도를 그린 셈이다. 자기 나름대로 완벽하게 그리기 위해서 지우개로 여러 번 지우면서 본인도 힘든지 한숨을 쉬면서 어렵게 그림을 그려 나갔다. 연필을 꼭 쥐면서 그리는 태도와 선의 모양을 보면 아동이 긴장하고 있다는 것을 알 수 있었고, 약간의 강박적인 성향도 볼 수 있었다. 물론 이러한 불안한 태도의 원인에는 아동에게 완벽을 요구하는 어머니의 강압적이면서도 처벌적인 양육태도가 있다는 것을 알 수 있었다. 어머니는 아동의 교육을 통해 자기 열등감을 보상받으려고 하였고 아이를 잘 키워서 자기를 무시하는 사람들에게 과시하고 싶은 욕구도 있었다.

전체적인 평가를 보면 그림발달수준과 구조를 볼 때 아동의 그림발달 연령은 또래에 비해 조금 높고 집과 나무 및 사람이 서로 조화를 이루고 있지만, 인물이 거인이기 때문에 나무에 비해 좀 큰 편이다. 집은 아파트를 그렸으며 아파트에 커튼을 친 창문을 그리는데 시간이 많이 소요되었다. 언어적 표현을 보면 자신의 그림을 분명하게 잘 표현하는 편이다.

형식적 분석에서는 지우개 사용이 지나칠 정도로 많았으며, 시간이 많이 소요되고 연필을 손이 아플 정도로 꼭 쥐고 그렸고 그림 그리는 태도가 힘들어 보였다. 그래도 포기하지 않고 끝가지 그림을 그린 것을 보면 끈기가 있는 편이다.

내용적 분석을 보면 그림 제목은 '작은 새를 괴롭히는 거인'이라고 했는데, 거인은 작은 새가 귀엽다고 장난을 치지만 작은 새는 너무 무서워서 울고 있고, 아기 나무가 귀엽다고 거인이 나무를 발로 차고 흔들지만 나무는 너무 괴로워서 가시로 자신을 방어하고 있다. 이것은 유치원에서 아동의 집단 따돌림 문제를 간접적으로 시사하고 있다고 본다.

우리는 여기서 아동이 연필과 지우개라는 재료를 통해 완벽하게 그림을 그리려는 아동의 강박적인 성향을 알 수 있으며, 작업과정에서도 긴장되고 불안하고 위축된 모습과 실수하지 않으려는 모습을 관찰할 수 있었다. 그림의 상징적 이미지에서는 아동은 유치원에서 자신의 집단 따돌림 문제를 거인과 작은 새의 관계로 표현하고 있었다.

이와 같이 첫 치료시간에 실시한 한 장의 K-HTP 진단용 검사에 나타난 아동의 연필에 대한 반응을 참고로 해서 다음과 같은 치료의 목표를 세웠다. 즉 일차적으로 미술을 통해 아동과 친밀한 관계를 맺고 이차적으로는 미술치료는 노동하는 것 같이 힘든 것이 아니라 재미있고 자유로우며, 이러한 창조적인 작업과정을 통해 위축되고 억압된 아동의 불안감을 완화시키고자 하였다. 아동의 치료적인 장점은 그림발달이 정상에 비해 높은 편이고 그림에 대한 집중성과 함께 언어적 표현이 우수하다는 점이다.

다음 치료에서는 지우개로 자주 지울 수 있는 연필과 또한 전혀 지울 수가 없어서 때로는 아동에게 좌절감을 줄 수 있는 크레파스나 색연필, 사인펜을 아동에게 제시하기 보다는 쉽게 부칠 수 있는 부직포 스티커를 사용하여 작품을 하도록 하였다. 점점 아동은 그림 작업에 흥미를 느끼며 자신의 이야기를 치료자에게 들려줌으로써 자연스럽게 친밀한 관계를 맺을 수 있었다〈그림 4-33〉.

물론 여기에는 어머니 상담과 아동의 지능검사와 행동관찰과 유치원 원장 선생님의 보고 등이 통합적으로 적용되었지만, 다른 어떤 한 검사보다 K-HTP가 아동의 문제를 투사적으로 제일 잘 나타나고 있었다. 아동 20회, 어머니 30회 미술치료로 아동의 집단따돌림 문제가 해결되었으며, 아동이 그 또래들에 맞게 아주 명랑해지고 활발해졌고, 아동은 점점 자신감을 갖기 시작하였다. 어머니의 양육태도도 수용적으로 변화되었고 우울증도 완화되었으며 무엇보다도 자신의 문제를 아동에게 부정적으로 투사하지 않게 되었다.

〈표 4-3〉 K-HTP 검사에 나타난 내담자의 반응 및 평가

	K-HTP 검사에 나타난 내담자의 반응 및 평가
아동의 인적 사항	• 7세 된 여아, 유치원에 다니며 작고 귀엽게 인형처럼 생겼다.
주 호소 및 의뢰사유	• 유치원에서 6개월간 집단 괴롭힘을 받았으며 밤에 악몽을 자주 꾼다. • 어머니는 아동의 문제로 6개월 간 우울하였다. • 유치원 원장님이 어머니께서 아동의 집단 괴롭힘 문제로 너무 괴로워하고 자주 유치원 반을 바꿔달라고 요청해 미술치료에 의뢰되었다.
발달력 및 가족력	• 아동은 제왕절개로 1개월 먼저 나와 미숙아였기 때문에 인큐베이터에 약 1달 간 있었다. • 어머니가 2-3세부터 조기교육을 가정에서 강압적으로 실시하였다. • 가족력은 아버지, 어머니 3살 차이나는 여동생이 있고 시댁문제로 부부갈등이 심하다.
검사 시의 행동관찰 및 매체의 반응	• 필선과 필압이 강하다. 그림 그리는데 시간이 많이 소요되었다(50분). • 연필에 힘을 많이 준다. • 지우개를 지나칠 정도로 많이 사용하고 긴장한다. • 연필로 또래에 비해 지나치게 완벽하게 표현하려고 한다. • 치료자의 눈치를 자주 본다. • 그림에 대한 언어적 설명은 논리적으로 잘 하는 편이다.

그림 제목	작은 새를 괴롭히는 거인
발달 수준	• 아동의 생활연령은 7세인데 그림 발달 수준이 정상에 비해서 약간 높은 편이고 도식기 수준이다.
집	• 집은 아파트를 크게 그렸고 창문을 반복적으로 똑같이 여러 개 그렸다. • 커튼이 있는 창문을 반복해서 여러 개 표현한다고 힘들어 했으며 아파트에는 문이 없었다.
집에 대한 해석	• 집은 가정환경을 반영한다고 했는데 아파트에 문이 없는 것을 보면 가정의 폐쇄적인 면을 반영한다고 본다. • 똑같은 창문을 계속 반복해서 그린 것은 가정에서 강박적인 부모의 양육태도와 그에 따른 아동의 강박적인 성향을 반영한다.
나무	• 아기 나무에 가시가 나와 있다. • 줄기가 갈고리 모양이다. • 작은 나무가 자신을 괴롭히는 거인을 방어하고 있다.
나무에 대한 해석	• 나무는 자아상이라고 한다. 작은 어린 나무는 자기 자신의 모습이다. • 거인은 키가 크고 힘이 센 또래친구들을 상징화하여 나타난 것이고, 거인은 장난삼아 어린 나무를 괴롭히고 있지만 나무는 싫어서 자신을 가시로 방어하고 있다. • 또래 간에 집단 따돌림 문제가 그림에 투사되었다.
사람	• 키가 큰 거인 두 명을 표현하였다. • 한 명은 날아가는 작은 새를 귀엽다고 괴롭히고 있지만 작은 새는 무섭다고 엉엉 울고 있고, 또 한 명은 어린 나무를 괴롭히고 있다.
사람에 대한 해석	• 거인은 유치원에서 자신을 따돌리는 힘세고 키 큰 여자 아이들을 상징적으로 나타나고 있고 작은 새는 아동 자신을 투사한 것처럼 보인다.
집단 따돌림과 관계된 전체 해석	• 새와 나무는 자신에 대한 동일시로 강자(키 크고 힘센 또래 아이들)에게 따돌림을 당하고 있는 유치원 집단에서 아동의 모습이다. 바로 여기에서 아동의 문제가 상징적으로 나타 났으며(집단 따돌림 피해 문제), 이러한 집단 따돌림 피해는 아동의 위축된 성격과 또래관계에서 매우 소극적이며 자기방어를 잘 못하고 있음을 시사한다.
아동의 치료적 장점 및 취약점	• 치료적 장점은 아동이 그림 작업 하는데 흥미를 보이고 집중성이 있으며 아동의 그림 발달과 언어적 표현이 또래에 비해 우수하고, 유치원에서도 학습능력이 뛰어난 편이다. 아동에 대한 아버지의 지지가 크고, 미술치료에서 치료자와 관계를 맺는 능력도 좋은 편이다. • 치료적 취약점은 어머니가 우울증이 있으며 아동에 대한 양육태도가 매우 처벌적이고 적대적이며 일관성이 없다. 어머니의 초기 기억이 너무 부정적이고 사랑 받은 기억이 전혀 없어 어머니 상담의 예후가 그리 좋지는 않은 편이다.
치료계획 및 목표	• 아동이 치료에 대해 많이 긴장하므로 흥미로운 매체를 통해 친밀한 관계형성에 초점을 두었다. • 치료 초기에는 드로잉 매체보다는 물감 뿌리기, 데칼코마니, 종이 찢기, 부치기 등 좀더 자유로운 조형 활동을 통해 아동의 긴장을 완화하였다. • 치료 중기에는 억압된 감정을 자유롭게 표현하도록 유도하였다. • 이러한 완벽성과 긴장감 및 위축감을 유발하는 하는 아동의 태도에는 어머니의 강압적인 양육태도가 보이므로 어머니 상담을 실시하였다.

〈그림 4-32〉 사전 K-HTP 검사

〈그림 4-33〉 햇님, 달님, 별님과 대화

2) 색연필

색연필은 우리들 대부분이 어릴 때부터 친밀하게 다루어 왔기 때문에 연습장이나 도화지에 선긋기, 쓰기, 간단한 그림 그리기 등에 많이 사용해왔다. 색연필은 미술치료에서 내담자에게 그리기 활동에 대한 흥미와 관심을 높이고 창의적인 표현활동을 할 수 있게 하는 매체로서 많이 사용하고 있다. 본 장에서는 색연필의 역사, 종류, 기법 및 장점 등에 대해 논하고자 한다.

(1) 색연필의 역사

이전까지만 해도 색연필로 본격적인 미술 작품을 창작하는 일은 극히 드물었다. 색연필은 레오나르도 다 빈치(Leonardo da Vinci, 1452-1519)의 작품에서 볼 수 있듯이 습작이나 연구를 위해 사용하거나 본격적인 회화, 조각을 위한 스케치를 하는 데 사용되었다. 이 때문에 색연필화는 미술작품에 대한 보조 수단으로 인식되었다. 색연필화가 독자적인 미술 분야로 등장하기 시작한 것은 18세기 중엽부터이다.

색연필은 약 200년 전쯤 흑연을 심으로 만들어 나무틀에 박은 연필이 생산된 이후에 만들어지기 시작하였다. 색연필의 제조법도 종래의 연필과 같기도 하지만, 흑연 대신에 활석, 티칼란트고무, 왁스성분과 여러 가지 색의 안료를 결합제로 굳힌 심이라는 것이 다르다. 색연필의 심은 구워서 만들지 않고 왁스 성분과 여러 가지 색의 안료에 활석 풀을 강하게 반죽 한 것을 성형 건조시켜 만든다. 색연필의 질은 사용하는 안료 자체의 품질과 순도, 심의 밀도나 결합체의 종류에 따라 대부분 결정된다. 오늘날 우리가 사용하는 것은 이와 같은 축목(軸木)의 색연필이다. 안료를 납 물질로 혼합하여 그것을 막대 모양으로 굳힌 것이 심이다. 색연필 제조의 초기에는 얇은 판에 평행하게 몇 개의 홈을 파고 판의 면에 접착제를 바른 다음 각 홈 속에 심을 집어넣는다. 그 후 마찬가지로 얇은 판을 붙이고 심을 샌드위치 모양으로 싼다. 이런 과정을 거친 하나 하나를 세로로 나누기하여 색연필이 만들어졌던 것이다(조병완 역, 1992).

색연필은 데생의 화구나 기법이 발달되었기 때문에 자연히 발전되어온 분야이다. 1960년대 데이비드 호크니(David Hockney, 1937-)가 색연필 드로잉시리즈를 선보인 이후 순수미술가들에게 색연필은 매우 대중적인 재료가 되었다. 최근의 훌륭한 일러스트레이션에서도 볼 수 있듯이 색연필화는 앞으로 본격적인 미술 분야로 시사될 전망이다. 단색보다는 다양한 색을 사용하여 그림을 그리면 많은 효과를 낼 수 있고 색에 대한 미학적인 관심에도 만족할 수 있겠다(조병완 역, 1992).

(2) 색연필의 종류

색연필은 다양한 종류와 품질이 있다. 색연필은 거의 비슷하게 만들어져 있어도 그 품질은 메이커에 따라 다르고, 같은 메이커라도 제품의 종류에 따라 크게 다르다. 각종의 색연필을 주의 깊게 살펴보면, 길이에 다소의 차이가 있고 손잡이 부분은 원기둥형, 각기둥 형이 있으며 나무의 질에 따라 단단하고 부드러움의 차이가 있다. 또 다른 차이라고 하면 심소재의 순도 차이이다. 이것들 각각의 성질에 따라서 색연필의 사용법도 달라진다. 예를 들어 밀도가 높은 딱딱한 심의 색연필을 표면이 딱딱한 느낌의 종이에 이용하면 지극히 선명하고 미세한 터치의 표현이 가능하다. 한편 약한 느낌의 여러 색연필은 표면이 부드러운 질감의 종이에 사용해야 적합하고 종이의 섬유질도 상하지 않는다. 각 심의 성질에 따라서 색연필을 깎아내는 방법도 달라진다. 딱딱한 심이라면 길게 깎아도 부러질 염려가 없다. 미세한 효과를 위해 심 끝을 예각으로 뾰족하게 해도 좋지만, 부드럽고 무른 심은 길게 깎으면 쉽게 부러질 염려가 있다(이복실, 2005).

색연필의 표준규격의 색은 원래 24색이었으나 전문가들의 수요에 따라 색상과 질이 고급화되어서 12색에서부터 24색, 36색, 40색, 60색, 72색까지 나오고 있다(전영탁, 전창림, 2005).

색연필은 크게 수성 색연필과 유성 색연필로 구분한다. 수성 색연필은 물에 쉽게 녹는 성질이 있어 수성 색연필을 사용한 후 젖은 붓으로 문지르면 담채 느낌을 주며 다양한 질감효과를 줄 수 있다. 유성 연필 또한 자체기법과 더불어 여러 가지 혼합기법을 구사할 수 있다. 그리고 요술색 연필이 있는데, 이것은 본래 하나의 색연필에 다양한 색이 결합된 유아용 도구이다. 이렇게 여러 가지 색이 결합된 색연필로 선을 그리면 그리는 도중에 색이 변하여 흥미로운 효과를 낼 수 있다. 유화, 수채화보다 간편하며 파스텔 효과를 낼 수 있는 색연필도 있어 그 표현은 매우 발전되어 있다(조병완 역, 1992).

〈그림 4-34〉 색연필

(3) 필요한 화구

① 종이

색연필화의 종이로 정해진 것은 없지만 색연필화는 종이 자체의 성질에 따라 다양한 효과를 볼 수 있다. 시판되고 있는 종이는 대부분 기계에 의해 대량 생산된 종이이지만 그중에는 핸드메이드 종이도 있다. 핸드메이드 종이의 매력은 각 종이마다 독자적인 개성이 있다는 것이다. 그러나 공장에서 생산된 종이로도 각각의 종류마다 다른 질감과 다양한 미적 효과들을 얻을 수 있으므로 선을 그어보고 색이 칠해지는 정도나 원하는 효과를 충분히 낼 수 있는지를 살펴보고 구입하면 된다.

또 표면상 광택이 없고 펄프자체에 원료가 가해져 있는 색지에 투명감이 있는 색연필로 그리면 바닥의 색이 미묘하게 작용해서 훌륭한 미적효과를 얻을 수 있다. 수채 색연필을 사용할 때는 흡수력이 적당하고 지질이 강한 수채화용 켄트지나 중간 정도인 켄트지를 준비하여 화판위에 붙이고 팽팽하게 사용하는 것이 좋다(전영탁, 전창림, 2005).

② 정착액

색연필로 그린 그림은 연필심의 안료를 종이의 화면에 확실히 정착시키기 위한 정착처리가 필요하다. 부드러운 심을 가진 색연필의 선은 지저분해지기 쉽고, 심의 부스러기가 남기 쉽다. 정착제의 성분은 래커의 일종인데 분무기 타입으로 판매되고 있다.

③ 연필깎이와 커터

연필을 깎는 방식이나 도구에 따라 색연필이 가지고 있는 미적 효과를 다양하게 변화시킬 수 있다. 연필깎이는 연필 끝이 매끄럽게 깎여서 편리하지만 연필심의 모양에 변화를 줄 수 없고, 심이 부드러운 경우 연필심이 너무 깎여나가는 단점이 있다. 부드러운 색연필은 커터를 사용해서 깎는 것이 좋다(전영탁, 전창림, 2005).

(4) 색연필의 사용기법

① 스크래칭 기법(scratching)

색의 층을 겹치게 한 뒤 그 표면을 깎아냄으로써 그림 표면에 문양적인 효과를 내는 기법이다. 이 기법에 적당한 종이로는 표면에 가공을 한 것이 좋으며 그 대용품으로는 제소 처리를 한 보드를 들을 수 있다. 처음에는 밝은 색조의 색 층을 칠하고 그 위에 어두운 색조의 색 층을 입혀보기도 하고 또는 그 반대로 할 수도 있다. 그리고 그 색층 위를 바늘 핀이나 면도칼, 주머니칼, 조각칼 등으로 긁어서 밑의 층의 색이 드러나게 한다. 이 때 바닥의 종이가 손상되지 않도록 주의해야 한다. 날카로운 선의 효과에서부터 핀으로 콕콕 찌른 것과 같은 효과, 칼날의 측면을 이용해 빗을 긋듯이 이동시켜 색이 겹쳐진 색 띠와 같은 효과를 낼 수도 있다.

② 바니싱 기법(vanishing)

색연필화에서의 바니싱 기법은 흰색이나 엷은 회색 연필을 써서 하면 효과적이다. 어떤 색을 고르게 칠해 놓은 표면에 흰색이나 다른 색의 연필을 힘을 주어 칠하면 표면이 매끄럽게 되면서 안료의 입자가 혼합되어 미묘한 색상과 약간의 광택을 띠게 된다.

③ 임프레션 기법(impression)

질감이 있는 물체 위에 종이를 놓고 누르면서 색연필을 칠하면 흥미 있는 효과가 나타난다. 이 기법에는 양화법과 음화법이 있다. 양화법에는 탄력성 있는 부드러운 종이가 적당하다. 처음에는 약하게 누르다가 압력을 더해가는 것이 좋은데 누르는 힘의 차이에 따라서도 갖가지 변화가 나타난다. 이렇게 눌러 찍는 무늬는 그림에서 풍부한 이미지를 주는데 특히 바니싱 기법과 결합시키면 흥미 있는 효과가 생겨난다.

④ 물을 이용한 기법

수채 색연필이 물에 녹는 성질을 이용하여 부드러우면서도 섬세한 표현을 할 수 있다. 수채 색연필로 그리고 젖은 붓으로 문지르면 부드럽게 번지면서 수채효과가 나타난다. 선을 살리고 싶을 때는 유성 색연필로 선을 긋고 여백에만 수채 색연필을 사용한다. 수채 색연필은 그린 뒤에 물에 적신 붓으로 문지르면 색연필이 물에 풀어져서 색이 뒤섞이는 것이 특징이다.

이처럼 수채 색연필은 색연필의 본래 기능인 필선에 의한 형태묘사와 아울러 수채화처럼 부드러운 면 처리를 가능하게 해주는 두 가지 장점을 갖고 있다. 이 때 수채물감을 사용하면 더없이 풍부하고 부드러운 색채효과를 얻을 수 있다.

모든 재료들은 혼자 쓰일 때보다도 다른 재료와 함께 사용했을 때 더 큰 효과를 얻을 수 있으므로 각 재료의 특성을 이해하는 것이 중요하다(전영탁, 전창림, 2005).

(5) 색연필의 치유적 요인 및 장점

미술치료에서 색연필과 사인펜은 간단한 작업을 할 때 많이 적용한다. 누구에게나 친숙한 매체이므로 별 부담 없이 사용할 수 있다. 이러한 점 때문에 특히 치료 초기에 색연필을 많이 적용한다. 연필은 좀 통제성이 있는 매체로서 딱딱하고 왠지 특별한 기술이 필요할 것 같다는 느낌을 준다. 크레파스는 색을 칠해 작업을 완성해야 한다는 압박감을 줄 수도 있다. 수채화 물감은 준비하는 데 번거로울 수도 있으므로 치료 초기에 긴장을 완화하고 자기 자신의 내면의 심상을 간단하게 색으로 표현하기에는 색연필이 매우 도움이 된다. 색연필은 일반 연필과 비슷하지만 연필심에 색깔을 넣어 효과를 낼 수 있는 만큼 다음과 같이 여러 가지 특징을 가지고 있다(이복실, 2005). 이에 미술교육과 미술치료관점에서 색연필의 치유적 요인과 장점에 대해 제시한다.

첫째, 색연필을 사용하면 연필로 나타낼 수 없는 효과를 체험할 수 있다. 색이 물든 연필, 즉 색연필을 사용하여 선 그리기를 즐길 수 있고 보통의 연필로 표현되는 스케치의 어둡고 딱딱한 느낌에서 벗어날 수 있으므로 내담자들은 그리기 활동에 흥미를 가질 수 있다–그림에 흥미와 자발성, 긴장 완화를 가져다 준다.

둘째, 색연필은 깨끗하게 사용할 수 있어 원하는 색을 유지할 수 있다. 연필로 밑그림을 그린 위에 수채화 물감으로 담채 하면 연필의 검은 심 때문에 화면이 지저분해지기 쉽지만, 색연필로 밑그림을 그리면 산뜻한 효과의 화면을 기대할 수 있다–그림의 완성도에 따른 성취감을 유발할 수 있다.

셋째, 색연필의 다양한 색상을 이용하고 두 가지 이상의 색 혼합 활동을 통해 색 구성 요소의 판단력이 생기고 배색 능력을 키울 수 있다. 이런 활동을 통해 그리기 기능은 향상되고 내담자는 자신감을 가지게 된다–자기 표현력과 자존감 향상을 유발할 수 있다.

넷째, 색연필을 사용하면 종이 위에 여러 종류의 필적을 나타낼 수 있고, 자신의 이미지에 맞는 미적 효과를 나타낼 수 있다–회화능력 향상과 자기 인식을 도모한다.

다섯째, 연필 잡는 법, 심 끝 깎기, 연필 움직이는 법 등을 익히는 과정에서 조작력과 협응력을 키울 수 있다-눈과 손의 협응능력, 손의 민첩성 및 소근육 운동 발달을 촉진한다.

여섯째, 색연필의 종류와 색연필화에 필요한 재료 및 용구를 이용하여 색연필화의 여러 가지 기법을 탐색하는 과정에서 미적 상상력과 창의성이 길러진다. 색연필화 활동 중에 내담자들은 다양한 재료를 접함으로써 호기심을 갖게 되며, 재료마다의 특성을 파악하려고 노력하는 과정에서 탐구력이 육성되고 주변 물건에 대한 응용 능력을 갖게 된다. 이러한 능력이 미적 상상력과 창의성을 길러주는데 도움이 된다-탐구력, 정교성 및 독창력이 발달한다.

일곱째, 색연필화는 내담자에게 회화의 표현 의욕과 표현 능력을 길러준다. 자신이 구상한 대로 이미지의 표현이 잘 안되어 자신감을 잃어 가는 아동에게도 색연필과 같은 친근한 재료와 다양한 표현 기법의 발견은 새로운 동기 유발과 함께 의욕을 북돋아 아동들에게 발전적인 변화를 제공할 수 있다(이복실, 2005)-자기표현능력과 표현에 대한 즐거움을 유발할 수 있다.

(6) 색연필의 제한점

보통 색연필은 그리기 활동에서 주재료로 사용되기보다는 작품에서 어떤 효과를 창출하기 위한 부재료로 사용되는 것이 대부분이다. 주로 스케치 정도로만 사용되기 때문에 색연필로 그린 그림은 주로 미완성된 작품으로 인식하고 있다. 실제로도 내담자는 사인펜이나 크레파스가 색이 선명하기 때문에 색연필보다 더 선호하는 경향이 있다. 따라서 미술치료 초기에 내담자에게 미술에 대한 부담감을 완화하기 위해 색연필을 제시하고 다음 치료가 진행될수록 여러 매체를 제시하기도 하겠지만, 가능한 색연필로 완성해서 작품의 성취감을 경험할 수 있도록 미술치료의 효과를 최대한 살려야 할 것이다. 미술치료에서 색연필이 주는 미완성의 효과는 치료에 투사되어 미술치료의 집중성, 진지성, 응집력에 부정적인 영향을 미칠 수도 있기 때문에 이 점을 충분히 고려해야 할 것이다. 미술치료사들이 색연필을 임상에 적용할 때 도움이 될 것 같아 이복실(2005)이 초등학교 아동 등을 대상으로 색연필사용실태를 설문조사한 분석 결과를 제시한다. 미술교육에서 색연필의 제한점을 알면 내담자에게 매체를 적용할 때 참고가 될 것이다.

첫째, 아동들은 색연필을 친숙하게 여기고 많이 사용하고 있다. 색연필을 선긋기, 쓰기 등에 사용하고 있고 그리기 재료로도 아주 많이 사용하고 있는 것으로 나타났다. 그러나 그리기 재료로는 미술 시간외의 활동에 주로 사용하고 있으며 미술 시간의 그리기 재료로는 별로 사용하지 않고 있었다.

둘째, 색연필의 종류에 대한 지식은 어느 정도 가지고 있으나 여러 종류의 색연필을 사용해 본 경험이 적어 아동들은 색연필의 종류에 따른 특성을 알고 색연필을 사용하는 경우는 많지 않았다.

셋째, 색연필의 색깔 수는 보통 12색 정도를 많이 사용하고 있어서 채색 기능을 향상시키고 많은 색 수의 사용을 위해 혼색하는 방법의 지도가 필요하겠다.

(7) 미술치료임상에 적용된 기법

색연필이 미술치료 임상에 적용된 기법을 조사해보면 보통 사인 펜이나 크레파스와 함께 사용한 것이 많으며, 그 중 최외선(2006)의 '미술치료기법'에서 제시한 '관계 속에서 나 알기' 프로그램에서 '소시오그램'의 준비물로 색연필을 사용했기 때문에 제시한다. 사례는 갑자기 조기 퇴직한 중년남자의 그림을 소개하고자 한다. 이외에도 '만다라 문양 칠하기'할 때 색연필을 많이 적용하기도 한다.

〈표 4-4〉 미술치료에서 소시오그램

	미술치료에서 소시오그램
목표	• 내담자의 삶에서 중요한 사람들을 어떻게 볼 것인가 하는 통찰력을 길러준다.
준비물	• 종이(다양한 크기의 종이), 색연필
진행내용	• 소시오그램 양식지를 활용하여 하트 안에 자기 자신을 나타내는 이미지를 그리게 한다. • 내담자가 가장 중요하게 생각하는 사람의 이름을 그 다음 원에 적고 연상되는 이미지를 그리게 한다.
	• 그 다음으로 중요하다고 생각하는 사람의 이름을 그 다음 원에 적고, 연상되는 이미지를 그리게 한다. • 각 원안에 있는 사람들에 대해서 내담자와 이야기를 나눈다.
상담과정으로서의 적용	• 9세 이상의 내담자에게 활용하는 것이 좋다. • 내담자가 자신의 감정을 안전하게 표현할 수 있도록 신뢰감이 충분히 형성된 후에 실시하는 것이 좋다. • 내담자가 자신의 감정에 솔직한 것은 옳은 것임을 알도록 해야 한다. • 활동을 하기 전에 내담자에게 누가 가깝고 누가 가장 중요한지 그리고 가장 사랑하는 사람은 누구인지를 가늠하는 것이라고 설명해준다. • 내담자 자신을 포함하여 4명을 채울 수 있는 사람을 찾지 못해 고민하고 망설이는 사람이 있다. 이러한 경우 치료자는 사람이 아니더라도 내담자가 좋아하는 것들로 동심원을 채워 나가도 됨을 알려주는 것이 필요하다. • 동심원이 부족하다고 생각하는 내담자도 있는데 이때는 그 외의 사람들을 마지막 원 밖에 표현해도 된다고 알려주면 된다. • 그림을 다 그리고 설명하고 나서는 순서를 바꾸고 싶어하는 내담자도 있다. 즉 처음에는 소중하지 않다고 생각했다가 활동을 하면서, 그 사람의 소중함을 알게 된 경우로 이때는 다시 순서를 바꾸어도 된다.

	• 내담자 주위에 있는 사람들의 소중함에 대해 생각하는 시간이 될 수 있으므로, 그 사람에게 감사하는 마음을 전달하는 활동을 함께 한다면 더욱더 좋은 시간이 될 것 같다.
소시오그램의 응용	• 소시오그램을 한 후, 내담자가 각각의 중요한 사람들의 입장이 되어 자신을 어떻게 배치할 것인가에 대해 생각하게 한 후 적절한 동심원에 연상되는 이미지를 그리게 한다. 이때 '소시오그램'에서의 동심원과는 매우 다를 수도 있으므로 이렇게 차이가 나는 이유에 대해 내담자와 이야기를 나눈다. • '내담자가 소중하게 생각하는 물건', '내담자와 친한 사람이 소중히 여기는 물건' 내담자에게 어울리는 직업'등의 주제를 사용하여 같은 방법으로 활용할 수 있다.
중년남자 사례	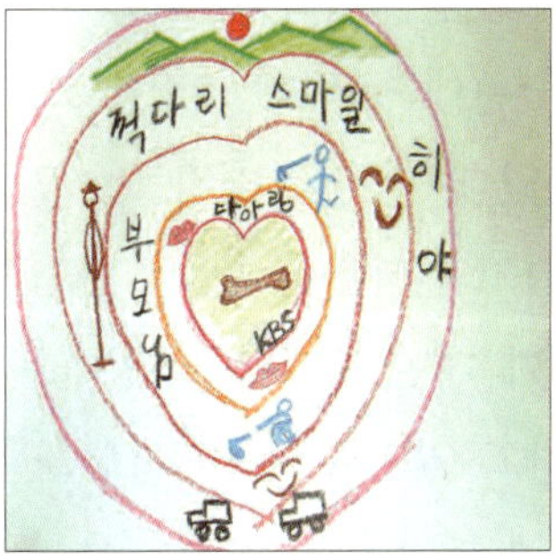 〈그림 4-35〉 소시오그램 • 조기 퇴직한 중년남자의 소시오그램이다. 갑작스러운 퇴직으로 요즈음 많이 우울해하는데, 소시오그램을 통해 중요한 인간관계를 알아보고자 하였다. • 자기 별명은 대학교 때 'KBS' 갈비씨였으며 자기 별명을 이야기하면서 힘들고 어려운 학창 시절을 이야기 하였다. 그 다음 중요한 사람은 아내, 힘들 때 자기를 항상 지켜주었으며, 그 다음은 돌아가신 부모님, 항상 가난하고 농사일만 하시는 부모님을 그리워하였다. "부인 다음에 아이들인데 아이들이 왜 부모님 다음일까" 의아해하면서 두 아들이 못다한 학업이 지금 현재로 너무 부담스럽다고 하였다. 마지막으로 자기를 희생하고 내담자를 대학교육시킨 형님을 친밀하게 '히야'라고 표현하면서 자신에게는 산과 같고 태양과 같은 매우 큰 존재라고 하였다.
상담과정 및 그림 해석	• 내담자는 갑작스러운 조기퇴직으로 매우 우울해 있으며 미술치료를 통해 진정한 자기 자신을 찾기를 원했다. 이제까지 자신이 이룩해온 것들이 모래성처럼 매우 허무하다고 하였 다. 소시오그램을 보고 빨강, 주황, 분홍색이 많은 것을 볼 때 열정이 있고 마음이 매우 따뜻한 분인 것 같다고 지지하였다. 내담자는 이렇게 자신을 지지해주는 가족들이 있으니 결코 외롭지 않다는 것을 발견하고 약간의 용기를 가졌다. 30년 만에 처음 그림을 그린다고 했지만 성의를 다해 그리는 모습에서 젊어서부터 열심히 진지하게 일해온 모습을 볼 수 있었다.

(8) 색연필 그림에 나타난 내담자의 반응 및 평가

색연필 그림을 통해서 본 사례역동공식화는 3장에서 작품의 내용적 이해에서 잠시 언급한 사례이다. 내담자는 A4용지보다 작은 용지에 색연필로 아주 섬세하게 그림을 그렸다. 만약 이 일련의 꿈 그림을 크레파스나 물감으로 그렸다면 그림은 상당히 강렬할 인상을 줄 것이다. 내용을 보면 상당히 강한 내용인데 내담자는 색연필을 갖고 차분하게 자신의 억압된 적개심을 조용히 표현하였다.

내담자는 고등학교 3학년 학생인데 9월에 시험불안으로 의뢰되었다. 내담자는 자신감이 없고 위축되고 불안정하고 매우 초조해하였다. 〈그림 4-36〉을 보면 '대학 수학 능력 시험'에 대한 내담자의 불안이 그대로 나타난다. 이제 마지막 시험교시, 겨우 3분 밖에 안 남았는데 시험지에 내용을 하나도 모르니 얼마나 애가 타고 답답할까 하는 그 마음이 충분히 느껴진다. 요즈음 들어서는 제대로 잠도 못자고 두통도 심하고 약간의 위궤양 증세도 있다. 첫인상은 잘생긴 외모였지만 약간의 입을 씰룩거리고 눈을 깜박거리는 틱 장애도 보였다. 미술치료실에는 여러 매체가 있었음에도 불구하고 내담자는 36색 색연필에 작은 스케치북을 선택하였다. 평상시 그림 그리는 것을 좋아하고 자주 그림을 그린다고 하였다. 정말 자기의 내면세계를 그림을 통해 잘 표현하였다. 색연필을 왜 선택했느냐고 물으니까 간편하고 부드러워서 부담없이 표현할 수 있다고 말하였다. 주로 꿈을 많이 그렸는데 첫 번째 그림은 요즈음 들어 자주 반복되어 나타나는 대학 시험에 대한 불안을 묘사하였다. 그림의 배경을 보면 빨강, 노란 색의 선들이 빙글빙글 돌고 있는데 보기만 해도 어지럽다고 한다.

내담자의 시험불안의 원인은 어머니의 상류대학에 대한 기대와 이에 대한 압박, 공부 잘하는 동생과의 지나친 비교가 점점 불안수준을 높이고 있었다. 특히 자신을 무시하고 사사건건 비교당하는 동생에 대한 피해의식이 '미친개에게 물려 놀라는 모습'으로 꿈에서 상징적으로 형상화됐다〈그림 4-37〉. 꿈의 제목은 '미친개에게 물렸어요'이고 꿈의 시각적 내용은 미친개에게 물려 놀라고 당황한 모습이다. 꿈에서 느끼는 감정은 불쾌하고 자존심 상하고 재수 없다는 것이 주요 감정이다. 현실과 연결하여 연상을 해보니 부모님께 지지와 칭찬을 받고 공부 잘하는 연년생 동생이 자신을 무시하고 바보취급하고 심지어 싸울 때도 형인 자신을 때리는 등 그간 억압해 놓았던 동생에 대한 불만이 봇물 터지듯이 쏟아져 나왔다. 실제로 동생과 싸우다 동생이 자신을 깨물어서 상처가 난 적도 있었다. 이런 억울한 감정이 압축되어 미친개에게 물리는 꿈으로 상징적으로 나타난 것이다. 동생보다 공부를 잘해서 보란 듯이 동생을 이겨 복수하는 것인데 그러한 과도한 압박이 불행하게도 시험불안으로 나타난 것이다. 너무 잘하려고 하니 항상 긴장이 되고 쫓기는 것이다.

사실 내담자도 자신의 그림을 그리는 것에 매우 조심하였다. 색연필의 '사각사각' 하는 느낌이 치료자와 내담자 사이의 침묵을 깨고 있었다. 그림을 그리는 태도나 색연필의 필압과 필선은 섬세하였지만 내용은 자신을 무시하는 모든 사람들을 총으로 모두 죽이는 꿈이었다〈그림 4-38〉. 그림 중앙에 자신이 총을 들고 서 있었다. 제목은 '피의 향연'이다. 말하는 것도 너무 차분해서 내담자가 그동안 분노를 상당히 오랫동안 억압하고 있음을 알고 있었다. 그림을 그리고 나서는 오히려 매우 시원하다고 하였다. 꿈을 꾸고 났을 때는 너무 무서웠고 스스로에게 놀랐으며 죄책감이 많이 들었는데, 치료자가 "마음속에 화가 많으면 그런 꿈을 꿀 수도 있다"

고 하였고 “참으로 오랜 시간 그 화를 참느라고 마음고생이 많았다”가 정말 지지가 되었다고 하였다. 연상은 자신을 무시하는 사람들에 대한 복수라고 하였다.

다음 꿈 그림은 사람이 불에 타 숨지고 자신도 화상을 입는 꿈이었다〈그림 4-39〉. 꿈을 꾸면서도 자신의 몸이 불에 타는 것이 너무 무섭고 실제로도 느껴지는 것 같아 벌떡 놀래서 잠에서 깨어났다고 한다. 연상은 자신이 쓸모없는 인간이라고 생각한 적이 많았는데 그러한 마음이 자신이 화상 입는 꿈으로 나타난 것 같다고 하였다. 자신을 무시하는 사람들에게 화를 표현하지 못하니까 그 화가 오히려 자신을 공격하는 모습으로 나타나는 것인데 이러한 것이 우울한 마음을 갖게 하였다.

치료초기 색연필로 그린 네 개의 꿈을 통해 사례역동공식화 한 것을 〈표 4-5〉에 자세히 정리하였다. 내담자는 대학 수능시험에 대한 압박과 공부 잘 하는 연년생 동생과의 비교, 가족들의 공부 못한다는 무시와 인격모욕적인 발언들이 오랜 시간 마음에 쌓여 열등감이 심하고 매우 예민한 성격으로 발전하게 되었다. 가정에서 불만을 조금 표현하면 어머니와 동생이 결탁하여 자신을 무시하고, 아버지는 한 번씩 장황한 설교로 사람을 질식시키기 때문에 진정으로 대화할 사람이 없었다. 내담자는 자신이 점점 미쳐가고 있다는 기분이 든다고 할 정도 가족들에 대한 분노가 상당히 많았고, 그 억압된 분노가 이렇게 꿈을 통해 ‘대량학살’로 또는 ‘자기파괴’로 나타난 것이다. 이 세상에 아무도 자신의 마음을 알아주는 사람이 없어 스트레스가 쌓일 때마다 파괴적인 내용의 만화를 그리면서 마음을 푼다고 하였다. 그러기 때문에 색연필은 내담자에게 매우 친밀한 매체이고 과격한 내용을 조용히 격렬하지 않게 표현해주는 장점이 있다.

미술치료는 꿈을 통해 동생에게 무시당하는 내담자의 억울한 감정을 충분히 공감해주었고 동생과 자신을 비교하지 말고 동생과는 다른 자신의 모습을 수용할 수 있도록 상담을 하였다. 물론 어머니에게도 동생이나 가족들 앞에서 내담자를 비난하거나 무시하지 말고 동생과 비교도 하지도 말고 있는 그대로의 큰 아들로 존중해줄 것을 부탁하였다. 미술치료를 통해 자신의 꿈을 진지하게 그리는 모습에서 내담자의 차분함과 풍부한 감정표현 및 솔직함을 보았으며 치료에서 이 장점을 내담자에게 전달해주었더니 내담자가 처음으로 환하게 웃었다. 치료전략은 계속된 지지와 공감으로 내담자 마음 안에 있는 분노가 완화되기를 기대했으며 내담자가 진정으로 주위의 평가와 상관없이 독립된 자신의 인생을 구축하기를 희망하였다. 어머니의 반성과 협조로 미술치료 두 달째 위궤양, 두통도 많이 완화되고 파괴적인 꿈은 감소하였지만 강박적으로 쫓기는 꿈은 계속해서 반복되었다. 시험을 약 3주간 앞두고 시험공부 때문에 안타깝게 상담은 종료되었다.

〈표 4-5〉 색연필화에 나타난 내담자의 반응 및 평가

	색연필화에 나타난 내담자의 반응 및 평가	
내담자의 인적 사항	• 고 3 수험생, 얼굴이 잘 생겼지만 다소 불안정해보이고 틱 장애가 있다.	
주 호소 및 의뢰사유	• 시험불안이 있어 성적이 잘 안 나온다. • 시험에 대한 압박으로 두통과 위궤양이 있다. • 잠을 깊이 자지 못하고 꿈이 많다. • 본인이 다른 치료나 상담은 거부하고 미술치료를 희망하여 의뢰되었다.	
생육력 및 가족력	• 내담자가 장남이라 부모에 대한 기대가 크다. • 특목고 다니는 연년생 동생이 공부를 잘 해 늘 비교를 당한다. • 가정환경이 시험에 대한 압박을 가중시킨다.	
행동관찰 및 매체의 반응	• 내담자가 자발적으로 색연필을 선택하여 자주 꾸는 꿈을 표현하였다. • 색연필이 부드럽고 간편하여 평상시 자주 사용한다고 한다. • 색연필에 힘을 많이 주고 손에 땀이 날 정도이고 실수 안하려고 애쓰는 모습이 보인다. • 차분하게 자신의 꿈을 비교적 솔직하게 저항 없이 표현은 했지만 억압적인 태도가 몸에 배여 있고 그림 표현은 회화적으로 볼 때 우수한 편이다. • 그림에 대한 언어적 설명은 논리적으로 잘하는 편이다.	
꿈 그림	 〈그림 4-36〉 시험 불안	 〈그림 4-37〉 미친개에게 물렸어요
꿈 그림에 대한 해석	• 대학수능시험에 대한 압박이 시험불안으로 나타나고 꿈에서도 자주 불안하게 나타남	• 꿈에서 미친개에게 물리는 꿈이다. • 연상은 공부 잘하는 동생이 자신을 공격하고 심지어 신체적 공격까지 해오는데 동생 을 미친개로 상징하여 비유
꿈 그림	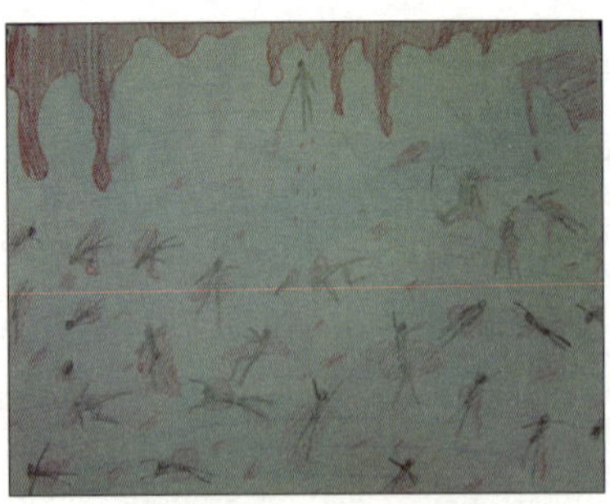 〈그림 4-38〉 피의 향연	 〈그림 4-39〉 화상

꿈 그림에 대한 해석	• 내담자가 종이 상단 중앙에 총을 들고 사람들을 향해 총을 난사하고 있다. 연상은 자신을 무시하는 모든 사람에게 총을 쏘고 있다. 즉 자신을 무시하는 사람에게 복수하고 있는 장면이다.	• 불이 나서 사람들이 죽고 자신도 화상을 입는 꿈이다. 연상은 가족을 미워하는 자신의 마음에 대한 죄책감이 자기가 불에 타 죽어가는 꿈으로 상징되어 나타났다.
꿈과 관계된 전체 해석	• 대학수능시험에 대한 압박과 초조와 불안이 불안몽으로 반복되어 나타나고 동생을 포함해 자신을 무시하는 가족에 대한 적개심이 상징적으로 '파괴와 자해'로 나타남	
내담자의 치료적 장점 및 취약점	• 치료적 장점은 내담자가 그림 작업하는 것을 좋아하였으며 자신의 마음을 별 저항없이 표현해주고, 꿈이 내담자의 문제를 상징적으로 잘 반영하고 있다는 점이다. 또 치료적 신뢰관계가 잘 설정되었으며 치료적 동기가 있으며 어머니께서 상담에 협조적이었다. • 치료적 취약점은 내담자가 너무 오랫동안 가정에서 동생과 비교를 당했으며, 지나친 부모의 기대로 스트레스를 받고 마음에 억압된 적개심이 많다는 것이다. 또한 대학수능시험이 얼마 남지 않았다는 것이 치료에 시간적으로 압박을 준다.	
치료계획 및 목표	• 내담자의 마음을 충분히 공감하고 지지하여 신뢰관계를 맺는데 주력하였다. • 꿈이 상징적으로 잘 나타나고 있어 꿈 분석을 통해 내담자의 마음을 충분히 반영하고 정확하게 공감적으로 이해하게 되었다. • 평상시에도 화가 날 때는 색연필로 낙서를 한다고 하여 친밀한 매체인 색연필로 치료 초기에 편안하게 자신의 내면의 심리상태를 표현하였다. • 내담자가 어느 정도 심리적 여유가 생기면 다양한 매체를 적용하여 심리적 유연성과 예술적 독창성을 갖게 해주며 작품을 통해 성취감을 느끼도록 유도하였다. • 억압된 적개심이 좀 감소가 되면서 자기 자신과 미래의 진로를 탐색하게 되었다. • 내담자가 가족들에게 불만이 많기 때문에 그 중재자 역할로 어머니 상담을 실시하였다.	
치유 요인	• 미술치료를 통해 내담자의 문제를 반영하는 꿈이 잘 나타났다. • 내담자는 꿈을 통해 감정을 정화하였고 치료자가 그 감정을 안전하게 받아주었다. • 평상시에 즐겨 사용하는 색연필에 대한 친밀감이 미술치료로 연결되었다.	

3) 목탄

목탄(Charcoal)은 미술을 전공하는 학생들에게는 친근한 재료이지만 보통 사람들에게는 생소한 화구이다. 이것은 명암의 표현이 자유롭고 소재포착이 쉬운 즉흥적인 작품에 사용할 수 있으며 쉽게 닦아내고 지울 수 있어 수채화뿐만 아니라 밑그림에도 자주 사용된다. 그러나 정밀성과 내구성이 약한 것이 흠이다(심상철, 2000). 목탄은 다른 도구에 비해 감성적인 성질을 갖고 있으며 작품이 진행되는 과정의 감정이 바로 화면에 포함되기 때문에 오래전부터 화가들이 애용해왔다(전영탁, 전창림, 2005).

미술치료에서는 현재 임상에서 목탄이라는 재료를 잘 사용하지 않는 것 같다. 아마 목탄의 제한점으로 손에 잘 묻고 목탄 가루가 날리고 보존하기 어려워 다른 어떤 재료보다 잘 적용하지 않는 것으로 알고 있다. 그러나 지난 10년 넘게 대학원에서 미술매체 강의를 하고 대학원

생들에게 자신이 맡은 해당 매체에 대해 임상사례를 발표하게 한 결과, 목탄, 콘테에 대한 내담자의 반응이 다양해서 앞으로 미술치료사들이 도전할 매체라고 본다.

(1) 목탄의 역사

목탄은 가장 오래된 드로잉 매체이다. 선사시대 사람들은 동굴벽에 동물의 윤곽을 그리기 위한 도구로 불에 태운 나무를 사용했었다. 오늘날 미술 학교에서 사용하고 있는 목탄과 선사시대에 사용했던 목탄은 크게 다르지 않다.

고대에는 뚜껑으로 밀폐된 진흙 항아리에 나무 묶음을 태워 목탄을 만들었다. 오늘날에는 공기를 뺀 특별한 가마에서 포도나무와 버드나무 가지를 태워 목탄을 만든다.

목탄 가루는 비활성적이고 종이의 표면에 잘 붙지를 않아서 뿌옇게 만들거나 흔들고 털어내서 지우기가 쉽다. 목탄으로 그은 선은 전반적인 강도가 같아야 한다.

목탄은 고대 르네상스 시대에 이르기까지 프레스코화에 이용되었다. 이것은 또한 많은 화가들에 의해 유화를 위한 실물 습작과 캔바스 위에 밑그림을 그리는데 많이 사용되었을 뿐만 아니라 그 자체로도 드로잉을 위한 하나의 매체로 사용되었다.

프랑스 제 2제정시대의 가장 위대한 그래픽 아티스트 중의 한 명인 오노레 도미에(Honoré Daumier, 1808-1879)는 다양한 매체로 수천 개의 드로잉을 그렸다. 그는 꼬불꼬불하게 휘갈긴 선을 사용하여 파리 시민들의 일상생활을 묘사했다. 그의 멋진 선묘가 돋보이는 작품 〈수다 떠는 세여인〉에서 그는 목탄위에 펜과 잉크를 사용하였으며, 〈돈키호테와 산쵸판자〉라는 작품에서는 목탄위에 인디안 잉크로 담채하였다. 그와 거의 동시대인 쟝 프랑소와 밀레(Jean-François Millet, 1814-1875)도 그의 능란한 목탄 드로잉에 빛과 색을 자아내는 기법을 계승했다.

목탄과 다른 매체를 함께 사용한 여러 작가들 가운데에는 드가(Hilaire Germain Edgar De Gas, 1834-1917), 르노아르(Pierre-Auguste Renoir, 1841-1919), 툴루즈 로트렉((Henri de Toulouse-Lautrec, 1864-1901)이 있다. 로트렉의 작품은 범위가 넓어 〈로트렉의 아델 백작 부인〉과 같은 초상화뿐만 아니라 〈로마의 루 술집〉과 같이 주의 깊게 구성된 작품도 있는데, 이 작품은 목탄에 흰 쵸코로 하이라이트를 주었다. 세탁하는 여인을 스케치한 그의 〈라 마카로나〉는 검은 쵸크와 유화, 목탄으로 그려졌다.

많은 다른 작가들처럼 세잔느도 준비 스케치에 목탄을 사용하였다. 그의 〈화가 아딜 앙퍼랭(Adulle Emperaire)의 두상〉은 빠르게 음영을 준 명확한 선으로 표현되었다. 또한 부검을 위한 습작에서는 두터운 선과 윤곽에 아주 검은 그림자를 사용하였다(이주연 역, 1995).

(2) 목탄의 종류

목탄은 포도나무로 만든 것을 가장 좋은 제품으로 치며, 부드러움의 정도에 따라 세 가지 종류로 생산되고 있다. 일반적으로 막대형과 연필형, 바인더로 만들어진 압축목탄, 가루목탄으로 구분된다.

① 막대 목탄

막대 목탄은 밀폐된 가마 안의 높은 온도에서 태운 포도나무, 너도밤나무 그리고 버드나무의 가지들로 만들어진다. 버드나무로 만들어진 것이 가장 흔하게 사용되는 종류이며, 포도나무와 너도밤나무 목탄은 가격이 비싸지만 더욱 선명한 자국을 남길 수 있다. 15cm 길이로 상자 안에 담겨져 판매되며, 굵기와 강도에 따라 다양한 종류가 있다. 부드러운 목탄은 단단한 목탄보다 가루가 더 많이 생기며, 종이에서 쉽게 털어낼 수 있다. 따라서 부드러운 목탄은 혼합하고 얼룩지게 하는 기법과 넓은 색조 면을 만드는 데 적합하다. 단단한 목탄일수록 쉽게 지저분해지지 않기 때문에 세부적이고 선명한 작업에 더 적합하다. 단 한 가지 목탄의 단점은 부서지기 쉽고 거칠다는 점이다.

② 압축 목탄

압축 목탄은 목탄 가루에 바인더를 섞어 압축시켜 짧고 굵은 막대 모양으로 만든 것이다. 압축 목탄은 막대 목탄보다 강하고 쉽게 부러지지 않는다. 진하고 부드러운 흑색 가루를 남기지만 천연목탄보다는 지우거나 털어내기가 힘들다.

③ 목탄 연필

목탄 연필은 나무틀에 넣어져 압축된 가는 막대들로 만들어진 것이다. 막대 목탄보다는 다루기가 쉽고 깨끗하며, 약간 강한 질감을 갖는다. 넓은 면의 선을 긋는 데는 사용할 수 없으며, 대신에 정확한 선과 획을 긋는 데는 적합하다. 목탄 연필은 흑연 연필처럼 단단한 것, 중간 것, 그리고 부드러운 것으로 등급이 매겨지며, 끝을 뾰족하게 깎을 수 있다.

④ 가루 목탄

목탄을 가루로 만들어 종이에 감아 판매되는 재료로 일반적으로 스텀프(지우개)나 종이 연필과 함께 사용한다.

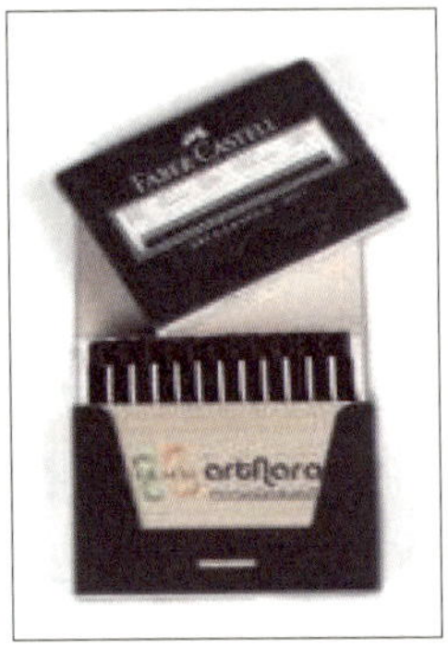

〈그림 4-40〉 막대목탄 〈그림 4-41〉 압축목탄 〈그림 4-42〉 연필목탄 〈그림 4-43〉 가루목탄

(3) 필요한 화구

소묘용 목탄은 막대형과 연필형이 일반적이며 가루 목탄과 바인더로 만들어진 압축목탄도 있다. 막대형 목탄은 굵은 것과 중간 것, 가는 것이 있으며 사포나 칼로 다듬어 쓸 수 있다. 압축목탄은 부드러운 것, 중간 것, 단단한 것이 있는데 그림을 잘못 그렸을 경우 막대형 목탄은 종이에서 털어 낼 수가 있는 반면 압축목탄은 털어내기가 어렵다.

연필형은 딱딱한 것에서부터 부드러운 것까지 연필과 같은 등급이 나누어져 시판되고 있다. 백색목탄 연필도 있는데 이것은 색지에 그리든가 연필이나 목탄으로 그린 위에 하이라이트를 넣는 데 사용된다.

목탄에 따라서 잘 구워지지 않은 것이 있으므로 구입 시의 요령은 숯이 빨강 색을 띠거나 단단함이 일정치 않은 목탄은 피하는 것이 좋다. 잘 구워진 목탄은 목탄끼리 부딪쳐보면 금속성의 소리가 나므로 몇 개 사용해보면 목탄의 성질을 파악할 수 있다(전영탁, 전창림, 2005).

① 종이

목탄지는 단순한 굴곡이나 가로, 세로의 줄무늬가 있고 대마의 섬유질이 섞여 있어 지면이 질기고 목탄가루가 잘 붙게 되어 있다. 그러나 표면의 요철이 상하게 되면 목탄 가루가 잘 붙지 않기 때문에 각별한 주의가 필요하다. 표면의 눈이 거칠게 만들어진 특수화지의 특성을 살리기 위해서는 처음부터 검정을 사용하려면 서두르지 말고 종이의 표면이 상하지 않도록 부드럽게 음영을 처리하는 것이 좋다(심상철, 2000). 부드러운 종이는 압축 목탄에 가장 좋은 반면, 색지는 목탄의 검은 색을 더 진하게 해준다(이주연 역, 1995). 색지는 목탄뿐만 아니라 파스텔, 크레용, 색연필, 콩테화에 모두 적합한데 이때 하이라이트 처리에는 흰색 콩테를 쓰면 효과적이다.

② 정착액

목탄은 부착성이 완전하지 못하므로 완성된 작품을 목탄지에 부착시키기 위해서는 정착액을 사용한다. 정착액은 수지를 휘발성 용제로 녹인 것으로 분무식으로 되어 있다. 이것을 화면 전체에 뿌리면 목탄지에 단단히 정착한다(전영탁, 전창림, 2005).

③ 지우개

지우개는 목탄 작업에 필수적이다. 부드러운 퍼티 지우개(putty eraser)는 원하지 않는 부분을 지우거나 특별한 질감을 주는 데 사용된다. 플라스틱 지우개는 종이표면에서는 거칠게 지워지기 때문에 검은 부분을 긋거나 가는 선으로 하이라이트를 줄 때 사용한다. 목탄 데생에는 식빵을 지우개로 사용하는데 식빵은 종이를 손상시키지 않고 지우는 장점이 있다. 식빵을 선택할 때에는 버터나 설탕이 함유되지 않은 것이어야 한다(전영탁, 전창림, 2005).

(4) 사용 기법

목탄은 다양한 용도를 지닌다. 커다란 벽화 디자인이나 유화와 아크릴화의 예비 스케치나 혹은 그 자체로서 선과 색조의 드로잉을 위한 매체로 사용된다. 매체로서의 가장 큰 장점은 잘못 그린 것을 샤모아(chamois)나 반죽 퍼터 지우개, 혹은 빵으로 쉽게 지워낼 수 있다는 것이며, 바닥이 드러낼 때까지 목탄을 닦아내어 하이라이트를 표현할 수 있다는 것이다. 목탄은 손가락으로 문지르거나 스텀프로 섞을 수 있으며, 파스텔화의 한 부분에 쓰일 수 있고, 연필, 담채, 과슈, 초크와 더불어 독특한 효과를 내기 위해 사용된다.

도미에(Daumier Honore-Victorin, 1808-1879)는 목탄으로 강한 획과 면을 칠한 위에 깨끗한 물에 담근 붓으로 선을 부드럽게 하여 이것을 하나의 칠처럼 사용하였다. 목탄을 사용하여 손가락으로 문지르거나, 가볍게 누르거나, 딱딱한 막대목탄을 사용하거나, 토션이나 스텀프와 함께 가루로 된 목탄을 펴발라서 명암을 나타낼 수 있다. 목탄은 너무 쉽게 지워지거나 수정되기 때문에 작업을 진행하면서 정착액을 가볍게 뿌리기도 한다(이주연 역, 1995).

① 목탄 위에 담채하기

목탄의 명암을 약화시키기 위해 물을 칠할 수도 있다. 부드러운 붓에 깨끗한 물을 적시고 목탄 드로잉의 명암이 나타나 있는 면에 가볍게 붓질하여 펴바른다. 칠이 마르기 전에 덧칠하면 목탄이 젖은 종이를 긁게 되므로 마른 후에 덧칠을 하여 원하는 명암단계를 만들 수 있다. 또한 목탄가루를 물에 풀어서 붓으로 칠하면 미묘한 톤을 얻을 수 있다.

② 흰색 과슈 칠하기

목탄 드로잉에 하이라이트를 주거나 잘못된 곳에 겹칠하기 위해서 흰색 과슈 물감을 사용하면 효과적이다(전영탁, 전창림, 2005).

③ 목탄과 잉크를 이용한 혼합기법

목탄과 잉크는 종이에 대조적인 방법으로 반응한다. 목탄은 종이표면에 입자 같은 질감으로 연출되고, 잉크는 표면에 흡수된다. 이 흡수작용은 젖은 효과를 만들어 내고 잉크는 종이 표면에 흘러 표현된다. 기대 효과로는 통제성이 강한 매체인 목탄과 촉진이 강조되는 잉크의 혼합은 통제와 이완을 동시에 경험시켜 주기 때문에 정서조절능력이 향상될 수 있다. 이 밖에도 목탄과 파스텔, 젖은 종이를 이용한 목탄그림 등의 기법을 활용할 수 있다.

(5) 목탄의 치유적 요인 및 장점

① 자유로운 표현 및 회화성

목탄은 명암의 표현이 자유롭고 소재 포착이 쉬운 즉흥적인 작품에서 사용할 수 있으며 쉽게 닦아내고 지울 수 있어 수채화뿐만 아니라 밑그림에도 자주 사용된다(심상철, 2000). 목탄은 단색의 드로잉 재료 가운데 가장 응용성이 높고 표현력이 풍부하다. 목탄에 자유로운 표현이 좀 더 익숙한 내담자에게는 여러 매체와 혼합사용이 가능하기 때문에 작품의 회화적인 성취감을 줄 수가 있고, 이것은 미술치료의 치유적 요인 중 자발성 및 창조성으로 이어진다.

② 조형 활동에 대한 준비성

목탄은 미술을 전공하는 학생들에게는 친근한 재료이지만 보통 사람들에게는 생소한 화구이다. 그러나 부드러운 목탄은 넓은 면적을 효과적으로 칠할 수 있으며 압축 목탄은 세부와 선명도가 필요한 부분에 사용하면 좋다. 목탄은 또 가급적 옆으로 눕혀 가볍게 쓸어내리듯이 칠할 때 효과적이며 종이의 질감을 잘 나타내 주는 특성도 있다.

따라서 목탄은 학생들이 국부적인 것에 치우치지 않고 폭넓게 주제를 다룰 수 있도록 하기 때문에 초보자들에게 가장 적합한 미술재료이다. 동시에 손가락이나 젖은 티슈로 문질러 자국들을 지울 수 있기 때문에 수정하거나 지우는 것이 매우 편리한 '관용적인' 재료이다. 이러한 특성 때문에 드로잉을 학습할 때 통제적인 연필 소묘보다는 조형 활동에 대한 준비성을 훨씬 쉽게 해주므로 미술치료에서 미술매체로써 널리 활용되어지기를 기대해본다.

③ 감성적 표현

목탄은 다른 도구에 비해 감성적인 성질을 갖고 있으며 작품이 진행되는 과정에서 감정이 바로 화면에 표현되기 때문에 오래 전부터 화가들이 애용해왔고(전영탁, 전창림, 2005), 매체 자체가 명암이나 재질감, 톤 표현에 적당하여 감성적인 성질을 갖고 있으므로 작업과정의 감정이 바로 표현된다. 부드러운 질감과 퍼지는 특성 때문에 감성적 표현을 촉진할 수가 있다. 또한 평상시와 다른 목탄 같은 매체를 내담자에게 주어졌을 경우 내담자의 반응을 어느 치료 시간보다도 잘 관찰할 수 있으며 감성적인 표현을 자극하였을 경우에는 내담자의 무의식 탐색이 더욱 용이할 것이다.

(6) 목탄의 제한점

① 불안정성

목탄은 쉽게 지워지는 성질을 갖고 있어 수정이 용이하다. 목탄이 묻어있는 종이를 천이나 종이로 지워보면 완전하게 지워지지는 않더라도 목탄의 흔적이 쉽사리 제거된다. 만일 목탄을 힘주어서 칠할 경우 목탄의 흔적은 고무 지우개로 지운다 하더라도 여전히 종이 위에 남게 된다. 목탄의 이러한 불안정한 성질 때문에 그림이 완성된 후에는 그림의 표면을 안전하게 정착시키기 위해 정착액을 단계적으로 균일하게 뿌려주어야 한다.

크레파스나 색연필처럼 그림이 선명하게 드러나지 않고, 퍼지는 듯한 느낌이 드는 경우가 많기 때문에 유아 또는 아동의 경우 선명한 원색의 그림에 더욱 관심을 가질 수 있으므로 대상에 따라서는 제한적으로 볼 수 있다.

② 환경 설정 및 작품 보관의 어려움

목탄은 손끝 감각을 통하여 표현하는 것이 바람직하다. 그러나 이 매체를 사용할 때 목탄이 날리고 손이 쉽게 더러워지므로 옷에 묻을 수도 있기 때문에 걸레 등을 준비하여 손이나 옷

등에 묻는 것에 신경쓰지 않고 작품을 제작할 수 있는 환경을 마련해주어야 한다. 이러한 속성으로 내담자들은 목탄을 낯설어하고 거부하기도 하기 때문에 목탄의 단점을 충분히 고려해서 임상에 적용해야한다.

목탄은 부드럽고도 다양한 톤을 낼 수 있고 수정하기가 쉬운 반면 잘 부러져 좌절을 유발시킬 수 있다. 화면에 부착력이 약하고 보존성이 낮으며 잘 훼손되므로 완성한 후에는 정착액을 뿌려 고정시킨 후 보관해야 하고 영구하게 보존하기가 어려우므로 유리액자 등에 넣어 보관해야하는 제한점이 있다.

특히 목탄은 인생의 과업에서 좌절감이나 실패경험이 많은 내담자게 제공할 경우 신중해야 한다. 미술치료에서 불필요하게 일부러 좌절감을 그것도 치료초기에 조장할 필요는 없을 것이다. 그러나 어느 정도 미술치료 임상이 긍정적으로 진행되고 치료적 변화가 보이면 좌절을 쉽게 주는 매체를 내담자에게 제공함으로써 매체를 통해 내담자의 태도를 시험해 볼 수도 있을 것이다. 미술치료에서 가장 중요한 치유요인 중의 하나인 창조성은 내담자가 현실의 생활을 하면서 융통성과 유연성을 갖도록 촉진하는 것이기 때문에 임상에서 중요한 기회가 될 것이다.

③ 세밀화의 어려움

목탄의 성질중 하나는 목탄심의 끝을 뾰족하게 유지하기가 힘들다는 점이다. 바로 이 문제 때문에 형태의 정확성을 구하기가 힘들며 그림을 양감을 살려 크게 그려야 한다. 이런 점을 보완하기 위해 목탄 연필이 있기는 하지만 다른 드로잉 매체나 페인팅 매체에 비해 정밀묘사가 거의 어렵다.

(7) 미술치료임상에 적용된 기법

① 목탄을 이용한 프로타주

이 기법은 연필의 기법에서도 언급했지만 목탄, 콘테, 크레용, 흑연 등의 옆면이나 무딘 끝으로 질감 있는 표면을 문질러 표현하는 방법이다. 기대 효과는 프로타주는 환경에 관심을 갖게 하여 미적인 요소를 발견할 수 있도록 하는 것이다. 관심 없이 무심히 지나친 것에 대한 새로운 반성의 시작은 내담자로 하여금 창의성을 고취시켜 표현의 욕구를 자극시키는데 큰 역할을 도모할 수 있다.

② 나뭇가지 숯으로 표현하기

나뭇가지를 태워 남은 숯으로 자유로운 그림을 그려본다. 목탄을 직접 만들어 표현에 봄으로써, 새로운 물질과 표현결과에 의한 호기심 및 탐구심이 향상되고 미술에 대한 흥미도를 높여 활동에 적극적으로 참여할 수 있다. 또한 시각, 후각, 촉각적인 감각을 느끼고 인식하게 할 수 있다.

③ 집단원이나 가족 모습그리기

집단원이나 가족이 돌아가며 나와서 모델이 되어 4~5분간 크로키를 할 수 있도록 포즈를 취하면, 나머지 집단 원들이 동그랗게 둘러 앉아 목탄으로 크로키를 한다.

기대효과는 다른 집단원에 대한 관심과 이해가 증대하여 집단의 친밀감과 신뢰감을 형성할 수 있으며, 비협조적인 집단원은 모델을 함으로써 참여도와 자발성을 촉진할 수 있다. 가족크로키는 과제를 하는 동안 가족과의 대화가 증가하고 가족에 대한 관심과 애정이 생기게 되어 가족의 응집력을 촉진할 수 있다.

4) 콩테

(1) 콩테의 역사 및 특성

연필의 원조라고 할 수 있는 콩테는 원래 Crayon de Conté라 불리는 고형 물감의 한 종류로 프랑스의 화학자이며 화가였던 니콜라 자크 콩테(Nicolas Jcques Conte)가 만들었다고 해서 창안자의 이름을 따서 콩테(conte)라고 명명하고 있다. 제조회사에 따라 생권이라는 색명을 부르기도 하고 초크(chalk)라고도 한다.

전통적으로 천연 소재를 그대로 보여주는 세 가지 색이 사용된다. 콩테는 농담이 풍부하며 옛부터 콩테화로서 하나의 회화분야를 형성해왔다. 크레용과 같은 재질로 데생보다 크로키에 적당하며 연필보다 농도가 진하고 화면의 부착력도 우수하다. 특히 흰색 콩테는 초크라고도 하는데 석회석에 물과 고착제를 섞어 만든 것으로서 목탄이나 콩테로 그린 그림의 밝은 부분을 강조할 때 많이 사용된다(전영탁, 전창림, 2005).

(2) 콩테의 종류

콩테는 종이를 긁지 않는 부드러운 것이 좋다. 콩테는 일반적으로 짧은 막대형으로 시판되고 있지만 시중에는 막대형 콩테의 쥐기 불편한 점을 개선한 연필 형 콩테도 나와 있다. 막대형 콘테의 길이는 본래는 길이가 약 75mm인 막대 모양이다. 색의 종류로는 검정색(black), 흰색(white), 암갈색(dark brown), 밤색(light red) 등이 있다. 암갈색은 세피아라고도 하며 특히 밤색은 생권(sanguine)이라 부르며 어떤 제조회사는 콩테 자체를 생권이라 부르기도 한다. 이 안료는 적색 산화철이다. 생권은 초크에 산화철을 섞어 만든다. 생권이 사용되기 시작한 것은 1500년경의 일로서 미술가들은 레오나르도 다 빈치가 처음으로 생권을 사용했다는 공통된 의견을 갖고 있다.

이와 같이 콩테는 여러 가지 다양한 색상이 있지만, 많은 화가들은 검정, 흰색, 회색 그리고 흑색(earth color; 붉은 것으로부터 다갈색 계통까지 광범위함)과 같은 전통적 색상혼합에 의한 차분한 조화를 여전히 선호한다. 이러한 색상들은 그림에 독창적인 따뜻한 느낌과 감미로움을 더해주며, 특히 초상화와 누드화에 접합하다. 전통적인 색상은 또한 드로잉에 레오나르도 다 빈치, 미켈란젤로, 루벤스 또는 클로드의 초크 드로잉을 연상시키는 고풍스러운 느낌을 준다.

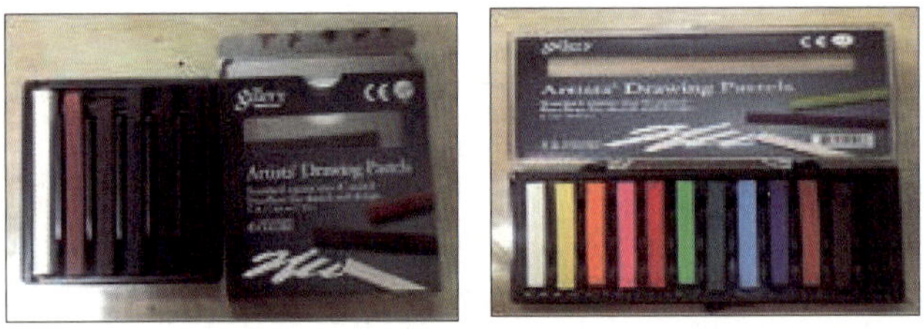

〈그림 4-44〉 스틱 콩테

〈그림 4-45〉 연필 콩테

(3) 콩테의 사용기법

콩테는 목탄과 비슷한 효과를 내지만, 좀 더 단단하기 때문에 넓은 색조면 뿐만 아니라, 가는 선을 묘사하는 데에도 사용이 가능하다. 콩테는 연필처럼 사용하기 편하게 만들어져 나오는 것도 있고, 스틱으로 판매되는 것도 있다. 연필모양으로 판매되는 것은 크로키용으로는 적당하지만, 콩테를 주재료로 그림을 그리는 경우엔 스틱을 선택해야 한다. 흰색 콩테는 목탄이나 콩테로 그린 그림의 밝은 부분을 강조할 때 많이 사용한다. 콩테는 표면이 매끄럽지 않은 모든 종이(백지 또는 검정을 포함한 색지)에 사용할 수 있으며, 단색 또는 세 가지 색을 동시에 사용하기도 한다.

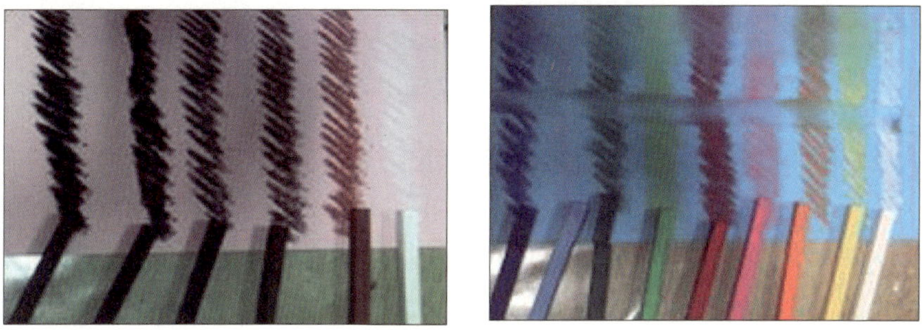

〈그림 4-46〉 콩테의 색과 필선

① 섬세하고 넓은 스트로크

가장 실용적으로 콩테를 사용하는 방법은 파스텔과 마찬가지로, 약 25mm 길이로 부러뜨리는 것이다. 이렇게 하면 토막의 옆면을 이용하여 신속하게 드로잉을 할 수 있으며, 뾰족한 끝 부분을 이용해 뚜렷한 선들을 표현할 수가 있다.

② 콩테 크레용의 혼합

콩테 크레용은 부드러워서 손가락이나 헝겊, 종이 조각으로 문질러 색을 혼합할 수 있다. 그러나 콩테 크레용은 초크와 목탄보다는 가루가 덜 생기므로, 어떤 한 색상을 다른 색상 위에 겹쳐 칠하여 색상을 혼합할 수 있다. 따라서 밑에 칠한 색상들이 보이도록 할 수 있다.

〈그림 4-47〉 콩테지 위에 연필 검정색 콩테로 명암을 주면서 표현하고 고착제로 정착

〈그림 4-48〉 2절지 도화지에 막대 콩테를 부러트려 토막의 옆면을 살려 신속하게 표현하고 휴지를 문질러 표현

〈그림 4-49〉 콩테지 위에 연필 및 막대 콩테로 이용해 수채화 붓으로 물을 묻혀 닦아내고 수채화 물감으로 배경처리

(4) 콩테의 장점 및 제한점

콩테는 농담이 풍부하여 예로부터 콩테화로서 하나의 회화 분야를 형성해왔다. 크레용과 같은 재질로 데생보다 크로키에 적당하며 연필의 농도가 진하고 화면에 부착력도 우수하다. 특히 흰색 콩테는 초크라고 하는데 석회석에 물과 고착제를 섞어 만든 것으로서 목탄이나 콩데로 그린 그림의 밝은 부분을 강조할 때 많이 사용된다. 연필보다 무르고 진하며 손가락으로 문질러 부드러운 농담효과를 낼 수가 있으나 광택과 윤기가 있어 진하고 잘 지워지지 않아 지우개를 사용할 수 없는 결점이 있다.

콩테의 특성은 연필에 가까우나 거기에서 얻을 수 있는 색감은 연필과 목탄보다 훨씬 어둡고 강하다. 검은 색감은 연필이나 목탄보다 쉽게 얻어낼 수 있으나 한 번 어두워진 부분은 지우개로도 완전히 밝게 회복할 수 없다. 이런 콩테의 특성상 사용할 때 매우 조심할 점들이 많다. 보통 초보자들은 물체의 형태를 잡을 때는 먼저 연필로 살짝 그린 후 그 연필 선을 지워나가며 콩테로 약하게 형태를 그려야 한다. 처음부터 콩데를 사용하면 형태상 필요 없는 선도 끝가지 남게 되어 형태도 불안해보이고 그림도 지저분해진다. 물체를 구체적으로 묘사할 때는 목탄과 같이 손이나 기계를 사용하지 말고 연필을 쓰는 기분으로 콩테에서 나오는 선의 느낌을 살려가며 조심스럽게 진행해야 콩테의 좋은 느낌을 잘 표현할 수 있다.

〈그림 4-50, 4-51〉 거울보고 자화상 그리기[11]

콩테는 목탄과 파스텔의 중간 성격으로 목탄이나 파스텔보다 가루가 좀 덜 날리고 목탄의

11) 거울을 보고 자신의 얼굴을 여러 재료(목탄지, 연필, 목탄, 콩테, 휴지, 지우개, 거울)를 갖고 표현한 것이다. 치료의 기대효과는 자신에 대한 이미지, 자아, 자존감등에 생각해보는 시간을 갖고 자신을 이해하는 것이다.매체에 대한 반응은 역시 얼굴을 사실적으로 그린다는 것을 어려워하였고, 콘테, 목탄의 매체에 대해서는 낯설어하였지만 호기심들은 있었다.

검은 색보다 좀 더 다양하게 색을 구성했기 때문에 작업할 때 덜 단조로움을 느낄 수가 있다. 콩테는 회화로서 하나의 장을 형성하고 화가들이 밑그림의 에스키스로 많이 활용되고 있지만, 미술치료에서도 내담자에게 다양하게 적용하여 예술성을 촉진하기를 바란다.

다음은 미술매체 수업에서 목탄과 콩테로 상징적인 자화상을 한 집단원들의 작품이다. 평상시 접해보지 않은 매체라 거부하고, 가루가 옷에 묻어서 신경이 쓰인다고 하며, 콩테의 기법을 잘 적용하지 못해 어려워하고 지울 수가 없어서 불편해하는 집단원들도 있었다. 반대로 새로운 매체에 대한 호기심과 약간의 예술적 감각이 있는 집단원들은 콩테의 회화적인 특성을 살려 작품을 통해 성취감을 느끼면서 만족해하였다. 오히려 연필보다 통제성이 적고 다양한 색깔이 있어서 자신들이 표현하고 싶은 욕구를 더 충족시켜 준다고 하였다. 집단원들이 콩테라는 매체를 통해 언급한 반응들이 콩테에 대한 장, 단점이라고 생각한다.

〈그림 4-52, 4-53〉 상징적인 자신의 모습 그리기[12)]

(5) 목탄과 콩테를 통한 내담자의 반응 및 평가

색연필의 소시오그램에서 잠깐 언급한 사례인데 조기 퇴직한 50대 초의 중년 남성의 작품을 통해 목탄과 콩테의 반응에 대한 사례공식화를 해보고자 한다. 내담자는 우울증으로 내원하였고 약물치료는 받지 않았지만, 주요 우울장애(Major Depressive Disorders)로 MMPI검사에서도 우울점수가 거의 70점 가까이 제일 높았다. 그러나 자살에 대한 위험성은 거의 없다고 보여졌다.

12) 거울보고 자화상 그리기가 구상적 작업이었다면 자신의 상징적인 모습 그리기는 추상적 작업이었다. 집단에서 자신의 모습을 상징적으로 표현하고 서로 나눔을 통해 이해하고 공감하는 시간을 가졌다.
〈그림 출처〉: 그림 4-50, 51, 52, 53은 서울미술치료연구소 2005년 7월에 '미술매체와 기법' 수업에 참가해주신 회원분들의 작품입니다.

아들이 중학교 때 미술치료를 받은 경험과 초등학교 때 그림을 좋아한 인연으로 미술치료를 받게 되었는데 치료에 열심히 집중을 하는 편이였다. 갑자기 20년 넘게 다니던 직장으로부터 조기퇴직 요구를 받고, 준비되지 않은 퇴직으로 인생전반에 걸쳐 상실감을 갖고 있었다. 우울증이 생기기 전에는 열심히 성실히 일만 추구하는 자수성가형이었기 때문에 퇴직의 상실이 더욱 크게 부각되었다. 자수성가형답게 워낙 미술치료에도 열성을 다해서 좀 더 색다른 매체인 목탄과 콩테를 적용하여 '자신의 현재 상태'를 표현하도록 하였다.

〈그림 4-54〉를 보면 절벽에 떨어지고 싶은 자신의 심정을 그렸다. 그러나 가족들에 대한 책임감과 사랑 때문에 절벽 아래를 도저히 볼 수가 없다. 가족에 대한 사랑은 유채색으로, 절망적이고 우울한 마음은 검정색과 보라색으로 표현하였다. 치료자가 검정색은 저장과 숙성의 색으로 동양에서는 5가지 색이 다 통합된 오채의 색이며, 보라색은 빨강의 열정과 파랑의 지성이 합쳐진 색으로 잘 통합되면 아주 멋진 색이 될 수 있다고 언급하였더니, 전혀 새로운 사실을 접한 것처럼 매우 기뻐하였다. 자유를 상징하기 위해 하늘에 날아가는 새를 그렸는데 마음에 들지 않는다고 하면서 마치 새가 자신을 공격하는 것 같다고 하였다. 하늘에 있는 새가 나약한 자신의 모습을 벌주기 위해 새의 부리로 막 공격하기 위해 날아오는 것 같으며, 자신의 양심이 새로 상징화된 것 같다고 하였다. 새의 우연한 모습을 보고 미술치료가 자신의 무의식을 자동적으로 표현하게 한다는 점에서 매우 신기하다고 하였다.

매체에 대한 반응을 보면 우선 다른 내담자들은 새로운 매체인 목탄과 콩테에 호기심을 보이기보다는 거부반응을 보였는데, 내담자는 수용적인 모습을 보였고 매체 사용에 적극적이었다. 이것은 내담자의 창의적인 인성을 나타낸다고 보고 치료적 자원으로 적극적으로 활용해야겠다는 생각을 하게 되었다. 목탄과 콩테의 기법을 가르쳐 드렸더니 바로 학습하여 응용까지 시도하는 모습을 보고 매우 지지해드렸더니 학창시절에 선생님에게 칭찬받은 느낌이라고 하였다. 휴지로 닦고 손으로 문지르고 선에 강약을 주면서 그림의 내용은 매우 심각한데 새로운 매체로 작품을 하다 보니 우울한 마음이 완화되고 정말 자신이 이상한 생각이나 절망적인 생각을 하면 안 되겠다는 각오가 생긴다고 하였다. 지금이 인생의 최대 위기인데 미술치료를 통해 이 위기를 단시일간에 빨리 극복했으면 좋겠다고 호소하였다.

몇 회기가 지나 다시 목탄과 콩테로 '어린 시절 기억'을 표현하라고 하였더니 '어린 시절의 행복한 느낌'을 표현하였다. 어린 시절에는 배는 고팠지만 대가족이 함께 모여 행복했다고 한다. 인물들은 가족들을 상징하며 가족에 대한 따뜻한 느낌을 주황색 칼라 콩테로 표현하였다. 가운데 인물상 배안에는 밥과 생선, 고기가 들어 있었다. 그 때는 오로지 배 좀 한번 실컷 부르게 정말 배불리 먹어보는 것이 소원이었다고 한다. 인물들의 배가 둥그런 것은 밥을 많이 먹어보고 싶어서 그렇고, 어린 시절뿐만 아니라 청소년기에도 배가 너무 고파 힘들었다고 어려웠던 지난날들을 회상하였다. 그 때 보릿고개도 있었고 고생도 정말 많이 했는데 현재처럼 우울하지는 않았고 희망이 있었고 형제들이 많아 행복했었다고 추억하였다. 바로 그런 시절도 어렵게 극복했는데 조기 퇴직으로 점점 약해져가고 있는 자신을 반성하게 된다고 하였다. 미술치료를 통해 어린 시절을 그림으로 표현해보니 힘든 시절을 잘 견디어왔고 그 때마다 어머니와 큰 형님의 지지가 있어왔음을 다시 한 번 환기하는 기회가 되었다고 하였다. 요즈음 미술치료를 받고 부인과 아이들에게 남편, 가장, 아버지의 입장을 조금씩 표현하고 대화하게 되니까 마음이 전보다는 가벼워진다고 하였고, 무거운 책임감으로부터 벗어나는 것 같다고 말하였다.

내담자는 갑작스러운 조기퇴직으로 급성으로 우울증이 왔지만 내면에 자기를 실현하려는 잠재적 욕구가 컸다. 미술치료를 통해 인생을 즐기는 능력과 자기를 표현하는 능력을 키워 가장의 책임감으로부터 약간씩 벗어났고, 스트레스에 대처하는 방식도 예전에 사용했던 것보다 더 적합한 방식을 개발하도록 하였다. 21회 미술치료로 자신이 처한 상황을 수용하게 되었으며, 마지막 치료시간에는 '나에게 상장주기'라는 주제로 자신이 살아온 50년 넘는 삶에 정성을 다해 상장을 만들어 멋쩍었지만 큰 소리로 읽고 상장을 수여했다.

갑작스러운 조기 퇴직으로 급성으로 우울이 오기는 했지만, 그전에는 건강한 생활을 영위하였고 상담의 동기가 강해 5~6개월간의 단기치료로 성공한 사례이다. 내담자의 목탄과 콩테의 반응을 통한 사례공식화에 대한 내용이 〈표 4-6〉에 제시되어 있다.

〈표 4-6〉 목탄과 콩테에 나타난 내담자의 반응 및 평가

	목탄과 콩테에 나타난 내담자의 반응 및 평가
내담자의 인적 사항	• 50세 초반의 남성으로 약간 몸이 왜소하고 다소 말을 장황하게 늘어놓는 편이다.
주 호소 및 의뢰사유	• 조기퇴직으로 우울감이 갑자기 들어 어디엔가 자신의 마음을 이야기하고 싶었다. • 가족들에게는 가장의 책임감 때문에 이야기하기가 어려워 전문가를 찾고 싶었다. • 아들이 중학교 때 잠깐 집단미술치료를 받았는데 좋았다고 하였고, 자신도 초등학교 때 미술을 좋아해 의뢰하게 되었고, 치료를 통해 자신의 긍정적인 모습을 찾고 싶다고 하였다. • 절벽에 자주 떨어지는 꿈을 꾸게 되었고, 아침에 일어나서 어딘가 갈 데가 없는 것이 못 견디겠고, 자꾸 가족들의 눈치가 보이며 이 세상에 혼자된 느낌이라고 호소하였다.

<table>
<tr><td>생육력 및 가족력</td><td colspan="2">• 내담자는 7형제에 셋째로 남자 형제로는 막내이고 지방출신이며 어려서부터 영리해 어머니와 큰 형님의 지지를 많이 받아 왔다.
• 고학으로 자수성가하고 대기업에 중견사원이었고 20년 넘게 근무하였다.
• 현재는 전업주부인 부인, 아들과 딸이 있고 자녀들은 대학생들이다.</td></tr>
<tr><td>행동관찰 및 매체의 반응</td><td colspan="2">• 내담자가 미술치료를 너무 좋아해서 좀 더 다양하고 색다른 매체를 제공하기로 하고 미술치료 3회기부터 목탄과 콩테를 적용해보았다.
• 생전 처음 목탄과 콩테를 접해보지만 도전해보고 싶은 매체로서 이런 도전을 원래 자신은 좋다고 하였으며 학창 시절을 연상하게 해준다고 하였다.
• 목탄과 콩테에 대한 사용기법을 알려주었더니 열심히 그 기법을 적용하여 막대 콘테를 옆으 로 누여서 칠하기도 하고 손으로 문지르기도 하면서 색선별에 신중을 기하는 등 작업에 집중성을 보였다.
• 그림에 대한 회화성은 뛰어난 편은 아니지만 열심히 하고 매체에 대해 적극적으로 수용하는 모습과 작업에 대한 성취감이 우울증 치료에 큰 촉진제 역할을 하였다.
• 그림에 대한 언어적 설명은 자신을 최대한 알리기 위해 길게 설명을 하는 편이어서 약간 지루한 느낌을 주었다.</td></tr>
<tr><td>작품</td><td>
〈그림 4-54〉 현재 나의 모습</td><td>
〈그림 4-55〉 어린 시절 기억</td></tr>
<tr><td>그림에 대한 내용 및 해석</td><td>• 자신의 현재문제이며, 자주 반복해서 꾸는 꿈이다. 조기퇴직으로 절벽에 뛰어내려 죽고 싶지만 가족들이 걸려 망설이고 있는 순간이다. 새가 자유를 상징했지만 비겁한 자신의 모습을 공격하는 것 같다.
• 그림의 내용은 절망적이지만 작업을 하면서 내담자의 근본적인 에너지와 힘이 느껴져 치료적 자원으로 활용할 수 있었다.</td><td>• 어린 시절 대가족제도 안에서 힘들고 배는 고팠지만 행복했고 희망이 있었다. 형제들과 들과 산으로 뛰어 놀던 시절이 그립다. 실컷 밥 먹고 배 한번 불러봤으면 하는 것이 소망이던 시절이라고 회상하였다.
• 어린 시절 이야기에서 내담자의 가족들의 애정과 신뢰와 지지를 듣고 그것을 치료의 큰 자원으로 활용하였다.</td></tr>
<tr><td>내담자의 치료적 장점 및 취약점</td><td colspan="2">• 치료적 장점은 치료동기가 강하고 미술치료에 대한 태도가 매우 적극적, 수용적이며 성실하고, 우울증이 급성으로 왔지만, 그 전에는 비교적 건강한 삶을 영위했고 열심히 살아왔기 때문에 약간의 도움으로도 회복할 수 있는 가능성이 많았다. 어린 시절 가족들의 지지와 현 가족의 사랑도 역시 커다란 치료적 장점이 되었다.
• 치료적 취약점은 언어표현이 간결하지 못하고 약간 설명적이고 설교적이라 지루한 느낌을 주어 치료중반에는 그것에 대한 논의를 하였고 감정표현을 잘 못하여 자신의 진정한 내면을 탐색하고 찾는데 초점을 두었다. 너무 과거를 회상하려고 해서 현실의 감정을 주로 탐색하려고 'here and now'에 초점을 두었다.</td></tr>
</table>

치료계획 및 목표	• 다양한 매체를 통해 내담자가 갖고 있는 긍정적 자원을 자극하여 치유요인으로 활용하였다. • 매체에 대한 느낌을 탐색하고 작품에 나타난 상징성을 통해 자신의 무의식을 이해하게 되었다. • 현재의 우울한 감정을 중심으로 현재의 문제를 수용하고 앞으로 나아갈 방향을 탐색하였다. • 중년기의 발달과업을 이해하고 '제 3의 인생'을 준비하도록 하였다.
치유요인	• 새로운 매체에 대한 내담자의 호기심과 작품에 대한 집중성이 미술치료 효과를 가져왔다. • 새로운 매체에 대한 긍정적인 경험으로 과거에 긍정적이었던 자신의 모습을 회상한 것이 미술치료에 도움이 되었다. • 긍정적인 자신의 모습을 회상하고 치료자가 공감, 지지함으로써 다시 삶의 용기를 얻고 살아야겠다는 의지를 가진 점이다.

5) 펜과 잉크 사인 펜 및 매직 펜

(1) 펜과 잉크

① 펜과 잉크의 역사

펜과 잉크는 오랜 기간 동안 작가들과 삽화가들의 도구로 쓰여 왔다. 펜과 잉크의 기본적인 사용방법이 너무 간단하기 때문에 이들을 가지고 작업을 하는 작가들은 운이 좋은 편이다. 이 기술을 연습하기 위해서는 종이 한 장과 펜 한 자루, 그리고 약간의 잉크만 있으면 된다. 매체 자체로도 광범위한 표현이 가능하기 때문에 이로 인해 나타나는 표현들은 끝이 없다.

펜과 잉크 드로잉 연구에서 특별히 재미있는 것 중의 하나는 펜과 잉크에 매료되었던 작가들을 양식별로 비교해보고, 그들이 독자적으로 개발했던 방법들이 역사적으로 후손들에게 어떻게 적용되어 바뀌게 되었는지를 보는 것이다. 살바토르 로사(Salvator Rosa, 1616-1673)는 현재의 화가들에게까지 독자적으로 영향을 미치고 있는데, 클레스 올덴버그(Clas Oldenburg, 1929년생)와 이안 리본스(Ian Ribbons)가 그 대표적인 작가들이다. 또한 레오나드와 보티첼리의 차가운 느낌의 관능적이고 탐구적인 서법은 펜과 잉크로 작업하는 많은 현대 작가들의 작품에 영향을 주고 있다.

중세에 승려들은 펜 사용을 처음으로 부흥시킨 사람들이다. 그들이 드로잉 했던 바탕재료는 보통 염소나 양, 어린 송아지, 양의 가죽이었고 깃촉은 보통 거위의 날개털로 만든 것이었다. 이러한 그림들이 깃촉으로 그려진 첫 그림은 아니었지만, 이전 시대의 작가들은 대개 새기거나 붓으로 작업하기를 더 선호하였다. 15세기의 뛰어난 화가들에 의한 펜 사용의 기본 원리와 기법은 이렇게 해서 만들어졌다.

르네상스 시대에는 기법과 방법들이 더욱 실험적으로 되었다. 주제의 선택도 넓어졌으며 매체의 혼합도 많이 이루어지기 시작하였다. 르네상스의 작가들은 크레용, 수채물감, 그리고 흰색 하이라이트를 사용하기 시작했다. 르네상스 이후 시대에는 재능 있는 펜 화가들이 많이 등장했다.

루벤스와 반 다이트의 기법과 접근 방법은 잉크와 담채로 된 아주 감동적인 렘브란트의 덜 극적이고 극히 심오한 드로잉 표현과는 대조를 이룬다.

18세기 호가드(Hogarth, 1987-1764)는 가장 뛰어난 선묘화가였다. 그는 예비 스케치를 아주 빨리 했는데, 그의 힘찬 서법이 아주 인상적이다.

19세기 중엽에는 잡지뿐만 아니라 서적들이 자리를 잡아 찰스킨(Charles Keene, 1823-1891)과 같이 펜과 잉크로 작업하는 화가들에게 일거리를 제공해 주었다. 이 시대의 또 다른 유명한 화가는 조지 드 모리에(George 여 Maurier, 1834-1896)를 들 수 있다. 미국에서는 찰스 다나 깁슨(Charles d'Ache, 1859-1909)과 포레인(Forain, 1852-1931)이 당시 그래픽 아트에 특이한 불란서풍의 풍미를 더 해주었다

20세기 펜과 잉크의 주요 작가들에게는 마티스, 피카소 등이 포함된다. 영국에서는 단명한 고디에 브로제스카(Gaudier-Brzeska, 1891-1915)에 의해 많은 잡지와 패션 일러스트레이션의 재료로 확대되어 오늘날까지 이어지고 있다(이주연 역, 1995).

② 펜의 종류

오늘날에는 많은 종류의 펜들이 나와 있다. 매우 다양한 촉의 딥펜(dip pen), 만년필, 레저버펜(Reservior), 그리고 아주 전통적인 갈대 펜과 대나무 펜 및 대나무 촉이 있다(이주연, 1995). 갈대 펜의 뛰어난 대가인 네덜란드의 미술가 렘브란트는 그의 작품들에서 상당히 암시적 · 환상적인 분위기를 자아내기 위하여 종종 갈대 펜과 깃펜에 엷은 색조의 물감을 사용했다. 19세기 네덜란드의 미술가인 빈센트 반 고흐는 말년에 그린 많은 유화 작품들에서 전형적으로 볼 수 있는 묵직한 붓놀림과 비슷한 무디고 강렬한 붓놀림의 효과를 자아내기 위하여 소묘에서 갈대 펜을 사용했다.

펜은 잉크와 더불어 중요한 필기도구로 사용되어 왔다. 이 펜 끝의 굵기와 형태에 따라 선에 의한 다양한 표현이 가능하므로 붓의 문화였던 우리나라에서보다 서구에서 여러 형태의 펜이 많이 개발되어 왔다. 다른 용구들에 비해 비싸거나 복잡하지 않고 펜촉만 갈아 끼우면 손쉽게 느낌을 변화시킬 수 있어 오랫동안 애용되어 왔다(전영탁, 전창림, 2005).

펜은 보통 쇠로 만들어진다. 잉크를 찍어 쓰는 펜은 강도가 강하고 오래되어도 진한 선을 그

을 수 있다. 그림을 그릴 때 사용하는 펜은 매우 정교한 선을 만들어 내지만 종이를 긁을 위험이 있으므로 조심해서 사용해야 한다. 또 담채화 기법에 함께 이용되기도 하고 축축한 종이 위에 그릴 때는 번져가는 효과를 거둘 수 있다. 이러한 금속 펜은 17세기 말에 처음 등장하였고 페리(Perry) 펜촉이라고 부르는 것은 그 당시 발명가의 이름을 딴 것이다.

금속 펜 외에도 갈대를 잘라 만든 갈대 펜, 조류에 날개깃을 뽑아 끝 부분을 질소에 몇 분간 담가 강하게 만든 깃펜도 있다. 깃펜의 장점은 딱딱한 금속 펜에 비하여 매우 부드럽고 유연하여 종이 위에 매끄럽게 미끄러지며 연하거나 짙은 붓질 효과까지 낼 수 있다는 것이다. 선사시대부터 사용되어 온 깃펜의 종류에는 가장 다루기 쉽고 부드러운 거위 깃펜, 손잡이가 짧으나 잘 닳지 않아 영구적인 칠면조 깃펜, 아주 정교한 그림을 그리기에 적당한 까마귀 깃 펜 등이 있다. 그리고 일정한 선을 그을 수 있는 만년필, 대나무 끝을 깎아 만든 다양한 굵기의 대나무 펜 등이 있다.

이런 펜들은 잉크나 먹물을 사용하므로 한번 그리면 지울 수 없어 크로키와 같은 명쾌한 선이나 정밀묘사에 적절하다. 끝이 굵은 펜들은 나름대로의 굵직한 효과를 낼 수 있다. 또한 물과 병용하여 수용성 잉크가 번지는 효과를 내기도 한다.

사인 펜(sign pen)과 매직 펜(magic pen), 펠트 펜(felt pen)은 금속 펜보다 부드러우나 농도 조절이 힘들고 그 자체에 잉크가 들어 있으므로 증발을 방지하기 위하여 뚜껑을 잘 닫아 두면 몇 년을 두고 쓸 수 있다(심상철, 2000).

최근에 개발 된 스타일 펜은 각 팁의 끝의 굵기에 따라 균일한 선을 그을 수 있어서 디자이너들에게 큰 호응을 얻고 있다. 가장 대표적인 제조화사인 로트링 사의 이름을 딸 일명 로트링 펜이라고 부른다(전영탁, 전창림, 2005).

③ 용지

컬러 잉크에 사용하는 종이는 수분을 흡수하지 않는 것이 편리하다. 잉크 드로잉에는 두꺼운 카트리지 종이를 사용하는 것이 좋다. 이것은 담채와 수채화를 할 수 있으며 종이를 손상시키지 않고 수정할 수 있다. 보플이 이는 종이는 보플이 펜촉에 달라붙어 잉크가 흘러나오게 하며 잉크가 바로 스며들어 번지는 느낌이 나고 쉽게 찢어지므로 사용하지 않는 것이 좋다(전영탁, 전창림, 2005).

④ 사용기법

펜과 잉크를 사용하는 기법은 점과 선의 사용이다. 우선 부드러운 종이 위에서 작업하고 펜과 잉크가 고르게 흐르도록 하기 위해 압력을 최소로 사용하는 방법을 익힌다. 정확한 잉크 드로잉을 할 때는 스케치로 바로 들어가기 보다는 부드러운 연필로 아주 가볍게 밑그림을 그려서 작업하는 것이 좋다.

잉크 드로잉은 기본적으로 선으로 구성되기 때문에 선으로 그림자와 색조의 변화를 만들어 내는 많은 기법들이 있다. 점찍기와 해칭, 크로스 해칭, 스크리블링(scribbling, 휘갈기기), 두꺼운 선에서부터 가는 선에 이르기까지 점층적인 평행선 긋기 등을 들 수 있다. 이러한 기법에 수채화를 곁들이거나 희석한 잉크를 겹칠해서 다양한 효과를 얻을 수 있다. 이때는 물감을 칠하기 전에 잉크 드로잉을 완전히 말려야 한다. 마르는 시간은 최소 12시간이고 아주 단단한 종이 위의 진한 잉크는 18시간에서 24시간으로 더 오래 걸린다.

가는 디자이너 붓을 사용할 때는 붓질이 매우 부드럽기 때문에 숙련되게 다룰 수 있도록 연습을 많이 해야 한다. 잉크 드로잉은 팔목만 움직이지 말고 커다란 움직임으로 팔뚝 전체를 사용해야 한다. 붓을 이용해서 담채효과를 낼 수 있으며 얼룩덜룩한 효과도 낼 수 있다.

⑤ 미술치료 임상 적용

드로잉 재료인 펜과 잉크라는 매체를 미술치료 임상에 적용하기 전에 미술조형요소의 원리와 점과 선에 대해 살펴보고자 한다. 미술조형요소의 원리는 미술에 있어서 표현의 기초가 되며 가장 기본적인 골격을 이룬다. 조형원리는 선, 형, 색, 명암, 질감, 면, 양감, 공간 등 시각적 조형요소들이 어떻게 상호작용하여 작품을 만들어내는가 하는 통일과 변화, 균형, 율동, 비례 등을 말한다.

이중 가장 대표적인 점과 선이 있는데, 회화에 있어서 점은 출발점이며 변화할 가능성을 내재하고 있는 가장 기본적인 조형수단이다(오순이, 2002). 이와 같은 점에 대해서 칸딘스키는 '침묵과 언어를 잇는 연결'이라고 표현하였다(차봉희, 1989). 다시 말해서 점이 또 다른 세계를 만들어 나갈 수 있는 생성의 의미를 함축하고 있음을 말하여 준다. 그러므로 점은 선, 색채와 더불어 중요한 요소를 이루며, 시각적으로 가장 단순한 형태임과 동시에 대부분의 그림에서 크기와 형태가 조화되어 존재하므로 가장 기본적인 조형 수단이 된다. 기초 평면에서 가장 단순한 점은 회화적 표현의 원형이라 할 수 있다.

무수한 점들이 모이면 선이 된다. 곧 선은 점들의 집합체이다. 점이 시작을 의미하는 가능성을 지닌 조형요소라면, 선은 점보다는 표정을 가진 역동적인 의미를 지니고 있다. 선은 회화의 기초이며 압축된 표현으로 대상을 단순화시켜 본질의 요소만을 형태의 구성으로 나타내는 것으로써 하나의 원이 글자, 공, 태양, 얼굴, 지구 등이 될 수 있는 것처럼 선은 어떤 가능성,

즉 의미를 갖는다.

기하학에서도 선도 '무수한 점들의 연속'이다. 이러한 정의에서도 선이 '역동적'이라는 점을 의식하게 된다. 하나의 선은 '행위성' 즉 '운동성'을 내포하고 있다. 선을 긋는데는 '어떤' 행동이 따라야 하기 때문이다. 표현적인 하나의 선은 방향, 정위, 운동감등의 에너지를 갖는다(하섭, 1997). 이러한 선의 '행위성'과 '운동성'은 여러 가지 정서를 불러 일으키는데, 선은 다양한 운동성에 따라 그 암시적인 힘이 크다.

선의 표현적인 중요성에 대한 이유는 다음과 같다. 첫째, 선은 글씨와 소묘에서 보편적으로 경험되기 때문에 우리 모두에게 친근하게 느껴진다. 둘째, 선 그 자체는 결코 애매하지 않고 확실하다. 셋째, 선은 기본적으로 자연적 경험과 동일시됨으로써 표현적인 성질이 더 강하게 부각된다. 넷째, 선은 관찰자의 눈을 이끌어 그 선이 가지는 표현성에 의해 감정을 전달한다. 다섯째, 선은 우리들이 어렸을 때 사물을 다루고 사물의 특성을 느꼈던 경험적인 방식에 힘입어, 더욱 사물의 의미를 확실히 전달해 준다(임수형, 2001).

이와 같은 점과 선의 조형성을 기초로 신체장애, 발달장애 아동이나 정신지체아동, 또 치매노인이나 뇌졸중 노인들을 대상으로 여러 드로잉 매체를 활용해 다양한 선 긋기를 통해 그들의 조형활동을 촉진할 수 있을 것이다. 정서장애를 가진 내담자들에게도 이러한 조형활동은 예술적인 감각을 키워 창조성과 성취감을 유발할 것이다. 특히 펜을 통해 나타난 잉크의 자유로운 점과 선의 율동과 리듬, 섬세함과 번짐의 효과 등을 통해 소근육 운동뿐만 아니라, 눈과 손의 협응능력과 시지각 발달 및 회화성까지 긍정적인 영향을 미칠 것으로 본다.

이에 오순이(2002)는 시각이미지를 이루고 있는 부분들 즉 기초조형을 통한 미술치료프로그램이 EMR 정신지체아의 시지각 발달에 미치는 효과를 연구하였다. 치료 초기에는 눈과 손의 협응력이 떨어져서 선 그리기 영역에 있어서는 형태가 구불구불하고 불안정하던 표현이 프로그램 실시 후에 안정적으로 변화되었고, 점과 점을 연결하는 선 그리기 영역에서는 점과 점을 연결하는데 혼란스러움이 감소되어 성공하는 횟수가 많아졌으며, 치료 중반에는 스스로 점을 찍어가면서 선을 그을 수 있게 되었다. 특히 보고 그리기 영역에서는 모형의 형태에 근접하여 형태 그리기를 수행할 수 있었으며, 만들기 영역에서는 지점토와 지점토를 연결하는데 어려움이 해소되었다. 결론적으로 기초조형 중심의 미술치료 프로그램이 회기별 미술활동에 있어 정신지체의 시지각 변화에 효과가 있었다고 한다.

물론 펜이 뾰족해서 잘못 사용하면 약간의 위험성이 내포하기 때문에 주의해야 하지만, 다양한 드로잉 매체를 활용하여 기초조형 활동을 여러 기법으로 촉진하면 미술치료의 치유적 효과가 매우 풍부할 것으로 기대한다.

(2) 사인펜과 매직펜

사인펜(sign pen)과 매직(magic pen), 펠트 펜(felt pen)은 금속 펜보다도 부드러우나 농도 조절이 힘들고 그 자체에 잉크가 들어 있으므로 증발을 방지하기 위하여 뚜껑을 잘 닫아 두면 몇 년을 두고 쓸 수가 있다.

장기간 사용하지 않아 용제가 증발되었을 때, 수성은 물이나 알코올을 첨가하고 유성은 벤젠 등을 첨가하면 재사용할 수 있다. 펜의 뒤쪽 마개를 열고 섬유질로 된 잉크관을 분리한 다음 용제를 녹거나 용제가 촉까지 도달하는 몇 분의 시간을 기다린 후 사용하는 것이 좋다. 한편 펜의 심은 합성 펠트나 합성지로 만들어져 굵기가 매우 다양하며, 사용하는 잉크에 따라 수성과 유성으로 나뉘고 휘발성 펜도 수성과 유성이 된다(심상철, 2000).

〈그림 4-56〉 사인펜

〈그림 4-57〉 네임펜

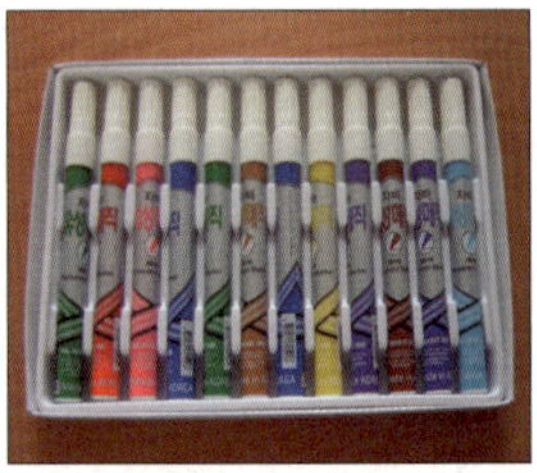

〈그림 4-58〉 매직펜

〈그림 4-59〉 자화상[13)]

〈그림 4-60〉 크로키[14)]

13) 4학년 남자 아동이 자신의 모습을 초록색 사인펜으로 표현하고 물로 번지기 기법을 적용하였다. 그림은 잘 그렸지만 내성적이고 함묵적인 아동의 표정이 자화상에 나타났다.

14) 4학년 남자 아동이 친구의 모습을 붓펜으로 크로키한 작품이다. 〈그림 4-59〉와 동일한 내담자인데 크로키를 잘 해 학급대표로 상도 받고 미술치료를 통해 자존감이 많이 향상되었다.

특히 사인펜은 유성과 수성이 있으며 수성은 수채물감이나 물이 묻으면 번지는 효과를 나타낼 수 있어 다양한 효과표현이 가능하다. 사인펜은 크레파스와 색연필은 미술치료에서 치료 초기에 간단하게 사용할 수 있는 매체이며, 누구나 연령층과 상관없이 적용할 수 있는 매체이다. 그림과 함께 간단하게 글을 쓸 수 있어 더욱 친밀한 매체이기도 하다. 사인펜은 미술치료에서 가장 일반적으로 사용하는 매체로서 난화에도 주로 이용된다. 본장에서는 사인펜으로 할 수 있는 대표적인 것으로써 치료 첫 시간에 자신을 소개하는 '나의 우주'와 내담자의 여러 가지 감정을 살펴보는 '감정 피자프로그램'이 있는데 다음 표를 통해 자세히 소개하고자 한다.

① 미술치료에서 나의 우주 프로그램

〈표 4-7〉 미술치료에서 나의 우주 프로그램

제목	'나의 우주'
목표	• 치료자 및 집단원들과의 친밀한 관계를 형성한다. • 비 위협적인 방법으로 자신에 대해서 이야기 할 수 있는 기회를 제공하고 자신에 대하여 긍정적인 것을 느낄 수 있도록 내담자를 돕는다. • 정서적인 문제에 들어가기 전에 실시할 수가 있으며 치료 초기에 자기소개 프로그램으로 응용하면 좋다.
준비물	• 8절지 도화지나 색 도화지, 사인펜(12색), 색연필(12색), 파스텔, 컴퍼스
진행내용	• "○○에 의한 나의 우주" 라고 도화지 맨 위에 제목을 쓰도록 한다. ○○은 내담자의 애칭이나 별명을 사용하면 좋다(예, 나무의 우주). • 나의 세계 또는 나의 우주 또는 나의 지구를 그리기 위해서 커다란 둥근 원을 그리도록 한다(스스로 둥근 원을 그릴 수도 있고 컴퍼스로 원을 그릴 수도 있으며 아직 어린 아동일 경우에는 치료자가 동그라미를 그려주면 좋다). • 자신의 우주(동그라미) 주위를 별, 달, 로케트, 화성과 같은 것 등으로 멋지게 꾸미도록 한다. • 우주(동그라미 안)를 자유롭게 5-6등분해서 섬이나 나라를 만든다. • 이제부터 우주 안에 섬 또는 나라를 하나씩 만들면서 다음과 같은 질문을 하면서 섬 안을 채워 나가도록 한다. 즉 섬 안에 다음과 같이 글을 쓰거나 그림을 그리도록 한다. 예) 내가 키우고 싶은 애완동물은? '토끼'입니다. • 다음과 같은 질문을 하도록 한다. · 네가 좋아하는 음식은? · 너의 가장 친한 친구는? · 학교가 끝난 후 하고 싶은 것은? · 내가 갖고 싶은 애완동물은? · 내가 가장 잘 하는 것은? · 내가 가장 잘 보는 TV프로그램은? · 내가 가장 좋아하는 옷은? · 주말에 하고 싶은 일은? • 여러 가지 질문들을 하면서 내담자와 대화를 나누데 집단의 성격과 연령층에 따라 질문 내용을 융통성 있게 수정해 나아가도록 한다.

기대되는 효과	• 각 각 분리된 나의 세계(섬이나 나라들)가 전체 동그라미 안에 통합되어서 나의 세계 및 우주를 이루는 것이며, 다양한 질문을 통해서 내담자에게 흥미롭게 접근해 들어간다. 이 부분에서의 활동은 평가과정의 초기 부분에 적용된다. 초기 부분에 내담자에 대한 여러 가지의 다양한 정보를 얻을 필요가 있다. 이러한 활동은 내담자에 대해 치료적 평가를 할 수 있도록 도와줄 뿐만 아니라 내담자와 라포관계를 형성하는데 도움이 되고 그들 자신과 그들의 어려움에 대해서 이야기 할 수 있는 기회를 제공한다.	
나의 세계와 나의 우주 작품	 〈그림 4-61〉 '나의 세계'	 〈그림 4-62〉 '나의 우주'15)
작품 설명 및 이해	중학교 1학년 남학생이 한 작품인데, 배경에는 파스텔로 우주의 암흑세계를 표현했으며 아동의 취미와 관심분야를 알 수 있다. 에너지와 호기심이 많은 내담자이다.	미술치료를 공부하고 싶어하는 심리학과 대학생의 작품이다. 미래 상담사에 대한 열망이 보인다. 단순하면서 간결하고 깔끔한 것을 추구하는 성격이 엿보인다.

② 미술치료에서 감정을 표현하는 프로그램 1

〈표 4-8〉 행복, 슬픔, 분노(Happy, Sad and Anger)/5-14세

제목	행복, 슬픔, 분노
목표	• 감정(feeling)에 관해서 이야기 할 기회를 주고 분노나 슬픔과 같은 감정을 표현할 기회를 허용한다. • 간접적인 방법으로 그림을 통해 내담자의 정서를 논할 수 있다.
준비물	• 8절지 색도화지, 12 색 사인펜

15) 〈그림 4-62〉은 서울미술치료연구소 '미술매체와 미술치료기법'수업에 참가한 회원 분의 작품입니다.

<table>
<tr><td>진행내용</td><td colspan="2">• 커다란 비누 방울 모양 3~4개를 도화지에 꽉 차도록 그려달라고 부탁한다.
• 비누 방울 모양 안에 작게 행복한 얼굴을 그려 달라고 한다.
• 저학년 아동일 경우는 “언제 행복합니까” 하고 물어보고 고학년일 경우에는 “무엇이 너를 행복하게 만드니?” 하고 좀 더 추상적으로 물어본다.
• 질문한 것에 대하여 비누 방울 모양 안에 사인펜으로 적어 놓는다.
• 주의할 사항은 긍정적인 감정부터 시작하도록 한다.
• 다음은 '슬픔이나 분노 또는 근심, 혼란, 당황스러움'으로 진행할 때도 위와 같은 방법으로 적용한다.
• 4-5가지 정서도 응용할 수 있지만 반드시 긍정적인 정서 한 가지 정도는 추가하도록 한다.
• 각각의 감정에 대해 내담자와 충분한 대화를 나눈다.</td></tr>
<tr><td>기대되는 효과</td><td colspan="2">• 정서적인 표현을 통해서 가족상황이나 가족관계의 문제점 또는 학교나 교우관계의 어려움에 관한 정보가 주어질 수도 있다. 좀 더 불안한 내담자에게는 '근심, 혼란 및 당황'과 같은 좀 더 부정적인 정서에 초점을 맞출 수가 있다.</td></tr>
<tr><td>나의 행복, 슬픔, 분노, 근심</td><td>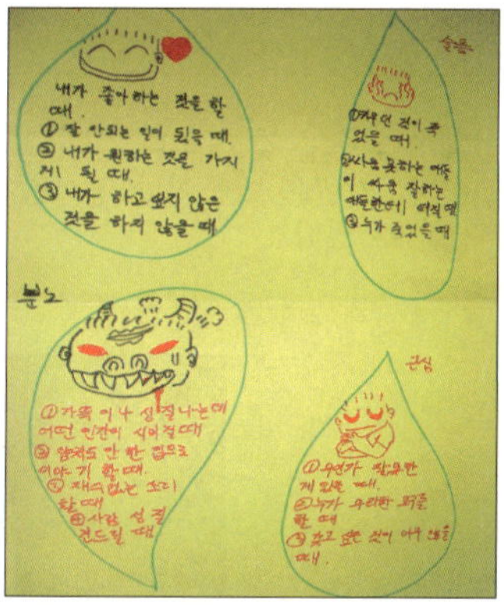
〈그림 4-63〉 나의 행복, 슬픔, 분노, 근심</td><td>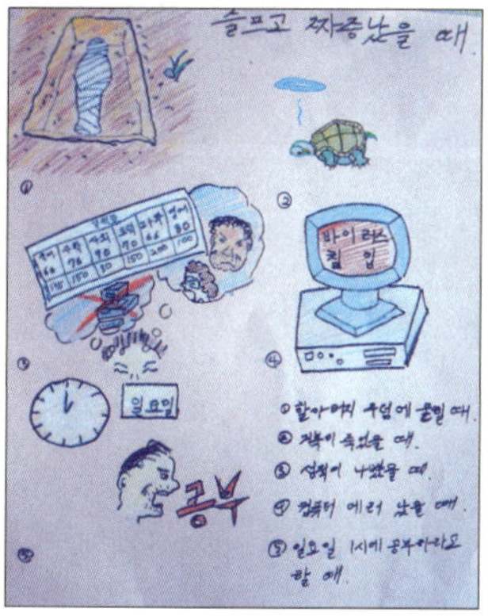

〈그림 4-64〉 슬프고 짜증날 때</td></tr>
<tr><td>작품 설명 및 이해</td><td>중학교 1학년 남학생이 한 작품인데 각각의 감정에 대해 솔직하게 표현하였고 Piaget의 형식적 조작기로 발달단계가 이행되는 모습을 볼 수 있다.</td><td>〈그림 4-63〉과 동일한 내담자가 한 작품인데 좀더 감정을 깊이 보고 초점화하기 위해 감정 하나를 선택하라고 했더니 4개의 감정 중 슬픔과 짜증 2개의 감정을 선택하여 표현하였는데, 성적에 대한 압박이 많음을 알 수 있다.</td></tr>
</table>

③ 미술치료에서 감정을 표현하는 프로그램 2

〈표 4-9〉 감정수레바퀴(Feelwheel)/ 7세 이상

제목	감정수레바퀴 또는 감정피자
목표	• 개인적 환경과 상황에 관계된 감정을 유발하기 위해서 내담자가 그러한 감정들을 인식하도록 도와주고 어떻게 그것들이 행동에 영향을 미치는지 논의를 한다.

준비물	• 12색 사인펜과 8절지 도화지, 자 그리고 가위, 풀, 색종이 또는 한지, 포장지
진행내용	• 커다란 원을 그리고 그 원을 6-10등분을 한다. • 원을 오려서 다른 색 도화지에 붙인다. • 원의 가장자리를 예쁘게 장식한다. 작업에 대한 진지함과 흥미를 유발하도록 한다. • 각 부분마다 여러 다른 감정을 쓰도록 한다. 예를 들어 자신감, 두려움, 흥분, 실망, 행복, 혼란, 무서움, 죄책감, 외로움, 당황감, 노여움, 슬픔(개개의 내담자에게 알맞은 정서를 치료자가 선택해 제시하도록 한다)내담자의 능력에 따라 그 감정 표현의 수를 제한한다. • 감정 수레바퀴가 다 완성이 되었으면 치료자는 화실 쏘듯이 무작위로 선택해 내담자에게 이야기하도록 한다. • 어린 아동인 경우 너무 아동의 문제와 어려움과 밀접한 정서는 가급적 처음에는 피하도록 한다.
	• 기법을 재미있게 응용해보면 아동이나 청소년이 좋아하는 피자로 즉 '감정 피자'로 제목을 바꾸어서 해 볼 수도 있다.
기대되는 효과	• 아동들은 흔히 감정을 이야기하는데 실제 어려움을 갖고 있다. 특히 10대들은 그들의 감정을 표현하라고 지시 받을 때 많이 위축한다. 본 기법은 아동이나 청소년이 치료적 상황에서 좀 더 쉽게 그들의 감정을 표현하고 이야기 할 수 있다.
나의 감정 피자	 〈그림 4-65〉 '나의 감정피자' 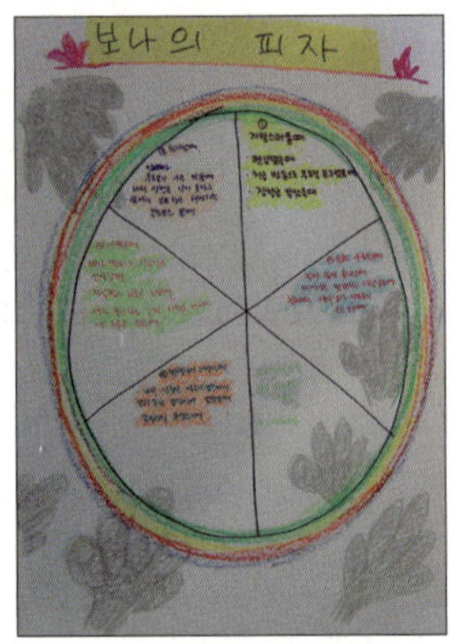 〈그림 4-66〉 '나의 감정피자' [16]

3장 '미술매체 이해하기'에서 Rubin(1984)이 제시했듯이 미술치료에서는 간단한 매체를 미술치료사나 내담자도 선호를 하며, 특히 사인펜, 색연필로 할 수 있는 프로그램이나 기법 등은 다양하며 지면상 다 열거할 수가 없어 주요 몇 가지만 소개하였다.

다음은 매직 매체에 관한 것인데, Gantt와 Tabone은 1998년 미술치료 척도의 형식 요소들

16) 〈그림 4-65〉과 〈그림 4-66〉서울미술치료연구소 '미술매체와 미술치료기법'수업에 참가한 회원 분의 작품입니다.

FEATS(The Formal Elements Art Therapy Scale)이란 책을 출간하여 PPAT(Person Picking an Apple from a Tree) 즉 '사과나무에서 사과를 따는 사람그리기'라는 그림검사를 소개하였는데, 여기에서 사용되는 주 매체가 바로 매직펜 12색이다. 또한 얼굴 자극그림 검사(Face Stimulus Assessment:FSA) 역시 주 매체가 매직펜이며, 이 투사검사는 3가지 자극 그림들로 구성된다. 첫 번째 검사지는 표준화된 사람 얼굴 이미지로 구성되고, 두 번째는 얼굴 윤곽만을 포함하며, 세 번째는 백지이다(Betts, 2003).이에 대한 자세한 설명은 관련서적이나 논문을 보기 바라며 본장에서는 PPAT와 FSA가 매직을 사용해 검사를 했다는 것을 강조하며 사례 그림을 만을 참고적으로 제시하고자 한다.

본 장에서는 미술치료임상에서 사용 가능한 드로잉 재료로 그 대표적인 것으로써 연필, 목탄과 콩테를 소개하였고, 기타 재료로 펜과 잉크와 사인펜과 매직펜을 소개하였는데, 이외에도 먹과 붓, 파스텔, 오일 파스텔 및 크레용과 크레파스 역시 드로잉 재료로 많이 활용되는 매체이므로 임상에서 활용하면 도움이 될 것이다.

〈그림 4-67〉 PPAT[17]

〈그림 4-68〉 FSA 3개의 그림[18]

17) 사과 따는 사람 그림검사는 사과 따는 모습을 통해 그 사람의 문제해결력을 보는데, 본 그림은 내담자 자신이 이 세상에 제일 큰 나무에 올라가는 모습을 그렸고 그 위에 해와 달이 함께 공존해 있다. 20대 초반의 남자 내담자는 이런 상상의 날개를 펼치면서 미술치료를 통해 현재의 스트레스를 해소하는 것처럼 보였다.

18) 얼굴자극그림검사로 50대 초반의 여자 내담자는 첫 그림에서 자신이 너무 늙은 중년의 여인 같고 옷 문양이 현재 처한 직장의 스트레스를 암시하는 것 같다며 너무 표정이 딱딱하다고 하였다. 두 번째, 세 번째 그림에서는 과거의 자신의 젊고 발랄한 모습을 표현하려고 하였다.

참고문헌

권여현(1999). **드로잉의 세계.** 서울: 재원.

김동연, 최외선, 공마리아(2002). **HTP와 KHTP 심리진단법.** 대구: 동아문화사.

김진엽(1987). **드로잉의 기초.** 서울: 도서출판 국제.

배미순(2007). 자유로운 발상과 표현에 의한 고등학교 드로잉 수업지도 방안: 마인드맵기법 중심으로. 국민대학교 교육대학원 석사학위 논문.

신현숙(1992). **초현실주의: 예술 각 분야에 나타난 모범 정신과 그 한국적 수용.** 서울: 동화출판사.

심상철(2000). **미술재료와 표현.** 서울: 미진사.

안희정(2001). 한국 근대 자화상 연구. 이화여자대학교 석사학위논문.

이강일(1997). **소묘의 이해.** 서울: 미진사.

이경지(2009). 일상성을 통한 드로잉 표현력 지도방안 연구: 고등학교 1학년을 중심으로. 국민대학교 교육대학원 석사학위 논문.

이경희(2002). 청소년기 자아정체감 확립을 위한 자화상 지도방안. 국민대학교 석사학위논문.

이복실(2005). 초등학교에서의 다양한 색연필화 기법 연구. 부산교육대 교육대학원 석사학위논문.

이선영(2005). 초현실주의 기법을 이용한 아동화의 다양한 표현방법에 대한 연구. 국민대 교육대학원 석사학위 논문.

이주연 역(1995). **미술 재료 및 용구 백과.** 서울: 예경.

이일(1985). **현대미술의 시각.** 서울: 미진사.

임정기(1994). 미술교육에 있어서 드로잉에 대한 재고. 한국미술교육학회 **미술교육논총, 3,** 145-177.

임수형(2001). 기초 조형을 통한 시지각 향상학습 지도방안 연구. 한국교원대 석사학위논문.

오순이(2002). 기초조형 중심의 미술치료프로그램이 EMR아동의 시지각발달에 미치는 효과. 대구대 재활과학대학원 석사학위논문.

유홍준(1997). **조선시대 화론 연구.** 서울: 학고재.

월간미술(1999). **세계미술용어사전.** 서울: 월간미술.

전영탁, 전창림(2005). **미술재료 : 미술재료와 기법백과.** 서울: 미술문화.

정지욱(2005). 내면적 언어로서의 드로잉: 본인 작품을 중심으로. 배재대학교 석사학위논문.

지현경(1995). 연필을 이용한 일러스트레이션 표현: 실험작품을 중심으로. 이화여자대 산업미술대학원 석사학위논문.

조병완 역(1992). **색연필 묘법.** 서울: 도서.

조선미(1996). **화가의 자화상.** 서울: 도서출판 예경.

차봉희(1989). **점 · 선 · 면-회화적인 요소의 분석을 위하여.** 서울: 열화당 미술신서.

최외선 · 김갑숙 · 최선남 · 이미옥(2006). **미술치료기법.** 서울: 학지사.

하섭(1997). 點, 線, 面, 形에 있어서 視知覺을 통한 造形性 연구. 동국대교육대 석사학위논문.

한국 미술연구소, 서울여대 조형연구소(2001). **드로잉.** 서울: 시공사.

한국미술치료학회(1995). **미술치료의 이론과 실제.** 대구: 동아문화사.

Andrew Small(1996). Essay in Self-Portraiture: A Comparison of Technique in the. Self-Portraits of Montaigne and Rembrandt. New York: Peter Lang.

Betts, D. J.(2003). Developing a Projective Drawing Test : Experiences with the Face Stimulus Assessment(FSA). *Art Therapy: Journal of the American Art Therapy Association, 20(2),* 77-82.

Gantt, L., & Tabone, C. (1998). The formal elements art therapy scale: The rating manual. Morgantown, WV: Gargoyle Press.

JoséMaría Parramón(1987). 최기득 역(1992). **소묘.** 서울: 미진사.

Pascal Bonafoux(1985). Portraits of the Artists : The Self-portrait in Painting. New York : Rizzoli.

Piper, D. (1981). 손효주 외 역(1995). **미술의 이해 : 미술감상의 원리.** 서울: 시공사.

Rubin, J. A.(1984). The Art of Art Therapy. New York: Brunner/ Mazel Inc.

Walker, J.(1983). Portrait 5000 Years. New York: Harry & Abrams.

竹內敏雄(1966). 안영길 외 역(1993). **美學 · 藝術學 事典.** 서울: 미진사.

III. 페인팅 재료

페인팅 매체(painting media)에 대해서도 드로잉 재료와 마찬가지로 그 종류가 다양한데, 크레용과 크레파스, 투명수채화, 불투명수채화, 포스트컬러(디자인 컬러)가 있으며 마지막으로 좀 더 전문가용인 튜브와 액체 형태로 이용되는 유화물감과 아크릴 물감과 같이 좀 더 단가가 높은 제품도 있다. 미술치료사는 여기에 맞는 화지를 선택하여야 할 뿐만 아니라 이에 대한 붓의 종류와 팔레트 보조제의 종류 및 사용기법에 대해서도 알아두어야 할 것이다. 핑거 페인팅은 다양한 재질을 활용하면서 여러 다른 물질로도 충분히 만들 수 있다(비누가루, 액체 합성세제 또는 액상이나 가루형태로 만들어진 다양한 재료를 혼합해서 판매하기도 한다). 역시 풀과 같이 접착력이 있는 축축한 형태와 분말 형태는 상품화되어 시판되고 있으며 요즈음은 아동미술치료에서 면도크림, 전분가루 및 석고가루도 많이 이용되고 있다. 크레파스와 수채화물감의 성질을 혼합한 파스넷도 시판되고 있다. 드로잉 도구와 함께 여러 형태의 페인팅 매체에 관하여 아는 것은 미술치료사에게는 필수적인 일이다.

본장에서는 다른 어떤 재료보다도 미술치료에서 페인팅 재료가 많이 적용되기 때문에 각각의 매체에 대한 페인팅 재료의 개념과 방법, 역사 그리고 페인팅 재료의 종류, 사용기법 및 특성과 미술치료임상의 적용 및 실제에 대해서 알아보고자 한다.

〈그림 4-69〉 크레용

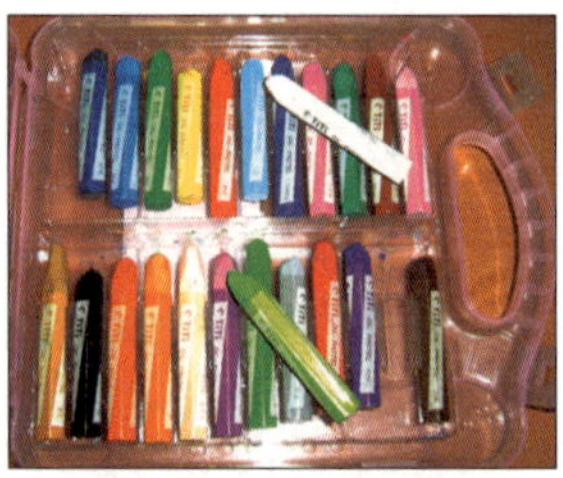

〈그림 4-70〉 크레파스

〈그림 4-71〉 오일파스텔

〈그림 4-72〉 파스텔

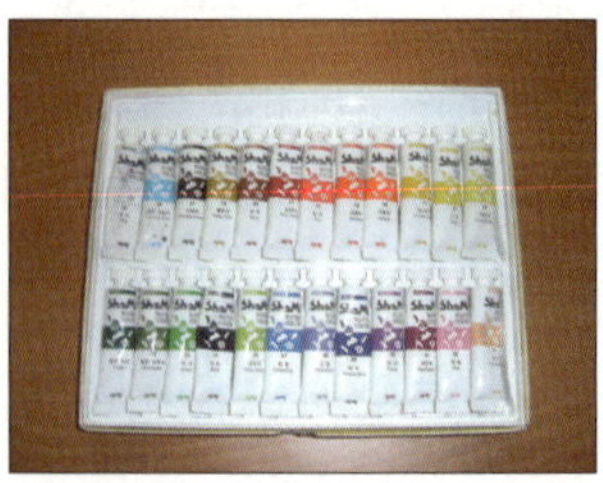

〈그림 4-73〉 수채화물감

〈그림 4-74〉 파스넷

1. 크레용과 크레파스

1) 크레용

안료에 파라핀이나 밀랍을 섞어서 녹여서 고형화한 회화 재료이다. 프랑스에서는 연필을 의미하며 연필로 그린 그림을 크레용이라고도 한다. 크레용(crayon)은 채색이 맑고 깨끗한 특색이 있어도 색상의 정도가 고르지 않아서 불편했다. 그러나 20세기 초에 직접 자연을 사생하게 하는 자유화 교육이 시작되면서 학생용으로 널리 보급이 되었다. 요즈음은 색상도 다양해지고 그 질도 많이 보완되었으며 사용하기와 이동이 편리해서 유아나 초등학생들의 그림 그리기에 널리 애용되고 있다.

(1) 크레용의 기원

불어로 연필을 말하나 시판되는 좁은 의미의 크레용은 안료와 파라핀왁스(paraffin wax)등을 열로 녹인 후 골고루 섞어 고형화 시킨 것을 말한다. 그리스 이전 시대에 이미 안료에 밀랍을 넣은 납 물감이 만들어져 이것을 금속의 팔레트 위에 놓고 밑에서 가열하여 녹는 순간 화면에 칠해서 그렸다고 한다(전영탁, 전창림, 1996).

크레용의 역사는 고대 그리스 시대에 앙코스틱과 고대 이집트인이 기원전부터 사용한 상아판 위에 홈을 파고 거기에 초(wax)를 녹여 부은 뒤 안료를 섞어서 만든 필기구였다.

앙코스틱은 파라핀과 안료를 혼합한 것으로서, 고대의 화가들은 그것으로 그림을 그릴 때 열을 가하여 녹인 후 붓으로 찍어서 그렸으며, 쉽게 굳어지는 단점 때문에 9세기부터 점차 자취를 감추게 되었다. 현재와 같은 크레용은 19세기말 프랑스의 화가가 앙코스틱에서 힌트를 얻어 만들었고, 1924년 스위스의 카렌다쉬사가 기업화하였다.

크레용은 도화지만 있으면 물이나 기름 또는 화필 같은 도구가 전혀 필요 없어 간편하고 표현이 자유롭기에 20세기 초까지 그림을 본보기로 하여 묘사하는데 의존하였던 미술교육에서 벗어나 직접 자연을 묘사하게 하는 자유화 교육이 시작되면서 학생용으로 많이 보급되었다.

(2) 크레용의 종류

① **유성 크레용** : 안료와 파라핀, 밀랍 등을 열로 녹인 후 골고루 혼합하여 고형화 시킨 것으로써 일반적으로 말하는 크레용이다.

② **수성 크레용** : 안료에 유화제나 글리세린, 아라비아고무 등을 혼합하여 고형화 시킨 것

으로 종이에 원하는 그림을 그린 후 붓에 물을 묻혀 닦아내면 크레용의 색상이 물에 녹아 간단히 수채화 그림을 그릴 수 있으며, 배경 등의 넓은 면을 표현하기가 용이하다.

③ 기능성 크레용

- 금속 빛 크레용: 어두운 색지 위에 칠하면 더욱 선명하고 금속 빛 느낌을 충분히 낼 수 있다.
- 반짝이 크레용: 색을 칠한 후 반짝이는 효과를 어두운 색지에 사용하면 더욱 큰 효과를 낼 수 있다.
- 염색 크레용: 그림을 그린 후 손수건이나 티셔츠에 종이가 타지 않을 정도의 온도로 다림질하면 열로 인해 그려진 크레용이 티셔츠에 묻어져 염색이 되는 원리이다.
- 트위스트 크레용: 돌려서 색연필과 같이 사용한다.

(3) 크레용의 특성

① 프랑스에서는 연필을 의미한다.

② 사용방법이 간단하다.

③ 색이 다양하며 색깔이 선명하다.

④ 색이 잘 혼합되어 다양한 효과를 표현할 수 있다.

⑤ 점이나 선만으로도 표현할 수 있고 색을 칠할 수도 있다.

⑥ 배수성의 신기한 효과로 인해 아동들의 흥미를 유발하는 그림 그리기에 적당하며 물감과 함께 표현할 수도 있다.

⑦ 열에 약하며 녹는 성질이 있으므로 녹여서 표현 가능하다.

⑧ 긁어서 표현할 수 있다.

⑨ 손에 잘 묻지 않는다.

(4) 사용기법

① 물과 기름의 반발 원리를 이용한 배수성의 신기한 효과로 인해 아동들의 흥미를 유발하는 그림 그리기에 적당하다고 볼 수 있다.

② 수성 크레용으로 그림을 그린 후에 물을 적신 붓으로 문지르면 안료의 일부가 물에 풀어져 색이 혼합되는 느낌을 주며, 수채화 효과를 낸다.

③ 종이 위에 크레용으로 그림을 그린 후 종이를 덮고 약한 열로 다림질하여 새로운 기

법의 그림을 그린다.

④ 직접 화면에 칠할 수 있으므로 유화의 밑그림을 그리는 데도 유용하게 쓰일 수 있다.

(5) 크레용의 치유적 요인 및 장점

① 유아기의 어린이에게 알맞은 재료로서 학령전기 아동에게 좋다.

② 휴대가 용이하므로 야외 스케치에 이용하면 좋다.

③ 밝고 색감이 깨끗하여 아동화에 적합하다.

④ 연필처럼 깎을 필요도 없으며, 약간의 겹칠로 중색의 효과를 표현할 수 있다.

⑤ 연필보다 강한 음영을 나타낼 수 있고, 사용방법에 따라 다양한 흥미로운 효과를 낼 수 있다.

⑥ 크레파스에 비해 입자가 거칠고 불투명감이 덜하며 채색할 때 찌꺼기가 나오지 않는다.

⑦ 정착액이 필요 없으며, 덧칠을 이용한 다양한 기법을 개발하면 특히 아동들의 그림동기 유발이나 그림에 대한 흥미를 촉진할 수 있다.

(6) 크레용의 제한점

① 색조가 여리고 딱딱하면 혼색이 잘 되지 않으므로 현재로는 색연필을 즐겨 사용한다.

② 단단하여 바탕 면 위에 고르게 칠하기 어려워 정교한 회화에는 부적합하고 지우기도 어렵다.

③ 양초와 같은 끈끈함이 있고, 혼색도 자유롭게 되지 않고 커다란 작품에 알맞지 않은 결점이 있다.

④ 크레용은 너무 강하고 겹칠을 하면 불쾌한 광택이 화면에 생기므로 대체로 저학년 회화에 적합하다.

2) 크레파스

크레파스는 감각적 특성을 낼 수 있는 재료의 특성상 색에 의한 다양한 톤의 분위기를 살릴 수 있고, 어떤 장소 여건에서도 간편하고 시간적 제약 없이 제작이 용이하며, 기법상 즉흥성과 직관성을 내포하고 일회적인 특성이 강하고 세밀한 표현에서 순간적인 표현까지 매우 다양한 표현방법과 기법들이 가능하다. '크레파스화'도 독립된 회화의 한 분야로 스스로의 특성과 개성을 충분히 갖고 있다. '크레파스화'에 대하여 깊은 예술적 이해와 감각, 그리고 다양한 방법으로 연구하여 그린다면 다른 어떤 재료에 비교할 수 없는 독특한 미와 매력이 있다.

또한 크레파스는 수채화, 파스텔, 연필, 펜 등과 같은 재료와 함께 사용할 수 있으므로 풍부한 표현능력이 있고, 의도하는 바에 충분히 부합되는 다양한 표현이 가능하다.

그 재질에서 보면 거시적으로는 가장 오래된 그림 그리는 재료로서 그리스 시대에 납과 안료를 혼합하여 만들어 썼는데, 여기서 크레용을 개량한 것으로 현재에는 색과 재질의 면에서 현저하게 개선되어져 그림 그리는 재료로서 여러 가지 이점을 가지고 있다.

그러나 주로 유아 · 학생용으로서 이용되어지고 연구되어져 온 관계로 일반 그림 재료로서의 인식은 별로 없고 해서 이것에 대한 연구는 크게 이루어지지 않고, 아동용 그림 재료로서의 초보적 · 보조적인 것이라고 인식되어져 있다. 따라서 일반 그림 그리는 재료로서의 특히 색채화의 그림 그리는 재료로서 재질에 적합한 기법이나 기초 재료에 관해 또는 관련 그림 재료에 관해서 지침이 되어야 할 것이 거의 없는 실정이다(배수열, 2000).

미술치료 임상에서도 가장 많이 사용하는 매체가 크레파스임에도 불구하고, 기법은 다양하게 소개되었지만 이것에 대한 치유요인 등에 대한 연구가 부족한 편이기 때문에 관심을 가질 필요가 있다.

(1) 크레파스의 기원

'크레파스'라는 그림 도구의 정식 명칭은 '오일 파스텔(oil pastel)'이다. 기름기가 있는 파스텔이라는 말로 광택이 있는 파스텔을 말한다. 크레용은 색채가 선명하고 광택이 나지만 손으로 만졌을 때의 느낌이 좋지 않고 덧칠이 용이하지 않다. 이에 비해 파스텔은 색조가 아름답지만 광택이 없고 화면에 칠했을 때 부스러기가 떨어지는 단점이 있다.

그래서 일본에서는 크레용과 파스텔의 특성을 섞어 그림 도구를 만들어 내었는데, 이것이 바로 '크레파스'이다. 1926년 일본의 '사쿠라'라는 상회가 크레용과 파스텔의 중간 성질을 따서 만든 그림도구를 개발하면서 크레용과 파스텔의 앞 글자를 따서 '크레파스'라는 상표를 만들었던 것이다.

그런데 이 그림도구가 크게 인기를 끌면서 '크레파스'가 특정 회사의 브랜드로 알려 지기보다는 이제는 오일 파스텔 제품을 가리키는 명칭이 되었다.

크레용의 원료인 파라핀의 단점을 보완하여, 유럽에서 사용되고 있던 파스텔의 특성을 이용해서 섞어 만든 것이 크레파스이다. 안료에 왁스나 야자유를 섞은 만든 연질의 회화용으로 정식명칭은 '오일 파스텔(oil pastel)'이라 하며, 일본에서 도입될 때 크레파스(cray-pas)라는 이름으로 들어오게 되었다. 겹칠이나 깎아낼 수가 있어 그리는 방법보다 미의 창조에 중점을 두면서 저학년용으로 보급되었으며, 막대 모양으로 고형화된 묘화 재료로 프랑스의 콩테나 파스텔과 종류로 취급되어졌다.

우리나라에서는 1930년대 중반 이후부터 크레용이 사용되었으며 1960년대 초부터 본격적인 생산체제에 들어갔다. 크레파스는 일본이나 중국, 우리나라를 포함한 아시아 지역에서 즐겨 쓴다고 한다. 이것은 유럽이나 미국에서 즐겨 사용하는 크레용과 파스텔의 장점만을 골라 만든 것이다. 크레파스는 유아부터 초등학교 저학년 아동에게 널리 사용이 되고 있는 것으로 어떤 화지에도 거의 사용이 가능한 중요한 재료이다.

〈표 4-10〉 크레파스, 크레용, 파스텔의 성분 비교

	크레용 Crayon	크레파스 Craypas	파스텔 Pastel
주된 재료	안료, paraffin wax	wax, oil	안료, 수산화알루미늄, 아라비아 검.
질 감	유화감 + 건조함	유화감	건조한 느낌
입 자	굵음	굵음	고움
물 성	불용성	불용성	수용성
특 징	밝고 선명한 색감 단단함, 정교한 회화에 부적합	밝고 선명한 색상 부드러운 질감 대부분의 종이에 착색 용이하고, 덧칠 시 찌꺼기 발생	아름다운 색감, 광택이 없음, 화면에 칠했을 때 부스러기 발생

(2) 크레파스의 종류

① 나이 별로 본 아동들의 적당한 크레파스의 수

- 4살까지-12색 색연필
- 5세에서 6세까지-12색 크레파스
- 초등학교 1학년-24색 크레파스
- 초등학교 2학년-36색 크레파스
- 초등학교 3학년-48색 크레파스
- 초등학교 4학년 이상-크레파스 48색 이상

② 어린이의 그림에 있어서 크레파스의 수를 결정하는 데는 먼저 2가지를 생각하여야 한다. 하나는 욕구이고 또 다른 하나는 색채감각이다.

첫째, 색채에 대한 아이들의 욕구이다. 아동 발달 단계에 따라서 유치원에 다니는 6살에서 7살 정도의 나이가 되면 많은 색상을 사용해서 마음속에 숨어 있는 많은 욕구들을 표현하려고 애를 쓴다. 이런 욕구를 충족시키기 위해서는 보다 많은 색을 가지고 그림을 그릴 수 있도록 해야 한다.

둘째, 무엇보다 제일 중요한 것은 어린 아동들의 색채에 대한 감각이다. 특별히 색채감각이 좋은 아동에게는 이와 같이 그대로 적용될 필요는 없다. 이러한 제시는 어린이 미술교육을 전문으로 하는 기관에서 많은 아이들을 직접 가르치면서 나온 결과라고 볼 수 있다. 가장 무난하고 일반적으로 사용한 경우이고, 적당한 시기에 어린이의 능력을 감안하고 능동적인 자세로 크레파스의 수를 점점 많은 것으로 권하면 된다. 나이가 많고 학력이 높다고 무작정 많은 색의 크레파스를 쓰도록 하는 것은 교육의 효과가 전혀 없다. 어린 아동들 능력이 제각각 다르기 때문에 적절하게 응용해야 할 것이다.

(3) 크레파스의 사용기법

크레파스는 다양한 기법을 활용하여 재미있게 표현할 수 있는데 윤기를 내거나 흐리게 칠을 하거나 또는 가늘게 쓰는 방법 등 여러 기법이 있다.

① 임파스토 기법

두껍게 칠해서 유화 느낌이 나는 기법으로서 임파스토 기법은 아크릴 칼라의 접착성과 빨리 건조되는 성질을 이용해서 물감을 두텁게 바르고 입체감을 표현하는 기법이다. 캔버스 위에 튜브의 물감을 짜서, 직접 바르거나 젤을 섞은 물감을 나이프로 펴 마르기도 하는데 크레파스도 두껍게 겹치기로 색칠해서 그러한 효과를 보기도 한다.

② 즈그라피토 기법

바탕에 칠한 색이 얼룩이 져 보이도록 크레파스를 선이나 면으로 긁어내는 기법으로서 즈그라피토 기법은 긁는다는 뜻으로 석회 반죽을 이용한 작품이나 도자기의 제작에 많이 응용된다. 물감을 섞은 석회 반죽을 바른 뒤 그 표면을 긁어내면 바탕칠의 색상이 나타나는데 파스텔이나 크레용으로 그림을 그릴 때 매우 좋은 효과를 낼 수 있다.

③ 스크래치기법

겹칠을 한 다음 칼이나 이쑤시개와 같은 도구로 긁어내면 밑바탕에 깔려 있던 색이 나타나 회화적인 가치를 지니고 흥미를 유발한다. 화지에 무엇을 나타낼 것인가 생각한 후에 빨강, 주홍, 노랑, 연두, 분홍, 하늘색 등 밝은 색을 깨끗하게 칠한다. 밝은 색을 칠할 때는 세모, 네모, 동그라미 등 재미있는 모양을 생각하며, 칠해도 좋고, 추상적으로 바탕을 자유롭게 칠해도 좋다. 밝은 색으로 칠한 종이 위에 검정, 고동, 파랑 등 진한 색을 두껍게 칠하고 나타내고자 하는 주제를 나이프나 조각도로 긁어서 표현한다. 정밀감, 공간감을 느낄 수 있으며, 여러 가지 재료와 병용할 수 있다. 물감, 색연필, 사인펜, 유화 등의 재료와 여러 재질의 종이와도 사용하여 다양한 효과를 얻을 수 있다. 또래 집단기에 속한 아동들에게 조별로 나누어 스크래치 기법을 적용하여 작업을 하면 약간의 경쟁심도 유발하고 작품의 완성도를 높일 수가 있다. 초등학교 저학년 아동이 혼자 작업할 경우에는 힘이 들기 때문에 종이의 크기를 작게 해주면 좋을 것이다.

〈그림 4-75〉 크레파스의 스크래치 기법 과정 및 작품[1]

④ 스텐실 기법

손가락으로 부드럽게 문질러 혼색을 하는 것인데, 여러 가지 모양을 도화지에 그려 오리고

1) 그림 출처: 김진희(2008). 농촌아동의 자기 효능감 증진을 위한 집단미술치료사례

모양 밖을 손으로 문질러 윤곽의 모양을 재미있게 나타날 수 있다. 또한 도화지 모양을 안으로 오려서 그 안을 손으로 문질러 칠해도 화려한 모양들을 연출할 수가 있다. 이것은 초등학교 저학년 아동이나 학령전기 아동들이 불어 펜을 사용할 때와도 똑같은 원리인데 아동들의 상상력을 자극할 수 있다. 파스텔을 사용해도 색의 번지는 효과를 통해 은은한 색의 환상적인 모습을 볼 수 있으며 이러한 기법들은 작품에 대한 흥미와 심미안을 향상시켜 준다.

⑤ 반발기법

물과 기름이 갖는 배타성을 이용한 기법으로 크레파스의 선이나 색 면 위에 잉크, 수채 물감 등을 칠하면 크레파스 부분은 물감이 스미지 않아 독특한 효과가 난다. 특히 반발성 기법 중에서 가장 단순한 방법으로 크레파스의 수채물감을 병용해서 작업하는 방법으로 크레파스로 그린 그림이 더욱 선명하게 나타나며 수채화와 혼용하여 재미있는 그림을 그릴 수 있다.

〈그림 4-76〉 크레파스의 반발기법[2]

⑥ 열로 가하기

종이 위에 크레파스의 미세한 분말을 뿌려 얇은 종이를 덮고 약한 열로 다림질하여 수채 물감을 덮어 칠하면 반발작용으로 크레파스의 무늬가 환상적으로 나타난다.

⑦ 사포지에 나타내기

크레파스라는 매체는 항상 접하는 매체이기 때문에 약간은 쉽게 싫증을 낼 수도 있다. 이런 점을 보완하기 위해 화지를 변경해주는데 사포지에 표현을 하게 되면 일단 흥미를 유발하게

2) 그림발달이 전도식기나 도식기에 속하는 아동들은 크레파스로 바탕색 모두를 채색하는 것이 힘들기 때문에 크레파스의 반발기법을 이용해 바탕색을 물감으로 칠하면 작품의 완성도를 높일 수가 있으며, 아동에게 작품을 통한 성취감을 줄 수가 있다.

된다. 그리고 싶은 주제를 생각하여 사포지에 크레파스로 스케치한다. 크레파스로 너무 누르면 사포지의 질감이 나타나지 않기 때문에 적당히 자연스럽게 색칠한다. 종이에 그림을 그릴 때와 사포지에 그릴 때와의 차이점과 질감을 감상한다. 개별작업으로 하여도 좋고, 집단작업으로 각자 퍼즐놀이 하듯이 하여도 아주 흥미로운 집단작품이 나오며 작품의 완성도가 높으면 집단 원들에게 만족감을 주어 집단의 응집력을 높일 수가 있다.

(4) 크레파스의 치유적 요인 및 장점

크레용은 주로 선묘(線描)용이고, 크레파스는 면묘(面描)용에도 적당하며 그 외에 크레용보다 발색이 좋고 「손가락 끝의 평평함」이나 스틱 등을 사용하여 마티엘 등의 효과를 나타내는 등 폭 넓은 표현이 가능하다. 또 물이나 기름의 용매나 붓 등을 사용하지 않고 직접 손으로 그릴 수 있는 것과 아동용 그림재료로서 사용되어져 온 관계 때문에 유독한 철, 카드뮴, 비소 등을 일체 포함하지 않는 것으로 안전함과 동시에 다른 그림 재료에 비해 훨씬 저렴한 가격으로 경제적인 면에서 그리는 사람에게 귀중한 이점이 있다(배수열, 2000).

'미술매체 이해하기' 3장에서도 제시하였듯이 크레파스는 미술치료에서 가장 간단한 매체로 임상에서 많이 사용되고 활용되는 매체로 선호되고 있기 때문에 다음과 같은 장점을 제시하고자 한다.

① 누구라도 쉽게 칠할 수 있다.
② 부드러워 혼색이나 덧칠이 가능하다.
③ 수성 사인펜이나 매직펜만큼 칠하기가 편해 스스로 대담하게 칠할 수 있다.
④ 도화지만이 아닌 목판이나 천, 양초에도 다양하게 표현할 수 있다.
⑤ 유화 물감의 효과도 나타낼 수 있다.
⑥ 색상이 선명한 편이다.
⑦ 잘 부러지지 않는다.
⑧ 손에 거의 묻어 나오지 않는다.
⑨ 언제나 새것 같은 기분이며 싫증이 덜한 편이다.
⑩ 충격에 강한 편이다.
⑪ 반발성, 배수성의 그림을 그릴 경우, 결과물이 좋은 편이다.
⑫ 비교적 색 혼합이 무난하며 미끄러움이 좋고, 문지르기가 좋아서 선호한다.
⑬ 크레용에 비해 재질이 부드럽고 불투명 효과 뛰어나며, 거친 질감을 내는데 유리하다.
⑭ 밝은 색으로도 어두운 색을 덮을 수 있다.

⑮ 유성 접착제가 포함되어 있어 기름기 있는 질감과 강렬한 색채를 만든다.
⑯ 약간의 혼색과 겹칠, 또는 긁어내기, 문지르기, 물과 기름의 반발 원리 등 다양하고 풍부한 효과로 아동들에게 매력을 준다.
⑰ 야외 스케치나 크로키에 자주 쓰인다.
⑱ 두터운 덧칠 층이 색깔을 풍부하게 하고, 테레빈유에 녹는 성질이 있어 캔버스나 종이 위에 유화와 같은 효과를 낼 수 있다.

이와 같이 크레파스는 장점이 많은 만큼 내담자에게 사용할 때 여러 다양한 치유요인들을 미술치료사가 적용할 수 있을 것이다. 간단한 매체는 치료 초기에 사용되지만 미술치료에서 중요한 치유요인이라고 할 수 있는 작업과정에서 오는 자발성, 주도성, 성취감과 집중력 그리고 창조성 등과 같은 치유요인과 연결하기 위해서는 다음과 같은 점을 기억하면 좋다. 첫 번째로는 여러 재질의 종이(신문지, 포장지, 달력종이, 색종이, 상자, 도화지, 색 도화지, 골판지, 전단지 등)와 물감, 사인펜, 색연필 등의 미술매체와 어울려 다양하게 사용해서 작품의 예술성을 최대화한다. 두 번째로는 크레파스 자체만으로도 작품의 예술성과 창조성의 효과를 충분히 낼 수 있기 때문에 작품의 완성도를 높여나갈 수 있도록 한다. 세 번째로는 간단한 매체이고 작품도 단순하게 나왔다지만 미술치료에서 제일 중요한 매체를 통한 대화와 의사소통 및 상호작용을 내담자와 치료자가 충분히 공감하여 나누도록 한다.

(5) 크레파스의 제한점

어린 아동들에게는 크레파스가 친밀하고 부담이 없는 매체라 많이 사용한다. 그러나 양육자의 강요로 일찍이 어린 나이부터 미술학원에서 크레파스로 작품을 완성해야 한다는 압박감으로부터 스트레스를 경험한 아동들에게는 크레파스가 아주 부담스러울 수 있으며 심지어 '크레파스 공포증'이 생길 수도 있다. 크레파스로 화지 전체를 채색해야 하는 것은 아동들에게 힘이 들기 때문에 무조건적인 강요보다는 개인차를 고려해 할 것이다. 안료에 납 성분을 섞어 만드므로 손에 묻는 것에 유의해야 하며, 다 쓰고 난 뒤에는 비누로 깨끗하게 손을 씻는 것이 좋다(박현주, 서명옥, 2009). 다음과 같은 크레파스의 제한점을 이해하고 임상에 적용하면 좋을 것이다.

① 부드러워 잘 뭉개지며, 충격에 약해 잘 부러진다.
② 파스텔의 성분이 있어 도화지가 지저분해질 수 있다.
③ 사용 시 손가락에 묻으며, 색칠 후 찌꺼기도 생겨 불쾌감과 물감의(반발성 배수그림)

에 영향을 주기도 한다.

④ 물로 쉽게 세척이 어렵다.

⑤ 부드러워 얼마 사용하지 않아, 끝이 뭉툭해 질 경우에 깎아 주어야 섬세한 표현이 가능하며 잘 부러진다.

(6) 미술치료임상에 적용된 기법

크레파스가 미술치료에서 많이 활용되는 만큼 미술치료에서 적용되는 기법 중에는 크레파스로 할 수 있는 것이 상당히 많다. 지면상 다 소개할 수 없으며, 치료 초기에 주로 활용되는 진단 및 치료적 기법 몇 가지를 소개하고자 한다.

① 풍경구성법

풍경구성법(Landscape Montage Technique:LMT)은 도화지에 강, 산, 밭, 길, 집, 나무, 사람, 꽃, 동물, 돌, 마지막으로 무엇인가 부족한 것이나 자신이 그려 넣고 싶은 것이나 또한 첨가해서 그리고 싶은 부분이 있으면 그려 넣게 하고 하나의 풍경이 되게 채색하도록 한 다음 그것에 대해서 계절, 시간, 기후, 내의 흐르는 방향, 사람과 집, 밭 등의 관계에 대해서 이야기 한다. 치료 가능성의 평가와 문제점의 추측과 관찰에 유용하다. 진단과 치료에 모두 사용할 수 있으며, 모래상자 놀이 치료 전문가들이 즐겨쓰는 방법이다(한국미술치료학회, 1995).

〈그림 4-77〉 풍경구성법[3]

② 난화상호이야기 만들기 기법

◀ 매체 : 연필, 크레파스(좋아하는 색 1가지씩 선택), 볼펜, 사인펜

3) 첫 번째 그림은 6세 남자아동이 한 것이며 바다위에 있는 듯한 풍경들이 다소 불안정하게 보이며, 다소 나열식이기는 하지만 집중력있게 최선을 다해 표현하였다. 두 번째 그림은 35세 가정주부의 사후그림이다. 소통의 가능성을 제시하는 다리가 상징적으로 보이며 구도가 안정되어 있다.

◀ 용지크기 : 내담자상태에 따라서 다양하게 사용한다.

◀ 두 장의 그림을 가지고 실시하는 법

- 내담자와 치료자가 각자 다른 종이에 그린 그림이 무엇인지 이야기한다.
- 치료자가 두 장의 그림으로 얘기를 꾸며 나간다(내담자는 듣는다).
- 내담자가 두 장의 그림으로 얘기를 꾸며나간다.
- 다시 치료자(내담자)가 이야기를 꾸며 나가는 과정을 반복한다.

◀ 종이를 4등분하여 실시하는 법

- 먼저 치료자가 종이에 테두리를 그려준다. 그 이유는 내담자가 그림을 그리기 쉽게 하며, 저항을 제거한다. 분열증, 다른 정신질환자, 소심한 사람, 의사표시를 안 하는 사람 등에서 유용하다.
- 내담자(치료자)가 네 칸 중 어느 한 곳에 난화를 그리고 치료자(내담자)가 이미지화해서 그림을 그린다.

  세 번째와 두 번째를 반복하여 화면의 네 곳을 모두 채워 네 개의 그림을 모두 그린다.
- 그린 순서에 관계없이 서로 이야기를 꾸며 나간다. 순서를 바꾸어 가며 반복해서 꾸며 나간다(한국미술치료학회, 1995).

◀ 기대효과 및 평가

- 난화를 통해 내담자의 자유연상 수준 및 창의적 사고를 평가하고 신장시킨다.
- 난화상호이야기 기법을 통해 내담자의 언어수준 및 쓰기 능력을 평가하고 발달시킨다.
- 난화의 상징들을 통해 내담자의 마음을 이해하고, 계속적인 난화 상호이야기 기법 활용을 통해 치료적 변화를 살펴본다.

〈그림 4-78〉 난화상호이야기 기법[4)]

4) 아버지의 가정폭력으로 선택적 함묵증 증상을 나타낸 13세 된 여자 아동의 작품이다. 난화상호이야기 기법에 대한 글 내용을 살펴본 결과 기본적인 한글 맞춤법이 틀리는 등 선택적 함묵증의 2차적 장애인 학습장애가 시사된다.

③ 낙서 안에서 숨은 그림 찾기

미술치료자와 내담자가 먼저 좋아하는 색깔의 크레파스를 하나씩 잡고 마음대로 낙서를 한다. 서로의 선들이 모여 모양이 이루어졌는데 이 모양을 보고 일종의 숨은 그림을 찾는 것이다. 도화지 8절지보다는 4절지가 더 좋고 매체는 파스넷으로 사용해도 흥미롭다. 치료초기에 긴장완화와 친밀감 형성을 위해 유용하다.

〈그림 4-79〉 숨은 그림 찾기[5)]

〈그림 4-80〉 마음대로 낙서하기[6)]

④ 마음대로 낙서하기

4절지 종이에 스트레스가 쌓였다고 생각하고 크레파스나 파스넷으로 마음대로 신나게 낙서를 한다. 낙서를 하기 전에 신나는 음악을 듣고 몸을 풀고 하면 훨씬 더 효과적이다. 낙서를 마음껏 하면 스트레스가 풀린다는 내담자들도 있지만 경직되어 있어 의외로 낙서를 잘하지 못하는 내담자들도 있다. 여기에 한 가지를 더 추가적으로 응용을 하자면 그 낙서를 보고 연상되는 것을 그려보라고 할 때 그 사람의 무의식이 표현되어 가끔 내담자가 놀라는 경우도 있다. 치료초기에 하면 적당하고 감정을 이완하고 스트레스에 대해 여러 가지를 이야기할 수 있어서 좋다. 예를 들어 어디에서 스트레스를 받았는지, 스트레스를 받으면 어떤 감정반응과 행동이 유발되는지, 스트레스에 어떻게 대처하는지 등에 대해 다양하게 이야기를 나눌 수가 있다.

⑤ 돌려 그림그리기

돌려 그림 그리기는 크레파스 뚜껑을 열고 각자 한 색깔씩 크레파스를 선택하고 뚜껑을 닫는다. 6명 정도가 한 조가 되어 실시하면 적당하다. 방법은 각자 1분씩 그림을 그린 다음 치료

5) 〈그림 4-79〉은 서울미술치료연구소 '미술매체와 기법' 수업시간에 2사람씩 한조를 이루어 서로 낙서를 하고 다음에는 난화 안에서 숨은 그림 찾기를 한 것이다. 모두 12명이 수업에 참가한 그림이다.

6) 〈그림 4-80〉도 서울미술치료연구소 '미술매체와 기법' 수업시간에 집단원들이 자유롭게 스트레스를 풀기위해 낙서한 작품을 전체적으로 함께 구성해 보았다.

자가 '땡'하면 옆 사람에게 돌려주고 돌린 그림을 받은 사람은 1분간 자유롭게 그림을 그리다가 또 '땡'하면 옆 사람에게 돌려준다. 시작하기 전에 그림을 돌려 그리는 것에 대하여 설명을 충분히 하는 것이 좋다. 그림을 조별로 다 돌리고 난 뒤에 자기 그림이 왔을 경우에는 좀 더 추가할 부분이나 변경할 부분에 대해 시간을 충분히 주고 완성을 하여 그림에 대한 제목을 기술하라고 한다. 집단에서 조별로 그림이 자기가 의도한데로 잘 됐는지, 아니면 전혀 뜻밖의 그림이 됐는지, 어느 부분이 마음에 드는지, 또는 어느 부분이 마음에 안 드는지, 그림의 내용이 어떤 것인지 개별로 충분히 이야기를 나누도록 한다.

치료 초기에 서로 어색하고 낯설 때 긴장을 이완하기 위해 실시하면 좋다. 아동이나 청소년은 돌리는 시간이 1분은 좀 길고 약 30초간 하면 속도감이 생겨 더욱 재미있다. 이에 대한 응용은 6명이 돌려 그림을 그리고 충분히 대화를 나눈 후에 그 6장의 그림을 갖고 '이야기 만들기'를 하면 좋다. 이렇게 되면 아주 자연스럽게 집단 원들에게 친밀감이 형성된다.

〈그림 4-81〉 돌려 그림 그리기[7)]

7) 〈그림 4-81〉은 서울미술치료연구소 '미술매체와 기법' 수업시간에 집단 원들이 한 작품이다. 그림 5장은 모두 젊은 분들이 하신 것이 되서 주제는 '사랑과 결혼'이다. 이야기를 소개하자면 '1번 그림은 봄이 되어 해맑은 날이 되었습니다. 나무도 꽃도 나비도 애벌레도 모두 쌍쌍입니다. 2번 그림에서는 순수한 총각, 처녀가 봄 시냇가에서 만나서 사랑을 했습니다. 3번 그림에서는 벌써 두 남녀가 3주년이 되었고 악마, 마녀라는 애칭을 가질 정도로 사랑이 깊어졌습니다. 4번 그림에서는 어렸을 때 동화책의 한쪽처럼 막연한 꿈을 안고 결혼했습니다. 5번 그림에서는 그새 아이들을 4명이나 낳고 화창한 봄날 가족 소풍을 왔습니다.'라는 내용이다. 모두들 자신들의 이야기에 만족하는 모습이었다.

⑥ 색채 가족화

연필 매체에서 진단적 기법으로 동적 가족화(KFD)를 소개하였는데 동적 가족화는 가족들과의 관계, 상호작용 및 성격 등을 다루기 때문에 그림심리진단 검사 중에 많이 사용하지만, 실제 임상에서 적용할 때 가장 저항이 많은 검사라고 볼 수 있다. 거기다 '가족들이 뭔가 하고 있는 모습을 그려주세요' 하고 지시를 하기 때문에 인물화로 동작을 표현하기가 어렵고 일반적으로 그림에 익숙하지 않은 내담자들이 매우 어려워한다. 또한 처음 검사를 하게 되면 긴장되고 불안하므로 더욱 어려울 수가 있다.

이러한 점을 보완하기 위해 만들어진 것이 상징적인 가족화이고, 상징적인 것이 가족들의 특성 및 성격을 대변한다. 그 대표적인 것이 동물 가족화이다. 가족을 동물로 상징해서 나타나는 동물 가족화는 점토, 그리기, 꼴라쥬 등의 매체로 활용하여 사용할 수도 있다. 이외에도 물고기 가족화, 색채 가족화, 일기예보 가족화 및 꽃 가족화 등이 있다. 이러한 가족화들은 동적 가족화보다 덜 직접적이고, 단순하고, 상징적이기 때문에 저항감이 적어 미술치료 임상에서 많이 활용되고 있다.

〈그림 4-82〉 색채 가족화[8]

〈그림 4-83〉 일기예보 가족화[9]

⑦ 집단으로 퍼즐 맞추기

집단미술 치료초기에 집단원들의 친밀감을 조성하고, 집단에 함께 소속감을 느끼며, 미술치료에 대한 저항감을 줄이기 위해서 '집단으로 퍼즐 맞추기'를 한다. 화지는 사포지 여러 장

8) 〈그림 4-82〉는 중학교 남자 청소년이 그린 색채 가족화이다. 빨간색이 어머니, 내담자 말에 의하면 보라색이 아버지인데 원래 빨간색과 보라색은 서로 어울리지 않지만, 그 두 가지 강한 색이 파랑인 내담자와 노랑인 동생을 지배하기 때문에 너무 괴롭다고 하였다.

9) 〈그림 4-82〉와 동일한 내담자가 그린 것인데 너무 뜨거운 태양인 어머니와 토네이도와 같은 아버지가 서로 싸우면 집안에는 천둥, 번개가 친다. 동생과 내담자는 먹구름 뒤에 무서워 나오지를 못하고 숨어 있다. 색채 가족화와 일기예보 가족화를 통해 가정에서 일어나는 여러 에피소드가 자연스럽게 표현될 수가 있다.

으로 (집단 인원에 따라 조정)할 수도 있고, 2절지 도화지에 집단원들 인원 수 만큼 분할하여 퍼즐로 구성할 수도 있다. 우선 미술치료사가 집단원들 모르게 그림을 2절지에 전체적으로 크게 이미지를 그려 퍼즐로 구성하기도 하며, 집단원 중에 지원한 한 사람이 집단원들 모르게 그림을 그려올 수도 있다. 주의할 점은 분할된 종이를 집단원들에게 나누어 줄 때 크레파스로 그린 선이 꼭 위에 올 수 있도록 그림을 그리도록 주의를 준다. 분할된 종이를 받게 된 내담자는 처음에는 '이것이 뭐지' 하면서 자기들 나름대로 호기심을 갖고 상상의 날개를 펼치면서 작품을 완성해나간다. 그림을 다 그리고 난 뒤에는 전체 인원들이 각자의 작품으로 퍼즐을 맞추고 서로 흥미롭게 이야기를 나누면서 친밀감이 형성된다.

'집단으로 퍼즐 맞추기'에 대한 응용은 대형 만다라를 이용해 활용할 수도 있다. 대형 만다라(2절지 4장을 조합)를 만들어, 조별로 집단 인원 수대로 분할하여 나누어 주고, 자유 그림(상황에 따라 주제를 줄 수도 있다)을 그려보라고 한다. 각자의 그림이 완성한 뒤에는 서로의 그림에 대해 충분히 이야기를 나눈 후에 조별로 부치고 전체를 구성해서 다시 조합해본다. 대형만다라가 완성되고 나면 집단 원들은 집단에 소속감을 느끼며, 집단에 집중하기 시작하고 자발성이 증가하게 된다. 무엇보다도 작품에 대한 성취감과 예술성에 매료된다.

〈그림 4-84〉 집단 퍼즐[10)]

10) 서울미술치료연구소 '미술매체와 기법'수업시간에 회원들이 한 집단 작품입니다. 2절지 그림에 표현된 퍼즐 그림이 '눈사람'과, '물고기'라는 것을 알고 한 분도 있고 전혀 모르고 한 분들도 계시다. 흥미로운 것은 그 퍼즐 조각에 자기문제를 투사해서 표현한 작품도 있다.

〈그림 4-85〉 집단 만다라[11)]

⑧ 나무가 되어 보기

'나를 나무라고 생각하고 그리기'는 집단 초기에 약간의 감정표현도 되고 사전, 사후 평가도구로서 활용될 수도 있다. 현재 자신이 처한 상황을 나무에 비유하여 상징적으로 그려보는데 의외로 자신의 문제가 잘 투사된다. 외로운 나무, 화가 난 나무, 힘든 나무, 예뻐지고 싶은 나무, 휴식하고 싶은 나무, 어디론가 바람처럼 떠나버리고 싶은 나무, 돌봄이 필요한 나무 등 다양한 나무들이 현재 내 모습을 상징한다. 미술치료가 '나를 이해하는 작업'인 만큼 빠른 시간 안에 그림을 통해 간단하게 상징적으로 나를 드러낼 수가 있다.

〈그림 4-86〉 집단 나무[12)]

11) 서울미술치료연구소 '미술치료에서 색채치료와 만다라'수업시간에 회원들이 한 작품이다. 집단 만다라를 통해 각자 색채에 대해 자유연상을 한 것이다.

12) 서울미술치료연구소 '미술매체와 기법'수업시간에 회원들이 한 집단 작품이다. 자신의 모습을 상징적으로 나무로 표현한 작품이다. 그림 하단 왼쪽에 선인장은 자주 물을 안 주어도 되지만 진정으로는 다른 나무들처럼 '돌봄이 필요한 나무'라고 상징적으로 표현한 것이다.

(7) 크레파스에 나타난 내담자의 반응 및 평가

6세 된 반응성 애착장애 여자 아동이 유치원에서 말을 거의 하지 않고 친구들을 잘 사귀지 못해 내원하였다. 초기면담과 아동의 행동을 관찰한 결과 '반응성 애착장애'라는 진단이 나왔다. DSM-IV(1994)의 진단 규준을 보면 다음과 같다:

◀ 유아기 또는 소아 초기의 반응성 애착장애의 진단 기준 A. 대부분의 상황에서, 심하게 손상되고, 발달적으로 부적절한 사회적 관계형성이 5세 이전에 시작되고, 다음 ①이나 ②와 같이 표현된다.

① 지속적으로 대부분의 사회적 관계를 시작하지 못하고, 발달적으로 적절하지 못한 방식으로 반응한다. 지나치게 억제적이고, 경계적이며, 심하게 양가적이고 상반된 반응을 나타낸다(예: 소아는 양육자에 대해 접근, 회피가 혼합된 태도로 반응하고, 안락감에 저항하고, 냉정하게 경계한다).

② 확산적인 애착이 무분별한 사교성, 적절한 선택적인 애착 능력의 결여로 드러난다(예: 낯선 사람에 대한 지나친 친근감, 애착대상을 선택하지 못함).

아동의 생육사를 잠깐 살펴보면 어머니의 직장생활로 아동은 2년간 외갓집에서 양육되었다. 외갓집에서는 정말 오랜만에 손녀가 태어나 사랑을 굉장히 많이 받고 자랐다. 외갓집 식구들에게는 내담자의 일거수일투족이 관심과 갈채 및 환호의 대상이 되었다. 외갓집 가족들에게는 사랑을 넘치게 받았지만, 어머니는 잠시 일주일에 한 번씩 그것도 잠깐 본 정도였다. 그러다가 여동생이 태어나 어머니는 휴직을 하고 드디어 아동은 부모님 집에 가게 되었다. 정말 자기 집에 가게 되었을 때 아동은 퇴행현상이 일어났다. 오줌을 싸고 손가락을 빨기 시작하고 말을 잘 안하고 동생을 시샘하고 그 후부터는 매일 방에서 혼자 그림만 그렸다. 물론 이 시기의 아동들 대부분은 애니메이션 세계에 살고 있지만, 아동은 상상의 세계가 다른 또래에 비해서 더욱 심하였다. 방에서 나오지를 않고 자신의 세계에 빠져만 있었다. 유치원에 보냈더니 또래들과 전혀 어울리지 못하고 유치원에서의 별명이 '목소리 좀 들려주세요' 일 정도로 말을 거의 안하기 때문에 유치원에서는 약간의 선택적 함묵증도 보였다. 가정에서는 지나치게 동생을 시샘하였고 경쟁적이었다.

어머니는 큰 아이라 기대가 많은데 자꾸만 아동이 문제행동을 보이고 유치원에서 적응을 잘 못하니까 아동을 질책하고, 반대로 여동생은 태어나자 마자 어머니가 직접 키워 애착관계가 잘 형성되어 바라보기만 해도 그저 귀엽기만 하였다.

미술치료실에 들어와 처음에 그린 그림이 난화였는데 '아이가 자랑만큼 잘해요'라는 제목이다. 그림은 그리는데 말은 거의 하지 않았고 표정이 굳어 있었다. 또 두 번째 그림은 '8살 되면 천사가 되어 하늘나라 갈래요'라는 소망을 강하게 갖고 있었다. 지시사항에도 잘 따르지 않고 아동은 그리고 싶은 그림만 그렸다. 동적 가족화를 그렸는데 제목은 '진짜 가족'이다. 아동은 진짜 가족들과 함께 사는 것이 힘들어 보였다.

아동은 어머니와 애착관계가 잘 안되니까 애니메이션세계의 주인공과 캐릭터들에게 푹 빠져 있었다. 또한 눈에 보이지 않는 '세균'에도 강박적으로 빠져 손을 잘 씻고 휴지통도 씻으면서 이상한 행동을 보였다. 또한 동생에게 관심을 갖는 사람들을 절대적으로 싫어하고 미워하였다. 내담자는 표정이 경직되고 잘 웃지를 않고 눈을 잘 째려보았지만, 동생은 아주 귀엽고 눈웃음을 치면서 애교스러웠다.

3회기에 치료실에 인상을 팍 쓰고 들어왔다. 왜 이렇게 기분이 안 좋으냐고 물어보니 오늘 치료실에 오기 싫어서 그렇다고 하면서 선생님이 이 방에서 나가 줬으면 좋겠다고 하였다. 선생님은 치료실 밖에 나갈 수가 없으니 어떻게 하면 좋겠냐고 하니까 그럼 자기 안 보는데 앉아서 눈감고 있으라고 하였다. 아마 화가 단단히 난 것 같았다. 다행히 크레파스로 8절지 도화지에 그림을 그리고 있었는데 바탕색을 '빡빡' 힘들게 칠하는 그 모습이 참 안쓰럽게 보여 힐끈 돌아다보면서 선생님이 도와줄까 하고 물으니 조금 도와달라고 하여 옆에 가서 앉았다. 자기가 그린 꽃그림이 다치지 않도록 조심하게 칠하라고 하였다. 아동을 존중하고 마음을 다치지 않게 조심하기 위해서 이렇게 크레파스로 칠하면 되느냐고 일일이 허락을 받고 칠하였다. 아동과 함께 칠하면서 파란 크레파스가 주는 색이 의미 있게 전달되었다. 왜 6살밖에 안 된 예쁘고 귀엽게 생긴 아동이 세상으로부터 벽을 쌓고 자기 혼자의 세계 속에 갇혀있는 것일까 하면서 진실로 아동을 이세상과 소통하도록 도와주고 싶었다. 파란색 크레파스로 화가 나서 거칠게 칠해나가는 아동의 모습에 감정이입이 되어 아동의 마음이 치료자에게 전달되는 것 같았다.

아동은 치료실에 오면 주로 자기가 하고 싶은 것을 하였다. 가끔 '난화 상호 이야기 기법'을 통해 아동과 소통할 수 있었다. 치료자는 아동을 주로 코믹한 그림과 재미있는 이야기를 통해 웃기려고 하였다. 아동은 머리가 뛰어났으며 아주 독창적이었다.

주로 미술치료시간에 아동이 그리는 주제는 '신데렐라', '백설 공주', '피터 팬'이었고, 한 번씩 유치원에서 친구들과 노는 것을 그리기도 하였다. 아동에게 미술치료는 안전한 공간이 되었으며 무조건적으로 공감하고 존중해주었다. 아동은 갑자기 동생과 자기와 누가 좋으냐고 치료자에게 자주 물어보았고, 미술치료실 미술용품 곳곳에 자신의 이름을 써 놓기도 하였다.

10회기 정도 치료가 진행되었을 때 유치원에 전화해보니 아동이 자기 또래들과는 관계를 잘 못 가져도 서서히 동생들이나 언니들과 관계를 가진다고 하였고, 어머니 상담에서도 아동이 가정에서 어머니에게 자기주장을 아주 잘 한다고 하였다. 이 시기에 아동의 그림에 유치원 친구들과 노는 것이 표현되기 시작하였다.

아동의 그림을 보니 미술치료 초기에는 신데렐라와 백설 공주가 주로 구박받는 그림에서 치료가 중기에 접어들 때쯤에는 왕자님과 일곱 명의 난쟁이들과 어울리는 모습으로 종결부분에서는 이제 백설 공주가 나쁜 왕비와 싸워서 이기는 모습으로, 또한 신데렐라가 새언니들과 싸우는 모습으로 변화되었다. 이것을 실제생활과 연결해서 생각해보면 아동이 처음에는 어머니에게 질책을 받고, 유치원 친구들에게 괴롭힘을 당하는 모습에서 또래들과의 접촉이 시작되고 가정에서 자기주장이 증가하는 것 등을 살펴보면, 아동은 동화의 주인공들에게 자기 모습을 상징적으로 투사하고 있었다.

어머니 상담을 통해 어머니도 처음보다는 아동의 심리세계를 많이 이해하게 되었고, 편애를 하지 않으려고 노력하였지만 쉽게 되지는 않았다. 자신이 처음부터 양육한 자녀에게는 원초적인 모성애가 나왔지만, 아동에게는 기대만 앞서고 머리로 사랑하려니 갈등과 양가감정이 생겼다. 아동은 오히려 외할머니와 애착관계를 잘 형성하였다. 사실 아동은 2년간 외갓집에서 듬뿍 24시간 사랑을 받았고 자신의 모든 행동이 관심의 대상이 되었다가 갑자기 동생이 태어나고 자기 본 집에 가게 되면서 상황이 역전되니까 어린 내담자로서는 도저히 그 상황을 이해 못하고 퇴행행동을 보였던 것이다. 부모가 이런 퇴행행동을 이해하기보다는 오히려 질책을 하니 아동은 함묵하게 되었고 자신의 세계 속으로 빠지게 되었다. 이런 행동은 유치원 생활이 시작되면서 집단의 적응문제로 더욱 심화되었던 것이다.

그러나 15회의 미술치료를 통해 아동은 유치원에서 사회성이 서서히 발달하기 시작하였고 '자신을 잊지 말라'는 말을 남기고 보호자의 요구로 치료를 종결하였다. 아동이 또래에 맞게 발랄한 아동으로 돌아가고, 유치원에서의 사회성도 생기고, 어머니와의 관계도 치료 전보다 호전되었기 때문에 보호자의 치료종결을 수용했지만 약간의 아쉬움은 남았다. 좀 더 긍정적인 변화가 실제생활에서 훈습될수록 치료적 노력이 필요한데 약간의 변화만으로 보호자는 치료 종결을 원했다. 치료 초기에 치료자와 내담자의 치료적 관계형성을 결정적으로 이루게 한 크레파스에 나타난 아동의 반응에 대해 〈표 4-11〉에 제시하였다.

〈표 4-11〉 크레파스에 나타난 내담자의 반응 및 평가

	크레파스에 나타난 내담자의 반응 및 평가
내담자의 인적 사항	• 6세 여아아동으로 유치원에 다니고 첫인상은 외모가 예쁘고 귀엽게 생겼지만 얼굴을 찡그리고 눈을 노려보며 인상이 경직되어 있다.
주 호소 및 의뢰사유	• 유치원에서 말을 잘 안하고 친구들과 어울리지를 못한다. • 동생에 대한 시샘과 경쟁심이 지나치고 매사 예민하다. • 어머니께서는 아동의 심리가 잘 이해가 안 되기 때문에 아동의 내면세계를 알고 싶다고 하였다. • 유치원 원장님이 유치원에서의 아동의 사회성과 공포심이 문제가 되기 때문에 상담을 의뢰하게 되었다.
생육력 및 가족력	• 아동은 어머니의 직장생활로 2년 넘게 외할머니에 의해 양육되었다. • 아동은 외갓집에서 공주처럼 상당히 많은 사랑을 받았다. • 어머니가 2살 터울의 여동생을 낳은 후 내담자는 외갓집에서 자신의 본 가정으로부터 오고 나서부터 오줌 싸기, 손가락 빨기, 말 안하기 등의 행동문제가 생겼고 이런 문제는 유치원에서 또래들과의 사회성 문제로 더욱 부각되었다. • 부모님이 모두 전문직이지만 발달의 제일 중요한 결정적 시기에 어머니 주 양육자가 아동을 직접 양육하지 않아 애착에 문제가 생겼다고 본다.
행동관찰 및 매체의 반응	• 내담자는 초기에 미술치료실에 오는 것을 거부하고 낯설어하였다. 다행히 그림 그리는 것은 좋아해 자기 스스로 그림을 그렸다. • 주로 자신이 읽는 동화내용을 주로 연필로 선묘화를 통해 그려나갔다. • 3회기에 집에서 미술치료실에 안가겠다고 우기자 어머니에게 혼이 나서 억지로 미술치료실에 왔다. 화가 나서 크레파스로 그림을 그렸고 이렇게 크레파스로 그림을 완성해서 그린 것이 처음이자 마지막이었다. • 크레파스로 바탕색을 칠하는 모습이 굉장히 화가 나 보였고 한편으로는 애처롭게 보였다. 치료자는 아동에게 치료실 밖에 나가라는 말까지 들었지만 아동이 힘들어 하는 것 같아 크레파스로 칠하는 것을 도와주고 싶었다. • 아동과 함께 크레파스로 칠하면서 아동의 비언어적 메시지로 '나 좀 도와주세요'라는 말이 치료자에게 공명하는 것 같았고 아동의 마음을 공감하면서 적극적으로 아동을 최선으로 도와주고 싶었다.
작품	 〈그림 4-87〉 난화-첫 작품  〈그림 4-88〉 크레파스 그림

그림 제목	아이가 자랑 만큼 잘해요	유리 인간
그림 설명 및 해석	• 2년 넘게 외갓집에서 사랑을 받아 모든 사람이 자신을 사랑해주고 칭찬을 해줄 것이라고 생각했는데 현실에서 그것이 이루어지지 않아 아동은 상당한 혼란이 야기되는 것 같았다. • 가정에서도 그렇고 유치원에서도 주목받지 못하는 자신이 수용이 안 되었다. • 본 난화는 아이가 잘 하니까 있는 그대로 칭찬해달라는 말이다. 바로 첫 그림에서 아동의 핵심감정이 나타났고 그것은 아동이 호소하는 문제이다.	• 유리로 만든 소녀이다. 그림내용은 유리 소녀 앞에 유치원 아이들이 있다. 유치원 아이들에게 코스모스 그림 그린 것을 자랑하였는데 아이들이 관심을 안보이고 '치'하는 것이다. • 외갓집에서처럼 사랑받고 주목받고 싶은데 유치원 아이들이 그렇게 해주지를 않아 속상하다. 이것은 바로 아동의 현실 문제를 반영한다. • 유리라는 사람은 유리처럼 깨지기 쉽고 상처받기 쉬우며 예민한데 이것 또한 아동의 모습을 상징하며 파란색은 이에 대한 공포감과 소외감이라고 생각된다.
작품	 〈그림 4-89〉 동화 그림	 〈그림 4-90〉 어머니 그림
그림 제목	백설 공주 이야기	구름
그림 설명 및 해석	• 아동이 유치원에서 사회성이 조금씩 향상될 때 동화의 내용이 주인공들이 강자로부터 구박 받는 내용에서부터 친밀해지는 내용으로 변화되었다. • 그림의 내용을 보면 백설 공주가 왕자님과 난장이들에게 둘러싸여 사랑받는 모습이다. • 아동의 그림을 보면 주위 사람들로부터 주목받고 사랑받고 싶은 욕구를 나타내고 있다.	• 어머니에게 아동에 대한 느낌을 상징적으로 표현해보라고 하니까 '하늘에 떠있는 오색구름'으로 표현하였다. • 오색구름처럼 아동이 예쁘기는 하지만 약간 심리적 거리감이 느껴지는 것 같고, 내딸이지만 마음대로 가까이 다가설 수 없다고 하였다. • 아동도 어머니가 낯설고 어머니 역시 아동이 어렵고 낯설다고 한다.
내담자의 치료적 장점 및 취약점	• 치료적 장점은 아동이 다행히 그림 그리는 것을 매우 좋아하였다. 모든 것을 동생에게 빼앗겼지만 미술치료만은 동생에게 뺏기지 않고 자기만 받는 것에 대해 아이러니하게도 자부심을 가졌다.	

	• 어머니의 직장생활로 좋아하는 이모가 대신 치료실에 데리고 온 것도 아동의 기분을 좋게 하여 미술치료에 대해 긍정적인 생각을 갖게 하였다. 어머니께서 아동에게 관심을 갖고 어머니 상담에 응해 주셨다. • 치료적 취약점은 내담자의 동생이 워낙 귀엽고 친밀감이 있어 부모님이 자기 자신들도 모르게 편애를 한다는 점이다. 또한 어머니의 직장생활이 낮에 아동과 충분한 상호 작용을 하는데 제한적이며, 실제 생활에서 내담자가 어머니에 대한 양가감정 및 불안정한 애착을 완화할 기회가 적었다고 본다.
치료계획 및 목표	• 아동이 그림을 좋아하므로 자발적으로 자유화를 그리도록 수용해주었다. • 그림에 나타난 상징들을 치료 단계별로 이해하여 치료적 지표로 활용하였다. • 동화를 그린 것을 이야기로 나타내어 녹음하고 그것을 함께 들으면서 치료자와 함께 언어적으로 소통할 기회를 가졌다. 아동이 녹음을 잘 하기 위해 더욱 더 열심히 이야기한 점이 치료를 촉진하였다. • 가족 인형놀이, 유치원에서 친구들 인형 놀이를 통해 아동이 처한 상황을 이해하고자 하였고 역할놀이를 학습할 수 있었다. • 어머니 상담을 정기적으로 하였고 치료 종결 시에는 3회 정도 동생과 함께 미술치료를 하여 자매지간에 긍정적인 관계형성을 도모하였다.
치유요인	• 아동의 지능이 우수하고 또래에 비해 그림도 매우 표현력이 우수하다는 점이다. • 자발적인 그림을 통해 아동의 자율성, 주도성 및 창조성을 촉진하였다. • 그림을 통해 상징적으로 아동 자신의 내면세계를 표현하였고 그것을 공감해주고 읽어주는 치료자가 있었으며(투사적 동일시), 언어화할 수 있도록 녹음기를 사용한 점이 관계형성에 긍정적인 영향을 미쳤으며, 일반화할 수 있는 기회가 되었다. • 어머니, 유치원 교사와의 상담을 통해 아동의 치료적 변화를 살펴보면서 아동의 문제가 감소될 수 있도록 아동이 처한 환경을 변화시키려고 노력한 점이 치료적 성과가 있었다.

2. 파스텔

1) 파스텔의 역사

우리가 알고 있는 파스텔이 사용된 지는 2백년도 더 되었다. 외관상의 특징으로는 수채화가 투명한데 반하여 파스텔은 불투명하며, 벨벳과도 같이 화려하고 부드러우며 색채가 맑고 밝아서 모든 매체 가운데 가장 매력적이다. 파스텔의 효과는 종이 위에 그린 바로 그 순간에 즉시 나타난다.

막대 파스텔은 묽은 고무나 수지로 결합된 안료 가루 반죽으로 만들어진다. 사실 파스텔이란 이름도 이 반죽에서 유래된 것이다. 파스텔은 사용법을 복잡하게 만드는 액체 미디엄 없이 단독으로 쓰이며, 그래픽에서 유화에 이르기까지 다양한 기법을 구사할 수 있다는 장점을 지닌다.

하지만 모든 매체 중에서 내구성이 가장 떨어진다. 화학적으로 아주 순수하지만 아주 조심스럽게 글레이징을 하지 않으면 뜻하지 않은 피해를 입게 된다. 또한 색조의 범위 역시 제한되어 있을 뿐만 아니라 실수를 수정하기도 어렵다. 강모 붓이나 피터 지우개로 색을 가볍게 털어 낼 수는 있지만 이렇게 하면 바탕재료가 손상되거나 평평해지기 때문에 드로잉은 미리 계획을 세워서 첫 밑그림을 아주 조심스럽게 그려야 한다.

파스텔은 안료에 왁스나 오일이 포함되어 있는 더 단단한 초크 크레용과 혼동하는 경우가 있는데 컬러 초크는 옛 화가들이 색지 위에 사용했었다. 피터 폴 루벤스(Peter Paul Rubens, 1577–1640)는 그의 아내 이사벨라 브린트(Isabella Brandt)의 초상화 습작을 위하여 흰 종이에 검은 초크와 붉은 초크를 사용하였으며, 흰 초크로 하이라이트를 주었다. 프랑스 화가 쟝오노레 프로고나르(Jean Honoré Fragonard, 1732–1806)와 앙트안 와토(Antoine Watteau, 1684–1721)는 색지에다 컬러 초크와 흰 초크로 그렸다.

여성이 예술가로서 주목을 받았던 경우가 드물었던 시대에 베니스의 로잘바 카리에라(Rosallba Carriera, 1674–1757)는 노련한 파스텔 드로잉으로 유명한 대표적 인물이었다. 1721년 와토가 죽기 전에 그를 스케치한 초상화에서도 파스텔의 섬세함과 정교함을 엿볼 수 있다. 이보다 더 훌륭한 화가인 퀘틴 드 라 투어(Quentin de la Tour, 1704–1788)는 쟝 밥티스트 페론노(Jean–Baptiste Perroneau, 1715–1783), 쟝 밥티스트 샤르뎅(Jean–Baptiste Chardin, 1699–1779)과 더불어 프랑스의 루이 15세와 16세 시대에 파스텔 초상화를 높은 위치로 올려놓았다.

인상파 화가 애드가 드가(Edgar Degas, 1834–1917)는 라투어의 파스텔 작품을 숭배하여 그의 수집가가 되었으며 라투어도 경탄했을 법한 기법을 개발하였다. 그러나 드가 및 오딜롱 르동(Odilon Redon, 1840–1916)과 마리 카사트(Mary Cassatt, 1845–1926)가 파스텔에서 이룬 업적에도 불구하고 전반적으로 볼 때 유화나 과슈에 비교해서 상대적으로 파스텔은 작가들에게 여전히 경시되고 있다(이주연, 1995).

2) 파스텔 종류

(1) 소프트 파스텔(Soft Pastel)

파스텔의 기본 성분은 분말 안료로 이들 안료의 입자들을 합쳐 응고시킨 하나의 접합 재료이다. 파스텔은 안료의 입자들을 되게 반죽한 접착제와 섞어 둥글거나 네모진 면의 막대 모양이 되도록 압축한 후 건조시켜서 만든다. 소프트 파스텔은 점착제보다 안료의 배합 비율이 높기 때문에 화면에 칠하기 쉬우며 밝고 풍부한 색채의 질감을 표현하기 좋다. 소프트 파스텔의 느슨하고 무른 재질은 매우 발랄한 색채를 제공해 준다. 그러나 이와 같은 특성은 또한 많은 사람들이 파스텔을 사용하기 어렵다고 느끼는 이유가되기도 한다.

(2) 하드 파스텔(Hard Pastel)

소프트 파스텔에 비해 안료를 고착시키는 접착제가 많이 들어 있어서, 단단하고 잘 부러지지 않는다. 사각형 막대의 각이나 모서리를 사용하면 가느다란 선도 그릴 수 있으므로 소프트 파스텔의 밑그림이나 세부 묘사에 효과적이다. 두껍게 덧칠하는 데는 적당하지 않지만, 채색을 하는 데생에 사용하면 효과적이다.

(3) 파스텔 연필(Pastel Pencil)

연필 모양의 파스텔로 하드 파스텔과 비슷한 성질을 가지고 있다. 소프트 파스텔이나 하드 파스텔에 비해 색의 숫자는 적지만, 그릴 때 손을 더럽히지 않아도 되고 간편하게 가지고 다닐 수 있기 때문에 개략적인 스케치나 채색 스케치에 즐겨 사용되고, 끝마무리 터치를 추가하는데 파스텔 연필의 선적인 특성을 활용할 수 있다.

(4) 오일 파스텔(Oil Pastel)

오일 파스텔은 파스텔의 종류 중 유성 접착제가 포함된 유일한 재료로서 조밀하고 기름기 있는 질감과 소프트 파스텔보다 약간 덜 불투명한 색채를 만든다. 오일 파스텔은 전형적으로 색채가 아주 강렬하고 색의 명도 변화는 제한된다. 오일 파스텔의 습기 있는 질감은 종이 결을 빨리 메울 수 있기 때문에 한 색 면 위에 다른 색을 칠하는 것에 다소 한계가 있다. 그러나 회화적인 효과를 내기 위하여 오일 파스텔을 테레빈과 섞어서 붓으로 부드럽게 칠할 수 있다.

(5) 수용성 파스텔(Water-Soluble Pastel)

오일 파스텔로 그린 것과 비슷하게 수용성 파스텔 스틱의 밀랍 성분은 약간의 습기 있는 질감을 부여한다. 깨끗한 물을 붓에 축여서 채색면 위를 문지르면 즉시 단일 색 면의 불투명한 담채로 용해된다. 물의 양을 추가하는 것에 따라 파스텔 색채에 상당히 많은 변화를 줄 수 있다. 예를 들면 선적인 효과들이 강한 인상을 유지하고 있는 동안 물을 듬뿍 적신 붓으로 색조를 엷게 칠할 수 있다.

3) 파스텔화에 필요한 그 외의 재료들

파스텔의 안료는 가루 상태로 화면에 묻어 있기 때문에 문질러서 아름다운 색을 만들 수 있다. 색을 섞을 때도 화면 위에서 문질러 혼합하는 경우가 많다. 혼합할 때 사용되는 도구에는 여러 가지가 있다.

▶ 손가락 끝 : 신체의 일부분이므로 자유롭게 사용할 수 있는 가장 훌륭한 도구이다.
▶ 페이퍼 티슈 : 부드럽게 혼합하는데 유용하다. 특히 넓은 면에 작업할 때 효과적이다.
▶ 혼합용 붓 : 색조를 미묘하게 변화시킬 때 편리하다.
▶ 토션(종이 연필) : 작은 면적을 혼합할 때 효과적이다.

(1) 종이

파스텔화에서는 바닥재인 종이의 질감과 색에 따라 효과가 달라진다. 종이의 표면은 파스텔이 묻어날 수 있도록 충분한 결이 있어야 한다. 또한 바탕의 색이 하이라이트로 비쳐 보이게 할 수도 있고 어두운 색의 극적인 대조를 주거나 음영 처리로 남겨둘 수도 있기 때문에 종이의 색이 중요하다. 파스텔에는 우수한 질의 수채화 종이나 드로잉지처럼 적당히 안료를 흡수할 수 있는 결을 지닌 흰색이나 착색된 종이가 좋다. 부드럽고 고운 사포 결의 종이는 파스텔화를 위해 특별히 만들어진 것이며 아주 부드러운 벨벳 같은 종이 역시 사용할 수가 있다. 앵그르(Ingres)지는 일정한 굴곡과 다양한 색채를 가지고 있어 파스텔 작업에 가장 적합한 종이이다. 그 외에도 캔숀지, 보드지, 캔트지, 목탄지, 트레이싱지 등을 사용할 수 있다.

(2) 파스텔 브러시와 종이연필

목탄이나 파스텔 같은 분말상태로 되는 재료를 사용할 때는 이들을 종이 위에서 부드럽게 퍼지게 하기 위해 손가락이나 거즈 휴지 등을 사용해서 문지르는데 보다 정교하고 깨끗하게 작업하고 싶다면 브러시나 종이연필을 사용하는 것이 좋다. 파스텔 브러시는 천연의 털을 사용한 것, 스펀지로 된 것 등이 있다. 다양한 강도를 가진 연필의 끝이나 옆면을 이용해서 파스텔을 문질러 색조의 점진적인 변화를 얻을 수 있다. 종이를 연필형으로 말아서 파스텔이나 목탄 등을 섬세하게 문지르도록 만든 종이 연필(torchon)은 파스텔을 아주 꼼꼼하게 혼합되도록 조절할 수 있으며 작은 면적을 표현하는 데 효과적이다.

(3) 정착액(Fixative)

파스텔화를 보관하기 위해서는 세심한 주의가 필요하다. 먼저 질이 좋은 종이와 파스텔을 사용해야 하며 유리를 씌워서 보관하는게 좋다. 그림들을 겹쳐 놓을 때는 그림 사이사이에 종이 티슈나 셀로판, 납지를 끼워서 평평하게 눌러놓으면 시간이 지날수록 파스텔은 점차 종이 결속에 고정된다. 정착액을 뿌릴 때는 그림의 표면에서 일정거리를 유지하면서 화면의 앞쪽에서 뿌려주고 뒷면에도 정착액을 뿌려서 파스텔을 뒤에서도 고정시키는 것이 좋다. 정착액을 사용하는데는 주의를 요한다. 가장 주의해야 할 점은 색의 광택이 나빠지고 어떤 색은 어두워지며 얼룩이 질 수도 있다는 것이다. 더욱이 정착액이 가루 입자를 이동시키기 때문에 다소 두텁고 끈적거릴 수가 있다(전영탁, 전창림, 2005).

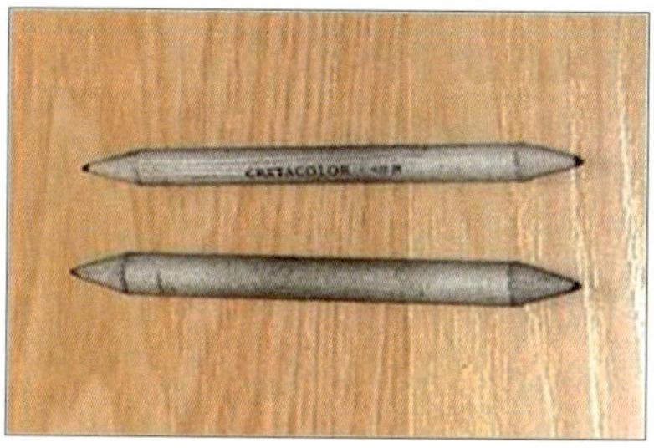

〈그림 4-91〉 종이 연필(torchon)

〈그림 4-92〉 정착액

4) 파스텔 사용기법

파스텔은 회화와 소묘의 성격을 함께 갖고 있는 독특한 재료이다. 파스텔의 막대형은 화면에 선적인 표현을 가능하게 해서 자유로운 선을 이용할 수 있게 하는 동시에 가볍게 칠해서 문지르는 효과를 통해 다양한 명암을 얻을 수 있다. 그러나 파스텔은 물감과 달리 팔레트 위에서 색을 혼합할 수 없고 잘못된 부분도 지우거나 가려버릴 수 없기 때문에 화면에서 색채를 병치하고 혼합하는 방식을 연구해야 한다. 또한 파스텔은 그 자체만으로 보다는 다른 회화재료와 결합하여 더 큰 효과를 얻을 수 있다.

(1) 문지르기

파스텔은 문지르는 방법을 통해 다양한 효과를 낼 수 있다. 손가락을 사용해서 색을 펴거나 음영을 줄 수 있으며 섬세한 표현을 위해서는 종이 연필(torchon)이나 파스텔 브러시를 사용하면 좋다. 오일 파스텔과 크레용도 손가락으로 부드럽게 문질러 혼색할 수 있다.

① 문지르기 기법을 사용하기 위해 파스텔을 분말형태를 갈아서 사용하는 것도 좋다.
② 손가락으로 블렌딩하기 : 색채가 병합되고 종이의 결속으로 파스텔 가루가 압축되도록 손가락으로 문지른다.
③ 티슈나 파스텔 브러시로 문질러서 파스텔의 미세한 알갱이가 곱게 번지도록 한다.

(2) 담채기법

크레용과 오일 파스텔은 합성섬유 붓에 테레빈을 묻혀 문지르면 용해된다. 이런 성질을 잘 이용하면 마치 수채 색연필을 쓸 때와 마찬가지로 담채기법을 응용할 수 있다.

(3) 파스텔 위에 수채물감 이용

소프트 파스텔을 칠하고 나서 그 위에 밝은 수채물감을 칠해 파스텔을 편다. 남아 있는 습기는 압지로 제거한다. 또는 젖은 수채화 위에 파스텔로 그리고 나서 마르고 나면 그 위에 파스텔과 수채화를 겹칠할 수 있다

(4) 반발기법

물과 기름이 갖는 배타성을 이용한 기법이다. 오일 파스텔의 선이나 색 면 위에 잉크, 수채물감, 크레용 또는 아크릴 물감 등을 칠하면 오일 파스텔 부분은 물감이 스미지 않아 독특한 효과를 얻게 한다. 그리기 쉬우면서도 표현효과가 뛰어나기 때문에 아동화에서 가장 많이 사용하는 기법이다(전영탁, 전창림, 2005).

〈그림 4-93〉 여러 기법을 사용해 그린 파스텔화

5) 파스텔의 장점 및 단점

파스텔은 어떤 매체보다도 부드러운 느낌의 색감을 나타낼 수 있다는 장점이 있다. 그러나 이러한 장점 때문에 누구나 선호한다고 생각할 수 있으나, 선명한 색감을 필요로 하는 내담자들에게는 심리적 불편함을 줄 수 있는데 아무리 덧칠을 해도 원하는 진한색이 나오지 않아 좌절감을 줄 수도 있기 때문이다. 그리고 손에 가루가 묻는 것을 참기 어려워하는 아동들의 경우 계속 손을 씻고 싶어하기 때문에 도리어 작업에 방해가 될 수 있다. 미술가의 파스텔은 독성 염료가 포함되어 있으므로 어린 아동들의 경우 입에 넣는 것에 주의하여야 한다.

(1) 파스텔의 장점

① 파스텔을 겹쳐 칠하고 문지름으로써 창조해낼 수 있는 부드러운 색의 결과는 재료적인 측면에서 독창적이라 할 수 있다.
② 다양한 색채를 사용하여 순수하고 생생한 자신만의 기법으로 정확하고 쉽게 그려낼 수가 있다.
③ 재료준비가 단순하고 색을 쉽게 펼쳐 칠할 수 있어 즉흥적인 그림을 그리는데 적합하다.
④ 크레파스보다 힘이 덜 들고 문지르면 색이 골고루 퍼져 환상적이고 예술적인 느낌을 준다.
⑤ 완성된 그림의 분위기는 거의 유화처럼 곱고 부드러운 맛을 준다.
⑥ 파스텔은 사용법을 복잡하게 만드는 액체 미디엄 없이 단독으로 쓰이며, 그래픽에서 유화에 이르기까지 다양한 기법을 구사할 수 있다.

(2) 파스텔의 단점

① 잘 부러지며 관리하기 어렵다.
② 먼지가 나고 옷이나 몸에 잘 묻는다.
③ 파스텔은 유화와는 달리 색을 더할수록 수정이 어렵다. 따라서 색 선택을 신중해야 한다. 또한 파스텔은 모든 색상이 흰색이 포함된 불투명(호분)이므로 배색이 거의 불가능하다. 때문에 작품을 완성하기 위해서는 많은 색 수가 필요하다.
④ 파스텔은 접착력을 주는 성분을 첨가하지 않았기 때문에 내구성이 떨어지므로 조심스럽게 다루어야 한다.

(3) 파스텔 사용 시 유의점

① 파스텔은 쥐고 누르는 정도에 따라 진하게 혹은 연하게 그릴 수 있으므로 백지 위에 그릴 때에는 가능한 색깔을 정확히 그리고 대담하게 사용해야 한다.

② 색지 위에 그릴 때에는 색채 대 색채로 그린다고 생각하고, 색깔을 고를 때에는 색지 위에 나타날 결과가 종이와 조화를 이룰 수 있는지 항상 염두에 두어야 한다.

③ 파스텔로 이미 칠한 곳에 다시 색을 칠할 때에는 훨씬 더 복잡해지며 집중력과 상상력을 필요로 하게 된다. 정확한 위치인지, 덧칠색이 밑 색과 조화가 되는지, 대조가 되는지, 가벼운지 탁한지, 눌려 그려야 하는지 등의 세심한 배려가 파스텔의 중요한 관건이 될 수 있다.

④ 파스텔은 백묵과 비슷한 분말 상태여서 손에 잘 묻어나고, 완성 후에도 약간의 충격이나 접촉만으로 색채가 손상될 수 있으므로 정착액을 사용해야 한다. 밝고 신성한 색상을 살리기 위해서는 정착액을 사용하지 않는 것이 좋지만 작품의 영구성을 위하여 사용하는 경우가 많다(심상철, 2000).

6) 미술치료임상에 적용된 기법

(1) 진단적 그림 시리즈 검사(Diagnostic Drawing Seires)

진단적 그림검사는 미술치료사인 Lesowitz, Singer, Reynar, Cohen이 미국 버지니아 주에 소재한 정신병원 환자들을 대상으로 1982년에 개발하여 사용하기 시작한 검사법이다(Cohen, Mills & Kijak, 1994).

사용한 재료는 12색의 파스텔과 4절 흰 도화지(원래 미국 규정은 "18×24"이지만, 이에 가장 가까운 한국 사이즈는 4절 도화지이다) 세 장이다. 파스텔은 빨강, 주황, 노랑, 연두, 녹색, 밝은 파랑, 파랑, 보라, 갈색, 고동, 흰색, 검정이며 옆면이 평평하고 종이를 씌우지 않은 것이다.

이 검사는 총 세 장의 그림을 그린다. 각 그림은 최대 15분 동안 그릴 수 있으며, 도화지의 방향은 검사자가 각각의 그림을 그릴 때마다 알려주고, 피검자는 도화지의 방향을 원하는 대로 회전시킬 수 있다.

첫 번째 과제는 자유화이며, 이에 대한 지시는 '이 재료들을 사용하여 그림을 그리세요.'이다. 진단적 그림검사의 첫 번째 그림은 특정한 규칙이 없이 수행한다. 자유화 형식의 비구조화 된 이 과제는 피검자의 다양한 반응을 이끌어 낼 수 있다. 이는 피검자가 맨 처음 공유하고

자 하는 정보가 무엇이고, 그 양은 어느 정도 인지를 가늠할 수 있다. 즉 첫 번째 그림의 주제와 스타일은 피검자의 대처기제나 방어양식, 자기개방 정도를 가늠할 수 있게 한다.

두 번째 과제에 대한 지시는 '나무 그림을 그리세요.'이다. 첫 번째 자유 주제의 그림을 끝낸 후 정확하게 지시된 과제 또는 누구나 쉽게 그릴 수 있는 나무라는 주제는 피검자가 첫 번째 과제에서 느꼈던 부담감을 상당 부분 감소시킨다. 나무라는 주제는 투사적인 그림검사에서 광범위하게 연구되어 왔다(Buck, 1948; Hammer, 1958). 이 주제는 심층적이고 무의식적인 정신세계를 반영하며(Bolander, 1977; Koch, 1952), 개인의 성장과 삶을 보여주는 상징적 자화상으로 간주된다(Jung, 1967). 진단적 그림검사의 나무그림은 이전의 투사적 그림검사에서 그려진 나무그림에 대한 연구들을 재검증할 수 있다. 그러나 진단적 그림검사에서 사용된 색이 있는 파스텔과 큰 종이는 자유로운 자기표현을 촉진시킴으로써 더 많은 정보를 제공한다. 피검자가 첫 번째 그림으로 나무를 그린다고 해도 검사자는 두 번째 그림에서도 나무를 그릴 것을 요구한다. 이는 한 세션 동안 한 피검자가 연속적으로 그린 두 나무들 간의 차이를 임상학적으로 관찰하는 것이 중요하기 때문이다.

세 번째 과제에 대한 지시는 '자신의 감정을 선이나, 색, 형태를 통해 표현하세요.'이다. 이 과제는 지시의 명확성에도 불구하고 피검자에게 허용되는 표현상의 자유의 범위가 매우 넓다. 따라서 세 번째 그림에 대한 반응으로 피검자들은 추상화에서 초상화까지 매우 개인적인 그림에서 상투적이거나 평범한 그림까지 다양한 그림을 그린다. 그 결과 피검자의 정서표현 수준과 추상적 사고력, 그리고 인지적 능력을 살펴볼 수 있다(김보연, 2006 재인용).

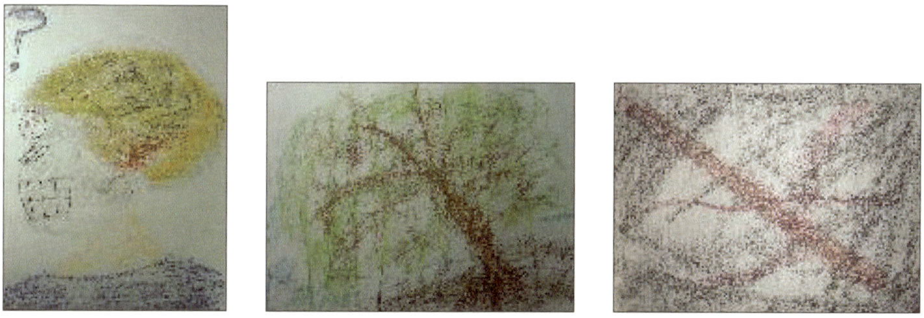

〈그림 4-94〉 진단적 그림 시리즈 검사 DDS[13]

13) 첫 번째 자유화에서 20세 초 남자 내담자는 자신의 자화상을 그렸고, 투시화로 머리의 뇌를 그린 것은 자신의 복잡한 마음을 표현한 것이다. 두 번째 나무에서는 버드나무를 그렸고, 세 번째 자유화에서 검은색은 우울하고 절망적인 마음을 빨간색은 삶의 열정을 표현하였다. DDS를 통해 많은 이야기를 나눌 수 있었다.

(2) 소금파스텔 만들기

약간 마모가 된 파스텔을 가루를 내어 소금과 섞는다. 흰 종이에 파스텔을 문지르고 그 위에 소금을 놓고 비비면서 어떤 느낌이 나는지 이야기해본다. 촉각적 경험을 통해 소근육 운동을 활성화한다. 학령전기나 초등학교 저학년 아동을 대상으로 하게 되면 우선 매체에 대한 호기심과 흥미감을 유발한다. 주변 환경에서 색, 형태, 질감 등을 탐색할 수 있는 기회를 준다.

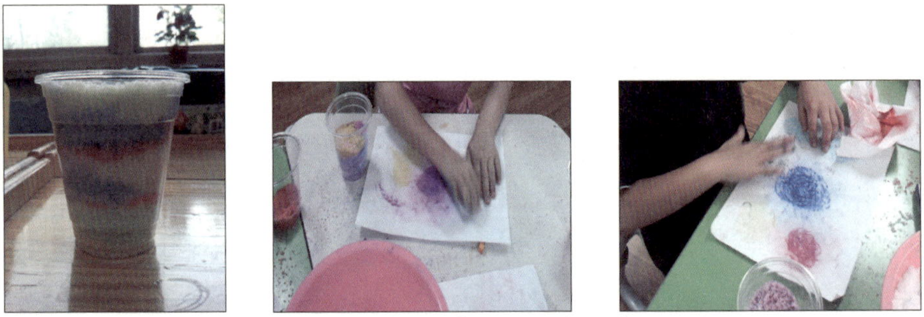

〈그림 4-95〉 소금 파스텔

(3) 배경을 파스텔로 칠하기

집단 미술치료에서 각 조별로 집단원들이 예를 들어 〈그림 4-96〉과 같이 2절지에 하트모양으로 가위로 오린 뒤 각자 분할된 종이를 나누어 갖는다. 명상을 5분간 하고 '이 세상에 내가 제일 행복하고 좋았을 때의 일'을 떠올려보고 그 느낌을 크레파스로 그려본다. 조별로 다 그리고 난 뒤에 다시 하트모양을 퍼즐 맞추듯이 맞추어 본다. 집단원들이 즐겁고, 행복한 시절을 연상하였기 때문에 일반적으로 색채가 유채색 및 난색 계열이며 화려하고 따뜻한 느낌을 준다. 모두들 작품의 아름다움에 감동하며 성취감을 느끼며 자신들의 행복했던 시절을 연상하고 기분이 좋아지며 서로의 행복감을 공감해준다. 그 하트 모양을 다시 2절지에 풀로 붙이고 배경을 파스텔로 은은하게 표현하면 환상적인 작품이 된다. 이러한 작품을 통해 집단의 창조적 에너지를 배양하게 되면 좀 더 고통스러운 작업을 할 때 직면할 힘이 생기기도 한다. 반대로 고통을 직면하고 난 다음 본 작업을 통해 긍정적인 감정으로 통합을 시도해준다.

다음 작업은 좀 더 감정적인 것인데 치료 중반에 정말로 '버리고 싶은 나'를 직면하는 것이다. 명상을 하고 점토로 '버리고 싶은 나'를 상징적으로 입체적으로 만든다. 집단원들은 '버리고 싶은 나'이기 때문에 감정을 많이 표현하게 된다. 이 때 서로의 감정을 충분히 표현하고 나면 그 해결의 출구를 찾기 위해서 개별작업을 집단작업으로 전환한다. 2절지에 각자의 환조, 부조로 된 작품들을 놓고 이야기를 만든다. 배경을 파스텔로 칠하게 하면 점토와 은은한 조화를 이루게 된다. 그 때의 이야기들은 모두 긍정적인 이야기들로서 '버리고 싶은 나'가 있었기에 '갖고 싶은 나'가 있음을 알고, 서로의 모습을 통합하면서 자신의 모습들이 승화되는 것을 경험할 수가 있다. 작업을 통해 카타르시스를 느끼며, 통찰을 자각하고 서로들 그 느낌에 대해 서로 피드백을 주고 받는다〈그림 4-97〉.

〈그림 4-96〉 가장 행복하고 좋았을 때[14)]

〈그림 4-97〉 집단 점토 작업[15)]

〈그림 4-98〉 집단 만다라[16)]

다음 작업은 집단 미술치료에서 조별로 집단 원들이 개별 만다라 작업을 먼저하는 것이다. 그 개별 만다라들은 자신들을 상징하며 나름대로 깊은 의미가 있는 미래 지향적인 창조적 만다라이다. 각자의 만다라를 갖고 조별로 2절지에 잘 구성해서 붙이고 전체적으로 이야기를 꾸며 본다. 대부분은 자아의 본질을 탐색하는 내용들이 많다. 약간의 영적이고 내면적이며 초월

14) 서울미술치료연구소 '대인관계와 정신역동'수업시간에 회원들이 한 작품입니다.

15) 서울미술치료연구소 '미술매체와 기법'수업시간에 회원들이 한 작품입니다.

16) 서울미술치료연구소 '미술치료를 통한 색채심리와 색채치료'수업시간에 회원들이 한 작품입니다. 개인 만다라가 집단 전체 이야기 구성을 위해 해체되기도 하였습니다.

적인 이야기가 많기 때문에 배경을 파스텔로 분위기를 내서 넓게 칠해주고 티슈로 문질러 주면 환상적인 효과를 볼 수 있다. 모두들 자신의 만다라가 해체되고 분할되면서 집단의 주제에 통합이 되고 배경과 함께 하나가 되었을 때 집단 응집력이 생기면서 치료에 자발성이 증가하게 된다〈그림 4-98〉.

이 프로그램들은 잘 만 응용을 하면 연령과 대상에 상관없이 적용해볼 수 있을 것이다. 개별 작품을 집단작업을 통해 함께 나누는 것으로 전환을 하면서 배경을 파스텔로 처리하게 되면 예술성을 고취하며 집단의 협동심을 향상할 수 있다.

7) 파스텔에 나타난 내담자의 반응 및 평가

미술치료 임상에서 파스텔은 매체의 제한점이 있어서 그런지 그리 많이 사용하지 않게 되므로 앞으로 적극적인 매체의 활용이 요구된다. 이에 파스텔에 나타난 내담자의 반응 및 평가를 보면 3장에서 '간단한 미술매체로 접근한 임상사례'에서 소개한 사례인데 본장에서 좀 더 자세히 살펴보고자 한다.

아동은 초등학교 고학년 남자 아동으로 음성 틱장애로 내원하게 되었다. 초등학교 저학년 때는 행동 틱장애가 있었는데 약물치료로 좋아졌다고 한다. 그러나 이번 틱장애에서는 약물치료가 효과가 없어 미술치료실을 방문하게 되었다. 첫 행동관찰에서 키가 또래에 비해서 작았고 어려 보였으며 표정은 경직되어 있고 편안하게 보이지 않았으며 목소리가 매우 작았고 '킁킁' 음성 틱을 보였다. 미술치료에 대한 거부감과 저항감이 커서 치료 초기에는 난화 및 낙서를 적용하였다. 미술작업하는 것을 좋아하지 않기 때문에 간단한 미술매체로 접근하였고 언어적 상담 시간의 비중을 늘려 나갔다.

약간의 치료적 신뢰관계가 쌓였을 때 5회기 정도에 아동에게 "미술치료 작업이 어떠냐"고 물어보니까 "지겨워요, 재미없어요. 그리기 만들기 다 재미없어요", "이 시간에 게임이나 하는 것이 좋겠어요", "학교 저학년 때 모두 해본 것이라 별로예요" 등 부정적으로 이야기를 하였다. 치료는 약간 겉돌고 감정이 잘 나오지를 않으니까 정말 지루하게 시간이 지나갔다. 아동이 초등학교 고학년이라 어느 정도 인지적 통찰이 가능하기 때문에 오히려 언어적 상담으로 접근하기로 하였다. 좀 직접적으로 "왜 틱장애가 생겼는가" 물어보니까 어느 단체에서 자신이 리더가 됐는데 거기에 대한 부담감으로 그렇게 된 것 같다고 하였고, 그럼 "언제부터 틱장애가 생겼냐" 고 다시 물어 보니까 초등학교 저학년 때부터 생겼다고 하였다. 그 원인을 알고 있느냐고 물어 보니까 아주 길게 그 사연을 이야기 하였다.

그 때부터 치료의 긴장감이 감돌면서 치료에 집중력 및 응집력이 생기고 아동의 자발성은 증가하였다. 사실 아동은 초등학교 입학 때부터 학교에만 가면 화장실에 가고 싶었고, 수업시간 도중에도 양호실에 간다고 하면서 화장실을 자주 갔다. 쉬는 시간에 화장실을 가면 아이들이 자꾸 놀려서 못가고, 학교 근처 상가 화장실에도 가보고, 다른 건물이나 다른 층의 학년에 화장실에도 가보고, 친한 친구가 망을 봐주기도 하고, 어느 날은 집에 귀가할 때까지 참아보기도 하는 등 화장실에 관련된 에피소드가 정말 많았다. 아동은 아주 차분하게 진지하게 자신의 이야기를 해나갔다.

화장실 문제가 미해결된 과제로 남으니 수업시간에 집중도 잘 안 되며, 점심시간에 급식도 제대로 먹을 수가 없었다. 첫 틱장애가 생긴 것은 초등학교 저학년 때 화장실에서 볼일을 보고 있는데 반에서 짓궂은 친구들이 자기를 놀리고 괴롭히고 난 후부터 생기기 시작하였다고 한다. 그 때의 느낌을 오일 파스텔로 그려보았다. '아이들이 놀렸을 때 가졌던 마음'에는 분노의 상징으로 망치를, 놀린 마음을 참고 있었을 때의 '답답한 마음'을 표현하였다. 솔직하게 이야기를 해주어 고맙다고 하였고, 평상시 꿈을 잘 꾼다고 하였으니 다음 시간부터는 꿈을 그려보기로 하였다. 아마도 아동은 학교생활 적응에 대한 스트레스로 과민성 대장염을 나타낸 것 같다.

다음 시간에는 좀 더 새로운 매체를 사용해보겠냐고 하니까 "괜찮다"고 하여 소프트 파스텔을 사용하여 최근에 반복되는 꿈 두 가지를 표현하였다. 크레파스에 비해 파스텔이 어떠냐고 물어보니까 크레파스보다 힘이 안 들어서 좋고, 눕혀 칠하니, 넓게 칠할 수 있어서 편하고 휴지로 닦으니까 부드럽다고 하였다. 파스텔가루가 날려서 불편하지 않느냐고 하니까 물티슈로 닦으면 되니까 상관없다고 하였다. 이제까지 그림 중에 처음으로 완성도 높은 그림이 나타났다.

꿈 내용을 살펴보자면 첫 번째 꿈에서 보라색 옷을 입은 저승사자가 가끔 꿈에 나타나 무섭다고 하였다. 꿈 연상은 두려움과 공포였다. 요즈음 마음이 힘드냐고 물어보니까 스트레스가 많다고 하였다. 어떤 단체에 리더가 되기로 하였는데 몸이 아파 못했고 그것으로 인해 마음이 무겁고 어머니께서 많이 실망하였다고 한다. 단체에 리더로 나가기 전에는 "잘할 수 있을까" 두려움이 컸다고 하였다. 몸이 아파 못했기 때문에 그 단체에 미안하고 책임감을 다 못해 기분이 안 좋고 아이들이 자기를 비난할 것만 같은 기분이라고 하였다. 이런 모든 감정이 복합적으로 응축되어 '저승사자'로 나온 것이 아닌가 생각해본다. 저승사자의 눈이 커다랗게 아동을 꿈에서 바라보고 있다.

두 번째 꿈에서는 자신이 로봇이 되어 하늘을 가볍게 나는 모습이라고 하였다. 꿈에 대한 연상은 학교에서 화장실 문제로부터 벗어나면 날아갈 것 같다고 하였다. 로봇 얼굴에 눈, 코, 입이 없다. 그 만큼 아동은 학교에서 화장실 문제로 상당한 스트레스를 받고 있으며 대인관계에서 그 문제로 많이 위축되어 있었다. 아동이 고학년이 되므로 학습에 대한 압박도 크게 작용했다고 본다.

한참 감정이 나오고 꿈이 치료적 지표로 나왔을 때 어머니께서 거리적 문제로 상담을 종료하게 되어 참으로 안타까운 사례이다. 사실 틱장애는 불안이 기본 감정이라고 생각되기 때문에 아동의 불안을 완화하고 자존감을 향상시키기까지는 10회 미만의 상담으로는 제한을 받는다. 초기에 미술치료를 거부했지만 파스텔이라는 매체에 다소 흥미를 보였고 자신의 내면을 노출하게 되었으므로 치료적 의의가 있다고 보고, 이에 대한 내담자의 반응 및 평가를 〈표 4-12〉에 제시하고자 한다.

〈표 4-12〉 파스텔에 나타난 내담자의 반응 및 평가

	파스텔에 나타난 내담자의 반응 및 평가
내담자의 인적 사항	• 초등학교 고학년 남자아동으로 첫인상은 또래에 비해 작고 어리게 보였으며 몸이 매우 경직되었고 음성 틱장애를 보였으며 '킁킁' 거렸고 목소리는 매우 작았다.
주 호소 및 의뢰사유	• 현재는 음성 틱 증상을 보이고 있는데, 2~3년 전만에도 행동 틱 증상을 보였다. 그때는 약물치료로 치료가 됐지만 이번에는 약물에 효과가 없어 아동이 말을 잘 안하기 때문에 미술치료를 받고자 내원하였다. • 보호자의 주호소는 틱장애와 아동이 게임만 하려고 하고 친구들과 어울리는 것과 몸 움직이는 것을 싫어하는 것 그리고 자기 주장력이 부족하다는 것이다. • 내담자의 주호소는 화장실 문제로 인해 학교생활이 힘들다는 것이었다.
생육력 및 가족력	• 아동은 어머니의 직장생활로 학교 들어가기 전까지 외할머니께서 양육하셨다. • 누나와 나이차이가 열 살 정도 난다. • 외갓집에 한 번씩 놀러 가면 아동이 편안한지 틱증상이 없어진다고 누나가 이야기 하였다. • 어머니의 양육태도가 다소 통제적이며 지시적이고 급하다.
행동관찰 및 매체의 반응	• 내담자는 초기에 미술치료실에 오는 것을 거부하고 낯설어하였다. 그림 그리는 것을 싫어하고 재미없어 하였다. 간단한 매체인 오일파스텔과 파스넷으로 난화와 낙서 등으로 접근하였다. • 아동이 미술을 너무 재미없어 하였기 때문에 언어적 상담의 비중을 높여 나갔다. 언어적 상담으로 감정이 나오고 자기노출이 이루어지니까 매체에 대한 수용도 이루어졌다. • 파스텔에 대한 거부감이 없이 친밀한 매체로 느껴진다고 하였고 아주 자연스럽게 자신의 반복되는 꿈을 표현하였다. 처음으로 그림에 대한 완성도가 있어 보였다. 꿈을 통해 자신의 문제가 나타난 것이 신기하다고 하였다.

<table>
<tr><td>작품</td><td>
〈그림 4-99〉 아이들에 괴롭힘을 당했을 때 느낌</td><td>
〈그림 4-100〉 반복되는 꿈</td></tr>
<tr><td>그림 제목</td><td>망치와 답답함</td><td>저승사자와 로봇 인간</td></tr>
<tr><td>그림 해석</td><td>• 내담자가 화장실에 있는데 아이들이 화장실 위에서 물을 뿌리고 괴롭혔을 때를 생각하니 망치가 연상된다고 하였다. 망치에 양쪽으로 뾰족한 부분이 나와 있어 당시의 아동이 매우 화가 나있다는 것을 알 수 있었다. 오른쪽 그림은 대항하지 못했던 답답한 마음을 표현하였다.</td><td>• 최근에 반복되어 나타나는 꿈은 '저승사자'와 자신이 '로봇 인간'이 되는 꿈이다. 저승사자는 두려움과 공포 및 불안의 상징이며, 로봇인간은 학교에서의 화장실 문제로부터의 자유로움이다. 로봇인간처럼 몸이 가벼워져 자유롭게 날아다니고 싶다고 하였다.</td></tr>
<tr><td>내담자의 치료적 장점 및 취약점</td><td colspan="2">• 치료적 장점은 아동이 언어적 상담이 가능하며 인지적 통찰력이 있다. 약간 위축되기는 하였지만 자기개방과 자기노출 등에 아주 솔직한 면이 있다. 말을 귀엽게 잘 하며 가족들의 사랑을 많이 받았다.
• 치료적 취약점은 학교 환경에 대한 압박을 장기적으로 받아서 매우 위축되었고 자신감이 없으며, 이런 점을 보상하기 위해서 어머니가 아동의 생활에 매우 많이 개입된 것이다. 틱장애를 제거하기 위한 노력이 오히려 아동에게 상당한 심리적 부담감을 주고 있다.</td></tr>
<tr><td>치료계획 및 목표</td><td colspan="2">• 초기에는 간단한 매체인 크레파스, 파스넷, 사인펜 등으로 접근한다.
• 아동이 미술치료를 거부하고 귀찮아하기 때문에 초기에는 언어적 상담으로 접근한다.
• 언어적으로 자신의 이야기가 나오면 미술치료로 접근하여 명료화해준다.
• 자기문제 및 이해를 돕고 스스로 자발적으로 자신의 문제를 대처할 수 있도록 한다.
• 감정표현을 통해 자신의 모습을 객관적으로 볼 수 있도록 반영을 한다.
• 공감과 적극적 경청을 통해 자존감을 향상할 수 있도록 지지를 한다.
• 치료에 신뢰감이 안정되게 구축되면 다양한 매체를 활용해본다.</td></tr>
<tr><td>치유요인</td><td colspan="2">• 자기 개방성 및 자기노출 등을 통한 인지적 통찰이 주요 치유요인이다.
• 틱장애 자체가 주변 환경으로부터 압박을 많이 받았기 때문에 서두르지 않고 존중해주는 것이 아동을 편하게 한 것으로 본다.
• 기초 조형활동을 통해 접근하는 것이 아동에게 지루함을 주어 직접 언어적으로 직면을 하여 치료에 필요한 최소한의 긴장감을 유지하면서 이에 대한 미술표현이 오히려 치료적 효과를 가져왔다.</td></tr>
</table>

3. 수채화

1) 수채화의 개념 및 역사

수채화(英 : Water Color, 佛 : Aguarelle)의 사전적 의미는 '채색을 물에 풀어 그린 그림'이란 뜻으로 되어 있다. 이 말은 수채화의 의미를 한마디로 요약한 것이지만 아직도 정의를 내리기에는 부족하다. 그러나 넓은 의미로 안료를 물에 개어 쓴다는 것이 수채화의 본질임에는 틀림이 없는데 이 경우에 우리는 너무 많은 여러 가지를 포함시켜야 한다. 구석기 시대의 동굴벽화, 프레스코화, 템페라화, 과슈 그리고 채색 동양화와 아크릴 컬러까지도 넓은 의미에서 수채화로 볼 수 있다.

수채화를 물에 풀어 쓴다는 넓은 의미로서의 수채화는 그 역사를 구석기 시대까지 올라갈 수가 있다. 라스코(Lascaux)나 알타미라(Altamira)동굴 벽화에서는 흙에서 얻은 황토색과 철분이 많은 흙에서 황갈색을 추출하였으며, 바위, 돌에서 푸른색 그리고 불에 타버린 숲에서 숯(Carbon)을 추출하여 검정을 얻어 회화를 그리기 시작하였다. 프레스코(Fresco)는 벽화기법으로 사용되어 덜 마른 회반죽 위에 그려진 것으로 고대문명은 상당수가 수성안료를 사용하였으며 점차 그 사용법이 개발되었음을 볼 수 있다.

15,000년 전에 이집트인들은 이미 고 왕국시대부터 무덤의 내부를 프레스코(Fresco)기법으로 장식하였는데 이는 인류의 회화발전에 매우 획기적인 사례로 평가되고 있다. 서양미술사에서 수채화의 기원을 말한다면, 고대 이집트 시대의 「파피루스」 두루마리에 그려졌던 그림들과 벽화(박영성,1985), 그리고 서양의 중세시대에 파피루스 대신 「양피지」나 그 밖의 양피에 나타난 그림들이며, 이것들은 여러 가지 재료와 다양한 방법으로 그 목적이나 기능을 표현하고 있는 것들을 말할 수 있겠다. 특히 파피루스(Papyrus)를 원료로 종이를 제작하고 거기에 글과 그림을 그렸는데 이것은 오늘날의 수채화의 기법과 매우 유사한 것이었다. 이러한 사실로 미루어 본다면 수채화의 역사는 종이의 역사와 같다고 볼 수 있다.

이와 같이 오늘날 수채화에 어울리는 작품은 유럽의 종이 산업과 밀접한 관련이 있으며 수채화가 분류된 것은 예술적인 목적으로 표현되기 시작한 것은 15세기 르네상스(Renaissance) 이후의 일이다. 습작이나 부차적인 면에서 수채화가 그려졌으며 본격적인 예술의 장르로서 발전을 보게 된 것은 그로부터 훨씬 후의 일이다. 르네상스 시대에 수채화는 그 특징을 식물학이나 동물학 탐구를 위한 묘사에서 십분 발휘하였는데 이러한 전통은 오늘날까지 이어지고 있음을 볼 수 있다. 이처럼 동식물의 섬세한 표현에는 수채화가 유화보다 훨씬 효과적이었다.

근대 수채화의 선구자로 일컫는 독일의 뒤러가 수채물감을 사용한 많은 작품을 남김으로써 수채화의 독자적인 영역을 개척하였다. 당시에는 아무도 수채화가 하나의 독립적인 작품으로 될 수 있고 풍경이 작품의 동기가 될 수 있다고 생각한 사람은 없었다. 그러나 뒤러는 자연을 객관적인 대상으로 관찰하여 세부를 충실하게 표현함으로써 세상의 아름다움을 소박하게 펼쳐놓고 있다. 특히 이태리를 여행하면서 귀국하는 길에 알프스를 여행하면서 수채화로 그린 『풍경』이라는 작품은 자유로운 담채 기법으로 그려진 놀라운 것으로 19세기까지 어떤 수채화작가도 따를 수 없는 서정적인 기법을 구사하고 있다.

수채화가 회화의 한 장르 뚜렷한 발전을 보인 것은 18세기 후반 영국에서의 일이었다. 당시 영국의 콕스, 콘스타블, 터너 등은 뛰어난 작품들을 많이 남겨 수채화를 회화의 한 분야로 독립시키는데 큰 공헌을 하였다. 반다이크가 표현했던 투명성과 신선함으로 다시 나타났다. 17세기에 반다이크에 의해 투명 수채화가 시작되었는데, 18세기에 와서는 글리세린을 첨가한 수채화구가 개발되고 와트만지가 제조되어 폴샌드비와 존코젠스로 시작하여 윌리암 터너와 존 컨스터블에 이르러 영국풍경화의 거장으로서 영국의 수채화가 최고조에 이르게 되었다(권숙진, 2004).

근대에 와서 예술가치고 수채화에 손을 대보지 않은 사람이 없을 정도이며 아마추어 화가들은 더욱 말할 필요가 없다. 특히 클레, 샤갈 등 바우하우스 주변의 화가들은 불투명한 과슈를 사용하면서 의도적으로 투명수채기법을 도입하여 표현함으로 생기는 번짐이나 갈필적 효과의 미적 표현을 하였다. 특히 클레는 작품이 80%가 수채화에 해당된다고 한다. 이외에 단명한 생애에도 불구하고 120여 점이나 되는 수채화를 남긴 반 고흐와 루오, 마티스, 피카소 등 많은 화가들의 작품은 수채화의 발전에 상당한 영향을 끼쳤다(유영곤, 1993).

2) 수채화의 종류

(1) 수성 물감류

① 투명수채화 물감(Water Color)

수채화물감은 미세한 분말 안료를 일종의 아프리카 원산인 '아카시아' 나무에서 추출한 아라비아고무에 녹여 제조한 것이다. 물에 녹지 않는 다른 나무의 수지와는 달리 물에 녹으므로 수용성으로 사용하기엔 좋은 수지가 된다. 또한 종이에 대한 접착성이 우수하고 색채에 광택을 주는 성질을 가지고 있다. 좋은 수채물감은 변색이 없는 고급 안료를 사용한 것으로서 투명성이 최대한 높은 맑은 색을 낸다.

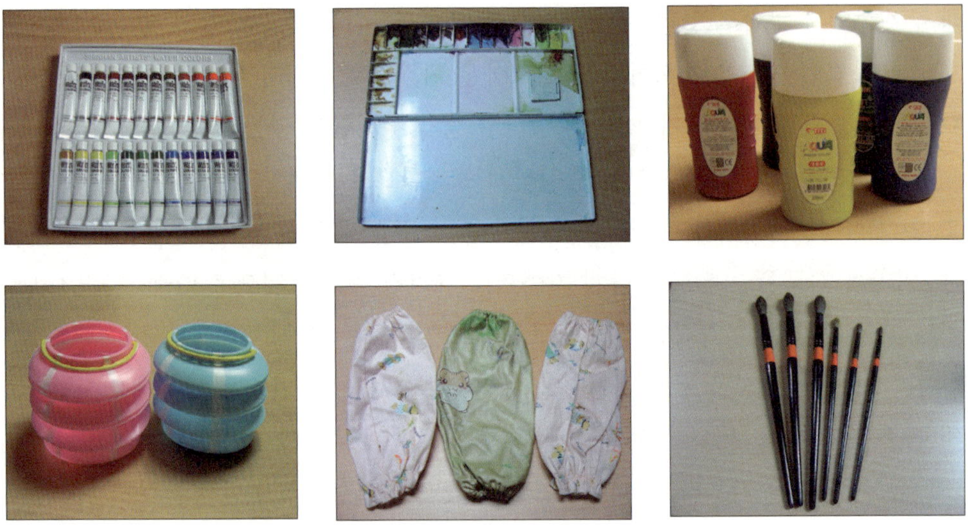

〈그림 4-101〉 수채화 물감 및 도구

② 불투명 수채화 물감(과슈, Gouache)

과슈(Gouache)와 템페라(Tempera)는 불투명의 중색과 혼색의 효과를 내기 위한 수채화물감이다. 보통 엷게 하기 위해서는 화이트로 조절하며 물은 그다지 사용하지 않는다. 만약 물로 녹이면 엷은 가루로 변한다. 과슈의 특성은 불투명성에 있으며 두껍게 이중으로 칠하기도 하며, 미묘한 톤도 생긴다. 어두운 색 위에 밝은 색깔을 칠할 수도 있고 착색된 종이에 효과적으로 사용할 수도 있다.

③ 아크릴 물감(Aclic Colors)

합성수지화구 가운데 바인더로서 아크릴계 수지를 사용한 것을 아크릭 칼라라고 한다. 수용성으로 사용하기가 간단하며 여러 번 겹친 색은 아주 좋은 효과를 낼 수 있다. 또한 속 건성이므로 제작시간도 단축할 수 있어 편리하다. 아크일 칼라는 수용성이기는 하지만 일단 마르면 탄력이 있는 아주 단단한 'Film'상태가 되면서 고착한다. 굳은 후에는 물로 희석하기가 어렵다.

아크릴 물감은 그림 그리는 것은 수채화와 같은데, 그린 후에는 유화같이 물로써는 풀리지 않는 그림이 된다. 그리고 색을 여러 번 겹칠하여도 바닥 색이 우러나지 않고 광택을 나게 하기도 한다. 수채화에서는 할 수 없는 아주 두껍게 칠할 수 있는 작품도 할 수 있다. 엷게 칠하면 5~20분이면 마르고 두껍게 칠하면 2~4시간이면 내부까지 마른다. 또한 아크릭 수지의 피막이 안료를 보호하여 외기의 변화나 강한 자외선에도 변색, 퇴색의 염려가 없다. 종이, 유리, 플라스틱, 깡통, 병, 돌멩이, 나무 든 어디에든 잘 그려지므로 다양한 표현이 가능하다. 독성이 없고 악취도 없기 때문에 안전하게 쓸 수 있고 접착력이 좋기 때문에 직물 등에 직접 그릴 수 있고 꼴라쥬 작업의 접착제로도 가능하다.

④ 포스터물감(Poster Color)

Poster라는 말은 Post 즉 기둥에 광고물을 부쳤다는 뜻에서 비롯된 것이다. 프랑스의 로트렉이 1898년 처음으로 석판화에 포스터를 그린 후 Poster Color는 기계, 인쇄의 발달과 더불어 급진적으로 개발, 발전되었다.

현대의 Poster Color의 이용은 점차 여러 산업분야로 다양화되고 있는 실정으로 교육, 상품광고, 문화, 관광산업, 예술 작품 등에 널리 쓰이게 되었다. 포스터칼라는 내광성이 좋아야 한다. 오래 변하지 않는 내광성은 중요한 문제로 등장되고 있다.

포스터물감은 덧칠표현이 가능하고 농도가 진하며 장기적 보존이 어렵다. 포스터칼라를 오래 보관하고 사용하기 위해서는 우선 뚜껑을 꼭 닫아두고 쓰고 난 다음 화학용 알코올을 약간 부어두면 굳거나 썩지 않는다. 물을 부어두면 부패현상을 가져오기 쉽다. 또는 미디움같은 강한 접착제를 첨가해 둔다. 불투명한 채색에 용이하고, 진하고 선명하게 채색된다. 그러나 단점은 진하게 채색되기 때문에 주변의 색을 덮어 버릴 수 있다(김인선, 2003).

(2) 유성 물감류

① 유화 물감(Oil Color)

유화는 유성의 물감을 오일로 녹여 캔버스, 목판, 지판 등에 그린 그림을 말한다. 현재 유화물감은 안료와 건성유를 주재료로 천연수지, 기타 보조제 등을 약간씩 섞어 제조하고 있다. 현재 시판되고 있는 색깔의 수는 메이커에 따라 틀리나 중요한 것만도 50~60종이고 모두 100종 이상은 될 것이다. 모든 색을 갖출 필요는 없으며, 약 10종에서 22~25종 정도가 필요하다. 튜브의 크기는 현재 시판되고 있는 것으로 6호(20CC), 9호(40CC), 10호(50CC), 20호(110CC) 등이 있으며 물감을 세트로 사면 화이트를 9호나 10호 정도로, 다른 색은 6호 튜브 정도로 갖추면 좋을 것이다.

유화는 수채화에 비해 재료비가 다소 비싸게 든다. 그러나 유화물감 자체가 지닌 은은한 광택은 다른 물감이 지니지 못하는 우수한 특성이며 작업의 흥미도 도울 수 있다. 건조가 늦고 입체감 표현에 좋다.

② 마블링(Marbling) 물감

물과 기름이 서로 혼합되지 않는 반대 성질을 이용하여 물 표면의 움직임에 따라 우연적이고 즉흥적으로 물 표면에서 이루어지는 다양한 무늬를 흡착시키는 기법으로 대리석의 무늬와 흡사하여 마블링이라 한다. 물 위에 떠 있는 기름물감은 물의 파장에 따라 상상하지 못했던 여러 가지 우연적 효과가 나타나므로 흥미와 의문을 더욱 유발시킨다.

마블링 물감은 기름을 섞어서 만든다. 기름은 물보다 가벼워서 물위에 떨어트리면 뜬다. 흡착시키는 과정에서 너무 빠른 속도로 작업하지 않는다. 마블링 물감이 옷에 묻지 않도록 주의한다. 환상적인 패턴이나 문양이 자주 나오므로 산만해지지 않도록 한다(김인선, 2003).

3) 수채화에 필요한 화구

(1) 물감

수채물감은 미세한 분말의 안료(Pigment)를 아프리카, 오스트레일리아, 인도 등이 주 원산지인 아카시아과의 나무에서 추출한 아라비아고무(Arabic Gum)에 녹여 만든 것이다. 아라비아고무는 다른 고무와 달리 수용성 고무이고 종이에 접착성이 우수하며 색채에 광택을 주는 역할도 한다. 안료나 고무의 질에 따라 물감의 질이 결정된다고 볼 수 있다. 여기에 건조도와 투명도, 부패 방지 등을 고려해서 엿이나 꿀, 글리세린(습윤제), 방부제 등을 첨가하여 만든 것이 수채물감이다. 수채화의 채색에서는 채색 층이 매우 얇기 때문에 색조의 강도와 안료의 정착력은 다른 재료보다 중요한 요소다. 이런 점들을 보완 강화한 것이 전문가용 고급 수채화 물감이다. 즉 전문가용 수채화 물감이란 정착력, 발색도, 선명도, 변색도, 내구성 등이 좋은 것이다(권숙진, 2004).

(2) 종이

수채화에 있어서 화지의 선택은 매우 중요한 요인으로 작용한다. 그러므로 수채화를 그릴 때 가장 유의해야 할 것은 용지의 성질을 파악하고 사용하는 것이다. 이러한 수채화용지의 종류는 10여종이 있는데 그 발달은 영국에서부터였다. 영국의 와트만(James Watman)이란 사람이 1770년에 삼베를 짜서 종이를 만들었는데 이것을 와트만(Watman)지로 불리게 되었다. 그 후에는 세계적으로 많이 개발되어 현재는 다수 우량품이 생산되고 있다. 좋은 수채화 종이의 기준을 살펴보면 다음과 같다. 첫째, 튼튼해야 한다. 강한 붓이나 지우개, 종이 타월, 페인팅 나이프로 문질러도 잘 견딜 수 있고, 마스킹 액(Masking fluid)을 칠하고 떼어내도 표면이 손상되지 않는 것이어야 한다. 둘째, 물감을 잘 흡수해야 한다(권숙진, 2004).

(3) 붓

붓의 종류에는 여러 가지가 있으나 크게 천연 모필과 인조 모필 그리고 혼성 모필로 구분할 수 있다. 수채화용은 붓은 허리가 강하고, 탄력이 있으며 물을 잘 머금고 눌러도 붓끝이 갈라지지 않고 부드러워야 한다. 붓에는 둥근 붓과 평필이 있는데 일반적으로 둥근 붓을 많이 쓴다. 또한 붓의 선택도 중요하지만 손에 익게 길들이는 것이 필요하고 작업 뒤에는 잘 씻어야 하며 물통에 담가 두어 길들여진 붓을 버리는 일이 없도록 해야 한다.

(4) 물

수채화는 물의 성질을 잘 이해하여야만 수채로서 깊은 맛을 표현해 낼 수가 있다. 이것은 끊임없이 변화하는 물의 속성을 의미한다. 그러므로 수채화작업에 필요한 물은 철이나 불순물이 없는 순수한 양질의 물이 좋다. 이는 물 때문에 색상이 변할 수 있기 때문이다(전영택, 1984).

4) 수채화 매체의 다양한 표현기법

수채화를 꼭 붓으로만 그려야 한다고 생각하는 경향이 있는데, 솜방망이, 사포, 분무기, 칼, 칫솔, 조소용 나무, Stick, 랩(Wrap), 롤러, 스펀지, 콤프레셔용 Gun, 조미료 통 등 각종 도구가 쓰일 수 있다. 수채화를 꼭 붓으로만 그려야 한다는 법은 없다. 그리는 행위가 관념적이지 않고 다양성을 지닐 때 수채화의 세계는 더욱 풍요로와질 것이다. 여러 가지 표현을 하는데 필요한 재료와 도구는 얼마든지 있다(전성기, 1997). 이에 수채화 매체의 다양한 표현 기법을 〈표 4-13〉에 제시하자면 다음과 같다(홍용선, 2003).

〈표 4-13〉 수채화 매체의 다양한 표현 기법

기 법	내 용
넓게 칠하기	평필로 넓게 칠하는 것
물감 튀기기	종이에 물 칠을 한 후 붓 끝에 물감을 튀겨 번지게 한 효과
번지기	젖은 종이에 물 칠을 한 다음 색을 칠하거나 떨어트려 번지기
젖은 종이에 흘리기	젖은 종이에 물감을 떨어트려 번지기
물 뿌리기	스프레이로 종이에 물을 뿌린 후 건조되기 전에 칠한 것
기름 뿌리기	종이에 기름을 뿌린 다음 색을 칠하여 서로 분리시키기
소금 뿌리기	채색한 다음 건조되기 전에 소금뿌리기
긁 기	색칠한 후 마르기 전에 나이프로 긁어 낸 효과
휴지로 찍어내기	물감이 건조되기 전에 휴지로 찍어낸 효과
손끝으로 문지르기	채색한 물감이 마르기 전에 손가락으로 문지르는 효과
붓으로 비비기	평필에 소량의 물감을 칠한 후 종이 위를 비벼서 질감내기
데칼코마니	종이에 물감을 짜서 접은 다음 펼친그림
스탬핑	무늬가 있는 물건이나 도구, 자연물 등에 물감을 묻혀 찍어냄
사포로 갈기	사포로 종이 표면을 부분적으로 간 후 색칠하거나 채색이 완전히 마른 다음 사포로 갈아 질감 표현
스펀지 찍기	스펀지에 물감을 묻힌 후 종이 위에 눌러서 찍어낸 효과
점묘법	여러 모양과 색 점으로 표현
팬 위에 물감 칠하기	사인펜으로 그린 후 물감을 칠하여 번지게 하는 것

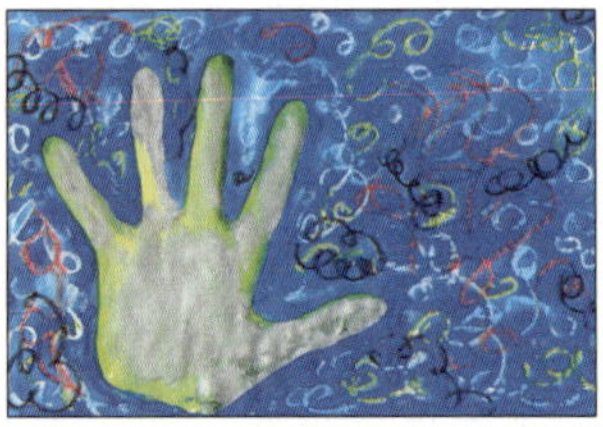

〈그림 4-102〉 수채화의 다양한 기법으로 표현된 작품[17]

5) 수채화 매체의 장점 및 제한점

(1) 수채화 매체의 장점

먼저 수채화물감의 일반적인 특성을 알아보면 수채화 매체의 가능성에 대해 살펴볼 수 있을 것이다(권숙진, 2004).

첫째, 수채화는 인간 생명의 근원인 물과 수채화의 특성을 살릴 수 있는 물감, 그리고 종이의 3요소가 조화되어 이루어지는 성격적인 특성을 지닌 독립된 회화세계의 한 분야이다.

둘째, 수채화는 감각적 특성을 낼 수 있는 재료의 특성상 물에 의한 다양한 톤의 분위기를 살릴 수 있고 어떤 장소나 여건에서도 간편하고 시간적 제한 없이 제작이 용이한 장점이 있는 화구이다.

셋째, 기법상 즉흥성과 직관성을 내포하고 있으며 일획적인 특성이 강한 화구이다.

넷째, 투명, 반투명, 불투명 그리고 매우 세밀한 표현에서 순간적인 표현까지 매우 다양한 표현방법과 기법들이 있고, 재료의 성격상 프레스코화, 과슈, 템페라화, 아크릴화, 동양화 등도 같은 범주로 수용할 수가 있다.

수채화가 다른 화구들과 분리되어 독립적인 회화로서 존재할 수 있는 가장 큰 이유는 수채화만이 갖고 있는 회화적 특성이 있기 때문인데, 이에 대해 살펴보는 것이 미술치료에서 수채화 매체의 치유적 요인을 이해하는데 도움이 될 것 같아 〈표 4-14〉에 제시하고자 한다(이수진, 2002 재인용).

17) 본 작품들은 2001년 대구대학교 재활과학대학원 미술치료 대학원생들이 미술치료매체 수업시간에 한 작품입니다.

〈표 4-14〉 수채화의 회화적 특성

회화적 특성	내 용
일획성	한 번의 실수를 용납하지 않는 것이 수채화인데 이로 인해 그리는 사람의 순간적인 심리상태를 읽어낼 수 있는 특성이 있다.
즉흥성과 직관성	다른 화구에 비해 제작 시간이나 빠른 표현이 가능하여 그리는 사람의 심리상태, 대상을 통한 감정, 사상의 즉흥적, 직관적 표현이 가능하다.
물에 의한 유기성	물에 의해 용해된 안료가 물의 흐름에 따라 어우러지면서 이루어내는 표현이 수채화만의 특성이다.
시간성	채색후의 겹침, 번짐 등의 시간대를 고려하는 것은 많은 경험과 예민한 감각을 요구한다.
건조특성	물기가 마른 후에는 그림이 더 밝아진다.
다양한 기법 및 표현 확대성	붓에만 의존하지 않고 여러 가지 다른 재료들을 혼합하여 사용함으로써 회화의 범위 확산이 가능하다.
투명성	수채화 특유의 투명한 느낌과 맑고 경쾌함이 생명이다.
원화 모방 불가능의 유일성	일획성, 즉흥성, 직관성, 시간성, 건조특성, 기법의 확대성 등을 동시에 모방하기 어려워 작품의 가치를 높인다.

(2) 수채화 매체의 제한점

밑그림을 물감과 붓으로 칠해 넣을 때 붓 사용법과 물감 농도, 물의 양을 잘 조절하지 못하면 내담자로 하여금 좌절감을 느끼게 할 수 있다. 수채화 물감은 덧칠하거나 씻어내는데 한계가 있으며, 매체 자체가 예민하여 혼색이나 채색 방법상의 문제로 갑자기 혼탁한 색으로 변해버리고 심하면 뿌옇게 된다. 그렇다고 물로 씻어낸다는 것도 그리 간단한 일이 아니며 유화처럼 겹쳐서 새로 그릴 수도 없다. 즉 잘못에 대한 수정이 매우 어렵다(홍용선, 2003). 또한 젖어 있는 상태에서 덧칠을 하면 물감이 섞여 번지고 종이가 일어나는 경우가 있으니 마르기를 기다리며 천천히 그려야 한다.

6) 미술치료임상에 적용된 기법

2장에서 '미술치료의 고유한 치유요인'에서 언급했듯이 어느 미술매체나 내담자와 상황, 연령, 발달 등에 따라 촉진적 매체가 될 수 있으며, 때로는 통제적 매체가 될 수도 있다.

Landgarten(1987)의 미술매체의 특성을 보면 그림물감은 낮게 통제되는 것으로 제시되지만 사실적 표현과 섬세하고 정교한 표현으로 들어가면 상당한 높은 통제력을 요구하기도 한다.

김진숙(1999)은 수채화물감의 미술치료적 의미로 재료 사용방법을 마스터(master)함으로써 오는 치료성을 언급하였는데, 수채물감의 스탬핑이나 데칼코마니 작업은 아동이나 성인 등 대상에 상관없이 쉽게 미술작업을 시작 할 수 있게 함으로써 자발성과 신뢰감을 증진시킬 수 있다고 하였다. 송인숙, 노복늠과 김동연(1999)은 위축아동들에게 위축행동을 줄이고 집단 응집력, 자기 표현력을 늘리는 목적으로 물감을 이용한 데칼코마니를 사용하였고, 석미진(1997)은 자폐성 아동의 미술치료 프로그램에서 물감을 사용하여 자폐성 아동의 집중도 및 자아표출기회의 증가 효과를 밝혔다. 또한 미술치료시 내담자의 성격과 반대성향의 재료를 제공하는 것은 내담자의 억압되어진 부분을 재통합하는 기회를 줄 수 있다. 물감은 퇴행을 촉진시킬 수 있는 재료로서 성격이 경직된 내담자와 우울, 위축 성향의 내담자에게 유용하다. 그러나 충동적이고 자아경계가 불분면한 내담자에게는 충동적 성향을 더욱 심화시킬 수 있기 때문에 주의해야 한다.

이처럼 수채화물감은 회화적으로는 도구와 기법 면에서 다양한 특성 및 가소성(색의 변화, 물의 변화, 붓 이외의 도구의 변화에 따른 가소성)을 지니며, 심리적으로는 내담자가 미술작업에 쉽게 접근할 수 있는 이완 특성을 지닌 재료이다. 황은진(2008)은 장애아동 어머니에게 매체에 따른 만다라 기법을 활용하여 이완에 미치는 영향을 EEG에 나타나는 α파 및 β파의 변화량으로 측정하여 알아보았는데 뇌파 변화에 관한 단일사례연구를 통해 다음과 같은 결과를 제시하였다. 수채화물감과 색연필 모두 장애아동 어머니의 α파를 증가시켰으며, β파를 감소시켰다고 한다. 이것은 수채화물감이 뇌파에도 긍정적인 영향을 미쳤음을 알 수 있다. 이채형(2006)은 만다라기법에서 다양한 매체(점토, 핑거페인팅, 파스텔, 한국화매체)를 활용한 미술치료를 ADHD아동을 대상으로 실시하여, 이완의 효과 및 문제행동 변화를 알아보고자 하였다. 그 결과 모든 매체에서 매체에 따른 이완의 효과에서는 심박수의 감소, 스트레스에 대한 대응능력을 알 수 있는 SDNN의 증가, 총파워, 교감 · 부교감의 활성, 수축기 · 이완기혈압의 감소, 점토를 제외한 모든 매체의 교감비율의 감소와 부교감 비율의 증가를 보였다. 생체의 각성수준이 낮아져 긴장이완을 촉진하고 더욱 활력있는 상태로 만들어 스트레스에 대한 대응능력을 증가시키는 변화를 가져왔으므로 생체의 이완반응의 변화가 나타났음을 알 수 있다. 이는 수채화물감이 이완반응을 통해 자율신경계에도 긍정적인 효과를 준다는 것을 알 수 있다.

이에 미술치료에서 적용된 기법 중에서 내담자들의 긴장을 줄이며 자기표현 및 감정표현을 촉진시키는 기법을 간단히 소개하고자 한다.

(1) 긴장이완 및 감각 · 촉각적 기법

① 핑거 페인팅

치료 초기에 감정을 이완하고 매체에 흥미를 불러 일으키며 손으로 감각적이고 촉각적인 느낌을 가져다주는 대표적인 것으로는 '핑거 페인팅'이 있다. 밀가루 풀에 그림물감을 풀어 손으로 비비면서 감각적이고 촉각적인 느낌을 준다. Piaget의 인지발달이론에서 감각 · 동작기(sensorimotor)발달단계에서, Lowenfeld의 난화기(scribbling)수준에서, Freud의 항문기 발달수준에서, 핑거페인팅 매체는 학령전기 단계에서 감정을 이완할 수 있는 기법이자 매체이다. 학령기 아동, 청소년, 성인에게 적용해도 핑거 페인팅은 손가락 그림이기 때문에 감정을 이완한다. 또한 핑거 페인팅 재료를 갖고 구상적, 추상적 작품을 예술적으로 창조할 수 있다. 그러나 풀의 축축하고 끈적거리는 느낌 때문에 저항을 하는 내담자가 있음을 상기해야 한다.

② 전분가루 놀이

전분 가루를 물에 녹여 풀처럼 만들고 여기에 여러 가지 물감을 섞고 때로는 구슬, 콩 등을 넣어 촉각적인 감각을 충분히 느끼도록 강화한다. 치료 초기에 감정을 이완하고 난화기의 발달과업을 충분히 익히기 위해 소근육 운동과 눈과 손의 협응 및 시지각 발달을 향상하기위해 충분한 치료적 효과가 있다. 핑거 페인팅이나 전분가루는 촉각적 매체이므로 치료자와 손으로 신체적 상호작용을 함께 할 수 있어 친밀한 관계를 설정할 수 있으며 신체적 스킨십을 통해 왜곡된 대상관계를 치유할 수도 있다. 또한 무언가를 그려야 한다는 압박감으로부터 벗어나가게 해주기 때문에 자유롭다. 핑거 페인팅이나 전부가루놀이는 손으로 질감이나 촉감을 놀이로 충분히 즐긴 다음에 도화지에 무언가를 그려도 되고, 손으로 또는 여러 도구를 이용하여 판화처럼 찍을 수도 있다.

〈그림 4-103〉 핑거 페인팅 재료

〈그림 4-104〉 핑거 페인팅 작품[18)]

〈그림 4-105〉 핑거 페인팅 집단작품[19)]

③ 면도 크림과 비누 거품 놀이

핑거페인팅, 전분가루와 같은 맥락에서 남자들이 수염을 깎을 때 사용하는 면도크림도 미술매체로 활용할 수 있고, 세숫대야에 적당하게 물을 붓고 퐁퐁 등 세재를 풀어 비누거품 놀이를 적용할 수 있다. 면도 크림을 신나게 짜고 거기에 손으로 거품을 즐기고 물감을 짜서 색을 만들고 등 감각적인 놀이를 즐기고 나면 감정이 이완이 된다. 면도 크림에서 나오는 향기가 색다른 즐거움을 준다. 비눗방울 놀이는 누구에게나 호기심을 자극하고, 활동하고 싶은 욕구를 자극한다. 세안 세제 등을 풀어 비누거품 놀이를 하는 것은 촉각적 즐거움을 주고 도화지등에 손에 묻은 것을 판화처럼 찍어낼 수도 있다. 이렇게 미술치료에서 매체에 변화를 주면 치료적 친밀한 관계가 더 잘 설정되고 감정이 이완이 되어 자기노출이나 자기개방을 촉진할 뿐만 아니라 감정표현을 용이하게 해주고, 치료에 집중성 및 자발성을 증가시킨다.

18) 〈그림 4-104〉는 서울미술치료연구소 '미술매체와 기법' 수업시간에 집단 원들이 한 작품입니다.
19) 그림 출처: 김진희(2008). 농촌아동의 자기 효능감 증진을 위한 집단미술치료사례

〈그림 4-106〉 전분가루 놀이

〈그림 4-107〉 면도 크림 놀이

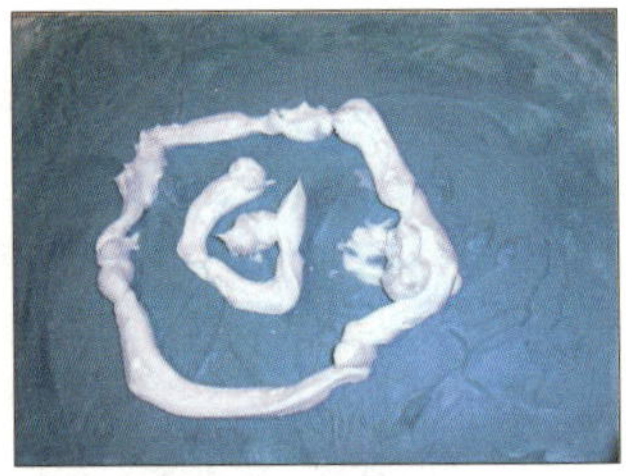

〈그림 4-108〉 수채 면도 크림 놀이

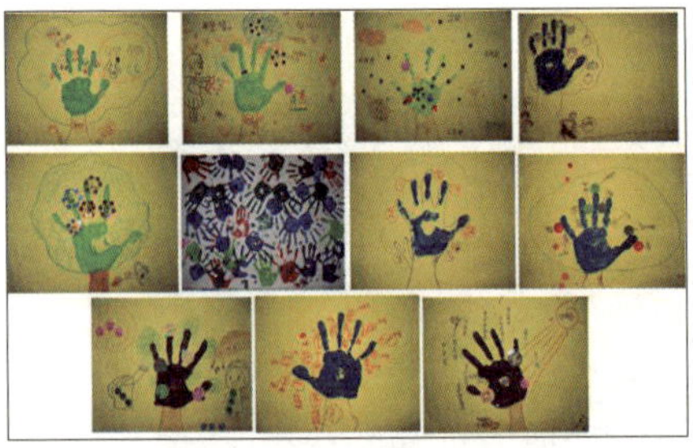

〈그림 4-109〉 수채화물감으로 손바닥 찍기[20]

〈그림 4-110〉 집단 데칼코마니[21]

(2) 감정 표현

수채화 물감은 물성이 있고 감각 및 감성을 자극하기 때문에 감정표현을 할 때 미술치료에서 많이 적용한다. 치료 초기에 드로잉 매체로 여러 가지 난화나 낙서를 통해 감정 발산을 하기도 하지만 무엇보다도 미술치료에서 제일 중요한 감정표현을 할 때 수채화 매체를 사용하면 좋다. 어느 정도 미술치료 초기에서 간단한 매체인 크레파스, 색연필, 사인펜 등에 익숙해졌을 때 매체의 변화를 시도하기 위해 수채화 매체를 적용하기도 하며 또한 치료의 중기에 감정을 다루어 줄 때도 수채화 매체로 접근하기도 한다.

여러 가지 부정적인 감정이 억압이 되면 다양한 병리적인 증상 및 문제로 나타날 수가 있는데, 감정을 표현함으로써 자신의 감정을 객관적으로 시각적으로 들여다보게 하여 감정을 정화하고 자신의 감정을 이해하도록 한다. 자신의 감정을 이해한다는 것은 감정을 통제할 수 있고 그 감정을 수용할 수 있다는 것이다. 미술치료에서는 우울감, 분노 및 적개심, 화, 실패감, 좌절감, 죄책감 등 '지금-현재 여기'에 나타난 감정을 다룰 때 수채화 매체를 통해 감정을 표현하도록 한다. 감정 표현을 통해 치료자와 함께 나누고 대화하고 공감함으로써 자기 통찰로

20) 그림 출처: 김진희(2008). 농촌아동의 자기 효능감 증진을 위한 집단미술치료사례

21) 그림 출처: 김진희(2008). 농촌아동의 자기 효능감 증진을 위한 집단미술치료사례

유도될 수 있다.

〈그림 4-111〉 수채화 물감으로 감정표현(우울 및 분노폭발)[22]

7) 수채화에 나타난 내담자의 반응 및 평가

수채화물감을 통해서 본 아동의 반응 및 평가를 보면 6세 된 남자아동이 치료실에 의뢰되었다. 어머니의 주 호소는 아동이 6개월 후면 초등학교에 입학하는데 유치원에서 또래들 간에 잘 어울리지 못하고 공격성이 문제이며, 아동이 곧 학교에 가야하는데 아동이 친구들과 잘 싸워서 큰 걱정이라고 하였다.

아동이 미술치료실에 들어오자마자 일회 면담에서 처음 하는 말이 "여기서 내 마음대로 해도 되요" 하는 것이었다. "그래. 네 마음대로 해보아라." 했더니 아동은 치료실 벽에 붙어있는 4절지 도화지에 크레파스로 막 거칠게 낙서를 하는 것이었다. 느낌이 어떠냐고 물어보니까 "시원하다"고 하였다. 제목을 부쳐보라니까 "화가 난 괴물"이라고 하였고 그 화가 난 괴물은 어디 있느냐고 하니까 "내 마음속에 있다"고 하였다. 그림을 자세히 더 설명하라고 하니까 검은색, 보라색, 빨강색 모두 자신의 화가 난 마음을 나타낸다고 하였다. 언제 화가 나느냐 했더니 어머니가 공부하라고 야단치거나 동생이 귀찮게 할 때라고 하였다〈그림 4-112〉.

2회 면담에도 아동이 오더니 오늘도 자기 마음대로 하겠다고 하였다. 그래서 치료자가 "오늘도 화가 많이 났지?" 하면서 물어보니까 아동은 "어떻게 알았어요? 맞다"라고 하였다. "오늘은 왜 화가 났느냐"고 물으니까 "엄마가 게임을 못하게 해서 화가 났다"라고 하였다. 그럼, 이번에는 너의 화가 난 마음을 그림물감으로 표현해보고자 하였다. 크레파스라는 매체는 계속해서 마음대로 거칠게 마구 그어 될 수가 있지만, 그림물감은 한번 붓으로 휙 긋고 나서 또 붓으로 물감을 찍어야 되고, 거기에 물감이 떨어지면 그림물감튜브를 짜야 되고 물로 혼합해야 되고 이렇게 중간 중간에 쉬어야 하기 때문에 아동이 자신의 화가 난 마음을 약간 진정하는 듯이 보였다. 대신 작업 그 자체에 흥미를 보이기 시작하였다.

22) 그림 출처: 서울미술치료연구소 '집단미술치료' 시간에 집단 원들이 한 작품입니다.

〈그림 4-113〉을 보고 아동은 자신의 화가 난 마음이 아니라 마치 산을 그린 것 같다고 하였고 치료자는 아동이 그림을 너무 잘 그린다고 칭찬해주었다. 그 다음부터 치료실에 아동이 들어올 때 자신의 일상에서 화가 난 마음을 고구마, 감자, 연근 또는 스펀지에 그림물감을 묻혀 찍기도 하였고 휴지로 찍기도 하면서 점점 미술작업에 재미를 느꼈다. 자신의 작품에 점점 만족하면서 자발성이 증가하고 아동의 자존감도 회복하는 듯이 보였다〈그림 4-114〉.

이렇게 미술치료를 통해 치료자에 대한 아동의 친밀성이 증가하면서 아동은 자신의 마음을 드러내기 시작하였다. 그 전에 아동은 동적 집-나무-사람그림검사(K-HTP), 동적 가족화(KFD)등 그림심리진단 검사에서 특히 사람을 못 그린다고 하면서 검사 자체를 거부하였기 때문에 초기에 그림심리진단 평가검사를 실시하지 못하였다.

따라서 아동이 좋아하는 그림물감을 갖고 상징적인 가족화라고 할 수 있는 물고기 가족화를 5회기 면담에서 그려보기로 하였다. 아동은 이 물고기 가족화에서 자신의 물고기가 '엉엉' 울고 있는데 그 이유는 학습지를 못해 어머니에게 혼이나 몸 여기저기를 많이 맞았다고 하였다. 엄마에게 매를 맞아 흐르는 눈물이 어항물이 되고 강물이 되고 바닷물이 되었다고 하면서 울음을 막 터뜨리려고 하였다. 이 물고기 가족화를 통해 치료자는 아동의 공격성과 화는 바로 아동의 억제된 슬픔이라고 이해하였다〈그림 4-115〉.

다음 시간에 아동의 슬픔을 구체적으로 이해하기 위해서 세상에서 제일 슬픈 일을 그려보자고 하니까 말로 표현하는 대신에 그림부터 그리기 시작하였다. 오늘은 불어 펜을 준비하니까 아주 빨리 그림을 그리고 싶어하였다. 치료에서 다양한 매체를 준비하는 것이 아동에게 그림에 대한 흥미를 불러 일으키고 마음의 긴장을 빨리 푸는 것을 임상을 통해 경험할 수가 있었다. 세상에서 가장 슬픈 일은 바닷가에 모래로 만든 나의 무덤을 생각할 때이다. 대화내용을 간단히 정리하자면 다음과 같다:

치료자1: 이것이 무엇인데요?
내담자1: 내 무덤이지요.
치료자2: 정말, 그럼 이 안에 누가 있지요?
내담자2: 내가 이러고(눈을 감는 시늉을 한다) 눈을 감고 누워있지요?
치료자3: 정말, 아이고 슬퍼라!! 저런!! 너무 슬프다. 선생님이 생각하기에 죽는다는 것은 너무 슬픈 일인데, 죽으면 ㅇㅇ는 생각하기에 어떨 것 같아요?!
내담자3: 죽으면 좋잖아요. 일도 안 하고 컴퓨터도 안 하고 놀지도 안하고 공부도 안 하고 좋잖아요.

치료자4: 우리 ○○가 요즈음 공부한다고 너무 지쳤나보다.
선생님은 이 그림을 보니까 마음이 너무 아프고 슬프다. ○○마음도 아플 것 같아 (고개를 끄떡거린다), 언제 이런 무덤을 생각했어요?

내담자4: 여름방학에 바닷가에 가서 내 무덤을 만들어 보았어요.

치료자5: 그래, 직접 만들었어요? 너무 슬펐겠다.

내담자5: (불어 펜으로 열심히 색을 불어 색칠을 한다) 내가 죽어서 하늘에서 비가 와요. 슬퍼서 우는 것이에요. 바다도 슬퍼서 울고요.

치료자6: 온 세상이 슬프구나! 선생님도 울고 싶구나!

내담자6: (씩 하고 웃는다.)…….생략

이 그림 내용을 통해 아동에게서 소아우울증이 잠재 있다는 것을 발견할 수 있었으며, 아동의 죽고 싶은 마음을 충분히 공감해주면서 함께 그림을 통해 애도의 시간을 가졌다〈그림 4-116〉.

Charles(1994)는 아동의 우울증은 분노와 불안과 밀접한 관련성이 있으며, 우울함에 대한 외현화 반응으로 분노를 언급하였는데 학령전 아동들은 분노의 표출을 억제하고 자신의 분노를 언어나 놀이를 통해 상징적으로 표현한다고 한다. Panak와 Garber(1992)는 3학년에서 5학년 사이의 아동을 연구하여 공격성의 증가가 우울증의 증가를 예언하는 것을 발견하였다. Charles(1994)는 소아기 정신병리에서 이러한 아동 우울증의 원인을 두 가지를 언급하였는데, 하나는 관계(relatedness)에서 오는 것이고 또 하나는 자기-규정(self-definition)과 관련된 것이라고 하였다. 첫 번째는 특히 어머니와의 불안정한 애착과 잘못된 양육과 관련이 있으며 사랑을 받아야 할 시기에 충분한 사랑을 못 받고 방임되거나 거절, 무시되었을 때 그것은 일종의 모성박탈과도 연관이 있다고 하였다. Bowlby(1980)는 상실한 양육자에 대한 갈망, 분노, 안절부절, 슬픔, 방어적인 무관심 등과 같은 상실에 대한 기본적인 반응패턴은 걸음마기에서부터 사춘기까지 나타난다고 하였다. 두 번째는 자기-가치감 혹은 자기-존중감의 상실과 관계하며 자기존중감에 대한 위협으로써 개인은 거부, 실패, 자율성의 상실을 두려워하며 이에 대한 부정적인 감정으로 열등감, 죄책감과 무가치함을 느낄 수 있다고 하였다(김보경 외 역, 1995 재인용).

이러한 이론을 기초로 아동에 대한 4-5회 면담과 행동관찰 및 어머니 상담을 통해 아동의 공격적 문제를 다음과 같이 사례공식화하였다. 아동의 발달사를 보면 아동은 생후 3년간 어머니가 시어머니의 병간호로 인해 정신이 없다보니 거의 방치되었으며, 때로는 어머니의 화풀이의 대상이 되곤 하였다. 5세 때 시댁으로부터 겨우 분가해서 아동이 이제 겨우 어머니 사랑을 독차지하려고 할 때 그만 동생이 태어나서 어머니 사랑에 대한 박탈감 및 동생에 대한 질투감을 느꼈다.

대신 아동의 어머니는 그 동안 아동에 대한 못 다한 사랑과 의무를 아동의 조기교육과 학습으로 보상하려고 하였는데 그 결과 아동은 어머니에게 자주 처벌을 받았으며 점점 짜증과 신경질이 많아졌다. 이러한 아동의 짜증과 고집은 어머니에게 더욱 더 혼나는 악순환을 가져왔고 아동은 점점 욕구불만이 커져 공격적이 되어갔다. 더구나 어머니는 아동의 공격성을 이해하기보다는 해결하려는 마음으로 더욱 더 아동을 자유롭게 두지 못하고 동화구연교실, 색종이 교실 등을 데리고 다니면서 아동의 공격성을 완화하려고 하였지만 결과적으로 아동의 스트레스를 가중시켰고 아동은 더욱 고집스러워졌다.

그러나 어머니가 아동의 문제가 자신과 관련이 있다는 것을 지각하였고 아동의 아버지가 아동에게 지지적이고 아동 자체가 지능이 또래에 비해 우수한 편이며 그림으로 자기 자신을 표현하는데 매우 흥미를 느끼고 있다는 사실이 치료적 장점으로 부각되었다.

무엇보다도 아동이 그림물감을 통해서 마음이 정화되고 그림에 자신의 문제를 투사하면서 자연스럽게 아동의 핵심문제에 접근 수 있게 되었다. 치료는 아동의 입장과 어머니의 입장을 충분히 이해하면서 그 두 모자간의 심리적 거리를 좁히고 모자관계를 회복하는데 주력하였으며 아동이 좋아하는 그림물감 매체를 통해 자유롭게 자신의 마음을 표현하는데 초점을 맞추기로 하였다. 회기별로 수채화 매체를 통해 나타난 아동의 반응을 정리한 것이 〈표 4-15〉에 제시되었다.

이와 같이 아동은 미술치료에 대해 상당한 관심과 흥미를 보였고 작업에 대한 자발성 및 창의성, 언어적 표현력 증가 등 긍정적인 치료적 변화를 보였고, 보호자도 아동이 게임이외에 흥미를 나타낸 것이 미술치료가 처음이라고 이야기해주었지만 어머니에 대한 치료의 저항으로 10회에서 조기 종결하게 되었다.

조기 종결하게 된 원인은 우선 어린 내담자 동생을 어디 맡겨놓고 오기가 어려워 어머니상담을 지속적으로 하기가 어려웠다. 어머니는 자신의 처벌적이고 강압적인 양육태도가 아동의 공격적인 행동에 원인이라는 것을 이해하고 수용적인 양육태도로 변화하려고 시도하였지만, 그 결과 아동이 곧 초등학교에 입학하는데 학습은 안 하고 매일 놀기만 하고 동생수준으로 퇴행하는 것 같아 몹시 불안하고, 아동이 치료자를 너무 좋아하고 따르는 것을 보니 어머니로서 박탈감을 느끼고 상당히 혼란스럽다고 호소하였다.

이러한 불안하고 정리되지 않은 감정을 상담을 통해 충분히 이야기하고 치료자의 지지 및 공감을 받아 어머니의 새로운 모습으로 변화할 수 있도록 기회를 제공해야 하는데, 현실적으로 어머니의 지속적인 상담이 이루어지지 않아 한참 아동과 치료가 잘 진행될 때 치료에 대한 어머니의 불안과 거부로 조기 종결하는 아쉬움을 남게 되었다. 어느 상담이나 다 동일하겠지만 아동미술치료에 있어서는 어머니 상담이 더욱 필수적이며 아동상담과 비례해서 얼마나 어머니 상담을 잘 할 것이냐가 아동미술치료의 예후를 결정하는 것이다. 또한 어머니의 상담에 대한 불안 및 양가감정도 잘 다루어야 한다는 것을 이번 사례를 통해 알게 되었다.

〈표 4-15〉 수채화 매체를 통해서 나타난 내담자의 반응 및 평가

	매체에 나타난 내담자의 반응 및 평가	
내담자의 인적 사항	• 6세 유치원에 다니는 남아로 씩씩하고 귀엽고 고집스러운 인상이다.	
주 호소 및 의뢰사유	• 유치원에서 친구들과 잘 어울리지 못하고 잘 싸워 6개월 후면 학교에 들어가야 할 텐데 어머니로서는 아주 큰 걱정이다. • 가정에서도 어머니에게도 공격적이다.	
생육력 및 가족력	• 내담자를 낳고 바로 시댁에 들어가자마자 시어머니께서 병원에 입원하셔 병간호로 2~3년간 아동을 돌보지 못하고 방치하였다. 우여곡절 끝에 아동이 5세 때 분가를 하게 되었다. • 분가를 하고 보니 그동안 아동에게 소홀히 하여 동생을 낳아주기로 하였고 그동안 못다한 조기교육을 강행하기로 하였다. • 아동의 어머니는 20대초에 결혼하여 시댁생활 및 아동의 양육으로 지쳐서 아동에게 쉽게 짜증을 내고 통제적이고 지배적인 양육태도를 보이고 있다.	
행동관찰 및 매체의 반응	• 내담자는 초기에 미술치료실에 오는 것을 거부하고 저항하였다. 가기 싫었는데 억지로 와서 화가 나있었다. 낙서를 힘차게 하고 약간 기분이 풀린 듯하고 자기 마음대로 할 수 있다는 사실에 만족한 것 같았다. • 연필로 진단검사를 할 때는 실수할 까봐 은근히 소심하게 반응을 하였다. • 수채화물감이 긴장을 완화하고 불안을 감소하는지 좋아하였고 차분하게 수채화로 그린 그림에 대단히 만족을 하고 미술치료실에 오는 것을 좋아하였다. • 조기교육은 뭐든지 거부하고 짜증을 내는데 미술치료실에 가는 것을 좋아하는 것을 보면서 어머니께서는 매우 신기하다고 하셨다.	
1회 〈그림 4-112〉 화가 난 괴물		• 크레파스로 자신의 화가 난 마음을 마구 표현했는데, 이는 어머니의 조기 교육에 대한 압박과 동생에 대한 화가 표현된 것으로 보인다. • K-HTP 검사를 거부하였고 사람을 못 그린다고 저항하였다. • 아동의 억압된 화를 다양한 매체를 통해 자연스럽게 발산하도록 유도하면서 아동과 친밀한 관계를 맺는데 치료에 초점을 두었다.

2회 〈그림 4-113〉 화가 난 마음		• 아동의 화가 난 마음을 이번에는 수채화로 표현했는데 크레파스로 할 때 보다 느낌이 많이 부드러워졌다. • 아동의 긴장이 완화되면서부터 어머니에게 자주 혼이 난다고 자신의 일상생활을 조금씩 이야기하기 시작하였다. • 아동이 수채화매체에 대해 흥미를 느끼는데 이러한 흥미를 치료적으로 잘 이용하며, 아동의 마음을 표현할 수 있게 다양한 기법을 적용하기로 하였다.
3회 〈그림 4-114〉 화가 난 마음 휴지로 찍기	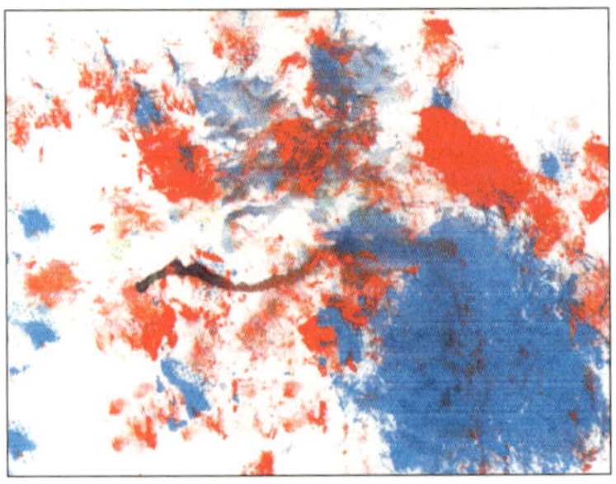	• 계속해서 화가 난 마음을 연근, 스펀지, 휴지로 물감으로 찍기 작업을 하였다. 특히 휴지로 찍은 작품이 너무 멋있게 나왔다고 좋아하였으며 주변의 칭찬으로부터 자신감이 생긴 것 같았다. • 아동은 다른 매체보다도 그림물감을 좋아하였고 작품이 완성도가 높게 나왔다. 이제 치료자와 많이 친밀해졌고 어머니말씀에 의하면 아동이 치료실에 오는 것을 좋아한다고 하였다
5회 〈그림 4-115〉 물고기 가족화		• 그림심리진단을 거부하였기 때문에, 가족관계를 알기위해 저항이 적은 물고기 가족화를 아동이 좋아하는 그림물감으로 표현하였다. • 아동은 자신의 물고기가 엉엉 울고 있는데 그 눈물이 어항물이 되었다고 하였다. 학습지를 못해 어머니에게 매를 많이 맞아 엉엉 울고 있는 것을 표현하였다. • 이 물고기 가족화를 통해 가정에서 조기교육으로 인한 어머니의 처벌적이고 지배적인 양육태도를 볼 수 있었다.
6회 〈그림 4-116〉 나의 무덤		• 아동은 이 세상에서 제일 슬픈 일이 자신이 죽는 일이라고 하면서 자신의 무덤을 표현하면서 실제로 죽고 싶다고 하였다. • 이 그림에서 아동의 소아우울증을 볼 수 있었으며 아동의 잠재된 슬픔이 짜증, 신경질과 공격으로 표현되는 것이라고 이해하였다. • 아동은 온전한 어머니의 사랑을 원했는데 돌아오는 것은 늘 질책과 처벌과 기대감이었고 이에 스트레스를 받고 있었다.

7회 〈그림 4-117〉 나의 슬픔		• 세상에서 두 번째 슬픈 일을 상징적으로 표현하였다. 마치 새둥지화(BND) 검사와도 같다. • 그림 내용은 아기 새가 유치원에 갔다 왔는데 엄마 새가 외출하고 없었다. 아동이 그 내용을 종이 뒷면에 썼는데 다음과 같다: 집에 아무도 없었을 때나 혼자, 집에 갔는데 엄마도 없고 나 혼자 있었습니다. 그리고 밥 먹고 나혼자. • 엄마가 필요로 할 때 엄마가 없다는 것이 안타깝고 아동은 이 점에 대해 슬픔을 느끼고 있었다.
아동의 치료적 장점 및 취약점	• 아동의 치료적 장점은 가정에서 다행히 아버지가 아동에게 지지적이었으며 아동이 미술치료를 매우 좋아하는 것이었고 그림발달 수준이 또래에 비해 높으며 그림 표현이 우수하다는 것이다. • 치료의 취약점은 어머니가 아동이 곧 학교에 가기 때문에 쉽게 조기교육을 포기하지 못하는 것이고 수용적인 양육태도에 불안감을 느끼고 있었고 돌 미만의 동생을 돌보느라 정신적, 시간적 여유가 없다는 점이다.	
치료 계획 및 목표	• 사례공식화를 통해 아동의 공격성을 이해하게 되었고, 어머니 상담을 통해 가정에서 어머니의 역할이 아동에게 그동안 못다한 조기교육을 하는 것이 아니라 아동의 마음을 공감하고 이해하며 친밀한 애착관계를 맺는 것이 우선이라고 상담하였다. 어머니 상담에 초점을 두어 모자간의 애착관계를 증진시킨다. • 다양한 미술매체를 통해 아동의 억제된 분노를 발산하여 카타르시스를 느끼고 수채화 물감을 통해 자발적인 표현력을 증가하여 자신감을 갖게 한다.	
치유요인	• 수채화 물감이 크레파스와는 달리 물이라는 매개체를 통해 붓으로 표현되는 것이므로 아동이 이에 흥미를 가졌던 것이 치료의 치유 가능성을 높였다. • 수채화 물감을 갖고 고구마, 감자, 연근, 스펀지, 휴지 등으로 찍는 것에 만족하고 작품에 성취감을 가졌다. • 수채화물감을 통해 아동과 신뢰관계를 형성할 수 있었고 자신의 문제를 개방하게 되었다. 아동은 연필매체에는 상당히 긴장했고 틀릴까봐 아주 조심하였다.	

참고문헌

권숙진(2004). 수채화 표현기법의 이해에 대한 연구. 한국교원대 교육대 석사학위논문.

김보연(2006). Diagnostic Drawing Series에 나타난 정신분열증 환자의 회화적 특징 연구. 서울여자대 특수치료전문대학원 석사학위논문.

김인선(2003). 미술치료를 위한 재료의 표현가능성과 활용방안. 원광대 보건환경대학원 석사학위논문.

김진숙(1999). **예술심리치료의 이론과 실제.** 서울: 한국표현예술심리치료협회.

박현주, 서명옥(2009). **미술치료의 매체활용법.** 서울: 학지사.

배수열(2000). 크레파스(Crayon pastel)를 이용한 표현기법 연구. 한남대 지역개발대학원 석사학위논문.

석미진(1997). 자폐아동의 그림에 의한 심리분석과 미술치료에 관한 사례 연구. **제 4회 한·미·일 미술치료 국제학술대회,** 98–116.

심상철(2000). **미술재료와 표현.** 서울: 미진사.

송인숙·도복늠·김동연(1999). 집단미술치료가 초등학교 위축 아동의 위축행동에 미치는 효과. **미술치료연구, 6(2),** 141–149.

이수진(2002). 수채화물감을 사용한 비구조적 미술치료가 장애아동의 자기표현에 미치는 영향. 석사학위청구논문. 대구대 재활과학대학원 석사학위논문.

이주연 역(1995). **미술 재료 및 용구 백과.** 서울: 예경.

유영곤(1993). 중학교 수채화 영역에 관한 연구. 한국교원대학교 석사학위논문.

이채형(2006). 만다라 기법에서의 매체가 주의력결핍 과잉행동장애 아동의 이완 및 문제 행동에 미치는 효과. 대구대학교 석사학위논문.

전성기(1997). **풍경수채화의 세계.** 서울: 도서출판 재원.

전영택(1984). **수채화재료학.** 서울: 일선출판사.

전영탁, 전창림(2005). **미술재료 : 미술재료와 기법백과.** 서울: 미술문화.

주리애(2000). **미술치료는 마술치료.** 서울: 학지사.

한국미술치료학회(1995). **미술치료의 이론과 실제.** 대구: 동아문화사.

황은진(2008). 만다라 기법에서 매체에 따른 장애아동 어머니의 뇌파 변화에 관한 단일사례 연구. 대구대학교 석사학위논문.

홍용선(2003). 수채화 매체를 이용한 집단미술치료가 가출청소년의 자아존중감과 우울감에 미치는 효과. 원광대 보건환경대학원 석사학위논문.

American Psychiatric Association(1994). Diagnostic and Statistical Manual Disorders*(4th ed).* DC.: Author.

Bolander, K.(1977). Assessing personality through tree drawings. New York: Basic Books.

Buck, J.(1987). The House-Tree-Person technique: Revised manual. Los Angeles: Western Psychological Services.

Cohen, B. M., Mills, A., & Kijak, A. K.(1994). An introduction to the Diagnostic Drawing Series: A standardized tool for diagnostic and clinical use. *Art therapy: Journal of the American Art Therapy Association, 11(2),* 105-110.

Hammer; E.(1958). The clinical application of projective drawings. Springfield, IL: Charles C Thomas.

Jung, C. G.(1964). Man and his symbols. London: Aldus.

Koch, K.(1952). The tree test: The tree-drawing test as an aid in psychodiagnosis. (2nd ed.). Bern: Hans Huber.

Wick-Nelson, R, & Israel, A. C.(1990). 김보경 · 조현춘 · 정대영 · 박영균 역(1995). **아동기 행동장애.** 서울: 성원사.

Ⅳ. 모델링 재료

미술치료에 있어서 또 다른 주요 창조 양식은 모델링 재료(modeling materials)를 갖고 3차원의 입체작업을 하는 것이다. 여기서 제일 먼저 가마에서 굽는 것부터 부엌의 오븐에 굽거나 공기 중에 말리는 점토 등 치료자는 모든 종류들의 점토에 관하여 알아야 할 것이다. 굳는 성질을 지니고 수분을 함유하고 있는 천연 또는 인공 점토와 또한 다양한 색과 유연성을 지닌 점토에 관해서도 알아 둘 필요가 있다. 몇 몇은 이미 상품화된 모델링 재료가 있으며 그 대표적인 것은 점토, 지점토, 고무찰흙, 칼라믹스, 석고, 칼라점토, 라이크 클레이, 아이 클레이, 폴리머 클레이, 천사점토, 핸드프린팅 세트, 폼 클레이, 플레이이 콘 등 다양하게 시판되고 있다. 이외에도 밀가루 점토, 종이 찰흙 등은 미술치료실에서 쉽게 만들 수 있으며 흙 찰흙이나 모래는 자연에서 쉽게 이용되어질 수 있다. 따라서 미술치료사는 여러 형태로 이용되는 모델링 재료와 이것의 특별한 특성을 파악하고 각 각의 매체들을 갖고 작업하기 위해서 적절한 도구와 재료를 이용할 수 있어야 할 것이다.

그밖에도 3차원 입체구조를 이용할 수 있는 것은 딱딱한 종이부터 철사, 헝겁, 실, 나무, 플라스틱 등 일련의 여러 다른 재료들도 있다. 다시 한번 강조하면 미술치료사들은 이러한 것들의 사용방법을 아는 것이 중요하며 역시 특별한 도구의 조작법과 그 과정들에 대해 알아둘 필요가 있다. 그 대표되는 도구들에는 가위, 붓, 여러 종류의 칼, 스테이플러와 줄과 같은 모델링 도구들, 테이프와 풀, 본드, 글루건과 같은 접착성 재료들이 모두 여기에 포함된다. 그것들은 지금 현재 광범위하게 이용되어질 뿐더러 각 각 저마다 특수한 능력과 적절한 이용 가치를 갖고 있다. 만약 치료자가 나무, 금속, 돌을 갖고 작업한다면 이러한 재료들에 적용되는 특별한 도구를 선택하여 최선으로 작업할 수 있는 방법을 알아두어야 할 것이다(Rubin. 1984).

이 외에도 미술치료에서 많이 다루는 삼차원 모델링 재료로 인형(doll)을 만드는 재료들이 있다. 나무, 종이, 금속, 흙, 헝겊, 고무, 셀룰로이드, 비닐 등으로 사람이나 동물 등의 형상을 본떠 만든 장난감이라고 할 수 있는 이 인형들은 자신의 자화상을 상징적으로 대표할 뿐만 아니라 여러 가지 역할 놀이나 드라마를 통해서 다양하게 감정표출을 할 수가 있다. 역시 인형을 통해 자기표현 및 자기주장, 사회성을 학습할 기회를 주기 때문에 임상에서 많이 활용되고 있다. 특히 인형은 아동들에게 친밀한 매체로서 아동미술치료할 때 많이 적용되고 있으며 주로 치료에서 사용되는 인형은 막대 인형, 손 인형, 손가락 인형, 테이블 인형, 그림자 인형, 줄 인형, 마음 인형 등이 있다. 그 밖에도 탈 인형, 빌도르프 인형, 및 바스크 인형(도자기 인형)

등 여러 가지가 있다.

다음은 삼차원 모델링 재료에서 미술치료에서 많이 적용되고 있는 박스(box)가 있다. 박스는 여러 가지 재활용 및 꼴라쥬 재료들을 이용해서 미술치료에 접근할 수 있는데, 내담자가 치료에서 상징적으로 내용을 숨기고 새로운 공간 범위를 창조하고 자신의 내부에서 충돌하는 정반대의 것을 통합하기 위해 적용된다. 그 예로는 자기상자, 기억상자, 보물상자, 생존상자, 망각상자 등에 관한 연구들이 있다. 박스는 집짓기 과제, 주거 공간의 묘사 등과 같은 미술활동에서 역시 활용되기도 한다. 박스자체가 삼차원 모델링 재료로서 여러 가지 면들을 상자 내부와 안에 갖고 있기 때문에 내담자들로 하여금 자신의 여러 가지 측면들을 객관적으로 바라보고 통합할 기회를 준다. 예를 들어 자신의 긍정적인 또는 부정적인 여러 측면들을 보게 해서 그것들을 통합하는데 많이 적용된다. 우리가 일상생활에서 쉽게 구하고 접할 수 있는 여러 가지 재활용상자로 이러한 치료효과를 얻기 위해서는 치료자가 쉽게 치료에 접근할 수 있는 기법들을 다양하게 연구해야 할 것이다.

가면(mask) 또한 미술치료에서 많이 치료도구로 활용되고 있는 대표되는 삼차원 모델링 재료이다. 가면은 종이, 찰흙, 가죽, 모피, 뼈, 천, 잎, 줄기, 깃털, 조개, 상아, 산호 등 거의 모든 자연물이 사용되며 만듦새도 눈, 코, 귀 등의 각 부분이 자연스럽게 움직이도록 되어 있는 복잡하고 정교한 것까지 다양하다. 오늘날에는 의료기 상사에서 판매되는 석고 가면도 자신의 얼굴 그대로를 본뜰 수가 있어서 미술치료에서 많이 적용되고 있다. 또 가면이 표현하는 내용도 신(神), 사자(死者), 요괴(妖怪) 등 초자연적인 존재에서부터 인간과 각종 동물들의 가면도 있으며, 목재, 금속, 돌, 보석이나 헝겊조각 등으로 장식을 하기도 한다. 모든 상담 및 심리치료의 목표는 '진정한 나(real self)'를 이해하고 찾는데 궁극적인 치료목표가 있다. 치료를 통해 감추어진 건강한 자아를 발견할 뿐만 아니라 불건강하고 미성숙한 자아도 발견해서 건강한 것은 확장을 하고 불건강한 것은 축소하는 작업이 모든 치료과정에서 핵심적일 것이다. 그러다보니 미술치료에서도 역시 자아의 여러 측면들을 시각화해서 객관적으로 바라볼 수 있는 매체들이 개발되어지고 탐구되어지고 있으며 이에 가면은 우리에게 그러한 치료적 역할을 제공한다고 볼 수 있다.

본장에서는 이와 같은 모델링 재료의 종류별로 그 개념과 방법 및 역사 그리고 재료의 종류, 사용기법 및 특성과 미술치료임상의 적용 및 실제에 대해서 알아보고자 한다.

1. 점토

1) 점토의 역사

점토는 그 역사가 매우 오래 되었으며 현대 예술의 예술매체로서 매우 중요한 위치를 점하고 있다. 동서양을 막론하고 점토는 인간에게 친밀한 매체로서 존재의 뿌리에 대한 향수를 느끼게 해주는 고유한 특성을 지녀왔다. 인간과 밀착된 문화로써 신석기 시대 이후의 오랜 역사를 통해 그 맥을 이어져 올 수 있었던 것이다. 인류가 점토를 가지고 조형을 만들기 시작한 것은 2~3 만년 전부터로 추정되고 있다.

인류 초기의 조형물들로는 손가락 크기의 인형이라든가 동물의 형태와 유사한 것들이었으며 매우 조잡한 것들이었다. 정확한 기록이 남아있는 것은 아니지만, 점토를 통한 조형물 제작의 과정에서 점토란 물기를 머금으면 유연해진다는 것과 마르면 단단해진다는 것을 알게 되었을 것이며, 이러한 성질을 이용하여 생활용품에 응용하게 되었을 것이다. 초기에는 자연건조 상태에서 사용했을 것이다. 점토에 따라서는 충분히 건조하면 상당히 세게 굳어져서 물에 담가두어도 오랫동안 붕괴하지 않고 형태를 유지하는 것도 있다. 그러다가 우연히 인위적인 제작과정으로 습관화되었으며 성형한 기물을 장작더미 위에 올려놓고 굽다가 다음 단계에서는 웅덩이를 파고, 그 다음에는 지붕을 덮어 열을 보호하는 단계를 거쳤으리라 생각된다.

자연과 합일을 삶의 철학의 기본으로 삼았던 동양에서는 자연의 일부분인 점토로서 도자기를 만드는 일은 자신들의 철학을 실천하는 경건한 행위로서 인식되어 왔다. 반면에 서양에서의 경우에는 르네상스 시대 이후부터 예술을 창조적 행위로 공예를 단순한 기술적인 행위로 차별화시켰던 기준에 따라 평가되어 왔다. 현대 예술을 주도적으로 이끌어 왔던 서양의 예술은 발견과 발명 혹은 첨단 과학과 깊은 관계를 맺으며 전개되어 왔다.

20세기 초 지나친 물질문명의 추구와 과학의 숭배, 그리고 세계대전의 참상은 한편으로 인간성 상실과 부조리, 소외 등을 반영하는 아방가르드 예술을 탄생시켰고, 다른 한편으로 그런 상황의 절망을 느낀 예술가들이 자연으로 시선을 돌려 생명력을 지닌 예술매체로서의 점토를 재인식하게 해주었다. 물질문명과 각박한 생활에 지친 당시 사회적 분위기에 위기의식을 느낀 예술가들은 사회와 문명에 대한 반동적인 경향을 추구하는데서 출발, 점토에 대한 내재된 원초성의 표출에서 직접적인 해답을 찾으려 했다(모이순, 1995). 일련의 점토혁명은 예술언어로서, 미디어로서의 점토를 재발견하고 점토의 내재된 무한한 가능성을 이끌어내기 시작하였던 것이다.

2) 점토의 종류

국내 미술치료에서 주로 사용하고 있는 점토 찰흙은 대부분 일반적인 대용점토이며 점토는 크게 자연점토, 대용점토로 나누어지고 이러한 대용점토의 종류와 특성은 재료에 따라 또 여러 가지 종류로 구분된다. 점토의 종류와 설명은 〈표 4-16〉과 같다(이승미, 2007). 자연 점토의 사용이 마땅치 않거나 유아의 다양한 재료경험을 위해서 대용 점토를 활용할 수 있다. 점토 만지기에 겁을 먹고 망설이거나 손이 더러워지는 것에 저항감을 갖는 유아에게 적합하다. 점토보관 방법은 공기가 통하지 않도록 뚜껑이 있는 플라스틱 통 안에 비닐에 싸서 넣어 두거나 젖은 천 등을 덮어 다시 비닐에 넣어 두면 항상 작업하기 좋은 상태를 유지할 수 있다(김인선, 2003).

〈표 4-16〉 점토의 종류

분류	재	특 성
자연점토	백자토	백색토의 점토로서 내화도는 약 1230-1280도 정도이다. 화려한 채색이나 장식등을 위해 깨끗한 작업 등 밝은 유약작업 등에 쓰인다.
	청자토	어두운 점토로서 점토내의 철분을 이용한 청자 작업이나 전통적 물레성형 작업에 사용되며 내화도는 약 1230-1250도 정도이다.
	옹기토	약 800-1230도 정도의 내화도를 가지고 있는 도기질 점토이다. 예로부터 옹기, 단지 등의 작업에 쓰여 왔으나, 근래에는 조소용 점토나 어린이 찰흙 놀이 등에도 많이 활용되고 있다.
	산청토	투박하고 거친 작업이나 철분을 이용한 다기 제작 등에 많이 쓰이고 있으며 밝은 미색의 태토를 가진다. 내화도는 약 1230-1280도 정도이다.
	산백토	인형 등 상품제작에 많이 쓰이고 있으며 조형이나 물레성형 등 다양한 성형 방법에 사용하며 내화도는 약 1230-1280도 정도이다.
	조합토	굵은 샤모트 등이 섞여 있어 현대적 조형작업이나 대형기물 작업 등에 많이 쓰인다. 내화도는 약 1250-1280도 정도이다.
	동영토	전통적 작업이나 최근 도벽 작업에 많이 쓰이고 있다.
	슈퍼화이트	산업용 고급자기 점토로서 철분이 거의 없는 백자토이다. 그러나 점력이 거의 없어 주로 주입 성형의 이장용으로 생산 공장 등에서 많이 사용된다.
대용점토	밀가루 점토	밀가루에 물과 약간의 기름을 넣고 반죽하여 만든다. 반죽 시 여러 가지 착색용 안료를 넣어 다양한 색감을 낼 수 있다. 아주 부드러우며, 인체에 무해하나 쉽게 상할 수 있고 보존이 힘들다.
	은점토	유기 바인더와 수분을 다량 함유하고 있기 때문에 부드럽고 신축성이 좋다. 빨리 건조되지 않아 조형에 자신이 없어도 천천히 만들 수 있다. 건조한 뒤 소성한다.
	지점토	종이의 성분 펄프에 풀을 섞어 만든 점토이며, 건조가 빠르면 굳어져 가벼워진다. 병, 플라스틱 등 가까운 주변의 소재를 심재로 사용할 수 있다.

대용점토	유 토	흙이 전혀 들어 있지 않은 점토이며, 갈라짐이나 부서짐이 없고 영구적으로 굳지 않아 재사용이 가능하다. SF 영화, 방송국 특수 분장, 가베 놀이, 마네킹 등 산업용 모델링으로 많이 사용한다.
	종이죽	철사, 나무, 끈, 종이, 유리 등 어떤 심재와도 접착력이 용이하다. 물에 풀어서 작업하기 용이하다.
	칼라점토	칼라점토는 부드러운 질감의 다양한 칼라로 구성되어져 있다. 애니메이션 클레이 작업에 매우 적합한 특징을 갖고 있으며 작업이 편리하다.
	나무 점토	천연나무성분 목질 점토로 건조 후 경도가 강하며 조각도로 세밀한 표현이 가능하다. 나무의 재질감을 그대로 표현할 수 있다.
	도자기 찰흙	자연 건조되며 굳은 후 도자기처럼 딱딱해진다. 작업 후 별도의 채색이 필요 없고 자연스러운 칼라로 만들어 낼 수 있다.
	죽 점토	펄프로 인위적인 한지의 특성을 표현한 것이다.
	석분점토	건조 후 강도가 우수하고 세밀한 석질감으로 모든 조형분야 응용할 수 있는 소재이다.
	대리석 점토	작은 유리섬유가 함유되어 있어 특이한 화강석 표현을 할 수 있다. 오븐에 구운 후 아크릴 물감으로 채색할 수 있다.
	경량 점토	촉감이 부드러워 만지는 동안 온화한 느낌이 든다. 칼라믹스와는 달리 굽거나 쪄내지 않고 자연건조 한다.
	빵 점토	오븐에 넣어 열을 가하면 실제의 빵처럼 부풀어 오르며 빵의 질감이 살아난다. 빵 종류의 음식을 만들 때 좋다.

〈그림 4-118〉 지점토와 찰흙

〈그림 4-119〉 도자기 찰흙

〈그림 4-120〉 유토

〈그림 4-121〉 나무 점토

〈그림 4-122〉 죽 점토

〈그림 4-123〉 칼라 점토

〈그림 4-124〉 경량 점토

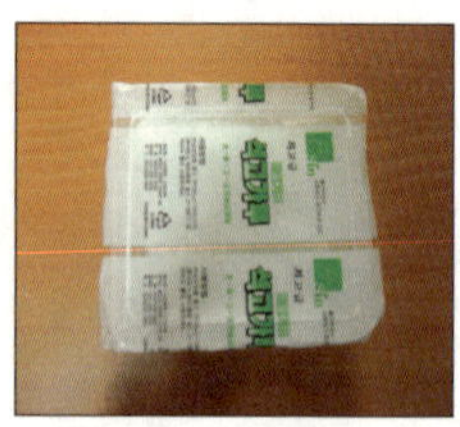
〈그림 4-125〉 석고가루

3) 점토를 활용한 제작기법

점토를 이용한 표현방법은 여러 가지가 있다. 점토 표현방법에 따라 치료적 효과들도 다양하다. 표현방법도 간단하게 손으로만 주무르는 표현부터 도예기법처럼 체계적인 방법이 있다. 점토를 통해 쉽게 원하는 형태를 만들려면 도예기법을 익히면 손쉽게 만들 수 있다. 아래의 그림들은 점토를 통한 미술치료시 활용 가능한 도예기법들이다. 기법은 크게 반죽과 성형으로 구분할 수 있다. 반죽에는 발반죽과 손반죽으로 나뉘고 성형에는 타렴기법, 핀칭기법, 판상기법으로 나눌 수 있다(교육인적자원부, 2004; 이승미, 2007).

(1) 반죽

신체의 손과 발을 이용하여 점토가 외부에서 가해지는 힘에 의해 어떻게 변화되는지 관찰하고 손과 발에 있는 감각들을 깨워준다. 손과 발에 연결되어 있는 신경들을 자극하여 감각통합에 효과적인 영향을 미친다.

일정한 리듬감으로 발과 손으로 반죽하게 되기 때문에 음악과 함께 활용하면 리듬감을 키울 수 있다. 흙의 종류에 따라 손과 발에 느껴지는 촉감이 다르고 혼자서 할 수도 있고 여러 명이 집단을 이루어 흙을 밟고 그 위에서 율동을 하는 등의 다양한 활동들을 할 수 있다. 흙의 온도에 따라 포근함과 시원함, 피부와 같은 느낌을 받을 수 있다. 온 몸으로 표현할 수 있는 역동적인 활동으로 일정한 동작들을 반복함으로써 대근육의 힘과 통제성을 기를 수 있다.

(2) 성형 기법

① 타렴 기법(코일링)

도예 기법 중 성형 기법으로 가장 보편적으로 사용하는 방법이며, 견고한 방법에 속한다. 점토에 대한 물성을 이해하고 형태를 표현함으로써 자신의 생각이나 느낌을 조형물로 나타낼 수 있다. 타렴의 직경 크기를 다양하게 하여 성형하도록 하면 주의력과 팔의 힘, 손가락 힘 조절을 조절하는데 도움을 주고 눈 · 손 협응력을 길러준다. 또한 점토 자체의 특성으로 자유로운 발상을 가능하게 한다. 작은 크기의 형태에서 1m 이상의 형태까지 제작이 가능하며 자신이 상상하는 어떠한 크기나 형태를 표현할 수 있다.

② 핀칭 기법

핀칭 기법은 가장 원시적인 표현이지만 가장 친숙한 표현이기도 하다. 이 기법은 누가 가르쳐 주지 않아도 곧 잘하는 기법이다. 흙을 떼어 내어 양 손바닥을 펴 그 위에서 흙을 굴리가며 공모양을 먼저 만든 뒤 성형하게 된다. 손의 소근육 및 미세근육 발달에 도움을 주며 눈으로 보지 않고 자신의 손의 감각만으로도 충분히 훌륭한 작품을 만들어 낼 수 있다. 우리가 추석 때 해 먹는 송편피를 빗는 방법과 닮아 있다.

③ 판상 기법

판상기법은 다른 기법과는 조금 다른 점이 있는데, 다른 기법에서 쓰는 점토의 수분 상태보다는 약간 단단한 점토를 사용한다. 이 점토를 방망이로 두드리거나 밀대를 이용하여 편다. 또한 두께가 일정한 나무판을 양옆에 대어 줄을 이용하여 자르면 일정한 두께의 점토판을 얻을 수 있다. 다양한 문양이 있는 방망이나 도장 등을 이용하여 성형할 수 있고 자신이 원하는 형태를 점토판에 스케치하여 자를 수 있다. 점토판만 준비가 되면 우리가 평면에서 할 수 있는 조형활동(자르기, 접기, 붙이기, 색칠하기 등)을 할 수 있다. 점토판을 만드는 과정과 적당히 마른 점토판을 성형하는 것은 통제력과 구성력을 길러 준다(이승미, 2007).

4) 점토의 특성 및 치유요인

점토(clay)는 천연산 고운 알갱이의 집합체로 되어 있고 성분은 알루미나 규산염이다. 이것을 물로 이기면 가소성(plasticity)을 나타내고, 건조하면 강성(elasticity)을 나타내며, 알맞은 온도로 소성하면 소결(sintering)한다.

점토는 화성암이 지각에서 풍화작용을 받아 생긴 광물질 성분이며, 모암의 종류 및 모암의 분해, 변성과정에 따라 여러 가지 성분의 점토가 된다. 즉 장석류나 운모류와 같은 알카리 규산알루미나 풍화작용, 열수작용을 받아 지각에 생성된 2차적인 산물들을 점토라고 한다. 생성된 점토 중에서 비교적 알갱이가 작거나 비중이 작은 것은 비와 바람 등에 의하여 모암이 있던 위치에서 떠내려가면서 자연적으로 입도가 분리되어 미세한 알갱이만 퇴적하여 생긴 점토를 2차 점토(secondary clay) 또는 퇴적점토(sedimentart clay)라 한다.

흔히 사용되는 점토와 도자기 제조에서 쓰이는 점토는 2차 점토이며, 이것은 알갱이가 극히 미세하여 가소성뿐만 아니라 건조 강도가 크며, 소성 색깔도 담황색이거나 백색에 가깝다(교육부, 1995).

이러한 점토의 치료효과를 보자면 미술치료에서의 매체는 심리적 촉진과 통제의 기능을 가지고 있다. 그러므로 자발성의 촉진에 필요한 매체와 통제에 필요한 매체를 선택해야 할 필요가 있다. 점토는 감정을 환기시키는 중요한 역할을 하며 대상자에게 자유를 부여하여 미술치료 매체에서 중요한 의미를 지니고 있다. 그 이유는 점토는 입체적인 표현을 하기 쉽고 유연하므로 자유자재로 각자의 생각을 표현할 수 있으며, 사물의 형체를 손쉽게 만들 수 있기 때문이다. 재료의 특성상 각자의 생각대로 만들기 쉽고 마음대로 변형되어지는 점토의 특성은 수동적 촉지각과 능동적 촉지각의 이론이 대상관계 발달에 기본이 된다(이승미, 2007).

Edelson(1990)은 자신의 점토 미술치료과정에서 빈약한 손의 힘과 부조화스러운 협응능력을 가진 노인들은 흙으로 그릇을 만드는 과정을 통하여 도움을 얻는 것을 보았다고 하였다. 노인들은 점토를 만지는 가운데 조절 능력을 키울 수 있고 점토의 유연성, 순응적 성질을 통하여 노인들은 최소한의 좌절감을 맛보면서 작품을 완성하고 성취감을 느낄 수 있다고 하였다.

Yaretzky, Levinson과 Kimchi(1996)는 점토작업이 손가락의 힘을 키워주고 시각적 협응력을 향상시켜 주며 공간 수용능력과 구성능력을 증진시키고 대화의 증가를 가져왔다고 보고하였다. 점토를 사용한 미술치료는 내담자들에게 감각적 자극은 물론 감정의 표현을 통한 긴장 완화, 친밀감의 향상, 향상된 협동 능력을 가질 수 있도록 도움을 준다고 하였다.

점토는 가소성과 작업 도중 계속 변화시킬 수 있는 성질이어서 아동이 손쉽게 접근 할 수 있는 3차원의 중요한 재료이다. 형태가 만지는 대로 자유롭게 변하는 가소성은 아동이 생각하고 느낀 것을 어떤 재료보다 잘 표현하고 접착성과 촉감성을 가지고 있어 붙이거나, 떼기, 파내기 등이 가능하며 촉감이 어떤 재료보다 뛰어나기 때문에 실패율을 줄일 수 있고 자신감을 높이는데 점토가 효율적이다. 점토는 자신의 경험을 자유롭게 표현하면서 자신의 감정을 이해하고 부정적이고 억압된 정신을 자극하여 자신을 발견하게 되며, 그러한 감정적 배출을 창조적인 방향으로 전환시킨다. 또한 부드럽고 촉촉한 재료에 몰입하면 누구든지 건설적인 퇴행(constructive regression)의 요소를 경험할 수도 있는데 이것은 재료의 특성인 장난스럽게 만질 수 있는 부담이 없는 것이 억압을 줄여주는 효과가 있기 때문이다(David Heneley, 2002).

이와 같이 점토의 치유적 요인들은 대상 및 연령에 상관없이 많이 존재하며 미술치료 임상에서 잘만 활용하면 치료효과를 기대할 수 있다. 따라서 점토의 특성과 치유요인들을 열거하자면 가소성, 접착성, 조화성, 다양성, 입체성, 재활용성, 흥미성, 창의성, 정밀성, 촉감성, 운동성, 전달성, 전이성, 정신성, 경제성, 영혼성, 반영구성 18가지로 나눌 수 있으며(김상미, 2005; 신영선, 2000; 이승미, 2007; 이태우, 2004), 이에 대한 설명은 〈표 4-17〉과 같다.

〈표 4-17〉 점토의 특성 및 치유요인

특성 및 치유요인	설 명
역사성	인류는 빙하시대부터 점토를 사용하여 장식적, 실용적 목적으로 사용하였으며, 신분을 나타내기 위해서도 사용하였다.
가소성	점토는 자유자재로 형태를 변경할 수 있는 가소성이 있다. 어떤 형태로도 조형이 가능하기 때문에 새로운 형을 만들어 내는 가소성이 매우 뛰어난 재료이다.
접착성	별도의 접착제를 사용하지 않고 점토 자체와 물만으로 결합과 접착이 가능하다.
조화성	점토의 종류는 다양하다. 점토의 종류에는 완성된 후에도 자유롭게 형을 변화시킬 수 있는 굽지 않는 점토와 형이 완성되면 그대로 건조시키거나 굽는 점토(경화), 또 다른 분류는 자연점토와 대용 점토를 들 수 있다.
입체성	평면이 됨과 동시에 입체적인 표현이 가능하기 때문에 이러한 것들의 조합으로 무한한 공간을 효과적으로 만들어 낼 수 있으며 덩어리 표현도 쉽게 할 수 있다.
재활용성	점토는 기본적으로 매우 저렴하며 또한 잘못되어진 작품이라도 물에 넣어 반죽을 다시 하면 몇 번이라도 다시 사용할 수 있는 장점이 있다.
흥미성	점토를 만자면서 어떤 작품을 만들 것인가를 생각하게 되고 점토 활동에 대한 열정을 스스로 배우게 된다. 점토 활동을 통해서 일어나는 실수조차 즐거움을 주며 작품을 완성하는데 더욱 흥미로운 결과를 기대하게 된다.
창의성	점토를 만지면서 누구도 상상하지 못했던, 누구도 만들어 내지 못했던 자신만의 독특한 형태들을 만들어 내고 이는 또 다른 창조물을 만들게 하는 동기가 된다.
정밀성	점토를 재료로 한 인체의 근육은 물론 피부의 주름까지 매우 정교한 표현이 가능하다. 표면을 긁어서 표면의 느낌을 다르게 표현하는 등의 방법으로 표면을 무한히 확장시켜 나갈 수 있는 조형 표현의 가능성을 가지고 있다.
촉감성	점토는 만지고 있으면 그 부드러움에서 심리적 안정감을 가져온다. 그리고 무엇인가를 만들고 싶어 하는 충동을 느끼게 된다. 유연성과 촉감성으로 내담자들이 재료에 대한 거부감이 거의 없어 손쉽게 심상을 표현하게 된다.
운동성	대근육과 소근육 모두 활용할 수 있다. 대근육 사용 활동으로는 점토판 밟기, 점토판 위에서의 다양한 활동, 점토 던지기 등의 활동 등이 있다. 또한 소근육 활동으로는 손을 이용한 주무르기, 뜯기, 늘리기 등의 활동이 있다.
절단성	다른 매체와는 달리 도구(가는 실, 철사, 나무 칼, 주걱)를 이용하여 원하는 대로 절단할 수 있다.
전이성	한 주제를 가지고 활동을 하더라도 도중에 그 주제가 자연스럽게 바뀔 수가 있다. 아이들은 말하면서 그들 자신의 경험에 대한 구조와 의미를 탐색한다. 이렇게 언어로 표현함으로써 아동들의 어휘력을 향상시킬 수 있다.
정신성	여러 형태의 자유로운 표현을 통한 예술 활동을 하면서 정서적 해방감과 만족감을 느낄 수 있게 되어, 자신의 부정적이고 억압된 감정을 해소할 수 있는 감정의 배출구를 마련하며 그 감정을 창조적 방안으로 전환시킨다,
경제성	점토는 우리 주변에서 가장 쉽게 구할 수 있는 재료이다. 가격이 저렴해서 경제적인 부담을 크게 느끼지 않으면서 풍부한 재료 경험을 할 수 있는 장점이 있다.

영혼성	인간은 흙으로부터 와서 결국 다시 흙으로 돌아간다는 말이 의미하듯이 흙은 인간에 있어 본향과도 같은 영혼성을 지닌 물질이다. 이것은 우리가 흙을 만지고 흙 내음을 맡으면서 향수와 같은 정서를 느끼는 것과도 관련 있다. 성인에게 흙은 단순한 조형재료를 뛰어 넘어 자연의 본성을 느끼고 체험하게 하는 의미를 가진다.
반영구성	수분이 증발하면 굳어지고 불에 소성되어지면 사용할 수 있는 강도를 지니게 된다. 이는 깨어지지 않는 한 그 형태를 보존하는 영구성을 가진다. 또한 유약이 입혀짐으로써 아름다움이 부여되어 성취감을 느끼게 된다.

5) 점토의 제한점

점토의 경우 불에 굽는다든지 브론즈로 제작되었을 때 오래 보존된다. 따라서 자연스럽게 대기 중에서 건조된 점토 작품은 깨지거나 부서지기 쉽다. 브론즈나 테라코타로 제작되는 과정은 전문가의 도움이 필요하며 비용이 만만치 않다. 또한 점토의 작업과정에서 건조가 일어날 수 있다. 점토에 적당한 수분을 주고 비닐에 싸 놓는 것이 중요하다. 스펀지와 물을 담는 작은 통을 준비하여 건조를 막고 작품제작 과정에서 표현을 부드럽게 하는데 사용될 수 있다.

형태를 만드는 과정이 힘들 수 있다. 특히 작품의 크기가 크거나 균형을 잡기 힘든 동세를 가진 작업을 하고자 하는 경우 표현에 어려움이 있을 수 있다. 특히 아동의 경우 미술치료사가 적절한 기술적인 도움을 줄 필요가 있다. 뼈대를 사용할 것인지, 뼈대의 모양은 어떻게 준비할 것인지, 작품 완성 후 어떻게 보관할 것인지 등을 미리 염두에 둘 때 작품 제작의 어려움을 줄일 수 있다.

점토를 사용하는 경우, 흙먼지가 많이 생기게 되고 청소하는데 번거로울 수 있다. 반면 지점토, 유토 고무점토 등은 제작 과정이 번거롭지는 않다. 하지만 점토와 같은 자연스러운 표현도 힘들 뿐만 아니라 비용도 만만치 않다는 점이다.

6) 미술치료임상에 적용된 기법

모든 재료의 사용에 있어서 그렇듯이 점토를 통한 표현에 있어서도 먼저 재료와 친숙해지는 것이 중요하다. 여기에서는 점토의 미술치료임상에 적용된 기법에 대해 살펴보는데 먼저 미술치료임상에서 쉽게 적용할 수 있는 찰흙을 통한 여러 가지 기법을 〈표 4-18〉에서 간략히 소개하고자 한다.

〈표 4-18〉 찰흙을 통한 여러 가지 기법

	주 제	목 적 및 내 용	방 법
1	흙 만지기	근육 이완, 감정 순화	점토를 이용하여 두드리기, 반죽하기, 주무르기를 한다.
2	찰흙놀이 (찰흙 던지기)	스트레스와 내면의 욕구를 발산시켜 억압된 스트레스를 표출한다.	찰흙을 만지고 두드리며, 찰흙을 작게 뭉쳐 나무판에 던진다.
3	자유롭게 만들기	정서적 안정과 긍정적 자아감을 형성한다.	만들고 싶은 것을 자유롭게 만든다.
4	찰흙으로 선물 만들기	원활한 대인관계와 상호작용을 가능하게 하여 자신감과 자존감을 고취시킨다.	친구와 이야기를 나눈 뒤, 친구가 가지고 싶어 하는 물건을 만들어 준다.
5	음악과 찰흙 놀이	공감각적 이완을 통해 자아에 대한 긴장감과 불안감을 완화한다. 자기표현과 감정 언어적 상호작용 기술을 익힌다.	음악을 들으며 느낌을 찰흙으로 표현한다.
6	찰흙 높이 쌓기 (찰흙을 이용한 게임)	공동 작업을 통해 타인에 대한 이해심을 기른다. 공동 작업의 성취감을 통해 자신감을 향상시킨다.	친구 또는 치료자와 함께 찰흙을 높이 쌓는 게임을 한다.
7	찰흙을 통한 가족 이야기	타인의 감정을 배려하는 방법을 배우고 가족구성원에 대해 생각해 본다.	찰흙으로 가족 구성원을 만든다.
8	동화 듣고 주인공을 찰흙으로 표현하기	부정적인 감정을 분출하고, 동화와 찰흙 만들기를 연결시키는 이색적인 방법으로 흥미를 유발한다.	동화를 듣고 인상에 남는 장면이나 주인공을 찰흙으로 만들어 본다.
9	발로 찰흙 밟기	평형감각을 통한 소근육 운동의 발달과 심리적 이완을 돕는다.	찰흙 덩어리를 바닥에 놓고 밟으며, 발을 통해 찰흙의 느낌을 느껴본다.
10	찰흙으로 동물농장 만들기	연상을 통해 인지력 발달을 돕고, 표현력이 부족한 아동은 자신감과 표현력 향상을 도모한다.	동물의 울음소리가 녹음되어 있는 테이프를 듣고 연상되는 동물을 이야기하고, 동물흉내를 내어 본다. 동작놀이 뒤, 찰흙으로 동물을 직접 만들어 본다.
11	흙 속의 보물찾기	집중력을 기르고 순발력과 사회성을 기른다.	흙 속에 구슬을 숨겨놓고 손가락으로 파서 찾아낸다.
12	공동 찰흙 놀이	소근육을 발달시키고 협동심과 상상력을 기른다.	필요한 만큼의 찰흙을 가져가서 길게 민 뒤, 한 곳에 모으고, 연결해서 무엇을 만들지 의논한 후, 협동해서 작품을 만든다. 다 만든 뒤 느낌을 서로 이야기 한다.
13	흙물로 그림 그리기	정서 이완	찰흙을 진하게 물에 풀어 붓으로 그림을 그린다.

이 외에도 찰흙으로 감정을 표현 할 수 있으며, 이 주제는 내담자들에게 때로는 막연하게 느껴질 수도 있다. 구체적인 형태가 없어도 된다는 것을 설명해 주는 것이 중요하다. 또한 좀 더 구체적인 지시를 줄 수도 있다. 그 예로 자신이 느끼는 고통을 표현할 수도 있다. 고통을 표현할 경우에는 다양한 재료(철사, 이쑤시개, 핀 등)를 사용하여 고통을 표현하면 더욱 더 실제적으로 표현할 수가 있다.

'희망과 고통의 항아리 만들기'가 있다. 희망과 고통을 담을 수 있는 항아리가 있다고 상상해 보도록 한다. 어떠한 모양인지 형상화해 보도록 한다. 희망적인 시간이나 고통스러운 순간에 메모를 적어 항아리에 넣어둘 수도 있다.

다음은 자아를 표현하는 것인데 자신을 상징하는 어떠한 형상을 만들어 보도록 한다. 그 형상은 구체적인 사람의 모습일 수도, 동물의 모습 혹은 상상 속의 어떠한 형상일 수도 있다. 만들기가 끝난 후 '친구', '가족' 등 자신에게 중요한 사람을 함께 만들어 놀이나 역할극을 할 수도 있다. 혹은 상자와 다양한 꾸미기 재료를 사용하여 그 형상을 위한 환경(그 대상이 사는 곳)을 만들어 볼 수도 있다. 환경이 폭력적이거나 위험하게 제작된 경우 그 위험을 대비하기 위해 필요한 것들을 함께 만들어 볼 수도 있다.

자아를 표현하는 것에서 좀 더 구체적으로 들어가서 '갖고 싶은 나', '버리고 싶은 나'로 또는 '내가 보는 나', '남이 보는 나'로 주제를 줄 수가 있다. 나 자신을 여러 모습으로 바라보면서 진정한 나 자신의 모습으로 통합할 수 있다.

다음은 '6세 이전의 내 모습'을 다양한 점토재료로 만들어 나의 어린 시절 자화상을 만들어 보고 중요한 것은 나의 아동기 감정양식인 핵심감정을 이해해본다. 빈의자 기법을 적용해 자신의 어린 시절 자아와도 이야기 할 수 있으며 이런 경우에는 보통 많은 감정들이 표출된다.

'상상 속의 친구 만들기'는 6~12세 정도의 아동에게 적합한 활동이다. 외롭거나 지지가 많이 필요한 아동들에게 사용되어질 수 있다. 먼저 언제나 함께 있을 수 있는 친구를 생각해보라고 한다. 친구는 사람일 수도 애완동물일 수도 상상속의 동물일 수도 있다. 만들기가 끝난 후 '친구'에 대해 이야기 나눈다. 이와 같이 미술치료 임상에서 점토를 적용한 다양한 기법이 존재하며 미술치료사가 잘 응용하면 여러 가지로 좋은 프로그램을 만들 수 있을 것이다.

〈그림 4-126〉
나의 가족

〈그림 4-127〉
동물 가족화

〈그림 4-128〉
지점토-햄버거

〈그림 4-129〉
점토놀이

〈그림 4-130〉 나무 〈그림 4-131〉 석고와 매직콘 〈그림 4-132〉 남이 보는 나 내가 보는 나

〈그림 4-133〉 고통과 행복 〈그림 4-134〉 6세 이전의 기억

〈그림 4-135〉 버리고 싶은 나 집단 작업 〈그림 4-136〉 마음이 아파요 〈그림 4-137〉 간섭

7) 점토에 나타난 내담자의 반응 및 평가

상담에서 미술치료가 없었다면 말이 없는 내담자에게 어떻게 접근했을까 의문이 들 때가 임상에서 종종 있다. 대학 수시에 합격한 19세 여학생은 선택적 함묵증과 틱장애로 철저하게 사회로부터 고립되어 있었으며 그 고립된 세계를 일본 애니메이션이 채워주고 있었다.

미술치료 첫 만남에서 내담자는 당황해서 어쩔 줄 몰랐고 말도 한 마디 하지 못했으며, 행동 틱장애인 코 만지기에만 정신이 없었다. 얼굴은 안면 홍조를 이루고 목도 빨갛게 달아오르고 있었다.

다행히 내담자도 보호자인 어머니도 문제의 심각성을 깨닫고 치료에 대한 동기는 매우 높았다. 이러한 문제는 초등학교 4학년 때 지방에서 서울로 전학을 오고나서 생겼고, 중학교에서는 더욱 문제가 심각했음에도 불구하고 상담이나 치료 받은 경력은 전혀 없었다. 초등학교 고학년부터 중학교 때까지 친구들로부터 집단 괴롭힘과 따돌림을 받았지만 이것을 집에 와서 이야기 하지도 않고 내담자 스스로 억압해오면서 점점 문제가 굳어졌다. 즉 내담자로 하여금 더욱 말이 없게 만들었고 사회 공포증이 생겨 친구들로부터 멀어지게 만들었다. 고등학교에 와서는 친구들이 우호적으로 내담자에게 다가 왔음에도 불구하고 이미 심리적으로 친구에 대해 자신감이 없는 내담자는 말이 없는 채로 고등학교 생활을 보내게 되었다. 가정에서는 만화만 보고 자기만 알고 한 번씩 벌컥 화를 내서 가족들에게도 진심으로 지지를 못 받은 것 같았다. 위로 언니는 공부를 잘해 인정받고, 막내 남자 동생은 어리고 아들이라 인정을 받고, 둘째인 내담자만 인정과 관심을 받지 못하였다고 생각한다.

치료 초기에는 조용히 말없이 그림은 그렸지만 묻는 말에 겨우 대답하는 정도였다. 점점 그림을 통해 자신의 갇혀진 마음의 세계를 조금씩 열기 시작했다. 미술치료 초기에는 치료적 관계도 설정하고 탐색도 할 겸 주제를 주어 하나씩 자신의 내면의 세계를 표현하도록 하였고, 치료가 내담자에게 안전한 공간이 될 수 있도록 서둘지 않고 인내심을 갖고 접근하였다. 치료 중기에는 미술작업을 감정표현에 초점을 두고 부정적인 감정 즉 말 못해서 답답한 심정이나 학교 다니면서 친구들로부터 괴롭힘을 당했던 경험 등을 다양한 매체를 통해 표현하도록 하였다. 중기에는 미술 작업하는 시간을 줄이고 언어적으로 감정에 직면할 수 있도록 격려하였다. 처음에는 목소리가 하도 작아서 감정을 잘 표현 못했지만, 본인의 미래 희망 직업이 '애니메이션 성우'가 되겠다는 것에 착안하여 더욱 더 감정표현을 할 수 있도록 촉구를 했더니 제법 큰소리로 자신의 억압된 감정에 직면할 수 있게 되었다. 미술치료 종결부분에서는 훈습 과정으로 미술치료 작업을 거의 줄이고 언어적 상담으로 진행하여 언어적 표현을 많이 할수록 있도록 계획하였다. 또한 미술치료 종결을 몇 회기 앞두고 젊은 미술치료사와 2회 가량 미술치료 작업을 하도록 시도하였는데, 젊은 치료자와는 나이 차이가 얼마 안 나서 그런지 약간의 경쟁적 관계로 자존심을 세우고 싶어서 그런지 여하간 이야기를 아주 잘 했다고 하여 안심을 하고 대학 입학에 맞추어 종결을 하게 되었다.

점토 작업은 미술치료 중기 자기 모습을 탐색할 수 있도록 시도를 하였다. 〈그림 4-138〉은 자신의 모습을 상징해서 표현한 것이다. 다른 어떠한 매체보다도 컬러 점토로 정말 실감나게 표현을 하였다. 내담자는 여러 가지 점토 종류에서 손에 별로 묻지 않는 컬러 점토를 선택하였다. 사실 내담자는 약간의 결벽증이 있어 손에 묻는 매체들을 선호하지 않았고, 치료실에 오면 먼저 자기가 가져온 물 티슈로 탁자를 한 번 닦고, 매체를 만질 때마다 냄새를 '킁킁' 맡고 미술치료를 시작하였고, 선호하는 매체는 주로 드로잉 매체인 사인펜과 색연필이었다.

치료 중기로 접어들 때 매체에 약간의 유연성과 유창성 및 독창성이 나타나면서 박스, 점토, 물감, 크레파스 등을 수용하기 시작하였고 직접 손으로 하는 점토를 선택한 것은 놀라운 치료적 변화라고 볼 수 있다.

〈그림 4-138〉의 내용을 보면 인물에서 코와 귀를 표현하지 않았고 입은 작은 진주 구슬로만 표현을 하였다. 긴장하면 자주 코를 만지는 틱장애가 있었고 남의 말도 듣지 않고 본인도 이야기를 하기 싫어하는 모습을 상징적으로 잘 표현하였다. 옆에 있는 모자 쓴 펭귄 인형은 자신이 좋아하는 일본 만화의 세계이고 노란색 둥근 원은 자신과 세계를 분리시켜 놓은 선을 상징적으로 나타나고 있었다. 너무나도 자신의 모습을 잘 이해하고 시각화하여 표현하였다.

이에 '버리고 싶은 나'를 표현하였는데 〈그림 4-139〉를 보면 도둑고양이가 쓰레기통에 앉아 있는 모습이다. 당당한 고양이가 되기 위해서는 쓰레기통을 떠나야 되는데 안 좋다는 것을 알면서 떠나지 못하는 자신의 모습이다. 쓰레기통은 자신의 문제, 즉 사람들과 어울리지 못하고 자기세계에만 빠져 있는 모습을 상징한다. 쓰레기통을 치워버리라고 했더니 고양이를 쓰레기통에서 내려놓았다. 쓰레기통에서 내려앉은 고양이 모습이 어떠냐고 하니까 보기 좋다고 하였으며 이제부터라도 조금씩 사람들 곁에 다가가고 싶다고 하였다. 대학 입학하면 친구들도 사귀고 싶고 동아리 활동도 하고 싶다고 하였다. 그런 마음을 갖고 있으니 이제 더 이상 도둑고양이가 아니라 귀엽고 사랑스러운 대학 신입생인 고양이라고 이야기 해주었다.

치료 종결 시에는 치료자에게 맛있는 간식을 컬러 점토로 선물하고 한 번씩 힘들 때 마다 미술치료실에 찾아오겠다고 이야기하였다. 미술치료를 받기 전과 받은 후에를 표현해보라고 하였더니 미술치료를 받기 전에는 정말 내문제가 뭔지 몰라서 답답했는데 치료 받고 나니 내문제가 어떤 것인지 알게 되어 머릿속이 명쾌해졌다고 하였다. 이제 내담자도 자기 또래의 호기심 많고 세상을 향해 도전하고 싶은 발랄한 여대생으로 돌아갈 잠재성이 보여 치료를 종결하게 되었다. 점토 매체를 통해 나타난 내담자의 반응을 〈표 4-19〉에 정리하였다.

〈표 4-19〉 점토에 나타난 내담자의 반응 및 평가

	점토에 나타난 내담자의 반응 및 평가
내담자의 인적 사항	• 수시 합격한 19세 여대생이며 약간 통통하고 키가 작고 눈 맞추기를 피하며 안면홍조에 코를 계속 손으로 만지는 틱장애도 관찰되었다.
주 호소 및 의뢰사유	• 어머니께서 호소하셨는데 수시에 합격하여 곧 6개월 후면 대학에 가야하는데 전혀 사회성이 없고 집에서 컴퓨터 게임이나 만화책이나 보고 움직이기를 싫어하여 걱정이 되어 지인의 소개로 의뢰되었다. • 치료 초기에 내담자는 언어로도 그림으로도 자기 문제를 이야기하지 않았고 5회기 정도부터 자기 문제를 그림으로 표현하였다.
생육력 및 가족력	• 위로 연년생인 공부 잘 하는 대학생 언니가 있고 7세 차이나는 남동생이 있다. • 어려서부터 자주 아팠고 다른 아이들에 비해 발달이 늦었다. • 집에서도 별로 말이 없고 가족들 간의 상호작용이 없으며 자기중심적이다. • 학교에서 일어나는 일을 가정에서 전혀 이야기 안하며 어머니께서는 담임선생님들을 통해 내담자의 문제를 알게 되었다. • 어머니 말씀은 도대체 내담자가 왜 그런지 모르겠고 특별히 편애도 하지 않는다고 하였다. 문제가 있다면 4학년 때 갑자기 전학을 오게 된 것이 이유라고 하였다. 그 때부터 내담자가 내성적으로 성격이 변화되었다고 하였다.
행동관찰 및 매체의 반응	• 내담자는 초기에 결벽증이 있어 미술치료실 탁자를 한번 물휴지로 닦고 작업을 하였고, 매체가 손에 묻는 것을 싫어해 크레파스, 수채화, 점토는 싫어하였고 사인펜이나 색연필을 좋아하였다. • 미술치료 중기에 여러 매체를 권유하였더니 컬러 점토를 선호하였다. 컬러 점토냄새를 '킁킁' 맡으면서 작업을 하였고 작업 후에는 손을 씻고 와서 이야기를 하였다. • 컬러 점토를 자꾸 주무르면서 반죽을 하니까 부드러워 섬세한 표현까지 정교하게 할 수 있어 치료의 집중력을 보였고 덕분에 자기문제를 솔직하게 표현하였다.
작품	 〈그림 4-138〉 나의 현재 모습  〈그림 4-139〉 버리고 싶은 나

<table>
<tr><td>작품 해석</td><td>• 인물화에 코와 귀가 없다. 입은 작은 구슬로 표현하였다. 타인의 말에도 관심이 없고 내담자도 거의 말이 없다. 대신 애니메이션 세계에 빠져 사는데 그것에 대한 상징이 펭귄으로 압축되어 표현하였다. 노란 둥근 선은 외부와 단절된 자신의 모습을 나타냈다. 정확하게 자신의 현재 모습을 표현 하였다.</td><td>• 도둑고양이가 음식 쓰레기통을 못 벗어나고 있다. 그것이 안 좋은 줄 알면서도 떠나지를 못하고 있다. 내담자는 자신의 문제를 잘 알면서도 그것이 잘 안 고쳐진다고 하였다. 대화 도중에 고양이를 쓰레기통에 내려놓았고 건강한 고양이가 될 가능성을 치료자와 함께 나누었다.</td></tr>
<tr><td>작품</td><td>
〈그림 4-140〉 감사합니다.</td><td>
〈그림 4-141〉 치료 받기전과 후의 변화</td></tr>
<tr><td>작품 해석</td><td>• 치료 종결 시 치료자에게 감사하는 마음을 전달하기 위해 컬러 점토로 '간식 드시고 하세요'라는 마지막 작품을 남겼다. 대학생이 된다는 설레는 마음과 친구도 사귀고 동아리 활동도 하겠다면서 새로운 각오를 다졌다.</td><td>• 미술치료를 받기 전과 후를 표현하였는데 치료 전에는 자신의 문제가 뭔지 몰라 답답하였는데 치료를 받고 난 후에는 자신의 문제를 알게 되어 머리가 명쾌해졌다고 하였다.</td></tr>
<tr><td>내담자의 치료적 장점 및 취약점</td><td colspan="2">• 치료적 장점은 내담자와 보호자가 대학교 입학하기 전까지 약 6개월간 치료받을 의지와 동기를 갖고 있었다. 내담자가 말을 거의 안하지만 만화 그리는 것을 좋아해 그림으로 자신의 문제를 표현할 수 있었다.
• 치료적 취약점은 초등학교 4학년 때 문제가 시작되었는데 조기에 상담을 받았으면 치료적 예후가 더 좋았을 텐데 10년 넘게 내담자의 문제를 방치하였다는 점이다. 내담자의 문제를 정확하게 이해하기위해 어머니 상담을 하였지만 방어가 있어 내담자의 문제를 정확하게 이해하지 못해 치료중반까지 답답한 면이 있었다.</td></tr>
<tr><td>치료계획 및 목표</td><td colspan="2">• 초기에는 내담자가 사회적 공포증과 선택적 함묵증이 있어 그림으로 내담자의 마음을 편안하게 표현하도록 하였다. 자발적으로 표현하도록 하기 보다는 주제를 주어 그 문제에 집중하여 탐색하도록 하였다. 예를 들어, '왜 말이 하고 싶지 않은가' 또는 '친구들에 대한 느낌이 어떤가' 등에 대해 내담자 문제를 중심으로 그림을 통해 탐색하였다.
• 중기에는 친구들에게 괴롭힘을 당하여 억울했던 감정을 언어적 표현으로 직면하도록 하였고, 작업시간을 점점 줄이고 치료자와 언어적으로 대화하는 시간을 늘려나갔다. 또한 다양한 매체를 접할 수 있도록 계획하였다,
• 종결 시에는 생활에서 훈습할 수 있도록 계획을 하였고 달라진 내 모습과 미래의 계획 등에 초점을 두었다.</td></tr>
</table>

치유요인	• 초기에 내담자의 문제에 대한 사례역동공식화가 잘 이루어지지 않았지만 내담자가 치료 동기가 있어 치료자가 이끄는 데로 잘 따라와 주었다. 치료에 대한 저항이 없었지만 초기에 낯선 치료자와 이야기하는 것에 어려움이 많아 그림을 통해 표현하도록 배려한 것이 치료의 성과를 가져왔다. • 회기가 진행될수록 자신의 문제가 시각적으로 드러나면서 내담자는 자신의 문제를 이해하게 되었다. • 초기에는 미술치료로 주로 접근하고 중기에는 언어적 상담을 늘리고 점토를 통해 자신의 문제에 직면하도록 한 것이 치료의 전환점이 되었다.

2. 인형

1) 인형의 개념 및 역사

인형은 고대로부터 현대에 이르기까지 끊임없는 관심과 표현의 대상이 되어 왔다. 인간의 외형과의 유사성은 일상의 다양한 광경을 연출하기 적합한 소재로 인식되어 왔으며, 특정한 시대나 민족, 나라를 초월하여 가장 많이 다루어진 오래된 소재 중 하나이다. 선사시대에는 다산과 풍요를 기원하던 종교적 목적으로도 사용되어졌고, 현대에는 장식적인 목적의 미적대상으로까지 용도가 확장되고 변화하여 그 쓰임새가 다양화되었다. 또한 그 재료와 제작방법도 발전하여 무수히 많은 재질로 표현되기에 이른다(최진영, 2008).

인형(人形)이란 사전적 의미로 '사람의 형상을 본 떠 만든 장난감'(두산동아사전, 1982)을 의미한다. 그러나 현대인형은 흙, 나무, 종이, 돌, 천, 플라스틱, 고무, 가죽 혹은 기타재료들을 응용해서 만들며, 사람의 형상 이외에도 동물상, 신상, 괴물상 기타 어린이들의 장난감 즉 완구류에 인형이라는 명칭이 두루 쓰이고 있다.

한편 영어에서 'doll'은 약 200년 전부터 사용된 말로 그 이전에는 라틴어로 '작은 소녀'란 뜻의 'Pappa'에서 파생된 말인 'Puppets'나 'Babies'를 1570년까지 유럽에서 널리 사용했다고 알려졌다.

인형의 역사를 간단히 살펴보자면, 구석기 시대 오리냐크 문화기의 빌렌도르프 비너스는 여성의 유방 복부 둔부 등이 극단적으로 과장된 나상으로 생식 출산을 상징하는 주술적 원시적 숭배의 대상인 종교적 인물상이다. 인형의 부류에는 포함되지 않는 조각상이지만 인간을 본뜬 최초의 상으로 기록되며, 그 후의 선사시대 유적에서는 인형의 기능을 가진 것은 아직 발견되지 않고 있다(표지혜, 2004).

인형의 기원은 종교적 주술적인 것뿐만 아니라 상당히 일찍부터 장난감으로서의 요소가 있었던 것으로 생각된다(김광진, 1982). 그것은 이집트나 그리스 · 로마의 어린아이 묘에 인형이 묻혀 있는 것으로 보아 알 수 있다. 그 예로 고대 이집트의 제 19왕조(BC 1304~BC 295)의 유아의 묘에서 발견된 당시의 복장을 한 목재 인형을 들 수 있다. 손이 움직이는 이 인형은 당시 어린이들의 장난감으로 쓰이고 있었음을 알려준다. BC 4-3세기경 그리스에서 테라코타로 만들어진 타나그라 인형은 일상생활의 갖가지 자태를 나타낸 여인상으로 우아하고 매력적이다(최진영, 2008).

밀납 인형은 4세기경부터 만들어졌으며 사자에 대한 추모의 뜻으로 교회 벽에 세우는 풍습이 14세기경까지 계속되다가 후에 완구로서 만들어지게 되었다. 16~18세기에 걸친 유럽 상류사회에서는 자기 집과 가족의 모형을 실제와 똑같이 극히 정교하게 만들어 전면 벽을 뜯어내고 설치하여 감상하는 '인형의 집'이 유행하였다. 19세기 초부터는 인형이 그야말로 전성기를 누리게 되는데 재료나 제작방법, 기법 등에서 다양하고 획기적인 발전을 보이게 되었다. 19세기 초 영국에서 만든 베이비 인형은 획기적인 것으로, 그 때까지는 거의 성인의 모습으로만 만들던 인형에 어린 아이의 모습을 가미하게 되었다. 이어 1826년에는 잠자는 인형이 만들어지고, 그 후 에디슨이 배속에 축음기를 장치한 노래하는 인형도 만들어졌다. 19세기 말에는 고무 인형이나 셀룰로이드 인형이 만들어지고, 뒤에 인화가 되기 쉬운 셀룰로이드의 결점을 보완하여 불연성 셀룰로이드와 합성수지가 사용되었다. 이 밖에 각국에는 각각의 풍습을 나타낸 많은 인형이 있으며 그것들은 그 민족 특유의 얼굴모습, 그리고 특산의 재료로 만들었으므로 각국의 생활풍습을 엿볼 수 있는 좋은 길잡이가 된다(김청자, 1989).

한국 인형의 역사를 보면 고대 고구려 시대(6-7세기)에 인형 놀이가 발달하였고, 고려시대(12세기)에는 인형 놀이의 실체가 확인되었다고 한다. 그러나 고대의 인형은 예술이나 놀이를 위한 것이 아닌 주술적인 목적을 가지고 있었다. 고구려인들은 그들이 개국의 시조를 신격으로 만들어 숭배하기 위해서 나무로 인형을 만들어 제사를 지냈다고 한다.

신라의 고분에서 발굴된 유물 속에는 인형의 기원을 찾아볼 수 있는 것으로 토우가 있는데, 점토로 사람의 모습을 만들어 모자 같은 것을 씌웠거나 말을 탄 모습으로도 만들었다. 이러한 토우들은 부장품으로 만들어 넣은 것으로써 당시에 흙 인형이 있었음을 미루어 알 수 있으며, 따라서 한국 인형의 기원은 삼국시대 이전으로 생각할 수 있다(표지혜, 2004).

이후 고려시대의 도제 인형은 단순한 장식용으로 제작된 인형이 있으며 표현법이 생략된 재미있는 인물상으로 고려시대의 서민적인 모습을 엿볼 수 있다. 조선시대에는 고려 시대의 인물상과 거의 흡사하며 역시 표현기법이 최대한 생략되었고, 머리 부분 등에 철사로 채색이 되어져있다. 이 밖에도 풀 인형인 풀각시가 있었으며, 질기고 가는 풀을 손가락만한 나뭇가지에 실로 동여매고 세 가닥으로 땋아 머리 모양을 만들고 색 헝겊으로 저고리와 치마를 만들어 입혔다. 또 정월 대보름을 전후해서 짚으로 인형을 만들어 '제웅'이라 부르고, 1년 동안의 액을 때우는 세시풍속이 있었다. 이것은 민간신앙과 인형이 연결되어 주술적인 기능을 나타냈던 예이다. 이것이 후에 무당이나 점쟁이에게 신(神)으로 모셔졌고, 한편 단순한 오락으로 발달한 것에 조선시대 중기 이후의 인형극 '만석 중놀이'와 '꼭두각시놀음'이 있다. 연기자가 막 뒤에 숨어서 인형을 조종하여 극적인 효과를 나타냈으며, 이러한 인형들은 모양의 아름다움보다 성격적이며 개성적인 면이 두드러졌다.

우리나라에서 처음 종이 인형이 인쇄되어 판매된 것이 언제인지 정확한 연도는 알 수 없지만, 1970년대 초반에서 중반정도에 10원, 20원에 팔리던 종이 인형이 그 시작이 아니었을까 추측해볼 수 있겠다. 1970-80년대 어린이들 사이에서 선풍적인 인기를 끌던 종이 인형은 1990년대 후반 이후 컴퓨터 게임과 인터넷의 발달로 현재는 거의 자취를 감추게 되었다.

2) 인형극 정의 및 역사

미술치료는 인형을 만들고 활용해서 미술치료시간에 인형극을 연출하여 다양한 감정을 표현하고 역할기법을 익히며 또 자신을 투사하여 자기표현을 촉진하고 사회성을 익히는데 중요 역할을 하기 때문에 인형극도 간단히 기술하고자 한다.

인형극이란 극화 활동의 한 형태로서 무대에 사람이 아닌 인형이 등장하여 연기하는 극예술이다(김삼성, 1998). 인형극은 모든 사물에 영혼이 있다고 믿는 애니미즘적 사고와 샤머니즘적 주술을 바탕으로 하여, 각종 생산적인 행사, 축제 등에서 여러 가지 인형을 사용함으로써 발생하였다(김애옥, 1998).

우리나라의 문헌상으로는 고구려 시대로 그 효시를 찾을 수 있으나 오늘날까지 남아 있는 것은 꼭두각시놀음, 민중의 축제나 모임에서 이루어지다가 점차 봉건제도의 지배층과 피지배층간의 대립으로 인한 민중 유희로 발달된 것과 발에 탈을 쓰고 연희하는 인형극인 발탈이 있고, 조선조 이후 지배층으로 인해 심한 박해를 받다 일제시대에는 거의 단절되었다. 하지만 그 후 1960년대에 텔레비전 방송국을 통해 인형극이 다시 활기를 찾았고, 점점 무대 인형극으로도 전환되기 시작하였다.

심우성(1988)은 인형극의 가장 두드러진 특징은 무대에서 인형이 움직이고 있다는 것인데 인형극에서 사용되는 인형은 유아들이 어린 시절부터 즐겨가지고 놀던 다양한 인형들과 별 차이가 없게 생겼지만 개성이 있으면서 표현력이 강하며 또한 운동성을 가진 '연기하는 인형'

이라고 설명한다.

인형극 치료는 극화활동의 한 형태로 무대에 사람이 아닌 인형이 나와 연기하는 것으로 그 자체가 사회적 관계를 내포하고 인간의 갈등을 인형에 투사하여 다양하게 재구성할 수 있다는 점에서 효과적인 방법이 될 수 있다(전선주, 1998). 특히 인형극은 모든 아동이 놀이를 통해서 행동을 수정할 수 있기 때문에 교육적으로 뿐만 아니라 사회, 정서적 치료의 목적으로 사용이 가능하다. 이에 서경희(1998)는 인형극의 특징을 다음과 같이 정리하였다. 첫째, 인형은 누구에게나 친밀감이 있는 대상이다. 둘째, 인형극의 인형이 동작과 대사를 강조하여 되풀이해도 그 자체가 흥미로워서 지루하지 않다. 셋째, 장치의 규모가 작아 쉽게 이동이 가능하고 간단한 인형은 유아가 손으로 만들 수도 있어 재연이 용이하다. 넷째, 환상의 세계나 상상작인 세계를 표현하기 쉽고 소재도 다양하다. 예컨대 인형이 하늘을 난다거나 숨거나 갑자기 커진다거나 할 경우와 같이 인형극에서만 가능한 동작들이 있다. 다섯째, 인형의 얼굴과 표정은 한계가 있기 때문에 한꺼번에 긴 대사를 연기하는 것은 지루하다. 간결하고 리드미컬한 대사와 비약된 표현을 쓰는 것이 특징이다. 여섯째, 무대극에서의 풍자가 과하면 밉살스럽게 보이거나 지루할 수 있지만 인형극에서는 연기자가 인형이기 때문에 풍자나 과장이 오히려 흥미의 요소가 될 수 있다.

3) 인형의 종류

(1) 손가락 인형

손가락 인형은 손가락에 끼울 수 있는 크기로 인형을 만들어 조작하는 것으로 가장 조작하기 쉽다. 특히 영아들이 활용할 수 있으며 각 손가락의 활동이 촉진되고 혼자서 여러 역할을 해 볼 수 있으며, 만들거나 극화해보는데 짧은 시간에 가능하므로 흥미감이 오래 지속될 수 있다. 손가락 인형은 부직포 등을 이용하여 제작할 수 있고 간단한 동화의 등장인물을 한 세트로 만들거나 가족형태의 인물유형을 만들어 극화놀이에 쉽게 사용할 수 있다. 손가락 인형의 다리 역할을 하는 것은 식지와 장지를 인형의 뒷부분에 끼워 움직임을 보여줄 수 있다(박경미, 2004).

(2) 손 인형

손 인형은 인형의 머리와 두 손을 조종자의 세 손가락에 끼우고 조종하는 것으로, 막대인형보다는 움직임이 자유로우며, 아동들에게 친숙하고 가장 많이 사용되고 있다. 입을 움직이게 하는 손인형으로 양말 인형과 종이 인형이 있다. 양말을 이용한 손 인형은 신축성이 있고 쉽게 보관할 수 있어서 아동들은 그들이 들은 동화내용을 그대로 표현해 볼 수 있는 적절한 매체가 된다. 종이 인형은 서류봉투 등을 이용하거나 종이를 접어서 입을 움직이게 한다. 종이봉투의 경우, 대개 입의 위치가 종이봉투의 접은 선에 오게 하여 봉투가 열리고 닫힘에 따라 말하는 모습을 보여주게 된다. 이 때 접힌 부분에 눈을 그려서 눈을 떴다 감았다 하는 모습을 보여 줄 수 있게 된다(안정의, 1989).

(3) 막대 인형

막대 인형은 가장 단순한 형태의 인형으로 인형 몸 전체에 막대를 연결하여 그 막대로 조정하는 것이다. 이 막대 인형의 장점은 특히 나이 어린 아동들에게 적합하다. 조그만 인형이나 아동들이 오린 여러 모양의 과일, 야채 등 어떤 것이라도 막대기를 끼워 사용할 수 있으며, 아동들의 직접조작이 가능한 점에서 높은 가치를 지니고 있다(김선익, 1996).

(4) 줄 인형

마리오네트(Marionettes)라고 부르는 줄 인형은 위에서 줄이나 철사로 조종하는 인형이다. 인형극 중 가장 발달된 형태로 인형극의 멋을 맛볼 수 있지만, 만들기와 조작하기가 어렵다. 그러므로 줄 인형은 초등학교 5~6학년 이하의 어린이들에게는 줄이 꼬이고 엉킴으로써 좌절감을 갖게 할 수 있으므로 적당하지 않다. 그러나 아동들을 위하여 줄 인형을 사용하고자 할 때는 한 줄 혹은 두 줄 인형으로 간단하게 만들어 사용할 수 있다. 이 때 인형의 다리 밑에는 자석, 점토, 납종이들을 이용하여 무게를 준다. 한 줄, 두 줄 인형에서 보다 발전한 형태는 네 줄, 즉 십자형의 막대에 연결하여 조작하는 것이다. 또한 줄의 연결을 많이 하여 세부적인 움직임의 효과를 주면 인형의 표현이 보다 자유스럽게 조종될 수 있다(심우성, 1988).

(5) 테이블 인형

테이블 인형은 간단한 배경그림 앞에서 인형을 옮기면서 이야기를 듣거나 다시 표현해 보는데 편리하다. 종이에 원하는 그림을 그려 오린 다음, 인형을 세울 수 있도록 뒷면에 받침대를 붙여서 인형으로 활용될 수도 있다.

(6) 그림자 인형

그림자 인형은 빛을 뒤로부터 받아 막 뒤에 있는 인형을 조작하여 그 그림자를 아동들이 보는 것으로, 다른 어떤 매체보다도 깊은 감정적인 호소력을 가지고 있는 것이 그 특징이다. 또한 인형의 그림자를 통하여 동화를 듣게 되므로 상상력을 발전시킬 수 있다. 인형을 반투명의 스크린 뒤에 조작하며, 햇빛이나 조명을 위에서 받아 연출할 수 있고, 실물 환등기를 이용하여 화면에 투영할 수도 있다. 그림자 인형은 대개 마분지를 이용하여 실루엣을 제외한 가운데 부분을 파내어 인형의 형상을 표현하는데 이 때 내용에 따라 파낸 부분에 여러 가지 색깔의 셀로판지를 붙이면 다양한 색상의 그림자도 연출할 수 있다.

(7) 탈 인형

탈 인형은 가면처럼 얼굴만 가리는 가면 인형이 있고 몸 전체를 인형화한 두 종류가 있다. 탈 제작에 쓰이는 재료로는 주로 소쿠리, 스펀지, 종이죽 등이며 겉면에 천을 뒤집어 씌우면 된다. 탈 인형은 매스컴의 발달로 TV나 영화 등에서 많이 소개되고 있으며, 각 매체에서도 실업용이나 교육용 등으로 많이 쓰이고 있으며, 기업의 각종행사, 프로그램, 축제 등에 다양하게 사용되고 있으며 어린이에게 인기가 대단하다.

(8) 마음 인형

마음 인형은 얼굴에 표정이 없는 것이 특징이다. 이러한 특징으로 인형 춤과 같은 장난스러운 연기부터 시작하여 마치 흑백사진 작품과 같이 아주 철학적이고 심리적인 내용을 상징적으로 나타내는 데 사용한다. 또한 마음에 있는 여러 가지 감정표현도 대신 해준다.

〈그림 4-142〉 우드락 볼 인형1, 2, 3, 4

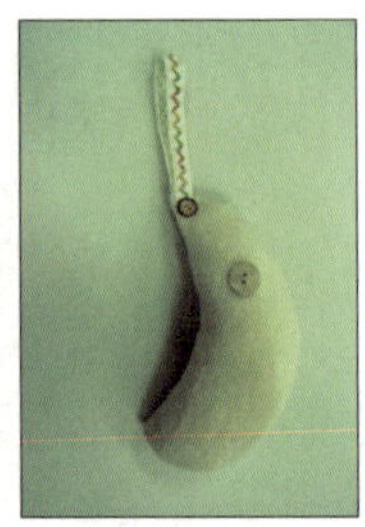

〈그림 4-143〉 마음 인형

(9) 종이 인형

종이 인형은 말 그대로 종이로 만들어진 인형을 말한다. 평면의 종이 위에 그려진 인형과 종이를 접거나 활용하여 만든 입체의 인형을 통틀어 종이 인형이라 할 수 있다.

(10) 점토 인형

종이와 풀이 혼합된 점토로 만든 인형으로 무게가 무겁고 얼굴을 곱게 표현하지 못하는 단점이 있다. 점토 인형에는 점토 찰흙 인형이 있는데 찰흙을 빚어서 만든 인형으로 TV쪽에서 많이 이용하는데 한 컷 한 컷 동작에 변화를 주어 촬영한다.

(11) O.H.P 인형

O.H.P 필름에 그림을 그린 후 오려서 가는 철사에 붙이고 O.H.P위에 움직여서 활용하는 것으로 잘 사용하면 한편의 영화 같은 극적인 효과도 줄 수 있다.

〈그림 4-144〉 모래 인형 놀이

4) 미술치료임상에 적용된 기법

인형은 비형식적 놀이를 통해 아동은 다른 아동들을 만나면서 사회성 및 사회적 역할을 익히고 자신의 사회적 정체성을 찾기도 한다. 인형을 통해 아동은 옷 입는 법, 단추 끼우고 지퍼 올리는 것 등을 자연스럽게 학습한다. 특히 병원 같은 세팅에서는 외과적 수술이나 여러 처치 등에 대해 인형놀이를 통해 대처하는 방법을 배우기도 한다. 또한 인형은 성학대와 같은 외상을 입은 아동에게 자세한 해부학적 지식을 알리는데 매개체로 활용된다. 청소년들에게는 심리적 외상을 치유하는데 적용되기도 하며 치매노인을 진단할 때 활용되기도 하는 인형은 다양한 교육적, 진단적, 치료적 도구로 사용된다.

(1) 교육적 도구로서의 인형

미국의 교육학자 Edger Dale에 의하면 인형매체의 교육적 가능성은 여덟 가지로 정리해 볼 수 있다(김영희, 김호중, 2003 재인용). 첫째, 극화는 감동을 일으키고, 주의력을 환기시켜 주며, 내용을 오래도록 기억하게 한다. 둘째, 같은 목적을 위해 상호 협조하는 정신을 길러준다. 셋째, 원만한 성격지도에 도움이 되어 바람직한 인격형성에 좋은 기회를 준다. 넷째, 흥미를 유발하고 창의력을 발휘할 수 있는 기회를 마련해주며 발표력과 표현력을 길러준다. 다섯째, 심리묘사나 적절한 행동 표현을 경험할 수 있는 기회를 준다. 여섯째, 사교성이나 도덕성을 습득하게 함으로써 생활에 자신감을 주며, 연극의 내용 중 소개되는 풍속이나 습관 등 시대적, 문화적 이해에 도움을 준다. 일곱째, 종합예술로 음악, 무용, 회화, 공작 등의 기능도 습득할 수 있다. 여덟째, 아동의 생활환경이나 성격을 그대로 관찰할 수가 있기 때문에 치료가 가능하다.

(2) 치료적 도구로서의 인형

인형의 치료적 사용은 Woltman에 의해 Bellevue 병원수용아동들에게 병 혹은 의학적 조치와 부모분리에 대처하도록 돕는 유용한 기법으로서 시작되었다. 보육원과 유치원 연령의 어린이들에게 'Punch & Judy'의 전래 이야기를 각색한 손인형극을 보여주었다. 정신분석학자로서 Woltman은 인형극이 진행되는 동안에 나타난 어린이의 반응을 관찰하여 각각의 캐릭터가 가지고 있는 의미를 해석하고 아동의 특성을 분류하였다. 그는 인형이 조작되기 쉽고, 풍부한 상징성을 제공해주고 자발적인 참여기회를 제공해주기 때문에 유용한 도구라고 하였다. 인형은 아동들이 쉽게 이해될 수 있는 수준에서 연기되어야 하고, 아동들이 경험해볼 수 있도록 행동이 반복되고 갈등이 해결될 때까지 반복 연기되어야 한다. 인형들은 아동들이 반응하도록 질문하고 충고하여야 한다고 강조하였다.

Bender와 Woltman은 인형과 상호작용하는 아동들을 임상 관찰하여 인형의 치료적 활용에 관한 이론적인 가정들을 제시하였다. ① 아동들은 인형과 동일시된다. ② 인형조정자는 각 아동들의 발달수준을 충분히 마음에 새겨둘 수 있다. ③ 인형들은 아동들이 자신의 감정을 표현할 수 있는 능력이 증진되도록 할 수 있다. ④ 인형극을 반복함으로써 문제해결에 도달할 수 있다. ⑤ 아동들은 인형극을 하는 동안에 서로 배울 수 있다(최나래, 2004 재인용).

따라서 인형의 사용은 작업치료와 놀이치료 프로그램에서도 사용되었고, 진단적 목적으로도 사용되었다. 다른 방법으로 표출되지 않는 감정이 인형극을 통해 표현되기 때문에 정신병 환자의 집단 및 개인치료에서도 활용되었다(이은순, 2009). 인형은 아동이 보다 현실적인 놀이재료로는 해소할 수 없는 그의 생각과 감정을 표현하게 한다. 그리고 다른 아동과 자신의 감정을 함께 나눔으로써 세상에 대한 이해와 사회적 접촉을 확대할 수 있다. 상담에서 인형은 관계형성에 도움을 주고 아동과 상담자 사이에 대화를 촉진한다. 인형극의 치료적 도구로서 적용은 행동수정, 진단과 처방, 사회극 놀이와 역할극, 그리고 자존감 발달과 같은 다양한 영역에서 이루어 졌다.

① 투사기법

인간행동의 동기유발자로서 무의식을 활용한 이론들은 무의식 감정을 의식수준으로 표출시킬 필요를 인식하였다. 여기에 효과적인 방법으로 인형극의 활용을 들 수 있다. 인형은 개인 아동에게 특별한 의미를 지니고 아동은 자신이 미워하고, 분노하고, 두려워하고, 소원하는 감정을 인형을 통해 투사시킨다. 이러한 감정들 중 많은 부분이 실제 상황 속에서 표현하기에는 너무나 위협적이기 때문에 억압상태로 남아 있다.

Piaget도 인형은 아동에게 일상생활의 욕구불만을 실현시키고 갈등을 해결할 뿐만 아니라, 삶의 다양한 측면에 보다 쉽게 동화하기 위해서 아동 자신의 삶을 상징적으로 재생시키는 기회를 제공해준다고 하였다. 그는 아동의 삶에서 일어나는 즐거운 일과 즐겁지 않은 일이 모두 인형에게 반영되어 나온 것을 확실히 발견할 수 있다고 하였다. Woltmam(1972)은 무대 위에서 일어나는 모든 것은 가작화 사건(make-belive affair)이기 때문에 인형극은 아동에게 안심할 수 있도록 해준다고 하였다. 나쁜 사람을 죽이는 것도 허용될 수 있다. 인형극이 끝나고 나면 실제생활로 되돌아갈 뿐만 아니라 죽이는 것은 억압된 분노를 이완시켜 줄 수 있기 때문이다. Cohen(1991)은 반항아동을 위한 유용한 기법으로써 숨겨진 인형기법(hidden puppet technique)

을 제안하였다. 이는 반항아동의 모습을 인형을 통해 투사시킴으로써 자신의 감정과 사고를 되돌아보고 문제해결능력을 기르게 하기 위함이다(최나래, 2004 재인용).

〈그림 4-145〉에서 편지 종이봉투로 만든 분홍색 인형은 유치원에서 집단 괴롭힘을 당한 7세 된 여아가 만든 자기 인형이다. 아동은 인형을 통해 상징적으로 자기를 괴롭힌 가해자 아동을 파란색 종이봉투로 만들어 그 인형을 벌주었으며, 억울한 마음을 해소하였고 자기주장을 하기 시작하였다. 점차 인형놀이를 통해 자기주장을 학습하였으며, 미술치료 후반부에서는 집단 괴롭힘 피해를 준 아동들의 인형과 자기 인형이 즐겁게 놀기 시작하였다. 아동은 인형을 통해 상황에 맞게 적절하게 자기주장을 했을 뿐만 아니라 사회적인 역할 및 친사회적인 행동을 배울 수 있어 유치원 생활의 적응이 향상되었다.

〈그림 4-146〉은 O.H.P 필름으로 만든 인형으로서 손발이 약간 펄럭이면서 흥미감을 유발한다. 10세 된 발달장애 남아는 자신과 자신을 괴롭히고 때린 친구 인형을 만들어 인형놀이를 통해 억압했던 감정을 모두 쏟아내었다. 계속적인 인형놀이를 통해 치료에 집중력을 키울 수 있었고 자기주장과 학교생활의 대처능력이 좋아졌다.

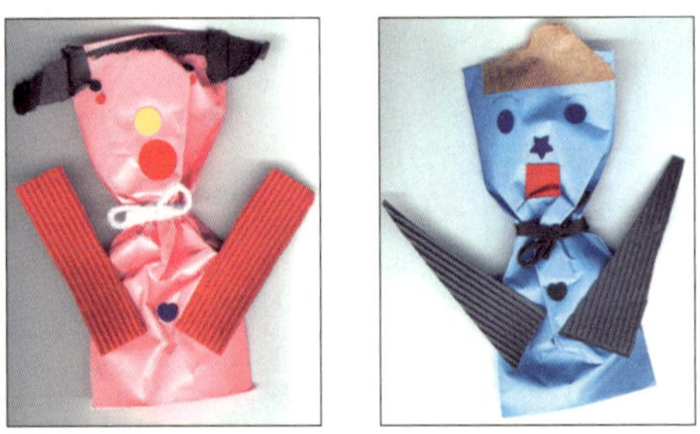

〈그림 4-145〉 종이봉투인형1.2

〈그림 4-146〉 O.H.P인형 '나와 친구'

② 상징놀이

역사적으로 상징놀이는 풍부한 진단적 그리고 치료적 자료를 제공하는 것으로 알려져 왔다. 상징놀이는 발달 수준의 지표로서 사용되어 왔고 언어습득을 촉진하는 방법으로 알려져 왔다. 상징놀이는 아동심리에 대한 일종의 X선과 같다고 치료자들이 깨닫고 역사적으로 상징놀이를 촉진시키기 위한 다양한 기법을 사용하였다. 또한 상징놀이의 다른 변인관계를 밝히기 위해 체크리스트, 일화기록, 평정척도가 사용되어 왔으나, 이러한 방법은 반복연구가 곤란하였다. 그래서 인형극은 과거에 빈번하게 사용되었고 상징놀이를 관찰하기 위한 가장 쉬운 방법으로 채택되었다.

아동은 부모나 중요한 사람으로부터 경험한 감정을 상징이라는 중요한 방법으로 표출함으로써 심리적 평형을 이루고 계속적으로 학습하고 놀이한다. 인형극은 잠재적인 연령의 아동들, 즉 주로 상징이라는 방법으로 강한 감정을 완화시키는 6세부터 12세 아동에게 풍부한 상징적인 생활을 이끌어내는 자연스러운 활동이다.

③ 면접기법

인형을 통한 면접기법은 아동의 문제에 관련된 정보나 환경을 쉽게 알 수 있다. 아동을 진단할 때 아동의 문제 있는 영역과 관련된 정보를 이끌어 낸다는 것은 쉬운 일이 아니다. 치료자가 아무리 다정하고 쉽게 접근할 수 있고, 아동을 참여시키는 재주가 뛰어나다 할지라도 아동간의 상호작용에 대한 중요한 사실은 대충 대답해버린다.

아동은 종종 인형을 자신의 생활에서 중요한 인물과 동일시한다. 인형놀이를 통하여 아동 자신이 가족을 어떻게 느끼고 있는지, 또 가족이 아동을 어떻게 대하고 있는지 그리고 가족들 서로간의 느낌을 어떻게 생각하고 있는지 치료자에게 정확하게 보여줄 수 있다. 정서불안 아동이 매일의 가정생활에서 충돌하는 상황을 다시 해보도록 자극할 수 있다(최나래, 2004).

인형을 이용한 가족 면담법(Family Puppet Interviews)이 있는데, Irwin과 Shapiro(1975)에 의해 개발된 가족 퍼펫극은 다양한 가족문제 해결과정에 적용되고 있는 기법으로 가족의 의사소통과 상호작용을 평가하고 촉진시키기 위해 계발되었다. 방법은 먼저 가족이 제공된 다양한 퍼펫 중 각자가 관심을 가진 것을 선택하게 한 후 선택한 퍼펫을 모두 사용해 가족에게 하나의 이야기를 구성하도록 하였다. 치료자는 내용과 과정 모두를 고려해가면서 이야기의 구성을 지켜본다. 즉 만들어진 이야기의 내용에서 상징적인 부분을 이해하는 동시에 가족이 퍼펫을 선택하여 이야기를 만들어 가는 동안의 가족역동을 파악할 수 있다. 외재화(externalization)작업은 이야기 치료에서 자주 사용되는 기법으로 문제와 그 문제를 지닌 사람의 정체성을 분리해서 문제를 말하도록 하는 것이다(White & Epson, 1990). 특히 가족 퍼펫극은 이야기 치료나 드라마 치료를 포함한 적극적인 방법으로 가족치료에 활발하게 활용되고 있다.

앞에 언급한 가족면담법과는 다소 차이가 있지만 〈그림 4-147〉도 유치원에서 집단 괴롭힘을 당한 7세 된 여아가 만든 막대 종이 가족 인형으로서 엄마와 자신의 인형, 아빠와 동생인형도 만들었다. 아동의 집단 괴롭힘의 문제는 역동적으로 가정에서 어머니의 처벌적이고 통제적인 양육태도 때문에 아동이 위축되고 이것이 유치원에까지 일반화되어 아동이 자기주장을 못해 발생한 것이 근본적 문제라고 보았다. 따라서 모자 상담을 통해 가족인형들을 만들어 역할 학습을 하였고 의사소통을 잘 할 수 있도록 지도하였다. 서로 역할을 반대로 어머니는 아동의 인형을 갖고 아동은 어머니 인형을 갖고 평상시 가정에서 있었던 일을 재현하였는데, 여기서 어머니 자신의 양육태도가 다소 적대적이라는 것을 발견하고 자신의 양육태도를 수정할 기회를 갖게 되었다. 또 아동은 어머니 눈치만 보다가 어머니 앞에서 자신을 표현할 수 있는 힘을 갖게 되었다. 아동의 인형을 보면 장식이 많이 그려져 있는 것이 그만큼 사랑 받고 싶은 욕구가 많음을 시사하고 있다.

〈그림 4-147〉 가족인형—아빠, 엄마, 나, 동생

다음에는 인형을 통한 성학대 피해자 아동을 위한 면접법을 소개하고자 한다. 아동 성학대는 어린 연령에서 시작되며 성학대를 입증할만한 신체적 증거가 발견되기 어렵고, 신체적 증거가 발견된다 하더라도 이를 뒷받침할 아동의 능력이 제한되어, 성학대를 입증하는데 어려움이 있다. 따라서 언어적 표현이 미숙한 아동을 돕고 성학대 사건에 대한 기억을 촉진할 수 있는 해부학적 인형의 사용이 점차 증가하고 있다.

아동 성학대 평가에 해부학적 인형을 사용하기 시작한 것은 1980년대 이후이다. Friedemann과 Morgan은 성학대로 추정되는 사례를 면접하면서 '면접자와 아동 간에 보다 분명한 의사소통을 확립해야 한다'는 필요성을 인식하고(최진욱, 2004 재인용), 인형을 사용한 경험에 기초하여 좀 더 성적으로 분명한 해부학적 인형을 만들었고(Morgan, 1995), 그 후 해부학적 인형이 TV 쇼에 소개됨으로써 주목을 받기 시작해 세계 여러 국가에서 해부학적 인형을 성학대 받은 아동 면접에 사용하게 되었다.

인형 사용 시에는 인형의 수, 크기, 인종, 성별, 신체부분 등을 고려해야 한다. 인형은 기본적으로 4개의 인형–성인 남자, 성인여자, 아동남자, 아동여자–으로 구성되거나, 가해자가 여러 명이거나 혹은 대가족일 때는 다른 가족성원을 나타내는 인형을 추가한다. 해부학적 인형의 크기는 성인 인형 약 50cm, 아동 인형 약 40cm, 인형의 허리는 20cm를 넘지 않아야 한다(Morgan, 1995). 모든 인형은 입, 항문, 생식기를 가지고 있으며, 그 구멍은 아동이 손가락을 넣을 수 있을 정도로 충분히 커야 한다. 인형은 옷을 입히고 벗길 수 있으며, 옷을 벗기는 경우 생식기가 드러나게 된다. 인형은 세 가지 기본적인 인종으로 구성되며(Morgan, 1995), 피부색은 하얀 색, 밝은 갈색, 어두운 갈색으로 되어있다. 그 외에 아동과 친밀감을 형성하기 위해 백지, 색칠하는 책, 크레용, 장난감 전화기, 점토, 손 인형을 사용한다. 색칠하기와 그림그리기는 불안한 아동을 이완시켜 주고, 손 인형은 이야기하기 어려운 것에 대해 말하게 하고, 장난감 전화기는 수줍어하는 아동이 보다 쉽게 이야기할 수 있도록 도와준다(Morgan, 1995).

④ 인형문장완성검사

인형문장완성검사(Puppet Sentence Test)를 통해 아동이 기대하는 욕구를 알 수 있다. 인형을 이용한 문장완성검사는 전통적으로 적용해 온 문장완성검사보다 발전된 것이다. 이것은 나아가 많은 아동, 청년과 성인에게 사용되어 온 전통적인 문장완성검사를 모방하였다. 인형문장완성검사는 두 개의 인형은 치료자가 끼고 나머지 한 개는 아동이 조종한다. 이 검사는 먼저 치료자가 두 개의 인형으로 아동에게 문장을 완성하는 연기를 보여주고, 다음으로 아동이 문장을 완성하는 절차를 거친다. 치료자는 아동이 검사를 확실히 이해했을 때 문장을 완성하도록 한다.

5) 인형 매체의 치유적 특성

인형을 미술치료 임상에 적용할 때 인형 및 인형극의 고유한 치유적 특성이 많기 때문에 치료효과가 클 것으로 기대하며 다시 정리하여 기술하자면 다음과 같다.

(1) 인형은 아동 및 내담자와 치료자간의 교량의 역할을 하거나 중재자 혹은 전달자 역할을 한다. 내담자는 간접적으로 인형을 통해 치료자에게 자신의 의사를 전달하며 이에 자기표현 및 자기주장을 점점 촉진하게 된다.

(2) 인형은 가족 구성원 간에 동등한 입장에서 만나게 하고, 대안적 의사소통 수단이 되기 때문에 가족 간의 문제를 해결하는데 도움이 된다. 가족인형을 만들어 가족 간의 역할모형 및 의사소통 방법 등을 진단 및 평가하고 가족 간의 의사소통 역할을 촉진하며 가족 간의 친밀감을 도모한다.

(3) 인형을 통해 여러 가지 부정적인 감정표현을 자유롭게 할 수 있다. 내담자로부터 인형으로 초점이 옮겨지기 때문에 비난받고 거부당할 것 같은 두려움 없이 자기표현을 할 수 있다. 화가 난 아동은 인형이 화가 났다고 말할 수 있고, 많은 질문들이 아동보다는 인형에게 쏟아질 것이다. 금기시 되었던 주제들도 거리낌 없이 인형들은 드러낼 수 있고 인형이 가상의 상황을 설정하여 여러 가지 대안 가운데 하나를 선택했을 때 어떠한 결과가

예측 될 수 있는지 자연스럽게 유도할 수 있다.

(4) 때로는 말을 필요로 하지 않는 촉각과 시각만으로 의사소통을 해야 할 때가 있다. 인형극은 언어나 문화를 초월하여 메시지를 전달할 수 있기 때문에 말없이도 얼마든지 인형의 연기를 통해 가능하다.

(5) 인형은 상상의 세계이다. 아동은 막대기를 타면서 말을 탄다고 표현하고, 인형을 갖고 놀면서 자신을 엄마라고 생각한다. 아동들은 놀이 속에서 산적이 되었다가 적군병사 되었다가 수병이 되었다가 한다. 이와 같이 놀이하고 있는 아동들은 모두 가장 진실한 창조의 실례이다. 물론 그들은 자신들의 놀이 속에서 매우 많은 것을 자신들이 본 것들 중에서 재현하고 있다. 이러한 재현에 도움을 줄 수 있는 것 중의 하나가 인형극이다. 인형극은 그 내용에 따라 어떠한 것이라도 상상 가능하게 한다. 〈그림 4-148〉은 6세 아동이 자신의 인형과 동생인형을 만들어 어린 동생과 함께 여러 가지 상상을 하면서 즐겁게 놀았으며, 이러한 인형놀이 과정을 통해 동생과의 관계가 많이 호전되었고, 동생을 질투의 대상이 아닌 돌봄의 대상으로 보게 되었다. 언니역할을 자연스럽게 학습하는 기회가 되었다.

(6) 인형은 재미가 있고 종합예술이기 때문에 모든 영역을 통합하여 지도 또는 치료할 수 있다. 즉 즐기면서 음악, 미술, 시각예술, 대근육 운동, 소근육 운동, 극본쓰기, 인형조작 등과 같은 기능을 기르는 통합적 교육과정에 참여할 수 있다.

(7) 인형을 가지고 놀 때 아동은 여러 다양한 상상과 느낌과 사고와 행동을 경험한다. 아동에게 있어서 인형은 중요한 타인이다. 고정관념에 사로잡혀 있는 어른들과 관계하는 것 보다는 모든 것이 가능한 인형과의 관계 안에서 더욱 다양한 시도들이 이루어질 수 있다. 따라서 감정이나 사고의 유연성이 생겨날 수 있다.

(8) 아동은 인형의 연기를 통해 인형의 성격에 대한 자신의 생각과 해석을 쉽게 투사하기 때문에 창조적인 구어 표현을 하게 된다. 아동들은 인형 놀이를 하는 가운데 많은 이야기를 한다. 때로는 자신만이 아는 소리로 자신의 마음을 두려움 없이 표현한다. 어른들에게는 할 수 없는 이야기들까지도 인형에게는 가능하다. 이렇듯 인형을 통하여 아동은 언어 연습이 가능하다.

(9) 아동들의 마음에는 이미 인형은 호흡이 살아있는 존재이므로 인형을 데리고 신체적 활동이 이루어진다. 함께 산책을 가거나 목욕을 시킨다. 우유를 먹어야 하고 옷을 입히고 벗기는 등 인형 놀이는 많은 신체적 활동을 수반한다.

(10) 성인들에게는 인형이 어린 시절을 감정을 불러 일으켜 학령 전기에 주로 어떠한 아동기

감정양식을 갖고 있는가를 이해할 수 가 있다. 어린 시절 기억이 잘 안 나는 성인 내담자에게 어린 시절 갖고 놀았던 안데르센 인형을 치료실에 갖고 오게 함으로써 어린 시절의 감정이나 사건과 사고 등을 회상할 수 있으며 재현을 통해 감정을 치유할 수 있었다. 〈그림 4-149〉는 어린 시절 베개 머리에 두었던 인형인데 자신과 나이가 거의 동일하다. 내담자가 '백일' 때 선물 받은 인형이라고 한다. 인형은 그 때 그 나이에 머물러 있지만 자신은 이미 여자 대학생이 되었다는 것이다. 어린 시절 인형과의 대화를 통해서 자신의 의존성과 퇴행하고 싶은 욕구를 통찰하게 되었으며, 인형을 통해 어린 시절 기억들을 더 잘 회상할 수 있었다.

〈그림 4-148〉
나와 동생 인형

〈그림 4-149〉
나의 어린 시절 안데르센 인형

6) 인형 매체의 제한점

(1) 인형이 표현할 수 있는 표정은 입, 눈, 눈썹, 수염 등이며 피부로부터 나오는 표현은 어렵다. 그러므로 인형이 한 자리에서 긴 대사를 연기하는 것은 지루하다. 때문에 간결하고 리드미컬한 대사와 비약된 표현을 쓰는 것이 특징이다.

(2) 아동에게 인형을 움직이는 법을 가르쳐 주기 위해서는 기초단계에서부터 치료자는 인형 조정자로서 인형을 자유자재로 사용할 수 있고 상상놀이에 참여할 수 있어야 한다.

(3) 치료자는 인형으로 상호작용할 때 폐쇄적인 질문보다는 개방적인 질문으로 이끌어준다.

(4) 유아나 초등학교 저학년 아동과는 달리 고학년 아동들은 인형극의 인형자체의 논리성에 장애를 가진다. 그러므로 인형극 속에 논리적인 요소와 사실 및 현실성 그리고 인형의 정교함이 필요하다.

7) 인형에 나타난 내담자의 반응 및 평가

2학년 된 초등학교 여학생이 산만하고 공격적인 문제로 내원하게 되었다. 아동은 예쁘게 생겼는데 표정이 없었고 얼굴이 매우 경직되어 있었다. 어머니께서 자신의 양육태도에 문제가 있음을 인정하고 모녀가 함께 개별로 미술치료를 받았다. 어머니가 상담을 받으니까 확실히 아동의 문제가 빨리 개선이 되었다. 어머니께서 시댁과의 문제로 아동에게 화를 매우 많이 냈고 야단도 잘 쳤으며, 어머니 자신이 스스로 감정조절이 안될 때는 거의 이성을 잃고 충동적으로 아동에게 화를 격렬하게 냈다고 한다. 첫 아이라 매우 사랑하는데 기대가 많아 사랑하는 만큼 미움 감정도 많은 것 같았다.

다행히 아버지의 양육태도가 아동에게 매우 지지적이고 수용적이라, 어머니도 그 점에서는 아동에게 긍정적으로 영향을 미치는 것 같아 다행이라고 하였다. 그러나 어머니의 양육태도가 적대적이고 일관성이 없고 신경증적인 요인이 있어, 아동은 어머니의 말을 잘 안 듣고 매우 자기중심적이며 고집이 세고 또래들 간에도 사회성에 약간의 문제가 있었다. 무엇보다도 아동은 자신을 생각하는 마음이 부정적이었고 자존감이 매우 낮았다. 미술치료에서 여러 매체를 제안하고 “이것을 만들어 볼까”하고 권유를 하면 거의 매번 “나는 아무 것도 못해요” 하면서 일단 거절부터 하고 보았다. 쉬운 것도 자발적으로 하기를 두려워했다. 이런 내담자의 마음을 이해하고 치료 초기에는 주로 재미있고 흥미롭고 부담이 없는 미술치료기법으로 감정을 이완하고 치료관계를 맺는데 주력하였다. 9세이지만 주로 놀이 중심의 미술치료로 컬러 점토로 여러 종류의 음식을 만들면서 마치 소꿉놀이 하듯이 편안하게 놀아주었다.

아동은 심리적으로 미술치료를 편안하게 받아들였고 재미있어 하였다. 가정에서 고집만 피우고 무엇을 하라고 시키면 거의 말을 안 듣고 때로는 적대적으로 때로는 무기력하기만 했던 아동이 미술치료를 좋아하는 자체가 고무적이었다. 치료시간이 되면 자신이 먼저 앞장서서 나가는 것이 어머니께서는 신기하다고 하였다. 대신 어머니는 상담을 받는 것이 자신의 문제를 드러내고 자신의 아픈 상처를 다시 기억하는 것 같아 괴로워 자신도 아동과 같이 재미있는 미술치료를 받았으면 좋겠다고 농담까지 할 정도였다. 미술치료가 중반에 접어들고 치료자와 아동이 매우 친해졌을 때 아동과 함께 어머니의 문제를 다루기로 하였다. 〈그림 4-150〉을 보면 어머니에게 구구단을 못해 혼났을 때 심정을 지점토, 색모래, 이쑤시개, 철사로 만들었는데, “이것이 뭐냐”고 물어 보니까 자신의 심장이 상처로 찢어진 것이라며 치료자의 손을 이쑤시개와 철사위에 올려놓고 막 누르는 것이었다. 치료자는 아파서 “아야!!”하고 비명을 지르니까 아동이 “그것이 바로 내 마음이에요” 하는 것이었다. 아동이 그동안 어머니에게 받은 상처를 공감하면서 많이 위로해주었다.

〈그림 4-151〉에서 아동은 가면을 통해 자신의 화가 나는 마음과 피눈물 나는 마음을 아주 사실적으로 표현하였다. 특히 오른쪽에 있는 가면은 사진으로는 마치 웃고 있는 것처럼 보이지만 자세히 살펴보면 눈물을 흘리고 있다. 아동은 그 눈물은 너무 아파 '피눈물'이라고 하였다. 눈물을 액체용 반짝이 풀로 표현하니 더욱 더 사실적으로 눈물이 주르륵 흘려지는 것 같았다.

아동이 어머니에 대해 억압된 것이 많을 것이라고 보고 꿈 분석을 하기로 하였다. 평상시 자주 반복되어 나타나는 꿈을 2개 표현하였는데, 〈그림 4-152〉에서 첫 번째 꿈은 두 명의 귀신이 나타나 먹기 싫은데 억지로 입안에 사탕을 잔뜩 집어넣는 장면이다. 싫다고 하였지만 소용없었다. 귀신들은 자꾸만 사탕을 입에 넣었는데 너무나 많이 넣어 입이 찢어져 피까지 나기 시작하였다. 아프다고 소리쳐도 계속 사탕을 입에 넣는 행동은 반복되었다. 꿈에 대한 연상은 일상생활에서 어머니에게 하지 말라고 부탁을 해도 계속 잔소리하고 야단치는 것이 마치 꿈에서 귀신들이 억지로 사탕을 먹이는 행위와 유사하다고 하였다. 두 번째 꿈은 여자 귀신이 나타나 자신을 돌기둥에 묶어 놓고 날카로운 낫으로 마구 자신을 치는 것이다. 살이 찢겨지고 너무 아파서 비명을 지르고 살려달라고 외치는 것이다. 꿈에 대한 연상은 어머니의 체벌과 질책이 너무 가슴이 찢어질 듯이 아프다고 하였다. 어머니 상담할 때 아동의 꿈 그림을 보여주었더니 어머니께서 마음이 매우 아프다고 하였고 반성이 되고 아동에게 미안하다고 하였다. 어머니께서 상담에 매우 적극적이었기 때문에 아동상담의 예후가 긍정적이었다. 또 아동의 표정이 점점 살아나고 어머니에게 어리광을 부리는 등 모녀관계도 점차 개선되고 있었다. 어머니께서 수용적이 되니까 아동의 고집이 더욱 세지고 자기주장이 더욱 강해져 어머니께서 힘들어 하셨지만 성장의 한과정이라고 보고 인내심을 갖고 지켜보셨다. 이 때 상담자의 지지와 격려가 어머니에게 힘이 되었고 그러한 힘이 아동의 문제를 수용하는데 도움이 되었다.

아동의 여성성이 회복되면서 얼굴도 밝아지고 예뻐지고 옷도 여성스러운 원피스를 입고 행동도 다소곳해졌다. 이 때 치료의 종결부분에 '자신의 인형'을 멋지게 만들자고 제안하였다. 아동은 습관적으로 "나는 그렇게 어려운 것 못해요"하고 말하자 치료자가 "이제까지도 잘해왔으니까 잘 할 수 있을꺼야"하고 격려하자 한번 해보겠다고 하였다. 유리병에 주름종이로 옷을 만들고 그 옷에 부직포 스티커로 장식을 하고 얼굴은 우드락 볼에 눈을 붙이고 코는 구슬로, 귀는 퐁퐁으로, 머리는 모루로 만들면서 그 모든 것을 하나씩 글루건으로 조심스럽게 부쳐나갔다. 팔 대신에 예쁜 망토를 만들었다. 모루로 만든 머리를 연필로 '파마머리'하면서 용수철처럼 모양으로 만들면서 한참을 갖고 놀았다〈그림 4-153〉. 자신의 인형에 대만족이었고 이 인형처럼 자신도 부모님 말 잘 듣고 공부 열심히 하고 예뻤으면 좋겠다고 하였다. 지금 현재도 충분히 그러하다고 지지하였고, 처음으로 자신이 만든 작품을 집으로 갖고 가서 아빠에게 보여주고 싶다고 하였다. 미술치료가 끝난 후 인형을 어머니에게 보여주니까 어머니께서 깜짝 놀라시면서 "네가 만들었어, 잘 만들었구나!" 하면서 칭찬을 했고, 대기실에서 기다리는 다른 부모님들까지 "잘 만들었다, 인형이 너처럼 예쁘구나!" 하고 칭찬하니까, 아동은 자존감이 올라가고 자신감이 생겼으며 기분이 너무 고양되었다. 미술치료를 통해 아동은 성취감 및 자존감이 향상되었고 자신이 좋아하는 것을 하면서 상처가 점점 치유되었다. 인형 작업은 치료의 큰 분수령이 되어 치료를 촉진하였고 미술치료의 효과를 실제생활에서 보여주었다.

미술치료 종결 시 아동은 꿈을 보고하였다. 꿈의 내용을 보면 등이 가려워서 긁었더니 비닐 같은 것이 나왔다. 거울을 보니까 날개가 나와서 하늘을 날아 보았다. 하늘을 날면서 새들과도 함께 노래를 부르고 구름에도 앉아 보았다. 연상은 몸이 가벼워지는 것이 말할 수 없는 행복한 느낌이 들었고 꿈이 무섭지 않고 즐거워서 좋다고 하였다. 요즈음 어머니께서 잘해주시고 옛날만큼 화도 안내고 때리지도 않아서 좋고 '귀신 꿈'도 안 꾸어서 좋다고 하였다. 내담자가 만든 인형처럼 밝고 예쁘게 살기를 기대하면서 아쉽지만 미술치료를 종결하였고, 어머니께서도 그동안 아동을 위해 노력하는 모습을 보여 치료성과가 좋았다고 본다. 아동의 일련의 치료과정과 인형 매체에 대한 반응을 〈표 4-20〉에 제시하고자 한다.

〈표 4-20〉 인형에 나타난 내담자의 반응 및 평가

	인형에 나타난 내담자의 반응 및 평가
내담자의 인적 사항	• 초등 2학년 여학생이며 예쁘고 매력있게 생겼지만, 얼굴에 전혀 표정이 없고 잘 웃지를 않는다.
주 호소 및 의뢰사유	• 어머니께서 아동의 문제를 호소하기를 학교에서 학습시간에 산만하고 가정에서는 말을 잘 안 듣고 고집이 세며 무엇인가 하려는 의지를 잘 보이지를 않고 8살 차이나는 동생에게도 언니 역할을 잘 못한다고 하였다.
생육력 및 가족력	• 어머니께서 시댁간의 여러 가지 문제로 아동이 어렸을 때 제대로 돌보지를 못하고 자주 화를 내고 야단을 쳤다고 하였다. • 특히 5-6세에는 조기교육을 시작하면서 아동에 대한 기대가 너무 커서 감정을 조절하지 못하고 지나치게 혼을 내서 아동이 정서적으로 상처를 받은 것 같아 후회한다고 하였다. 어머니도 상담을 받고 싶다고 하였고 아동양육에 지도를 받고 싶다고 하였다. 어머니가 아동을 자주 야단치니까 아버지는 상대적으로 아동에게 매우 잘해준다고 하였다. • 돌 지난 여동생이 있는데 생각보다 언니 역할을 잘 하지 못하며 동생을 귀찮아한다고 하였고 그것 때문에 내담자를 잘 야단치게 된다고 하였다.

<table>
<tr><td>행동관찰 및 매체의 반응</td><td colspan="2">• 치료초기 내담자는 '나는 못해요'라고 잘 이야기 했으며 치료자에게 의존을 잘 하였다. 작품 을 만들어야 한다는 압박이 평상시 가정에서 어머니가 학습을 강조한 스트레스로 보고 작품을 만드는 것 보다는 놀이중심의 활동으로 긴장을 완화하였다. 컬러점토를 '떡 만드는 기계'에 넣고 떡도 만들고 국수도 만들면서 흥미를 유발하고 치료의 친화관계를 설정하였다. 이러한 치료적 과정이 아동에게 신뢰감을 주고 긍정적인 대상관계가 되었다. 아동은 점점 다양한 매체를 통해 자신감과 성취감을 가졌고 치료 종결 시에 '나의 인형 만들기'를 하였다. 처음에는 습관적으로 '못하겠다고' 하였으나 곧 자신감을 회복하고 작업에 집중을 했으며 내담자가 기대했던 것 보다 인형이 잘 나오자 처음으로 작품에 대만족을 하였다. 자신이 만든 인형처럼 예쁘게 살고 공부 잘 하고 칭찬을 받는 아이로 살고 싶다고 하였다. 인형이 대신해서 '너는 잘 할 수 있어' 이야기 해주었고 아동은 무조건적인 고집과 울음, 떼쓰는 것, 억지 등으로 자신의 욕구를 전달하기 보다는 당당하게 자신의 의견을 합리적으로 전달하게 되었다.</td></tr>
<tr><td>작품</td><td>
〈그림 4-150〉 마음이 아파요</td><td>
〈그림 4-151〉 엄마에게 혼났을 때의 표정</td></tr>
<tr><td>작품 해석</td><td>• 엄마에게 학습을 못해 신체적 체벌까지 받았을 때 자신의 마음은 갈기갈기 찢어진다고 하였다. 그 마음을 치료자에게 전달해주기 위해 이쑤시개와 철사위에 치료자의 손을 올려놓고 자신의 손으로 마구 눌렀다. 치료자가 아프다고 비명을 지르자, 바로 그 마음이라고 하였다. "굉장히 아팠겠구나" 공감해주면서 한번 아동을 꼭 안아 주었다. 그동안 학습 때문에 상처를 받은 것을 알 수 있었다.</td><td>• 치료중기로 접어들면서 그동안 받은 상처를 다양한 매체를 통해 표현하였다. 석고 가면을 만들어 '화와 슬픔'을 표현하였다. 화를 나타내는 색이 검정과 빨강이고 눈과 입이 화가 나 삐뚤어졌다. 오른쪽 가면은 웃고 있는 것 같지만 울고 있는 것이다. 반짝이 풀로 눈물 을 만들어 실제적으로 가면이 울고 있는 것 처럼 반짝이 풀이 주르륵 흐르고 있었다. 아동은 자신의 감정을 표현하고 앞으로 화가 날 때는 고집을 피우고 울기보다는 이야기로 할 것을 약속하였다.</td></tr>
<tr><td>작품</td><td>
〈그림 4-152〉 꿈 분석</td><td>
〈그림 4-153〉 나의 인형</td></tr>
</table>

<table>
<tr><td>작품 해석</td><td>• 첫 번째 꿈은 귀신들이 나타나 억지로 사탕을 먹여 입이 찢어져 아파 우는 것이다. 연상은 어머니의 강요와 잔소리를 연상하였다. 두 번째 꿈은 여자 귀신이 돌기둥에 매달아 놓고 마구 낫으로 찌르는 것인데, 연상은 아동의 상처였다. 어머니는 아동의 잘못에 대해 심하게 꾸짖어 후회하고 있는데, 어머니가 생각한 것보다도 어머니의 질책은 아동에게는 훨씬 더 큰 상처가 된다는 것을 알 수 있었다.</td><td>• 처음에는 인형 만들기를 거부한 것은 실수에 대한 두려움이었다. 치료자의 격려로 쉽고 재미있게 인형을 만들었다. 인형과 이야기를 주고 받으면서 인형처럼 착하게 예쁘게 말 잘 듣는 아이가 되고 싶다고 하였다. 자신의 작품에 아주 만족하였고 그 만족감은 자신감, 자존감으로 연결되었다. 어머니의 칭찬과 놀라움이 더욱 더 아동을 기쁘게 하였다. 인형이라는 매체를 통해 치료의 분수령이 되어 아동의 표정과 행동이 많이 개선되었다.</td></tr>
<tr><td>내담자의 치료적 장점 및 취약점</td><td colspan="2">• 치료적 장점은 어머니께서 자신의 양육태도를 반성하고 주 1회씩 꾸준하게 상담을 받은 것이었다. 어머니와 아동 모두 치료자를 믿었고 치료적 신뢰관계가 잘 형성되었다. 치료적 신뢰관계 덕분에 모녀가 자기 노출 및 감정을 잘 표현해주어 미술치료가 촉진되었고 치료적 성과가 있었다. 어머니의 변화된 양육태도로 인한 아동의 문제 행동의 반응을 실제 생활에서 얼마만큼 달라졌는지 점검할 수 있었고, 어머니와 대화를 통해 하나씩 체계적으로 아동의 문제를 논의할 수 있었다.
• 치료적 취약점은 거의 8년 만에 동생이 태어났고 어머니께서 동생의 양육으로 아동과 좀 더 충분한 대화시간을 갖지 못한 점이다. 또 어머니의 불안으로 아동의 학습을 얼마만큼 관대하게 봐줄지도 치료종결 후에도 미해결된 과제로 남는다.</td></tr>
<tr><td>치료계획 및 목표</td><td colspan="2">• 초기에는 미술놀이 활동으로 긴장을 완화하고 친화관계를 설정하였다. 작품을 완성하지 않아도 된다고 하였으며 주로 부드러운 컬러 점토로 음식을 만들면서 소꿉놀이 하는 것처럼 하였고, 아동에게 치료자가 편안한 대상이 되도록 무조건적으로 존중해주려고 노력하였다.
• 중기에는 수채물감, 점토, 그리기, 만들기 등 다양한 활동을 통해 아동에게 흥미를 유발하고 나도 할 수 있다는 자기 효능감을 가지도록 칭찬과 지지를 아끼지 않았고 이러한 것이 가정에서 연결될 수 있도록 어머니 상담을 하였다. 또한 미술치료가 안전한 공간이 되어 아동이 어머니에게 받은 상처를 표현할 수 있도록 하였다. 어머니는 수용적인 양육태도로 나아가면 갈수록 아동은 점점 어머니에게 자기 주장적인 모습으로 나아갔는데 이러한 실제적인 현재의 갈등을 어머니께서 잘 극복할 수 있도록 어머니를 격려하였다.
• 종결 시에는 실생활에서 접해 보지 않은 좀 더 복잡한 매체를 통한 미술활동을 하여 아동의 자신감을 고취하였다.</td></tr>
<tr><td>치유요인</td><td colspan="2">• 미술매체를 통한 신뢰관계와 아동이 하는 행동에 대한 무조건적인 존중감이 아동의 마음의 문을 열게 하였다. 또한 작품을 통해 자존감이 향상되고 '자신도 할 수 있다'는 긍정적인 경험이 치료성과를 가져왔고 미술에 대해 관심과 취미가 생겼다.
• 어머니 상담을 통해 어머니께서 자신의 문제를 인식하고 반성하고 아동의 문제를 잘 이해하고 역동적으로 잘 통찰하였다. 어머니 양육태도와 모자관계가 개선되었고 어머니께서 어머니로서 자신의 역할과 정체성을 갖게 되었다.</td></tr>
</table>

3. 박스

1) 박스의 개념과 특성

상자는 물건을 넣어두기 위하여 나무, 대나무, 종이 같은 것으로, 주로 네모나게 만든 그릇이다(국어대사전, 1992). 영어사전에서 상자(box)는 상자라는 의미 외에 선물, 관, 금고, 우편함 등의 뜻이 있다. 대체적으로 무언가를 담는 용도를 갖게 되었을 때 상자라는 말이 쓰임을 알 수 있다.

상자는 무엇인가를 담거나 무엇인가를 담거나 보관하는 수납의 기능을 가지고 있다. 담고 보관하는 성질을 지닌 것은 인류가 처음 그릇을 사용해 땅에 묻고 양식을 보관한 토기의 성질과도 비슷하다고 할 수 있다. 당시는 생존 수단의 도구로 그 용도가 한정되었지만 얼마 가지 않아 토기는 장식적 요소와 보존성이 결합한 아름다움과 실용성을 지닌 다양한 그릇으로 용도가 확대 되었다. 그릇과 쓰이는 용도가 다르지만 장신구를 보관하는 '함(函)' 역시도 기능적인 면에서 '담는' 것이고, 옛날 우리 할머니들의 고쟁이 속주머니도 쌈짓돈이나 손자들에게 줄 사탕을 숨겨두시는 작은 비밀 저장고 같은 역할을 했다고 할 수 있다.

이런 의미로 보면 사람이 살면서 물건을 보관하는 모든 곳이 담을 수 있는 그릇이나 상자와도 같고 건축적 의미의 공간 역시도 사람이 들어가 휴식하고 안주하는 넓은 의미의 상자로 포함된다. 이처럼 포괄적이고 폭넓게 해석할 수 있는 상자는 그만큼 우리의 삶에 일상의 도구로 자리해왔고, 다양한 공간에서 여러 용도로 활용되고 있기 때문이다(강옥정, 2002).

강옥정(2002)은 상자를 두고 세 가지 관점으로 해석하였는데, 과거의 기억을 담아두는 저장고의 역할로서가 그 하나이며, 이동의 도구가 되는 역할과 상징의 대상이 되는 상자를 언급하였다. 상자는 '담았다'는 행위의 결과로 다시 물건을 꺼내어 사용하기까지는 과거로 존재하게 되는데 이로써 상자는 과거를 기억하는 상상의 출입구가 될 수 있다. 상자가 우리의 삶에 보편적으로 쓰여지는 이동을 도구로서 역할은 소통의 장을 마련하며, 또한 뚜껑이 닫혀지고 금기된 상자는 욕망을 불러 일으키는 촉매제가 되기도 하며, 화려하지만 내용이 없는 상자는 부정적이고 눈속임의 대상으로 쓰여지기도 한다.

〈그림 4-154〉 헝겊, 종이, 나무 상자

따라서 박스의 이러한 특성 때문에 오늘날 사용되어지고 있는 다양한 미술치료 기법 중 중요한 부분으로 자리매김하고 있다. 예를 들어, 자기상자, 기억상자, 보물상자, 생존상자, 망각상자 등에 관한 연구들이 있다(Fryrear & Corbit, 1992). 또한 박스는 집짓기 과제, 주거 공간의 묘사(Baker, 1986) 등과 같은 미술활동에서 활용된다. Cohen와 Cos(1995), Henes(1997)와 Levick(1986)은 때때로 내담자들은 자신들의 그림 둘레에 자발적으로 상자를 두르거나, 캡슐을 만들어 내거나, 완성된 작품을 상자 안에 감추기도 한다고 하였다(Farrell-Kirk, 2001 재인용). 우선 예술작품 속에 표현된 상자들을 살펴보면서 상자가 지니는 속성 및 그 기능과 치유적 의미를 미술치료적 관점에서 유추해서 살펴보고자 한다.

2) 예술작품 속에서 표현된 박스

일상생활에서 널리 쓰이는 사물중 하나인 상자는 무엇인가를 담을 수 있는 형태와 공간의 특성상 예술 작품 속에서 작가의 개념이나 사랑을 담는 틀로써 표현된다. 미니멀리스트들은 상자 자체를 순수한 형태로 차용하기도 하였지만 다다이즘이나 초현실주의에서는 기능면으로 접근하여 내부 공간에 작가의 내면세계와 사상을 담고자 하였다.

(1) 마르셀 뒤샹(Marcel Duchamp)

Marcel Duchamp(1887~1968)은 1914년 자신의 작품에 관한 일련의 주석노트와 드로잉을 모아 만든 상자의 제작에 착수하여 1926년에는 그의 모든 주요 작품들의 복제를 담은 '가방 속 상자'(Box in a Valise)를 위한 자료를 수집하기 시작하였다. 그리고 1941년에 6년 전부터 모아오던 가방이 처음 공식적으로 선보인다. 이 속에는 '거대한 유리(Large Glass)'의 부분 작품들과 유화, 35페이지에 달하는 노트, 도표와 도식들, 116장에 달하는 설명이 부가된 사진들을 담겨졌다. 그가 자신의 작품이 단일한 의미로만 읽혀지기를 원치 않았던 것처럼 상자에 담긴 노트들 역시 M. Duchamp 자신이 제공한 오브제 혹은 레이디 메이드를 포함한 여타의 작품에 대한 이해를 돕는다는 표면상의 의미에도 불구하고, 한편으론 일부러 애매모호함을 조장함으로써 결정적인 읽기를 방해하고 있다. 이 과정에서 느껴지는 갑갑증은 그가 제시한 자족적인 오브제라는 애초의 시점으로 다시 이끌려 들어가게 만든다. 결국 그는 상자라는 일상적이고 상징적인 공간을 통하여 자신의 작품세계 전체를 담고 있다고 볼 수 있다(이지향, 2002).

(2) 조셉 코넬(Joseph Cornell)

Joseph Cornell(1903~1972)은 초현실주의 꼴라쥬에서 영향을 받아 상자 안에 오브제, 사진, 지도 등을 배열하였다. 그는 상자를 주된 미술작업으로 전개시켰으며 오브제들을 결합시키고 병립하게 하는 용기에 그치지 않고 그 속에 작가의 미술적 본성이 우러나오는 상징적인 총체성을 담고 있다(장영아, 2000).

J. Cornell은 초현실주의에 심취하긴 하였지만 오브제를 선택함에 있어서 꿈에 대한 이론을 받아들이기보다는 어머니의 영향을 받아 청교도주의에 낭만주의가 침투된 신비주의적인 기독교 사상과 신화적인 우주관 같은 미국적 배경에 관심을 두었다. 때문에 그의 오브제는 매우 개인적인 체험과 기억이 주를 이루는 지극히 사적이고 상징적인 것이었다.

그가 상자를 구성하는데 큰 영향을 받은 것은 어린 시절의 놀이 문화와 문학에 대한 관심으로 보인다. J. Cornell은 어린 시절에 미국의 다른 가족들과 마찬가지로 보드빌 쇼(Vaudeville Show)를 보면서 이런 무대식 건물에 대한 깊은 호감을 가지게 되었으며, 그의 초기 작품들은 이러한 관심을 반영하듯 상자 안을 극장무대 세트나 오락극장의 분위기를 반영하고 있다.

또한 그는 1948년 Copley 화랑 전시회 카탈로그에 '비누방울 세트'(Soap Bubble Set)에 대하여 '그림자 상자(shadow box)'는 유년시절의 유희였던 '비누방울 불기'가 변형되어 시적 극장이나 장치로 변한다. "덧없이 가물거리곤 사라지는 작은 물방울들은 달과 호수를 함축하는 가물거리지만 보다 영속성 있는 혹성이 된다."라고 하였다(윤명재, 1987). 그의 글은 오브제에 대한 시적 은유가 단순한 병립을 떠나 조립에 의하여 의미를 상승시키는 작용을 하고 있음을 알려준다.

(3) 루카리 사마리스(Lucas Samaras)

Lucas Samaras(1936~)는 역시 상자 안을 개인적 경험이 담긴 오브제로 채워 넣었으며, J. Cornell과 마찬가지로 어린 시절의 기억이 큰 영향을 미쳤다. 2차 세계대전과 잇따른 그리스 내전에 그의 가정은 포화를 입었고, 이러한 우울함 속에서 그는 빈 상자와 주위에 널린 물건들로 장난감을 만들곤 하였다. 이후 가족이 미국으로 이주한 후 미국에서 이방인으로 살아가면서 개인적 느낌이 담긴 오브제를 더욱 적극적으로 수집하게 되었다(이지향, 2002 재인용).

그는 상자를 포함한 전체 작품에 핀과 실을 많이 사용하였는데, 이것은 선을 중요하게 여기는 그의 조형세계와 못(nail)으로 대변되는 어릴 적 기억 때문으로 보인다. "나는 종종 걸어가면서 우산으로 선을 긋곤 하였다. 나는 실(string)을 사랑하고, 선(line)을 사랑하고, 자국 내는 것(making incisions)을 사랑한다." "…그것들은 못과 관계가 있다. 내 아버지는 언젠가 구두장이 일을 하셨다. 나는 종교적인 가정에서 자랐다. 십자가 위의 못. 어렸을 때 나는 종종 고모의 옷가게에서 핀을 가지고 놀곤 하였다.…" (최보나, 2007 재인용). 그가 남긴 작업 노트의 글들은 상자를 구성하는 각각의 요소들이 자신에게 주는 깊은 의미를 바탕으로 이루어진 것임을 말해준다. 1964년 이후에는 상자 속에 사진을 비롯하여 그 자신을 드러내는 물건들과 새, 보석, 과학적 측정도구 등 여러 가지 작은 오브제를 넣기 시작한다. 이때 사용된 대부분의 오브제 또한 개인적 경험이 깃든 의미 있는 것이며, 측정도구에서 보이는 둥근 형태와 날카로운 형태(또는 측정단위)의 결합은 여성적인 이미지와 남성적인 이미지를 나타낸다.

L. Samaras가 이렇게 안팎이 감각적인 장식으로 덮인 상자작업들을 통하여 시도한 것은 예술과 삶의 통합이었으며, 어린 시절 전쟁의 경험은 스스로를 예술과 삶의 절박함이 공존하는 그 곳에 존재할 수 있도록 하였다. 그는 이것을 상자 안과 밖 사이의 관계에 초점을 맞추어 전체적으로 분명하고 근접하기 쉬운 외형과 어두운 내부의 은닉, 내면의 밤, 부재, 영혼 등으로 대변되는 내부공간을 통하여 표현하고자 하였다. 그는 페인팅이나 조각의 질로서가 아니라 개인적이고 비밀스러운 것 자체로 상자 내부와 외부의 경계를 표시함으로써 자신의 생각을 나타내었다(최보나 2007).

(4) 크리스티앙 볼탄스키(Christian Boltanski)

프랑스 작가인 Christian Boltanski(1945~)는 작업에 녹슨 철제 상자들을 종종 이용함으로써 보는 이들에게 삶에 대하여 깊이 생각하도록 한다. 그는 1960년 신사실주의자들이 사회적 기능을 강조하면서 대량생산물이나 복제품을 이용한 것과는 달리 헌 옷들, 낡은 사진들과 함께 극히 일상적이고 평범한 재료들을 통해 진지하고도 철학적인 문제를 제기하였다. 이러한 그의 작품들은 우리로 하여금 삶과 죽음의 문제에 대하여 그리고 한 사회 속에서 미술가의 역할에 대한 영향력에 관하여 숙고하도록 이끈다(오진경, 1997). "저장(Réserves)이라 제목 붙여진 작품이 여럿 있습니다. …이 제목은 축적의 개념, 보전하려는 생각, 저장되어 있다는 개념 등으로부터 나왔습니다. 나는 이것이 옷장 속의 송장, 숨겨놓은 우리들의 소유물의 개념, 또 우리가 보존하는 모든 것의 개념과 일맥상통한다고 생각합니다. 저장고는 냉장고나 금고같이 우리가 물건을 저장하는 곳입니다. 그곳은 우리의 모든 추억과 비밀을 넣어두는 곳입니다.…" (오진경, 1997). '저장: 죽은 스위스인들'(Résrve: Les Suiss morts)이나 '저장: 데텍티브(Résrve: Détective)'에서 볼 수 있듯이 그는 저장이라는 제목의 작품에서 상자를 사진이나 기록물과 함께 사용함으로써 이에 관련된 사건이나 내용물이 들어 있는 듯한 느낌을 가지게 한다. 그는 사진이 지나간 시간들을 정착시킬 수 있다는 것을 발견하고, 다시 돌아올 수 없는 유년시절처럼 사진 속의 시간은 되돌릴 수 없다는 점 에서 그것이 가진 죽음의 의미를 발견하여 표현하였다. Boltanski가 주로 사용하는 녹슨 양철 비스켓 상자는 상자자체가 가지는 원형의 이미지가 아닌 기념물의 이미지를 불러 일으키는데 이것은 1970년 자신이 생활에서 사용한 작은 물품들을 집어넣었던 상자로 부터 시작된 것이다. 그는 후에 전시를 위해 아버지의 창고에서 이 상자들을 다시 찾아내면서 그동안 녹이 슬어 있는 것을 보고 마치 고대의 물건과 같은 이미지를 떠올렸고 이후에 제단(Autel)이나 기념물(Monument)시리즈에 이용하였다(이지향, 2002).

3) 모래상자 놀이치료

모래놀이치료란 모래상자를 이용한 놀이치료 기법이다. 모래상자를 이용한이 기법은 영국의 소아과 의사인 Lowenfeld에 의해 고안된 아동심리치료 기법이다. Lowenfeld는 인간관계의 결손이 주문제인 아동이 언어를 대신해 조그만 물체를 가지고 할 수 있는 놀이를 생각했다. 심리분석의 대상으로 해석되어온 종래의 장난감과 달리 아동의 정서와 정신 상태를 직접 표출할 수 있는 도구를 만들고자 한 것이다. 즉 분석가가 치료에 필요하다고 생각하는 '해석이나 전이'없이 치료할 수 있는 방법으로서 이 기법을 고안해 냈다고 말하고 있다. 이것은 치료자가 아동의 표현내용을 기록할 수 있고 연구를 위해 요약할 수 있는 장치이기도 했다(노치현, 황영희, 1998).

모래상자놀이의 기본 전제는 인간은 무의식의 깊은 곳에 스스로를 치유하려는 힘을 갖고 있어서 적절한 조건만 갖추어진다면 이러한 치유의 힘이 작동되기 시작한다는 것으로(신숙재 외, 2000), 모래상자라는 자유롭고 안정적인 제한된 공간에서 이루어지는 상징적이고 적극적이며, 동시에 자율적이고 창조적인 치료행위(이숙 외, 2002)라는 데에서 모래상자놀이의 치료적 의의를 찾을 수 있다.

Kalff는 모래상자놀이에 표현하는 여러 사례를 종합하여 보면, 사람에 따라 발달단계의 길이에 따라 차이는 있으나 대체적으로 다음의 3단계를 거쳐 놀이가 진행된다고 보았다(김보애, 1994; 심재경, 1994; 염숙경, 1991). 그 단계는 첫째 동물, 식물의 단계, 둘째 투쟁의 단계, 셋째 집단에의 적응단계라고 표현하였다.

첫째, 동물, 식물의 단계(혼돈의 단계)로 대개 첫 작품이나 초기의 작품에 나타나며 현재 아동의 생활이나 그 아동이 현재 할 수 있는 것을 나타낸다. 정신의 모든 측면을 한꺼번에 나타내는 매우 복잡한 작품이거나 반대로 황폐한 느낌을 주는 건조하고 생명력 없는 장면을 드러내기도 한다. 즉 아동의 정서적 혼란과 혼돈을 반영하는 작품을 꾸민다.

둘째, 투쟁의 단계로 전쟁 장면이나 파괴적인 장면들이 많이 나타난다. 폭발하거나 총에 맞는 등의 장면들이 많이 나타나며, 치료의 중반기로 갈수록 전투가 강렬해지고 조직화되며, 일반적인 파괴가 아니라 균형 있는 투쟁이 나타난다. 또한 영웅이 등장하여 힘을 행사하는 장면이 꾸며진다. 이때 남자 아동들은 강한 자아를 재확립하기 위해 노력하며 투쟁이 외적으로 발산되는 형태가 나타난다. 따라서 총소리나 폭발하는 소리를 내기도 하고 파괴적인 놀이를 첨가시키기도 한다. 시간이 지나면서 건설적인 장면이나 움직임이 많은 작업을 하는 장면을 꾸미게 되어 힘을 건설적으로 발산하는 것을 볼 수 있다. 그러나 여자 아동들은 파괴적인 장면을 꾸미는 경우는 드물고 투쟁을 내재화하는 것을 볼 수 있다. 그러므로 여자 아동들은 소품들을 이용하여 공상을 그들의 본능과 연결하여 표현하는 것을 볼 수 있다. 즉 자기와 동일시되는 인형을 가두는 등의 행동이 보이기도 한다.

셋째, 적응단계로 이 단계가 되면 남자 아동들은 건설 공사 현장이나 트럭, 자동차 등 움직임이 많은 작품을 꾸민다. 이 시기에는 질서가 회복되어 자연과 사람 사이의 균형이 잡히며 생활에 리듬이 생긴다. 또한 실생활에서도 정상인 적응을 하는 것을 볼 수 있다. 동물들은 적절한 곳에서 살게 되고 마을과 도시가 균형을 이루며, 길이 균형있게 생기고 추수를 나타내는 작품들이 만들어진다. 종료가 가까워지면 창의적인 장면들을 만들며 독립되고 완전한 한 개인처럼 느끼기 시작한다. 말기에는 상징적으로 완전함과 전체감의 표현인 원, 네모 등의 이미지가 나타나며, 이것은 모래놀이치료를 통한 본능적인 힘의 통합을 의미하는 것이다(Kalff, 1989).

모래상자의 크기는 57×72×7(cm)이며, 상자의 안은 물을 상징할 수 있도록 파란색이나 청록색으로 칠하고 또 실제로 물을 부을 수 있어야 하므로 방수처리가 요구된다. 상자의 위치는 시각적으로 편하게 볼 수 있도록 허리높이에 두는 것이 좋다. 마른 모래상자와 젖은 모래상자를 함께 제시할 것을 권하며 모래의 종류도 은모래나 갈색모래 그 밖의 다양한 질감과 색깔의 모래를 첨가할 수 있다.

모래상자 안에 꾸밀 도구로는 실제 모형의 축소판들을 나타내는 상징물들이 사용된다. 즉 세계(world)를 상징하는 크기가 다양한 작은 모형들을 통해 삶의 여러 측면을 나타낼 수 있게 준비해야 한다. 아동의 감정, 정서, 상황을 표현하는데 사용될 수 있는 것이라면 어떤 것이라도 사용될 수 있다. 그러나 일반적으로 필수적으로 사용되는 것은 사람으로 가족, 종교적 인물들, 직업을 상징하는 사람들, 움직임을 나타내는 사람들, 피부색이 다양한 사람들, 신화적 인물, 원시인에서부터 문화가 다른 사람들 등이 있으며, 동물로는 가축, 맹수, 암수와 어미와 새끼를 나타낼 수 있는 동물들, 알을 상징할 수 있는 것, 조류, 바다 생물, 사라진 동물이나 전설적인 동물들, 곤충, 파충류 등이며, 식물로는 나무, 새싹, 낙엽, 꽃, 잔디 등이고, 탈것으로는 각종 자동차, 기차, 비행기, 로케트, 배, 가마, 말 등이며, 무기로는 탱크, 군함, 대포, 총, 활 각종 무기류 등이고, 자연물로는 돌, 조개, 나뭇잎, 풀잎, 나뭇가지 등이며, 구조물로는 다양한 모양의 집, 집의 내부를 꾸밀 수 있는 가구나 각종 소품, 울타리, 다리, 건물, 터널, 깃발,

교통 표지판, 길 안내판, 병원, 학교, 교회 건물, 주유소 세트, 비행장 등이며, 아동들에게 인기가 있는 만화나 그림책의 등장인물들, 로봇, 일기를 나타내는 해, 구름, 달, 별, 번개와 종교적 상징을 나타내는 교회, 탑, 종교적 인물상과 무대장치, 솜, 다양한 종이나 헝겊, 악기, 화분, 삽 등이 필요하다(유미숙, 1997).

모래상자놀이의 작품은 전체적으로 받은 느낌과 인상 등의 통합성을 중요시하여야 한다. 통합성이란 단순한 인상만이 아니라 분리, 조잡, 빈곤, 기계적 고정적인 요소가 적은 것을 의미한다. 통합성의 측면에서 고립화되거나 분할되거나 하는 부분이 점점 전체 속에 통합되어 가는 과정, 조잡한 표현에서 정성들여 세부에 이르기까지 주의가 미친 표현으로 변하는 과정, 빈곤한 표현보다 풍요한 표현이 통합성이 높다고 본다. 반면에 짜임새 있는 작품이면서 전혀 움직임이 없거나 고정적인 인상을 주는 표현, 획일적으로 기계적인 표현 등은 통합성이 없다고 할 수 있다.

또한 모래상자의 공간을 어떻게 사용하는가 하는 점에 관해 유럽에서는 필적학의 전통을 인용한 공간 상징 이론에 기초하여 해석하고 있다. 왼쪽과 오른쪽을 무의식과 의식, 내계와 외계로 대응시키고, 위와 아래를 정신과 육체, 미래와 과거, 모성과 부성으로 대응시키고 있다. 또한 동물, 인물, 강 등의 움직임이 모두 일정한 방향으로 향했을 때 왼쪽으로 향하는 경우는 퇴행, 오른쪽으로 향하는 경우는 진행을 나타낸다(김보애, 1994; 염숙경, 1991).

〈그림 4-155〉 모래상자 놀이치료

모래놀이작품의 해석은 놀이감 한 개씩의 의미 부여나 하나의 작품만 갖고 해석하는 것은 올바르지 못하다. 계속되는 과정을 총체적으로 이해할 때보다 잘 이해할 수 있기 때문이다(이진실, 2005).

인형편에서 모래상자놀이를 구성하는 인형들에 대하여 약간 소개하였는데, 이러한 모래상자 놀이치료가 주는 치료적 의미를 잘 고려해서 미술치료에서 박스가 어떤 치유적 의미를 가지는 살펴볼 수 있을 것이다. 박스가 주는 부분과 통합의 의미, 안전한 공간, 밀폐와 저장 그리고 상징에 대한 치료적 지표 등을 미술치료관점에서 논하여 볼 것이다.

4) 박스의 치유요인[1]

미술치료기법으로서 박스가 널리 받아들여지고 있음에도 불구하고, 그 역사적 배경과 상징, 그리고 그 치유요인에 대한 연구와 문헌은 매우 적다. 박스에 관한 연구는 미술교육과 미술치료 두 영역 모두를 포함하고 있다. Kaufman이 쓴 '상자속의 미술(Art in Boxes, 1996)'은 미술치료 저작물로서 두드러진 예외이다. 여기에서 저자는 그녀의 어린 아들의 죽음에 따르는 기념적인 하나의 창조를 통해 박스의 상징적 측면들을 탐구했다.

Farrellk(2001)은 미술치료에 있어서 박스의 사용에 따르는 효과라고 믿는 네가지 요인을 밝혔다. 처음 세가지는 박스의 구조에 기인하는 것이다. 박스는 내용물을 봉하고, 이 봉함 안에 새로운 공간을 창조하고, 적대적인 것들을 통합하는데 사용될 수 있다. 이러한 특성들에 의해 창조된 상징적인 잠재력은 박스가 미술치료에서 효과적으로 활용되어지도록 하였다. 네번째 요인은 미술사에서의 발견된 자료들이 오늘날 박스의 상징적 가치를 더해주며 박스기법의 효과를 말해주고 있다는 것이다.

(1) 밀봉과 공간

박스는 '내용물의 제한'으로서 표현되어져 왔다. 이러한 측면에서 본다면 박스는 미술의 대상이 존재하는 공간을 조각해내도록 돕는 하나의 틀로서 미술세계로 들어간다(Kaufman, 1996). 미술치료에서 이 '내용물의 제한'은 주제를 상자내의 공간으로 한정한다. 그럼으로써 내담자를 위해 거리를 제공하고 문제를 더 다룰 수 있도록 만든다. 이러한 측면은 모래놀이치료의 연구에서 더 명확히 볼 수 있다. 모래놀이치료에 매우 큰 영향을 준 Jung은 도관, 즉 연금술에서 사용되는 특수용기와 치료적 과정 사이에 유사점을 그렸다(Devine, 1994). 연금술은 과

1) Farrell-Kirk, R. (2001). Secrets, symbols, synthesis, and safety: The role of boxes in art therapy. *American Journal of Art Therapy, 39,* 88-92.를 요약 정리했습니다.

학과 마술의 혼합이었고, 그 도관은 연금술사가 연금약액을 넣은 후에 원하는 것을 창조하기를 바라면서 성분들을 결합시키는 용기였다. Jung은 그 도관과 '분석이라는 구조물 속에 환자와 분석가를 담고 있는 것'과의 사이에서 유사점을 보았다. 만일 분석이 그릇(용기)이라면 그릇 안의 성분들의 결합은 내담자들의 통합과정이고 연금약액은 내담자의 '자기통찰'(Devine, 1994)이다.

미술치료에서와 같이 놀이치료에서 그 도관은 두 차원으로 창조된다. 첫째 도관은 은유적인 것으로 치료자와 내담자에 의해 '자유롭고 보호되는 공간'(Devine, 1994)이며, 둘째 도관은 모래판이라는 물리적인 공간에 의해 형성된다. 즉 종이 또는 이 경우에는 박스이다.

형이상학자 Bachelard(1964)에 따르면 박스가 닫혀 있는 동안에는 항상적인 대상물로서 그것은 같은 공간과 같은 차원(부피)에 존재한다. 그러나 일단 열리면 발견이 이루어지고 친교의 차원으로 들어간다. 이러한 새로운 공간(현실에 기초한 관습에 의해 속박되지 않는)은 동시적으로 내면적이고 무한하다. 축소와 무한의 차이는 분명한 것이 아니며 오히려 하나가 다른 것으로 들어가도록 허락하는 이 둘 사이의 연결을 이끌어내는 유동적인 전이가 있다. 이러한 역설적인 축소와 무한의 공존은 박스가 복잡한 문제들을 관리할 수 있는 크기로 충분히 줄일 수 있도록 할 수 있는 만큼 작도록 허용한다. 그러면서도 여전히 뒤얽힌 문제들과 수수께끼와 양극성들을 수용할 수 있는 정도로는 충분히 크다고 본다(Farrellk, 2001 재인용).

이와 같이 상자는 다른 매체와는 달리 내용물을 밀봉하여 은폐할 수 있으며 상자속의 작은 공간이 안전한 비밀공간이 되어 내담자의 사적공간을 지켜줄 수 있다. 이러한 사적공간에서 예술적 창조를 치료적으로 잘 활용해 내담자가 노출하고 싶지 않은 면들을 안전하게 지켜줄 수 있는 장소로 만들어 본다.

(2) 내용물의 밀봉

공간을 밀봉하는데 사용된 박스의 기능은 흔히 용기(그릇)로서의 역할을 이끌어 낸다. 보석상자, 귀중품상자, 궤 등은 귀중한 내용물을 보관하고 보호하기 위해 만들어진다. 고대 로마의 석관은 이러한 생생한 사례를 제공한다. 이 박스들은 물리적인 존재를 보호할 뿐만 아니라 신에게 바쳐진 공간 또는 보유 공간, 즉 그 속에서(또는 어디든) 고인이 소중해지는 공간의 창조를 가능케 했다.

Kaufman(1996)은 귀중품상자의 이러한 역할을 주장했다. 그는 '사랑하는 대상의 보유, 그에 대한 느낌과 생각을 보호하고 지속하기 위하여'라고 소중함을 정의했다. 이러한 정의들은 박스에 의해 해결된다. 즉 그것은 보유하는 곳, 대상을 담는 그릇이며 보호하는 곳이고 보존하는 곳이다. 로마 석관 역시 Bachelard(1964)의 귀중품상자에 대한 해석을 뒷받침한다. 그들은 시간의 일차원적 기능을 지지하지 않는다. 실제로 로마 석관의 장식들은 모두 판에 박힌 듯이 죽은 자의 인생에서 일어났던 일들과 살았을 때의 지위, 성공적으로 사후세계로 가라는 기원 등에 대한 묘사로 이루어져 있다. 시간은 역시 석관 내에서 통합되어 있다. 그것들은 현대 만들어지면서 과거를 기억하고 이 유산을 미래로 넘긴다(Farrell-Kirk, 2001 재인용).

어떤 것을 상자 안에 둔다는 것은 그 자체의 가치를 중요시하는 것일 뿐만 아니라, 실제로 세속적인 대상을 새로 발견한 중요성으로 물들일 수 있다. 화가인 H. C. Westerman은 이것을 단순한 바위 한 개를 줄무늬 상자에 넣고 '한 고대 인디안의 연장'이라는 제목과 결합시키는 것으로 이를 표현했다. 이 예에서 바위는 박스에 넣어짐으로써 미술관 유품 수준으로 전환되었다(Mogelon & Laliberte, 1974). 이러한 가치의 함축(내포)은 미술치료에서 박스가 효과적인 도구일 수 있다고 생각하게 한다. 왜냐하면 그것은 내담자로 하여금 상자 속에 넣어둔 상징이나 물건들의 중요성을 나타내도록 할 수 있기 때문이다(Farrell-Kirk, 2001 재인용).

Farrellk가 수련기관으로부터 떠나기 위해 자신의 종결시간을 만들 때 이러한 원리를 활용했다. Farrellk가 떠나기 대략 일주일 전에 자신의 구두상자에 꼴라쥬 그림들과 반짝이는 것으로 꾸며서 '보물상자'로 만들었다. 내담자들과 스텝들은 모두 다 똑같이 나의 보물상자에 초대되었다. 그곳에서 나는 그들과 함께 했던 기억들에서 얻을 수 있었던 모든 것들을 생각나게 하는 것으로서 그것을 보관하려 하였다. 그 과제는 내담자들이 그들 자신의 언어로 나의 마지막에 참석하도록 하였고, 그 주의 아무 때나 그들은 적절하다고 여겨지는 어떤 것들을 자유로이 써넣게 하였다. 결과는 사진들과 사람들이 '보물상자'에 넣음으로써 귀중한 가치를 얻도록 한 작은 물건들이었다. 그들의 특별한 용기(그릇)는 모든 관람자와 참가자가 볼 수 있었다(Farrell-Kirk, 2001).

그릇으로서의 박스는 숨기기 위해서도 사용될 수 있다. Bachelar(1964)에 의하면 박스는 잠긴 상자나 소중히 다루어진 옷장으로서 만들어질 때 특히 우리들의 내면적인 비밀에 대한 욕구의 증거라고 하였다. 박스는 군중들로부터 내용물을 보호하는데 기여하거나 위험한 내용물로부터 군중을 보호하는 데 기여할 것이다. 예를 들어 Cohen과 Cox(1995)는 내담자가 지지적인 테두리 속에 추상적인 혼란한 낙서들을 그려낼 때, 그 테두리는 그릇으로서 기능하였고 그 내담자는 내면적인 혼란을 조절하기 위하여 투쟁하고 있음을 보여주는 것임을 관찰했다. 군중으로부터 내용물을 보호하는 예로는 박스를 비밀이나 상징 또는 부끄러운 것을 보관하기 위해 사용하는 것이다(Farrell-Kirk, 2001 재인용).

Hanes(1997)는 성학대를 받은 어린 소녀의 사례에서 이 예를 제시한다. 그녀는 처음에 우연히 색깔의 혼합으로 시작하였고 다음에는 일부러 무차별적이 아니도록 종이에 파레트에 있는 물감을 부어서 두꺼운 갈색의 용액을 만들었다. 그 면을 그렇게 덮어씌운 후 그녀는 그 종이를 접었다. 그러나 그 두꺼운 물감이 삐져서 나왔을 때 놀랐다. 그녀는 그 종이를 여러 번 접었다. 그리고 그 지저분한 혼합물을 담기 위해 노력했다. "꺼내지 마세요"라고 말하면서 마침내 그녀는 작게 접힌 그 종이를 상자 안에 넣었다. 그리고 치료자에게 보관하도록 그것을 주었다. Hanes는 그 지저분한 물감의 혼합물은 그녀의 학대당한 후의 혼란한 정서의 상징이었고, 그녀의 신체적 경계가 침해당한 이후 경계를 유지하는데 대한 무력감의 상징이었다. 나는 이 아동은 본능적으로 타인으로부터의 학대에 관한 지저분한 비밀을 감추기 위해 또한 종이에 내놓은 혼란한 정서를 밀폐하기 위해 박스의 상징적 성질을 사용하였다고 생각하였다(Farrell-Kirk, 2001).

박스는 동시에 보는 사람을 보호하고 그 내용물의 비밀을 간직한다. 예를 들어 나는 박스의 외부표면에 문제를 내부에는 해결책을 묘사하여 상자를 만든다. 외부에는 뾰족한 것들로 모서리를 줄긋고 뚜껑 표면을 가로질러 흩어지게 붙인다. 이러한 것들 사이에서 표면은 빨간 립스틱의 얼룩으로 부분적으로 채워진다. 전체적인 외형은 놀랄만한 일이고 날카로운 돌출물들로 상자를 만든다. 마치 그것들이 말 그대로 '다루기 힘든' 문제를 대신하는 것처럼 그러한 거칠은 외형으로부터 보는 사람을 보호하기 위하여, 다른 사람들의 관점으로부터 나의 '문제'를 감추기 위하여 나는 흰색으로만 칠해진 큰 상자 안에 그 상자를 넣는다. 그럼으로써 나의 상자 작품은 결국 나의 비밀을 지키고 보는 사람을 보호하게 된다(Farrell-Kirk, 2001).

이와 같이 상자는 내부와 외부의 공간을 함께 가지고 있을 뿐만 아니라 밀봉할 수 있는 뚜껑의 기능도 갖고 있기 때문에 일차적으로 안전한 비밀스러운 사적인 공간이 될 수 있음을 시사한다. 또한 미술치료에서 내부의 공간의 주체자는 내담자가 되기 때문에 내담자만이 자신의 사적인 공간 안에 있는 여러 에피소드와 감정 및 물건을 조작할 수가 있으며 외부로 조심스럽게 개방할 수 도 있다. 그러한 사적인 은유는 내담자가 통합하고 수용해야 할 자신의 그림자인 것이다.

(3) 적대적인 것들의 통합

화가인 Robert Morris의 박스에 대한 선호는 박스가 갖는 '각양각색이면서 모순된 것들'을 할 수 있는 능력 즉 드러내거나 숨기는 명백히 하거나 애매하게 할 수 있는 것으로부터 나온다고 하였다(Mogelon & Labiberte, 1974). 사실 박스의 구조 자체가 통합의 모델을 제공한다. 박스는 그 분리된 4면의 패널을 통합하고 이러한 단면들의 병렬로부터 생기는 복잡한 상호관계를 수용(조정)할 수 있다. 또한 박스는 내면 대 외면의 강력한 변증법을 수용한다. 이러한 기본적인 구분은 다른 많은 비교들의 핵심이 된다. 그것은 우리에게 여기 대 저기, 이편과 반대편, 자신과 타인으로부터 오는 구조를 제공하는 구조이다(Bachelard, 1964).

이러한 내부와 외부의 기본적인 구별은 박스의 특성을 명확히 하는 것이며 강력한 치료적 도구로서 사용될 수 있다. Hanes(1997)의 성학대 당한 내담자의 예에서 보면 이러한 변증법이 경계를 구별하기 위해 다른 사람들의 접촉으로부터 '벗어나' 그녀의 비밀로 '넣기' 위하여 사용되어지고 있다. 문제해결상자의 경우에는 내면과 외면의 묘사가 환경의 외부적 성질과 해결의 개인적 성질을 강조하는 부분을 조작하는 데 사용되어졌다(Farrell-Kirk, 2001 재인용).

박스는 여러 다른 측면들을 통합하기도 한다. 이 점은 내면, 외면의 양극성과 함께 적대적인 것들을 은유적으로 시각적으로 통합하기 위하여 자주 상자를 사용토록 한다. 박스 기법은 각 면은 전체의 부분이지만 영구적으로 떨어진 것은 아니며 결국 보여질 수조차 없는 6개 면의 연결을 통하여 적대적인 것들을 통합한다. 미술사에서 유물함들은 적대적인 것들의 이러한 공존의 명백한 사례이다. 종교적 가공품인 이 보관함들은 보호자와 보존자로서 기능했을 뿐만 아니라, 외부의 아름다움과 세속적인 소름끼치기 조차하는 내용물들을 통합했다.

미술치료에서 박스의 사용은 자신의 적대적(반대적)인 부분들을 통합하려는 내담자의 시도에 대한 시각적인 기록이며 동시에 일반적이고 중요한 치료적 목표를 창조해내는 유용한 방법이다(Kaufman, 1996; Keyes, 1983; Rubin, 1987). 모래놀이 치료사들은 내담자가 적대적인 것들을 자유자재로 다루고 통합하는 장소인 모래판이라는 물리적인 공간을 제공함으로써 통합이 일어나도록 돕는다고 믿고 있다(Broadway, 1994). 내담자들이 적대적인 것들을 대신하는 축소물들을 능숙하게 자유자재로 다룰 수 있는 것이 모래놀이 상자의 진실이라면, 그것은 내담자가 그 위에서 적대적인 것들을 대신하는 미술매체들을 다룰 수 있도록 하는 박스의 진실이하고 할 수 있다(Farrell-Kirk, 2001).

박스가 매우 일반적이고 효과적인 미술치료 도구라고 믿는 이유는, 통합을 위해 자기상자를 사용할 수 있는 내담자의 이러한 능력에 근거한다. 자기상자로 성격의 세 가지 차원의 상징들을 꾸밈으로써 내담자는 내부의 자기와 공공연한 가면(페르조나) 둘 다를 대신하고 이해하고 구별하기 위하여 외부-내부의 변증법을 사용한다. 박스 내에 있는 양극성의 통합은 성격의 다른 측면들과 다른 역할들의 대신을 촉진한다. 집단미술치료에서 각 집단원의 자기상자들은 더 큰 박스나 집단 상자를 만들기 위해 서로 결합되어질 수 있다. 이것은 집단 내에서의 각 구성원의 역할을 상징한다(St. Clair Pond, 1998).

(4) 박스의 상징적 잠재력

박스는 고유의 상징적 잠재력을 갖으며 이는 미술치료를 통하여 다양한 목적으로 사용되어져 왔고, 오늘날 미술치료사들에 의해 사용되어질 수 있다. 내용물의 보호자로서 박스의 기능은 석관, 유골함, 궤로 사용됨으로써 실현되었다. 미술치료에서 이러한 용도는 상자가 비밀을 저장하고, 눈에 보이는 것으로부터 안전하게 하고, 이전 기억들과 정서적으로 다양한 물건들을 수호하도록 한다.

박스는 공간의 일반적인 대표성을 거부하는 것으로 보이는 내부 공간을 창조하는데 적용될 수 있다. 박스라는 것을 이해하는 과정에서 정신은 축소물의 연속체를 하나의 원으로 무한하게 되도록 노력을 기울일 수 있다. 그렇게 함으로써 이전에는 적대적이었던 것들이 하나의 좋은 선(line)에 의해 나눠진 이웃들로 된다. 미술치료에서 이러한 공간은 내담자가 문제들을 복합성을 잃지 않으면서 감당할 수 있는 크기로 감소시키도록 한다. 적대적인 것들을 통합하기 위한 박스의 사용은 과거와 현재와 미래를 포함하는 관(棺)과 유골함에서 보여진다. 그것은 내부의 소름끼치는 것과 외부의 화려함을 화합시키는 것이다. 미술치료에서 자기상자는 내담자들에게 성격의 양극성을 통합하도록 하는 기회를 제공한다. 박스는 또한 미술치료에서 갈등적인 욕구와 역설, 적대적인 것들, 의문과 답, 강점과 약점들을 표현하는데 사용된다. 치료도구로서 박스의 가치는 다양한 대상들에게 그것을 사용할 수 있는 능력에 의해서 더욱 증가된다. 박스는 대상들의 포괄적인 요구와 개인의 특정한 관심들, 치료집단의 두드러진 문제들을 충족시키기 위해 적용될 수 있다(Farrell-Kirk, 2001 재인용).

5) 미술치료임상에 적용된 기법

(1) Self box

셀프박스는 보통의 뚜껑 있는 박스를 갖고 박스 안에는 '내가보는 나'를 박스 밖에는 '남이 보는 나'를 꼴라쥬나 여러 가지 부치기 자료를 갖고 상징적으로 표현하는 것이다. 개인, 집단 미술치료에 적용을 해보면 박스를 통해 내담자들의 여러 가지 이야기와 감정들이 표현되는 것을 알 수 있다. 내가 실제로 나를 바라보는 '내가보는 나'와 타인이 자기 자신을 지각하는 '남이 보는 나'가 거의 일치하지 않는 경우가 많다. 이러한 불일치에 셀프박스를 갖고 많은 이야기를 통해 자기 자신의 여러 가지 모습들을 수용하고 통합한다.

점토에 대한 내담자의 반응 및 평가에서 소개한 고등학교 여학생 사례인데, 내담자는 '남이 보는 나'에서 친구들이 처음에는 신선한 딸기처럼 호기심을 갖고 접근했다가 내담자가 별 반응을 보이지 않고 말을 못하니까 오래되어 신선도가 떨어진 딸기처럼 시간이 지나갈수록 반 친구들이 접근 자체를 시도하지 않아 외톨이가 된 모습을 표현하였다(그림 4-156). 또한 '남이 보는 나'에서 친구들의 시선이 부담스러워 침묵을 지키는 모습을 표현하였다(그림 4-157). 반대로 '내가 보는 나'에서는 자신은 돈에 집착하고, 맛있는 일식이 너무 좋고 또한 곰처럼 움직이기를 싫어한다고 하였다(그림 4-158). 내담자의 사회공포증때문에 미술치료에서 아무 말도 하지 않고 항상 치료자만 멀뚱하게 바라보는 내담자였는데 자신에 대한 이야기가 많이 나와서 치료의 중요한 전환점이 되었으며, 셀프박스 이후부터는 본격적으로 내담자 내면에 억압된 감정을 치료자가 용기를 갖고 접근하는 계기가 되었다. 상자의 외부와 내부에 여러 면들이 내담자를 아주 다양하게 상징적으로 표현하는 기회가 되었다.

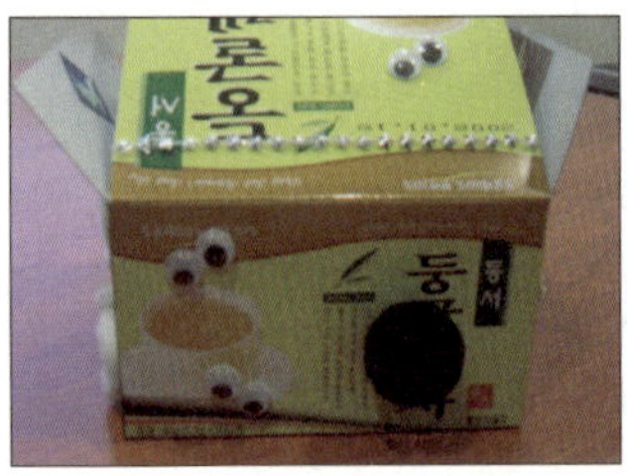

〈그림 4-156〉 남이 보는 나1 **〈그림 4-157〉** 남이 보는 나2 **〈그림 4-158〉** 내가 보는 나

(2) 나만의 은유적인 공간

2장의 '미술매체의 고유한 치유요인' 승화에서 소개된 사례인데, 중학생 내담자는 부모님의 간섭과 통제 및 과잉기대로 무기력하였고 말이 없었다. 내담자는 작품을 하면서 작품에 흥미를 갖고 자발성이 증가하기 시작하였고 표정도 그 또래에 맞게 살아났다. 또한 서서히 자기주장도 하게 되었는데 어버이날 어머니를 위해 보석 상자를 선물하고 싶다고 하였다. 어머니께서도 그 선물을 받고 감격하였고 이것은 미술치료를 통해 모자관계가 개선되었음을 의미한다. 어머니께서는 미술치료를 통해 내담자의 놀라운 작품성을 통해 내담자를 인정하기 시작하였고 아들에 대해서 긍정적인 태도를 갖게 되었다(그림 4-159).

내담자는 다시한번 상자에 흥미를 갖고 미술치료 종결 시에 자신이 직접 상자를 하드보드지로 재단하여 화려한 은색 골판지를 상자 외부에 부치고 내부에는 아무도 간섭할 수 없는 자신만의 공간을 창조하였다(그림 4-160). 자신만이 사용할 수 있는 최신용 컴퓨터와 TV 그리고 침대와 서랍장, 책상, 양탄자 그리고 식물화분까지 마치 소형 미니어처를 보듯이 내담자는 2회에 걸쳐 자신만의 공간을 아주 정성을 다해 만들었다. 창문과 굴뚝까지 만들었다. 너무나 소중한 나의 공간은 상징적으로 내담자가 자신을 소중하게 생각하고 미술치료를 통해 자신의 내부에 잠재해 있는 창조성을 만날 수 있었으며 그 창조성은 작품 안에서 승화될 수 있었다. 미술치료시간을 기억하기 위해 작품을 가정으로 가져가 잘 보관하고 싶고 어른이 되면 이러한 방을 꼭 만들 것이며 정말 갖고 싶다고 하였다. 내담자는 이 작은 공간 안에서 자신을 안전하게 보호할 수 있으며 지킬 수 있다고 생각하며 이 공간은 바로 내담자의 자신인 것이며 그의 미래라고 생각한다.

〈그림 4-159〉 보석 상자

〈그림 4-160〉 갖고 싶은 나의 방

(3) 상자의 유희성

미술치료 슈퍼비전을 준 사례인데 아동은 초등학교 저학년으로 ADHD성향이 있었다. 어머니의 아동에 대한 과잉기대와 적대적인 양육태도가 아동을 산만하게 또 불안하게 만들었다. 그러나 다행히 아동이 미술치료를 좋아하고 미술치료를 통해 자신이 하고 싶은 것을 함에 따라 자신감이 조금씩 회복되었다. 특히 아동은 상자로 만들기 작업을 좋아하였고, ADHD성향의 아동임에도 불구하고 놀라운 집중력을 보여주었다. 기존의 상자를 해체 분해하여 새로 만들기도 하고 제작하기도 하고 응용도 하면서 상자를 갖고 재미있게 표현하였다. 상자의 유희성, 마음대로 상자의 면들을 자르기도 하고 그 면들을 채색하기도 하고 크기를 조정하면서 자신의 주변에 있는 물건들을 마음껏 만들면서 자신의 은밀한 공간을 창조하였다. 공부만 해야 되고 여러 학원을 다녀야 하는 일상에서 미술치료에서의 상자 만들기는 아동에게 상자를 통해 놀 수 있고 자신을 표현하고 상처를 치유하면서 자신을 재건하고 복구하는 중요한 시간이었다.

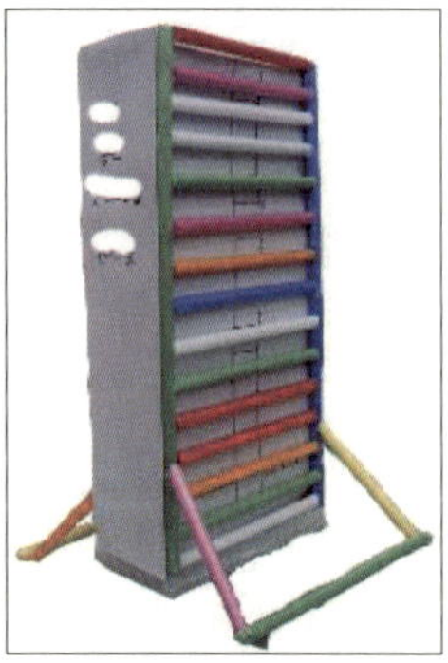

〈그림 4-161〉 아파트

〈그림 4-162〉 지하철 역

〈그림 4-163〉 자동차

(4) 내게 주는 선물

미술치료에서 종결부분에 상자로 '내게 주는 선물'을 만들기도 하고 또 집단미술치료에서는 자신에게 선물을 주기도 하고 집단원들에게 선물을 주기도 한다. 특히 '내게 주는 선물'은 치료적으로 의의가 있다. 상담이라는 과정을 통해 자신을 수용하고 위안하고 사랑할 수 있는 능력을 키우는데, 그 과정을 미술을 통해 시각화하여 형상화할 수 있다. 〈그림 4-164〉는 바쁜 직장생활을 하면서 대학원에 입학하여 영어, 종합시험, 석사학위논문까지 무사하게 마친 자기 자신에게 "정말 잘했다"고 화려한 선물상자를 만들었고, 만드는 동안 상당히 흐뭇하고 자신이 대견했다고 한다. 일반 미술치료에서 '내게 주는 선물 상자'를 통해 내담자들은 자신의 존재감이 매우 귀하고 가치 있고 선물을 충분히 많이 받아도 될 만큼 자신을 사랑하고 긍정적으로 바라보게 된다.

〈그림 4-164〉 내게 주는 선물 1, 2

6) 상자에 나타난 내담자의 반응 및 평가

중학생 여학생인데 아주 예쁘게 생겼고 날씬하고 매력적이었다. 주호소는 발표불안인데 약물치료로도 어려울 정도로 심하였다. 5~6학년 때부터 사회공포증이 생겨 중학교에 와서는 더욱 심하게 되었다. 학교를 자퇴하고 싶어 했으며 어머니께서도 첫 아이라 고민이 말도 다 못할 정도로 많았다. 어머니의 걱정하는 모습을 연상하면 지금도 가슴이 아프다. 내담자는 학교에 가면 출석부를 부르는 순간부터 긴장되기 시작하였으며 만약 날짜가 자신의 번호와 일치하는 날이면 학교에 가기 싫고 하루 종일 긴장의 연속으로 좌불안석이었다. 긴장과 불안이 심한 날은 학교를 며칠 결석하기도 한다고 하였다. 국어시간에는 읽기, 영어시간에 다이얼로그, 음악시간에는 노래 등 내담자는 학교생활이 긴장 그 자체이라 정말 가기 싫어하였다.

예쁘게 꾸미는 것을 좋아하기 때문에 미술치료를 좋아하기는 하였지만, 작품을 통해 자신의 내면을 탐색하기보다는 그저 여러 가지 부치기 재료—퐁퐁, 스팡클, 구슬, 모루 등으로 이것저것 만들면서 학교에서의 긴장감을 잊어버리려고 하는 것 같았다. 한번 마음먹고 학교에서 책을 읽으면 학급 친구들이 모두 웃으며 떨리는 목소리를 갖고 '마귀할멈' 목소리 같다고 놀려댄다고 하였다. 미술치료를 받기 전에 놀이치료, 인지치료, 집단상담 등도 받았지만 내담자에게는 특별한 성과가 거의 없었고 약물치료도 받았지만 떨림 증세는 여전하였다.

내담자는 미술치료를 통해 미술치료시간만이라고 긴장 안 하고 자기가 좋아하는 것만 하다가 가고 싶어하였다. 그러다가 발표할일이 생기면 완전 패닉상태에 빠진 것처럼 학교가기 싫어하였고 자퇴해서 검정고시를 치루고 싶어 하였고 치료자에게도 어머니에게 이야기해 학교를 안갈 수 있게 잘 말해달라고 계속 졸랐다. 부탁을 안 들어주면 절망에 빠져 이 세상에 아무도 믿을 사람이 없다고 하며 치료자, 부모님을 원망하였다. 그럴 때면 치료자도 역전이가 올라와 치료가 참 부담스러웠다. 미술치료가 성공적으로 끝나지는 못하였지만 내담자는 미술치료를 통해 자신의 화려하고 예쁜 것을 추구하는 열망을 충분히 표현하였으며 한 번씩 자신을 돌아보는 시간에서는 너무나 괴로워 주체를 못하였다. 미술치료도 이 세상에서 제일 좋다가 한번 마음이 돌아서면 미술치료가 정말 싫어졌다. 상당히 충동적인 면이 많았고 싫고 좋음이 너무 분명해 통합이 되지를 않고 한번 분열하면 정말 딴 사람과도 같았다. 좋고, 나쁜 것이 잘 통합되어 자아가 성숙했으면 바람직했을 텐데 그런 과도기적 과정에서 미술치료가 종결하였다. 치료자가 내담자에게 "미술치료는 예쁜 것을 만드는 시간이라기보다는 작품을 통해 자신의 마음을 들여다보는 거예요", "누구누구는 작품을 통해 자신의 마음을 읽으면 좋을 텐데 좀 아쉽네요" 했더니 기분이 좋은 날은 호호 웃으면서 "나도 알아요, 그렇지만 이렇게 예쁜 것을 만드는 것이 훨씬 더 좋은데 어떡해요"하면서 대답하였다. 아주 기분이 안 좋은 날은 자신의 감정을 표현하면서 이 세상 살기 싫다는 어조로 강하게 부정적으로 반응하였다.

어머니와의 상담을 통해 내담자와 어머니와의 애착문제가 시사되었고, 대상관계에서 어머니와 아동사이에 대상항상성 개념이 형성이 되지 않은 것 같았다. 내담자는 첫 기억을 다음과 같이 "친척들과 함께 여행을 했는데, 그 때 엄마가 내편이 안 되어 주고 친척들 앞에서 나를 혼내서 너무 서운했다"라고 말하였다. 어린 시절은 어머니에게 거부당했다는 느낌이 계속 들었고, 초등학교에 들어가서는 너무 학습에 대한 압박이 심해 스트레스를 강하게 받았다. 친구들에게 또래 괴롭힘을 당한 경험도 있어서 자아가 매우 취약한 구조를 갖고 있었다. 약한 자아구조 때문에 자신에게 주어진 여러 가지 발달과업을 수행을 못하였고, 적응에너지는 점점 고갈되어가고 있었다. 내담자는 화려하게 인정받고 주목받고 싶고 넘치게 사랑받고 싶은데 현실에서는 그것이 실현이 안 되기 때문에 친구들의 '시선'을 두려워하게 되고 발표불안까지 연결이 되었다.

〈그림 4-165〉은 '내가 보는 나', '남이 보는 나'에 대한 셀프박스인데, 외부사람들에게 화려하게 주목받고 싶은 욕구를 표현하였고 모루와 퐁퐁 재료를 아주 꼼꼼하게 부쳤으며 작품에 대해서 대만족이었다. 내담자는 이렇게 살고 싶은데 그것이 잘 안되었다. '내가 보는 나'는 하지를 않았다. 그냥 그대로 그 작품이 좋아서 표현하고 싶지 않은 것 같았다. 상자가 잘 나오니까 다음 시간에는 사랑의 상자, 보석 상자를 만들었다〈그림 4-166〉. 내담자가 제일 좋아하는 것은 사랑 '하트'무늬였다. 석고가면도 무조건 예쁘게 꾸미는 거였다〈그림 4-167〉. 화려하고 반짝거리는 것을 좋아하였다. 이러한 화려한 부치기 재료를 갖고 내담자는 학교에서 오는 긴장감을 잊는 듯하였다. 반짝이 재료들이 내담자의 욕구를 채워주웠고 장래에 의상디자이너가 되고 싶다고 하였다. 마치 미래에 의상디자이너가 된 것처럼 작품을 재미있게 만들었다. 그러나 자기 내면을 표현할 때는 〈그림 4-168〉처럼 너무 아프고 마음에 피눈물이 날만큼 절망적인 것을 표현하였다. 이러한 자기 직면내지는 자기회의감에 빠진 작품을 표현할 때가 아주 가끔 있는데 그럴 때면 내담자가 너무 절망적이라 보기에도 안쓰러웠고 치료자도 가슴이 아팠다.

극단적인 긍정과 부정이 양쪽의 상반된 모습이 잘 통합되어 내담자가 현실을 수용하고 조금씩 용기와 자아의 힘을 가지면 좋은데 미술치료는 그것을 미완성으로 남긴 채 종료되었다. 몇 년 후에 지인을 통해 들은 이야기에 의하면 중학교를 잘 졸업해서 고등학교에 들어가서 잘 지낸다고 하여서 마음이 놓인 사례였다. 〈표 4-21〉에 박스, 상자 매체에 대한 내담자의 반응 및 평가에 대해 제시하고자 한다.

〈표 4-21〉 박스에 나타난 내담자의 반응 및 평가

<table>
<tr><th></th><th colspan="2">박스에 나타난 내담자의 반응 및 평가</th></tr>
<tr><td>내담자의 인적 사항</td><td colspan="2">• 중학교 여학생이며 예쁘고 매력있게 생겼지만 조금 약하게 보이며 아토피 피부염을 갖고 있었다. 잘 웃는 편이며 자신에 대해 매우 솔직하게 이야기한다.</td></tr>
<tr><td>주 호소 및 의뢰사유</td><td colspan="2">• 학교에서 발표불안이 심해 등교거부도 하며 자퇴하려고 한다.
• 어머니께서는 중학교까지 만이라도 졸업하기를 원하며, 다른 학생들처럼 공부를 잘하지 못해도 좋으니 학교만 잘 다녔으면 좋겠다고 하였다.</td></tr>
<tr><td>생육력 및 가족력</td><td colspan="2">• 어머니께서 아동이 태어났을 때 상당히 예쁘고 귀여웠지만 아주 친밀하게 스킨쉽이나 애정 표현을 하지 못하였고 마음껏 사랑해주지 못해 후회스럽다고 하였다.
• 두 살 터울의 남동생이 있는데 내담자보다 속을 썩이지 않아 마음이 더 간다고 하였다. 가족 미술치료할 때 어머니께서 편애하고 있다는 사실을 지각하였다.
• 내담자가 어렸을 때 가정에서 자녀중심의 생활이라기보다는 부부중심의 생활이었기 때문에 다른 부모들처럼 내담자에게 애정표현을 많이 하지 못했다.
• 초등학교에 들어가서는 너무 학습을 강조하여 내담자에게 스트레스를 주었다.
• 현재는 내담자의 아빠도 내담자에게 관심을 가지려고 노력한다.
• 상담 받고 가정에서 내담자를 통제하기보다는 수용해주었더니 벽에 낙서도 하고 퇴행적인 행동을 보였다고 하였다.</td></tr>
<tr><td>행동관찰 및 매체의 반응</td><td colspan="2">• 치료초기부터 내담자는 미술치료실에 여러 가지 재료에 흥미를 보였다. 특히 부치기 재료 중 반짝이 재료가 있는 퐁퐁, 모루, 스팡클 재료 등에 관심을 많이 가졌다.
• 치료자가 지시하는 것을 하기보다는 자발적으로 예쁘게 작품을 만드는 것에 관심을 가졌다. 상자를 주니까 예쁜 상자를 꾸미고 싶다고 하면서 모루를 열심히 꼼꼼히 부치기 시작하였다. 작품이 예쁘게 나오면 대만족이면서 즐거워했다. 그러다가 학교에 발표가 있으면 미술치료를 하지 않고 '자퇴'하게 엄마에게 부탁해달라고 졸라서 치료자를 난처하게 만들었다. 자신을 탐색하다가도 이럴 때는 다시 치료 초기 원점으로 가는 느낌이었다.</td></tr>
<tr><td>작품</td><td>
〈그림 4-165〉 셀프박스-내가 보는 나 남이 보는 나</td><td>
〈그림 4-166〉 보석상자</td></tr>
<tr><td>작품 해석</td><td>• 외부에 아름답게 보이기 위해 모루와 퐁퐁으로 상자 겉면을 글루건으로 꼼꼼하게 부쳤다. 항상 화려하게 주목받고 싶은 내담자의 욕구와 이에 대한 환상의 세계를 상징적으로 표현하고 있다.</td><td>• 보석상자를 만들었다. 상자 겉면에 하트가 있는데 내담자 그림과 작품에 하트가 자주 표현된다. 이는 그만큼 사랑받고 싶은 마음이 많은 것을 볼 수 있다. 또한 이러한 작품을 함으로써 현실에서 불안을 해소하고 자기 문제를 잊고 싶어하는 심리도 엿보인다.</td></tr>
</table>

<table>
<tr><td>작품</td><td>
〈그림 4-167〉 석고가면</td><td>
〈그림 4-168〉 피눈물</td></tr>
<tr><td>작품 해석</td><td>• 석고가면 역시 아름답게 꾸미기만 하였다. 부치기 재료를 부치는데 재미있어 하였다. 치료자가 예쁘게 하는 것도 좋지만 발표할 때 그 떨리고 불안한 모습을 한번 표현해보고 함께 이야기 나누면 좋을텐데 하니까 얼른 또 하나의 가면에 색칠을 1-2분 안에 끝냈다. 두 가지 작품을 보면서 아동이 생각하는 화려하고 예쁜 이상과 너무 괴롭고 회피하고 싶은 현실이 잘 통합되기를 바라면서 하루 속히 현실 검증능력을 갖기를 기대해 보았다.</td><td>• 다른 작품과는 달리 부치기 재료도 사용하지 않고 바탕색도 칠하지 않은 채 물감과 반짝이 풀로 1-2분 안에 끝낸 작품이다.
• “이것이 바로 내 아픈 마음이에요. 너무 걱정하고 떨려서 눈에 피눈물이 나오는 거에요. 아무도 내 마음 이해하지 못해요. 그러니 자퇴하게 해주세요”하면서 약간은 신경질적으로 반응하였다. 치료자도 안타까웠다. “내 고통은 나의 것이에요 아무도 해결해주지 않아요” 하면서 저항하였다.</td></tr>
<tr><td>내담자의 치료적 장점 및 취약점</td><td colspan="2">• 치료적 장점은 어머니께서 꾸준하게 상담을 받으려고 하고 있고, 내담자가 미술치료를 너무 이상화해서 신뢰관계와 친화관계를 잘 만들었지만, 이것이 약점이 되어 미술치료를 평가절하할 가능성도 많았다. 어떤 이야기든지 솔직하게 잘 하는 편이었다.
• 치료적 취약점은 매일 학교에서 내담자가 발표불안을 겪기 때문에 그것을 이겨낼 힘이 너무 취약하니까 매일의 학교생활이 심리적 외상이 된다. 또한 자신의 문제를 탐색해서 치유하려기보다는 무조건적으로 학교를 자퇴하려고만 하여 보호자와 갈등이 많았다. 다소 충동적이고 행동화할 가능성도 내재한다.</td></tr>
<tr><td>치료계획 및 목표</td><td colspan="2">• 초기부터 미술치료에 열광했고 부치기 재료 등을 이용해 자신이 하고 싶은 작품을 예술적으로 만들도록 허용하였다.
• 너무나 자신이 하고 싶은 작품만 하려고 해서 그 활동을 강화제로 적용해 자신의 내면도 탐색하려고 시도하였다.
• 자신의 내면을 탐색하는 작업을 여러 번 시도하려고 하였으나, 피상적인 태도로 나오거나 아니면 너무 강하게 감정을 표현하는 경향이 있어, 이러한 면을 작품을 통해 내담자에게 보여주려고 계획하였다.</td></tr>
<tr><td>치유요인</td><td colspan="2">• 미술매체를 통해 내담자의 흥미감을 유발하기는 하였고, 신뢰관계도 잘 형성되었다. 화려한 부치기 재료를 통해 자신의 욕구를 충족하고 스트레스를 해소하는 것 같았지만, 내담자가 자기 뜻대로 안되면 미술치료를 평가절하해서 미술치료에 저항하였다.
• 미술치료에 대한 이상화와 평가절하를 반복할 때 자신의 발표불안문제로 너무 내담자가 지쳐서 치료를 종결하게 되었다. 대상관계에서 볼 때 이 두 가지가 분열이 되었는데, 보호자와 치료자와의 관계를 통해서 서서히 통합하는 인내의 과정이 필요하다고 본다.</td></tr>
</table>

4. 가면

가면은 역사 전반에 자주 등장하는 보편적인 물건이다. 여러 세계 문화에서 가면은 특정 장소에 대한 관심, 표현, 경외심을 담고 있다. 아프리카의 종교 의식에서 가면은 신의 초자연적 힘을 나타낸다(Cirlot, 1993). 가면은 죽어야 하는 인간의 운명을 변형하여 신과 함께 춤을 추도록 한다. 아메리칸 원주민 공동체에서 쓰는 동물과 새 모양의 가면은 자연과의 교감을 마련하는 데 사용된다. 이러한 가면은 후천적으로 획득할 수 있는 인지력과 지혜나 억제되어야 하는 인간의 선천적인 동물적 본능을 나타낸다(Cooper, 1978). 카니발과 서커스 문화에서 가면은 다른 식으로 사용된다. 광대의 가면은 실제보다 큰 존재감을 나타내어 착용자를 보호하는 방패처럼 보인다. 이와 동시에 가면은 광대의 내면적 성품이나 심리적 약점을 감출 수 있다(Dunn-Snow & Joy-Smellie, 2000 재인용).

서구 문화에서 가면은 오랜 기간 고대 그리스 공연에서 시작된 연극 무대의 전통과 관련되어 왔다(Cirlot, 1993; Cooper, 1978). 동양의 문화에도 가면은 무대에서 사용되었다. 가면은 일본의 노(전통 가면극) 드라마와 일본 및 중국의 연극에 등장하는 악마의 내면적 성격을 나타낸다(Neach & Fried, 1972). 가면도 역사의 일부이며 전 세계의 축제에서 중요한 자리매김을 하고 있다(Dunn-Snow & Joy-Smellie, 2000 재인용).

집단적 차원에서 보면 자연적, 초자연적 사건에 대한 이해에 관해 의견을 나누는데 도움이 되는 문화를 교류하는 가운데 가면이 만들어지고 사용되었다. 개별적 차원에서 보면 개인이 자신과 타인과의 관계를 이해하는 데 도움이 되는 미술치료에서 가면이 만들어지고 사용되었다. 각각의 상황에서 가면은 언어적 소통을 활용할 수 있는 비언어적 소통의 수단으로 사용되었다. 이러한 특성을 통해 가면 제작이 미술치료 과정에서 성공적인 활약을 하도록 조성되었다(Dunn-Snow & Joy-Smellie, 2000 재인용).

본 장에서는 가면의 정의 및 역사, 특성 및 종류 그리고 가면의 치유성과 함께 Jung의 페르조나 개념에 비추어 그 치유성을 살펴보고자 한다. 가면의 여러 임상기법 중에서 특히 석고가면을 중심으로 한 자기가면(self-mask)에 대해 알아볼 것이다.

1) 가면의 정의 및 역사

가면은 사람, 동물, 신의 얼굴모양을 본떠서 머리에 쓰고 특정한 목적과 용도를 가지고 사용되는 것으로 우리나라 말로 광대, 초랭이, 광대, 탈박, 탈, 탈바가지 등으로 불리어 왔다. 엄격히 말하면 얼굴 앞면만을 가리는 면구를 가면이라고 하고, 머리나 전체 후두부까지 가리는 것을 가두, 수두, 투두라고 구별하기도 한다(전경욱, 1998,재인용).

가면의 역사는 원시시대로 소급되며, 처음에는 수렵생활을 하던 원시인들이 수렵대상인 동물에 가까이 다가가기 위한 변장용으로, 후에는 살생한 동물의 영혼을 위로하거나 살생에 대한 죄의식을 덜기 위하여 또는 그 주력을 몸에 지니기 위하여 사용되었던 것으로 추정된다(김미경, 1993).

신석기 시대 이해 농경과 목축 사회로 들어오면서 인간들은 악령에 대항하기 위하여 선령으로부터 주술의 힘을 빌리기 위해 가면을 사용하였으며, 이때에 가면은 주술행위에 신령이나 악귀, 동물로 가장하기 위한 상징물로 사용되었다(선미경, 1995).

이와 같이 가면의 가장 오래된 기능의 하나는 주술적인 기능이며, 사람들은 자연재해, 병마, 수렵 동물 등으로부터 안전하게 보호받기 위해 주술을 사용하였다. 가면은 변장과 주술적 기능뿐만 아니라 호신과 위협의 목적으로도 착용되었다. 특히 가면은 부족의 생존을 위한 전투에서 적의 공격으로부터 몸을 지키는 한편 악령, 악귀로부터 몸을 보호한다는 양면적 기능을 공유하고 나아가서는 자기를 적으로부터 위장하여 오히려 적을 위협하는 힘을 부여하는 이중적인 효과를 갖는다(임정란, 2004).

원시 문화가 지배적인 시대에서 벗어나 문명이 어느 정도 발달된 시대에서도 가면의 사용은 계속되었다. 이집트인들은 귀족들의 미라에 가면을 씌웠으며, 고대 그리스에서는 의식과 제사의 도구로 가면을 사용하였다. 뿐만 아니라 고대 그리스 · 로마에서는 가면이 비극이나 희극 등의 연극이나 무용의 분장 도구로서 중요한 역할을 하였다(임정란, 2004). 가면은 신의 세계와 인간과의 교감의 미디어로, 각 민족 특유의 것이 이용되었다.

한편 한국 가면의 발생의 시초는 신앙에서 시작되었던 것으로 마한 시대의 농경기 때와 부영의 영고, 고구려의 동맹과 같은 제천의식에서 가무백회의 형태를 띠며 풍년을 기원하고 국가의 단합을 도모하는 의미에서 가면을 사용했던 것으로 본다(박연선, 2002). 우리나라 가면도 종교적 제의식에서 출발하여 점차 가무를 주로 하는 예능적인 성격을 갖게 되었다.

가면에 무용이 첨가된 것은 주술의 효과를 높이기 위한 것이었다(고근, 1999). 자신의 생명을 보전하기 위한 주술을 행하는 과정 중에서 인간은 가면과 무용이라는 이중적 주술에 의해 강력한 존재로 변모할 수 있었다(김미경, 1993). 즉 원시적 종교 의식에서 가면과 무용이라는 이중적인 주술은 정령의 힘을 얻는 초인간적인 존재로 변모하면서 종교적 감정과 정서를 표현하고 강조하는 필수적인 수단이었다(이혜령, 1999).

인간이나 동물의 모양을 만들어 얼굴에 사용하는 가면은 동 · 서양문명과 미개를 막론하여 거의 모든 민족 사이에 존재한다. 북극의 에스키모인이나 열대 아프리카 대륙, 대서양 여러 섬의 토인들은 아직도 주술적인 목적으로 가면을 사용하고 있으며, 유럽 여러 나라에서 행해지고 있는 민족 행사와 동양의 가면 무극 등에서도 그 형태를 볼 수 있다.

주술적인 기능을 하였던 가면은 차츰 무용과 연극에 사용되면서 예능적인 성격을 띠게 되었다. 처음에는 신과 동격으로서의 가치를 찾고자 하였던 가면은 차츰 예능의 가면으로 발전하면서 극중 인물의 특징을 묘사로서 또는 그 시대의 감정의 표출로서 가면극과 더불어 그 명맥이 이어져 왔다. 이러한 가면의 현대적 가치를 보면 인간의 감정을 표현할 수 있는 가장 보편적인 수단으로서 그 조형적 · 심리적 측면에서 매우 의의가 있다. 그러나 현대에는 가면의 예술적인 면이 더욱 강조되고 있으며, 가면의 종교적 기능과 신격의 상징성 같은 신성스러운 면은 거의 축소되어 가고 있다.

2) 가면의 성격과 기능

인류 초기의 제의식 행위에서 알 수 있듯이, 가면을 착용함으로써 영혼이 깃들어 진다는 가면은 Jung이 말한 것처럼 살아있는 착용자와 신화적인 존재와 결합하는 것이다. 즉 가면을 씀으로써 자아와 본래의 원형 사이의 교환을 통해 새로운 존재로의 변신을 가능하게 한다(이원향, 2006).

가면의 사용은 여러 나라의 민족지에서도 볼 수 있으며 특히 이른바 현존하는 미개민족 사이에는 주술적인 기능에서 가면을 여전히 사용하고 있고, 유럽 여러 나라에서는 많이 퇴화는 되었으나 그런데도 여전히 민족 축제 행사 속에 남아 있으며, 동양의 여러 나라에는 가면 무극이 남아있어 가면은 인간 본성의 어떤 것에 닿아 있다는 확신을 준다(이두현, 1982). 이들 각국에 널려 있는 가면은 목적과 용도에 따라 다양한 얼굴 모습을 하고 있지만 가면이 갖는 통일된 의미를 보면 가면은 본래의 얼굴을 '가려주는' 특정 조형물일 뿐만 아니라 본래의 얼굴과는 다른 인물이나 동물 또는 초자연적 존재(神)등을 표현하는 초월자적 의미를 한결같이 담고 있다는 사실에서 흥미롭다. 즉 사람이 신의 가면을 쓰면 그는 이미 인간 이상의 존재인 신이 되고 죽은 자의 가면을 쓰면 그는 어느 틈에 죽음이 세계와의 매개자로서 살았으면서도 동시에 죽은 자가 된다. 가면의 이중적 요소 또한 빠뜨릴 수 없는 가면에의 흥미를 지속시켜 준 요소가 된 것이다.

그리고 오랜 문화에 거쳐 가면을 쓰는 전통이 다양할 수 있었던 원인 중에 하나는 어떤 상황에서든지 얼마나 숨기고 얼마나 드러낼지, 숨김과 드러냄의 사이에 정확한 선을 긋는 것이었다(윤길순 역, 2000). 가면이 만들어 주는 변형의 경계는 단순히 쓰고 벗는 행위로 성립되는 것 이상의 제 3의 공간을 마련해 주고 있는 것이다. 결국 가면은 외면적으로 인물 혹은 역할

자체를 나타내며 동시에 가면을 취하는 내담자로 하여금 내면의 인물/역할 입히기를 함께 한다는 점에서 가면을 이용한 활동의 범위를 넓힐 수 있다.

최영애(1982)는 가면이 "단지 인간의 자연적인 한계, 즉 신체적, 연령적 혹은 인종적인 차이에서 오는 한계를 감추기 위한 도구로서가 아니라, 또는 작품 속에서 나타내고자 하는 인물을 외형적으로 표현해 주기 위한 시각적인 의미로서의 인물 변형뿐만 아니라 인간의 내면에 존재하는 제2의 면을 표현할 수 있게 되었다"고 보면서 현대에 와서 가면의 의미가 재발견되고 있다고 서술한다. Bentley(1979)는 아동이 가면을 쓰게 되면 마치 자신의 한계를 뛰어 넘어 초월자에게 나아간 것처럼 심리적 안정감과 의욕과 용기가 일어나게 되는 것을 경험해왔으며, 인간은 본능적으로 어두운 현실보다는 빛나는 가상을 즐기고 그런 의미에서 가면을 좋아하는 근원적인 성질을 지니고 있다고 보았다. 아동은 가면을 쓰게 됨으로써 자신이 가면 속의 인물이 되어 말하고, 행동하게 된다. 이는 아동들에게 상상력을 자극할 뿐만 아니라 창의적인 사고를 길러주며, 자신만의 독특한 표현력을 길러주게 된다. 그리고 소극적인 아동들도 가면을 쓰고 행동함으로써 긴장을 해소하여 활동에 적극적으로 참여하는 계기를 만들게 된다. 아동의 생활주변에서 볼 수 있는 많은 동식물들의 가면을 이용한 놀이는 자연의 세계에 관심을 가지며 관찰력과 탐구심을 자극하게 된다. 또한 아동들은 현실의 인물뿐만 아니라 과거나 미래, 상상 속의 등장인물을 표현함으로써 독창적인 자기만의 표현력을 가지게 되며, 타인의 행동을 보면서 함께 감상하고 공감하는 부분을 넓혀가게 된다. 이처럼 가면을 이용한 놀이 활동은 계절이나 놀이 등에 특별한 구속을 받지 않으면서도 편안하고 자유로운 분위기에서 상상력을 넓혀가며 더불어 활동함으로써 사회적 기술과 행동양식을 배우게 된다(이원향, 2006).

3) 가면의 종류

가면의 그 목적과 기능에 따라 풍요제의가면, 벽사가면, 신성가면, 의술가면, 장례가면, 전쟁가면, 입사가면, 토템가면, 장례가면, 기우가면, 예능가면 등으로 분류할 수 있다. 한국의 가면에는 이 가운데 풍요제의가면, 벽사가면, 신성가면, 의술가면, 장례가면, 예능가면이 발견되었다(최은하, 2006 재인용).

(1) 풍요제의가면

수렵, 목축 등으로 유동 생활을 하는 민족에 비해 정착생활을 하는 농경민족에게서 풍부한 가면의 전통을 발견할 수 있다. 특히 기술수준이 낮고 자연조건의 지배를 크게 받은 시대일수록 주술적인 농경의례가 성행했는데 지금도 그 전통은 도처에서 발견된다. 농경 의례양식은 다양하지만, 풍년을 가져오는 신격과 정령이 가면의 형태를 빌어 출현하는 경우가 많았다.

(2) 벽사가면

악귀를 쫓기 위해 사용되는 가면을 의미한다. 신성한 대상을 신앙하고 숭배하는 기능도 하지만 악귀와 같은 혐오의 대상을 위협해 퇴치하는 역할도 한다.

(3) 신성가면

사원이나 사당에 안치해 두고 숭배하며 제사 지내는 가면을 의미한다. 그리고 가면을 쓴 신을 숭배하는 것도 신성가면의 한 부분이라고 할 수 있다.

(4) 의술가면

의술가면에는 두 가지 종류가 있다. 하나는 건강을 보호하는 세력들을 불러내는 가면이며, 다른 하나는 질병을 가져오는 악귀들을 쫓아낼 수 있는 능력이 있는 가면이다.

(5) 장례가면

악령으로부터 죽은 사람을 보호하는 기능, 죽은 사람의 영혼이 저승에서 끊임없이 방황하지 않게 하기 위해 본래의 모습이 파괴되는 것을 막는 기능이다.

(6) 전쟁가면

한국에는 탈과 유사한 목우사자가 전쟁에서 사용된 예가 발견된다. 삼국사기 제 4의 지증마립간조에 의하면 지증왕 13년(512) 6월에 이사부가 우산국 즉 현재의 울릉도를 징벌할 때 나무로 만든 사자를 이용하여 상대방을 위협함으로써 적을 굴복시켰다는 것이다.

(7) 입사가면

성인식에 사용된 가면을 말한다. 성인식이란 어린 아이가 자라 어느 정도의 연령에 이르렀을 때 성인 공동체에 들어가기 위해 행하는 통과의례이다.

성인식의 형태는 관습에 따라 다양하게 이루어지지만 대부분의 경우 가면이 중요한 위치를 차지하며, 사람들은 그 가면을 쓴 초월적 존재에 의해 비로소 입문식이나 종교의식이 성립되고 또 그 힘으로 결사가 유지된다고 믿었다. 성인사회에 입문하는 젊은이에게는 가혹한 시련과 공포가 주어지는데, 이 때 기괴한 가면을 쓴 장로들이 초인적 존재로 젊은이들 앞에 나타나 가르침을 전한다(최은하, 2005 재인용).

(8) 수렵가면

원시시대에 원시인들이 사냥에서 위장의 수단으로 사용했던 가면으로 원시인들은 짐승의 소리를 흉내내거나 사냥하려는 동물의 가죽을 뒤집어쓰고 동물들에 접근했다.

(9) 토템가면

성인식 가면도 대부분 조령을 상징하지만 조령 신앙의 원형은 토테미즘이란 씨족이나 가족과 같은 하나의 사회집단에서 어떤 동물, 식물, 자연 현상 등이 자신들과 특별한 관계를 지닌다고 믿어 그 대상을 집단의 상징으로 삼고 그와 관련된 금기를 통해 사회적 규제를 받는 습속이다.

제사의식에 가면을 쓰고 나타나는 인물은 곧 신화속의 조상과 동일시되어 숭상과 경외의 대상이 되며, 가면 자체에도 토템 혼령이 깃들어 있다고 믿기 때문에 평소에도 가면을 잘 보관하고 대접하는 일이 중대한 의무이자 특권이다. 또한 토템신앙에서는 토템동물과 인간의 근원을 일체로 보아 인간의 혼이 동물의 형태를 취할 수 있으며 동물의 혼도 인간의 모습을 취할 수 있다고 믿고, 이를 가면에 구체화하기 위해 인간과 토템동물의 얼굴을 짝지어 하나의 가면에 새기기도 한다.

(10) 기우가면

가뭄에 비를 기원하는 제의에서 사용된 가면을 의미한다.

(11) 예능가면

무용과 연극 등에서 사용되는 가면을 의미한다. 예능가면은 세계적인 분포를 보인다. 그러므로 세계 여러 나라의 예능가면은 너무 많아서 일일이 다 열거할 수 없을 정도이다. 유럽에서는 그리스의 연극과 이탈리아의 코게디아 델라르테가 대표적이며, 동양에서는 중국, 한국, 티베트, 인도 발리 섬 등 각지에서 가면극이 성행하면서 독특한 가면이 발달했다(최은하,

2000)

4) 가면의 치유적 기능

치유에 가면을 사용하는 이유는 드러나지 않는 심한 마음의 갈등을 나타내기 위해서이다. 그리고 상상력과 감정이입도 가능케 해주기 때문이다. 가면은 의식화의 세계를 취급하고 가면을 쓰는 것으로서 외견상의 모양을 바꾸려고 하는 소박한 소망을 구체화시킴과 동시에 가면 자체를 표현하는 또 하나의 자기를 초월하는 선조 혹은 신화의 인물이 될 수 있고, 현재라는 시간에서 자유로이 과거나 미래로 향한 비약을 시도하여 보는 것이다(김화영 역, 1984).

이와 같이 가면의 착용을 사회에서 제도화시킴에 따라 가면이란 수단을 이용하여 자기 아닌 자기(다른 사람)가 되어 동시에 자기의 한계를 초월하는 능력을 가질 수 있는 것이 가면의 특징이라 할 수 있다. 또한 가면은 직접적이면서 동시에 간접적으로 안전하게 사용될 수 있는 도구이다. 가면을 착용함으로써 시각적으로 변신할 수 있다는 점에서 직접적이지만, 그와 더불어 자신의 얼굴을 가림으로써 자신이 아닌 인물로 '변장'할 수 있다는 점에서 간접적이다. 이러한 가면의 역설적인 특징은 치유에서 보다 적극적으로 발휘되면 안전함과 위험함 사이에서의 교류를 허용한다. 숨겨둔 억압된 측면을 드러내는 위험을 겪으면서도 동시에 다른 인물이라는 사실에 의해 직접적인 자신의 문제가 숨겨지고 보호되는 안전함을 제공한다. 이처럼 변장과 함께 역할의 안전함을 나타내주는 가면은 치유에서 내담자로 하여금 자신들의 내적인 모습을 보다 충분하고 깊게 표현하도록 도와준다(임현중, 2003).

가면의 치유적 기능으로 첫 번째, 가면의 상징성, 두 번째 가면의 유희성, 마지막으로 Jung의 페르조나 개념에서 가면의 치유성을 조망하고자 한다.

(1) 상징적 의미로서의 치유성

가면을 착용하는 자체가 상징성을 내포한다. 어떠한 가면을 사용하느냐에 따라서 인물의 캐릭터가 달라질 수 있으며 그 역할에 따라 상징적으로 표현하는 방법이 달라질 수가 있다.

예를 들어 위축되고 내성적인 내담자가 카리스마가 넘치는 왕의 가면을 쓰고 왕의 역할을 가면극을 통해 연출했을 때 평상시와 다른 내담자의 모습을 보게 된다. 이렇게 왕의 상징적인 역할을 연기하면서 내담자는 자신의 내면에 잠재해있는 힘을 만나게 된다. 이런 면에서 가면은 상징적 의미로서의 치유성을 함축하고 있다.

가면의 역사를 보면 가면은 무엇보다도 신분을 감추는 데에 가장 많이 그리고 효과적으로 사용되어져 왔다. 그러니까 가면은 곧 한 형태에서 다른 형태로의 전환을 위한 도구로서의 상징성을 가지고 있다. 가면이 신성한 것으로 간주되어 온 이유는 신(神)과 같은 초월적인 존재나 죽은 선조들의 영혼을 의인화하기 위해 자주 사용되었기 때문이다. 이러한 의인화는 주술성을 의미하는 것으로 원시 종교의식에서 그 예를 볼 수 있다. 예부터 험상궂은 모습을 한 가면은 재앙을 몰아내고 잡귀를 물리치며 역병을 퇴치하는데에 큰 효과가 있다고 생각하였는데, 이러한 벽사 기능은 김부식의 '삼국사기'에서 전하는 바와 같이 신라시대 처용의 가면은 역병을 물리치는 효력을 가진 가면이었다.

또한 탈을 태우는 행위에는 일종의 제의성이 함축되어 있는데, 놀이를 통하여 지배 계급을 마음껏 조롱하고 매도하던 사회적 신분이 낮은 사람들은 이제 탈춤에서 사용하던 가면을 모두 불태워 버림으로써 다시 일상성의 세계로 돌아온다. 이는 허용된 일탈 행위를 의미하는 것으로 치유의 제의성과 일맥상통하는 부분이다(임현중, 2003).

이와 같이 우리가 미술치료에서 가면을 적용하는 이유는 가면극을 통한 역할극을 통해 또는 가면 그 자체의 표현만으로 간접적으로 가면의 상징적 역할을 체험하기 때문이다. 간접적인 경험을 통해 상징적으로 내안의 다른 모습을 발견하며 또한 감추어진 모습, 거부하고 직면하고 싶지 않은 모습 등을 만나면서 자신을 탐색하는 것이다. 가면의 상징성을 통해 자신을 치유하는 수단을 발견하게 된다.

(2) 유희적 성격에 의한 치유성

서구의 축제, 즉 카니발은 그 동안 서구 세계를 통하여 면면히 전승되어 온 가장 대표적인 민속 문화 가운데 하나로 정착되었다. 독특한 세계관과 그 특유의 질서를 지니고 있는 카니발은 농경 의식에서 처음 시작되어 시간이 흐름에 따라 점차 종교적 의미와 사회적 의미를 띄게 되었고, 그 뒤에는 다시 세속적인 놀이로 발전하였다. 그런데 민중적이고 집단적인 특성을 지니고 있는 카니발은 우리나라의 민속극인 탈춤과도 밀접하게 연관되어 있는데, 기원이나 역사, 제의적인 의식, 웃음과 해학, 현실에서의 탈출, 가면(탈)을 도구로서 사용, 사회적 위계질서의 일시적인 정지인 제의적인 반란 등 거의 모든 면에서 흡사한 것을 알 수 있다(김욱동, 1994).

가면은 넓은 의미에서 일종의 공간이라고 말할 수 있는데, 춤과 더불어 탈춤을 구성하는 가장 핵심적인 요소 가운데 하나이다. 탈춤을 흔히 '탈놀이' 또는 '탈놀음'이라고 부를 만큼 놀이와는 아주 밀접하게 연관되어 있는데, 이러한 유희적인 성격은 탈춤의 가장 핵심적인 위치인 춤과 노래에서 잘 드러난다. 그리고 치유에 있어서 긴장을 이완시켜 주는 기능을 한다. 탈춤의 진행 과정인 길놀이와 고사에 이어 본 놀이에 해당하는 탈춤이 끝나면 뒷놀이가 벌어지는데, '뒷풀이'라고도 부르는 이 뒷놀이는 탈춤을 연희하고 그것을 관람한 모든 사람들의 마음속에 그 동안 억압되었던 모든 감정이나 응어리진 정서를 분출하고 폭발하는 것이다. 그리고 이 또한 치유에 있어 카타르시스를 해소하는 기능을 한다.

탈춤에서는 대상과 자신이 무분별하게 일치되는 감정이입이 아니라 비판적 거리로서 소격화(疎隔化)가 일어난다. 배역을 맡은 사람이 전적으로 배역의 인물이 되어 무대에서는 '내면적 리얼리즘'의 연기가 불필요하게 되는 것도 거기에서 비롯된다. 탈꾼은 그가 쓴 탈의 배역으로 나오는 동시에 자신으로서도 나온다. 탈꾼들이 이른바 감정을 제대로 잡지 못하고 수시로 놓치고 자신을 드러내는 연유가 그러하다. 그는 자기가 맡은 배역까지도 스스로 객관화하여 공격하고 웃어도 되는 것이다.

이것은 연희자가 극적 인물로 전환되는 과정이 이미 극 속에 포함되어 있는 것으로서 치유에서는 타인과 자신에게 숨겨진 채로 자신을 표현할 수 있도록 해줄 수 있으며, 삶을 강렬하게 탐험하여 내담자의 실제 삶과 극적 거리감을 만듦과 동시에 적절하고 균형 잡힌 인물로 바뀔 수 있는 다양한 내적, 외적 역할의 기회를 제공하여 치유과정에 효과적으로 사용될 수 있다(임현중, 2003).

(3) Jung의 페르조나 개념과 가면의 치유성

가면의 근원적인 기능은 인류 초기의 제의 행위에서 보여지듯이 착용과 더불어 영혼이 깃들여진다는 믿음에서 사용되었다. 그것은 Jung이 말한 것처럼 원형적인 힘 혹은 신화적인 존재와 살아있는 착용자를 결합하는 것이다. 다시 말해 가면을 착용함으로써 자아와 원형 사이의 교환을 통해 새로운 존재로의 변신을 가능하게 한다. 그리고 가면은 인간 내면세계의 표현 뿐 아니라 그것을 쓰고 벗는 과정을 통해 외적 실체와 내적 실체를 직접적으로 규명하여 준다.

Jung의 페르소나(Persona)는 사회의 인습과 전통의 요청과 그 자신의 내적 원형의 요구에 부응해서 채택한 가면이다. 이것은 사회가 그에게 부과되는 역할이며 사회가 인간에게 생활에서 담당하기를 기대하는 배역이다. 가면의 목적은 남에게 뚜렷한 인상을 주려는 것이며 그리고 반드시 그렇지는 않지만 이따금 사람의 본성을 감추기도 한다. 페르소나는 공적 성격(public personality)이다. 즉 사람이 세상에 나타내는 양상이거나 사회적 외관 뒤에 존재하는 개인적 성격과는 대조적인 것으로 일반여론이 개인에게 고착시킨 국면이다. 쉽게 말해서 이것은 연극배우가 쓰는 가면을 말하는데, 보통 우리 외면의 모습이고 사회의 질서 속에 인정받을 수 있는 모습이다. 이것은 사회에 적응하는 모습이라고 할 수 있다. 페르소나는 사회적으로 생존하기 위해 필수적인 것이다. 많은 사람들이 이 페르소나에 지배되어 이중적 생활을 할 수 밖에 없게 된다.

만약 자아가 페르소나와 동일시되면 흔히 그러하듯 인간은 한 순수한 감정을 의식하기보다는 그가 맡은 역할을 더 의식하게 된다. 그는 자신으로부터 소외되고 그의 전체 성격은 평면적 또는 이차원적인 성격을 띄우게 된다. 그는 단순히 인간의 모습을 하고 있을 뿐이며 자발적인 인간이기보다는 사회의 반영일 뿐이다. 융이 말하는 자아와 페르소나가 동일화되는 것을 팽창이라고 한다. 팽창이 이루어지면 자기 자신에 대해서 과신하면서 페르소나의 지배를 받게 되고 그의 인간적 본성은 상실되고 만다. 그래서 불행하게 된다는 것이다. 페르소나에 의해서 사회적으로 성공을 거둔 경우에도 어느 순간에 인생의 공허와 허무를 느끼게 되는 것은 그 성공이 페르소나에 기인하고 있기 때문이다(이상노, 이관용 역, 1988).

이와 같이 페르조나는 일상생활에서 사람들이 원만한 대인관계를 위해서 혹은, 사회의 인정을 받기 위해 좋은 인상을 주려고 하는 인성의 한 측면으로 이해할 수 있다. 결국 페르소나는 우리가 일상생활에서 맡고 있는 역할과 관련된 정신적 태도인 것이다. 물론 사회적 존재인 인간이 생존을 위해서도 그러한 페르소나의 측면은 무시되어선 안 되며, 다른 인성적인 요소와 더불어 균형을 이루는 것이 바람직하다.

그러나 사람들은 한정된 사회적 상황으로 이루어진 일상생활에서 대부분 몇 개의 페르소나로 고착되는 경우가 많은데, 현대인들에게 나타나는 이러한 인성의 불균형은 정체성의 상실 및 정신적인 갈등 상황에 놓이게 한다. 치유에서는 개인의 이러한 문제를 극복하고, 융통성 있는 사회적 관계를 통한 건강한 사회인으로 성장하도록 한다(서민정, 2000).

Jung의 페르조나 개념을 미술치료의 가면매체에 적용하여 진정한 자신과 만나도록 한다. 자신의 그림자를 만나고 또한 자신의 건강하지 못한 페르조나를 만나 건강하고 성숙한 페르조나를 형성할 수 있게 한다.

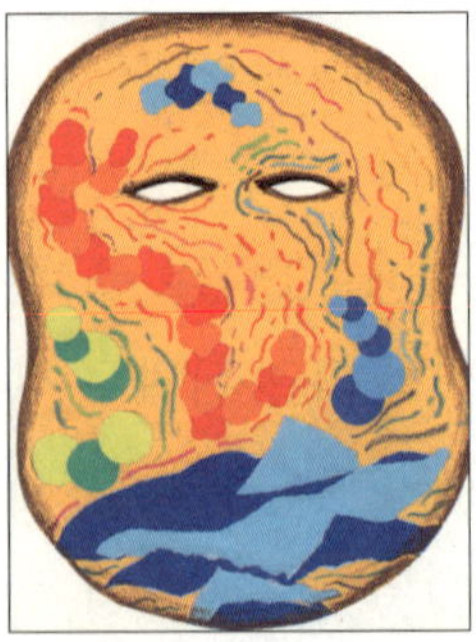
〈그림 4-169〉 종이가면

〈그림 4-170〉 종이접시 가면

〈그림 4-171〉 쇼핑백 가면

〈그림 4-172〉
종이가면-내가 보는 나

〈그림 4-173〉
종이가면-남이 보는 나

〈그림 4-174〉
탈 가면

5) 석고가면

(1) 석고가면의 치유성 및 사례

가면은 가장 강력한 의사소통 수단이며 우리의 감추어진 진실된 자아와 정체성을 보여준다. 우리는 매일 일상생활에서 여러 가지 가면을 쓰고 있다. 즉 일할 때 우리 친구들이나 가족들, 배우자, 우리의 자녀들에 따라 우리는 다양한 가면을 쓰고 있다. 이러한 가면들은 잘 볼 수 는 없지만 아주 친밀하다. 그러나 우리가 치료적인 장면에서나 또는 약간의 알코올을 마셨을 때나 약물을 복용했을 때 이러한 가면들을 제거하고 싶을 때가 여러 번 있다. 우리 자신의 가면을 만들면서 매우 사적인 것을 유지하는 우리 자신의 여러 가지 측면들을 볼 수 있다. 가면을 만드는 것은 우리의 억제되고 감추어진 모습과 우리의 다양한 면들을 볼 수 있게 해주는 강력한 수단이다.

이러한 의미에서 석고가면은 석고붕대를 내담자 얼굴에 직접 부쳐서 내담자의 얼굴의 형태가 그대로 만들어지기 때문에 상당히 사실적으로 자신을 대면할 수 있는 기회를 준다. 이러한 석고가면을 미술치료에서는 여러 가지 임상기법으로 활용을 한다. 첫 번째는 박스에서 치료기법으로 제시한 것처럼 석고 가면의 외부와 내부 즉 앞면과 뒷면을 통해 '내가 보는 나, 남이 보는 나' 두 번째는 '보여지고 싶은 나, 숨기고 싶은 나' 세 번째는 '진정한 나, 거짓된 나' 등으로 응용해본다. 이러한 석고가면의 효과는 있는 그대로의 나를 접하면서 다양하게 분열되어 있는 내 모습을 진정으로 통합할 수 있는 기회를 준다.

Dunn-Snow와 Joy-Smellie(2000)은 미술치료 과정에서 아동이나 청소년들이 자기가면(self-mask)을 사용할 때 치료 결과의 범위는 매우 다양하다고 하였다. 자기가면기법을 사용함으로써 치료에 도움이 되는 결연의 증진을 도모하게 되고, 아동들과 청소년들이 치료자에게 자신들의 얼굴에 석고 거즈 조각을 씌우도록 허락할 때 그들은 신뢰감을 보여주었다고 한다. 아동들과 청소년들은 자신들의 자기가면을 만드는 동안 자기자신에게 집중하도록 주의를 받았으며 그와 동시에 말 그대로 부드러운 촉감을 경험했다. 이런 과정은 아동들에게 어른과의 올바른 정서적 체험을 제공한다고 하였다.

Dunn-Snow와 Joy-Smellie(2000)은 치료적 동맹에 대한 효과뿐 아니라 자기가면은 미술치료 수업기간에 이뤄진 연구에 따른 논쟁을 조정하는 데 도움을 준다고 하였다. 가면을 통해 동일시, 은폐, 보호, 변형이라는 기능을 활용할 수 있다. 자기가면을 제작함으로써 아동들은 아프리카인의 천성 및 자기 가족의 역할과 관계를 동일시한다. Dunn-Snow와 Joy-Smellie(2000)가 자신들의 미술치료 수업에 참여하는 동안 12세에서 14세 사이의 세 명의 어린 소년이 자기가면을 제작했었던 치료적 경험을 소개하였는데 다음과 같다. 소년들은 '검은 미국인 역사의 달' 기간에 역사 수업의 일환으로 학교에서 공부했던 아프리카인의 얼굴 페인팅 기법과 유사한 모티프로 석고 가면에 장식을 하기를 원했다. 어린 아프리카 소년과 남성들이 얼굴에 색을 칠할 때 단지 색채가 화려한 디자인 그 이상의 의미를 전달한다는 걸 배운 후, 소규모 미술치료 집단에 속해있던 아이들은 자신들의 얼굴주물에 장식할 선과, 모양, 색, 그리고 자기들 특유의 강함과 특성을 그려낼 자기 상징성(self-symbols)을 나타내는 문구를 선택했다. 가면제작 활동을 통해 자기자신과 민족적 정체성에 대한 감각이 길러진다. 얼굴가면을 제작한 후 미술치료 과정에 참여한 그 밖의 학생들은 자신들의 가면을 처음 보았을 때 '저건 우리 엄마다' 혹은 '저건 우리 아빠다.'라고 말했다. 한 가족 내의 구성원이 서로 닮아 있다는 걸 보게 된 후 때때로 뒤따르게 되는 논의는 아이들의 부모가 아이들에게 물려준 물리적 특성 이상의 것이 무엇인가 있다는 점이다.

은폐에 대한 문제를 논의하기 위해 그 밖의 가면들을 가지고 내면적 대화에 대한 탐구를 촉진하였다. 아이들이 자기자신에게 주고 있는 현저하면서도 소리 없는(내면적) 메시지는 무엇이었을까? 그리고 이런 메시지는 어디에서 왔으며 이런 메시지는 스스로를 함양시킬까 아니면 좌절시킬까? 메시지가 변할 필요가 있을까? 10살짜리 소년 Bobby(모든 이름은 익명으로 사용됨)는 자신의 가면이 슬퍼보인다고 말했다. 아이는 이런 점을 발견하고 염려하며 당황하였다. Bobby에게 가면한테 왜 슬픈 모습을 했는지 물어보라고 했다. 가면이 '말한'바에 따라, Bobby는 자신이 아버지와 항상 좋은 관계를 유지하지 않는다는 걸 인정할 수 있었다. 아이는 모든 가족이 주방에서 음식을 정리하는 시간에 관해 이야기했다. 아이는 자신도 돕고 싶어했다. 하지만 그의 아버지는 Bobby에게 그런 일을 돕기에는 너무 미숙하다며 '그냥 좀 비켜 있어라.'라고 말했다. 실제 사건을 확인하는 일은 Bobby가 자신의 기분을 이해하는 데 도움이 되었다. 그의 가족과의 협조를 통해 Bobby는 자신의 아버지에게 자신의 가면이 일깨워준 기억을 말해줄 수 있었다. Bobby가 겪었던 일은 자신이 미숙하며 필요하지 않다는 소리를 들은 것이다. 이러한 부정적인 메시지는 자기가면의 제작과 대화를 통해 변경되었다.

아이가 자신의 가면을 어떻게 장식하는가에 따라 자기보호기제를 감추거나 드러낼 수 있다. 8살인 Tim의 가면인 닌자 거북이 라파엘은 아이가 공포와 두려움을 다루는 데 도움을 주었다. Tim과 마찬가지로 성적으로 학대를 받아 나중에 자기 부모로부터 버림받게 된 아동들은 환상의 세계를 창조하는 경향이 있다. 힘이 센 닌자 거북이와 동일시하여 잔인하게 손상된 Tim의 실제 세계를 조절하고 보호하게 된다.

또 다른 열 살짜리 소년 Danny는 자기가면에 사자를 장식하고 가면 안쪽을 빨간 색으로 칠했다. 아이는 이것이 '사자가 화가 난 상태'를 의미한다고 말했다. 그 다음 수업에서 Danny는 오즈의 마법사에 나오는 겁쟁이 사자에 대해 말하며 그 사자가 어떻게 언제나 용감하며 두려움과 겁내는 성향을 떨쳐버렸는지 알고 싶어 했다. Danny는 화가 날 때 두렵기도 하다는 걸 인정했다. Danny는 두렵거나 화가 날 수 있지만 그런 사실을 말하는 것도 용기있는 일이라는 생각을 갖게 되었다. 용기에 대한 정의를 생각해본 후에 Danny는 자신이 어머니에게 얼마나 화가 나있으며 어머니가 며칠씩 자주 혹은 가끔 몇 주씩 동네를 떠날 때마다 자신이 얼마나 두려운가를 인정했다.

몇몇 아이들은 자신들의 가면을 보호의 수단인 방패로서 묘사했다. 자신들의 가면이 얼마나 그들을 보호하며 감정을 숨길 수 있도록 하는가에 관해 논의하였다. 그리고 이와 반대로, 가면을 언제 제거하고 순수한 감정과 생각을 안전하게 표현할 수 있는지에 대해서도 논의하였다. 11살인 Tony는 8개월간 두 개의 얼굴가면을 제작했다. 두 가면 모두 '전쟁터'에서 살아남기 위해 변장하고 숨어야 하는 '군인'으로 묘사되었다. Tony가 양아버지의 손에 가정 폭력을 경험했을 때 아이는 집에서 살아남기 위해서는 자기감정을 어느 정도 감춰야 한다는 걸 깨닫게 되었다. 그리고 이런 영향을 물려받은 Tony가 자기보다 어린 동생을 학대한다는 사실은 나중에 밝혀졌다.

자기가면을 완성해 가면에서 사람들은 각자 '자신과 대면'하는 기회를 갖게 된다. 가면제작과 가면놀이는 경험을 변형하는 데 활용할 수도 있다. 자기 얼굴에서 가면을 벗는다는 건 그 사람에게 과거의 경험을 지우고 오래되고 가면에 표시된 해로운 행동을 떨쳐낼 수 있다는 걸 구체적으로 보여주며 이와 동시에 사람들은 자신이 도달한 바에 따라 새로운 자기 이미지를 실현할 수 있다(Dunn-Snow & Joy-Smellie, 2000).

(2) 석고가면을 통한 미술치료사의 치유경험

Dunn-Snow와 Joy-Smellie(2000)은 미술치료사가 되려는 훈련자 및 수련생들도 직접 석고가면을 제작하는 경험을 강조하고 있다. 그들은 트레이닝을 하는 동안 미술치료사들은 자기 가면 활동이 치료적 맥락에서 사용될 경우 단지 '재미있는 활동'만은 아니라는 것을 알게 된다. 어떻게 내담자들이 상처받을 수도 있고 아니면 친근해 질 수도 있는 입장에 놓이는지 내담자의 입장을 경험하게 된다. 이들은 치료자와 내담자 간에 신뢰할 만한 관계가 형성되어야 하며 치료자가 아닌 내담자가 먼저 치료 활동을 해야 한다는 걸 배운다.

미술치료사들은 이런 활동을 선택한 사람들이 화장이나 머리 모양에 관계없이 와셀린 젤리라는 얇은 층으로 얼굴을 덮을 것이란 사실(석고가면의 거즈를 얼굴에 붙이기 전에 로션을 듬뿍 발라준다)을 파악하고 있는지 확인하는 게 얼마나 중요한지 배울 것이다. 그런 다음 미술치료사는 한 번에 한 조각을 사용하여 석고를 가득 채운 천 조각으로 촉촉한 얼굴을 덮을 것이다. 이렇게 실체의 질감을 나타내는 체험은 차가움과 고요, 성가신 기분을 느끼게 한다. 석고가 흐르고 마르면서 어떤 사람들은 조이는 느낌이나 열을 느끼게 된다. 가면을 얼굴에 최소 20분간 쓰고 있어야 한다.

〈그림 4-175〉 석고가면-내가 보는 나

〈그림 4-176〉 석고가면-나의 페르조나[2)]

미술치료사가 이런 치료 과정 중에 언제 가면에 가려지고 '묻히는지', 그리고 갑작스레 잊거나 묻혔던 감정이나 기분이 일어날 수 있다는 걸 이해해야 한다. 미술재료는 촉매제 역할을 하며 이에 따라 감정이 빠르게 혹은 맹렬히 일어날 수 있다. 미술치료사는 자신들이 아닌 환자들이 전체 활동을 조정하며 언제든 원할 때 끝낼 수 있다는 사실을 알려주어야 한다는 사실을 알아야 한다.

2) 〈그림 4-175〉와 〈그림 4-176〉은 서울미술치료연구소 '미술매체와 미술치료기법' 수업시간에 회원분들이 한 작품입니다.

미술치료에 참여한 수련생들은 자기가면과 같은 미술 활동을 하는 동안 트레이닝이 중요하다는 걸 배운다. 치료 과정과 그 목적을 설명하는 것이 얼마나 중요한지를 또한 배우게 되며, 경험적 미술을 사용하지 않을 때 주의를 받기도 한다. 자기가면은 과거의 트라우마를 겪었던 진단 및 외상 후 스트레스 장애와 같은 정신적 불안정성과 정신 분열증, 완벽한 무균 상태를 요하는 의학적 조건 때문에 특정 개인에 따라 적합하지 않을 수도 있다(Dunn-Snow & Joy-Smellie, 2000).

〈그림 4-177〉 사전평가[3]

〈그림 4-178〉 사후평가[4]

〈그림 4-179〉 분노 표출[5]

(3) 석고가면제작

▶ 재 료

석고붕대 : 2봉지(길이 200cm x 2), 미지근한 물, 대야, 머리 수건(모자나 캡), 수건

▶ 만들기

① 석고 붕대를 3~4cm의 길이로 자른다.

② 미지근한 물에 담가 녹이는데 잠깐 담가 논다. 오래 물에 담가놓으면 석고가 굳을 수가 있다.

③ 젖은 붕대를 얼굴 표면에 차곡차곡 붙이기 전에 로션을 충분히 발라주거나 시중에 판매하는 마스크 팩을 부치면 석고가 주는 자극을 완화할 수 있다.

3) 〈그림 4-177〉 : 청소년 개별 미술치료 사례에서 사전평가로 석고가면을 적용하였다. 우울한 자신의 모습을 표현하였다.

4) 〈그림 4-178〉 : 청소년 개별 미술치료 사례에서 사후평가로 석고가면을 적용하였다. 사전 평가된 가면보다 인물의 표정이 밝고 색채와 장식이 더욱 더 추가되었다.

5) 〈그림 4-179〉 : 성인 개별 미술치료 사례에서 석고가면을 통해 자신을 학대한 인물을 망치로 때리면서 분노를 표출하였다.

④ 붕대의 두께는 0.5cm 정도로 한다.

⑤ 전체면의 두께가 균일하도록 붙인다.

⑥ 눈, 코, 입 주위는 석고붕대를 작게 잘라 붙인다. 내담자가 답답해할 경우에는 눈과 코와 입에 약간의 공간을 남겨둔다.

⑦ 마스크 틀이 약간 건조되면(약 5-10분 후) 얼굴에서 떼어내어 그늘에서 건조시킨다.

⑧ 건조된 석고 마스크 주변을 가위로 정리한다.

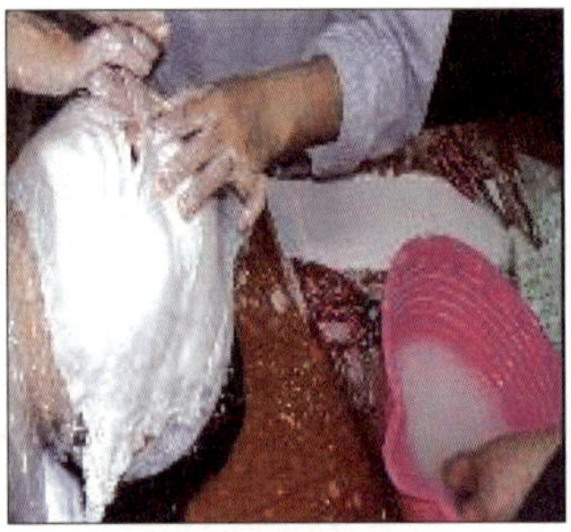

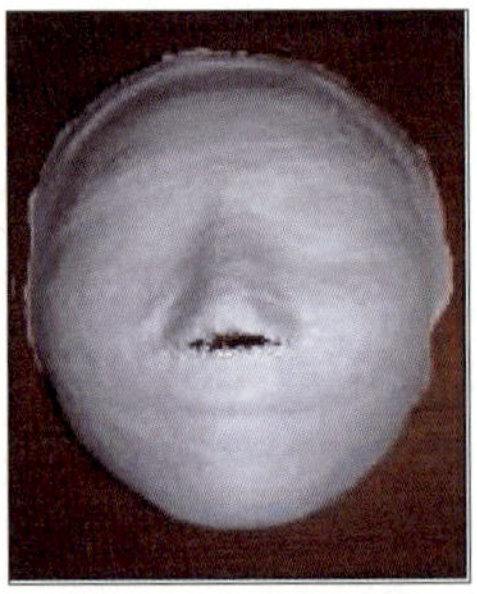

〈그림 4-180〉 석고가면 제작 순서 1, 2, 3

6) 석고가면에 나타난 내담자의 반응 및 평가

내담자는 중학교 여학생이었다. 친구들로부터 집단 괴롭힘을 당해 그 상처 때문에 미술치료실에 의뢰되었다. 똑똑하고 귀여워 보이는 인상이었다. 부모님 모두 전문직이고 내담자가 어렸을 때부터 맞벌이를 하였다. 내담자와 '집단 괴롭힘을 왜 당했을까'에 대해 함께 이야기를 나누었다. 이야기하면서 어린 시절 이야기가 나오게 되었다. 내담자는 부모님의 맞벌이로 어려서부터 어린이집에 다녔다. 내담자의 기억으로는 어린이 집이 너무 가기가 싫었다고 한다. 특히 초등학교 저학년까지 어린 동생들과 어린이 집을 함께 다녔던 것은 정말 싫었다고 한다. 3학년이 돼서 이사를 하고 그 때부터 어린이집에 다니지 않게 되었는데 집에 혼자 있으면 참 외롭고 심심하였다고 한다. 그런 상황에서 아파트 같은 통로에 친구들이 생겼고 그 친구들과 사귀고 노는 재미에 푹 빠졌다. 형제가 없는 내담자는 친구에게 집착하게 되었고 그 친구들에게 모든 것을 주고 싶었고 그 친구들도 자기 같은 마음인 줄 알았다. 중학생이 되어 모두 같은 중학교에 입학하여 학교생활을 보냈는데, 내담자는 친구들이 여전히 좋아 어려운 일이 있으면 밤 1시에도 친구에게 전화를 하곤 하였다. 그러나 친구들 입장에서는 이런 내담자가 약간은 귀찮고 외동딸이라 왠지 잘난 척하는 것 같고 마음에 들지 않아 친구들이 공모해서 내담자를 집단 괴롭힘하게 된 것이었다.

내담자는 상담을 통해 친구라는 개념을 다시 재구성하였고 더욱 강해져야 함을 내담자 스스로가 지각하였다. 사실 내담자는 처음 치료실에 왔을 때에는 너무 말이 없어서 심리 내면에 있는 이야기들이나 감정을 자유롭게 이야기하기가 어려웠다. 그래서 내담자가 흥미를 가지는 화제를 중심으로 이야기를 전개해 나갔는데, 그 때 바로 '왕의 남자'라는 영화의 남자주인공에 내담자가 푹 빠져 있었다. 내담자와 친화관계를 설정하기위해서 치료자도 그 영화를 일부러 봤고 영화이야기를 중심으로 내담자와 친밀해질 수 있었다. 〈그림 4-181〉을 보면 치료초기에 '왕의 남자'주인공을 인형으로 만든 것이다. 위에 언급된 상처에 대한 이야기를 자연스럽게 할 수 있었던 것도 바로 이러한 준비 단계를 충분히 갖추고 미술치료에서 서둘지 않았기 때문에 가능한 것이었다. 어머니께서는 내담자가 공부는 안 하고 영화 주인공에 빠져 있는 것이 마음에 안 들었지만 성장의 한 과정으로 보고 관심을 갖고 수용해주셨다. 어머니의 눈빛과 태도가 너무 진심이었고 정말 내담자가 친구들로부터 받은 상처가 빨리 회복되기를 바라는 마음이 치료자에게 그대로 전달되었다.

내담자는 단기치료로 친구들로부터 받은 상처를 회복할 수 있었으며 그렇게 치유될 수 있었던 것은 상담에 대한 어머니의 진심과 간절함이 있었고, 어머니께서 치료자의 말을 잘 이해하고 수용해주셨다. 치료자는 앞으로 어머니께서는 아동에게 멘토와 같은 어머니가 되셔야하고, 아동의 대화와 행동을 잘 공감해주셔야 한다고 이야기하였다. 내담자의 사춘기행동을 평가하고 야단치기보다는 과도기적 성장의 한 과정으로 보고 또한 성숙할 수 있는 하나의 전환점으로 봐야한다고 언급하였다.

드디어 치료 종결 시에는 가면을 만들었는데 바로 '왕의 남자'의 주인공 가면을 만들었다. 너무 사실적으로 작품성이 있게 잘 제작하였다. 내담자는 힘든 시간에 자신의 곁에 '왕의 남자'라는 영화가 있었고 자신도 학년이 올라가면 지금보다는 더욱 강해져 학교생활을 잘할 수 있을 것 같다고 하였다. 친구들에게 거부당하고 배척당한 경험을 자기 나름대로 영화를 보면서 씩씩하게 이겨나가려는 내담자가 기특하였고, 부모님의 사랑과 이해가 밑거름이 되어 인생의 어려운 신고식을 내담자가 무사히 잘 치렀다고 본다. 내담자는 다른 작품은 가지고 가겠다고 말을 안했는데 마지막 치료시간에 만든 가면은 집에 가져가 기념으로 자신의 방에 놓고 싶다고 하였다. 아마 이 다음에 좋은 추억이 될 것이라며 치료를 종결하였다〈그림 4-181〉. 가면에 대한 내담자의 반응 및 평가를 〈표 4-22〉에 정리하였다.

〈표 4-22〉 가면에 나타난 내담자의 반응 및 평가

<table>
<tr><th></th><th colspan="2">가면에 나타난 내담자의 반응 및 평가</th></tr>
<tr><td>내담자의 인적 사항</td><td colspan="2">• 중학교 여학생이며 귀엽고 똑똑한 인상이다.</td></tr>
<tr><td>주 호소 및 의뢰사유</td><td colspan="2">• 미술치료받기 2개월 전에 친구들로부터 집단 괴롭힘을 당해 상처가 있는 것 같아 겨울 방학동안 미술치료를 받기로 하였다.</td></tr>
<tr><td>생육력 및 가족력</td><td colspan="2">• 부모님 모두 전문직이고 맞벌이라 자녀는 내담자 혼자이다.
• 내담자는 어머니의 직장생활로 초등 2학년 때까지 어린이집을 다녔다. 다른 친구들은 학교가 끝난 후 집으로 돌아가는데 내담자는 어린이 집으로 가는 것이 너무 싫었고 외로웠다.
• 집에 와도 놀아주는 사람 없이 심심하고 외로웠는데, 3학년 때 이사를 와서 아파트같은 통로에 같은 반 친구들이 살아 처음으로 재미있고 즐거웠다. 그래서 친구들에게 너무 집착했다. 친구 집에도 자주 놀러가고 친구와 살고 싶을 정도로 너무 좋았는데 이런 것들이 친구들에게 부담이 될 줄은 정말 몰랐다.
• 부모님 모두 내담자에게 관심이 많았다.</td></tr>
<tr><td>행동관찰 및 매체의 반응</td><td colspan="2">• 치료초기에 내담자는 말이 없고 미술치료 매체에도 별로 관심이 없었다. 그러나 '왕의 남자'라는 영화이야기를 하면 눈이 초롱초롱해지고 영화에 대해서도 이야기를 잘했다. 그래서 '왕의 남자'이야기를 의도적으로 많이 하게 되었다. 영화를 6-7번 봤다는데 그것은 내담자 나름대로 친구들의 상처를 전환할 무엇인가가 필요했던 것이다. 이러한 내담자의 마음을 공감하고 치료초기에 '왕의 남자' 주인공 캐릭터 인형을 만들었다. 내담자가 너무 즐거워하였다. 치료종결 시에도 '왕의 남자' 주인공 캐릭터 가면을 만들었는데 내담자는 대만족이었다. 어려운 시절에 '왕의 남자'라는 영화가 자신을 지켜준 것이다. 다른 어떤 치료시간보다도 정성을 다해 가면을 만들었다.</td></tr>
<tr><td>작품</td><td>
〈그림 4-181〉 '왕의 남자' 주인공</td><td>
〈그림 4-182〉 슬픔</td></tr>
<tr><td>작품 해석</td><td>• '왕의 남자' 주인공 캐릭터를 아주 정성스럽게 만들었다. 이 인형을 만들면서 내담자는 자연스럽게 자신의 이야기를 할 수 있었다. 치료적인 친화관계가 설정되었다.</td><td>• 믿었던 친구들에게 집단 괴롭힘을 당해 상처 받았던 슬픔을 수채화로 표현하였다. 그때의 상처를 날카로운 형태로, 색은 슬픔을 나타내기 위해 파란색 계열로 화가 나는지 붓으로 거침없이 표현하였다.</td></tr>
</table>

<table>
<tr><td>작품</td><td>
〈그림 4-183〉 내가 보는 나, 남이 보는 나</td><td>
〈그림 4-184〉 '왕의 남자' 주인공가면</td></tr>
<tr><td>작품 해석</td><td>• '내가 보는 나'는 작은 민들레이다. 나는 작은 민들레처럼 작지만 강하게 살 수 있다. '남이 보는 나'는 가시가 있는 장미꽃이다. 외동딸이라고 친구들이 성격을 까칠하게 선입견으로 봐라본다. 본 작품에서 내담자의 자아가 강인해진 것을 볼 수 있었다.</td><td>• 종결 시 작품은 '왕의 남자' 주인공 가면이다. 작품이 사실적으로 나와 내담자는 대만족했으며 미술치료를 통해 치료 전보다 강해진 자신에게도 다짐이 새로웠다. 자신에 대해 친구에 대한 생각을 재구성 및 재정리하는 시간이 되었고 그러한 것이 이 가면에 상징적으로 내재해 있다.</td></tr>
<tr><td>내담자의 치료적 장점 및 취약점</td><td colspan="2">• 치료적 장점은 내담자가 중학생이지만 자기 통찰력이 있었으며, 어머니의 관심과 사랑이 치료에 커다란 치유요인으로 작용했다.
• 치료적 취약점은 앞으로 내담자가 사춘기 등 청소년기를 보내야 되는데 친구들로부터의 상처가 반복되지 않았으면 하는 것이다. 그러나 임상적 예후로 내담자가 충분히 극복할 수 있을 것이라고 본다.</td></tr>
<tr><td>치료계획 및 목표</td><td colspan="2">• 미술치료 초기에는 내담자가 미술치료를 어색해하고 낯설어하고 치료자와 50분동안 자신의 이야기를 한다는 것에 부담감을 느껴, 내담자가 좋아하는 영화 이야기를 중심으로 이야기도 하고 미술작업도 하며 친화관계를 설정하였다.
• 미술치료 중기에는 주 호소 문제인 친구들로부터 괴롭힘 당한 것을 그림을 통해 감정을 표현하면서 이야기 하였다.
• 미술치료 종결에는 주로 자아를 중심으로 탐색하면서 앞으로 자신이 나아갈 방향에 대해 미술작업을 중심으로 진행하였다.</td></tr>
<tr><td>치유요인</td><td colspan="2">• 내담자 중심으로 내담자가 좋아하는 영화나 연예인 이야기를 중심으로 자연스럽게 치료적 관계를 설정한 것, 작업을 통해 자신을 객관적으로 바라본 것, 작업을 통해 자기통찰을 유도한 점, 그리고 어머니 상담과 협조가 치료적 성과를 가져왔다.</td></tr>
</table>

참고문헌

1. 점토

김상미(2005). 찰흙을 재료로 한 미술 프로그램이 시설 청소년의 정서에 미치는 영향. 이화여자대 교육대학원 석사학위논문.

김인선(2003). 미술치료를 위한 재료의 표현가능성과 활용방안. 원광대 보건환경대학원 석사학위논문.

교육인적자원부(2004). **공예.** 서울: 대한교과서주식회사.

교육부(1995). **도자기.** 서울: 대한교과서주식회사.

모이순(1995). **점토혁명.** 서울: 보문당.

신영선(2000). 점토의 교육적 가치 탐색. 중앙대학교 석사학위논문.

이승미(2007). 점토를 통한 집단미술치료가 다문화가족 아동의 또래상호작용에 미치는 영향. 대구대 재활과학대학원 석사학위논문.

이태우(2004). 도예작업을 통한 미술치료 기법에 관한 연구. 대구대 재활과학대학원 석사학위논문.

David Heneley.(2002). 김선현 역(2005). **점토를 통한 미술치료.** 서울: 이론과 실천.

Edelson, R. (1990). Art and crafts-not "are and crafts" : Alternative vocational day activities for adults who are older and mentally retarded. *Activities Adaption and Aging. 15(1-2),* 81-97.

Rubin, J. A. (1984). The Art of Art Therapy. New York: Brunner/ Mazel Inc.

Yaretzky, A., Levinson, M., & Kimchi, O. L.(1996). Clay as a therapeutic tool and group in processing with the elderly. *American Journal of Art Therapy, 34(2),* 56-79.

2. 인형

김광진(1982). **동아 원색 세계 대백과 사전.** 서울: 동아출판사

김삼성(1998). 인형극 중재전략이 일반아동의 장애수용 태도변화에 미치는 효과. 대구대학교 석사학위논문.

김삼성(2000). **인형극 치료, 인형극 교육.** 서울: 특수교육.

김선익(1996). **인형극 예술의 세계.** 서울: 바른글.

김영희, 김호중(2003). 인형극활동이 유아의 친사회적 행동에 미치는 영향. **미래유아교육학회지, 10(4),** 253-279.

김애옥(1998). **인형극의 이론과 실제.** 서울: 양서원.

김청자 편 역(1989). **인형의 구조와 상징체계에 관한 연구.** 서울: 대원사.

박경미(2004). 인형극 놀이가 경도 정신지체아의 사회성 발달에 미치는 효과. 영남대 교육대학원 석사학위논문.

서경희(1998). 인형극을 통한 영어 말하기 능력 신장. 전남대 교육대학원 석사학위논문.

심우성(1988). **민속문화론서설.** 서울: 동문선.

이인순(2009). 다중지능이론을 적용한 인형매체 교수-학습의 효과. 한양대 교육대학원 석사학위논문.

전선주(1998). 인형극을 통한 상호작용활동이 정신지체아의 사회성발달에 미치는 효과. 대구대 교육대학원 석사학위논문.

최나래(2004). 인형극 중재전략을 통한 방과 후 아동의 사회 · 정서적 변화효과 연구. 동아대 정책과학대학원 석사학위논문.

최진영(2008). 일상의 일탈적 사고를 표현한 조형연구 : 인형으로 표현된 풍자와 위트를 중심으로. 숙명여자대학교 석사학위논문.

최진욱(2004). 학령전 아동의 성학대 평가용 인형면접 반응분석. 대구대 재활과학대학원 석사학위논문.

표지혜(2004). 인간의 감성을 표현한 도제인형 연구. 이화여자대 디자인대학원 석사학위논문.

Irwin, E., & Shapiro, M. (1975). Puppetry as diagnostic and therapeutic technique. In I. Jakab(Ed.) *Psychiatry and Art*(Vol 4). Basel: Karger.

Morgan, M. (1995). *How to interview sexual abuse victims.* IVPS.

White, M., & Epson, D.(1990). Narrative Means to Therapeutic Ends. New York: Norton.

Woltmam(1972). Puppetry as tool in child psychotherapy. *International Journal of Child Psychotherapy, 1(1),* 84-96.

3. 박스

강옥정(2002). 상자를 통한 내부 공간의 시각화 표현 연구: 본인의 작품을 중심으로. 중앙대학교 석사학위논문.

김보애(1994). 환각제흡입 청소년 재활을 위한 모래상자놀이치료 활용 사례연구. 이화여자대학교 석사학위논문.
노치현, 황영희(1998). **모래놀이치료 경험과 표현.** 서울: 동서문화원.
이지향(2002). 의미로 채워지는 상자의 공간 표현. 이화여자대학교 석사학위논문.
이진실(2005). 모래상자 놀이가 ADHD 아동의 주의력 결핍, 과잉행동, 충동성에 미치는 효과에 관한 사례연구. 영남대 교육대학원 석사학위논문.
이숙, 최정미, 김수미(2002). **현장중심 놀이치료.** 서울: 학지사.
오진경(1997). "크리스티앙 볼탕스키: 실존적 숙고의 작가". 『볼탕스키; 겨울여행 Boltanski-Voyage d'Hiver』,국립현대미술관(편), 14p.
유미숙(1997). **놀이치료 이론과 실제.** 서울 :상조사.
윤명재(1987). Joseph Cornell작품에 나타난 초월주의적 특성연구. 홍익대학교 석사학위논문.
염숙경(1991). 모래상자를 이용한 놀이치료(Sand Play Therapy). **원광아동상담소 사례연구집. 제1호.**
신숙재, 이영미, 한정원(2000). **아동중심 놀이치료.** 서울: 동서문화원.
심재경(1994). **모래상자놀이 치료법.** 서울: 양영각.
장영아(2000). 죠셉코넬의 상자작품에서 나타나는 유희성에 대한 연구. 이화여자대학교 석사학위 논문.
최보나(2007). 은유적 오브제의 제작연구 : 상자의 내부공간을 배경으로. 홍익대학교 석사학위 논문.
Farrell-Kirk, R. (2001). Secrets, symbols, synthesis, and safety: The role of boxes in art therapy. *American Journal of Art Therapy, 39,* 88-92.
Kalff, M. (1989). Sandplay. Boston: Sigo.
Kaufman, A. B. (1996). Art in boxes: An exploration in meaning. *The Arts in Psychotherapy, 3(3),* 237-247.

4. 가면

고근(1999). **해학과 익살의 탈.** 서울: 문예마당.
김미경(1993). 한국 탈놀이의 가면 형태에 관한 구조적 분석. 세종대학교 석사학위논문.
김욱동(1994). **탈춤의 미학.** 서울: 현암사.
김화영역(1984). **세계연극사.** 서울: 삼성문고.
박영선(2002). **처용무에 나타난 가면의 역할에 관한 연구.** 미속학술자료총서 2: 가면 · 탈1,

서울: 도서출판 우리마당 터.
이두현(1982). **한국의 가면극.** 서울:일지사.
이상노, 이관용 역(1988). **성격이론, 1-2.** 서울: 중앙적성출판사.
이원향(2006). 가면극을 활용한 마인드맵 프로그램이 정신지체아동의 어휘력에 미치는 영향. 대구대 교육대학원 석사학위논문.
이혜령(1999). 오방색 탈의 현대적 응용 분장 기법 연구-봉산탈을 중심으로-. **한국여성 체육학회지, 제 13권(2).**
임정란(2004). 가면(Mask)을 활용한 의상 디자인 개발 및 제작. 전남대학교 석사학위논문.
임현중(2003). 가면 사용의 치유적 효용성 연구: 한국의 탈을 중심으로. 경성대 교육대학원 석사학위논문.
윤길순 역(2000). **마스크: 투탄카멘에서 할로윈까지.** 서울: 개마고원.
서민정(2000). 연극치료의 역할 탐험(role exploration)에 있어서 가면의 효용성연구. 동국대학교 석사학위논문.
선미경(1990). 병굿의 무용치료적 기능에 관한 연구. 이화여자대학교 석사학위논문.
전경욱(1998). **한국가면극.** 서울: 열화당.
최영애(1982). 배우훈련도구로서의 가면의 이용과 효용. 동국대학교 석사학위논문.
최은하(2006). 유리가면을 통한 자아의 내면 표현연구. 국민대학교 디자인대학원 석사학위논문.
Eric Bentley.(1979). The Life of the Drama. Atheneum 112, New York.
Peggy Dunn-Snow, Susan Joy-Smellie(2000). Teaching Art Therapy Techniques: Mask-making, A Case in Point. *Journal of the American Art Therapy Association, 17(2).* 125-131.

V. 꼴라쥬 및 사진치료

삼차원 모델링 재료는 아니지만 오늘날 미술치료에서 많이 활용되고 있는 꼴라쥬(collage)와 사진치료(photo therapy)등이 있다. 꼴라쥬라는 말은 불어의 'coller'(풀로 붙이다)에서 유래한 말로 일상의 비예술적인 소재, 즉 여러 재료들-종이나 헝겊, 쇠붙이, 나뭇조각, 모래, 나뭇잎 등과, 색지나 인쇄된 종이, 패브릭, 끈 및 장식소품 등을 이용하여 자신이 생각하거나 표현하고자 하는 의도대로 손으로 찢거나 가위로 오려서 접착제를 이용하여 종이에 붙여서 표현하는 미술치료기법을 말한다. 드로잉이나 페인팅 매체에 저항 있는 내담자들을 위해 주변에서 쉽게 구할 수 있는 잡지나 신문 등을 갖고 자신에 대한 여러 가지 느낌들을 상징적으로 잘 표현할 수가 있으며 손쉽게 구체적인 표현에서부터 추상적인 표현까지 다양하게 할 수가 있다.

이 외에도 창작에 대한 두려움을 완화시켜 주기 위해 스냅사진, 잡지, 광고사진 등 사진매체을 활용한 사진치료가 있다. 셔터를 누르는 것만으로도 창작이 완성되기에 내담자들에게 친숙하여 초기 치료활동이 쉽게 진행될 수 있다. 이러한 사진치료는 사진을 찍는 인화과정에서 인화까지 내담자가 직접 참여하는 능동적인 활동 전체를 말한다. 사진치료의 방법은 내담자와 관련하여 사진의 대상, 사진을 찍는 주체에 따라 다음의 네 가지로 나눈다. 첫째, 내담자가 찍고, 수집하고, 만든 사진들이다. 둘째는 타자가 찍은 내담자의 사진이다. 셋째는 내담자가 찍은 자신의 사진이다. 넷째는 치료자가 내담자에게 몇 장의 사진을 보여주면서 내담자에게 이야기를 만들어보라고 요구하는 '투사적 사진(photo-projective)'이 있으며 다섯째, 가족사진을 통한 치료적 방법이 있다(박소현, 2004).

본 장에서는 꼴라쥬와 사진치료의 개념과 방법 및 역사 그리고 재료의 종류, 사용기법 및 특성과 미술치료임상의 적용 및 실제에 대해서 알아보고자 한다.

1. 꼴라쥬

1) 꼴라쥬의 개념

꼴라쥬의 개념은 풀칠, 풀칠하여 붙이기, 바르기 등의 뜻을 가진 프랑스어로서, 다른 재료들을 붙이고 조립하여 구성하는 회화기법 또는 그러한 기법에 의해 제작되는 것을 말한다. 꼴라쥬라는 말은 불어의 'cooler'(풀로 붙이다)'에서 유래된 말로서 일상의 비예술적인 소재, 즉 종이나 헝겊을 잘라내어 붙이는 기법을 총칭한다.

꼴라쥬, 몽타쥬, 아상블라쥬 라는 단어들은 모두 인쇄된 이미지든 삼차원적 오브제든 간에 재료를 조립하여 이미지를 창출할 때 쓰는 말들이다. 이렇게 해서 만들어진 결과물들은 흔히 그 원래의 재료와는 완전히 다른 모습으로 보여진다. 미술사적 정의상 꼴라쥬라는 용어는 큐비스트인 브라크와 피카소가 사용해 풀칠한 종이 구성물인 '파피에꼴레(papier colle)'에서 생긴 말이다(박찬국 외, 1999). 비록 종이와 풀이 꼴라쥬의 주요 재료이긴 하지만, 큐비스트가 깡통, 철사 등을 그들의 종이 구성물에 끼워 넣기 전에 종이뿐만 아니라 직물 및 다양한 재료들을 풀로 붙인 구성물이 역사적으로 수세기 동안 전개, 발전되어 왔었다.

브라크가 '파피에 꼴레'라는 기법을 활용하여 꼴라쥬를 시작하였고, 피카소는 이 방법을 확대하여 활용하였다. 브라크와 피카소는 입체파 작가들로서 꼴라쥬를 통해 입체주의를 발전시켰으며 미술에서 꼴라쥬를 예술의 한 영역으로 정착시키는 역할을 하였다. 1911년 경 큐비스트인 브라크와 피카소가 화면 효과를 높이고 구체감을 강조하기 위하여 화면에 그림물감으로 그리는 대신에 신문지, 유표, 벽지, 상표 등의 실물을 붙여 구성하는 파피에 콜레라는 기법을 개발해 냈을 때, 꼴라쥬는 비로소 미술 속에서 예술적인 기법의 정당성을 확보하게 되었다(김수기, 1995).

회화의 역사상 입체주의에서 새롭게 표현 매체로 등장한 꼴라쥬 기법은 종래의 손으로만 그리던 회화 기법에 종지부를 찍는 대혁신을 가져다 주었다. 꼴라쥬의 사용은 회화에 있어 새로운 가능성과 아이디어를 무한히 제공하여 주고 있다. 의식에 있어 기본적인 변화를 만들어낸 꼴라쥬의 사용은 입체주의 구성을 전개시켰고, 환영감을 창출하기 보다는 표현 형태와 질감의 배열이 회화의 새털, 모래, 철사 등을 일부에 붙여서 정지적인 입체주의 화면에 새로운 조형 효과와 물체감을 주었다(이일, 1999). 이처럼 입체파에서 시작한 꼴라쥬 기법은 시대가 변함으로써 여러 유파나 이즘이 발생할 때마다 그들의 적절한 표현수단이 되어 발전해 나갔다.

이와 같은 배경을 가진 꼴라쥬의 개념은 큐비즘 이후 모든 미술양식상에서 다양하게 변천하면서 그 범위가 확장되어, 현대 미술에서는 디지털미디어를 통한 꼴라쥬로 새로운 의미를 갖게 된다. 결국 꼴라쥬의 표현 양상은 시대를 반영하고 시대의 흐름과 같이 공존하면서 대상으로부터 자유롭고 다변적인 양상을 띠는 혼합적 조형 예술의 기법으로 자리하게 되었다.

2) 꼴라쥬 기법의 전개

꼴라쥬는 전통적인 원근화법을 버리고 새로운 방법을 제시함으로써 회화의 개념을 전환하고 확산시키는 하나의 계기를 마련하였다. 입체주의 시기에 시작된 꼴라쥬의 혁명을 미래주의 시대와 다다이즘 시대의 화가들에 의해 발전되고 초현실주의 시대 작가들에게도 영향을 끼쳤다.

(1) 입체주의와 꼴라쥬

입체주의는 모든 물체는 원추, 원구, 원통과 같은 기하학적인 형태로 표현할 수 있다는 세잔느의 조형이론을 근거로 피카소와 브라크를 중심으로 유럽 전역에 파급시킨 미술사조이다. 이는 대상 화면의 주제를 분석 해체하여 재구성하는 조형과정에서 생겨난 조각의 일부분을 직물이나 종이, 금속, 철사 등의 실물 조각들로 대체 표현하는 꼴라쥬 기법으로 발전되었다.

입체주의 꼴라쥬 대표작품으로는 헝겊 조각을 화면에 부착시킨 피카소의 '등나무 의자가 있는 정물'이다. 이 작품은 사물의 현실감을 물감 대신 꼴라쥬 기법으로 표현하여 화면을 강조하면서 전통적 명암표현법과 원근방식에서 벗어나 대상을 보다 현실적으로 표현하였다. 이런 표현과정 속에서 피카소는 작품표현의 창의적 수단으로 꼴라쥬 기법을 적극적으로 도입하여 화면에 익살, 기발함, 또는 역설, 모호함 등을 분출하며 지적이며 개념적인 표현에 관심을 보였다.

이 시기에 나타난 또 다른 꼴라쥬 작품으로는 브라크(Georges Braque)의 작품으로 질감을 모래로 표현하여 책상이나 벽의 형태를 종이와 목탄 그림을 붙여 실재 공간과의 거리감을 좁힌 브라크의 '과일 접시와 잔이 있는 정물'이 있다. 그는 이 작품을 통하여 서정적이며 다소 직선적인 표현기법으로 꼴라쥬를 사용했음을 확인할 수 있으며 또한 조형적인 측면에 관심을 가지며 작품에 접근했음을 추론할 수 있다. 즉 피카소와 브라크에 의해 발전된 입체주의 꼴라쥬는 표현재료 한계의 극복과 함께 평면회화의 표면에 또 다른 새로운 공간개념을 창조해 내었다(정채영, 2009).

(2) 다다와 꼴라쥬

다다는 기존의 사회와 이성 그리고 합리성을 거부하고 비합리성, 반도덕성으로 일관하면서 삶과는 분리된 채, 예술 그 자체가 숭고한 가치를 가지고 신성시되어 왔던 종래의 예술개념을 부정하고 예술을 현실에 종속시키려고 하는 대담한 실험정신을 내보이고 있었기 때문에 그들에게 꼴라쥬는 현실의 틀을 벗어버릴 수 있는 기존의 틀에 얽매인 개념이 아닌 좀 더 자유분방하고 적극적인 표현의 형태를 취할 수 있는 중요한 수단이 될 수 있다는 큰 의미를 가지고 있었다. 그들은 반예술을 창조하기 위한 의도에 꼴라쥬 기법이 적합하다는 것을 발견하고 전통적으로 예술외적인 영역으로 여겨졌던, 일상적 생활 속에서 흔히 찾아 볼 수 있는 폐품, 신문, 잡지의 인쇄물과 사진, 그리고 실용적 용도를 가진 기성제품 등 작가가 창조한 이미지가 아닌 비개성적인 기성이미지를 미술작품 안으로 도입하였다. 여기서 쓰이는 기성이미지는 일상적 인공제품인 기성오브제의 이미지와 사진이나 인쇄된 복제이미지 등을 포함하는 것이며, 그들은 이러한 기성이미지나 오브제를 꼴라쥬와 3차원적 꼴라쥬라고 할 수 있는 아상블라쥬(assemblage) 양식을 통해 작품화했다(하희경, 1980).

그러나 다다의 꼴라쥬는 큐비즘의 꼴라쥬 형식과 근본적으로 다른 차이를 갖는다. 큐비즘의 꼴라쥬가 다분히 화면상의 구조에 대한 새로운 조형 탐구였던 반면에 다다에서는 기본적인 직관과 상관없이 자유로운 상상력에 의해 표현되어 진다. 또한 큐비즘의 꼴라쥬는 물체의 조형수단으로써 회화나 조각에 부속하여 생각되고 있는데 반해, 다다에서의 꼴라쥬는 극도의 물질감을 이루는 단계를 표현해 나가고 있다. 이 같은 물질감의 관계 속에서 개인의 변화를 수용해 나갔으며 나아가 큐비즘의 꼴라쥬 개념을 극복하기 위한 좀 더 다양한 기법들이 등장하게 되는데, 우연에 의한 추상적 꼴라쥬, 메르쯔 꼴라쥬, 포토-몽타쥬의 허무적이고 비이성적인 다다의 정신 안에서 우연의 법칙을 이용하여 나름대로의 독창적인 방법으로 전개된다(김자경, 2001).

마르셀 뒤샹은 레디메이드(Ready-made)작품 '샘'에서 새로운 상황에 오브제를 출현시켜 표현재료의 환경적 제한을 초월, 의외의 효과를 나타내면서 후기 현대미술과 아상블라쥬 양식에 커다란 영향을 주었다. 미국 화가 만 레이는 뒤샹의 영향을 받아 붓과 전통적 채색을 제거하고 레디메이드 작품 제작에 몰두하였다. 그는 기성 오브제를 다양하게 결합해서 '선물'과 같은 보조된 레디메이드, 그 밖에 기성이미지와 물체를 더 복잡하게 결합한 아상블라쥬를 제작했다. 1921년부터는 사진기를 사용하지 않고 감광지 위에 직접 물체를 놓고 빛에 노출시키는 방법으로 만드는 사진인 레이요그라프를 발명했다.

이와 같은 다다이스트들의 꼴라쥬는 전통적인 예술개념을 부정하기 위해 우연의 법칙을 적극 활용하면서 그들의 중요한 조형요소로 자리 잡은 것이다. 허무주의 의식과 일체의 형식에 대한 거부와 반항이 다다 이념을 실현하듯 다다이즘은 자신들마지도 거부하며 짧은 생애를 마치지만, 오히려 그 모든 예술형식에 대한 거부는 새롭고 진취적인 조형양식을 잉태하고 있었으며, 이는 더욱 발전되어 초현실주의라는 미술운동의 태동에 모든 것을 바치게 된다. 초현실주의는 다다와의 밀접한 관계 속에서 발생하였으며 다다의 중요한 조형방법인 꼴라쥬를 계승하여 완성하고 있는 것이다(한상구, 1990).

(3) 초현실주와 꼴라쥬

초현실주의(Surrealism)는 잠재의식을 바탕으로 한 프로이드의 학설을 이론적 배경으로 하고 있다. 이 사조는 반이성을 강조하고 있으며, 다다에서 비롯된 독특한 자동기술법을 도입하였다. 그들은 내면적 감정을 표현하기 위해서 불가사의나 무의식, 광기, 꿈 등의 환각상태를 실제로 존재하는 것으로 인식하면서 인간의 내면세계를 화면에 드러내는데 중점을 두었고 감성과 심리적 성향을 반영한 꼴라쥬를 새롭게 창조하였다. 그들은 자동기술법을 통하여 비합리적, 비현실의 세계를 표현했으며 일상적 사물의 환치를 통하여 환상이나 꿈 우연성 등 무의식 세계의 영역을 표현하기 시작하였다.

살바드로 달리(Salvador Dali)는 인간의 내면에 잠재되어 있는 다양한 심리적 측면에 접근하여 이를 작품화 하였다. '오브제들을 모아놓은 그릇'에서 그는 이질적인 물건들, 즉 리본모양의 빵이나 석고 형태의 발, 장난감 모형 등의 이질적 조합이나 조형적 결합을 통하여 환치기법들을 극대화시키기 시작했으며 이를 통하여 인간의 내면적 세계를 화면 밖으로 분출함으로써 초현실주의자들의 표현양상을 보여주었다.

이러한 과정 속에서 아상블라쥬를 통한 입체적 표현들은 또 다른 느낌의 연상 작용을 일으키며 3차원적 공간을 구성하였다. 그들은 인간의 이성에서 비합리적인 세계를 구분, 분리시키려는 시도를 했으며 화면을 통하여 그들을 분리 해방시킴으로써 기억이나 환상, 강박관념들을 표현함과 동시에 그러한 연상 작용에 따른 시각적 표현을 극대화하기 시작했다.

이들은 사물을 낯선 장소로 이동시켜 결합시킴으로 인하여 새로운 별개의 느낌을 줌으로써 연상이나 환각, 꿈, 상징과 같은 우연의 효과를 화면에 적극적으로 분출하기 시작하였다. 이러한 것들은 새로운 표현기법의 정착과 더불어 더 나아가 미국의 표현주의 형성에 지대한 영향을 미쳤다(정채영, 2009).

(4) 팝아트와 꼴라쥬

팝아트(Pop Art)는 대중문화 속에 등장하는 대중매체의 이미지를 수용한 미술사조이다. 이는 서구 산업사회의 물질문명이 황금기를 실현하는 시기인 1960년대 영국과 미국의 뉴욕을 중심으로 전개된 현대미술 주류 가운데 하나이다.

현대문명을 긍정적으로 나타냄으로써 오브제가 갖는 일상성, 즉 생활에 직접 반응하는 예술로서 미술을 대중적으로 확대시키는데 그 의의를 찾을 수 있으며, 상업적, 대중적, 인쇄물, 생활용품 등 일상의 이미지를 전사하거나 꼴라쥬 하는 기법을 주로 사용하였다. 이들은 제작방법도 실크스크린 등 매스미디어의 도움으로 작품주제에 대한 표현도 대량 생산품, 광고물,

TV 영상이나 사진 등을 중심으로 다루었다.

영국 최초의 팝아트 작품은 리차드 해밀턴(Richard Hamilton)의 꼴라쥬 작품으로 "오늘날 가정을 그렇게 색다르고 매혹적으로 만드는 것은 도대체 뭘까?"이다. 이 작품은 팝아트 꼴라쥬 중에서 이미지의 근원이 가장 잘 나타나 있는 작품으로 알려지고 있다.

로이 리히텐스타인(Roy Lichtenstein)은 벤데이(Benday)기법인 만화가 인쇄되는 망점을 재현하여 통일된 시각 패턴으로 만화의 일부분을 구성하여 표현하였다.

앤디 워홀(Andy Warhol)이 사용하는 소재는 대중적 이미지 상품으로 스프통과 비누상자, 유명 배우 사진과 코카콜라 병을 다양하게 실크스크린 하여 이미지를 연속적으로 보여주고 있다. 팝아트는 오브제와 함께 하며 대량생산 되는 현대소비사회의 사물들을 재현하여 대중적, 미국적이라는 특징을 지니고 있으며 새로운 시각적 형식과 현실성에 초점을 맞추고 있다(정채영, 2009).

(5) 현대미술과 꼴라쥬

현대의 꼴라쥬는 작품에 현실의 물체를 보여주는 '오브제'가 폭넓게 나타나면서 현실의 사물들을 작품 속에 끌어드리는 새로운 경향을 보이며 '해프닝'이나 '환경미술'로 발전하고 있다. 최근에 예술가들은 작품 속으로 사람을 끌어들여 일상과 예술을 회화적 조건에 한정짓지 않고 동일시하기에 이르렀다. 카프로우(Kaprow)는 '꼴라쥬 전시'를 통하여 '페니상점' '카니발의 여흥'으로 변형시킨 환경작품을 선보이며 언어적 표현을 통해서 환경으로의 회화가 곧 해프닝으로 나타났음을 알리고 있다.

현대에 꼴라쥬 작업을 하는 대표작가인 프레드 토마셀리(Fred Tomasell)는 환각 성분의 식물이나 치료 효과가 있는 허브, 알약과 같은 새로운 재료들을 이용하는 꼴라쥬 작업경향을 보여주고 있다. 그는 이러한 꼴라쥬 표현을 통하여 자연과 사물 이미지를 화면에 병렬방식으로 배치하여, 유토피아를 상징하는 주제로 환상적, 몽환적 이미지를 표현해냄으로써 화단의 이목을 집중시키고 있다.

오늘날의 꼴라쥬 표현은 잡지나 신문, 쓰레기까지도 하나의 표현 매체로 사용될 만큼 다양해져 하찮은 것, 일상의 도구들, 무의미한 것들이 보다 복합적으로 결합 재구성되어 예술 작품으로서 새로운 의미를 더해가고 있으며, 전통적인 방법과는 달리 표현재료와 기법의 확장을 이끌어내며 다양하게 발전되고 있다(정채영, 2009).

3) 꼴라쥬 방법

(1) 파피에 꼴레(Papier-collè)

파피에 꼴레는 화면에 종이를 오려 붙이는 기법이다. 브라크(Georges Braque)와 피카소(Pablo Ruiz Picasso)가 시작한 입체주의 표현기법으로, 추상적 선의 요소와 해체된 입체주의의 화면에 현실감과 일상성을 회복시키기 위해 신문지, 상표, 악보, 벽지, 차표 따위의 인쇄물과 판화 등을 붙여 새로운 조형 효과와 물체감을 도안한 방법이다(이윤구, 1999).

파피에 꼴레의 창시자는 브라크였고 청년기에 장식 화가였던 그의 경험은 나무 질감의 모방이라든지 섬세하고 풍요로운 화면효과의 창조에 큰 역할을 하였다. 브라크는 화면 위에 여러 조각의 종이를 조형적 측면에서 고려하여 여러 번의 조정 끝에 위치를 정하고 그 후에 대상을 만들어 내거나 드로잉을 덧붙이는 방법을 사용하여 주제를 정해놓지 않고 평면적인 종이에 표현하여 추상성을 강조하였다. 그는 색을 칠한 종이를 부분적으로 캔버스에다 발라서 파피에 꼴레 작품을 제작하면서 새로 발견한 색채의 특성을 포름이 없는 색채 추상적인 조합에 의해 효과적으로 작품화하고 있다. 이들은 철저한 시각적 분석을 통해 어떻게 실제적 대상을 추상적 구성요소인 선, 평면, 색조로 환원할 것인가를 알아냈다. 다방면에 걸친 회화적 수단을 통해 그와 유사한 색채와 질감을 자유롭게 다루는 방법을 얻게 되었다(임영방, 1979).

반면 피카소의 경우는 잘려진 종이의 형태가 처음부터 컵이나 술병 또는 악기 형태로 잘려졌고 이러한 종이의 형태로부터 사람의 얼굴이나 인체를 연상시키는 형상으로 전환시키는 구성을 많이 사용하여 표현하였다(김영나, 1996).

(2) 포토몽타쥬(Photo montage)

새로운 그림을 얻는 방법이다. 불어로 '조립, 부분의 결합'을 의미하는 것이다. 꼴라쥬와 비교해서 포토몽타쥬의 가장 큰 특징은 사진을 이용하는 것이다. 꼴라쥬라고 하는 것은 화면 위에 그려진 이미지가 아닌 오브제를 부착시키는 방법이며 이것은 입체파 화가들에 의해 시도되었다. 이런 의미에서 아상블라쥬는 삼차원적 꼴라쥬이고, 몽타주도 꼴라쥬에 속한다. 그러나 입체파 화가들에게 있어서 신문 등의 오브제는 그림을 위한 붓의 역할을 했으며, 그림 자체의 리얼리티를 표현하는 도구로서 실험적 가치가 있었다. 반면 포토몽타쥬는 사진을 기본재료로 사용하여, 이질적인 여러 가지 요소들을 조립해서 새로운 시간과 공간 속에 배치하여, 시각적으로나 사상적으로 새로운 이미지를 만드는 것이다(박찬국, 1995).

신문, 포스터, 잡지, 포장, 상품광고 등 사진으로 개발된 이미지는 현대에서 쉽게 찾을 수 있다. 사진과 그래픽 이미지의 형식을 띤 재료들은 주위에 흔하게 발견되어 쉽게 이용할 수 있는 장점이 있고 다양한 표현이 가능하다는 점에서 꼴라쥬를 위한 무한한 자료를 제공할 수 있다(김경태, 2009).

(3) 파피에 데 쿠페(papiers dé coupés)

파피에 데쿠페는 마티스가 1940년에 더 이상 붓을 사용할 수 없을 때 색종이를 사용한 방법이다. 파피에 데 쿠페란 말 그대로 '종이 오려 붙이기'이다. 파피에 데 쿠페는 먼저 종이 여러 장을 단색의 과슈로 칠한 다음, 원하는 형상을 잘라내어 그림의 표면에 풀칠을 하여 붙였다. 이 과정에서 마티스는 남에게 풀칠을 시키는 경우도 있었다. 그는 1931-1933년에 반즈 재단에 남길 '춤'을 그리면서 일정한 색채 효과를 실험할 목적으로 처음 이 기법을 사용했다.

파피에 데 쿠페는 마티스가 초기의 대담하고 강렬한 색채에 이어 후기에는 오달리스크와 아라베스크 무늬의 장식적인 색채를 사용하였다. 마티스의 예술적 세계는 1929년 다시 화면이 평면으로 구성되었다. 그의 색채는 대상에 종속하지 않는 표현적인 것도 아닌 의미와 화면 속에서 명확한 기능을 갖춘 질서를 추구하는 것이었다. 이러한 작품 활동 속에서 마티스는 근본적으로 새로운 회화의 형태를 창조하여 사용하였다(임정은, 2002). 이 기법은 마티스에게 있어 기존 회화에 대한 도전인 동시에 즐거운 표현 수단이 되었다.

파피에 데 쿠페는 파피에 꼴레와 비교하면 그 의미를 더 쉽게 알 수 있다. 파피에 데 쿠페는 파피에 꼴레와 완전히 반대적인 변형으로 활용되었다. 즉 완성된 재료를 사용하는 초현실주의 꼴라쥬라든가 그 밖의 것과 같은 입체주의 파피에 꼴레와 반대로, 마티스가 오린 종이들은 그의 의도에 따라 불투명 수채로 미리 색채된 것들이다. 형태의 밑그림을 그리고 이어서 편평하게 채색하기에 앞서 화가는 색을 직접 채색한 후 이 색종이를 오려서 붙이는 방법이다(김경태, 2009).

(4) 메르츠 꼴라쥬(Merz collage)

초현실주의 화가인 슈비터스(Kurt Schwitters)가 활용한 방법이다. 그는 그가 만든 꼴라쥬 방법을 메르츠라고 이름 지었다. '메르츠'란 말은 그의 초기 꼴라쥬 중의 하나에 붙였던 신문에서 취한 말이다. 메르츠 꼴라쥬란 인쇄물의 폐품을 모아 꼴라쥬한 작품 위에 유화 물감으로 페인팅하는 방법이다. 신문지와 각종 전단 같은 종이들, 새의 깃털, 석고, 나무 조각 등을 활용하여 꼴라쥬한 것이다. 이렇게 붙인 후 자신의 느낌대로 붓질을 하여 선명한 색채로 표현하는 방법이다.

슈비터스는 다다이즘의 작가이며 꼴라쥬를 활용해 사회에 대한 반항을 표현하고자 하였다. 슈비터스는 작품을 표현하는 방법에서 폐품을 주로 활용한 작가이다.

다다의 폐품 쓰레기를 활용한 꼴라쥬 대표적인 작가가 바로 슈비터스이다. 슈비터스는 메르츠(Merz) 꼴라쥬라고 이름붙인 독창적인 작업을 1918년부터 1923년에 걸쳐 하노버를 중심으로 전개하였다. '메르츠'란 말은 그의 초기 꼴라쥬 중의 하나에 붙였던 신문 쪼가리에서 취한 말이다. 이 시기의 그의 꼴라쥬 작업은 인쇄물의 폐품을 모아 꼴라쥬한 작품 위에 유화 물감으로 페인팅하였으며 큐비즘들이 보여주었던 물질과의 관계를 한층 더 분명히 하였다. 그는 예술의 원리적인 문제를 오로지 예술을 목표로 하고 있음을 강조하고 있다. 이로써 슈비터스의 꼴라쥬는 재료로서 뿐만 아니라 정신적으로도 큐비즘의 꼴라쥬를 극복하고 있다(정남영, 1990).

슈비터스는 일상의 폐품들을 그의 작품 속에서 많이 표현하여 조형적인 오브제를 만들려는 시도를 많이 하였다. 모든 현실의 재료와 모든 형태의 예술을 하나의 예술로 통합시키려는 의지를 이루어 나갔으며 그의 주변에 벼려진 작은 사물들은 그의 감성에 의한 작업으로 새로운 의미를 줌으로써 독특한 자신만의 작품을 창조한다(김경태, 2009).

4) 꼴라쥬 미술치료의 특성

꼴라쥬 치료는 1972년 미국의 작업치료 저널에서 Buck과 Provancher에 의해 처음 설명되었다. 그리고 일본에서는 1990년대 초에 심리학 분야의 임상가와 연구자들에 의해 발전하게 되어 모래놀이 치료만큼의 대중성을 얻었다(Moritani, 1996).

꼴라쥬 기법의 치료적 효과는 내담자가 작품을 제작하고 설명해 나가는 과정 그 자체에 있으므로 치료자는 내담자의 작품에 나타난 그림들의 내용, 화면의 색채 및 변화, 구도, 이야기의 내용 등을 분석하고 해석하면서 치료해 나가게 된다. 또한 그러한 활동 과정을 통해 거부의 감소, 분노의 표출, 희망적 상징들을 나타낼 수 있는 기회를 제공하게 되며 그림을 그리는 것에 대한 저항, 공포, 수줍음 등을 감소시켜 그리기 활동을 자극하고 촉진하는 역할을 하기도 한다(임명화, 2002).

꼴라쥬는 선택성과 회피성의 두 가지가 모두 높다는 특성을 갖고 있는데, 흔한 도형을 보고나서 우선 자신의 생각대로 선택해 잘라낼 수 있고, 싫으면 하지 않아도 되며, 자른 이후에라도 얼마든지 버릴 수 있기 때문이다(中井久夫, 1993).

꼴라쥬 기법의 다른 특성으로는 인간의 사고와 감정, 의지 또는 행동을 하나로 모으려는 통일적 방향성과 이 통일을 흩으려는 분산적 방향성의 통합이 가능하다는 것이다. 이 두 방향성의 동적 평균 즉 통합은 정신의 건강 또는 정신의 존립 자체를 가능케 하는 것이며 카운슬링이라는 것도 그것을 유지하도록 돕는 과정인 것이다(中井久夫, 1993).

예술적 입장에서 꼴라쥬에 사용되는 가위는 기성의 이미지를 여러 갈래로 찢어내고, 풀은 이것은 재통합하므로 가위와 풀이 상호 보완적인 역할을 하여 이것을 자르고 분단하는 남성원리와 정리하고 고정하는 여성원리의 통합성이라고 해석되기도 한다(杉浦京子, 1994).

그리고 꼴라쥬 치료는 표현된 이미지를 쉽게 이끌어낼 수 있고 넓은 범위의 정신 상태를 표현하는데 사용될 수 있다. 작업의 반복된 완성은 자신의 모호한 이미지가 일련의 방식에서 잘 형성된 것으로 재구성되기 때문에 정신건강의 경감에 도움이 된다(Takata, 2002). 다음은 화지위에 표출하는 꼴라쥬 행위 그 자체의 특징에 살펴보면 다음과 같다.

(1) 활동성

내담자가 만드는 꼴라쥬 작품은 신경이 예민해진 의식에서 만들어지는 작품과 꿈과 무의식적인 표현에서 만들어지는 작품과의 거의 중간부분에 있다. 따라서 자기 자신도 명확히 파악하고 있지 않는 심층의 심리를 볼 수 있는 데에 꼴라쥬의 활동성은 상당히 큰 힘을 가지고 있다고 할 수 있다. 자신의 마음을 안다고 한다는 것은 일반적으로 말을 통하여 이해되는 경우가 많지만, 꼴라쥬의 활동성에서는 언어가 아닌 이미지로써 파악할 수가 있다. 한편 한눈에 시야에 들어올 정도의 크기인 종이 위에 다양한 자신의 이미지를 붙인다는 것은 마음 전체와 관련이 있고, 말에 의한 것에 비교해 한층 총체적, 전체적으로 자신을 파악할 수 있다. 진심으로 보면 볼수록 자신의 내면세계가 분화되고, 섬세하게 인식되며 동시에 상대의 작품도 알게 된다. 이것은 다시 말해서 의식이 확대되어 다름 아닌 통찰이 이루어진다는 것이다(윤현주, 2002).

(2) 구성적 요소와 투영적 요소

투영과 구성은 과거와 미래로 향한 시간의식에 깊이 관련되어 있고, 이 상대성에 특별한 중요성을 생각해 볼 수가 있다. 건강한 사람은 이 두 개의 심리공간을 묘하게 구분하여 시간 속에 살아갈 수 있다. 꼴라쥬 치료에 있어서 내담자는 잡지에서 마음에 드는 것 혹은 염려되는 것, 거리끼는 것 등을 잘라낸다고 하는 투영적인 행위 뒤에도 구성적인 행위가 있다. 내담자는 과거와 미래를 현재의 상에 놓고 통합하고 있으며 여기에서 치료적 의미를 발견할 수 있다(윤현주, 2002).

(3) 대상과 전(前)대상

사물과 현상의 차이가 실제라면 우리는 끊임없이 세계에 존재하고 있는 대상과 전대상적인 것을 의식적이기도 하고, 무의식적이기도 하지만 의미있는 것으로서 파악하려고 시도하고 있는 것이다. 그리고 꼴라쥬에서는 하나의 놀이 속에서 상당히 무의식적으로 간단하게 실행되어 있고, 그것에 치료적인 의미가 내포되어 있다. 꼴라쥬의 바탕종이는 분명히 전대상적인 물질이고, 잡지와 카탈로그는 그자체로는 대상이 될 수 없고, 오히려 전대상적인 것이라고 생각된다. 가위에 의해 잘려진 때가 대상발견의 시기이고, 풀에 의해 정리되고 고정되어 처음으로 자기 자신의 대상이 된다고 생각된다.

또 꼴라쥬는 흔한 대상의 '보고 고르는 것'과 '색다른 취향'에 의해 '길들이기', 절단에 의해 '이용'하고, 백지라는 거절적인 공간을 심미안이라고 하는 '기술'에 의해 정복하고 자신의 공간으로 하는 것이다(中井久夫, 1993).

(4) 개방적 제작성

언어가 아닌 이미지로서 개방시키고 심상을 발견하거나 개발시킨다. 사진이나 그림만을 이용하여 자신의 감정을 쉽게 표현 할 수 있고 부적절한 감정의 소거 및 욕구불만 해소 등의 내적 욕구표출에 있어서 아주 많은 효과를 나타내는 기법이다. 자신의 감정표현이 상황에 맞게 적절히 표현되지 않는 내담자에게 꼴라쥬를 통한 감정표현 및 욕구불만의 해소는 사람들과의 더 나은 상호관계를 형성해 나가는데 도움을 줄 수 있다(신다영, 2009).

(5) 재료본질의 탐구와 환경과의 접촉 유도

꼴라쥬의 재료는 어떠한 것에 구애 받지 않으므로 대상의 본질을 추구하게 되고, 그 표현은 재료의 본질을 더욱 생생하게 나타낸다. 바탕종이, 가위, 풀, 잡지와 또 다른 생활주변에 있는 모든 재료들을 활용할 수 있고 언제 어디서든 실시할 수 있다. 꼴라쥬의 변천과정에서도 볼 수 있듯이 그 도구와 재료가 그때그때 정해진 도구와 재료로 새로운 것을 만드는 작업이며, 일상생활에서 사물을 선택하게 함으로써 생활과 예술의 동일화를 이루게 한다(신다영, 2009).

5) 꼴라쥬의 치유적 요인

꼴라쥬 기법은 모래상자 놀이치료자들이 많이 애용해왔으며 직감이나 감각 등의 비합리적 기능을 이용한 현대적인 치료기법이다. 이 기법은 자신을 개방시키고 심상을 발견하거나 개발시킨다. 또한 내담자의 관심과 흥미를 분명히 해주며, 아울러 이상과 현실의 차이를 이해하는데도 유용하다.

이 기법은 사진이 그림만을 이용하여(포토 몽타쥬 형식) 자신의 감정(나를 상징하는 것, 나의 문제, 선물, 하고 싶은 일, 화가 났을 때의 느낌)등을 쉽게 나타낼 수 있는 장점이 있다. 그러나 표현할 수 있는 다양한 재료들이 충분히 준비되어야만 표현의 제한점을 극복할 수 있다.

꼴라쥬 기법을 통하여 내담자를 치료해 나갈 때는 크게 두 가지 방법을 생각할 수 있다. 첫째, 미술에서 말하는 순수한 꼴라쥬 작품을 내담자가 만들어 나가는 방법이다. 이 방법은 구상-밑그림-붙이기-정리-건조 등의 순서를 거치고 다 만든 뒤에도 그림에 대한 이야기를 교환한다. 둘째, 꼴라쥬(포토 몽타쥬 형식)를 할 때 하나의 미술작품과 같은 형식을 취하기보다는 자신의 감정을 표현하기 위한 수단으로 적당한 그림을 찾아 붙여 구성하고 상호 이야기해 나가는 방법이다. 최근에는 후자 쪽이 내담자의 부담을 경감시켜 준다는 입장에서 많이 애용되고 있다.

꼴라쥬 기법은 개인치료나 집단치료(가족, 부부)에 모두 유용하며, 주제를 주거나 자유화 형식으로 실시하는 등 다양한 방법을 취할 수 있다. 실시의 방법에서도 내담자가 작업하는 것을 곁에서 치료자가 도와주는 방법이 있고, 치료자와 내담자가 함께 제작해 나가는 방법이 있으며, 대화 없이 각자 실시하는 방법, 이야기를 하면서 각자 실시하는 방법 등을 사용할 수 있다.

꼴라쥬 기법의 효과는 내담자가 작품을 제작하고 설명해 나가는 과정 자체에 있다. 치료자는 내담자의 작품에 나타난 그림들의 내용, 화면의 색채 및 변화, 구도, 이야기 내용 등을 분석하고, 해석하면서 치료해 나간다. 예컨대 우울증 환자는 거꾸로 된 것이나 사물이 떨어지는 사진을 많이 붙이기도 한다. 사진을 붙인 것 위에 중복해서 붙이는 경우에는 그것을 뜯어보면 내담자의 무의식을 알 수도 있다(한국미술치료학회, 1995).

(1) 안전성(선택성)과 회피성

꼴라쥬는 주로 잡지에 그림들을 선택하여 오려 붙이기 때문에 그림을 직접 손으로 그려야 한다는 부담감을 완화할 수 있다. 잡지에 그림이나 여러 붙이기 재료들을 선택할 수 있다는 장점과 선택하고 싶지 않으면 얼마든지 선택하지 않아도 된다. 즉 꼴라쥬 활동에는 선택성과 회피성이 있다. 평범한 도형을 마음대로 잘라내고, 싫으면 자르지 않을 수도 있고 자른 것을 붙이지 않기도 한다(한국미술치료학회, 1995). 이러한 이유로 꼴라쥬는 치료의 안전성을 가져다준다.

(2) 분산성과 통일성

꼴라쥬에는 분산성과 통일성이라는 치유요인이 있다. 분산적인 방향성과 정리를 한다는 통일적 방향성이 있다. 잡지 등에서 잘라내는 분산적 방향과 잘라낸 것을 도화지에 붙이는 통일적 방향성을 상담과정과 연계시켜 활동할 수 있다(한국미술치료학회, 1995). 미술치료에서 내담자에게 꼴라쥬를 적용할 때 작업의 행위를 통해 여러 재료들이 분산된 것을 하나로 통일시킨다는 것은 정신건강상 자신의 문제를 치유하기 위해 주요한 상징적 과정이다. 정신이 분열되고 파편화되고 산만해 질 때 자신의 문제를 정리해서 통일시켜 주는 것은 심리내적으로 균형과 조화를 가져다 준다.

(3) 꼴라쥬의 치유효과

다음은 일본 인간성 심리학회 수강자 61명에게 실제로 꼴라쥬를 하게 하고, 어떠한 치료 효과가 있다고 생각되는지를 기록하게 하여 요약한 것이다(杉浦京子, 1994).

① 심리적 퇴행

동심으로 돌아간 것 같이 열중해서 시간이 금방 흘렀고 즐거웠다는 것이 많았다. 이것은 놀이적 감각이 생기고 있다고도 말할 수 있으나, 토요일에 실시한 수강자에서만 발견되는 것으로 보아 그 사람의 신체적, 정신적 상황에 따라서 나타낸 감상도 있었다. 바탕종이라고 하는 정해진 틀에서 무엇을 표현해도 상관없는 자기표현, 자기분석, 카타르시스 등이 가능하고 무아지경에서 제작해 착수하여 끝났을 때는 상쾌한 해방감을 느끼고 편안함을 느꼈다고 한다.

② 내면의 의식화

진정한 자신을 드러낼 수 있으므로 그것을 봄으로써 자신도 모르는 자신의 본래 모습을 알 수 있고, 내담자와 상담자 간에 작품에 대해 이야기하면서 보다 깊은 관계형성과 내면에의 통찰을 할 수 있었다.

③ 자기표현과 미의식의 만족

잡지의 사진은 그 자체로 완성되어 있는 것이므로 그것을 어떻게 해체하여 자신의 것으로 만들 것인가에 대한 어려움과 불만족감도 있을 수 있지만, 자신의 내면에 있는 것을 표현하는 기쁨과 균형 잡힌 작품이 완성될 때의 기쁨은 자기표현과 미의식의 만족감이다.

④ 언어 면접의 보조적 요소

언어로서 감정의 표현이 어려운 세대와 증상을 가진 사람에게도 유효하며, 자기통찰이 어려울 때 도입하면 효과가 있을 듯한 언어적 면접의 보조적 요소, 카운슬링의 비언어적 표현 수단으로서의 심리치료이다

⑤ 진단자료

유용한 진단자료로 활용되며 계속적으로 작성된 경우 그 사람의 심리 변화를 알 수 있다.

⑥ 라포형성 과정에서 의사소통의 매개

내담자와 치료시간에 만들면서 이것을 매개로 이야기하며 서로 라포형성을 할 수 있으며, 동시제작법 및 모자상호법 등이 원활한 의사소통을 행할 수 있게 된다.

⑦ 기타

의식적으로 현재의 심정에 맞지 않는 것을 작성함으로써 자기의 상태를 변화시켜 갈 수 있으며, 환상을 유연하게 하는 방법으로서 유효하고, 집중력, 기회, 창조력 등을 무리하지 않는 형태로 길러 갈 수 있다.

6) 꼴라쥬의 재료

꼴라쥬 속에 나타난 다양한 표현기법과 매체에 대한 탐색은 탁월한 기능이 없어도 누구나 쉽게 접근할 수 있고 어떤 재료라도 활용할 수 있기 때문에 내담자들에게 자유롭게 표현할 수 있는 좋은 기회를 제공할 수 있다.

꼴라쥬의 표현재료들은 우리 주변에 널려 있는 어떠한 대상도 소재로 등장시킬 수 있다. 아름다운 것 뿐 만 아니라 우리가 매일 먹고 마시고 버리는 일상용품도 재활용하여 표현재료로 쓸 수 있는 것이다. 꼴라쥬는 주변에 있는 모든 것에서 가져온 모방을 바탕으로 하여 그것을 변형하고 종합한 창조적 이미지를 만들어낸다. 즉 그것은 정형화된 예술형태가 아니라 끊임없이 변화할 수 있고 창조의 기쁨을 계속 만들어 낼 수 있는 원천이 된다. 또한 사진이나 잡지를 이용한 꼴라쥬 작업의 경우, 그림을 사실적으로 그릴 수 없는 학생에게 직접 사진이나 잡지의 조각을 붙여 표현하게 함으로써 그림에 대한 흥미와 자신감을 가질 수 있도록 해 준다(신다영, 2009).

다음의 표는 생활주변에서 찾을 수 있는 모든 것들이 꼴라쥬의 재료가 될 수 있다고 보고 사

용 가능한 재료를 자연재, 가공재, 인공재, 폐품재로 분류하여 꼴라쥬 재료를 정리한 표이다(오란,2006).

〈표 4-23〉 꼴라쥬 재료의 분류

분류	종류	재료명
자연계	자연물	짚, 싸리, 왕골, 곡식, 씨앗, 옥수수 껍질, 수세미, 나뭇잎, 솔잎, 솔방울, 잣, 조롱박, 야채, 달걀껍질, 조개껍질, 생선뼈, 흙 등
	목재	나무껍질, 죽순, 톱밥, 우드 페이퍼, 코르크 등
가공계	목재	합판, 성냥개비, 이쑤시개, 소독저 등
	철재	핀, 클립, 스템플러, 못, 알루미늄, 핀, 철사, 압핀, 머리핀, 나사 등
	섬유	실, 노끈, 머리카락, 털, 솜, 망사, 스타킹, 털실, 헝겊 등
	소성류	찰흙, 점토, 석고, 시멘트, 파라핀, 종이 찰흙 등
인공계	합성류	글루건, 본드, 양초, 지우개, 스펀지, 스티로폼, 수수깡, 집게, 아크릴 등
	종이	아트만지, 한지, 하드보드지, 신문지, 주름지, 골판지, 휴지, 셀로판지, 색종이, 켄트지, 디자인지, 두꺼운 종이, 도화지 등

〈그림 4-185〉 꼴라쥬의 여러 재료들로 구성된 작품[1)]

1) 〈그림 4-185〉는 서울미술치료연구소 '집단미술치료'시간에 회원분들이 한 작품입니다.

7) 미술치료에서 꼴라쥬 기법

(1) Landgarten 꼴라쥬 기법 4가지

① 자신의 관심을 끄는 사진을 선택하여 8절지나 4절지 도화지에 붙이고 마음에 떠오르는 것을 말하거나 글로 쓴다(inner talking).

② 4~6장의 인물 사진을 선택하여 각각 8절지나 4절지 도화지에 붙인다. 붙여진 사람이 생각하는 것과 그 사람이 말하는 것을 상상하여 글로 쓰거나 말로 한다.

③ 좋은 것과 나쁜 것을 대표하는 4~6개의 사진을 선택하여 8절지나 4절지 도화지에 붙이고 표현하고 자신의 생각과 느낌을 글로 쓴다(inner talking).

④ 한 장의 사람 사진을 선택하여 다른 종이에 붙인다. 약 10년이나 15년 후에 그 사람에게 일어나는 상황을 나타내는 사진을 선택하여 붙이고 글로 쓰거나 말한다. 질문은 다음과 같이 "어떻게 그 상황이 변하리라 생각합니까?" 하고 변화를 나타내는 사진을 찾게 하거나 무엇이 변화했는지를 말하게 하거나 글로 쓴다.

〈그림 4-186〉 Landgarten 의 꼴라쥬 기법 1, 2

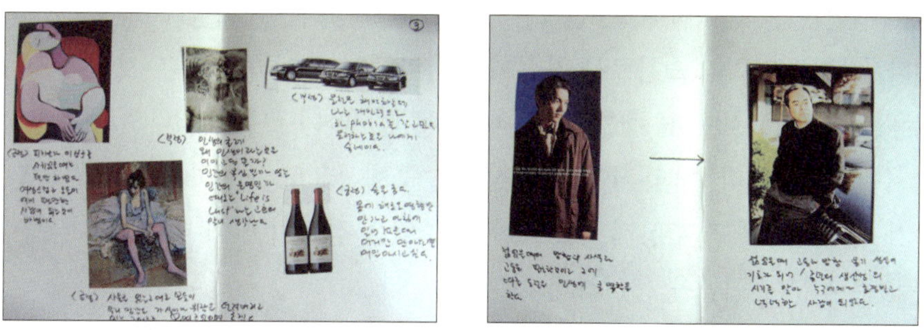

〈그림 4-187〉 Landgarten의 꼴라쥬 기법 3. 4

(2) 꼴라쥬의 여러 가지 미술치료기법

미술치료에서 아동에서 노인까지 꼴라쥬의 여러 기법을 적용한다. 특히 그리기에 부담이 되는 청소년 및 성인 내담자에게 적용할 때 부담감을 줄일 수 있고, 여러 재료들을 붙임으로써 작업에 대한 성취감을 향상할 수 있다. 또한 꼴라쥬의 부치기 재료들과 드로잉 재료들을 접목하여 좋은 작품을 창조한다. 꼴라쥬의 대표적인 기법으로 첫 번째, 미술치료초기에 자아에 대한 연상을 자유롭게 하기 위해 '나를 상징하는 것'을 꼴라쥬로 표현할 수 있다. 충분한 자유연상을 통해 내담자 자신에 대한 중요 정보들과 느낌이 자연스럽게 나올 수가 있다. 두 번째, 미술치료 종결부부에 할 수 있는 것으로 '나의 과거, 현재, 미래'를 표현한다. 이 꼴라쥬 기법을 통해 자기 자신의 인생 전반에 대해 통합할 수 있는 기회를 주고, 치료 후기부분에 적용함으로써 자신을 다시 한번 뒤돌아보고 점검하여 정리할 수가 있어서 좋다. 세 번째로는 개인과 집단에서 치료종결부분에서 사용할 수 있는데 자신의 장점을 최대한 찾아서 '나를 광고하자' 또는 '우리 집단을 자랑하자, 또는 광고하자'라고 제목을 줄 수 있다. 개인에게는 자신의 좋은 점을 광고하고 알릴 수 있는 기회를 주면서 자신의 장점을 시각화하여 명료할 수 있다. 역시 자신의 긍정적인 면들과 미술치료를 통해 변화된 치유적 요인들도 확인할 수가 있다. 집단에서는 집단을 광고할 수 있는 기회를 주며 집단의 응집력과 협동심을 줄 뿐만 아니라 집단의 마지막 회기에 할 경우에는 집단 원들 모두 기분 좋게 집단미술치료를 종결할 수가 있다. 네 번째로는 '신체상 본뜨기'이다. 신체상을 본 뜰 경우 개별치료인 경우에는 치료자가 내담자의 신체를 본 떠주고 내담자와 함께 신체상을 내담자가 원하는 데로 장식해줄 수가 있다. 가족미술치료일 때는 가족원들 중에 제일 지지해주고 공감해주고 싶은 가족원을 가족 공동으로 선택해 가족 모두가 그 가족원을 위해 신체상을 꼴라쥬 재료로 꾸며준다. 모자미술치료에도 동일하게 적용할 수 있다. 집단미술치료를 할 경우에는 집단 원들 중에 제일 공감해주고 지지해주고 싶은 집단 원을 선택하여 그 선택된 집단원이 소망하는데로 집단 원들 공동이 함께 작업하면 된다. 마지막으로 미술치료사 자신이 내담자에게 탐색하고 싶은 것에 주제를 주어 다양하게 적용할 수 있을 것이다. 예를 들어, '나의 문제', '나의 고통' 및 '나의 여러 감정들'에 대해 도입할 수 있을 것이다. 나의 내면의 감정들을 구체적으로 표현하기 어려운 내담자들에게는 꼴라쥬가 상징적으로 또 추상적으로 표현할 수 있는 장점이 있어 내담자의 감정 및 문제에 직면할 수 있는 부분에 접근을 용이하게 해준다.

〈그림 4-188〉
나를 상징하는 것

〈그림 4-189〉
나의 과거, 현재, 미래

〈그림 4-190〉
나를 광고하자

〈그림 4-191〉
미술치료사로서 우리를 광고하자

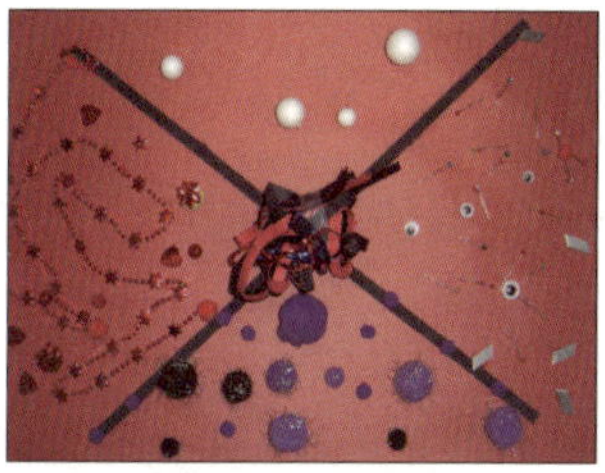

〈그림 4-192〉
나의 고통

〈그림 4-193〉
신체상 본뜨기

2. 사진치료

1) 사진치료의 개념

사진은 수많은 '말'만큼의 가치가 있는가? 사진은 시간의 한 순간을 포착하거나 감정을 시각적인 이미지로 포착하여 수천의 말을 대신하거나 혹은 형용할 수 없는 감정을 표현할 수 있다. 마치 자서전 치료가 마음의 치료이듯이 사진치료는 눈으로 보는 치료이다(김미혜, 서혜경, 2002).

사진발달의 초기 단계인 19세기에서부터 사진을 임상 병리학에 이용한 예를 찾아볼 수 있으나, 본격적인 심리치료의 단계에까진 다가가지 못했다. 사진기술이 발달하여 사진창작 활동과 감상활동의 비용이 인하되고, 사진이 대중화되면서부터 사진이 심리치료에 이용되기 시작한다. 20세기 중반에 이르러 사회 · 문화적 요인과 맞물린 사진의 대중화는 1970년대 사진치료의 본격적인 발전기를 만드는 요인이 되었다. 이때에야 비로소 사진치료가 사회적으로 주목받게 되었고, 사진치료(Photo-Therapy)라는 독자적인 분야를 태동시키게 된다(정혜경, 2006).

사진치료를 독립적인 치료의 갈래로 인식시킨 선구자들의 사진치료에 대한 정의를 살펴보면 다음과 같다. Douglas Stewart는 사진치료란 '전문적인 심리치료사들이 내담자를 치료하는데 사진촬영이나 현상, 인화 등의 사진 창작활동 등을 시행함으로써 심리적인 장애를 경감시키고 심리적 성장과 치료 상의 변화를 가능케 하는 것'이라고 정의하였다. 사진치료의 또 다른 대표적 인물인 David Krauss는 '사진의 이미지와 사진의 창작과정을 조직적으로 응용하여 내담자의 생각과 행동에 긍정적인 변화를 추구하는 것'이라고 사진치료를 설명하였다(박소현, 2004 재인용).

시각적 사고를 유발하게 하는 사진이 내담자 내면의 외상을 드러내고 그것을 치유할 수 있다는 이론적 근거는 미술치료와 그 맥을 같이 한다. 미술치료에서 Freud나 Jung이 제시한 것처럼, 내담자가 만들어내는 심상(이미지) 혹은 내담자가 해석해내는 심상은 내담자의 외상을 드러낼 수 있고, 치유할 수도 있는 것이다. 하지만 사진이 단순히 이 같은 시각적 사고를 유발한다는 것에서만 치료적 속성을 갖는 것은 아니다. 사진이 가진 매체적 속성에서 그것은 고유의 치료적 속성을 가진다. 사진은 매체의 특성상 '기록성· 사실성· 전달성'이라는 세 가지 속성을 갖는다. 이러한 속성들은 인간의 마음 구조에 '신뢰감을 형성'하게 하고, '기억을 재생'시키고, '인지방식을 표출'하는 세 가지 심리적 효과를 불러 일으키고, 이는 다른 예술치료의 매체에서는 기대할 수 없는 심리적 치료 효과를 기대할 수 있다(박소현, 2004 재인용).

2) 사진치료의 역사

사진치료의 발달은 무엇보다도 사진의 대중화와 맞물려 이루어졌으며, 다음과 같이 사진치료의 발달을 세 단계 정도로 나누어 생각해 볼 수 있다(박소현, 2004).

(1) 초기 사진의 임상 병리학적 사용

최초로 사진이 심리학과 정신의학의 범주 안에서 쓰인 공식적인 기록은 사진의 발명 16년 후인 1852년으로 나타난다. 1856년 Hugh Diamond가 영국 왕립 의학협회에서 수용소의 정신질환자들의 사진을 발표하면서부터이다. 그는 자신의 논문 「정신질환의 치료에 있어 사진술의 유용함」에서 심리치료에 있어서 정신질환자들 자신의 자아 변화를 유도하기 위함이고, 마지막으로는 질환의 상태 변화나 재 치료를 위한 기록으로 저장하기 위함이라는 것이다. 다이아몬드의 연구 발표 이래 정신의학분야에서 사진의 치료효과가 다시 거론되는 시점은 1920년대 들어서면서부터이다. 1927년 Anita Mary Muhl이 실제 사례를 통해 스냅사진이 내담자의 징후와 무의식의 표출에 대한 중요한 단서를 제공할 수 있다는 사실을 언급한 것을 비롯하여 사진술이 치료법의 문맥 안에서 다른 방법으로 사용되는 연구들이 시작되었다.

(2) 사진의 대중화와 치료매체로서의 사진에 대한 관심

사진기술의 발달로 사진이 대중화되기 시작한 것은 1880년대의 젤라틴 유제와 롤필름의 발명으로 인한 것이었다. George Eastman에 의해 발명된 롤필름은 무거운 장비를 짊어지고 다녀야 하고 까다로운 콜로디온 습판법에서의 해방을 의미했다. 사진의 대중화와 함께 1960년대를 거치면서 치료매체로서의 사진에 대한 관심이 증가하게 되었다. 이 시기 유명한 사진작가들이 자아발견이나 탐구의 목적으로 사진을 이용하였는데, 이에 상담사와 치료자들, 그리고 다른 사진작가들이 영감을 얻게 된 것이다.

(3) 사진치료의 본격적 전개

1970년대 후반부터 사진치료의 구체적인 방법론들이 제시되면서 사진치료는 점차 전문적인 양상을 띠기 시작한다. 사진기술의 보급 및 대중화와 함께 사진치료의 시작은 1970년대를 기점으로 Alan Entin, Jerry Fryrear, Judy Weiser등에 의해 유럽과 미국에서 비슷한 시기에 이루어진다. 1977년 『Psychology Today』에 사진치료의 방법이 소개되면서 사진이 치료 상의 중요한 요법으로 대두되기 시작하였으며 이 해에 미국에서 200여명 이상의 치료사들이 새로운 치료요법을 소개하는 『사진치료회보(Photo Therapy Quarterly Newsletter)』가 최초로 발간되었다. 1979년 5월, 미국 일리노이 주에서 열린 국제 사진치료학술대회를 시작으로 사진치료의 대중화를 위한 학자들의 노력은 심도 있게 진행되었다. 1981년에는 국제 사진치료협회가 설립되면서 『사진치료』라는 공식 잡지가 창간되었다. 1982년에는 사진치료의 기초적 역할을 위해 캐나다 벤쿠버에 사진치료 센터가 생겼으며, 현재 워크샵과 전문가들의 훈련 기회는 1970년대 후반 이래로 많은 국가에서 열리고 있다. 뿐만 아니라 최근 북아메리카와 캐나다의 여러 대학원들은 임상심리학과와 예술치료학과의 선택과목으로 사진치료를 채택하고 있으며, 전문치료사들이 그들의 면허를 유지하기 위해 갖추어야 할 지식으로 평가받고 있다. 2004년 2월 4일 핀란드에 심리학자들과 사진작가들을 주축으로 하는 사진치료학회가 재결성되었다. 지난 30여 년 동안 사진치료는 지속적인 관심 속에 그 적용 범위를 넓혀가고 있다(박소현, 2004).

3) 사진매체의 속성과 치유적 효과

사진치료가 예술치료 안에서 자리매김할 수 있는 것은 사진이 심리치료에서가질 수 있는 두 가지 장점 때문이다. 하나는 사진치료는 진단과 치료가 동시에 이루어질 수 있다는 장점을 갖는다. 음악치료는 일단 다른 방식으로 내담자의 증상에 대한 진단을 하고 음악으로 치료를 한다. 미술치료는 내담자가 창조해 낸 미술작품을 통해 진단을 하고, 치료 과정에서 미술매체를 또 사용한다. 그러나 사진치료는 사진을 창작하거나 보는 과정에서 치료자가 내담자의 증상을 진단해 내는 동시에 내담자 역시 자신의 증상을 알면서 치료가 가능한 것이다. 사진치료의 장점 중 다른 하나는 사진이 쉽게 접할 수 있는 매체라는 데에 있다. 사진을 찍는다는 것은 하나의 메커니즘을 따르는 활동이다. 기계를 다룬다는 것은 자아분화가 낮은 내담자들에게는 커다란 도전이 될 수 있다. 이러한 새로운 지식의 습득과 활용은 내담자에게 자아성취감을 느끼도록 한다. 미술치료 역시 창작활동을 통해 자아성취감을 느낄 수 있지만, 미술을 창작한다는 것에 두려움을 갖고 있는 내담자들이 있을 수 있다. 그러나 이에 비해 사진치료는 내담자들이 갖는 창작에 대한 두려움이 없다. 스냅사진, 잡지, 광고사진 등 사진매체를 주변에서 쉽게 접할 수 있기에 내담자들에게 사진이라는 매체는 친숙하다. 그리고 셔터를 누르는 것만으로 창작이 완성되기에 내담자들에게 친숙하여 초기 치료활동이 쉽게 진행될 수 있다. 이러한 사진 창작활동을 통하여 내담자의 시선은 밖으로 향할 수 있는 것이다. 그리고 나아가 사회의 구성원으로서 자리매김할 수 있는 기회를 제공한다(정혜경, 2006).

〈그림 4-194〉 집단 사진치료 1,2

사진이라는 매체는 기록성, 사실성, 전달성이라는 독특한 속성을 가진다. 사진은 회화에 소요되는 시간에 비하면 순간에 불과한 짧은 시간 내에 사실을 정확히 기록한다. 그리고 현실의 광경과 사건을 아주 정밀한 사실적 회상으로 재현하는 것이다. 또한 실제의 대상이 존재하지 않으면 회상은 만들어지지 않기에 사진은 '사실성'을 또 하나의 속성으로 갖는다. 끝으로 사진의 '전달성'을 그 매체적 속성으로 들 수 있다. 사진은 우리에게 이미 사라져버려 현재는 존재하지 않는 대상들의 이미지를 전달해준다. 이와 같은 사진의 속성들은 인간의 마음 구조에 '신뢰감을 형성'하게 하고, '기억을 재생'시키고, '인지방식을 표출'하는 세 가지 심리적 효과를 불러 일으킨다(박소현 2004).

(1) 신뢰감 형성

사진의 대상(object)은 실제로 존재해야 하고, 사진을 찍는 사람이 그 순간에 그 곳에 있었기 때문에 가능한 일이다. 따라서 현실을 바탕으로 현실에 존재하는 대상을 '직접적'으로 '명확'하고 '정밀'하게 카메라에 담아낸다. 사람들은 사진으로 현실을 증명할 뿐만 아니라 그 자체를 현실로 받아들이려는 경향이 있다. 즉 사진이라는 매체 자체의 사실성이 보는 사람들에게 신빙성을 준다는 것이다. 이렇듯 사진 매체가 주는 신뢰감은 예술치료가 내담자와 치료자 사이에 긍정적이고 신뢰감을 바탕으로 한 라포(rapport)를 형성하는데 적극적인 역할을 한다. 또한 사진의 사실성은 내담자에게 사진치료 과정을 더욱 더 신뢰하게 만드는 동시에 내담자에게 현실을 직시하게 만든다. 일반적으로 심리치료를 필요로 하는 내담자들의 경우에 있어서 그들의 문제는 대부분 현실을 직시하지 못하는 데에서 발생한다. 이러한 경우 사진이라는 사실성을 바탕으로 한 매체는 현실에 대한 통찰과 문제해결에 도움을 줄 수 있는 것이다(이소영, 2008).

(2) 기억의 재생

사진이 인간의 시각적 사고를 도와 기억을 재생해 낸다는 데에서 사진 매체를 사용한다. 유난히 생생한 기억을 나타내는데 자주 사용되는 '사진 같이 정확한 기억력'이라는 비유에는 미세한 것까지도 포착하는 사진의 특성이 잘 반영되어 있다. 아울러 우리는 어린 시절에 찍은 스냅사진을 볼 때마다 그 시절의 추억을 떠올리곤 한다. 어린 시절 사진을 보면서 사진에는 찍혀져 있지 않은 환경과 사건을 기억할 수 있는 것이다. 이처럼 사진은 기억을 통해 시간의 역사성을 재현하게 해준다. 사진은 단순히 '현실의 재현'이라는 기록에만 머무르지 않고, 특정한 공간의 한 순간을 통해서 과거에서 현재로, 그리고 미래까지 잇는 역사적인 시간을 느끼게 해주는 것이다. 실제 사진에서는 분명히 정지된 한 순간만이 담기지만 보는 사람은 그 순간의 앞뒤 상황을 연상함으로써 기억의 재생이 일어난다. 따라서 사진치료에서는 내담자가 사진을 통해 떠올린 일화에 대한 감정을 재경험하고 일화에 대한 의미를 재인식, 재해석함으로써 내담자가 가진 문제에 대한 통찰과 문제해결의 실마리를 얻을 수 있다는 것이다(이소영, 2008).

(3) 인지방식의 표출

사진이라는 매체가 인간에게 불러일으키는 심리적 효과 중 가장 중요하게 다루어져 하는 것은 사진을 창작하는 활동이나 보는 활동이 인간의 인지방식의 표출이라는 점이다. '인지'란 심리학적 용어로서, 자극을 받아들이고 저장하고 인출하는 일련의 정신적 과정을 말하며 지각, 기억, 상상, 개념, 판단, 추리 등을 포함하여 무엇을 안다는 것을 나타내는 '인식'이라는 말과 비슷한 포괄적인 용어로 볼 수 있다.

우선 창작 과정에서 드러나는 인지방식의 표출에서 보면, 사진치료사들은 사진을 해석할 때 사진의 주제만큼이나 중요하게 고려해야 할 원리가 사진을 찍는 사람이 대상을 언제, 어디서 찍었는가 이다. 사진은 단순히 사건을 기록하는 것이 아니라 찍은 사람이 무엇을 보기로 결정하였는가의 문제를 내포하기에, 사진은 세계에 대한 인지방식의 표출로서 나타난다. 롤랑 바르트가 말한 바에 의하면, 사진은 세계를 관찰하는 것처럼 보이지만 사실은 자아에 대한 관찰의 연장에 다름 아닌 의미를 지닌다고 말한다. 한 장의 사진은 과거의 기록일 뿐 아니라 여기에서 오는 과거의 기억을 통해 자신의 과거와 현재를 관찰할 수 있기에 사진을 통해 자신이 세계를 보는 방식을 알 수 있다는 것이다. Judy Weiser 또한 사진을 찍는 사람에게 중요하고 의미 있는 것만이 사진에 담기기에 일단 사진으로 찍힌 것들은 찍은 사람의 세계에 대한 이해를 보여준다고 말한다. 이러한 논리가 공통적으로 내포하고 있는 것은 사진이 만들어내는 심상 즉 이미지가 객관적인 것이 아니라 창작자의 주관적 인지방식의 표출이라는 것이다. 아울러 사진을 보는 경우에 있어서 인간은 자신의 의식과 무의식을 투영해서 그 사진을 보기에 그 또한 인지방식의 표출일 수 있다는 것이다. 마지막으로 사진은 찍는 이의 의도에 따라 대상의 일부를 선택하는 것이기에 사진이 장점만을 포착하거나 내담자들 스스로 원하는 이미지만을 카메라에 담아 현실을 왜곡할 수도 있는 것이다. 내담자들이 좋아하고 자주 찍게 되는 그들의 환상적 이미지를 분석하여 그들이 갖고 있는 환상을 깨우쳐 주고 현실에 직면하게 만드는 것 또한 사진치료의 한 방법이 될 수도 있다.

사진이란 결국 사물의 형태 속에 숨어, 보이지 않는 어떤 의미, 사물과 사물 사이에서 형성되는 내면적 관계를 구체적인 형태로 시각화시켜 내는 작업에 대한 이름이다(이소영, 2008).

4) 사진치료 임상에 적용된 기법

사진치료는 사진을 찍는 과정에서 인화까지 내담자가 직접 참여하는 능동적인 활동 전체를 말한다. 이러한 제작과정은 개인적인 변화와 성취감으로 이끌어가는 경험이 된다. 구체적인 치료방법은 Judy Weiser의 방법론을 중심으로 박소현(2004)이 정리한 내용을 제시하고자 한다. Judy Weiser는 내담자와 관련하여 사진의 대상, 사진을 찍는 주체에 따라 첫째, 내담자가 찍고 수집하고 만든 사진들이다. 둘째는 타자가 찍은 내담자의 사진이다. 셋째는 내담자가 찍은 자신의 사진이다. 넷째는 투사적 사진이 있다. 그리고 다섯째, 가족사진을 통한 사진치료 방법이 있다(최정화, 2006).

(1) 내담자가 찍고, 수집하고, 만든 사진들

내담자들의 사진은 그들의 내면을 반영한다. 사진의 상징성을 통하여 내담자의 내면을 가늠할 수 있고, 사진의 배경이 되는 언제, 어디서, 누구와, 어떻게, 왜 찍었는가에 대한 이유는 찍힌 대상만큼 찍은 사람에 대해서도 보여줄 수 있다. 일반적으로 스냅사진의 특성을 우연성이라 말하지만, 사실 그 우연성이라는 것도 사진을 찍는 사람이 평소에 의식적으로, 무의식적으로 그려왔던 장면들이 사실이 되어 나타나기에 찍을 수 있는 것이다. 내담자가 찍은 스냅사진뿐만 아니라, 잡지, 달력, 엽서, 포스터 등의 사진 이미지를 수집하는 것도 내담자가 찍은 사진의 상징을 해석하는 것만큼이나 내담자의 인지방식에 대해서 알 수 있는 방법이다. 내담자가 스스로 간직할 만한 가치가 있다고 느꼈기에 수집했을 것이며, 이처럼 내담자가 수집한 사진들을 통해 사진치료를 시행하는 것을 '반영기법'이라고 한다.

- 실시방법

다음과 같은 주제로 사진을 찍어오게 한다.

① 당신이 가장 좋아하는 장소, 가장 의미 있는 장소
② 당신이 가장 좋아하는 활동들과 즐겨하는 활동들
③ 당신이 가장 좋아하는 사람, 가장 의미 있는 사람과 물건
④ 당신의 집과 가정환경(일이나 취미)
⑤ 당신의 가족 구성원

⑥ 당신을 표현할 수 있는 물건들
⑦ 당신에게 의미 있는 물건, 사건, 사람들

그 후에 좀 더 복합적인 과제를 낸다. 하나의 주제를 정해주고 사진을 찍어오게 하는 것이다. 내담자가 자발적으로 수집해오거나 찍어오는 사진들 속에서 내담자의 인지방식 혹은 무의식이 표출되게 되는 것이다.

• 대인관계가 주제인 경우의 예
① 당신의 뿌리와 가족의 배경을 나타낼 수 있는 사진
② 가족들에게 영향을 받지 않은 당신만의 생각으로 찍은 가족구성원의 사진
③ 가족의 일상사에서 중요한 행사의 사진
④ 당신과 친한 사람들, 친구나 직장동료 그리고 배우자나 애인
⑤ 가족을 비롯한 인간관계에서 잘못된 점 또는 관계의 불만

(2) 타자가 찍은 내담자의 사진

타자가 찍은 내담자 자신의 사진을 통해서 내담자는 타인이 자신을 보는 시선이 자신과 다르다는 것을 인식하게 된다. 다른 사람이 자신을 찍은 사진에서 내담자는 타자에게 비춰진 자신의 모습을 볼 수 있다. 특히 이 경우에는 사진을 찍은 사람과 내담자와의 관계가 중요하다. 타자가 자신의 사진을 찍도록 내버려둔다는 것 자체가 일종의 사회성을 내포하기 때문이다. 자아존중감이 낮은 내담자들에게는 타자에게 자신을 보여주고 카메라 앞에서 포즈를 취하는 것 자체가 치료적 효과를 가져 올 수 있다. 이러한 과정을 통해 내담자는 자신이 스스로에 대해 생각하는 것과 타인이 자신을 바라보는 관점에는 차이가 있다는 것을 알 수 있다. 심리적인 문제를 갖고 있는 내담자에게는 자신을 얼마나 객관적인 관점에서 인식할 수 있는가의 문제가 상당히 중요한 일이다. 그렇기 때문에 사진을 찍는 활동을 통한 타자와의 교류와 타인의 시선을 받아들이는 과정 자체가 치료일 수 있는 것이다. 이를 통해 내담자들은 세상은 있는 그대로를 비추는 거울이 아니라 주관적인 관점들에 의해 이루어진 공간이라는 것을 배우게 된다.

(3) 내담자가 찍은 자아의 사진

심리적 문제를 가진 내담자들에게 자신을 직시한다는 것은 매우 어려운 일이다. 그들은 자

아의 표현이 불확실하며, 그들이 추구하는 자아의 개념도 불확실하다.

자아개념을 파악하지 못하거나 자아분화가 낮은 내담자에게 자화상을 찍어오게 하는 것은 그들의 문제를 찾아내고 해결책을 강구하는 방법이 될 수 있다. 내담자들이 찍어온 자신의 사진을 통해 치료자들은 내담자들의 심리상태를 파악할 수 있는 것이다. 특히 사진을 통한 자아개념의 파악은 자기 검열의 저항을 줄일 수 있기 때문에 내담자의 상태 파악에 더욱 용이하다. 대부분의 내담자들은 자신의 모습을 부정적인 관점에서 바라본다. 그러나 자신의 사진을 찍어가는 과정에서, 부정적인 자화상이 긍정적으로 변하는 모습을 볼 수 있다. 미술치료에서 자화상을 그리는 것과 같은 이유이다.

• 실시방법

치료자는 내담자에게 자기 자신을 찍어오라고 하고, 이를 보면서 내담자에게 다음과 같은 질문을 하게 된다. 내담자 자신이 생각하는 자아의 모습을 통해 치료자는 내담자의 증상을 파악할 수 있다.

① 이 사진의 좋은 점 세 가지는?
② 사진에서 보여 지지 않는 당신의 모습에 대해 세 가지?
③ 이 사진의 제목은?
④ 이 사진에 대해 가장 명백한 것은 ?
⑤ 이 사진이 하고자 하는 이야기는?
⑥ 사진 속의 비밀은?
⑦ 이 사진이 갖고 있거나 원하는 욕구 세 가지는?
⑧ 이 사진이 갖고 있거나 원하는 감정 세 가지?
⑨ 이 사진이 놓치고 있는 것은 ?
⑩ 이 사진을 보면서 느껴지는 감정 세 가지?
⑪ 내 기억을 자극하거나 기억나는 대상은?
⑫ 이 사진을 지금 보고 있으면, 이것은 ○○라 생각하고 있는 것처럼 보인다. 왜냐하면…….
⑬ 만약 이 사진이 말을 할 수 있다면 무엇을 말할 것인가? 혹은 무엇을 원한다고 말할 것 같은가?
⑭ 이 사진이 살아 있다거나 움직일 수 있다면 무엇을 할 것인가? 또는 무엇을 하기를 원할 것인가?

⑮ 만일 가능하다면 내가 이 사진에게 요구하고 싶은 것은? 이 사진이 내게 요구하는 것은?
⑯ 만일 가능하다면 내가 이 사진에게 말하고 싶은 것은? 이 사진이 내게서 알고 싶어하는 것은?
⑰ 이 사진이 자기에 대해 바뀌기를 원하는 것 세 가지는?
⑱ 만일 내가 이 사진에게 무언가를 줄 수 있다면 나는 ㅇㅇ을 줄 것이다.
⑲ 나의 가족이나 나와 친한 친구나 애인 등이 이 사진을 본다면 그들의 반응은? 그들은 어떻게 말하고, 무슨 생각을 하고, 어떤 느낌을 받고, 무엇을 하고, 무엇에 대해 걱정할 것인가?

그 후 다음과 같은 구체적인 주제로 자화상을 구현해 낸다.

① 과거, 현재, 미래의 나
② 아무도 모르는 나
③ 물건이나 장소로 상징화 시킨 나
④ 자식이나 손자들의 기억에 남고 싶은 자신의 모습

(4) 투사적 사진

'투사적 사진'이란 치료자가 내담자에게 몇 장의 사진을 보여주면서 내담자에게 이야기를 만들어 보라고 요구하는 사진치료의 방법이다(최정화, 2006). 투사기술은 사진이미지를 감정적 반응들로 이끌어 내기 위해 사용한다. 어떤 종류의 사진이라도 사용될 수 있으며, 이 사진들은 내담자의 개인적인 스냅사진이나 엽서, 달력, 앨범표지, 안내장 등 여러 가지 것들을 포함한다. 사진은 지나간 과거를 불러오기도 하고 이와 관련된 어떤 감정을 되새겨주기도 하고 우리를 상념에 잠기게도 한다. 우리는 사진에 대하여 우리 자신을 투사하고 자신의 독특한 개인적 해석(지각, 가치관, 기대 등)을 가하게 된다. 이러한 의미에서 투사적 사진치료는 심리요법이나 예술요법에서 광범위하게 사용되어 이미 우리에게도 익숙한 로샤흐 검사(Rorschach Inkblot Test), 주제통각검사(Thematic Aperception Test) 또는 다양한 방식으로 실시되는 집-나무-사람 그림검사(House-Tree-Person test)방법과 같은 전통적인 투사적 방법과 유사하다.

(5) 가족사진을 통한 사진치료

사진치료는 가족앨범, 가족사진이라는 것이 존재하기 때문에 내담자에 대한 다각적인 파악과 치료가 가능하다. 가족사진을 통해 내담자의 상태를 더 잘 파악할 수 있고, 내담자에게도 가족과의 관계를 통해 치료에 보다 긍정적인 효과를 기대 할 수 있다. 또한 가족사진은 가족치료의 개념을 적용시켜 가족 전체 간의 상호작용을 증진시킬 수 있다.

가족사진에는 다른 사진에는 없는 특별한 의미가 있다. 어느 가족마다 가족앨범이 있게 마련이고 가족사진은 한 가족의 역사를 담고 있다. 또한 가족사진은 다른 어떤 방법으로도 얻어질 수 없는 투영적이고 물질적인 자료의 풍부한 원천이라고 말한다. 가족사진은 그들의 가족 구성원과 그들의 관계를 언어가 아닌 이미지로 보여줌으로써 내담자에게 관한 정보를 객관적으로 제공하는 것이다. 가족앨범은 가족구성원이나 구성원 사이의 관계에 대해서 타인에게 가족의 역사를 이해시키기 위한 가장 쉬운 방법이다. 따라서 가족사진을 내담자가 들여다봄으로써 증상에 대한 진단과 치료가 이루어질 수 있는 것이다. 특히 노인심리치료에 있어서 예전에 찍었던 가족앨범을 통해 자신의 존재를 재확인할 수 있기에 치료에 도움이 많이 된다.

가족치료에 가족사진을 이용한 사진치료적 기법이 도입된 것은 앤더슨과 말로이에 의해서이다. 이들은 이것을 '가족사진 기법'이라고 칭하면서 과거의 경험이 현재의 가족에게 주는 영향–미해결의 갈등, 혹은 상호 관계 등을 표출하는 데에 가족사진이 한 역할을 담당할 수 있다고 보았다(박소현, 2004).

• 가족생활주기에 적용시킨 사진치료

가족은 생활주기를 통하여 발달해 나가며, 가족의 성장과 발달을 위해서 가족 구성원들은 생활주기의 각 단계에서 획득해야 할 과제를 수행해야 한다. 바로 이 과제를 수행했다는 인정을 받을 수 있는 구체적인 자료가 사진이라고 볼 수 있다. 내담자에게 가족사진을 통한 사진치료를 하기 전에, 내담자의 가족사진을 이 생활주기 패턴에 맞추어 정리해볼 필요가 있다.

1단계 : 신혼기(결혼사진, 커플 사진)
2단계 : 출산, 육아기(아기 출생사진)
3단계 : 자녀가 학령기(아이의 성장 사진, 학교 입학식 사진)
4단계 : 자녀가 10대인 시기(중, 고등학교 자녀기, 청소년기)
5단계 : 자녀가 독립하는 시기(자녀들의 입학과 졸업 사진, 군입대, 배우자를 탐색하는 시기)
6단계 : 배우자의 죽음의 시기. 가족 발달의 최종 단계

7단계 : 노년기

• 가족의 기본개념에 적용시킨 사진치료

보웬은 핵가족의 정서적 과정과 가족 투사과정에 관심을 두었으며, 삼각관계 개념, 다세대 전수과정, 형제순위에 대한 개념, 자기분화척도 등 상호 관련된 개념을 발전시켰고, 정서적 단절과 사회적 퇴행의 개념을 덧붙여 8개의 기본개념을 만들어 냈다. 이러한 보웬의 방법론을 가족사진에 적용시킨 치료사가 알렌 이튼(Alan D. Etin)이다(박소현 2004).

① 자아분화 : 정신내적 개념인 동시에 대인 관계적 개념으로 사고와 감정을 분리시킬 수 있는 능력

② 정서적 삼각관계: 가족 또는 감정체제가 가지고 있는 가장 작은 단위로서, 불안을 낮추거나 줄이는 역할을 함으로써 관계를 안정된 상태로 만들어 가는 것. 이는 유동적일 수도 있고 고정적일 수도 있다.

③ 가족 투사과정 : 감정적 불안정을 다스리기 위해서 부모가 자신들의 문제를 자녀에게 투사하는 과정이다. 자녀의 출생순위, 감정적 친밀도에 따라 대상이 결정된다. 투사대상이 되는 자녀는 분화수준이 낮은 상태로 성장하게 된다.

④ 출생순위 : 출생순위 개념은 특정 자녀가 어떻게 가족 투사과정의 대상으로 선택되느냐를 이해할 수 있는 부분이다. 가족 내에서 투사과정과 삼각관계에 따라서 자녀 위치가 달라지고, 사진에서 자녀의 위치가 변하는 경우 문제를 알 수 있다.

⑤ 정서적 단절 : 세대 간의 정서적 융합이 심할수록 단절이 일어날 경향이 높다. 이러한 경우는 사진을 찍는 것조차 불가능할 수 있다. 가족 사진수의 감소나 구성원 중 특정인이 부재하는 사진은 감정 단절의 증거이다.

〈그림 4-195〉 사진을 통한 회상 치료1, 2

〈그림 4-196〉 치료자가 찍어준 내담자의 사진

VI. 기타 미술매체 종류

앞에서는 미술매체 종류에 대해 종이, 드로잉, 페인팅, 모델링 재료와 꼴라쥬 및 사진치료에 대해서 알아보았다. 다음은 미술치료에서 더욱 더 연구되어야 할 매체들인데 본장에서는 간단하게 제시하고자 한다.

첫 번째로 미술치료에서 자주 이용되는 판화라는 매체가 있다. 판화(Graphics, Prints, Printmaking)는 글자그대로 찍어내는 예술이다. 아주 일반적인 의미로 판화란 원래 동일한 이미지를 많은 사람들에게 보급하기 위한 판면(版面)위에 요(凹), 철(凸), 평(平)의 이미지를 만들고 거기에 잉크나 물감을 묻혀 종이 또는 직물위에 이미지를 옮겨 찍는 복수성을 바탕으로 성립된 예술이다(이윤주, 2001). 판화는 그 재료에 있어 다양한 창작의 경험을 풍부히 얻을 수 있으며 밑그림을 그리고, 새겨서, 찍어내는 단계적인 작업과정을 통하여 새로운 표현기법을 발견하며 아울러 표현의욕을 높여 줄 수 있는 영역이다. 판화활동으로 찰흙판화, 스탬핑(손바닥 등 물체 자체를 직접 찍는 것), 채소(무, 감자, 고구마)등을 이용하여 문양을 새겨찍는 방법, 기와나 벽돌의 표면에 이용하거나 사진이나 필름위에 스크레치하는 방법 및 고무판화에 새겨 넣어 찍는 방법 등이 있다(박은희, 2005). 그 밖에도 우드락 판화, OHP 판화, 직판화, 전사판화, 모노타이프, 꼴라쥬, 스텐실 등의 다양한 기법과 방법들이 포함된다. 미술치료에서 재료가 매우 중요한 의미를 지니고 있다. 어떤 매체를 사용하느냐에 따라 치료의 효과가 달라지기 때문에 그리기에 저항감을 가진 내담자들에 판화는 단순히 그리는 행위로만은 만족하지 않고 여기에 덧붙여 새기고, 깎고, 파고, 찢고, 자르고, 문지르는 등의 다양하고 활발한 활동을 통해서 더 많은 표현의 기회를 가질 수가 있기 때문에 흥미를 유발할 수 있을 것이다.

두 번째, 우리 고유의 한국화 매체가 있다. 한국화 매체란 한국적 상황 아래에서 생성된 세계관에 바탕을 둔 한국 특유의 기법과 양식에 의해 다루어진 회화를 제작할 때 쓰이는 도구로 한국의 전통적 회화도구와 재료를 의미한다. 그 대표적인 재료로는 주로 붓과 먹, 한지, 비단, 마, 아교, 한국화물감, 석채, 분채 등이 쓰이며 때에 따라서는 금과 은도 사용되어진다. 한국화에 사용되는 매체인 먹과 화선지는 한국에서 가장 오랜 기간 사용되어 온 미술재료로 누구에게나 익숙한 재료이며, 과거뿐만 아니라 현대에서도 심신수련과 스트레스 해소를 위해서 서예, 산수화 등 한국화 매체를 이용한 미술활동이 대중적으로 이루어지고 있다(김우식, 2003). 특히 우리는 한국인으로서 한국화 매체를 존중하고 미술치료에서 더 적극적으로 연구개발하여 적용해야 할 것이다.

세 번째, 인터넷, 모바일이 보급되면서 어떤 문화보다도 정보통신매체에 더 익숙해지고 미디어 매체를 통해 자신들을 표현하고 이해해 나가고 있는 상황에서 대중문화전달 매체인 컴퓨터 통신, 음성정보서비스, 영상매체 등에 미술치료에서 하나의 매체로 활용되어지고 있다. 이러한 미디어 매체는 라디오, 텔레비전과 같이 대중에게 정보를 전달하고 수집하며 의사소통을 할 수 있는 기능을 가지고 있다. 또한 정보통신기술의 발달로 새로 등장한 뉴미디어 매체는 인터넷, 디지털 카메라, 전자음원기(MP3 플레이어 등), 쌍방향 케이블 텔레비전, 핸드폰 모바일 서비스와 같이 쌍방향 의사소통이 가능하다. 디지털 미디어 방식인 뉴미디어 매체는 정보의 전달과 더불어 시각 매체의 이미지를 재생산하고 대량복제 유통하기 때문에 미술치료에서 새로운 첨단매체로 부각되고 있다(오희정, 2003). 미국의 미국미술치료학회(American Art Therapy Association: AATA)의 최근호들을 보면 컴퓨터 소프트 프로그램을 적용한 연구들이 많이 나오고 있다.

마지막으로 최근에는 아트북(Altered books)을 적용한 미술치료도 나오고 있는데 아트북은 페인팅, 드로잉, 꼴라쥬, 쓰기와 장식등의 작업과정을 통해서 책을 만든 사람의 생각, 기억, 느낌 등이 예술적으로 표현된 매체라고 볼 수 있다. 기본재료로는 커버(종이, 패브릭, 가죽), 합지(보드지), 보드연결지, 속지(내지), 면지(마감지), 헤드밴드, 가늠끈, 제본풀(본드), 모양장식 등으로 책을 만드는데 사용된다. 아트북을 북아트라고 하는데 프랑스어로는 '미술가의 책'이라고도 한다. 넓게는 책과 미술의 결합이라고 할 수 있으며 좁게는 책의 내용을 미술가들이 삽화나 그림으로 옮긴 것, 또는 장식그림과 관계된 말이다. 북아트의 형식은 글자 없이 형상만으로 구성될 수도 있고 반대로 문자만으로 이루어지기도 하고 두 가지가 혼합되어 이용될 수도 있다(김나래, 2003). 북아트를 통해 무엇보다도 자신의 개성과 창의성을 실현할 수 있으며 앨범형식으로 나만의 책 만들기 작업을 통해 자신을 탐색하고 통합할 수 있는 기회를 준다. 사실 이외에도 수많은 미술재료들이 미술치료에서 적용되고 개발되고 연구되어질 것이다.

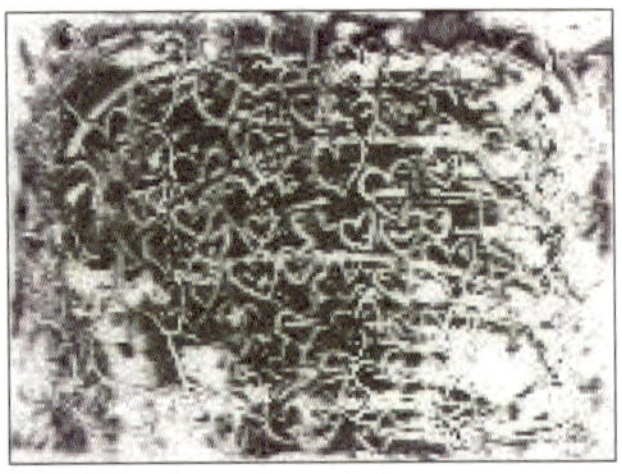

〈그림 4-197〉 퐁퐁 판화

〈그림 4-198〉 한국화 매체

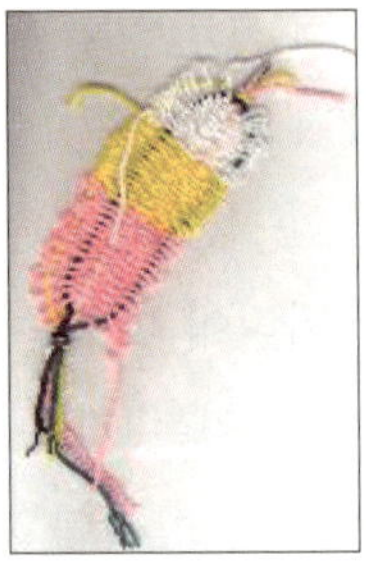

〈그림 4-199〉 털실 매체

〈그림 4-200〉 포토 샵-나의 고통

〈그림 4-201〉 북 아트

참고문헌

1. 꼴라쥬

김경태(2009). 꼴라쥬 기법을 통한 표현의 정체성(停滯性) 극복 방안 연구. 한국교원대 교육대학원 석사학위논문.

김수기(1995). **현대미술의 기초개념.** 서울: 도서출판 재원.

김영나(1996). **서양 현대미술의 기원.** 서울: 시공사.

김자경(2001). 초현실주의의 꼴라쥬 기법에 관한 연구. 대구카톨릭대학교 석사학위논문.

박소현(2004). 사진치료의 이론과 실제: 가족사진을 통한 사진치료 연구. 이화여자대 디자인대학원 석사학위논문.

박찬국외 17명 (1995). **현대미술의 기초개념.** 서울: 재원사.

신다영(2009). 꼴라쥬를 통한 부부의사소통 증진 방안 연구. 대구대 재활과학대학원 석사학위논문.

이윤구(1999). **미술실에서 미술관까지.** 서울: 두산 동아.

이일(1985). **현대미술의 시각.** 서울: 미진사.

임명화(2002). 꼴라쥬 기법이 주의력결핍 과잉행동 아동의 행동과 심리 변화에 미치는 효과. 대구대 교육대학원 석사학위논문.

임영방(1979). **현대미술의 이해.** 서울: 서울대학교 출판부.

임정은(2002). 마티스 회화에 기초한 디지털 색채 팔레트 개발에 관한 연구. 연세대학교 석사학위논문.

윤현주(2002). 꼴라쥬에 의한 미술치료가 정신지체아동 어머니의 양육스트레스에 미치는 효과. 대구대 재활과학대학원 석사학위논문.

오란(2006). 꼴라쥬 기법을 활용한 초등학생의 표현력 신장에 대한 연구. 춘천교육대 교육대학원 석사학위논문.

정남영(1990). 現代美術에 있어서 꼴라쥬의 變貌에 관한 연구. 홍익대 교육대학원 석사학위논문.

정채영(2009). 꼴라쥬 기법을 응용한 조형 도자 표현연구. 홍익대학교 석사학위논문.

하희경(1980). 다다와 超現實主義 의 꼴라쥬研究. 이화여자대학교 석사학위논문.

한상구(1990). 초현실주의 회화에 나타난 기법과 그 영향에 관한 연구. 동국대 교육대학원 석사학위논문.
한국미술치료학회(1995). **미술치료의 이론과 실제.** 대구: 동아문화사.
杉浦京子(1994).**コラージュ技法.** 東京: 川島書店.
中井久夫(1993).登校拒否兒とその母親のケース--コベソト/ラージコ私見コラージュ技法入門(共著) 創元社, 67-72, 137-146.
Moritani, H.(1996). The history of collage technique in clinic. In H. Moritani, K. Sugiura, S. Irie & Y. Yamanaka(eds).An Introduction to Collage Therapy(pp.26-32). Osaka: Sogensya.
Takata, Yuriko(2002).Supporting by a nurse teacher in a school infirmary using collage therapy. *Psychiatry and Clinical Neurosciences, 56(4),* 371-379.

2. 사진치료

박소현(2004). 사진치료의 이론과 실제 : 가족사진을 통한 사진치료 연구. 이화여대 디자인대학원 석사학위논문.
이소영(2008). 시설치매노인의 기억력 회상을 위한 사진치료 사례연구. 원광대 동서보완의학대학원 석사학위논문.
정혜경(2006). 여성노인의 우울행동에 대한 사진활용 회상기법 미술치료 사례연구. 대구대 재활과학대학원 석사학위논문.
최정화(2006). 사진활동 집단상담 프로그램이 중학생의 자아존중감에 미치는 영향. 국민대 교육대학원 석사학위논문.

3. 기타 매체

김나래(2003). **북아트.** 서울 : 임프레스.
김우식(2003). 한국화매체를 이용한 집단미술치료가 청소년의 스트레스에 미치는 효과. 대구대 재활과학대학원 석사학위논문.
박은희(2005). 판화활동 미술치료프로그램이 정신지체아의 위축행동과 자아존중감에 미치는 효과. 고신대 교육대학원 석사학위논문.
이윤주(2001). 판화에 있어서 테크네(Techne)에 관한 연구. 홍익대 미술대학원 석사학위논문.
오희정(2003). 미디어 매체를 활용한 집단 미술치료가 학교 중도 탈락 청소년의 공감에 미치는 효과. 원광대 보건환경대학원 석사학위논문.

찾아보기

한 글

〈ㅇ〉

〈ㅈ〉

〈ㅍ〉

〈ㅎ〉

저 자 약 력

전 순 영

- 숙명여자대학교 아동복지학과
- 숙명여자대학교 대학원 아동심리전공
- 경북대학교 대학원 미술학과 서양화전공
- 대구대학교 대학원 재활심리학전공(이학박사)
- 일본자생당사회복지사업재단 장학스컬러쉽연수
- 정신치료훈련을 위한 개인분석(130회)
- 대구대학교 재활과학대학원 미술치료전공 겸임교수 역임
- 한국미술치료학회 수련감독미술치료전문가(SATR)
- 한국미술치료학회 이사
- 한국예술치료학회 특별이사
- 한국푸드예술치료협회 이사
- 서울 KBS, EBS 달라졌어요, MBC, 대구 PBC방송 출연
- 학술진흥재단 보호학문과제선정-미술치료(2001)
- 서울불교대학원 대학교 상담심리학과 미술치료 전공 전임교수역임
- 건국대학교 디자인대학원 미술치료 전공 초빙교수
- 서울미술치료연구소 소장

저서 : 미술치료개론(2004)

가족미술치료-그림 안에 가정이 보인다(2013)

미술치료의 치유요인과 매체

(수 정 판)

초판 발행일 • 2011년 5월 30일
수정판 1쇄 • 2014년 2월 25일
수정판 2쇄 • 2020년 8월 28일

저 자 • 전순영
펴낸이 • 소정영
펴낸곳 • 도서출판 하나의학사

주 소 • 서울시 서대문구 거북골로 7-7 하나빌딩 1층
출판신고 • 제25100-2013-000061호(1988. 4. 1)
전 화 • (02)730-2555, 2556
팩 스 • (02)730-2557
E-mail • hanampc1@naver.com

값 35,000원

ISBN 978-89-92141-73-4 93180

• 저자와의 합의로 인지생략
• 잘못된 책은 구입처에서 교환하여 드립니다.